永不熄灭的心灯

HEART LAMP THAT NEVER GOES OUT

俄罗斯（上卷）
文学大师群像

聂茂 ——著

团结出版社

图书在版编目（ＣＩＰ）数据

永不熄灭的心灯：俄罗斯文学大师群像 / 聂茂著
. —北京：团结出版社，2023.1
ISBN 978-7-5126-9461-3

Ⅰ.①永… Ⅱ.①聂… Ⅲ.①作家－人物研究－俄罗
斯－ 19-20 世纪 Ⅳ.① K835.125.6

中国版本图书馆 CIP 数据核字 (2022) 第 108593 号

出　版：团结出版社
　　　　（北京市东城区东皇城根南街 84 号　邮编：100006）
电　话：（010）65228880　65244790（出版社）
　　　　（010）65238766　85113874　65133603（发行部）
　　　　（010）65133603（邮购）
网　址：http://www.tjpress.com
E-mail：zb65244790@vip.163.com
　　　　tjcbsfxb@163.com（发行部邮购）
经　销：全国新华书店
印　装：天津盛辉印刷有限公司

开　本：170mm×240mm　16 开
印　张：46.5
字　数：465 千字
版　次：2023 年 1 月　第 1 版
印　次：2023 年 1 月　第 1 次印刷

书　号：978-7-5126-9461-3
定　价：138.00 元（全 2 卷）

序 言
世界视野中的俄罗斯文学

　　高尔基曾不无骄傲地写道："在欧洲文学发展史上，年轻的俄国文学是一种惊人的现象……没有一个国家像俄国这样在不到一百年的时间就出现了灿若群星的伟大名字。"而别林斯基则深情地说："俄国文学是我的命、我的血。"在世界文学史中，像俄罗斯文学这样大师辈出、群星璀璨的现象十分罕见。从普希金、果戈理、屠格涅夫到陀思妥耶夫斯基、托尔斯泰、契诃夫等，俄罗斯文学对包括中国在内的世界文学产生了深刻而广泛的影响。

　　2013年3月23日，习近平总书记在莫斯科国际关系学院发表演讲，其中这样说道："我年轻时就读过普希金、莱蒙托夫、屠格涅夫、陀思妥耶夫斯基、托尔斯泰、契诃夫等文学巨匠的作品，让我感受到俄罗斯文学的魅力。"[1]

---

　　① 来源于中华人民共和国中央人民政府门户网站，2013年3月24日文章《国家主席习近平在莫斯科国际关系学院的演讲（全文）》。

有意思的是，习近平总书记提到的这六个人，完整地涵盖了俄罗斯文学史上最辉煌的一个阶段——黄金时代的几乎所有重要作家，从开启黄金时代的诗人普希金、莱蒙托夫，到为黄金时代画上完美句号的短篇巨匠契诃夫。黄金时代也是对中国人影响至深的一个时期。近百年来，一代代中国人读着他们的作品长大。追寻黄金时代，也是追寻我们的过往岁月。

一

俄国文学，在广义上指所有俄语国家的文学，不仅包括俄罗斯，也包括苏联诸加盟共和国的文学。在苏联解体后，这一概念的范围缩小，仅指俄罗斯一国的文学。由于俄罗斯的文化疆界在历史上的多变和不确定性以及俄语发展过程中的种种政治因素，"俄国文学"这一概念的界定仍存在很多争议和含混。人们通常认为，产生于俄语文化氛围中的、以俄语写成的文学都可归入"俄国文学"。

在欧洲各国中，俄罗斯的发展是比较晚的。文学的发展更是如此。17 世纪以前，除了一些民间文学作品之外，俄罗斯文学是一片空白。17 世纪末彼得大帝实行向西方开放的决策之后，随着政治经济的发展，俄罗斯文学才发展起来。

19 世纪初，随着拿破仑入侵俄国的失败，俄军一直打到了巴黎。一些俄军中出身贵族的年轻军官受到资产阶级革命思想的影响，反而成了拿破仑事业的继承者。这就是"十二月党人"。他们发动的反对农奴制的起义，虽然以失败而告终，但给了农奴制俄国以最初的沉重打击。

这一切都为普希金登上俄罗斯文学舞台准备了条件。早期的普希金，是俄国浪漫主义文学的代表人物。高尔基把他的浪漫主义叫作"积极浪漫主义"，以别于卡拉姆辛那样的"消极浪漫主义"。普希金的浪漫主义是"十二月党人"起义前后俄国社会现实的真实反映，不再是西欧文学的复制品。"十二月党人"失败之后，他的创作更从浪漫主义转变为现实主义。这一转变的标志，就是他的代表作《叶甫盖尼·奥涅金》。虽然由于它具有转变期特色，史论中一般将小说《红与黑》作为欧洲现实主义最早的作品，但《叶甫盖尼·奥涅金》的发表比《红与黑》还要早些。可见这时的普希金已经站在时代的前列了。

从普希金开始，19世纪的俄罗斯文学一浪接着一浪，形成了欧洲文学中一个突出的高峰。而研究为什么会出现这样一个高峰，也就成了一个突出的课题。

对于俄罗斯文学，一般读者熟知的是普希金、果戈理、屠格涅夫、托尔斯泰、陀思妥耶夫斯基、契诃夫等黄金时代的文学大师。20世纪80年代以来，西方现代派文学大规模进入中国读者的阅读视野，卡夫卡、普鲁斯特、乔伊斯、马尔克斯、卡尔维诺等作家作品，几乎成了每个文学爱好者的必读书。

尽管"白银时代"的文学也一同进入，让中国读者看到了俄罗斯文学的另一面，但相比于英美文学、拉美文学，俄罗斯文学的逐渐边缘化却是显而易见的。不仅如此，即便是白银时代文学所展现的"另一面"也是不完整的，似乎这一时代只有诸如帕斯捷尔纳克、阿赫玛托娃、茨维塔耶娃、曼德尔斯塔姆等诗人和他们的诗歌，小说和其他文学形式则处在边缘的边缘。

蒲宁在《阿尔谢尼耶夫的一生》中呈现出的俄罗斯历史大变革前期，"真实的俄罗斯大地和乡土的气息，对正在逝去的古老的俄罗斯有一种浓郁的缅怀"，这让他有别于同时期的其他作家。

这些"其他作家"的一个典型代表就是安德烈·别雷，他的《彼得堡》与普鲁斯特的《追忆似水年华》、乔伊斯的《尤利西斯》和卡夫卡的《变形记》一起，被纳博科夫评为"20世纪前期西方四大小说名著"。小说凭借丰盈的想象和跳跃的意识流描写，再现了 1905 年俄国革命期间，彼得堡十天里所发生的故事。在宏大的背景下，工人罢工、游行、暗杀频频上演，平民与贵族、革命党人与奸细密探轮番登场。不按时序构成的故事情节和人物意识活动，共同绘制出一幅 20 世纪初俄罗斯帝国末期的多重奏图景。在作者笔下，"彼得堡"不再是一个纯粹的地理概念，它联结着俄国的历史与未来，成为东方和西方"两个敌对世界的交接点"，具有世界规模的象征性。

二

从世界视野中审视俄罗斯文学，我们看到：金色的 19 世纪，太阳被架起，无边无际的麦子熟透，在温暖的泥土里，希望和荣耀发芽、盛开，人们捧着文字呐喊与追逐，在篝火旁跳舞；黑色的 20 世纪，太阳像咯血一样凝固，世界变成死寂，时间的钟表静止，黑色的雨落下，泥土冰冷，只有灰色的背影和没有名字的墓碑。

两百年有多久？像经历了无数世纪。

俄罗斯有多肃穆？像一块古老的化石。

两百年，风云际会的俄罗斯，无数的人，无数的文字，无数的思想涤荡翻滚沸腾。仅仅两百年，俄罗斯的文学思想历史灿若星河，幻如霓虹，一个个名字登上舞台，或者华丽，或者枯涩，声音如雷，目光如电，升起来又落下，燃烧了又熄灭。

追溯而上，揭开历史冠冕的华服或者拂去厚厚的尘埃，能够找到他们的名字。这些名字睡在泥土里，睡在河流中，睡在火焰上，或者睡在大理石之巅，但是，没有凝固，而是流淌，他们都流淌下来，成为不朽之中的不朽，成为永恒之上的永恒。后人错过了他们的活着，也错过了他们的死亡。可是后人没有错过他们全部的风景。作为文字的雕刻者，或者作为某种过滤历史和尘埃的物质，他们沉淀下来！

这是怎样的一段历史？两百年，关于诗人与帝国、思考与反抗、生存与毁灭、语言与时间、鲜花与枪炮、爱情与自由的故事被怎样演绎？永远地奔流不息，永远怒放地活着，所有的故事或传奇都围绕着两个字：流亡！他们注定是流亡的一群，是被放逐的一群。流亡、被放逐不仅是形体上的，更是精神上的，当一个人站在一个与帝国不同的位置，发出独特的声音，他已经被放逐。

这就是茨维塔耶娃后来发现的那个巨大的隐秘："诗人生来都是被放逐的"，他们用流亡的方式成为俄罗斯的锋芒，成为俄罗斯的灯塔！

18世纪是法国人的世纪，世界的中心在巴黎，伏尔泰和卢梭注定要因为"良知"和"自由"两个词语被人类铭记。然后，历史的"风眼"就旋转到了俄罗斯，从此再也没有停歇过。

当普希金出现，人们可以高呼："俄罗斯开始了！"俄罗斯有了魂魄。人类所有的纪元，所有的时间都汇集到俄罗斯，欧洲、美洲或者亚洲都已经没有能力放载人类精神脉搏的"起搏器"。

毫无疑问，19世纪的俄罗斯诸君可以高昂着头颅说："俄罗斯是我们的，世界也是我们的！"面对一个帝国，金色的太阳升起，然后普照，思想的萌芽像雨后的笋子，然后变成熊熊的火焰。这是诸君最好的世纪，流亡与被放逐是他们获得真理和权杖的一举两得的方式。无论是普希金还是莱蒙托夫，都难逃这个命定。帝国的君王将他们放逐的同时，也将他们推向光荣和功勋的顶点，人们对他们的爱超过所有。凭着人们对他们的爱，活着的时候，他们可以与君王、与帝国角力，被放逐对他们意味着还可以回来，回来后地位会更高。普希金的一次流亡，莱蒙托夫的两次流亡造就了他们"民族之魂"的地位；当他们死亡时，无数人为他们送葬，在他们的墓碑前放上鲜花和美酒，然后，他们的名字变成高贵的象征。

这一传统在19世纪被一连串光辉的名字延续下来：屠格涅夫、巴枯宁、陀思妥耶夫斯基、涅克拉索夫、托尔斯泰等都是被流放的，他们都达到了各自的顶点，得到人们的爱戴。他们能够安享天年，自然老去，平静死亡，然后，无数的人为他们送行，温暖地进入俄罗斯母体的怀抱，有名有姓，有雕像，有赞美诗。屠格涅夫死在巴黎，他可以要求回国安葬，他要葬在别林斯基身边，人们服从他；托尔斯泰要回故乡波良纳，守住童年的那棵亲手栽下的树，人们同样服从他。

他们这19世纪的一群人，活着被认为拥有纯洁正义的灵魂，死了被认为拥有更纯洁更正义的灵魂。普希金完全藐视沙皇，沙皇却要敬普希金三分；屠格涅夫对农奴制失望透顶，农奴主却要恭敬地听他演讲；而托尔斯泰永远是帝国的异议者，在他的葬礼上无数的政府官员却要向他脱帽致敬，举国哀悼，甚至整个刚刚建立通信的现代世界都弥漫着他离开的消息，仿佛世界在瞬间就要因为他的离开而倾塌。原因很简单：为了自由和真理，他们流亡，他们被放逐。他们被视为先知、图腾、良心和利剑。

三

到了20世纪，这一切随着另一个帝国的崛起全部变换了法则。

关于20世纪，阿赫玛托娃在《没有主人公的叙事诗》中把它定位为"从一九一三年开始"。从这里，俄罗斯跌入洪荒，一直延续到世纪之末。更多的人开始流亡，被放逐：克鲁泡特金、蒲宁、茨维塔耶娃、曼德尔施塔姆、索尔仁尼琴、布罗茨基……还有更多的人被内部放逐：阿赫玛托娃、帕斯捷尔纳克、肖斯塔科维奇……更多的人开始非自然地死亡：三十多岁的古米廖夫死于枪下，四十多岁的勃洛克因为外祖父的庄园被愤怒的人民烧毁而突发心脏病死亡，四十多岁的曼德尔施塔姆凄冷地死于流放地，年届半百的茨维塔耶娃上吊自杀，三十多岁的叶赛宁同样把自己吊死，刚过五十岁的法捷耶夫则吞枪自杀……还有一些人没有了祖国，逝者的名字、时间和地点不详：永远回不去故土的蒲宁被葬在巴黎，阿赫玛托娃的墓碑被压在黑色的墙下，叶赛宁和马雅可夫斯基人走茶凉，古米廖夫、茨维塔耶娃、曼德尔施塔姆甚至不知道被埋葬在哪里……五个获得诺贝尔文学奖的俄罗斯人，有两个不能去领奖，有两个领了奖却仍在国外流亡，其作品不被俄当局承认。甚至作为文化"旗手"和"标杆"的高尔基也被迫流亡国外十年，"鼓手"马雅可夫斯基最终也吞枪自杀。

这个时候，流亡与被放逐不再是先知、图腾、良心和利剑，而是被钉在十字架上的黑色的基督，被压得低到黑色泥土里去的虫子。这个时候，他们像"恶之花"一样散发着气味，他们的命运轨迹始终逃不了"俄罗斯"和"祖国"这沉重的字眼！

然而，他们这一群有着顽强生命力的"恶之花"仍旧拒绝枯萎，他们要愤怒，要绽放，在黑夜里念经，在黑夜里祈祷！他们战胜了时间，"活"了过来，愈发鲜艳，穿透帝国的黑色雾霭，来到百年以后的世界，成为俄罗斯盛开的玫瑰。

关于他们或俄罗斯两百年间的群像，我们在本书中已经开始叙述。面对俄罗斯这座特殊的浮雕，这群活着的灵魂，这一束被风雨洗涤后的动人的玫瑰，我们怀着肃静而虔诚的心，在暗香四溢的风口，作出最后的陈述和凭吊。

四

俄罗斯民族是一个奇特的民族，更是一个苦难和坚韧的民族。

作为这个民族的见证者和雕刻者，俄罗斯文学不仅具有这个民族的浪漫、豁达、乐观、诗意和奔放的精神特质，而且具有这个民族的凝重、孤傲、坚毅和大气的性格特征。世界上很少有其他国家的文学像俄罗斯文学一样，大师迭出，经典频生。俄罗斯文学在世界文学所达到的标高就像"世界屋脊"青藏高原一样，闪烁着神秘、庄重和肃穆的迷人光芒。

俄罗斯文学不仅源源不断地给俄罗斯民族输送精神食粮，而且给世界其他民族输送"氧分"和"血液"。至少，中国现代文学的一个源头活水就来自俄罗斯文学。早在1904年，普希金的作品就被翻译到中国。中国几代作家和读者都深深地受到俄罗斯文学的熏陶和影响。可以毫不夸张地说，俄罗斯文学对中国现代文学的精神追寻和知识分子的人格形成，起了至关重要的作用。

记得鲁迅先生在评价陀思妥耶夫斯基时，说过这样的话："他不但要剥去表面的洁白，拷问出藏在底下的罪恶，而且还要拷问出藏在那罪恶之下真正的洁白来。"这句话也可以用来概括整个俄罗斯文学。比起其他国家的文学，俄罗斯文学沉实、大气和厚重，作家们把人性的善与恶、灵魂深处的阴暗与光亮，写得波澜壮阔，深刻而从容。

俄罗斯民族大多爱酒。酒能激发灵感，放飞思维，酒也能燃烧苦难，磨砺斗志。因此，酒神精神在俄罗斯文学中有着突出的表现。

但俄罗斯文学的酒神精神与其他国家的文学不同。德国的酒神精神表现在狂放中的理性，恰如尼采的思想，一方面忘乎所以地张扬自我，另一方面又对世界报以清醒的追问；中国的酒神精神更多地表现在一种洒脱的态度，如魏晋风流，挥霍人生，淡然处世。老家伙刘伶提着酒壶，一边醉醺醺地喝酒，一边对跟随的仆从挥挥手，懒洋洋地说"死便埋我"。这是道家的虚无与老庄的逍遥之镜像。

而俄罗斯民族在刚开始喝酒的时候，常常非常豪爽，喝过便哭，把酒当作真正的杜康。喝酒的过程就充分地体现了俄罗斯民族性格的两个极端。俄罗斯民族在某些方面很不在乎，而在另外一些方面又非常在乎，这就是粗糙的俄罗斯民族能把芭蕾这种精细的艺术发展到极致的一个原因。

俄罗斯文学的酒神精神恰恰就是这种"粗糙"与"细腻"的完美结合。

俄罗斯文学还有一个突出特征就是作家们的宗教情怀。与沈从文所说的"美是愁人的"不同，陀思妥耶夫斯基有一个非常著名的观点则是"美可以拯救世界"，而这里的"美"指的就是艺术和宗教的生命共同体。

俄罗斯文学还有一个重要的特征就是强烈的参与精神和改造意识。这也是鲁迅先生十分看重的。文学可以启蒙和教化，可以改造国民的劣根性，而作家们的参与精神还可以改造社会。俄罗斯文学研究专家刘文飞认为：从历史上看，俄罗斯的文学作品就是非常"入世"的。这里的"入世"指的就是参与精神和改造意识。例如，18世纪的叶卡捷琳娜时代，"文学是一种时尚"。19世纪的时候，"美就是生活"。到后来的"白银时代"，文学依然非常"入世"。"白银时代"所追寻的象征主义，并不是一种纯粹的艺术游戏，其目的是要改变人的认识方式和生活态度。用一个词来概括就是"审美的乌托邦"。对俄罗斯人来说，现实是一个世界，艺术再造一个世界。俄罗斯民族要求"生活艺术化"，而俄罗斯文学又将这种要求变成了"艺术生活化"。

总之，俄罗斯文学灼热、厚重，闪烁着金属的质感，有着强烈的道德感和责任意识。

当我们把目光投向这片古老的土地和茂密的文学森林的时候，我们的心情是紧张、兴奋而又沉重的。这是一口连接着地心的水井，它需要耐心慢慢发掘，每深入一寸，就多一分让凝结的汗水变成珍珠的可能。我们深知，以自己的学识和才情，很难抵达大师们的灵魂深处，但我们尽可能地多接近、再接近。我们越是品读他们的作品，了解他们的历史，就越能触摸他们的肌肤，感受他们的呼吸。

我们与俄罗斯民族在黑暗中久久凝视；我们与俄罗斯作家在光明中会心一笑。我们找到了写作的动力、写作的激情、写作的理由！所有这一切，都是大师们连同大师们的作品带来的，更是中俄两国人民深厚的友谊带来的！

我们将牢记这一切，并深深感恩。

目　录

上卷

第一章　《上尉的女儿》——雕刻普希金 / 1

一、俄罗斯的另一个起点 / 3

二、爱神的瞳仁 / 7

三、扯下高贵 / 12

四、1825 年的暖情 / 16

五、迈不过的 12 月 / 21

六、莫斯科婚礼 / 23

七、《上尉的女儿》：荣誉的恩典 / 30

八、决斗的代价 / 34

参考文献 / 39

第二章　《死魂灵》——雕刻果戈理 / 41

一、被遗弃的灵魂 / 43

二、渺小的彼得堡官吏 / 47

三、再见，我的王！/ 52

四、别林斯基：懂得，却不原谅 / 58

五、《死魂灵》：一个时代的暗喻 / 64

六、梦里不知身是客 / 67

参考文献 / 73

第三章 《当代英雄》——雕刻莱蒙托夫 / 75

一、诗人之死，诗人而生 / 77

二、"遇见"普希金 / 81

三、爱情捕猎手 / 84

四、梦碎莫斯科 / 88

五、罪恶的彼得堡人 / 92

六、俄罗斯的堂吉诃德 / 96

七、《当代英雄》：俄罗斯的"时代病" / 99

八、英雄之死 / 105

参考文献 / 108

第四章 《父与子》——雕刻屠格涅夫 / 109

一、俄罗斯的经纬 / 111

二、善良的猎人 / 114

三、爱：不能仰望的禁区 / 119

四、在斯帕斯科耶旋转的中心 / 123

五、《父与子》：谁是俄国人民需要的呢？ / 127

六、托尔斯泰：唯一产生误解的人 / 131

参考文献 / 137

第五章 《罪与罚》——雕刻陀思妥耶夫斯基 / 139

一、俄罗斯病人 / 142

二、成也别林斯基，败也别林斯基 / 145

三、病入膏肓的森林 / 150

四、最没水平的编造 / 155

五、《罪与罚》：灵魂的拷问 / 161

六、贫穷的坟墓让人的心脏长久地发颤 / 168

参考文献 / 173

第六章 《战争与和平》——雕刻托尔斯泰 / 175

一、一个俄罗斯的俄罗斯人 / 178

二、放纵的痛苦 / 182

三、多情与忠诚 / 187

四、《战争与和平》：恢宏的英雄史诗 / 191

五、宗教与助人 / 197

六、最后十年 / 200

参考文献 / 205

第七章 《变色龙》——雕刻契诃夫 / 207

一、群星闪耀中最独特的那一颗 / 210

二、"合法妻子"与"地下情人"的较量 / 213

三、《变色龙》——时代悲剧下的众生相 / 215

四、弃医从文的探索与革新 / 219

五、从契洪特到契诃夫 / 223

六、戏里戏外，都是人生 / 228

七、最后的时光 / 232

参考文献 / 235

第八章 《母亲》——雕刻高尔基 / 237

一、俄罗斯人民伟大的儿子 / 240

二、灵魂的芳香：爱书成痴 / 243

三、《母亲》：正合时宜的照亮现实的灯塔 / 246

四、俄罗斯精神的守夜人 / 251

五、活着，一切为了爱 / 255

六、是作家，也是战士 / 258

七、伏尔加河最后的哀叹 / 262

参考文献 / 265

第九章 《米佳的爱情》——雕刻蒲宁 / 267

一、最后的贵族 / 270

二、"非典型纨绔生活" / 274

三、逃亡的命运 / 278

四、终身伴侣 / 282

五、巴黎：在漂泊的生活中挣扎 / 286

六、《米佳的爱情》：自我世界的灰色挽歌 / 289

七、托尔斯泰：俄罗斯的乡愁 / 295

参考文献 / 299

第十章　《安魂曲》——雕刻阿赫玛托娃 / 301

一、站在风口的俄罗斯的高贵 / 303

二、爱：不能融化的月光 / 306

三、不是诗人的妻子，是诗人 / 313

四、住在别人家的女人 / 317

五、《安魂曲》：为俄罗斯安魂 / 321

六、灵魂最后的华盖 / 323

七、她是最后一个 / 328

八、生为诗人，死为诗人 / 333

参考文献 / 336

第十一章　《日瓦戈医生》——雕刻帕斯

捷尔纳克 / 337

一、拒领诺贝尔文学奖 / 339

二、生命里的生命 / 343

三、告别踟蹰 / 347

四、诗歌的道路 / 350

五、温柔的掠夺 / 356

六、情与殇 / 362

七、《日瓦戈医生》：俄罗斯民族的心灵

秘史 / 366

参考文献 / 371

第一章

《上尉的女儿》

——雕刻普希金

亚历山大·谢尔盖耶维奇·普希金生于1799年5月26日，卒于1837年1月29日，是俄罗斯著名文学家、诗人、小说家，现代俄国文学的创始人，19世纪俄罗斯浪漫主义文学主要代表，同时也是现实主义文学的奠基人，被誉为"俄罗斯文学之父""俄罗斯诗歌的太阳"等。

普希金出身于贵族家庭，并在童年时期接受了良好的教育。1811年，普希金进入贵族子弟学校皇村学校学习，在一次中学考试中，他朗诵了自己创作的《皇村忆事》，表现出了非凡的诗歌写作才华，他诗作韵文的优美和精巧得到了广泛的赞赏。

　　从贵族学校毕业以后，普希金到彼得堡外交部供职。在此期间，他深深地被"十二月党人"及其思想所感染，创作了许多反对农奴制、讴歌自由的诗歌。1830 年秋，普希金完成了自1823 年开始动笔的诗体小说《叶甫盖尼·奥涅金》，塑造了俄罗斯文学中第一个"多余人"的形象，这成为他最重要的作品。除此以外，普希金的主要作品还有长篇小说《上尉的女儿》，中篇小说《杜布罗夫斯基》《别尔金小说集》等。他创立了俄罗斯民族文学和文学语言，在诗歌、小说、戏剧乃至童话等各个领域都给俄罗斯文学树立了典范，被高尔基誉为"一切开端的开端"。

　　普希金作品崇高的思想性和完美的艺术性使他具有世界性的重大影响，他的作品被译成多国文字。他的作品中饱含着对自由、对生活的热爱，对光明必能战胜黑暗、理智必能战胜偏见的坚定信仰，他的文字感动着一代又一代的人。

一、俄罗斯的另一个起点

人们能记忆的俄罗斯，一个开始于彼得大帝，另一个开始于他。

亚历山大·谢尔盖耶维奇·普希金，"俄罗斯现代文学的始祖"。我们很小的时候，就看到教科书上这么赫然地写道。后来才明白这句话的分量。

1799 年 5 月 26 日，普希金诞生在莫斯科德意志大街的一栋建筑里，父亲为谢尔盖·利沃维奇·普希金，母亲为纳捷日达·奥西波夫娜·普希金娜。

曾祖父是伊丽莎白时代近卫军团的忠臣，打过无数场仗，性情刚烈暴躁，结果几近身败名裂。

祖父在叶卡捷琳娜军事政变时期，是沙皇坚定的支持者，冒死告密进谏，结果锒铛入狱。

父亲是位军官兼诗人，没有什么名气，更有名的是他的伯父瓦里西·普希金，在当时是俄罗斯一等一的诗人。

外曾祖父阿勃拉姆·彼得罗维奇·汉尼拔是位传奇式的埃塞俄比亚黑奴。彼得大帝追求潮流，从非洲弄来黑奴侍卫，一名无名无姓的黑奴却在他身边成为一个文武全才，内可治国，外可征战，彼得大帝无比信任于他。这个有着黑人的热情和冲动血统的男人，后来改姓汉尼拔，后世称呼他为"俄罗斯的功勋"。

母亲纳捷日达饱读诗书，勤劳智慧，是个温柔贤淑、浪漫而美丽的女人！

所有这些创造了一个普希金！

后来的普希金拥有血统里应该拥有的一切：叛逆、热情、冲动、浪漫、勇敢。但是，这一切还不够创造出崭新的俄罗斯文学！

俄罗斯文学需要被这一切创造的普希金去创造！当普希金在后来开启了现代俄罗斯文学时代，这一切都被颠覆、被覆盖，完全成为普希金的辉煌。但是，一开始，谁也不知道普希金可以创造另一个俄罗斯文学新纪元。

　　幼年的普希金生活在外曾祖父留下的庄园，行走在伯父为他创造的诗歌的门庭。母亲给了他无微不至的关爱。

　　阿里娜·罗季奥诺夫娜，这位从外曾祖父汉尼拔时代世袭下来的女仆，成了他的奶妈。她没有给他生理上的哺乳，却给了他足够的俄罗斯精神源泉。从奶妈那里，他得到无数的俄罗斯传说和他的家族故事。

　　无论是普希金一脉，还是汉尼拔一脉，后来都成了他文学的骨架，而俄罗斯的传说则融化到他的俄罗斯精神里。

　　然而，他还缺少某些东西！这些东西是他构建另一个俄罗斯的关键。他需要颠覆家族，更需要颠覆旧的俄国！这个关键是叛逆！

　　但是，从出生到年少的很长一段时间，他始终都是在莫斯科的家族里，叛逆到何处去寻找？

　　终于，俄罗斯的"文化子宫"——皇村学校形成！皇村学校本来是皇帝用来维护原本那个俄罗斯的！却孕育了普希金来创造另一个俄罗斯！后者恰恰要颠覆和毁灭那个原本的俄罗斯！

　　1811年1月，这个贵族皇家学院正式由亚历山大一世决定创办。谢尔盖立刻为儿子申请入学！但是，他的力量不够，中落的家道已经不足以称之为贵族。得益于伯父诗人瓦里西的协助，普希金才顺利拿到入学资格。

　　入学考试，测试语法、算术、物理、历史、地理等科目，普希金以中庸的成绩过关。他擅长的领域不在这些方面，他注定要开辟新的世界！但是，感谢他最初的中庸，他过关了！

　　1811年10月19日，皇村开学典礼上，所有的首届学生列席，被一一点名亮相。

　　亚历山大一世偕同全体皇室成员到场检阅！看得出来，亚历山大一世对这所皇家学院有多重视，这里是皇家精神圣地之所在！这是他的学院，这是他的天下，这是他的俄罗斯。

　　当学校校务秘书念到"亚历山大·普希金"时，普希金起立，走到贵宾席前，鞠躬，抬头。

亚历山大看见了普希金，普希金也看见了亚历山大。这是他们头一次注视到对方的眼睛！

一个亚历山大见到另一个亚历山大。这时的普希金只是大帝的一个微不足道的忠诚的学生，一个孩子！可是后来人们知道，那是两个俄罗斯强者的第一次碰面！

从那以后，另一个俄罗斯开始崛起，在旧的俄罗斯的龙脉之地。

那一年，普希金十二岁！十二岁的普希金来到了彼得堡的皇村！普希金的俄罗斯开始了。而亚历山大一世无聊地参加完皇村开学庆典，疲倦地回到宫中，继续安枕无忧地享乐。

皇村！一个童话般的地方，生活如画，阳光充足。

皇村！却也是一个禁锢的地方，教学和生活纪律森严，皇权和宗教是至高无上的。

皇村！同样是"古"俄罗斯诗人聚集的地方。

在这里，普希金血统里的多重性格迸发出来；在这里，普希金和众多后来的"十二月党人"组成热血的青年联盟。反叛，从这里开始，也最强烈地爆发！

1812年，法兰西大帝拿破仑·波拿巴为了完成统一欧洲的宏图霸业，开始了对俄罗斯帝国的东征！

俄罗斯在震动，莫斯科在流血，但是俄罗斯没有发抖！

在冰天雪地的莫斯科发抖的是法兰西，最终拿破仑在俄罗斯得到的是彻底的失败，然后走向致命的滑铁卢！

当俄罗斯坚定地反抗外来入侵时，普希金的人格——另一个俄罗斯的体质就此形成：在国家民族上是民族和人民的自由；在个人生命上是爱情与思想的自由！

是的，另一个俄罗斯的生命线就是自由。然而，在原本的俄罗斯，自由是需要付出代价的。普希金却准备去创造它。他的工具是诗歌!

在皇村学校,普希金的诗歌天赋迸发出来,尽管父亲希望他毕业以后可以成为近卫军军官,但是他控制不了对诗歌的冲动。

应和着那场伟大的卫国战争,普希金创作了最初的诗歌,民族的、人民的,以及爱情的诗歌。

他在皇村最初的试笔已经足够称为普希金的,但是,还不能称为俄罗斯的。因为他没有名气,尽管他足够热情。

他需要名气为他的诗歌正名。他需要一个突破,这个突破让他站到诗歌的舞台上。

为了追求轰动效应,皇村于 1914 年决定,在 1915 年 1 月举行一次公开的升级考试。而语言学科的考试更是邀请了当时的桂冠诗人杰尔查文亲临,聆听考生朗诵诗歌。

机会来了,普希金不会错过! 1914 年,他怀着巨大的热情创作了《皇村忆事》! 然后,他静静等待!

杰尔查文来了,以俄罗斯第一诗人的美誉,他稳稳地坐着,聆听着后生的朗诵。之后他高高在上地点评!

普希金来了!他激情高昂地朗诵《皇村忆事》。尽管诗歌有意采取了类"杰尔查文"体,尽管诗歌特别赞颂了"杰尔查文"!

> 怎样用宙斯的雷攫取了战场的胜利;
> 全世界都为他们的勇敢的业绩所震惊。
> 杰尔查文和彼得洛夫在铿锵的竖琴上
> 曾经歌唱过这些英雄。
> ......
> 他会看见:在波涛当中,
> 在坚固的、铺满青苔的岩石上,

> 矗立着一座纪念碑，上面蹲踞着
> 一只幼鹰，伸展着翅膀。
> 还有沉重的铁链和雷电的火箭，
> 盘绕着雄伟的石柱，绕了三匝，
> 在柱脚周围，白色的浪头喧响飞溅，
> 然后在粼粼的泡沫里歇下。

杰尔查文被击倒了，他再也坐不住。他惊喜，俄罗斯竟然有这样的天才；他也畏惧，俄罗斯的天才竟然只有十五岁！

面对宏大的《皇村忆事》，杰尔查文无言以对，尽管他还是微笑着，甚至高高地坐在普希金面前，他却已经无能为力。他怀着不安的心情离开了皇村学校。

普希金轻易地突破了"杰尔查文"，杰尔查文从此为他让位！

至此，俄罗斯文学新时代开始呼啸！呼啸得令人倾倒，心醉。

最后，普希金成为所有俄罗斯诗人之上的诗人，所有俄罗斯诗人内在的诗人。普希金这个名字成为诗人的图腾！

二、爱神的瞳仁

夏风一样迷人的卷发，大海一样忧郁的眼神，古铜一样性感的皮肤；无尽的热情，无尽的冲动，无尽的爱与欲望！这样的男人谁不爱？如果再加上让全俄罗斯倾倒的才华和声誉呢？

他爱的女人很多，数不清楚；爱他的女人很多，也数不清楚；他一生写过的情诗更多，仍旧无法数清楚！

人们都知道，民族诗和爱情诗是普希金的两柄权杖。但是，他的爱情诗比《皇村忆事》来得更早。这意味着他的爱情来得更早，早得比夏天的青苹果还要新鲜和甜涩。

1813年，夏天的夜晚，繁星满天，夜凉如水，树木像女人的身体一样在黑暗里径自梳妆，涅瓦河光滑油亮，在夜的深处无声无息地流淌，仿佛沉睡的欲望。

这一夜，十四岁的普希金失眠了。他睁着眼做梦，情绪是湿的，懵懂的欲望是湿的。

他看见那个少女在舞台上舞蹈，舞步曼妙，身材风韵！每一个动作都是诱惑。

接着，他看见她的眼神。虽然，台下有很多人，但是，他确定，她的眼睛正在注视着自己，并且只有自己。

他对她微笑，她也对他微笑。然后，他确定台下只有他一个人，他确信她是他的！

很快，舞台的帷幕拉上，他的女孩消失了。他偷偷地笑，因为他知道他的女孩哪里去了。他的女孩下了舞台，卸妆！正匆匆赶往他们约会的地点。

夜晚时分，一轮大月亮。他的女孩来到皇村池塘边的亭子里。他说好在这里等她。

池水油亮，是夜的性感，大月亮静静在池中沉睡，柔柔的月光下，一切都是温柔的、有欲望的，垂柳也像一个女人一样静默，整个夜弥漫着类似女人的体香。

女孩来到亭子里，见不到他！女孩神伤，轻抚衣裙，望着湖水垂泪。突然，他从暗处跳出来，女孩又破涕为笑。

他的女孩，穿着洁白的衣裙，皮肤光滑，身形丰满，眼睛湿润，样子迷人！

他抓住她的手，钻到她的怀里，依偎着她的芳香，那么像一个孩子。他的确还是一个孩子。但是，没人怀疑他的欲望是成熟的。因为，他写下了成熟的情诗。

"你究竟是谁，唠叨的恋人？"

请看一看那高耸的院墙

那里面笼罩着寂寞的永恒暗影

请看一看那紧锁的门窗

那里点燃着昏暗的神灯

娜塔丽娅，我……是苦行僧

是的，那个女孩是娜塔丽娅，皇村剧院的农奴女演员。但是，那个女孩是否真的是他的女孩？

他看了她的戏剧，然后就爱上她。而所有爱的故事都是他的梦幻。他宁愿那样醒着，让那个女孩停留在自己的指尖上，这样才确信，那的确是他的女孩。

这是普希金生涯里的第一首诗歌。那一夜，他躁动了一夜，青春也潮湿了一夜。爱的幻想就那样醒着，直到有一天，一个真正的他的女孩出现。

时间并不长，他仍旧年轻，1915年，他只有十六岁，真正的女孩来了。这一年，他已经打败了杰尔查文。但是，他不得不再次失眠。

这一次失眠是因为他可以触摸到那个女孩，这一次的爱有开始，有发展，也有结束。躺在床上，他微笑，也忧伤，深夜里窗外的树叶哗哗作响。

那个白天，他见到她。在皇村学校，阴暗潮湿的楼梯里，他慌忙地下楼，迎头碰上了她。

她穿着一袭黑色的长裙，黑色的长裙是那么得体，仿佛黑色就是为她而存在。黑色的长裙里，她显得性感迷人。从她新鲜的皮肤和可爱的笑容可以确定，她如此年轻，但是，黑色给了她浓浓的女人的味道。

普希金被俘获了，呆呆地站着，看着她走到自己面前。和她在一起的是他的一位同学。普希金不由得嫉妒那位同学。不是他的女孩，可是他却吃醋。

同学停在他面前，向他介绍那个女孩。

原来是同学的妹妹！普希金心里突然变得亮堂，他高兴地笑了，急切地和女孩握手。女孩对他微笑！而他居然忘记了礼节。

随后，他和那位同学聊了几句，只是他自己都不知道自己在说什么。他的眼睛翘得很高，刚刚好能看见站在高处的那个女孩。

同学走了，女孩也消失了。整个过程五分钟！五分钟结束，普希金仍旧站在原地，独自回味。

那个女孩是巴库尼娜！普希金决定要让她成为自己的女孩。是的，她成了普希金的初恋。

每天，普希金都在想着她，希望能够再在楼梯里遇见她；他站在宿舍窗口眺望，总是想着巴库尼娜的身影能够出现；他站在门后聆听，渴望着巴库尼娜的声音突然会窜进来；他不厌其烦地往同学宿舍跑，期待着和巴库尼娜不期而遇。

茶饭不思，相思成灾。热情在燃烧，渴望在膨胀。情诗一封一封地写出来，送到爱人手里，或者藏到自己的日记里。

巴库尼娜为这个年轻人的勇敢和热情而吃惊。她欣喜，心跳加速，脸蛋通红。但是，她又害怕他的炽烈和黏稠。

她不敢接受他，虽然，她了解他是个天才，也知道他的爱是真的。当他出现在面前，她总想躲避他。而他紧追不舍，想把她拥抱在怀里，想吻她的脸，触摸她的肌肤。她还太小，的确不敢轻易接受他的甜言蜜语。

皇村夏季的热情退去，秋天的阴冷来临，树叶枯黄了。但是，普希金仍旧忧郁地希望着，炽烈地爱着，勇敢地付出着，不曾退缩。

1817年，普希金从皇村毕业，进入近卫军团。他和他的热血青年同盟们，仍旧经历着思想的风暴，自由之路在他们心中涤荡！陡然间，他已经和原本的俄罗斯、亚历山大一世的封建专制对抗起来。

诗歌成了他的权杖和资本，著名的《致恰达耶夫》更是将这种对抗推向一个顶点。此时的他成为一个青年人物，俄罗斯都知道他这个要命的青年诗人。

他对巴库尼娜的追逐依然继续，热情更加高涨。

巴库尼娜已经渐渐成熟长大。长大的巴库尼娜不能自制地爱上了普希金。但是长大的巴库尼娜更加坚定地不能接受普希金炽热的爱。

后来，他成为"俄罗斯之王"！他会爱上很多女孩。对每个女孩，他都会毫无保留地付出全部热情。那是他的爱的运行方式，这种方式不能静止，一旦静止就意味着婚姻，意味着危险。

他也是所有人的爱！没有哪个女孩能自信地确定可以完全拥有他。所以，很多女孩会爱上他，深深沉醉于他的爱的诗歌，但不能拥有他。

而巴库尼娜是他的初恋，是他最初的坚持。后来当他万千宠爱集于一身，他连这种尝试也不能有了。这种尝试也在1820年结束了！

1820年，带着为巴库尼娜写下的二十多首情诗，他离开了彼得堡，和爱人说再见。但是，他的爱没有冷却，他没有忘记巴库尼娜。

1834年，巴库尼娜结婚了。普希金亲临婚礼！他成了婚礼的主角，虽然他不是新郎。

普希金已经不是当年的普希金，可巴库尼娜还是当初的巴库尼娜。

巴库尼娜很高兴，因为人们都知道，"俄罗斯之王"爱着她，并且是真诚地、毫无保留地第一次爱上这个女孩。

当时的普希金也很高兴，因为巴库尼娜有了好的归宿，而他自认已经不是合适的男人，虽然他依旧爱她。

从她一袭黑色的礼服上，他瞥见了青葱而炽烈的初恋，还有那致命的五分钟。

那一刻他在笑容背后，默默念道："我的女孩！"

三、扯下高贵

请扯下他的高贵！高贵对于他没有任何意义。他从来不是高贵的人，他宁愿更低些，那才是另一个俄罗斯需要的。

他的血液是热的，原本的俄罗斯是冷的。对抗！那么请惩罚他吧，他没有退缩，也无处可退，经过罪与罚他才能成就一个崭新的俄罗斯！

伟大的拿破仑·波拿巴征服欧洲之梦断于莫斯科的冰天雪地，但是意义并非仅仅如此。当拿破仑带来的战争在俄罗斯平息以后，法兰西的启蒙思想却开始在俄罗斯狂飙。卢梭、伏尔泰注定会成为一个新纪元的风向标。

俄罗斯悄悄地形成了一个"年轻的雅格宾派"，年轻的雅格宾派正是起源于皇村的热血青年同盟。

俄罗斯大地上有一个声音正风靡，年轻人为之倾倒，宫廷在震撼。这个声音是《自由颂》，是《致恰达耶夫》，是长诗《鲁斯兰和柳德米拉》，是普希金年轻的声音，是新俄罗斯的声音。

1820年3月，春天爬上俄罗斯冰冷的躯体，亚历山大一世郁闷无比。

皇宫里正在展开一场激烈的判决。皇帝在宫廷里坐立不安，此刻，他再也想不到他的任何一个女优，满脑子只有一个名字！

面对着众大臣，他勃然大怒："造反了，真是要造反了。"

众大臣面面相觑，不知其然，于是都不敢作声，害怕惹皇帝更生气。

皇帝气喘吁吁地说："现在到处都是他的煽动性的诗歌，整个俄罗斯都在背诵它们。这还得了，这还得了，你们说说，该拿他怎么办？"

众大臣立刻都明白了，皇帝在说普希金，但是，众大臣依旧不敢说话。

皇帝说："应该把普希金流放到西伯利亚去！"

宫廷立刻喧闹一团，众大臣议论纷纷。

"对，应该把这个不知道天高地厚的人流放到西伯利亚！"

"要狠狠地惩罚他！"

"给他点颜色看看，不然他不会乖的！"

"他的诗歌就像瘟疫，俄罗斯都被他传染了！"

"普希金太放肆了，他竟敢写诗咒骂皇帝，应该送他去服苦役。"

"流放！""流放！""流放！"

群情激愤之下，皇帝头脑发热，情绪几乎失控！

"陛下，普希金还算是个孩子呢，他不懂事，只要稍稍惩罚他一下就行了。先让他吃点苦头，将来他手中的笔也许对陛下有用呢。"突然，有人走到皇帝身边说，他是宫廷诗人杰尔查文。

"是啊，仁慈的陛下，请开恩，把他流放到冰天雪地里服苦役太过于严厉了。"另一个宫廷诗人茹科夫斯基也说道。

这两位诗人和普希金有相当深的交情。虽然都是前辈，但是无不钦佩普希金的才华。

亚历山大铁青着脸，沉默许久说："容我再想想！"

亚历山大来到后宫，头疼得厉害，他想找他的女孩解闷。可是，刚进到女孩的卧室，女孩就笑盈盈地扑到他怀里，娇嗔地说："陛下！你快来看看这首诗歌，写得太好了，我要是能成为他诗歌里的女孩该有多好呀！"

亚历山大接过纸张，定睛一看，呆了！又是普希金，又是普希金的诗歌，所不同的是这是一首情诗。

"留着普希金的确是有用的，如果能把他招入皇宫，做个宫廷诗人，该有多好"，亚历山大情不自禁地想，"那好，就把普希金流放到南方去，没有我的允许，不准他回彼得堡和莫斯科。"

普希金就此获罪，被流放到南方。南方是欧亚之交的敖德萨，阳光和大海恋爱的美丽的敖德萨！

彼得堡成了禁地。然而，彼得堡的人们都不再怀疑，普希金已经成为自由的代名词，普希金也成了爱情的代名词。自由与爱情，两者缺一不可。

而从普希金的一生看，如果不是他的爱情诗，那么他早就会因为自己的自由诗而早早离开！

普希金以自由诗创造着俄罗斯，同时以爱情诗风靡于原本的俄罗斯。这种双轨道是他运转的方式。

1820年，普希金来到了敖德萨。敖德萨总督夫人沃隆佐娃接到这个消息，兴奋万分。这位芳龄廿八的女人有着丰沛的才华、财富和欲望。她的总督府就是一个大沙龙，接待着无数的客人，而这个沉醉于交际的女人令无数男人倾慕。

南方的阳光和海水永远令人着迷，阳光唤起人足够的热情，海水散发足够的浪漫。普希金来到此地，自然也不甘于寂寞。他对交际总是充满着冲动，他喜欢成为焦点。

在朋友们的介绍下，普希金顺利地进入沃隆佐夫的门庭。沃隆佐夫听闻普希金来了，他已经很不安：普希金是一个有麻烦的人！现在普希金走到他的身边，他更加不安：普希金是一个太受女人欢迎的人。

但是，沃隆佐夫是一个精明能干的人，他清楚普希金会给他带来麻烦，但是麻烦意味着他可以成为焦点，换句话说，普希金的经常光临令他脸上很有光。

普希金来了，门庭里所有的客人纷纷起立，钢琴声、打闹声、嬉笑声全部消失了。

女人们的血液滚烫，脸蛋突然都红了，眼睛变得雪亮，一瞬间，她们都成为淑女；男人们个个都有醋意，但是无一不想见见这位被皇帝钦点的犯人！

沃隆佐娃激动地从座位上站起来，翘起脚尖，张望；沃隆佐夫则穿过人群，亲自到门口迎接，他热情地与普希金握手，引着普希金走进人群。普希金微笑着打量着每一个女孩，一次次鞠躬，尚且有点害羞。

他来到沃隆佐娃身前。沃隆佐夫向他引见自己的夫人。普希金惊诧于这个女人的美丽和风致。她仿佛就是高贵、热情和成熟的代名词。

她伸出丰满的手，普希金握住它，低头，吻它。一股香气刺激了他！

很快人们发现，普希金也是个性情中的男子，而沃隆佐娃却认定他是一个性情中的男孩。

聚会重新开始喧闹，普希金却一直坐在沃隆佐娃身边。沃隆佐娃细细地打量他，倾听他的诗歌。

普希金心甘情愿，女孩们纷纷前来邀请他，想认识他，他却离不开沃隆佐娃。

"真是一位爱的宠儿，才华是那么高，眼睛是那么迷人"，沃隆佐娃很快接受了他，她决定让他变成自己的男孩。

普希金也喜欢上了她。这一次他喜欢的不是女孩，而是女人。他没有能力控制这个女人，反而，他想依靠这个女人。是的，这个女人成了他的监护人。

沃隆佐夫在人群中看得清清楚楚。他肯定普希金的才华，更深知普希金对女人的天才式的掠夺。然而，聚会上的人对普希金的强烈反应同样是他的某种成功，他无法拒绝。

普希金喜欢光鲜地出现在人前，同时他又不屑于趋炎附势地赞美，他以我行我素的方式行走。男人们，特别是权贵们很快就不再喜欢他，女人们却越加为他着迷。

生活在总督的领地，他却不给总督面子。他写诗歌讽刺总督，总督生气，但拿他没有办法，因为总督夫人坚定地保护他。

沃隆佐娃强烈地喜欢上这个男孩，他们在大庭广众之下调情，在闺房里幽会，普希金的诗歌让她神魂颠倒。

普希金为她写诗，与她拥抱，亲吻，在她身边安睡。

普希金熟悉她那里的一切，他甚至和她的女婢抛媚眼，调情。但是，沃隆佐娃就是喜欢她的男孩。她的男孩不一定要忠诚于她，有他的爱情诗就足够了。只是，她不允许别的男人动他的男孩。

沃隆佐夫对这些并非一无所知，然而他睁一只眼，闭一只眼。普希金是皇帝钦点流放南方的犯人，他不敢随意让他滚蛋！

四年就这样过去了。在敖德萨，普希金按照他的方式生活着，情爱肆无忌惮地扩张。而在远离政治中心的南方，他的自由情怀也更加不受控制。

在这里，他的最爱其实不是沃隆佐娃，而是一个遥远的男人——拜伦！他和那个《唐璜》的男人一脉相承，于是，《致大海》这样暴风雨式的诗歌在他的笔下呼啸。

这个时候，沃隆佐夫开始无法忍受。普希金的爱情诗或者只是掠夺了他的妻子，普希金的自由诗却可以毁灭他的一切。1924 年，他向皇帝申请，将普希金"送出"南方。

亚历山大把普希金流放到老普希金的领地！

普希金回到了故乡，回到了家族所在的地方。家族所在的地方有最纯粹的俄罗斯的人民，有古老的俄罗斯的精神，有他的未来。

此时，沃隆佐娃成了过去时，虽然，他还会常常想起她。

他要在父亲的庄园继续酝酿风暴和爱情，更重要的是他在这里蜕变，寻找与建立功勋。

四、1825 年的暖情

1825 年的夏天，幸福让他喝醉。

在父亲的领地，乡村的晚霞绯红，泥土芳香，无边的麦田里，农舍星星点点，炊烟袅袅，长长的乡间小路，通向遥远的远方，总有一个灰色的身影在天底下矗立。

那是普希金的忧伤与平静。他在咀嚼伤感，重新体会俄罗斯的人民、俄罗斯的历史，《叶甫盖尼·奥涅金》《鲍里斯·戈都诺夫》正一点点地被创造。

他也在等待一个人，然后，唤醒沉睡的热情。

夏天来了！浪漫被镶入晚霞，女人被种进泥土，青春在麦秸上拔节，她来了。

那是一个阳光灿烂的日子，她的马车仿佛一首唯美的诗歌，从天边行驶过来，散落一路的车铃！

她从车窗的帷幕后面探出头，头上戴着精致的帽子，眯着双眼，微笑着眺望阳光下闪闪发亮的麦子。

麦田里，顶着头巾的女农民，纷纷站立，向她的马车张望。

"城里的大户人家！"农民们都在想。

的确，她来自城里，而且是京城彼得堡。

她的马车在一处大庄园停下来，然后，她撩开帷幕，下车。

她的青春曼妙让所有的麦子愉悦。

她提着裙子，行走在树荫疏落的干净的泥土上，阳光追逐着她的衣袖，鸟儿在她头顶欢腾。她走上台阶，一个妇人欢笑着从大门里走出来，激动地拥抱她，吻她，嘴里念道："哦，我的安娜，你可来了！"

她打心眼里高兴，说："姑妈，我一直想着您呢。"

妇人说："快快进屋吧。"

她却急不可耐地说："听说亚历山大在这里呢，是不是真的？"

妇人笑着说："可不是吗，你很快就可以见到亚历山大了。他已经问我好几回了，安娜·恩克什么时候来？安娜·恩克什么时候来？"

她更是高兴，脸蛋泛出红云。

她和普希金同龄，很早就看到了对方的眼睛，尽管那只是刹那的对视，尽管她早早地嫁做他人妇。

1819年，在彼得堡姑妈家里，她第一次见到年轻的诗人。那个时候，美丽、温柔的她已经是一位年过五旬的将军的夫人。

"那倏然出现的形象宛若惊鸿，重睹芳容已永不可能"，这是她给普希金留下的印象。

六年过去了，她来到姑妈的农庄三山村，这里就在普希金所在的米海洛夫村旁。

她无法抑制地想见见他。而此时的诗人却正缺少一个真正的情人，诗人也不由自主地想见见她。

安娜·恩克来了！普希金知道以后，乘着暮色从他的庄园赶来。赶来时，她刚好洗完身子。穿着拖鞋和衬衣，她从里屋跑出来。

他们的目光再次相遇。他们都很高兴，交谈、微笑、读诗，退却的热情和梦幻重新在普希金体内复活了，遮盖的青春和少女的情怀也在恩克的身上重新焕发生机。

恩克是位学识兼备的女子，心思细腻，感情饱满。普希金迷恋上她，这一次他得到的是一个完美的女孩，而不再是女人。

这个女孩是他从前没有过的，以后也不曾有过。

他们几乎终日厮守在一起，或者普希金跑到她那里，或者她跑到普希金的庄园。普希金向她诉说自己的痛苦、忧郁和热情。她温柔地聆听他的话语，抚摸他的头发！

他们在傍晚的田野漫步，在月下的花园接吻，在熊熊的火焰旁边枕着彼此睡眠。阳光就那样浪漫地照耀了一个夏天，麦子熟透了，收割了！

普希金几乎已经无法离开她。然而，她终究是别人妇。夏天结束了，她要走了。

走的那天，她在门前站立很久，不停地眺望远方，可是远方一无所有。她神伤！

她上了马车，落下眼泪。

马车走了，行走在暮色的田野里，白纸一样的月亮出现在天际。车铃一路作响，她一路垂泪。

突然，马车停在一个路口。她的车门被打开，一个灰色的身影出现在他的面前。那是普希金。

她哭得更厉害！一头钻进普希金的怀里，委屈地说："我以为你不来了，以为再也见不到你了！"

普希金温柔地说："我这不是来了吗？我不会不管你，不会离开你。"

他捧起恩克的脸，热情地长吻。

突然，恩克一把将他推开，惊慌地说："不，不。都结束了，已经结束了，我就要回去做他人的妻子了。"

普希金痛苦地说："亲爱的，没有结束，才刚刚开始，我不会让你离开我。"

泪流满面的恩克再次钻入他的怀里，无力动弹。普希金吻得她几乎无法呼吸。

她宁愿那一刻就那样死掉。可是她终究还是要走的。

普希金把《叶甫盖尼·奥涅金》第一章的完稿递到她怀里，动情地说："好好保管它，它是你的。不要忘记这个夏天，记得给我写信，一定记得。"

他要将《叶甫盖尼·奥涅金》第一章的完稿作为他们爱的见证。

马车走了！恩克走了！像一首美丽的诗歌，消失在遥远的暮色之中。

普希金久久张望，流下眼泪。

她来了，又走了！是开始，也是结束。这是普希金所有爱情的基调。因为他的爱无法停止，他自己更无法停止。

恩克回到了京城，每天躲在闺房里，房外人来人往，车水马龙。而她消瘦下去，她想念她的夏天，想念诗人的体温。

就在那天，她对着窗子，哭成泪人，面前放着《叶甫盖尼·奥涅金》，泪水落在书的扉页里，任谁敲门，她都没有反应。

因为她在书里发现了一张纸，纸上写着那首被后人称为"所有爱情诗典范"的《我记得那美妙的一瞬》——

我记得那美妙的一瞬，
眼前出现了你的倩影；
宛如倏然即逝的幻梦，
宛如纯美之神的显灵。

当无望的忧郁折磨我的心，
生活的纷扰又不给我安宁；
耳畔常响起你温柔的声音，
梦里总浮现你可爱的面容。

岁月在流逝。一阵阵暴风，
驱散了往日一个个美梦；
我便忘却你温柔的声音，
和你那天仙一般的面容。

身受幽禁在静僻的乡间，
我一天一天苦挨着人生；
没有女神没有灵感，
没有眼泪、生机和爱情。

心灵到了苏醒的时候，
眼前又出现你的倩影；
宛如倏然即逝的幻梦，
宛如纯美之神的显灵。

心儿的搏动有狂喜相伴，

它曾有的一切重又复生；

有了女神有了灵感，

有了生机、眼泪和爱情。

后人温柔地称这首诗歌为《致恩克》！

恩克走了，夏天也走了，普希金的热情重新沉睡，他生命的寒冬来临了。

五、迈不过的 12 月

1825 年的冬天，悲恸将他掏空。

那是致命的 12 月。12 月的盖头沉重，他独自一个人再也无力揭开。

寒风呼啸的夜晚，旷野里传来撕心裂肺的哀号声，哀号声很快又消失在黑夜！

那是普希金！他跪在冻结的土地上，眺望京城的方向！他的眼泪砸在冻结的土地上，被黑夜吞噬。之后，他又撕心裂肺地哀号，把头埋进臂弯里，用力地抵住大地。

"卑鄙呀！怎么可以这样对他们！"他泣不成声。

"无耻呀！我竟然在这里苟且偷生！"他万分自责。

普希金是怎么了？

1825 年 11 月，那个俄罗斯的亚历山大皇帝在远离京城的海港塔干罗格离奇死亡。

先王既死，新王登基！王子康斯坦丁和尼古拉展开角力。

京城就快沸腾了，各地局势也存在着很大变数！

各种消息不断传到普希金那里，他的同盟者也纷纷给他通信。他敏感地意识到京城的自由风暴，12 月初，他决定乔装打扮，秘密进入京城，和他的同盟者会合，但是，种种原因使之没有成行。于是，进入 12 月他就坐立不安，血液沸腾得不受控制，恐惧、冲动、希望、绝望一并袭击着他。

在米海洛夫村，他像一头困兽。他只能更多地往三山村恩克的姑妈的沙龙那里跑，因为那是个将军之家，消息更灵通。

正当他想着怎么样才能为新俄罗斯多做些事情时，12 月 14 日到了！尼古拉囚禁了康斯坦丁，并准备宣誓登基。

可是，就在这一天近卫军团造反了，他们联合京城无数的起义群众和新皇帝的军队对立起来。他们要为新俄罗斯血祭，朝着俄罗斯的新纪元！

然而，在皇帝强大的军队进攻下，他们在京城的起义当天就失败了。

后来，人们知道这是"十二月党政变"，起义的发起人和领导者就是热血的贵族青年——"十二月党人"。

而普希金是个不折不扣的"十二月党人"。可是此时，他只能远离京城，看着事情发生与结束。

他打开了墨水瓶，疯狂地书写，愤怒、亢奋和焦急地等待。当起义失败的消息传到他的耳朵里，他变得死一般沉寂，沉寂着等待恐惧和更加愤怒。

风高无月的黑夜，普希金只能跪在故乡的泥土里流泪，为他的从皇村时代就一起战斗的热血兄弟，为他的俄罗斯。

12 月的盖头彻底黑了，像铅一样沉重。

对"十二月党人"的审判持续了很久。第二年年中，审判正式昭告天下：

五名起义首领雷列耶夫、彼斯杰尔、别斯土舍夫、卡霍夫斯基和姆拉维耶夫－阿勃斯杜尔被判死刑，其余 116 人全部被流放到西伯利亚。

但是，王公大臣纷纷惊诧：为什么犯人名单里没有普希金？普希金不仅仅是标准的"十二月党人"，更是"十二月党人"的图腾和代言，是"十二月起义"的泉眼。就连别斯土舍夫都激动地说："是普希金的《自由颂》，把我带上革命的道路。"

普希金之所以没有被定罪的原因是"他没有参加起义"，这理由看上去有些苍白。

1826年9月8日，在"十二月党人"被定罪两个月之后，普希金被尼古拉的专员从米海洛夫村接到新都莫斯科。来到莫斯科，他就被带到克里姆林宫面见沙皇。皇帝要亲自审问他。

皇帝和蔼地说："如果14日你在彼得堡，你会怎么做？"

普希金坚定地说："毫无疑问，我会是他们中的一员！"

回答得干脆！仿佛一记耳光，响亮地甩在尼古拉脸上。

尼古拉火冒三丈，紧紧握着拳头，却没有发作。

他放过了普希金，因为他是新皇，他要向天下人诏示他的仁慈；普希金的影响力太大，赦免普希金，正好可以显示他仁慈的分量。

但是，尼古拉不会再放任他自由，要求他不再写政治抒情诗，他的每部作品都要经过最高书刊检查局检查才能发表。

普希金因此得以在莫斯科居住，皇帝的眼线布满他的周围。

然而，新俄罗斯没有随着他的兄弟倒下而离开，反而在他那里更加庞大。不曾离开，不曾熄灭，12月虽然掩盖了他的双眼，但是他的心脏依旧跳动。

"你们不会离开，就在我的心脏里，来吧，都到我这里来吧。"

可是，从此，普希金再也迈不过12月！

六、莫斯科婚礼

普希金来到了莫斯科！尼古拉提防着这个男人，莫斯科全城的女孩却在默默念叨："普希金来了！"只有一个女孩例外：娜塔丽娅·冈察洛娃。

这位大富商的女儿，被誉为莫斯科"最美的女孩"，集千百娇宠于一身，莫斯科所有的男人都为她倾倒，所以她有这个资本对普希金说"不"！

"普希金是谁？"这个善良纯洁的女孩总是对那些终日在她身边为普希金疯狂的女孩说道，天真得像只夜莺。

"普希金你都不知道？"别的女孩对她说，"你真该读一读他写的诗歌。看看什么是爱情。"

她则莞尔一笑，仿佛一切与她无关，然后像一朵云彩一样离开。的确与她无关，她不喜欢诗歌，也不懂得诗歌。

虽然她的家庭富足，但是，她的父亲却是一个十足的"暴君"。世故、吝啬而且凶狠，经常对她的母亲拳打脚踢。看着伤痕累累的母亲，她疼在心里。日子久了，她变得胆小，也变得爱幻想。她总是在想，将来我的丈夫，一定要疼爱我。

就是这样一个羔羊般的女孩后来与普希金扯上了千丝万缕的关系。对普希金说"不"的她，最后成了普希金娜。

普希金在莫斯科不能自由地写诗歌，但是，仍旧可以自由地恋爱。他藏起心中的愤怒，忧郁而热情地行走在莫斯科的社交圈，如鱼得水。很快关于他的情事传遍了大街小巷。

1828年，他已经不小了！他开始要考虑结婚，而不再仅仅是爱情。

爱情和婚姻不同，在他眼里爱情是陶醉，是心灵与肉体的满足，而婚姻则在某种程度上代表着爱情的静止。

有那么多女孩爱他，他爱那么多女孩，究竟哪个女孩才能让他静止，究竟他会为哪个女孩静止？

1828年，在一个喧闹的舞会上，他正在和几个女孩谈天，让那几个女孩神魂颠倒。然而，整个舞会突然安静下来，人们都屏住呼吸，看着一个人。

究竟是什么人，能够比普希金刚才的出场还要震撼！

普希金看到了她，普希金也被震撼了。

那一瞬间，普希金丢掉所有强装的玩世不恭，他决定在她面前做一个正经的男人。

她就是年方十六，却已经让莫斯科为之疯狂的娜塔丽娅。

整个舞会静止了十分钟，为的是让每一位男士和她握手。而她显得腼腆，纯洁得仿佛可以融化。

自然，作为座上宾，普希金得到舞会主人的特别厚待，可以和娜塔丽娅更长时间地相处。

"您就是亚历山大·普希金呀！"娜塔丽娅不好意思地笑着说。

普希金非常绅士地向她鞠躬。她更害羞。

"莫斯科居然有这样的女孩"，普希金暗自想，"眼睛那么澄澈，笑容那么干净，在她身上几乎看不到世俗的痕迹，更看不到邪恶的踪影。"

普希金和她跳舞，挽着她凝脂般的手，搂着她丝带般的腰，真是羡煞旁人。

普希金醉了，普希金静止了。这是他第一次有想静止的感觉，甚至愿意就这样死去。

舞会结束，宾客散尽。普希金最后一个和主人告别，然后匆匆跳出大门，在夜晚的莫斯科大街上狂奔。

他要追上娜塔丽娅，他想送她回家。他追上了，气喘吁吁地站到娜塔丽娅面前，扶着膝盖，说不出话。娜塔丽娅吃惊地看着他，咧了咧嘴，掩面而笑，笑容比那天的星星还要调皮。

她说："尊敬的诗人，您想干什么？"

普希金不好意思地说："我……我想送你回家。"

她说："多谢您的好意，不过我已经有人送了。"

普希金突然感觉到少有的唐突，但是，他依然坚持说："我送你不行吗？"

娜塔丽娅犹豫了一下，耸耸肩说："那好吧，不过我要和别人说好，因为她已经去找马车了。"

普希金和娜塔丽娅上了马车。莫斯科的大街上灯火点点，车内，娜塔丽娅一直低首凝眉，不时莞尔一笑。普希金突然不知道该说什么，他从来没有这么愚钝过。

"你经常光临舞会吗？"普希金难为情地说。

"没有，今天的舞会是别人带我来的，我很少来。"娜塔丽娅羞涩地说。

"那么你以后能经常来吗？"普希金说。

"为什么这样问？"娜塔丽娅说。

"这样我可以经常见到你。"普希金说。

娜塔丽娅天真地笑着说："您可真会开玩笑。"

不是玩笑！虽然普希金和无数女子开过这种玩笑，但是，这一次他是认真的。

看着这个女孩，他第一次生发男人的责任感：这个女孩不应该受到任何伤害，这个女孩应该得到所有的疼爱。

一路的交谈，普希金知道，这个女孩对自己的诗歌不感兴趣，她也没有满腹的才华。但是，那种责任感依旧存在，因为他确定这个女孩的纯洁和善良，而她的美丽更无需多言。

普希金对她展开了猛烈的追求，和她约会，送她回家，送她礼物，送她诗歌。但是，娜塔丽娅并不能确定他的真诚，她需要一个真心疼爱她的男人。

然而，这一次普希金的确足够真诚，真诚得他放下所有诗人的架子，而纯粹地以一个男人的身份爱她。

他不要求她懂他的诗歌，不要求她懂得他热情背后的忧郁。这一次他不求精神的伴侣，只想寻找一个他想疼爱的女人，然后结婚。

娜塔丽娅爱上了他！爱上了这个男人，而并非爱上这个诗人。

1829 年，普希金托人向娜塔丽娅的父母求婚。

在冈察洛娃夫妇眼中，普希金有太多不合适：他并不富有；他和当局有太大的矛盾；他的风流趣事整个俄罗斯都知道。

他们没有答应，也没有彻底拒绝。而娜塔丽娅缺少主见，爱情容易松动，不敢违背父母的意思。

普希金绝望、痛苦，莫斯科成了他的伤心地。他逃离莫斯科，重新到南方，寻找大自然的抚慰，寻找他曾经的"南方诗组"的继续。

普希金走了，娜塔丽娅天天抱着枕头思念他，但是，她并不孤独。孤独的产生是从精神里开始，而她的精神只是略显单薄。

同时，冈察洛娃夫妇也希望找个乘龙快婿，他们相信以女儿的美丽，这是不难的。于是，他们天天督促女儿参加莫斯科的各个舞会。

果然，娜塔丽娅成了莫斯科第一红人。人们都在纷纷议论她，想得到她的王公大臣比比皆是。冈察洛娃夫妇喜不自禁。

1929 年秋天，莫斯科的大街落下冷冷的雨，行人打着伞，快步奔走，马车一辆接着一辆飞驰而过。

一个男人穿着雨衣，匆匆在冈察洛夫的宅前停步，拼命地敲门。

门开了，冈察洛娃夫人走出来，见到眼前之人，她吃了一惊："怎么会是您！"

来者正是普希金，他在南方熬不住了，又回来找娜塔丽娅。

"是我，我想我的信您也看过了，我希望您能给我一个明确的答复。"普希金急切地说。

"您还是请回吧，我的女儿不想见您。"冈察洛娃夫人冷冷地说，比秋雨还冷。

"不，我一定要见见她，一定要，我要听她自己说。"普希金不顾冈察洛娃夫人的阻拦，闯进屋子。

冈察洛娃夫人跟在他后面，喋喋不休。

"娜塔丽娅！娜塔丽娅！"普希金在大厅里失去理智地喊。

"她不会见您的，您还来干什么？"冈察洛娃夫人说。

"我不相信，您这是什么意思？"普希金说。

"您的出现让她很难做。说白了，您会影响她的前程，您能给她幸福吗？

现在整个莫斯科都在谈论她，她可以找更好的人，任何一个可能都比您好。"冈察洛娃夫人忧虑地说。

普希金毫不理会冈察洛娃夫人，仍旧满大厅叫喊，甚至要冲进娜塔丽娅的房间。

"您不相信？那好吧，我让她出来给您说。"冈察洛娃夫人说。

娜塔丽娅出来了，神情憔悴，表情很冷。

"娜塔丽娅！"普希金扑到她的脚下，"你说，我想听你自己说。"

"你走吧，我不想见到你。"娜塔丽娅冰冷地说，"妈妈说的都是真的。"

普希金崩溃了！他呆呆地站起来，走出娜塔丽娅的家门，任由雨水打在自己头上。

普希金走了，娜塔丽娅委屈地哭出来，跌跌撞撞地跑回内堂。

"娜塔丽娅！"冈察洛娃夫人叫唤。

娜塔丽娅却跑开了，跑到楼上的房间，对着窗子，眺望雨中的诗人的背影。诗人扑倒在地上，痛哭！

但是，普希金并没有就此放弃。

另一方面，随着娜塔丽娅在莫斯科社交圈的走红，太多的人对她产生兴趣，就连沙皇都看上了她！这反而产生了反效果。她太热了，没有男人敢把她捧在手里。于是，男人只能欣赏她，甚至对她想入非非，真正的求婚者却没有了。

冈察洛娃夫人的如意算盘没有打成，她不得不再次想到普希金，整个莫斯科或者只有普希金这位桀骜不驯的诗人敢迎娶娜塔丽娅了。

冈察洛娃夫人向他提出三个条件：一是改变不检点的生活，使她的女儿幸福；二是让她女儿能过上优裕的生活；三是改善与政府的紧张关系。

普希金给冈察洛娃夫人回信，信中说道——

　　要赢得令爱的欢心，我只有常去府上，并经常同令爱在一起。我希望随着时间的推移她能爱上我，但我没有任何能使她高兴的东西。假如她肯嫁给我，那只能是把她那冷漠的心交给我。但在众人的赞扬声中，在荣誉面前，在别人的引诱面前，她那颗冷漠的心能挺得住吗？别人会说她命运不济，没有找到同她般配的丈夫。她本该找个更出类拔萃、更配得上她的男人。这种说法也许是真心话，至少可以肯定，她会这么认为。到那时，她不会后悔吗？她会不会把我看成是绊脚石，看成可恶的骗子呢？她会不会转而厌恶我呢？我愿为她上刀山下火海，上帝可以为此作证。

但我一想到我死之后她就成了新寡，会更加引人注目，会在我尸骨未寒时又嫁他人。想到这里，我就十分痛苦。

现在再谈财产问题。我对财富一向不怎么看重。

到目前为止，我的财产足够我享用。但结婚之后呢？

世界上叫我感到痛苦的只有一件事情，就是我的妻子不能到她可以抛头露面和可以玩耍的地方去。她有权提出这种要求。为使她满意，我情愿作出牺牲，放弃自己的一切乐趣和爱好，放弃自由和冒险的生活。但是，她会不会在我耳边唠叨，说我的社会地位配不上她的长相呢？

他没有明确回答冈察洛娃夫人，但是可以明显地感觉到：他愿意痛改前非；他把自己放得很低，甚至不自信；他爱娜塔丽娅，了解娜塔丽娅；他愿意为娜塔丽娅付出，想疼她，呵护她。

冈察洛娃夫人没有强人所难，同意了他们的婚事。她把消息告诉女儿。娜塔丽娅笑了，她的确是爱普希金的。

他们结婚了，那是莫斯科的婚礼，整个莫斯科的人都在谈论，沙皇不由得忌妒。

普希金结婚了，娜塔丽娅是他的妻子，虽然不是他的精神伴侣。普希金为了她宁愿放下诗歌，放下所有的女人，甘愿做一个莫斯科男人。

他不想让妻子受苦，虽然妻子明事理，他却总觉得亏欠妻子的，让妻子吃苦了。

他拼命地写作赚钱，在他结婚之后的那段时间完成了很多作品，包括《上尉的女儿》。尽管他也会偶尔抱怨劳累，抱怨妻子不理解她。他所能感觉到的是："我的妻子非常可爱。和她共同生活的时间越长，我对她的爱就与日俱增。上天赐给我这样一位温柔美丽、纯洁善良的天使，我实在受之有愧。"

夜深人静时，他在煤气灯下疲倦地书写。娜塔丽娅睡眼惺忪地从床上爬起来，走到他身边，她会说："这么晚你还在写，我怕你累。"

她不会说："你都在写什么，我想知道。"

她从来不过问他的精神。但是，她给他爱，给他忠诚，给他身体，给他家的感觉，给他完整的生活。

这一次普希金真的静止了，静止为一个女人的男人。

七、《上尉的女儿》：荣誉的恩典

书写普希金，不能不提到其代表作《上尉的女儿》。在这里，普希金以寓言般的方式，给我们讲述了生命的价值和荣誉的力量，这种力量对当今社会尤为重要——

彼得·安德烈耶维奇·格利乌夫是俄国西姆比尔斯克一个有三百个农奴的贵族的儿子。父亲安德烈·彼得罗维奇曾任过陆军中校。彼得还在娘肚子里时，父亲就给他登记为近卫军中士了。五岁时委托给马夫萨威里奇教管。十七岁时，父亲叫他到俄国南方奥伦堡去当兵。由萨威里奇随行，作为保护人。临别时，父亲叮嘱儿子要忠于职守，牢记这样的谚语："爱惜衣裳要从新时候起，爱惜名誉要从幼小时候起。"

彼得在城里遇见轻骑兵上尉伊凡诺维奇·祖林。他是到西姆比尔斯克来招募新兵的。他邀彼得喝酒、打台球、赌博，结果彼得输了一百卢布。

他要萨威里奇拿出钱来付赌账，萨威里奇不肯，彼得便训斥他说："我是你的主人，你是我的仆人。钱是我的。我输了钱，因为我愿意这样。我劝你，不要自作聪明了，怎样命令你，就该怎样去做。"为此，萨威里奇哭了。过后，彼得也感到对不起这位忠诚的管教人。

彼得的雪橇向一片"沙漠似的荒原"驶去。突然刮起了暴风雪。他们迷失了方向。在暴风雪中出现了一个过路的陌生人，彼得要他指引道路。那人便跳上了雪橇，把他们带到一个安全的村舍。那儿有一家旅店，陌生人和哥萨克店主打着隐语。彼得为酬谢这位向导，买酒给他喝。第二天分别时，还把自己的兔皮袄赠给了他。这位陌生人不是别人，他是在落难中的农民起义领袖普加乔夫。他对彼得说："谢谢……我永远不会忘记你的恩典。"

彼得到了奥伦堡，被派到白山要塞当军官。要塞司令伊凡·库兹米奇·米罗诺夫上尉是个精神奕奕、身材高大的老人。他的妻子伐西里萨·叶戈洛芙娜协助丈夫工作，而且，她还过问军事，因为她比丈夫更能干。他们有个十八岁的女儿玛丽娅·伊凡诺夫娜，小名叫玛莎。他们一家居住在边塞地区已有二十多年了。彼得来到的第二天，上尉便请他去吃饭，从而结识了他们一家。

上尉属下有个青年军官叫士伐勃林。他因决斗，新近从别处近卫军中转来。这是个相当伶俐乖巧的人，言谈刻薄而又有趣味。他正在追求玛莎。因此，他在彼得面前，把她说成是个傻丫头。不久，彼得和玛莎亲近起来，并且互相爱慕。有一天，彼得写了一首爱情诗念给士伐勃林听。士伐勃林便对他进行讽刺和挖苦，并嘲笑他已爱上上尉的女儿了。于是他们由口角变成决斗。在决斗时，彼得本来占了上风。刚好，萨威里奇赶来阻止，叫了彼得一声，彼得一回头，便被士伐勃林狠狠地砍了一剑。

彼得伤势很重，五天后才清醒过来。他在上尉家治伤，玛莎一直看护着他，并为他日夜担心。这样，他们的感情更接近了。士伐勃林被上尉夫人锁在面包房里坐禁闭。后来，在彼得请求下，将他释放了。彼得向父亲写信，要求父母答应他和玛丽娅的亲事。可是，父亲不同意，加上士伐勃林暗中写信告发他，他父亲已知道彼得和人决斗的事了。玛莎说如果得不到彼得父母的祝福，他们便不可能得到幸福，她不能嫁给彼得。她尽量抑制住内心的痛苦，回避他。

1773 年 10 月，普加乔夫率领农奴和哥萨克在俄国南部举行了暴动。白山要塞出现了普加乔夫的传单。要塞里的哥萨克士兵开始骚动起来了。军官们捉到一名散发传单的巴什基人。这是个七十余岁的老人。他没有鼻子和耳朵，是过去造反时，被沙皇政府割去的。在审问时，他不会说话，原来他的舌头也被割去了。不久，普加乔夫率兵攻打白山要塞，他"骑着白马，穿着红袍，拿着出鞘的佩刀"，由部下蜂拥而来。上尉米罗诺夫打开了要塞大门，要驻防军往外冲，但士兵们都呆立不动。普加乔夫顺利地占领了白山要塞。居民们都从家里拿出盐和面包来欢迎普加乔夫。要塞中被俘的军官，除士伐勃林投降外，其余的都受到审判。上尉夫妇不愿归降，被绞死。当普加乔夫下令要绞杀彼得时，萨威里奇上前求救。普加乔夫这才认出，彼得是在旅店送兔皮袄给他的年轻军官。他赦免了彼得，并伸出自己的手给彼得吻，但彼得恪守忠于沙皇的誓言，不去吻他的手。普加乔夫含笑地叫人把彼得扶起来。居民们都向普加乔夫宣了效忠誓。

玛莎躲藏在牧师家里。士伐勃林想要得到她，没有去告发她。普加乔夫派士兵叫彼得到住所去。在那儿，彼得看到普加乔夫和部下自由地交谈。他和士兵们一同唱着俄罗斯民歌，对沙皇进行了尖锐的嘲笑。他们唱道：起义的人民对付沙皇有四个亲密的伴侣：黑夜、大刀、快马和硬弓。普加乔夫见到彼得，感激地对他说："你在我不得不躲避敌人的时候给了帮助。"他劝彼得为他服务，他可以封给他官职。但彼得没答应，因为他已向女皇叶卡杰琳娜二世宣过效忠的誓。于是，普加乔夫答应给他自由。

普加乔夫的起义部队要开拔了。他指定士伐勃林为白山要塞司令。彼得要到沙皇军队驻守的奥伦堡去。普加乔夫便派人送给他一匹马和自己的一件羊皮大衣。彼得临行前，偷偷地去看玛莎，她病得很厉害。彼得只好嘱托牧师的妻子照料她，有要紧的事送信给他。

彼得到了奥伦堡。他本想请将军派兵去收复白山要塞，但官员们在军事会议上说："军队不可靠，成功没有把握，躲在坚固的城墙里防守要好得多。"随后，普加乔夫领兵围困了这座城市。在一次交战时，一个投降普加乔夫的白山要塞的士兵，交给彼得一封信。信是玛莎写的，信中说，士伐勃林强迫她要在三天内答应和他结婚，否则，他便要告发她了。彼得拿着信去见将军，要他发兵救援，但将军不同意，彼得只好私自离开了奥伦堡，赶往白山要塞。

彼得出城不远，便被普加乔夫的士兵捉住了。普加乔夫对他进行了问讯，彼得告诉他要去白山营救一个孤女。普加乔夫惊愕地说："我的人谁敢欺侮孤女呢？……任意胡行和欺侮人民的人，我要绞死他。"彼得告诉他，那孤女就是他的未婚妻。普加乔夫决定亲自陪他一道到白山要塞去。在路上，普加乔夫对他讲了一个乌鸦和老鹰的寓言。乌鸦吃死尸能活三百年，老鹰喝生血只活三十三年。有一回，乌鸦劝老鹰吃一匹死马。老鹰啄了一口说："不，乌鸦老弟！与其吃死尸活三百年，不如痛痛快快地喝一次鲜血。"

普加乔夫赞扬老鹰的自由和勇敢的精神。

他们乘车到了白山，营救了玛莎。普加乔夫打算亲自为彼得举办婚礼。这时，士伐勃林便狗急跳墙，揭发玛莎是上尉米罗诺夫的女儿。普加乔夫问彼得为何向他隐瞒。彼得说，如果他说出玛莎是上尉的女儿，她能活到今天吗？普加乔夫听了，觉得有道理，便命令士伐勃林给彼得开一份通行证。彼得愿意把玛莎带到哪儿，便带到哪儿。然后，他和彼得分别，回到奥伦堡战场去了。

彼得决定把玛莎送到父亲的田庄上去。在路上，他遇见已提升为轻骑兵少校的祖林。祖林劝彼得参加他的军队，不要回家去了；玛莎可以叫萨威里奇护送回家。彼得答应了。不久，果里岑公爵击败了普加乔夫，解了奥伦堡之围。但普加乔夫又在西伯利亚工厂出现了，纠集了更多的军队攻下喀山，并向莫斯科进逼。伏尔加河一带村庄的农民都起义了，地主躲在森林里，祖林的军队接到横渡伏尔加河的命令。彼得先行渡河，准备先回去探家和看望玛莎。但他的田庄上的农民也起义了，农民把彼得父母及玛莎锁在谷仓里。彼得正要把他们营救出来，恰好，士伐勃林领兵来到。彼得被包围。士伐勃林要彼得一家投降，彼得不肯。士伐勃林便下令烧谷仓。彼得在冲出谷仓时，被一块火砖打倒了。于是，士伐勃林把彼得一家捆绑起来，并下令把他们绞死。正在这千钧一发之际，祖林得到萨威里奇的报信，带兵赶来了，营救出彼得一家，并把士伐勃林俘虏了。

1774 年，普加乔夫的军队失败了。彼得由于和普加乔夫的关系以及擅自离开奥伦堡，被士伐勃林告发。他遭到逮捕和受审，最后被判处终身流放西伯利亚。玛莎以上尉女儿的身份，到彼得堡去求见女皇叶卡杰琳娜二世，她把她和彼得的关系，以及他们前后的遭遇，原原本本告诉了女皇。于是彼得得到女皇的宽大和赦免，他和玛莎结了婚。普加乔夫被沙皇判处绞刑。受刑的那天，彼得也在场，普加乔夫从人群中认出了他，并向他点点头。

然后，他从容地受刑而死。

普希金写到普加乔夫受死的时候，他的笔是颤抖的，内心是痛苦的。彼得活了下来，但普加乔夫从容的表情像种子一般，永远植在他灵魂的厚土上。

八、决斗的代价

他知道自己背负着整个俄罗斯，但是他必须决斗，代价就是不惜代价，哪怕是生命的代价。因为那个法国人企图骗走他的妻子。他看着他的眼睛，惊诧于他的美丽，像海神一样的美丽，但是他必须杀死他，为了俄罗斯！

因为，他是普希金。

可是他中枪了，控制一支枪远比控制一支笔难。他倒在俄罗斯的土地上，像一个破碎的水罐，甘美纯净的血液像泉水一样不断涌出，仿佛没有终止。

他知道自己背负着俄罗斯，但是他从未想到过自己竟这样富饶。他看见自己的血液就像泉水一样涌出，河流一样流向四面八方，浸透俄罗斯的每一寸泥土，从这以后俄罗斯的土地将会是世界上最肥沃的土地！可是这一切他从来未曾想到。

西伯利亚的风从遥远的地方吹来，他感到很冷。他突然想起流放远方的"十二月党人"，他们应该比他还冷吧！不会再这样了，等他睡后俄罗斯将会是一个新的世界，那时就不会是这样了。他还想再想一想皇村，他怕一旦睡去就不再醒来。想想他的童年与青年在那里交织，想想那里生出的梦幻，他怕再也不能想它了。他想到皇村里那个破碎的水罐，感觉泉水从碎片上不停涌出，旁边那个小姑娘正在对着它微笑。

俄罗斯，他只能孕育你到此了。他累了，需要休息，余下的路要你自己走了。但记住，你不再是一个流浪的孤儿，因为你已经有一个父亲。

无论人们怎么爱他或者恨他，无论俄罗斯怎么需要或者不需要他，1837年，那声枪声响了，然后，他倒在俄罗斯的雪地里，再没醒过来。

普希金的爱情静止了。静止，在他的爱情体系里代表着危险。

作为妻子，娜塔丽娅绝对忠诚于他；作为俄罗斯最美丽的女人，她必须进行社交，经历逢场作戏。

作为诗人，普希金是最高的；作为爱神，普希金仍旧是最高的；但是，作为一个女人的男人，普希金和普通的彼得堡男人没有什么两样，甚至是低的。

彼得堡的大街小巷，到处都能听到一句话："一朵鲜花插在了牛粪上。"男人这样说，是垂涎娜塔丽娅——可惜了这样一个美人变成一个妇人；女人这样说，是爱慕普希金——可惜了这样一个爱神成了男人；而更多的人心疼普希金——可惜了这样的诗人成为普通的莫斯科男人。

听到这些话，普希金心头总是一阵震颤。他是那么爱妻子，超过一切，甚至诗歌。深夜里，他从噩梦中惊醒，满头大汗，呼喊妻子的名字。妻子抱紧他，满面笑颜，娇嗔地说："我在呢，我在你身边。"

"我就要失去你了吗？"普希金伤心地恐惧道。

"你怎么会失去我？你是这样地爱我，我也如此。"妻子将他抱住，他的欲望被灌满，亲吻她的全身。

天明的时候，普希金早早出门。娜塔丽娅独坐空房，整理琐屑的家务。突然，她又听到窗外的吆喝声和马鞭声。这个时候，她心头猛地收缩，赶忙拉紧窗帘。

"娜塔丽娅，娜塔丽娅！"一个声音挥之不去，是沙皇亚历山大·尼古拉。

"俄罗斯的女优，你总是不在家，没有一次见到你的窗子打开。"沙皇唏嘘地笑说，"你怎么那么害羞。"沙皇的马车常常经过她的窗子，每次经过都要驻足高喊。

沙皇见没有动静，俏皮地说："哎，美人儿，如果能见到你，你可知道，我就仿佛年轻了十来岁，可是你就不让我见一面，我就快老得不行了。"

聚会沙龙上，沙皇专爱往她身边靠，摸她的小手、脸蛋、腰肢，甚至撩开她的衣领。

而她，笑靥如花，白齿微启，面色通红，机灵地迎合也躲避沙皇。她知道那是逢场作戏，虽然满场的男人都盯着她。

沙皇的女人很多，沙皇不在乎娜塔丽娅这样一个女人，和她亲近，只是调情。从其他很多人的角度讲，他们都是和这个女人——一个男人的妻子——调情。这是那个社会的风尚，这种调情不会导致死亡，因为没有爱的重量和黏稠，而一旦真的爱情来了，普希金的危险就来了。

结果，他来了！乔治·查理·丹特士，一个可以和普希金媲美的爱神，情场高手，智慧、才情和浪漫的代表。虽然他缺少普希金的诗歌，但他拥有普希金无法企及的美，海神一样的美丽，还有他年轻得像三月的风的身体。

丹特士，法国人，1812 年生于法国阿尔萨斯的苏尔兹，父亲是位男爵，早年就读于法国的圣西尔军校。但是生性叛逆忧郁的他，背叛了父亲，他要寻找新生活，于是离开了法国，在德国偶遇荷兰驻俄公使冯·盖克恩男爵，成了男爵的义子，男爵对他宠爱有加，带他回到俄罗斯，进入上流社会。

凭借天生的美丽和法国人特有的浪漫，他成了彼得堡社交界的红人，众多美女对他千呼万唤。但是，在义父的身边，他处于弱势，被控制，甚至是在身体上——因为他的义父始终没有结婚，甚至对女人没有兴趣。所以丹特士忧郁，忧郁得让人心疼，弱小的他盯上了娜塔丽娅。

且不管有没有别的目的，丹特士的确爱上了娜塔丽娅。而娜塔丽娅在这个男人那里，重新看到覆盖在"普希金妻子"之下的青春——和丹特士一样的三月的风一样的青春。于是，春风将她萦绕了，她醉了。

终于，他们幽会，丹特士吻了她。爱被肯定！

娜塔丽娅幸福又不安，甜蜜却自责。"要结束掉这种关系，在丈夫还没有知道之前"，她一直对自己这样说，她试图躲避丹特士，然而丹特士不厌其烦，而她一次次矛盾地妥协下来。

而有人高兴了，风言风语接踵而来。

偶然，普希金在大街上遇到他们，他们正在嬉笑言语。普希金的血液瞬间涨到脑门，浑身发抖，却没发作，他咬着牙，闪进人群。他知道了！知道他的妻子爱上了另外一个男人。

众人开始诋毁普希金，诋毁他的妻子。他不容许这样。

决斗！他下挑战书。娜塔丽娅苦苦哀求，朋友纷纷劝阻，第一次挑战终于没有发生。可是，更严重的诋毁再次袭来。他不能再容许。在他心里，不允许妻子受到侮辱和伤害，他再下挑战书。

1837 年 1 月 27 日，彼得堡郊外的大雪地，寂静无声。天色将黑之时，先后响起两声枪声。接着，两辆马车分别拉着一个受伤的男人从不同的城门进入彼得堡。

普希金是用枪高手，很少有人想和他决斗，但是，他中枪了，在右腹，可是他告诉丹特士是腿部中枪。

丹特士虽然畏惧普希金，但是仍旧站在了诗人对面，他也中枪了，是手，可是他告诉普希金是胸部。

普希金对决斗的结果很满意，对着丹特士吃力地微笑："（你胸部中枪）很好，很好！"他以为这样可以还妻子一个清白。可是，迎接他的却是死亡，迎接他妻子的则是百年摘不掉的耻辱。

一百多年过去了，人们对那场决斗说过很多：是沙皇除掉普希金的一个阴谋；是上层社会的一个圈套；是丹特士的卑劣和阴险。而有一点可以肯定：上层社会希望置诗人于死地，甚至可以说就是流言杀死了诗人，而丹特士不论情愿与否，也不论真实与否，成了工具和罪人。

而一百多年过去了，人们也对娜塔丽娅给予太多指责：荒淫无度、不守妇道、贪慕虚荣。

现在，我们更愿意认为那就是一场爱的决斗，娜塔丽娅的人格值得普希金进行那场决斗。不管丹特士是否真的违背了决斗准则，先行开枪。1837 年 1 月 27 日，在俄罗斯的大雪里，普希金终于是中枪了，而且致命！

受伤的诗人坚持到 29 日中午，他不行了。

娜塔丽娅摸着他的身体，痛哭流涕："是我害了你，都是我的错，我应该为这一切负责。"

普希金却抚摩她的头发，安慰她说："我的天使，你没有错，我可怜的天使，我死了你该怎么过？"

他不停地吻她，吻她的手和脸。他们的泪水混在一起。

下午 2 点 45 分，普希金终于要停止呼吸了。

他把娜塔丽娅叫到身边，对着她的耳朵轻声道："要记住，你没有错。我死后，你带着孩子们到乡下去住。为我服两年丧你就嫁人，一定要嫁个正派的人。"

然后，他停止了呼吸！

娜塔丽娅几乎昏死过去。诗人死了！年方二十四岁的娜塔丽娅一个人到乡下，艰难地抚养他们的四个孩子，为他守寡七年，为生活所困才嫁给一位正派的军人，五十一岁逝世。而原本普希金该成为她的骄傲，可是人们却把她看成了普希金的罪人。

当人们在纷纷攻击她的人格时，人们是否想过这正是在攻击诗人！如果她的人格是低的，那么诗人怎么会爱上她？

而在普希金那里，所有后人都有一个观点：伟大的普希金走了！光荣的俄罗斯承续他的血脉，生生不息地繁衍下去！

参考文献

[1] 张铁夫：《再论普希金的文学人民性思想》，《外国文学评论》，2003 年第 1 期。

[2] 王先晋：《普希金的文体结构——〈别尔金小说集〉的整体研究》，《外国文学评论》，2006 年第 2 期。

[3] 陈训明：《普希金关于文学民族性与人民性的论述》，《国外文学》，2002 年第 2 期。

[4] 任光宣：《普希金与宗教》，《国外文学》，1999 年第 1 期。

[5] 张杰、康澄：《叙事文本的"间离"：陌生化与生活化之间——析洛特曼对〈叶甫盖尼·奥涅金〉的研究》，《外国文学研究》，2003 年第 6 期。

[6] 宋德发、张铁夫：《论普希金的历史文学创作》，《外国文学研究》，2011 年第 3 期。

[7] 赵世锋：《"5 月 4 日，我被吸收为共济会会员"——普希金作品中的共济会因素研究》，《复旦学报（社会科学版）》，2014 年第 5 期。

[8] 任光宣：《俄罗斯文学研究的发展和深化——二十世纪九十年代下半期俄罗斯

文学与宗教关系研究管窥》，《当代外国文学》，2001 年第 4 期。

[9] 刘佳林：《纳博科夫与陀思妥耶夫斯基》，《外国文学评论》，2010 年第 2 期。

[10] 孙超：《托尔斯塔娅短篇小说空间中的普希金》，《外语学刊》，2013 年第 6 期。

[11] 孙超：《试析乌利茨卡娅的〈黑桃皇后〉对普希金同名小说的解构》，《外语学刊》，2010 年第 1 期。

[12] 李建军：《徙倚乎伟大与庸陋之间——论陀思妥耶夫斯基及其文学思想》，《南方文坛》，2018 年第 3 期。

[13] 孔朝晖：《普希金〈现代人〉杂志的时代意义》，《俄罗斯文艺》，2018 年第 1 期。

[14] 朱建刚：《研究中一种被忽略的声音——略论卡特科夫的〈普希金〉》，《俄罗斯文艺》，2016 年第 3 期。

[15] 宋宝珍：《我的忧伤透着亮光——评小剧场话剧〈一双眼睛两条河〉》，《中国戏剧》，2017 年第 4 期。

第二章

《死魂灵》

——雕刻果戈理

尼古拉·瓦西里耶维奇·果戈理－亚诺夫斯基，生于 1809 年 4 月 1 日，卒于 1852 年 3 月 4 日，年仅四十三岁，令人惋惜。

果戈理出生于乌克兰的波尔塔瓦省密尔格拉德县素罗庆采镇，其父亲是当地的乡绅，做过当地的八品文官，而后辞职在业余时写作，后成为一名诗人和民间喜剧作家。他父亲在民间戏剧上的创作实践给果戈理留下了深刻的印象，这是他日后对戏剧和文学产生兴趣的原因之一。他的母亲则是极为虔诚的东正教教徒，影响着果戈理的宗教倾向，使他确立了狂热的东正教信仰。

果戈理自幼便显示出了对文学的兴趣，1831 年他发表了《狄康卡近乡夜话》，这部作品受到了亚历山大·普希金的称赞；1836 年，他发表了戏剧《钦差大臣》，这是一部讽刺喜剧，其幽默的笔调和高超的讽刺手法，对俄国喜剧艺术产生了重大影响；1842 年他写出了代表作——《死魂灵》，这部作品刚出版就"震撼了整个俄罗斯"。《死魂灵》成为俄罗斯文学走向独特性和鲜明的民族性的重要标志之一，俄罗斯文坛的整个 19 世纪 40 年代都曾被车尔尼雪夫斯基称为"果戈理时期"。别林斯基评价他为继普希金之后的"文坛盟主"和"诗人的魁首"。

一、被遗弃的灵魂

他生长在俄罗斯历史的罅隙里，仿佛一株被诅咒的槐树，上面挂满亡灵的印符。他在罅隙之里纳云吐雾，在罅隙之外长成参天大树。

那是发生在俄罗斯大地上短暂而深刻的月食。欧洲风云突变，俄罗斯蔚蓝的上空，喊声乍起，又复归于寂，"十二月党人"倒在西伯利亚尖利的风中，冰雪覆盖着冷漠的俄罗斯。

他在那里，是夜行者，是痛苦的醒者，是黑暗里唱着诡异的歌声的海妖。不是他的声音怪诞，只因为那个时代怪诞，所以在人们眼里，他也怪诞。他是寄生在那场短暂的月食里的提琴手，他可以在普希金的领地里，拥有不同于王的地位。

他生就一个无瑕的处子，有着高贵的灵魂，却被安排看守腐败而荒凉的墓园。他点燃一堆绚丽的火焰，那是属于死者的火焰，见不到阳光。月食结束，见到稀薄的荧光，幽暗得发蓝。此时的他已经无法辨认自己，人们也无法辨认他。他的歌声喑哑，生锈的琴弦将断未断。

别无选择，只有逃离。他仓皇一搏，逃离他自己在月食里燃起的火焰，逃离充满符咒的天空。然而，他终究逃不了。谁能逃离天空，逃离自己的灵掌，逃离人生的迷宫？

不死就得坚守，就得直面以对、从容担当。可是，贫穷、卑微与籍籍无名让他难以承受；富有、尊贵与声名显赫同样让他如坐针毡。只有落寞、探索、挣扎与他做伴，这些折磨和煎熬，是对生命意志的考验。

世间事，大抵看来，要么好的，要么糟的。懂得享受好的，幸福一阵子；懂得享受糟的，幸福大半生；懂得好的糟的都能享受，幸福一辈子；而好的糟的都不懂得享受，一生中没有享受，是绝对的不幸。

他，尼古拉·瓦西里耶维奇·果戈理，就是这么一个绝对不幸的人！

　　1809 年 4 月 1 日，生于乌克兰波尔塔瓦省密尔格拉德县索罗庆采镇的小男孩，做梦都没想到，他会成为全俄罗斯都不能原谅的人。他是贵族，父亲瓦西里·阿法纳谢维奇是旧军官，是小有名气的诗人、剧作家。母亲玛丽亚·伊凡诺夫娜比父亲小十几岁，和蔼、仁慈、善解人意，与父亲相亲相爱，亲密无间。他的童年生活无忧无虑。美丽如梦幻般的小俄罗斯——果戈理对故乡乌克兰的称呼——原野风情给了他纯洁的灵魂；父母的疼爱像洁白的枕套里透出的芳香，亲切、安静，令人沉醉。跟着父亲母亲，他穿梭在诗人、剧作家的门庭，他听大人朗读诗歌、剧本，听年长的老人讲神话、传说，到大剧院里看演出。一切都在他懵懂的思想里闪动，或模糊，或清晰，或有趣，或无味。他像一朵莲，静静开放在母亲的膝盖上，身上盖着父亲的外套。

　　小俄罗斯美得有些忧愁，花开花谢，潮落潮涨，灌入它娇嫩的有弹性的身躯里，像夏季的阳光压入枝头青青的苹果，燠热益香，等待成熟。

　　很快，苹果成熟了，高高地挂在树丛中，一眼可辨，因为它不是红通通的，而是黑色的，也许有"毒"，带香的"毒"，有独特的味道。

　　人们诧异，却不能品尝，品尝也分辨不了滋味；

　　人们惊奇，却不能走近，走近了也闻不出芳香。

　　他的存在是俄罗斯腥臊年代的异数，他使古老的土地咯血，像一株黑荆棘，人们不敢触摸，只听从风的喧哗、云的欢呼、雾的奔涌。

　　可是他孤独！

　　人们似乎并不爱他。喧哗与欢呼是因为他的怪诞，是因为嬉笑怒骂的戏。他就是戏，一曲自己演出的戏，一曲无人理解的戏。他被自己的戏剧覆盖，像乞力马扎罗的雪，冷冷的，闪烁着扭曲的光芒。

　　全俄罗斯都在谈论果戈理的戏，却没人谈论果戈理，他被自己覆盖，被污浊的泡沫覆盖。

　　大凡伟大的作家，存在的方式有三种：一种是作品与作者相得益彰，如托尔斯泰；一种是作者大于作品，如卡夫卡；还有一种是作品大于作者，如莎士比亚。

而《钦差大臣》以《哈姆雷特》覆盖了莎士比亚的方式遮盖了果戈理。作品的存在仿佛天生，而作者只是铅字的陪衬。可是又与莎士比亚不同。《哈姆雷特》遮盖了莎士比亚，真实显露无遗，而《钦差大臣》遮盖了果戈理，事实尽失。很少人懂得他。那只是滑稽戏，仅仅是滑稽戏——人们用这种肤浅的方式去误读他。

他的作品上演时，沙皇、贵族和各阶层的人涌入戏院，人们大笑，也大怒。可是这些仿佛都与他无关，人们笑一笑，骂一骂，一切落幕。他站在舞台中央，怅然若失，疲惫不堪。

当然，也还是有人懂他、爱他的。比方，有人称他为"俄罗斯散文之父"，开拓了一片荒原，丰富了俄罗斯以后的文学。俄罗斯文学有许多大山，像托尔斯泰大山，高尔基大山，肖霍洛夫大山，等等。果戈理当然也是一座大山，一座像普希金一样的大山。人们都追逐这个中心。可是，爱与懂得也让他难以忍受。

他人，自己，中间有错位；

爱，被爱，中间亦有错位。

他被这种错位遗弃。赞扬他，批判他，和他交朋友，和他交恶，对于他而言都是遗弃。

他人永远不是自己，但是他人却构造了自己。自己是自己的，却更是他人的。他很想只做自己，他力图寻找一个真相，他始终在问自己：自己该干什么，自己的路是对的还是错的，自己该怎么办？

但是，他注定不能只做自己，当他变动时他人也会跟着变动，那种变动仿佛他身体的一部分的改变，仿佛一条阴影，仿佛整个俄罗斯都是他身体的一部分，都是一条瘦瘦的阴影。

他有责任站在那里。很早，他就觉得他对俄罗斯乃至人类，有巨大的责任，他来到这个世间就是完成这个责任，在此之前他不能死。在此之后，他无法死。

他说："早在童年时代，我就开始考虑自己的未来。我从未想过要当一位著名作家，虽然我总觉得自己会成为一位著名的人物，有广阔的活动天地，我觉得我甚至会为公众利益作出贡献。"

他猜对了后面，却没猜对前面。他成为绝对著名的作家，引起一潭死水剧烈的波动。他的出现令俄罗斯躁动，似乎来得太快，似乎还没有准备好盛装思想的器物。他的出现有些猝然，不可复制。人们对他推崇备至，对他顶礼膜拜，对他莫名所以。"最伟大的""划时代的"，人们把这样的词语送给他，像送一件廉价的衣裳，显得做作，并不真诚。人们珍惜与赞颂的更像是他的出现方式，而非以那种方式出现的他。于是，当他在思想的拷问中，备受折磨，不知所措时，没有人伸出慈爱的手，扶助他，宽恕他。

他的自己和他人的自己是两个不同的自己。他只能远离祖国，远远地、远远地漂流。像一只没有方向的漂流瓶，在大海上，在潜流汹涌的白天或夜晚。

当然，不能怪批判他的那些正直的、没有恶意的人们，换个角度讲，那正是对他的爱。人们有权利去爱他，也就有权利去恨他。

自然，他也有权利选择自己的路，不管那条路是众人眼里崇高的路，抑或邪恶的路！

可是俄罗斯不允许他有这种权利。这看似啼笑皆非，看似黑色荒诞，却是真实的，像血一样真实。

一个人不能自由地做自己时，说明他成了某种中心。自我与他人契合，自我则上升；自我与他人背离，自我则坠落。但契合未必是进步，背离亦未必是倒退。而人们的爱与恨、赞扬与批判都是这种"中心"地位的象征。于是车尔尼雪夫斯基称这段俄罗斯历史为"果戈理时代"。只是这个中心怪异、凄凉！只有独舞和颤音。

果戈理一生极少有幸福，他带给俄罗斯那么多的幸福，他却躲在幸福背后,远远地看着。幸福像一座城堡,不是他不想进去,而是不知道该如何进去。在犹疑和落寞中,他始终徘徊在幸福的门槛之外。孤僻、忧郁、体弱多病,没有女人,甚至没有祖国。

值得安慰的是他还有母亲和普希金,这个舞台中心唯有的两个观众。或许足够!

在他的文字里,尽是滑稽和笑容,滑稽和笑容后面是忧伤的小提琴的哀鸣与俄罗斯的诅咒。面对这个被遗弃的人,请多给他一点温暖和宽容。

这个长着鹰钩鼻子的小胡子真的是一个了不起的人物。一个人的舞台,一个人的戏,他就是这么演着、写着、思考着,一直到灵魂出窍,一直到化为尘土。

二、渺小的彼得堡官吏

严冬,乌黑的夜,风正紧!繁乱的星子,挂在高高的天幕上,不停地闪耀。

一辆马车飞驰在宽阔的大路上,三头大马,昂着头,张开鼻孔,吐出团团白气,脖子上挂着铃铛,叮当乱响。马车上坐着车夫,浑身上下裹得严严实实,只露出两只眼睛,身后挂着一盏油灯,亮着微光。泥土冻僵了,马车跑起来格外快,也格外颠簸。车夫粗筋暴露的手紧紧地抓住马缰,绳子嵌进他厚厚的皮手套中。

马车里传出两个男青年高谈阔论的声音。

"涅仁高级科学中学九年的时光终于结束了,你怀念它吗?"

"有何可以怀念的,那里糟糕透了。那是外乡,我在那里除了你、普罗科波维奇和巴齐利就没有多少朋友,而且在老师眼里我可是个坏学生,思想有点自由散漫。"说这话的人似乎还笑了起来。

"在学校你可是个孤僻、不合群的角色,真不知道你那时整天想什么。"

"涅仁没给我留下任何好的印象。那是个像铁盒子一样的地方,一切都僵硬死板，我差点闷死。还有那糟糕的一八二五，我亲爱的父亲去世了，后来又是'十二月党人'事件，那个时候我都在那个鬼地方，痛苦呀。或者只有别洛乌索夫教授还让人怀念！"

"你说的是那个学监！他的进步思想让你痴迷。那时候上头来调查他，你也被传讯了。"

"对，他们问我，笔记上的那些自由倾向的思想是不是教授讲的。我说是自己总结的。他们想强迫我陷害教授，可是我没有，坚持说教授讲的课是符合官方标准的。可是大部分的人都妥协了，说了假话。后来教授受到了处罚！"

"涅仁就没有值得你回忆的好事情吗？"

"倒是有一件，就是那年谢肉节学校排演戏剧，我可是导演和演员。我扮演了冯维辛的《纨绔少年》里的老太太，还扮演了一个老头。演出很成功！"

"或许你有这方面的天赋！"

"不是或许，本来就是有的，"说话的人自信地笑了，笑得很爽朗："这是咱们的小俄罗斯赋予我的！"

马车上，两个高谈阔论的人就是年轻的果戈理和同学萨沙。果戈理穿着薄衣服，手里拿着一叠《汉斯·古谢加顿》手稿，那是他在涅仁就写完的书，书是献给普希金和"十二月党人"的。他们身旁放着几个包裹和箱子。果戈理的仆人雅吉姆，靠在一个箱子上睡得正香。

"尼古拉，或许我们能够见到'红鼻子'！"萨沙继续着谈话。

果戈理说："你是说普罗科波维奇吗？这个外号还是我给他起的呢。"

萨沙说："那个时候你总是给别人起外号，谁惹了你就要遭殃……"

突然，车夫喊道："京城！京城！京城要到了。"

果戈理激动地从车里钻出半个身子，萨沙也探出脑袋。

前方的大地还是黑暗一片，但是远远的，黑暗的上方有明亮的光晕！

"那里是彼得堡？"萨沙问。

"就是那片光升起的地方！"车夫回答，"那可是全国最大的城市。"

果然，黑暗逐渐下降，光晕跟着上升。他们慢慢看到前方，无数的灯火和天上的星星连在一起，黑黝黝的建筑连成一片，远远传来隐约的人声和车马声。

"就要到京城了！就能见到普希金了！"果戈理按捺不住激动的心情。

萨沙已经回到车里。

果戈理则爬到车外，和车夫坐在一起。

京城更近了，它笼罩在一团巨大的油烟里，浓浓的油烟味道扑面而来，渐渐地已经看不到彼得堡的边际。

"伟大的彼得堡，我来了。我要在这里创造一番事业。"果戈理暗暗地想。

1828年底，果戈理到了古老的京城！宽阔的涅瓦河，喧闹的大街，明亮的街灯，熙熙攘攘的人群，来往的马车，繁忙的店铺；吆喝的小贩，衣着华丽的小姐，神态高傲的贵族，腥臭邋遢的醉汉……彼得堡的一切都令果戈理眩晕。

他们住进在科库什金桥旁租的房子。当天果戈理得了重感冒，只能躺在床上，他十分郁闷。仆人雅吉姆给他喂药，他抱怨说："糟糕的彼得堡，第一天来就让我病倒了。"

雅吉姆说："谁让您昨天晚上不穿厚衣服就从马车里跑出来呢？"

果戈理笑着说："是吗？我得意忘形了，所以彼得堡要惩罚我，但是我不服气，这里可不像我的小俄罗斯，和我想的完全不一样。不过京城要有京城的样子。我要做出点事情来！"

病好后，果戈理忙着找事情做。但是，彼得堡并没有宽待他。原本他可能会好过些，在涅仁毕业时，按成绩他应该得到十二等文官资格，但是因为"别洛乌索夫事件"，他只拿到了十四等文官资格！这使他不能找很好的工作。从故乡带来的各种推荐信，也没有起到作用，拿着信拜访众多的大人物，大人物们都是爱理不理。找远房的亲戚特罗辛斯基将军，将军也看不上这个穷亲戚。母亲给他的生活费很快就没了，家里的生活虽然很拮据，可是他不得不写信向家里再度求助。

与刚来时的亢奋形成强烈反差，此时，他对彼得堡的印象糟糕到了极点：肮脏、冷漠、可恶的城市人。他的身体状况也变得不妙。

满怀大志地来到京城，没想到迎头却是一盆冷水！他几乎到了绝望的地步。

他可以去当一个小公务员。但是，这样一生就交给了安逸与平庸，这样的人生不是他所期望的。

他想到了自己带来的《汉斯·古谢加顿》，希望这本书稿能够为自己带来运气。他联系了书商，把母亲寄来的钱全部用作出版费。《汉斯·古谢加顿》如愿上市了，他既兴奋又忐忑不安，便装作客人，满怀希望地到彼得堡各个书店询问《汉斯·古谢加顿》的销售情况，结果令他十分失望，买书的人很少！

不仅如此，评论界的人也毫不客气地把他的田园诗评价得一文不值，说他写的东西是满腹牢骚和幼稚的不切实际的幻想！

他真的绝望了。

他给母亲写信说："我恐惧地环顾四周，看清楚我的可怕处境。我与世界上的一切格格不入，活着和死去一样令我难以忍受。"

他和仆人雅吉姆一起到各个书店，把《汉斯·古谢加顿》全部买回来，找到一个偏僻的地方，一把火烧个精光！

火焰在空中腾起，纸灰随着热气打转，像幽魂，飘向彼得堡的上空。

果戈理冷冷地看着，眼里噙满了泪水。

他几乎成了流浪汉，向仅有的几个朋友普罗科波维奇、达尼列夫斯基借钱，过着节衣缩食的生活。

他还不愿意死心。难道就做不成一番事业？

剧院！对，去剧院当演员！这个城市，总得有我生存的空间！

他跑到帝国剧院，找经理加加林公爵。公爵对这个年轻的贵族不屑一顾。贵族也来当小演员，还说擅长演悲剧，演老太太、老爷爷，真让人发笑！公爵见他不愿轻易死心，便找来监督让他试演。

试演结束，监督说了一句让人哭笑不得的话：果戈理不但不适合演悲剧，也不适合演喜剧！他演得让人紧张和恶心，也许更适合当一名搬尸工！

这样的评价对果戈理来说当然是致命的打击！

什么希望都没了，心还没有死。他还必须找到工作。否则，他在彼得堡就待不下去了，就得打道回府，就得横死中途。

后来，他低下高贵的头，通过特罗辛斯基将军，他在封地局谋了一份差事。

这是施舍，可是他不得不接受施舍。人在屋檐下，所有的才情和高傲都是废纸一张。

值得一提的是，封地局的处长是诗人、思想家帕纳耶夫，他与普希金和后来的别林斯基都有很好的关系。但是，这对小官吏果戈理没有任何意义。封地局的上层官吏们都是闲人，所有的工作都交给果戈理处理。果戈理每天的工作很繁忙，收入却很少，月薪俸只有三十卢布左右，还不够他每月的开支。

有了工作，果戈理仍然通过向别人借钱勉强度日。

生活稍微安定一些，他又想起了自己的文学创作。文学就是精灵，就是火焰，他无法抑制住自己的热爱。他利用每天晚上下班后的时间，关在家里，勤奋地进行着创作。

经历过那么多的波折，他已经不是那个异想天开的青年，他变得现实起来。这一次，他把目光投向了自己的小俄罗斯，想起那里田园般的生活。阳光、草原、树林、蓝天、河流，淳朴的人民、温暖的乡情，美丽的神话、小美人鱼、妖怪，还有可恶的地主，生活贫苦的农奴。所有的一切都从他的鹅毛笔下源源不断地涌出。

1831 年，《狄康卡近乡夜话》出版了！

果戈理终于在彼得堡做出了一点事情。出乎他的意料，这点事情震动了整个俄罗斯。他很快成为举国瞩目和众人谈论的作家。

但是，他的成就不属于彼得堡，也不属于彼得堡人，那更像是对彼得堡的报复。

他的成功属于他的小俄罗斯；属于他的独特的出现方式。

突如其来的成功虽然激发他曾经有过的自信，却无法解除彼得堡带给他的深刻的孤独。他像一把锁，锁住了俄罗斯的春天。

三、再见，我的王！

一个是拥有高贵血统的王，一个是拥有黑暗灵魂的独行侠。

王高高在上地坐着，身穿锦衣华服，手上戴着绿玉戒指，眼里露出友善而满意的目光；

侠客与王并肩而坐，一身肃穆的黑衣，面遮黑纱，手指上套着乌黑的翡翠，眼里闪烁谦卑和真诚。

侠客发誓要效忠于王，无论何时何地！

那是土者普希金；

那是侠客果戈理！

1831 年，彼得堡发生了霍乱，果戈理搬到城郊的巴甫洛斯克，给一个公爵夫人的儿子当家庭教师。虽然他已经在彼得堡文学圈子里有了一点名气，公爵却看不起他这个穷官吏，但是公爵家里的人却欣赏他的才华。他正在创作《狄康卡近乡夜话》。他常常自信满满地在公爵家里朗诵他的文章，众人的赞叹满足了他小小的虚荣心！

普希金此时和妻子娜塔丽娅住在离巴甫洛斯克不远的皇村！

果戈理每天都会朝皇村的方向偷偷望上几眼。他想到皇村走走，或许可以碰见普希金，如果能见到这个从中学时期起就崇拜的诗人，那该是多么激动人心的事情啊。

现在，心中的王就在眼前，拜会他并不是遥不可及的梦。

一个夏天的傍晚，西天隐去最后一丝阳光，绯红的晚霞像刚开的玫瑰，铺满天际。对着镜子，果戈理穿上棉布衬衫，套上长礼服，梳着油亮的头发，整理了漂亮的小胡子，夹着《狄康卡近乡夜话》的手稿，迈出公爵家的大门。

不能再有任何犹豫！他沿着巴甫洛斯克的乡间小路，朝皇村走去！

微风轻轻吹着他的面颊，头顶鸟儿纷纷归巢，他想："运气好的话或许可以碰见诗人，如果不行我可以直接去他的住处，只是不知道这样算不算冒犯？"

很快，他就到了巴洛克式建筑林立的皇村。宽阔的林荫道上，他低着头，看着脚下的石板路，三三两两的行人擦肩而过，他完全不在意。

他在想："看了《狄康卡近乡夜话》，他会怎么评价呢？如果他不喜欢，那不是很糟糕吗？"

他碰到一个人的肩膀，差点把那个人撞倒，他却忘了说声抱歉。

"嘿，果戈列克先生！"突然一个洪亮的声音从身后传来。

果戈理转过身，抬头看见一个一头卷发、满脸胡子，穿着漂亮礼服的男人。

这个男人在他眼里那么美，仿佛海神一般。

"诗人阁下！"果戈理一下尖叫起来，眼睛睁得很大，笑得很开心，脸上的肌肉因激动而有点变形。

"可不是我！"普希金说。

"您还记得我！"果戈理惊喜万分。

"您不也记得我吗！"普希金和蔼地说："我记得上次在普列特尼约

夫家里见过您，只是当时没有机会和您多聊几句。我很喜欢您的文章。"

果戈理真是想象不到，普希金跟他所见过的所有名流都不一样！他是那么谦和，那么慧眼识才，那么不加修饰。他居然直言喜欢自己的文章。果戈理一时不知道该说什么，头脑处于缺氧状态，连和普希金握手这样最起码的礼节都忘了。

他呆呆地站在那里，费劲地思考着，似乎想要说点什么。

普希金微微一笑，说："我能有幸成为您的朋友吗？"

这可是全俄罗斯人都渴望听到的一句话啊，即便是皇宫大臣，听了这话也会心跳加速的。果戈理听了这话，胸口一热，再也止不住，泪水猛地流了下来。在寻梦的过程中，他经历了多少艰难，似乎眼前的这个人什么都知道。他曾经设想着如何跟普希金见面，如何和他说第一句话，如何说服他看看自己刚刚脱手的文稿。然而，所有的预想，都像断线的风筝，飘向蓝天，无影无踪。眼前只有两个人，心目中的王伸出了温暖的手。自己唯一能做的，就是紧跟王，报效王的知遇之恩。

果戈理快步走到普希金面前，握住诗人的手，浑身发抖。

普希金说："年轻的作家，俄罗斯需要您的贡献。"

突然间，果戈理感到一种责任，那种责任很久以前他就给了自己，现在诗人把这种责任明确说了出来。诗人有分配责任的权利，那么这种责任是真的。这种责任也成了果戈理的权利。

果戈理原本想把《狄康卡近乡夜话》交给诗人，此刻却有些胆怯了，他怕诗人会不满意，而辜负了诗人的期望。于是他决定回去再修改一遍。

从那以后，果戈理经常往皇村跑。他灰暗的生命点起了一支蜡烛。

终于，经历了仔细打磨之后，他把《狄康卡近乡夜话》的手稿郑重地交到了普希金手里。

普希金当即翻阅了一下，表示很欣赏。他关切地问："您要把这本书出版吗？"

果戈理说："是的！"

普希金说："如果需要帮忙，尽管跟我说。"

果戈理说："谢谢。我已经好联系出版商和印刷厂。明天我就要跑一趟彼得堡，去印刷厂交涉书的出版。"

普希金说："是吗？那么顺路到我家把我的包裹带回来。里面有我新写的小说。"

果戈理说："好的，一定办到。"

普希金说："城里还在戒严吧，进城都要检查。小心传染病！"

果戈理说："您放心，我会小心的。"

过了几天，果戈理兴高采烈地来到皇村，在叶卡捷琳娜官殿前见到了诗人。

普希金轻轻地拥抱他后，认真地说："亲爱的果戈列克，彼得堡之行可好？"

果戈理说："《狄康卡近乡夜话》的出版问题基本上谈妥当了。"

普希金说："您的书我看过了，真是一本奇书，现在的作家没有或者很少有您的优美和纯洁，小俄罗斯在您的笔下真切得很。我毫不掩饰内心的喜爱。"

诗人的赞美让果戈理信心百倍，激动难忘。在他眼里，世界第一次变得那么美好祥和，完全没有丑恶与苦难。

"我的东西呢？"普希金突然又问。

"啊！天啦！"果戈理恍然大悟，"很抱歉，走过您家的时候我给忘了，等我再想起来的时候，已经过了检疫站，就要出城了。我，我真不该这样糟糕！"

"的确有点糟糕！"普希金有点失望，语气中明显带着焦急和抱怨："那本书稿是要尽快出版的。现在不同往日，您知道我现在出书都要用假名字了。"

"十二月党人"事件以后，布尔加林之流掌管了俄罗斯出版局的大权，当局和他们早就盯上了普希金。这使得普希金的情况很不妙，他不能有任何闪失，防止被他们抓到把柄。所以，他用假名字发表了很多文章。

普希金说："那么下次过去请记得一定带来。"

他笑了笑，看样子已经原谅了果戈理。

果戈理仍旧在自责，诗人第一次请求他做事情，他就没有完成，真是令人失望。

"走吧，去亚历山大宫。我带您去见见我的老朋友茹科夫斯基。"普希金见果戈理仍在发呆，就轻轻地推了他一下。

"哦，是诗人茹科夫斯基吗，《黄昏》的作者？我曾在普列特尼约夫家里见到过他，真是他吗？"

终于，果戈理从窘态中解脱出来。

"是的。他可是皇储的老师，宫中的大官。"普希金用略带讽刺的口吻说。

他们到了雄伟的亚历山大宫殿，见到了那位可与普希金比肩的诗人。普希金和他是一对欢喜冤家，最好的朋友，因为他在宫中任要职，所以性格不像普希金那样热烈，他稳重有涵养，带有官员的儒雅。

茹科夫斯基衣衫不整地接见了果戈理，既看不出热情，也称不上冷淡。普希金在他身旁发牢骚，他装作听不见，和他往别的话题上扯。未几，他提议请果戈理朗诵《狄康卡近乡夜话》。果戈理有点羞怯地开了口，茹科夫斯基一开始还和普希金侧身交谈，有点心不在焉的样子。可是很快果戈理就进入了状态，他越读越自信，茹科夫斯基和普希金也跟着入了迷。

这次拜访，果戈理和茹科夫斯基也成了挚友。

不久，彼得堡的瘟疫消除了，大家欢欣回到京城。

《狄康卡近乡夜话》如期出版了，果戈理很高兴，他把书送给母亲，送给茹科夫斯基，更送给普希金。

他与普希金再也分不开了，不是他离不开普希金，那太简单。也不是普希金离不开他，那太严重。而是果戈理跟随着普希金，普希金也离不了果戈理的跟随。普希金需要一个人和他一起托起俄罗斯，而果戈理只有在普希金身边才能有机会托着俄罗斯，托起俄罗斯坚硬的头颅。

普希金是他的王！他引领果戈理走进广阔的俄罗斯大地，走进深邃的历史的天空，走进俄罗斯赤色的伤口和金色的温暖。

普希金帮助果戈理成为大学历史系副教授，帮他出版最新作品，带他出席上流社会的宴会，让他认识他终生难以忘记的女子斯米尔诺娃，吸收他一起创办《现代人》杂志。果戈理的每部作品都会第一时间给他看，果戈理最重视他的意见。不仅如此，果戈理最爱的还是向他询问该写什么样的文章，要他指引写作的道路，甚至还向他要写作的素材和思想。

《钦差大臣》就是普希金给他的素材；

《死魂灵》就是普希金要求他创作的史诗。

果戈理毫不掩饰地说："我的作品都是普希金的，都是为他而作的。"

普希金曾经打趣地说："和这个小俄罗斯人打交道可要小心点，他把我抢光了，可我喊一声都不行，那就只好请便吧。"

1837年，在巴黎，果戈理接到普希金遇难的噩耗。为了妻子娜塔丽娅，普希金和法国军官决斗，死在决斗场上。整个俄罗斯都在流血，人们说那是个阴谋。

而对于果戈理，那仿佛是锋利的刀片，飞快地滑过手指，不留痕迹！他没了感觉，整个世界都死了，他的头脑空了，再也没有任何思维！

果戈理对身边的朋友说："你知道我多爱母亲。但是，即使失去母亲，也不会像现在这样悲痛。真的不敢想象，普希金在这个世界上不复存在了。"

普希金走了，彼得堡成了果戈理心头永远的伤疤，再也没有愈合过！他在这之后少有作品问世，除了普希金要求他写的《死魂灵》和后来带来巨大争议的《与友人书简选》。

再见，我的王！没有你，我的世界就是空荡荡的世界。你不仅是我的王，更是我的灵魂。因为没有你，我成了盲者，成了智障，成了枯死的树枝。

俄罗斯的天空如此低沉，我再也无法触摸到，触摸到的只有湿漉漉的叹息，触摸到的只有从泥泞中慢慢爬行的风。

四、别林斯基：懂得，却不原谅

其实，最了解果戈理的不是普希金，而是别林斯基；

最不能原谅果戈理的不是别林斯基，而是他自己。

一切皆从《塔拉斯·布尔巴》开始，一切皆从《钦差大臣》转变，一切皆从《与友人书简选》结束。

1835年，果戈理出版了文集《米尔戈罗德》，文学界给了它很高的评价，但是仅仅停留在"人物的创作活灵活现，语言字字珠玑，作者的天才无与伦比"的层面。在普希金和茹科夫斯基的盛名之下，人们对果戈理不是真正去理解，更多的是附庸、赞赏。但是，他的灵魂，作品的灵魂，很少有人一针见血地捕捉到。

巨大的荣誉，让他自满。他却摆脱不了孤独，淡淡的被遗弃的感觉萦绕着灵魂。

此时，年轻的文学评论家别林斯基横空出世！这个后来影响了俄罗斯文学轨迹的伟大的思想家、批评家、哲学家，当时只是初出茅庐。没人会想到，他日后会成为俄罗斯思想界的核心；也没人会想到，他日后会给俄罗斯文学带来陀思妥耶夫斯基、屠格涅夫等闪亮之星。

别林斯基在认真品读，他一下子就抓住了《塔拉斯·布尔巴》的内核，那是哥萨克人的文明，是小俄罗斯的波澜壮阔的历史。他说："《塔拉斯·布尔巴》是整个民族生活的伟大叙事诗中的一个片段，一个插曲。如果在我们的时代能够产生荷马式的叙事诗的话，这就是它的最高的标本、典范和原型！"

看到别林斯基的评论，果戈理心头一震！这个人，完全了解我的作品。

可是他不能倾心于他，正因为别林斯基拥有那种敏锐，他才惧怕。更让他惧怕的是他的思想，他的思想独立、带火，喷涌而出，超越那个时代，带着强烈的革新意识。

那种思想会伤人！

这个人完全看透了他的作品，却不是知己。他不安，因为他知道这个人并没有和自己在一起。他宁愿要十个庸才的附庸，也不要一个天才的赞扬。

1835年10月，在彼得堡的冷雨里，果戈理再次拜访了普希金。这次，他是来向普希金要写作素材的。

普希金说："小俄罗斯的老弟，看来您不把我抢光，您是不罢休了。"

果戈理笑着说："看在上帝的份儿上，就请您给我一点素材吧。只要是纯正的俄罗斯的故事。我现在匮乏得很，需要您的指点。"

普希金想了想，大笑起来。

果戈理说："您笑什么？"

普希金说："我想到斯文宁前不久给我说的事情。斯文宁您也认识吧？"

果戈理说："知道，《祖国纪事》的编辑。他怎么了？"

普希金说："前段时间他到比萨拉比亚去了一趟。在那里这个斯文的读书人做了一回骗子。"

果戈理好奇地说："真的？怎么回事，您快讲讲，不要绕圈子了。"

普希金说："好，好。当地的人们以为他是从京城来的官员，也就是钦差大臣之类，人们纷纷向他状告当地官吏的恶行，真是滑稽。他居然顺水推舟地演下去，一直到惊动了当地官吏。官吏来找他，请他吃饭。官吏夫人还和他调情，甚至有官吏要把女儿许配给他。当然这个家伙，肯定有夸大自己的成分。"

果戈理说："您这样说我倒想起了来彼得堡的路上的一些事情。来的路上，我和朋友达尼列夫斯基的盘缠就快用完了，所以我们玩了一点小阴谋，在帕辛科，我们散布信息说'京城来的官员到了'，驿站的负责人见到我们，以为就是了。对我们百般殷勤，好吃好喝招待，可笑又可悲。"

普希金说："我也遇到过类似的情况。真不知道这些人是怎么想的，平民和官吏居然把一个诗人看成大臣，我像吗？"

果戈理说："这是个好题材。我要写，像斯文宁那样夸张，不，比他还要夸张地写出来。"

很快，果戈理写完了《钦差大臣》，无赖赫列斯达科夫登上俄罗斯的戏剧舞台。果戈理对他的描写极尽夸张，笔触辛辣到前所未有的地步。

《钦差大臣》以暴风雨的姿态摧毁了一切，这是在果戈理的意料之外的。这种力量让他自己也感到害怕！

整个京城都在谈论《钦差大臣》，可是都是片面的。人们在笑，贵族在骂，称他"哗众取宠""低级趣味"。果戈理感觉没人理解他，整个京城都把他遗弃了。他躲在戏院的一角，偷偷看着自己的戏剧，不肯见人。

此时，别林斯基在莫斯科《杂谈》上发文评论了《钦差大臣》。他说："（上流社会）未必喜欢《钦差大臣》，他们未必相信它，他们看到这些对我们来说是可怕的、栩栩如生的人物，未必会感到愉快。这些人物的害处倒不在于他们自己尽做蠢事，而在于他们使人们失去希望，看不到会有真正的官员在自己的岗位上认真执行谋求公众利益的命令。"

别林斯基说到果戈理的心坎儿里，那本是对他最好的支持。然而，因为那是别林斯基，所以他更难以消受。他不想与年轻的革命思想沾上任何关系。

作家写作是一回事，评论家评论是另一回事。评论家准确地剖析作品的思想，剖析出来的思想未必是作家本来想要表达的，即便是作家要表达的初衷，批评家也是拿评论为自己服务，达到自己的目的。而经过批评家的评论之后，在众人眼里作家也具有了批评家所说的写作的目的。

面对整个舆论界的压力，果戈理更加无法原谅自己！他感觉到恐慌的孤独，那种孤独是处在人群中的孤独，真正的孤独。可是谁让他是中心，逃不了！

但是，他并不恨别林斯基。因为，别林斯基对于他很遥远，他们没有见过面。他甚至不太了解他的情况。反而，他倒希望能见见这个人，尽管这个人的睿智给了他很大的压力。毕竟这个人对自己的作品了如指掌。

他离开了俄罗斯，周游欧洲。

1839 年，果戈理从国外回到莫斯科后，在别果津家里见到了别林斯基。两人虽然早就惺惺相惜，但内心都有某种提防，某种不安，似乎双方都能一眼看穿对方。别林斯基认为果戈理是俄罗斯的老虎，他在热闹中孤独，在饱餐后饥饿，在强大里脆弱。而果戈理则承认别林斯基是一个天才的思想家，虽然他还年轻，思想没有最终成型。

此时，别林斯基正要离开莫斯科《杂谈》，到彼得堡主持《祖国纪事》杂志。

临行前，他对果戈理说："伟大的作家，希望您能和我同去主持《祖国纪事》，这将是我的荣幸，也是俄罗斯文学的荣幸。"

果戈理说："评论不适合我，还是写小说实际一些。"

别林斯基没有勉强，他笑了笑，表示理解。

果戈理清楚别林斯基和自己不是一路人，他也清楚这个年轻人将来必成大器。

几个月后，果戈理也到了彼得堡。在奥多耶夫斯基家里，他再次见到别林斯基。

别林斯基说："很高兴在京城见到您，伟大的作家！"

果戈理和蔼又幽默地说："我也很高兴，亲爱的朋友，您很像我的影子，不仅出现在我的身边，还知道我的思想。"

闲聊中，别林斯基说了一个奇妙的想法："彼得堡是个好地方，但是莫斯科更好些。如果能把涅瓦河和涅瓦大街加上几个人搬到莫斯科，那么莫斯科就成彼得堡了。"

果戈理试探性地问："哦，那么您想搬走哪几个人？"

别林斯基有点夸张地说："我的主人——果戈理先生您，我的思想上的挚友帕纳耶夫，当然，还有美丽的雅科夫列芙娜。"

果戈理笑了，听到"我的主人"，他很不自在，但是心里高兴。这个人是爱自己的。

别林斯基给他讲述了自己对《塔拉斯·布尔巴》和《钦差大臣》的看法。那完全契合果戈理的想法。但是他突然有些难过：这个人究竟是爱我，还是爱我的作品？

爱他和爱他的作品是两个概念！但他还是爱上了别林斯基。他们交往了很久。

1842年，果戈理住在莫斯科。此时，果戈理的书受到检查委员会的严密监视，他的许多文章无法顺利发表。《死魂灵》的第一部就是受阻力最大的一部。他正为书的出版发愁，别林斯基来到莫斯科，找他约稿。没要到稿子，但是却了解了《死魂灵》的创作情况。然后，他看到了文稿，十分欣赏，当即真诚地表示愿意为出版的事情效劳。

经济正十分拮据的果戈理被他感动了，他把《死魂灵》交给了别林斯基，像交出了一份沉甸甸的希望。

经过别林斯基和普列特尼约夫的种种努力，《死魂灵》终于得以出版了。

然而，果戈理又陷入思想危机，那种没人理解的孤独感再次降临。虽然别林斯基和赫尔岑给了《死魂灵》极高的评价，评价也是极其准确的，但他仍然感到孤独，感到无处倾诉。普希金带给他的伤痛笼罩着整个天空。这次，他彻底恐慌了，又一次出国，去圣城耶路撒冷寻找宗教的慰藉。

同时，他决定与别林斯基断交。他认为，断交是有理由的。既然这个人如此了解自己，而这个人又最终不是与他一路上的人，他宁可一个人孤独，也不需要旁人善意的提醒。

1847 年，经历了种种磨难，他的思想发生了极大变化。为了让世人更好地理解他，他出版了《与友人书简选》。评论家说，这部书让果戈理得以完整。他的确有权利书写自己，但是却阻止不了别人的评论。

已经是思想界领袖的别林斯基在《现代人》上发表了批判他的文章，说他完全背离了自己原来的道路。

他痛心疾首地给别林斯基写信，要求还自己一个清白。

病重中的别林斯基，让安年科夫代笔写下最后一封信。那封信写满一叠白纸。

信中写道："是的，我曾经像一个与自己祖国血肉相连的人热爱祖国的希望、荣耀与光荣，热爱祖国的正在觉醒、发展与前景的一个伟大领袖那样地热爱过您……您已经习惯从您那'美妙的远方'去看俄罗斯……因此，您看不到，拯救俄罗斯的道路不是神秘主义、禁欲主义、虔诚主义，而是文明、教育的进步和人道主义。"

别林斯基完全否定了果戈理。那是思想与文学的碰撞，那是公众与个人的冲突，那是人们在果戈理身上赋予的责任和希望与他自己的自由的交锋。

别林斯基爱的真的是他的作品，更爱他自己的思想，那是俄罗斯未来的思想。

果戈理背离了原来的自我，没有背离当下的自我。他孤独到了极点。老虎一旦伤人，就是致命的。

一切无可厚非，谁让他们一个是伟大的思想家，一个是伟大的作家呢？并不是思想家容忍不了作家，也不是作家认识不了思想家。他们一个是虎，一个是狮，两者都很强悍，强强相碰，不是灵魂的火花，而是天然地断裂。

别林斯基和果戈理一断裂，俄罗斯的文学就呻吟一声，痛苦地弯下腰来。

五、《死魂灵》：一个时代的暗喻

省会 N 市的一家旅馆里，来了一位神秘的客人，他身材高大、肥胖，名片上写着"五等官保甫尔·伊凡诺维奇·乞乞科夫，地主，私事旅行"。他到省城来是要进行一项骇人听闻的投机买卖。他向地主们贱价收买已死亡但尚未在名册上勾销的农奴。

乞乞科夫第一个拜访的地主叫玛尼罗夫，他"年纪并不大，那眼睛却糖似的甜，笑起来细成一条线"。他有一个特点，初次见面，对谁都要喊出"一个多么可爱而出色的人啊"；但过了一会儿，就什么话也不说了；再过一会儿，便心里想说："呸！这是什么东西！"

一个无风的早晨，乞乞科夫来拜访他了，关于谁先进门的事礼让了半天，谁也不肯让步。最后，只好两人侧着身子，一同跨进门槛。玛尼罗夫对市府的官员们总是称赞不已，对谁都加上"非常可敬"和"非常可爱"的字样。当乞乞科夫向他提出购买死农奴时，最初，他感到很惊讶，他不知乞乞科夫买来干什么。后来，他答应把这些对他根本没用的死农奴奉送给他。这使乞乞科夫很高兴，说了一番"忠于真理"及"良心干净"的话，而且还用手帕去擦那流下来的、动人而廉价的眼泪。

不久，乞乞科夫的马车在路上遇上雷雨。天色已经很晚了，他来到一个狗吠得"像教会里唱歌队"一样的村庄。迎接他的是一个旧式地主科罗皤契加。她看到乞乞科夫满身泥水，便惊叫起来："啊呀，我的上帝，你的背面和这一边，都脏得像野猪一样了，这是在哪里弄的呢？"

这是个寡妇，她的农奴还不到八十个。当乞乞科夫要她把死了的十八个农奴让给他时，女地主可不像玛尼罗夫那样慷慨，她犹豫着，考虑是否出更高的价格。乞乞科夫忍耐不住了，愤愤地抓起一把椅子在地板上一顿。女地主害怕了，只好悻悻然地以十五个卢布的价格把死农奴卖给了乞乞科夫。

在乡间的一家小饭馆里，乞乞科夫遇见了地主罗士特莱夫。这是一个社会败类，他过惯了逍遥放浪的生活，吹口哨，打响指，整天在外赌博、酗酒、打架、骂娘、吊儿郎当，造谣生事。这种人，大家都称他为"快男儿"，"他们爱说话，会花钱，有胆量，不改口"。一见面，他就急于发誓和你结成永久的朋友，但也许在结拜的晚上就和你吵翻了，彼此打起架来。他一会儿说："吻我吧，心肝，我爱得你要死了！"过一会儿，他却骂你是个不折不扣的大混蛋，什么样的粗话都能顺利地从他口里滑出。

罗士特莱夫刚从省城赌输了钱回来，他邀请乞乞科夫到他田庄上去做客。

乞乞科夫欣然答应了。

罗士特莱夫的家里乌七八糟，招待客人的设备一点也没有。房间里只有几支猎枪和各式各样的烟斗。尽管如此，他颇为自得地带乞乞科夫参观他的产业。首先看马房，然后看狗圈。他的狗都起着各种怪名字，如"骂呀""发火""不要脸""上帝在此""暴徒""宝贝"等。大狗小狗们见主人来了都跑拢来，有的狗用脚掌搭在罗士特莱夫的肩膀上，而罗士特莱夫站在狗群中"就像是它们的父亲"。

饭后，乞乞科夫谨慎地向罗士特莱夫提出要购买他的死农奴，并让他不要把这事传扬出去。罗士特莱夫追问他买来干吗，乞乞科夫编了几次谎，总瞒不过这晒笑着的老滑头。罗士特莱夫提议下盘象棋赌一下。他把死农奴押上，乞乞科夫把一百卢布押上。乞乞科夫暗想自己的棋下得不坏，不妨碰碰运气。可是，下棋时罗士特莱夫作弊。乞乞科夫不下了，罗士特莱夫便认定他输了，并喊来仆人要揍他。正在这紧张的时刻，法院送来一张传票，有个地主控告罗士特莱夫在一次醉酒时打了他。乞乞科夫便乘这机会，赶快跳上马车跑了。

乞乞科夫拜访的第四个地主是梭巴开维支。这是个行动笨拙、样子像熊的地主，走起路来老踩别人的脚。他的脸色是通红的，像一枚五戈比的铜钱。梭巴开维支的房舍和家里的陈设都笨重结实。无论桌子、柜子、椅子都好像在说："我也是一个梭巴开维支"或者"我也像梭巴开维支"。连他的田庄上的栅栏、马房、农奴小屋都造得非常坚牢。墙上挂的画也都是腰身粗壮的将军。梭巴开维支阴沉寡言，对任何人都瞧不起，他认为省城的官员们都是些强盗、骗子和混蛋。而且他一眼看出乞乞科夫是个骗子。当乞乞科夫提出向他购买死农奴时，他开口要一百卢布一个，并极力称赞这些死去的农奴都是些能干的角色。他们讨价还价争执了许久。最后，乞乞科夫只好以两个半卢布一个死农奴的价钱与他成了交。

泼留希金是乞乞科夫最后拜访的地主。他的田庄既萧条又颓败，农奴住的小屋显出衰朽的景象，像个"衰老的病人"，围着又低又破的篱笆，墙壁和门上生满青苔。打开昏暗的门，吹来一股好像从地窖中出来的冷气。

泼留希金是个富有的地主，他有上千个农奴。但他极端吝啬，过着像叫花子一样的生活。他穿得很破旧，吃得也很差。当他在路上走着的时候，看到一块旧鞋底、一片破布或一个铁钉都要拾回家。农奴们都在背后说："我们的渔翁又在那里捞鱼了。"他和一切人都断绝了往来。因为他认为与人接触就象征着物质上的消耗。甚至，他把子女看作是自己财产最危险的浪费者。他和子女吵翻后，便不愿意再求得和解。他对农奴进行残酷的剥削，不管年成好坏，农奴都得照样缴纳地租。在他的田庄上，农奴死得像苍蝇一样多，每年都发生农奴逃跑的事件。

乞乞科夫来拜访他时，先打量了他老半天，无法断定他是男的或女的。最后，乞乞科夫以为他是女管家，便一面跨下车子，一面问道："请问，妈妈！主人在做什么呀？"

泼留希金回答说："主人不在家！"

当乞乞科夫说出有件买卖要和主人当面交谈时，他便把乞乞科夫接进家中。

这时，乞乞科夫才看清了他的脸，"这个老人有尖尖的下巴，转来转去的小眼睛，穿着破破烂烂的衣裳，在颈子上还用旧袜子或绷带来代替领带。"乞乞科夫提出要购买他的死农奴时，他很高兴，把乞乞科夫当作"救主"，因为他的农奴死得多，每年还得向政府交纳大笔税款。乞乞科夫以十分低廉的价格，在他那里整整弄到了二百个死的和逃跑的农奴的名单。

乞乞科夫走访地主后，回到省城旅馆，心情十分愉快。他亲自写好了注册呈文，准备到民事厅去办手续。乞乞科夫购买农奴的事在省城传为佳话。人们把他当成阔佬、体面人，甚至有名门闺秀对他表示青睐。

可是，在一次晚会上，罗士特莱夫却当场揭了他的底，说他在购买死农奴，弄得他狼狈不堪。

乞乞科夫在省城待不下去了，天一亮，他便坐着马车走了。

乞乞科夫的马车在道上飞跑，车轴闪成一枚圆圆的平板，道路隆隆响动。车子飞过去了，只看见远地里好像有一阵浓密的烟云，后面旋转着空气。

低矮的天空下，有一个声音在嘶叫："俄罗斯啊，你不也在飞跑吗？你奔到哪里去？给我一个回答吧！"

没有回答，只有呼呼的风声，只有萧瑟的暗喻。

六、梦里不知身是客

1851年1月，俄罗斯的寒冬！

宽敞的屋子，温暖的壁炉，舒服的躺椅，书桌，灯台，蜡烛在燃烧，窗子紧闭。屋外风声呼啸，鹅毛般的雪簌簌落下。果戈理披着大衣，安稳地睡在椅子里，手里攥着鹅毛笔筒。

他在做梦！梦境开始时很平静，小俄罗斯如画的风景如安魂曲一样舒缓地展现，母亲的面容永远那么慈祥，两个妹妹那么年轻，可爱又美丽。

然后是普希金，是散发香气的皇村的林荫道，是温柔的斯米尔诺娃，是宏伟的罗马城。

很快，他变得不安，眉头紧锁，头轻微摇晃。他在做噩梦，梦境却不是恐怖的。那些梦都是画面：彼得堡繁忙的大街，深沉的涅瓦河，辉煌的亚历山大宫殿，旧都莫斯科，浪漫的巴黎，婉约的塞纳河，模糊的基辅，儒雅的茹科夫斯基，世故的别果津，热情的谢普金，冷峻的别林斯基，年轻的屠格涅夫，柔弱的普列特尼约夫，单纯的莱蒙托夫，慈祥的托尔斯泰神甫，《钦差大臣》的舞台，愤怒的贵族，威严的沙皇，《死魂灵》的手稿，燃烧手稿的火焰……最后一个画面是冰冷的坟墓。

所有的画面飞快地闪现，没有一个画面可以确定，可以捕捉。画面没有空间，也没有时间，时间和空间都被撕碎，画面的变幻让他的心脏跳得疯狂，他的思维剧烈地颤动，他的梦境更加颤动。

他的手抖了一下，鹅毛笔筒掉到地上。"啊！"他叫了一声，从椅子里坐起来，脸色煞白，额头满是汗水。他痛苦极了，差点哭出来。

"普希金啊，您竟已经不在这个世界了！"他叫道："告诉我，到哪里寻找您呢！"

"母亲！妹妹，我是那么爱你们，你们在故乡还好吧，你们一定要幸福呀，我的一切努力都是为了你们！"

果戈理的母亲还健在。两个妹妹，被他接到彼得堡读完爱国专科学校后，回到故乡生活。一家人的生活很困难，果戈理不得不经常资助她们。但是，无论怎样，她们还都活着就好，活着就是阳光，就是灯塔。她们给果戈理阳光，给果戈理思念的方向。

那是灵魂的慰藉。

"我的朋友们，为什么你们都一个个背叛我。我是那么爱你们。难道是我自己背叛了自己，还是我太小气？"

朋友们对他都是好的。茹科夫斯基最亲切，在果戈理面前很随便，他把果戈理当成自己人，总是"你，你"地称呼果戈理。无论是在罗马，在巴黎，还是在彼得堡，果戈理在最困难的时候，总是向他求助："亲爱的诗人，我现在需要一笔补助金，我的钱袋已经空了。"

茹科夫斯基是宫里的大官，和皇帝走得近，他总是从果戈理的文章里寻找细节，想方设法地对皇帝说："您看，在这篇文章里，果戈理赞扬了俄罗斯，赞扬了您！"

皇帝大发慈悲，补助金就到了果戈理手里。

但正是因为他是宫里的人，和站在人民一边的果戈理不能推心置腹，他们总是有淡淡的疏离。

作家别果津则是他在莫斯科最好的朋友，流浪国外的日子他总是给他写信，倾诉一切。回到莫斯科，他就往他家里跑，他的家是个大沙龙，也是果戈理的小舞台。可是，正当《死魂灵》的创作艰难进行时，他却让果戈理帮他写点文章。他说："我的杂志就要垮了，我的朋友，你要帮我。您的一篇文章能让我起死回生。"

果戈理很生气，作为朋友他应该了解，这破坏了果戈理的原则，他说："既然您说了您是我的朋友，那么就不该提出这样的要求，您了解的，这个时候我在创作什么，您这样做会把我毁灭掉。"

后来，别果津还是硬拿走了果戈理的文章，果戈理愤怒地说他"贪婪"。

谢普金是个伟大的演员，果戈理的乌克兰老乡，为人热情，性格乐观，天生的大好人。他主演了《钦差大臣》，是果戈理忠实的拥趸。每次果戈理到别果津家都会见到他。

但是，他只是个演员，果戈理很爱他，也仅仅是爱他，他触碰不到果戈理的内心世界。

普列特尼约夫则是《现代人》的负责人，帮完普希金出版书籍，又帮果戈理。而屠格涅夫、莱蒙托夫，都是新时代的人，他们年轻，有思想，有朝气。他们拜访果戈理，崇拜果戈理，然而终究不会崇拜果戈理的孤独。

"或者，能理解我的只有斯米尔诺娃。我需要她的理解。"

斯米尔诺娃是他唯一的女人，甚至算不上他的女人。

斯米尔诺娃出生在小俄罗斯的敖德萨，受过高等教育，是宫廷里的女官员，皇后面前的红人，上流社会竞相追逐的名媛。她身材匀称，皮肤黝黑，性感迷人。1835年，茹科夫斯基邀请他一起去斯米尔诺娃家赴会，于是果戈理第一次见到她。

她已经结婚，丈夫是资质平凡的斯米尔诺夫，整个上流社会都为她感到惋惜。男人们都说：一朵鲜花插在了牛粪上。

果戈理到她家里时，普希金也在，他正鞠躬亲吻她纤细的手。果戈理一眼就看上这个女子。她和果戈理是老乡，果戈理和她聊了很久，谈话全部围绕着小俄罗斯。那是他们心灵的通道，是他们相互的财富。

"蓝天、白云，满是诗意的村庄风情，还有数不清的神话！"果戈理畅快地说。

"是啊，我永远忘不了小俄罗斯。"斯米尔诺娃回答道。

那次拜访以后，果戈经常去斯米尔诺娃的住处。遇到问题他都会告诉她，她也会认真地聆听。他难过的时候，她总是抱着他的头，他的松软的头发贴着她芳香的乳房，听着她的心跳，他得到些许安慰。

流浪国外的日子，他总会把行踪告诉她。而她和家人也经常周游欧洲，又总是能和他遇见。在巴黎，接到普希金的死讯，他整个人都垮了，她长久地陪伴着他，牵着他的手和他一起漫步。在自己的住处，人们纷纷来拜访她，果戈理总是少言寡语，她看在眼里，疼在心里。客人走后，在温暖的壁炉前，果戈理在她的膝盖上熟睡。在罗马，他们漫步在蔚蓝色的大海边，无数的海鸥飞来飞去，他的脸上难得地出现发自内心的微笑。拮据的时候，他也向她求助，她在皇帝面前美言几句，果戈理便可以殷实地过一阵子。

他爱她，她也爱他。然而，她终究是别人的妻子，她的安慰太遥远，不坚固。得到的一刻，总让他想道：这个人并不属于我，她在下一刻会离去。

那种爱不甜蜜，因为它带来 "就要失去这个人"的更大的恐慌。

"如今，她的眼角也出现了皱纹，那么疲惫，让人心疼。或许都是因为我，她在精神上过早地衰老了！"他痛苦地想。

"我的俄罗斯，你们谁能理解我呢？或许只有全能的上帝了。我的先知——托尔斯泰伯爵，请多为我作些祈祷。"

此托尔斯泰，非彼托尔斯泰。亚历山大·彼得罗维奇·托尔斯泰，当过军官，被封为伯爵，后来从政，虔诚的宗教徒，宗教学识十分渊博。1845年，果戈理在巴黎遇见他，他改变了果戈理的生命轨迹。

1845年的果戈理，又陷入绝境。作为人民的作家，俄罗斯文学的核心，他总是逃不了这样的命运。他一直为人民呐喊，可是农民不理解他，贵族社会攻击他，文学界也少有人安慰他，当局又仇视他。他高高在上，但并不是普希金的方式，整个俄罗斯都看着他一个人，高处不胜寒，一切只能由他自己担当。这是他一生的基调。

1845年以前，他已经在国外流浪了很久，回到国内出版了《死魂灵》，他的精神危机更加沉重了。他看不到前路，正在这个时候遇见了他的上帝。在托尔斯泰的影响下，他虔诚地皈依了基督。基督给了恩泽，让他谦逊、隐忍，让他保持一颗善良的心，不要争斗，也不要反叛。他的道路悄悄转了弯。他甚至说：上帝给了我们身份，农民注定是农民，贵族注定是贵族。安守本分，就能得到幸福。

正因他皈依了全能的上帝，才遭到俄罗斯思想界巨擘们的猛烈批判。作为一个人，他有权利皈依上帝，但是作为俄罗斯的伟大作家，他不能皈依上帝。

"我还要烧书吗？要继续下去，如果书写得不好，我不满意，那么留着也没有用。只有烧了旧的，才能创造出新的。"他突然想到，心里有点疼。

这个烧书的狂人，他怎么拿自己的心血当作儿戏？

没有哪个作家像他这样疯狂。

全是因为他内心痛苦的挣扎。

最早一次，在彼得堡烧书，只是个开始。他把这个举动疯狂地继续了下去。1841 年，在法兰克福，他拿着新写的剧本，拜访茹科夫斯基。温暖的壁炉前，他给诗人读他的剧本，读着读着，诗人居然睡着了。他望着诗人熟睡的面孔，端详了很久，心情越来越沉重。

"我的书什么时候成了催眠曲！"他想着，随手就把书稿投进了壁炉。

1845 年，他已经开始皈依上帝。在汉堡，他的身体状况很糟糕，周围又没有朋友，这样的时候人最敏感，容易胡思乱想。

有一天，他拿起封存了很久的《死魂灵》第二部已经完成的手稿，看着写好的文字，他入了魔。

"怎么会是这样，普希金给我的命令，我都把它写成什么样子了。"他自责地想："所有的人物都偏离了轨道，我没有把根本的东西写出来。也无法给人们指明道路。烧掉它！"烧书的念头一下子跳出来，"圣徒说：'没有死，就没有复活。'为了复活，必须先有死。"他把书一页页地撕掉，扔进炉子里，炉子上放着铁罐，罐子里装着冷咖啡。

书被烧完了，咖啡热了。

他坐到椅子里，慢慢呷着咖啡，流下眼泪。

"为什么一切总是在颤动，剧烈的颤动，没有停止过一刻。我就要破碎了。何时才能安稳下来？我想歇歇。我所做的一切都是为了俄罗斯，我永远效忠于俄罗斯，可是谁来安慰我？"

他想着，从椅子里站起来，突然跌倒在地。

他病倒了，额头滚烫！

朋友们都纷纷赶来，安慰他，希望他能好起来。可是他好不起来了，医生没有确诊他的病，或者，他没有什么大病。他的身体状况一直不好，总是生病，虽然都不是致命的。

这一次他能挺过去吗？他还打算挺过去吗？

托尔斯泰伯爵赶来，给他作了忏悔。

他却要求把还没有出版的文稿全部烧掉。

"我就要死了，这些文稿无法再完善，不能留着。"

"好吧，烧掉手稿，您可能就会好起来，因为像以前一样，您要活着重新创造它们。"伯爵说。

"或者是这样吧。"果戈理说，"可是我不想再受折磨"。他的心里已经打定死的念头了。

手稿全被烧了，他没有活过来。或者，他的使命已经完成了。俄罗斯后起之秀完全接过他的担子了，他已经没有用了！

他坚持了几天，最后停止了呼吸。

他凄凉地去见普希金。

普希金会满意他的一生吗？

他的一生仿佛是梦，梦里不知身是客，却无处贪欢，无处贪欢，裘衣不暖！抵挡不了的始终是孤独，他所热爱的俄罗斯人，竟让他孤独一生！

果戈理走后，俄罗斯人才陡地发现：这个人留下的空白，没人可以填补。

参考文献

[1] 钱中文：《果戈理及其讽刺艺术》，上海文艺出版社 1980 年版。

[2] 任光宣：《俄罗斯文学简史》，北京大学出版社 2006 年版。

[3] 果戈理：《死魂灵》，人民文学出版社 1952 年版。

[4] 胡学星：《试析果戈理喜剧的叙事模式》，《戏剧文学》，2010 年第 8 期。

[5] 金亚娜：《果戈理的别样"现实主义"及成因》，《外语学刊》，2009 年第 6 期。

[6] 耿海英：《非现实主义的果戈理——别尔嘉耶夫对果戈理的重新定位》，《俄罗斯文艺》，2009 年第 3 期。

[7] 徐乐：《果戈理的精神之旅》，《俄罗斯文艺》，2004 年第 2 期。

[8] 夏忠宪：《悖谬、彻悟、救赎——果戈理的戏剧创作与荒诞》，《俄罗斯文艺》，

2003 年第 1 期。

[9] 刘佳林：《果戈理的另一幅肖像——纳博科夫〈尼古拉·果戈理〉述评》，《扬州大学学报（人文社会科学版）》，2002 年第 3 期。

[10] 刘洪波：《孤独的天才，僵死的世界——瓦·罗扎诺夫眼中的果戈理及其创作》，《国外文学》，2010 年第 1 期。

[11] 王志耕：《两种文化视力的博弈——再论果戈理与别林斯基之争》，《河南大学学报（社会科学版）》，2014 年第 3 期。

[12] 刘文飞：《别林斯基与果戈理的书信论战》，《外国文学评论》，2006 年第 1 期。

[13] 许志强：《布尔加科夫与果戈理：文学史的对话》，《外国文学评论》，2005 年第 1 期。

[14] 蒋承勇：《文学批评的激情、勇气与担当》，《中国社会科学报》，2016 年 6 月 7 日。

[15] 刘文霞：《"俄罗斯性"与"非俄罗斯性"》，中央民族大学博士学位论文，2010 年。

第三章

《当代英雄》

——雕刻莱蒙托夫

　　米哈伊尔·尤里耶维奇·莱蒙托夫（1814年10月15日—1841年7月27日），是继普希金之后，俄国19世纪上半叶的重要诗人，被别林斯基誉为"民族诗人"。1814年10月15日生于莫斯科，童年和少年时期是在塔尔罕内度过的。1841年7月27日，他因病到皮亚季戈尔斯克疗养，和这里的退伍少校马丁诺夫决斗而死，年仅27岁。外祖母将其安葬在塔尔罕内。他自幼受到良好的教育，通晓多种外语，在艺术方面也很有天分。后来考入莫斯科大学，期间他的主要方向是研究普希金和拜伦风格的长诗。1828—1829年，他写下《海盗》《罪犯》

《奥列格》《恶魔》等诗篇。1830 年他结识初恋苏什科娃，开始自己的抒情诗创作，例如《致苏什科娃》《十四行诗》《夜》等。

1832 年后，莱蒙托夫涉足叙事诗和散文体小说领域，代表作《心愿》《美人鱼》。1835 年普希金逝世，他创作的《诗人之死》引起轰动。1837 年莱蒙托夫因"禁诗"政治案件被捕，创作了《邻居》《囚徒》《被囚的骑士》等狱中诗。

1838 年莱蒙托夫回到圣彼得堡，此后几年名声大振，很快进入普希金文学圈。1840 年中篇小说《当代英雄》出版。莱蒙托夫主要作品有《海盗》《罪犯》《奥列格》和《海的公主》，抒情诗《鲍罗金诺》，中篇小说《当代英雄》以及剧本《假面舞会》。莱蒙托夫从事文学活动时间不长，但他继承普希金的传统，对俄国 19 世纪中叶批判现实主义文学的繁荣起到了继往开来的作用。

一、诗人之死，诗人而生

有人说他是一位因诗人之死而死的诗人。其实，从某种意义上讲，恰恰他是一个"诗人之死，诗人而生"的诗人！

1837年1月，俄罗斯的太阳陨落，呼啸的西伯利亚寒风中，普希金倒在俄罗斯的雪地里。那一晚，沙皇尼古拉一世睡在床上，身边的妃子却暗自神伤，毫无兴致。但是他不觉得扫兴，反而得意地奚落说："怎么了？小乖乖，谁又惹你生气了。"

妃子悲哀地说："诗人死了！诗人亚历山大·普希金死了。"

尼古拉一世好似同情地说："哦，我听说了。是啊，多好的一个诗人，我还想让他多为你写几首赞美诗呢。"

妃子说："我宁愿他不要给我写赞美诗，也不想他死，多好的人。"

尼古拉一世说："睡吧！宝贝，让我亲亲你。"

妃子说："你难道不伤心吗？还有心思做些什么，我可不行。"

尼古拉一世说："好，好，好！都听你的。"

他转过身去，偷笑，然后抱着被子，安稳地睡去，虽然他清楚，身边的妃子正抱着普希金的诗稿垂泪。但是，那一夜他睡得真安稳。

天亮的时候，他从床上爬起来，身边的妃子还在垂泪，双目通红，神情憔悴。尼古拉一世："宝贝，你一夜都没有睡觉？真该死。"

妃子说："我睡不着，闭上眼睛我就看见流血的诗人。"

尼古拉一世说："那么你继续醒着吧！"

说罢他起身，离开卧室。此时，他心里更是无比高兴，啧啧赞叹："普希金，你死得好！"

可是，没过几天，他就乐不起来了。

他的马车行走在街道上，隔着窗子看到行人纷纷对他指手画脚，嘴里

77

振振有词；回到后宫，妃子们对他十分冷淡，甚至看见他掉头就走，他怎么喊也没人理会；到了朝堂，他若无其事，大臣们也若无其事，面面相觑，这反而让他忐忑不安，很明显大家都在遮掩什么。

晚上，他再去妃子房间，这回妃子不乐意了，敲门半天，就是不开门。最后，他进去了，妃子却坐在床上对他不予理睬。他走过去，满脸笑容，用尽了花言巧语以讨好她，妃子却始终不说话。

尼古拉一世变脸说："你要我生气吗？是不是！"

妃子扔给他一张纸，说："你自己看看。"

尼古拉一世拿过那张纸，立刻傻眼了，然后怒气冲冲地喊："一派胡言，一派胡言！"他走出门，派人连夜调查此诗歌的来源。

第二天，在朝堂上，面对仍然遮遮掩掩的大臣们，他说："你们是不是有事情要跟我说，很重要的事情？"

众臣个个面面相觑，欲言又止。

"我来告诉你们，看看你们都被骂成什么样子了，看看我成什么了。"尼古拉一世把纸张扔到堂下。

众人在那张纸面前都变得诚惶诚恐，甚至连宫廷诗人茹科夫斯基、维亚泽姆斯基也感到震惊。

纸张上写着：

> 诗人殒没了！光荣的俘虏
>
> 他倒下了，为流言所中伤，
>
> 低垂下高傲的头颅，胸中
>
> 带着铅弹和复仇的渴望！
>
> 诗人的心再不能够容忍
>
> 那些琐细非礼的侮辱了，
>
> 他起来反抗人世的舆论，

……

你们，以下流卑贱著称的

先人孳生下的傲慢无耻的儿孙，

你们用你们那奴隶的脚踵践踏了

幸运的角逐中败北的人们的迹踪！

你们，蜂拥在宝座前的贪婪的一群，

这些扼杀自由、天才、光荣的屠夫啊！

你们躲在法律荫庇下，对你们

公认和正义一向是噤口无声！

但是还有神的裁判啊，荒淫的嬖人！

严厉的裁判等你们；

他决不理睬金银的声响，

他早看透你们的心思、你们的行径。

那时你们求助于诽谤将徒然无用：

鬼蜮伎俩再不帮助你们，

而你们即使用你们那所有的污血

也洗不净诗人正义血痕！

《诗人之死》！每一个字都像子弹，呼啸的子弹，引爆这群上等人的惶恐和虚弱，朝堂上乱作一团，争吵声直蹿云霄。

"完全藐视王权和刑法！"

"这是造谣，是中伤，决不容许。"

"尽快查明，从重处理。"

"砍头！绞刑！"

这场骚乱丝毫不亚于当年普希金所引起的那场。没过多久，尼古拉一世找到了这首诗歌的作者：年仅二十三岁的贵族青年莱蒙托夫。

当局抓他来审讯，审判官问："你承认自己是在造谣中伤吗？"

莱蒙托夫信誓旦旦地说："我所说的每个字都是真的！"

审判官摇了摇头，说："如果你重新写一首诗歌承认你的罪责，我们的皇帝可以对你从轻处理。"

莱蒙托夫冷笑道："我没想过你们会从轻处理我，如果让我再写，还会是这样。"

审判官说："你真的不害怕吗？你要知道你将承担什么后果！"

莱蒙托夫说："你们对诗人所做的一切我一清二楚，最多在我身上重来一遍。"

审判官再次摇摇头，站立，对旁边的差役说："画押！执行！"

莱蒙托夫被押送出京城，流放到高加索。但是他的名字却一夜之间在京城传开了，然后在整个俄罗斯传开了，最后在历史上传开了。

他一下子从"青年贵族莱蒙托夫"变为"诗人莱蒙托夫"，并且最终成为像普希金一样的"俄罗斯伟大的民族诗人"。

可以想象，如果没有《诗人之死》，那么他可能一辈子就那样过去，淹没在普希金这个名字里。要知道，在此之前他已经写下几百首诗歌，但是，直到普希金死前的1835年才发表第一篇诗歌，而且没有多大反响，普希金时代的诗人是没有生存空间的，因为诗歌只属于普希金一个人。莱蒙托夫的诗作大部分都是普希金死后发表的，这正是普希金死了，他出现了。

功利地说，普希金的死为他开启了一道门，最终让他"生"在历史当中，所以注定了他的生命的上升速度更加惊人，陨落也更加迅疾。而人们也的确把对普希金的爱与恨全部都转移到他的身上，从某种意义上讲，他就是另一个普希金，或是普希金的未完成时。他在性格、追求、信仰上几乎和普希金是同质的，他们拥有相同的精神肌理。

二、"遇见"普希金

他是被选中的，他拥有莱蒙托夫的身体和普希金的灵魂。他同样是爱情的捕猎手，新俄罗斯的号角。

1814 年 10 月 15 日，莱蒙托夫出生在莫斯科一个退伍军人家庭，属于小贵族家庭。但是，他没有能够在莫斯科待多久。很快，母亲去世，他被外婆带到奔萨省的塔尔罕内庄园。

在美丽的塔尔罕内庄园，他是最大的小主子，任何人都疼着他，拿他当手心里的宝贝。因为母亲的离世，富足而权贵的外婆阿尔谢尼耶娃对他宠爱有加。他经常把小手放在外婆的大手里，跟着外婆巡视农奴的生产。站在高岗上，看见女农奴停歇下来，慈祥地喂养年幼的孩子，然后听到孩子幸福地叫"妈妈"！

他伤心地问外婆："我的妈妈呢？我也要妈妈。"

外婆心疼地说："小乖乖，妈妈在别的地方，妈妈会来看你的。"

然后，外婆让人狠狠地惩罚那个女农奴，把她的孩子抱走送给别人，并且规定，在庄园内不准小孩子叫妈妈。

等他大一点，再问同样的问题，外婆愤怒地说："又是哪个小杂种叫'妈妈'了！我饶不了他的娘。"

可爱的小莱蒙托夫说："外婆，您不要生气，农奴对我很好。我懂事了，我知道妈妈死了，是不是？"

提到女儿的死亡，外婆泪流满面，抱着小莱蒙托夫哭得更厉害了。

他就是这样地被宠爱着。外婆为他安排的是首都式的教育，从小就有家庭教师教他英语、法语和俄罗斯传统人文历史；除此之外，不可避免地，他的外婆、奶妈们同样给他灌输了民间传说和家族历史。而长期地被所有人宠爱，让他懂得感恩，让他有一种生活的优越感，让他洒脱烂漫，也叛逆。

1825 年，十一岁的他跟随着外婆来到高加索温泉地疗养。无边无际的大自然让他懂得自由这个词语的含义，也让他体会到什么叫浪漫，而淳朴的山民也让他感觉到什么叫真诚和善良。然而，他自然不会预料到，他以后的生命将和这块地方发生千丝万缕的关系，甚至死亡都将在这里发生。

1827年，随着尼古拉一世夺得皇位，暂时迁都莫斯科，他们一家也搬迁到了首都。在首都，他听到最多的名字是"普希金"！这个时候，诗人已经回到了莫斯科。他的诗歌在每个角落被人朗诵。外婆偶尔开一个小沙龙聚会，来的那些贵族妇女张口闭口就是"普希金"，仿佛着了魔，男人们则感觉无可奈何。

外婆狐疑，大笑着说："普希金？这是什么人物，看看你们失态的样子。"

女人们正经地说："您千万不能这样说，这样会令我们伤心的。您是在外省住惯了，乡下地方，见识不够。"

外婆有些不高兴，说："你说我没有见识，这个我可不愿意了。"

女人们说："如果您不知道他，那么您真的就是见识不够——可没有恶意。"

外婆说："这么厉害的人物，我倒想见识见识。"

女人们莞尔一笑说："他可是连皇帝也嫉妒的人物，才不会屈尊来您这里呢。"

外婆更是感觉到扫兴。

看着这群女人滑稽可笑的样子，莱蒙托夫也不禁发笑，心里想着："普希金，普希金，什么样的男人，让你们这个样子？"

1828年，莱蒙托夫进入莫斯科大学附属贵族寄宿学校读四年级。背着崭新的书包，跨进学校大门的瞬间，他就感觉到呼吸困难，高高的墙挡住了风的穿行。牧师穿着道袍，手持十字架，向每个入校的学生念经。然后，他看到贵族们脸上相同的木然的表情。阳光照耀在滚烫的石板上，他突然觉得一切索然无味。他是自由惯的、受宠爱惯的人，面对贵族生涯，他无法适应。

可是，很快他就听到了普希金的声音。在陈旧狭小的教室里，他听到老师朗诵的《皇村忆事》，他彻底被震撼了，热血沸腾。

"原来这就是普希金！"他暗自说。

随后，他迷恋上普希金，到处找他的诗歌，他看到了《致恩克》，他沉醉于其中，内心的火焰和热情烧个不停。他甚至通过各种渠道找到了《自由颂》《致大海》。

难得回家一次，他赶紧告诉外婆关于普希金的一切。

"原来他是这样的人，"外婆说，"怪不得首都的人都为他神魂颠倒。"

"外婆，这次您是不是觉得见识不够呢？"莱蒙托夫笑着说。

"也没什么好的，"外婆冷冷地说，"看看他都写了什么，什么自由，千万不能拿出去宣扬，这可是大逆不道，以后不准看这些。"

莱蒙托夫很扫兴，但是他没有听从外婆的话。他被普希金强烈地吸引了，或者说他的精神元素被普希金点燃了：善良、热情、浪漫、正义、勇敢、热爱自由。

在学校，他不再感觉到无趣，学校越是无趣，他越是感觉到阅读普希金的震撼。日常生活里，他最爱的是研究普希金的诗歌，研究普希金所推崇的拜伦的诗歌。然后，十四岁的他也像十四岁的普希金一样，开始写诗歌。

的确，他是一个天才，只是天才的能量需要普希金为他点燃，然后给他方向。十四岁的他写出的诗歌是成熟的、成型的，却又不得不在很长时间里是无名的。

他只是普希金的众多追随者之一，他把那些诗歌藏在书本里，等待着什么，或者无所等待。

有普希金一天，人们就只会关注普希金，也就不再需要第二个普希金！但作为独立的莱蒙托夫，他必须写，这是他生命的必需。

三、爱情捕猎手

普希金和他所共同体现出来的一点是：诗歌开始得早，爱情开始得早。换言之，生命开始得早，以后的俄罗斯诗人几乎都传承了这个规律。这一规律尤其在普希金和他身上体现得更强烈。即便普希金先前覆盖了他的这种华丽，后来他仍旧可以从土里怒放。

1830 年，当普希金的爱情静止于娜塔丽娅之时，他也正好开始了他的爱情捕猎。

在贵族寄宿学校生活近两年，他实在厌倦了刻板枯燥的学习教育方式，感觉到前途渺茫，那不是他想要的，所以他心中积聚着很多苦闷的愁云。应该怎样生活？这永远都是一个问题。

他要突破世俗的羁绊，不愿意静止，而是要追求。热情勇敢的他同样把注意力转移到爱情上面，用爱情赋予生活以色彩和意义。

他请求退学，校方不同意，可他还是逃走了，躲到莫斯科郊外的谢列德尼科沃庄园避暑消夏。这里真是个好地方，精致的房子，疏落的白色篱笆，碧绿的草，碧绿得发亮的浓密的树叶。鲜艳的阳光，穿着汗衫，赤着脚，走在小径之上，踩着恰到好处的疏影，嗅到淡淡的暗香，他感觉到某种欲望在体内膨胀，脸变得通红，头发晕，只因为他看到了她。

隔着白色的篱笆，她正和他的友人韦列夏金娜坐在树荫下喝茶。她穿着白色衣裙，面容洁白，眼睛明亮，肌肤白皙，胸脯高高挺立。她爽朗地微笑，转头朝莱蒙托夫的方向看了一眼。她看见他炽热的眼神，看见他呆呆地站立在篱笆旁边。随后，她的脸上浮现一片红云，继续和韦列夏金娜聊天。

接下来几天，莱蒙托夫都仿佛生活在梦里，茶饭不思，精神恍惚，所能记忆的就是普希金的《致恩克》。

此刻他和普希金有什么两样？甜蜜的忧伤让他憔悴。他再次来到了韦列夏金娜家，无法自抑地问韦列夏金娜那天的女孩子是谁。

韦列夏金娜看出了他的心思，笑着说："您说苏什科娃小姐呀，她经常来我这里的。"

他递给她一本普希金的诗集，说："如果下次苏什科娃小姐来，请务必转交。"

韦列夏金娜接过书，翻了一页，微微笑了。在扉页上她看到手写的：

> 我记得那美妙的一瞬，
>
> 眼前出现了你的倩影；
>
> 宛如倏然即逝的幻梦，
>
> 宛如纯美之神的显灵。

她说："您是爱上她了？"

年轻的莱蒙托夫毫不掩饰地真诚地说："我是爱上了苏什科娃小姐，从见到她第一眼开始。"

韦列夏金娜很愿意当红娘，说："那么好，下次她过来，我就差人去请您。"

莱蒙托夫激动地谢过她，怀着忐忑不安又亢奋的心情离开了。走在回去的大路上，他突然感觉天气出奇地热！

这是他第一次拿出勇气说出"爱"一个女孩，第一次却是那么直接、炽热、浪漫，阳光都灌满了热情和欲望。

然后，是一个暴雨天气。狂风、惊雷、闪电、骤雨，一阵接一阵地充满了整个上午。莱蒙托夫百无聊赖地坐在窗前，看着面前花园里的一棵白桦被淋得湿透，叶子托着水珠，水珠轻轻凝聚，然后滑落，他突然就想到她的肌肤。花园里泥土和青草也全湿透，蛙声一片，泥土和青草的香气混合在清凉的空气里，随着微微的风吹进他的屋子。屋子凉爽得有些冷意，身后的白色纱帐轻轻摆动。

　　善变的夏天，热情的夏天，多情的夏天，爱情真的就是一场暴风雨，暴风雨真的就是一场爱情。爱情的暴风雨里世界清新得仿佛仙境，而她的影子挥之不去，于是，他拿起笔，坐到窗前，面对白桦、水珠和天空漫卷的云层凝眉思索，写下诗歌。

　　吃完中午饭，他本想小睡。刚躺到床上，突然有人拿着伞登门拜访。原来是韦列夏金娜的家奴，家奴浑身都是湿的，头发在不停地滴水。莱蒙托夫从床上跳起来，喊道："天哪！你怎么成这个样子了。"

　　家奴说："小姐让我雨停了来找您，可是雨一直停不下来，所以就让我冒雨来了。"

　　莱蒙托夫小心地问："是不是苏什科娃小姐来你家庄园了？"

　　家奴说："正是，苏什科娃小姐一早到的，然后雨就没停。"

　　莱蒙托夫兴奋地喊道："好，好，我这就和你一起过去。"他赶忙穿衣服，拿伞，从书桌上拿了诗稿，和家奴一起出门。

　　路上，他们走得飞快，但是，云层仍在积累起来，雷电大作一番，还好雨没有落下来，直到他们走进韦列夏金娜的庄园，雨水终于重重砸到地上。

　　在花园的走廊里，他看见了苏什科娃。苏什科娃手里拿着那本书，看着眉清目秀、额头发亮的他出现的瞬间，脸上浮现红云。

　　韦列夏金娜见状，招呼家奴一起知趣地离开，走过莱蒙托夫身边时，特意冲他微微一笑。

　　莱蒙托夫站到苏什科娃身前，靠着廊柱，鼓起勇气说："苏什科娃小姐，您好，我是莱蒙托夫。"

　　苏什科娃小声说："我听说了。"

　　他立刻问："那么书您已经看过？"

　　她却似埋怨一样说："这样的诗歌可不能乱送人。"

　　他说："没有，我的确记得那美妙的一瞬间，我想我爱上了您，我确定。"

　　她不知所措地笑了，说："您可真会说大话，我可不是恩克，您更不是普希金。"

莱蒙托夫却自信地说："您说的没错，您是苏什科娃，我是莱蒙托夫。请您看看这个。"说着他把诗稿放到她的手里。

看着诗稿，她怦然心动，喜悦之情不禁外露。上面写着《致苏什科娃》，作者是莱蒙托夫，的确与普希金和恩克无关。

他看到了她的感动，然后大胆地坐到她的身边，牵起她的手。她果然不再反抗，而是欣然接受。

他们的嘴唇触碰在一起的时候，他们都醉了。

而此时，却有一个人躲在暗处，看着甜蜜的他们，心里幸福又忧伤，她是韦列夏金娜，这个女子原来一直暗恋着莱蒙托夫，而现在她为了实现他的爱情甘作嫁衣。对此莱蒙托夫并不知晓，他沉醉在苏什科娃那里，再也看不到其他人。

然而，很快莱蒙托夫发现他对苏什科娃的爱情真的只是一场夏季的暴风雨，他不能停，也停不了。

他考取了莫斯科大学思想政治系，秋天的时候，回到了莫斯科，苏什科娃成了一段美好的回忆，虽然他又为她写了几首诗歌，但是他的手指已经触摸不到她的发梢，很快就连在梦里也见不到她了。因为，他又疯狂地爱上一位剧作家的千金，只是这段爱情同样的炽烈，也同样的短暂。

再后来的一两年间，他的爱情则像万花筒一样让人捉摸不透，重复着前面的故事。

他不是名人，但是，他已经可以称为爱情猎手，仿佛爱就是他天生的本性，这一点似乎比以热情和浪漫而著称的普希金更甚，只是他的爱欲成分比不过先哲。

从某种意义上来说，他的爱情更像是他报国无门，郁郁不得志，寻找出路的宣泄和麻醉自我的酒。

四、梦碎莫斯科

莱蒙托夫毕竟不是普希金，至少在普希金在世之时，他不可能是普希金。所以在诗人去世之前，他的道路与普希金有所区别。

莱蒙托夫有更深更多的哲学思考，这也是他报考莫斯科思想政治系的原因，从这一点来说，他的政治抱负要比普希金高。

19世纪30年代的莫斯科大学，是俄罗斯思想运动的卵巢。1830年开始往后的几年，别林斯基、赫尔岑、斯坦凯维奇、冈察洛夫、屠格涅夫都在那里攻读哲学，酝酿思想风暴。莱蒙托夫同样是一个热衷于哲学思辨的青年，从后来的《当代英雄》被人们称为"俄罗斯心理小说的开端"可以看出一二。

这个时期他开始接触黑格尔、法国启蒙运动等新的思潮，创作了很多关于社会思想变革的诗歌，但是还不能称为"政治抒情诗"，从某种意义上来说，他距离政治很远，也算不上抒情，哲学思辨、自我剖析和认知的意味更浓。

然而，不可争议的事实是，他是一个思想反叛者，一个极度自信而孤傲的人！

当年，莫斯科大学有那么多的思想社团，可是全部与他无关。他只进行自己的哲学思考和政治思考。也许，他也曾与别林斯基们迎面而过；也许他曾不经意地走过某间教室，听到里面有人正在对着一群人演讲，那个人可能正是斯坦凯维奇；也许他曾碰见更低年级的屠格涅夫向他问路，他高声为屠格涅夫指引。然而，他能说的是：你们继续你们的事业，而我和你们不是一个时代，我属于更高的时代，你们之上的时代。

的确，他属于更高的时代，普希金的时代，或者说他自己的独立的时代。

缘何他的道路发生转变？因为他将梦碎俄罗斯。他和别人的特质还是不一样，或者说他还是更像普希金。他还是想通过诗歌传递自己的话语，这一时期他的诗歌催化剂仍旧是爱情。

在这里，他遇见了洛普希娜，一个他付出最多热情、最长时间和最深真诚的女孩。

深秋降临，白桦林最美丽的时候，坐在书桌前的他，正在看黑格尔的作品，窗子打开，隔着窗子正好能看见花园里黄白相间的白桦林。

突然，从下面传来一个女孩的声音："洛普希夫。"

声音宛若秋天的云雀的轻叫。他不由自主地把头探出窗子，然后看见站在下面的她。她的头仰着，正好能看见她精致的面庞，娇小可爱。她再次叫"洛普希夫"！样子那样温柔典雅，年龄应该很小，一身贵族小组装束，略显庄重但是不肃穆。

莱蒙托夫说："你找洛普希夫？请等一下，他正在睡觉。我帮你叫他！"

她在下面微笑着答应："好的，谢谢。"

洛普希夫和他一个宿舍，此时正在蒙头大睡。他走过去把洛普希夫弄醒。

"洛普希夫，快醒醒，醒醒，楼下有个女孩找你！"莱蒙托夫心里有些嫉妒。

"什么呀！"洛普希夫懒懒地说，很久还是不愿意起床。

"你怎么这个样子呢？让人家一直等你。"莱蒙托夫突然感到无名的愤怒，扯去他的被子。

洛普希夫跳起，完全清醒过来问："怎么了？"

莱蒙托夫很不满意地说："怎么了？你怎么能让一个女孩子这样等着你。"

洛普希夫穿着衣服说："好了，我这就下去。"

洛普希夫离开房间，他偷偷向楼下张望，看见女孩挽住洛普希夫的胳膊，往白桦林走去，两个人打情骂俏似的在树林里时隐时现，剩下满目的一片片枯黄的落叶。莱蒙托夫心头生起些许落寞。

几天以后，那位女孩再次来到学校。这一次直接到了他们的宿舍。洛普希夫不在，莱蒙托夫赶忙招待她。

她却说："我的哥哥总是这样，把生活搞得一团糟，告诉他我今天要来，却还是这样！"

听到此话，他心花怒放。

等她走后，他就告诉洛普希夫，他喜欢上了他的妹妹，希望他能同意。

洛普希夫吃惊地说："天哪，她可是有夫之妇，丈夫是有名的巴赫梅捷夫。"

莱蒙托夫又遭受打击，但是却没退缩："巴赫梅捷夫？没听说过。这和他没关系。"

洛普希夫听到这话，不禁大笑，拍了拍莱蒙托夫的肩膀说："好，好，我支持你，如果她喜欢你，一切都好。"

于是，每次她来学校，莱蒙托夫总会在场。而洛普希夫懒惰糟糕的生活不是秘密，所以，他经常爽约跑了，剩下莱蒙托夫和妹妹二人。

二人之间的话题竟然出奇的多，莱蒙托夫的热情和思想深深吸引着她，而她的美丽和典雅自然早就让他倾心。他终于能和她一起在白桦林中的小路上散步，脚下踩着满地的枯叶，他把诗稿送给她，以表达爱意。

她心动，可是不敢接受，所以逃避他的眼神，但是仍旧没能逃过他的诗歌。她收下诗稿，只是没有收下他的拥抱和亲吻，然后离开。之后，她再也不来学校了。

她不过来，他可以过去，他的诗歌也可以过去。这个时候是他创作的第一个高峰期，正是她让他燃烧。

莱蒙托夫和洛普希夫一起去拜访她。在她家里，她的丈夫和莱蒙托夫侃侃而谈，而莱蒙托夫一边说话，一边盯着她看，她则害羞地躲避他的目光。退出正堂，她的丈夫像被蒙在鼓里一样赞赏莱蒙托夫，这让她更加不安，因为她的怀里正揣着他的诗稿和约请。

莱蒙托夫希望她能出来见他，他在她的门外等了一个晚上，可是没有见到她。莱蒙托夫病了！

听说他病了，她终于去了学校看他。

原来他以为自己就要病死了，可是见到她的瞬间，他又活了过来。

他终于能将她抱在怀里，亲吻她，抚摩她，枕着她睡觉。

接下来的一段时间，她和他经常幽会，他以为自己幸福了，写了更多的诗歌，甚至开始筹划写小说。可是一切突然都破灭了。

最后一次，那是他最后一次感觉她的温度和湿度，然后她扔下一句话："我想我们还是不见面为好，我的丈夫已经开始怀疑我。"

莱蒙托夫痛苦地说："那我该怎么办？"

她说："他是我的丈夫，如果要我选择我只能选他。"

莱蒙托夫高声喊道："难道我们之间一切都是假的？"

他在从前的爱情里没有过这样的失态，或者可以说以前都是他在控制爱情，而这一次他被控制，是真爱。

洛普希娜摸着他的脸流着眼泪说："请相信我的真诚，我真心爱你，可是我别无选择。"她吻了他说："我们不要再见面了。"然后，她转身跑开。

莱蒙托夫顿时感觉到灵魂几乎空了。莫斯科已经没有什么可以留恋，全是悲伤。

他回到教室，呆滞地坐着。教授在台上喋喋不休地传授思想，可是，他突然大笑起来，他在嘲笑自己。而教授愤怒万分，说他侮辱了自己的人格。这个时候，全班跟着起哄，把早就看不顺眼的死板的教授赶出教室，事情闹得满城风雨。

随后，首都的称号重新回归彼得堡，皇帝和普希金也去了那里。莫斯科彻底空了，只剩下别林斯基等一个时代的思想在酝酿和狂飙，可是却与他无关。

他要离开莫斯科大学转而去彼得堡大学学习。但是，他在莫斯科大学的课程却被评定为不合格！而他又不想在彼得堡大学从头念起。

1832 年 11 月，通过近卫士官生入学考试，他进入彼得堡的军校，在那里他将度过两年时光，而且他明白也是两年无聊的时光。但是为了逃离莫斯科，为了远离爱人，他宁愿这样。只是他再也不能忘记洛普希娜，直到死亡，她的影子仍旧出现在他的文字里。

五、罪恶的彼得堡人

他潜伏在首都，侧着耳朵聆听，等待一声枪响，然后等待对他的审判，对他的审判是他的凤凰涅槃。

1832 年 11 月到 1834 年 9 月，在彼得堡军校的枯燥生活可以不提；1835 年，他生平发表的第一首长诗《哈吉·阿勃列克》也可以略过；甚至 1836 年发表的几首很有分量的长诗和一个剧本《假面舞会》也可以被看得更淡，因为这些甚至连"见到普希金"的身份也没能给诗人。

然后就到了 1837 年，历史的时间在这一年变得缓慢、充实和丰满。他不需要"见到普希金"，而是完成了直接"取代了普希金"的惊世一跳。

1837 年 1 月 27 日，首都漫天大雪，彼得堡郊外响起的枪声，所有人都听到了，自然他也不可能不知道，因为那颗子弹不仅打中了伟大的诗人，也打中了伟大的他。

作为禁军骠骑兵团的一名少尉，他在皇宫周围已经巡视了一天，穿着戎装，蹬着军靴，骑着大马，他不能说无聊，也不能说有趣。他一脸凝重，早已经学会掩盖自己内心的热情，世俗的东西他也懂得去应酬，太多的失望和郁郁不得志，让他显得少年老成。只是他的手臂更加有力，目光更加灼热，他没有在冰雪中变冷。

雪从早晨下到傍晚，越加深厚，整个京都已经白茫茫一片，几丈外的距离也难看清楚，世界在下得正紧的大雪中悄无声息，一个哨岗前站着两个小卒，不停跺着脚，相互点着烟，窃窃私语。突然，莱蒙托夫出现在不远的雪地里，一手勒着马缰，一手持鞭，因为出现得突然，所以显得高大威猛，面无表情。身下的马不停打鼾，口吐白气，然后他停立在哨岗前。

两个小卒看见他，连忙丢下烟卷，走过去，口里喊道："莱蒙托夫少尉！"

他轻声应诺，下马，皮靴有力地砸在雪里，留下很深的印记，然后他走进哨岗。两个小卒恭敬地跟着他，为他端上一碗热汤。汤喝完，又给他点上一支烟卷。这个时候天已经逐渐暗下来，哨岗里点了灯，不远处的皇宫塔楼里也亮起一团巨大的光晕，油烟味道轻轻荡漾。

"少尉，可有什么发现？"

"能有什么发现？这么大的雪，街上难有几个人走动。"

"少尉果真没有碰见什么人？"

"什么人？"

"您没听说吗？今天可有大事情发生。"

"什么事情，快讲！"

"普希金和丹特士在城外决斗呢！"

"什么？"莱蒙托夫浑身一颤。

"您难道没有听说吗？"

"听说了，就在今天？"莱蒙托夫有些惶恐。

"就在今天，早些时候我们看见普希金和他的随从驾着车向外城的方向去了。"

"什么时候？"莱蒙托夫警觉地说。

"大约一个时辰前，我们以为您会碰见他们呢。"

"我没有！"莱蒙托夫忐忑不安地说，实际上他从来都没见过普希金。

"您猜他们谁会把对方击倒？我们都赌普希金能赢——他可是个用枪高手，以前也是咱们禁军的人。"

说话间，莱蒙托夫已经跳上马背，策马朝外城奔去，两个小卒硬是没有叫住他。

他的马鞭挥得急，疲惫一天的马粗气直喘，但是他丝毫顾及不得，一口气驰到南门。

他高声问门卒，刚才是否有板车经过。守城门卒说，有，但是有去无回。

他策马跑出城外，在茫茫大雪里打转，听不到任何声音，也看不到任何痕迹。来回转了几圈，仍旧没有发现。于是，他又策马往别的城门跑，但是都没有任何发现。

马匹已经累得跑不动了，任凭他怎么抽打仍旧低着头挪步，眼里装着淡淡的悲哀。望着四周茫茫的雪，他仰天大叫，然后将马鞭重重地摔在雪地里。

那个夜晚很长，他在住处坐到凌晨，窗外雪仍旧下得紧，皇宫隐秘的团团灯火一个一个地熄灭，油烟味道在空气里消散，他仍旧睡不着。

"究竟是谁倒下了？"他一直担心这个问题，"会不会是小卒看错人了，今天他们根本没有决斗，就像上次谣传的一样？"

不知道什么时候，他在椅子里睡着了，醒来时，天已大亮。雪停了，可是整个京城热闹起来。

去禁军的路上他就听说了一个消息：昨天傍晚，普希金和丹特士在城外决斗，两人都中枪了，一个伤了大腿，一个伤了左胸。

听到这个消息，莱蒙托夫松了一口长气，心情突然变得很好，骑着马悠然自得地到了哨岗，又碰见那两个小卒。

小卒给他牵马，然后说："少尉，您听说了吧？我们可没骗您。"

他高声说："听说了，普希金赢了！我请你们喝酒。"

小卒乐得心花怒放，其中一个话锋一转说："您说娜塔丽娅是不是个放荡货色，不然，诗人也不至于和法国人决斗！"

另一个则附和说："肯定是红杏出墙，让诗人抬不起头做人。"

莱蒙托夫听了火冒三丈，骂道："哪里来那么多废话，赶紧去值勤。"

小卒说："不是请喝酒吗？"

莱蒙托夫说："谁说请你们喝酒？"说罢扬长而去。

两个小卒站在原地，看着莱蒙托夫上马，满脸委屈，又一头雾水。

整整一天，莱蒙托夫的心情都是好的，因为人们都说诗人胜利了！但是，到了傍晚，情况有所变化。他突然听人说，事实不是那样的。原来丹特士谎称打到了左胸，其实只是擦伤了手，而诗人则是腹部中弹，情况很不妙。

他又煎熬了一夜！

29日，从早晨开始，他就在等待一个消息，心里越来越恐惧。但是恐惧变成了现实：诗人死了！

就在那个沉沉的夜晚，京城沸腾了，诗人死亡的消息在整个城市上空回荡。而他孤独地坐在房间里，面前放着酒，手里拿着烟卷。

他想着，就在这座城市的某个地方，伟大的诗人就躺在那里，但是，已经没有了呼吸。

闭上眼睛，他却感觉到诗人就躺在他身边，与他面对面，面容是那么清晰，海风一样的头发，泥土一样的皮肤。可是，看不到他的眼睛，他的眼睛紧闭；也听不到他的声音，他的嘴唇紧闭。

他突然感觉到，他和诗人是一样的，都是这个社会"多余的"一部分，他们的声音是未来的，他们的责任就是为未来做祭奠，他们的责任就是呼喊、就是燃烧，不能停！

他突然开始鄙视自己，因为自己仿佛已经熄灭了，静止了。这几年，他的确有些麻木了，往昔的热情几乎不在，可是，像诗人一样地活着，像诗人一样地死去，难道不应该吗？

然后，他看到一群肥头大耳的人物丑恶的嘴脸，他感觉到一团火在心中燃烧。他意识到，自己不应该是冷的，自己也的确没有冷，因为他还有愤怒和勇敢。

他拿起了笔，在纸上疯狂地写下黑色的文字！

他在告慰一个亡灵，或者一个神——诗人之死！

他也在唤醒一个同样年轻而热情激荡的心——诗人而生！

六、俄罗斯的堂吉诃德

他因著名的《诗人之死》而获得历史的荣耀，也因《诗人之死》而获得当下的惩罚。"流放高加索！"看上去很恐怖，实际上更像是为他准备的一场特别的行程。

高加索他去过，他清楚那里的风光，不是地狱，因为他不是去服苦役。从京城去那里，正好可以穿越俄罗斯的版图，这无异于一场灵魂的彻底释放和热情的急进宣泄。

1837 年的 2 月，他一直被关在牢笼里，而他的灵魂则在牢笼里第一次真切地展示在眼前：普希金已经死了，现在他要继续普希金的声音，他不再是冷的。他写下了多首高昂的狱中诗。

3 月，莱蒙托夫接到命令，他被调任为诺夫戈罗德高加索骑兵团准尉，命令不可违抗，这就是他的流放！

从京城到莫斯科，还是俄罗斯的主流世界。莫斯科向南就是边疆，是外省。这一次他停在了莫斯科。回到这座他无比熟悉的城市，往事一一浮现。此刻，他还能记起洛普希娜，他想去看她。

他希望能够再次感觉她的温度和红唇，因为现在他的身份不同了，一身戎装，腰挂配枪，昂首挺胸；他还是一位诗人，一个被流放的犯人，像普希金一样被流放的犯人。这全是荣耀。

夜深人静，朦胧的月光下，沿着伏尔加河行走，他还能清晰记得，他们当年就在这里散步。然后，他找到那扇熟悉的大门。刚想敲门，他又停住。"会不会太鲁莽？"他这样问自己。他在门口徘徊，抽着烟卷，轻轻叹气。他还是敲了门，很久，门里探出一个脑袋，是一个他从未见过的老太婆。

老太婆揉着眼睛哭丧着脸说："先生，几点了！您要找谁？"
莱蒙托夫激动地说："我找洛普希娜！"

老太婆说："您找错地方了，这里不是。"

莱蒙托夫说："不可能，我不会记错地方的。"

老太婆说："也许吧，不过这个房子在去年换了主人。"

莱蒙托夫问："那么以前的主人呢？"

老太婆说："搬走了，不知道搬到哪里。"

说罢，老太婆消失在门里。大门闭合了，他站在门外逗留了好久，然后看见宅子里某个窗户亮起灯光。

"是洛普希娜吧？难道老太婆骗我？"莱蒙托夫想，"她为什么要骗我？洛普希娜为什么要骗我——不可能，她根本不知道谁在敲门。"

风很大，很冷，道路上见不到任何别人，他却并没有离开，因为那扇窗子里的灯仍然亮着，亮着的灯仿佛希望，照亮往昔的美好时光，照亮那个女孩的眼睛和面庞。以至于他产生某种幻觉：洛普希娜正站在灯光里，偷偷看着自己。

最终，灯熄灭了。他落下眼泪，作为一个男人第一次落泪。他想，她应该有孩子了，她应该会幸福吧。沿着河岸，他不知道走了多久，只知道回到住所，天就亮了。然后，他得了重感冒，不得不在莫斯科再多作停留，而骑兵团则先行赶路。

病中，他再一次去找洛普希娜。这一次，他远远看见她带着孩子和丈夫一起从那扇门里出来，她老了一些，但是更美丽了，丈夫对她的确很好，因为她一直对着丈夫微笑。

猛然间，莱蒙托夫发现原来自己并不像想象中的那么强大，他一直在幻想着去追逐一个梦，并沉醉其间，仿佛堂吉诃德。

堂吉诃德！有些滑稽，但是足够勇敢。他宁愿沉醉，不愿醒来，一路做梦下去。带着病身，他和剩下的一名随从匆匆离开莫斯科，踏上追赶先行骑兵团的路途。

他骑着大马，身着切尔克斯人服装，肩背步枪，腰挎短枪；随从同样骑着马，背着枪，马背上还背着干粮和简单的生活物品。他们一路朝着高加索的方向，翻山越岭，穿越树林、草场、荒漠和寻常人家。走到哪里天黑，就在那里露宿。

他们在深秋到达舍马哈，干粮快吃完了。傍晚时分，马匹疲惫地行走在旷野的落日里，荒无人烟，残阳如血，冷风萧瑟，天地一派苍凉。莱蒙托夫突然有了作画的冲动，他同样是一个绘画天才。

他们叫停了马匹，在一处高冈上升起火堆，之后，他拿出画笔、涂料、纸张和画板，凑着火堆一点点地涂画。太阳落到最低处，而他们的炊烟直直升起。他应该不晓得，中国的古诗里有这么一句：大漠孤烟直，长河落日圆。恰恰就是这句正适合他们。

黑夜降临，他们躺在柔软而腥臊的羊皮毯上休憩，对着头顶神秘的苍穹和无数的星星吹口哨。

他对旁边的随从说："瞧，我们多么自在！"

随从只是傻笑。

他又大笑着说："看看星星，多像那些搔首弄姿的娘们儿！"

他的笑声很大，在旷野里传开了，传得很远很久，结果引来了狼的应和。野狼的嚎叫声在整个夜空震荡，而且越来越近。

他和随从警觉地从地上爬起来，朝着狼嚎的声音处眺望，在不远处的山坡上，几只灰白色的影子犹如鬼魅游荡，一只母狼则高昂着头对着天空嘶嚎。

莱蒙托夫大笑着说："有意思！"

他拿起步枪，对着天上的星星，放了一枪。"啪！！"枪声更响，更清脆。狼群受惊而走。

莱蒙托夫觉得不过瘾，接着又朝星星放了几枪，其中一枪还特别瞄了一颗星子，然后，对着随从振振有词地说："我要把它打下来。"

整个高加索之旅他就这样沉迷其间，恣意麻醉自我，如此这般他可能好过一点。虽然，此行，他也见到很多人，甚至包括被流放在此的"十二月党人"。他也写了很多不错的诗歌。但是，他找不到目标。

1838 年初，经过外祖母在京城的活动，他结束了高加索之旅，被调回皇村的禁军骑兵团。

但是，他的尴尬的"多余人"的感觉，他的"无处得志"的苦闷终究不能消散，所以他创作了有些荒诞的《当代英雄》，一个毫无用处的"英雄"。

七、《当代英雄》：俄罗斯的"时代病"

"反动势力的沉重乌云浮游在国家上空，希望的明灯熄灭了，忧郁和苦闷抑压着青年的心，黑暗势力血腥的手重又迅速地编织起奴役的网。"高尔基对沙皇俄国的这段描写，完全适用于莱蒙托夫所生活的时代，以及他的小说《当代英雄》所反映的俄国社会——

少尉裴爵尼是个二十五岁左右的军官，出身于彼得堡的名门贵族。他有贵族式的小手，苍白而高贵的前额和足以证明上流人习癖的洁白耀眼的衬衫。他从小过惯了上流社会豪华奢侈的生活。后来，他对这种生活感到厌倦了，想寻求新的刺激，便出发到高加索军队去服兵役。途经黑海岸边的一座小城——塔满，他借住在一个走私贩子的家里。他从看家的盲人孩子那里打听到房主人是个女人，她还有一个年轻的女儿，刚好，她们都出去了。

晚上，裴爵尼因不能入睡，看到白天那个盲人孩子竟挟着包裹向海港走去。裴爵尼好奇起来，便偷偷地跟在他的后面。他看到盲人孩子走到海边停住了。

这时，又出现一个女人。他们向海上眺望着。

从他们的交谈中，可以看出，他们正焦急在等待一个叫扬珂的人归来。他们担心船是否遇到风浪或被巡逻船发现了。

不久，海上出现了一只船。

一个很勇敢的水手走下船来。

于是，他们便从船上搬下许多东西。

第二天，女房东和她的女儿回家了。女儿大约十八岁模样，身段苗条，有着浅黄色长发，端正的鼻子，微微晒黑的皮肤。在她的斜睨里，裴爵尼看出"某种狂野和多疑的神情"。她在房顶上唱着一支很奇特的歌。

裴爵尼被她的风姿所吸引。他向她探听昨晚发生的事，她装作若无其事的样子，裴爵尼便以告发来威胁她，她才惊慌起来。

晚上，这位迷人的"女水妖"来约裴爵尼到海边小船上去。

裴爵尼应约前往。她把船轻轻地划到海上。

当他们拥抱时，她摘掉了裴爵尼的手枪，让它落进海中；然后，她抱起裴爵尼要把他扔进海里，但裴爵尼力大，反把她扔进了海中。

原来，她把裴爵尼白天对她的恐吓当成是真的，寻他报复。当裴爵尼把船划回岸边时，他看到她已从海中游上岸了。

在暗夜中，裴爵尼听到她和那位叫扬珂的男子在说"事情糟了"。他们都害怕政府捉拿他们，便一同坐船逃走。

裴爵尼回到住房时，他的钱袋、军刀、短剑一概不见了。

但他没有去告发，把这些当作是他来高加索的第一桩奇遇。

伯纪高尔斯克是高加索的一个山城。这里有温泉，人们都爱到这里来沐浴和消夏。

裴爵尼在这里遇见一个陆军士官候补生葛鲁式尼茨基，这是个"身段很好，皮肤黝黑，长着黑色头发"的青年男子。他话说得流利而且辞藻华丽，喜欢高谈阔论。他告诉裴爵尼说，从莫斯科来了一位里高夫斯基公爵夫人和她的女儿玛丽，她们是来疗养的。

他自己正在追求这位被称作"公主"的小姐。

玛丽的确长得很美，"样子显得那么妖媚动人，就是从未领略过美的秘密的人都一定会发出赞叹"。在她周围总是跟着一大群崇拜者，但她"纯洁得像一只鸽子"。她不喜欢交际，喜欢谈些关于感情和热情一类的东西。

裴爵尼为了解闷，下决心要把玛丽夺到手。他向经常出入公爵夫人家的魏涅尔医生打听玛丽的情况，并使出他在上流社会学会的一套勾引女人的手段。

开初，他尽量不在玛丽面前表现自己。甚至，他装得傲慢、不礼貌。但在另一些场合下，他又夸夸其谈，弄得别人对他捉摸不透。

刚好这时，公爵夫人住处来了一个漂亮的亲戚维拉。这是裴爵尼从前爱过的女人，她被裴爵尼抛弃后，便嫁给了一个跛脚的老贵族。

有一次，他们在井泉边遇上了，于是又燃起了以前的热情。

维拉邀请裴爵尼去结识公爵夫人一家。

他同意了。

玛丽最初对裴爵尼不怀好感，因为他曾在一个商人那里和她抢购过一张地毯。后来，裴爵尼选择了一个很好的时机，来转变玛丽对他的印象。

那是在一次舞会上，一位龙骑兵上尉为了报复玛丽对他的情人的傲慢行为，故意叫了一个喝醉酒的长胡子老头和玛丽跳舞。他那粗鲁的语言和动作，几乎使玛丽要晕倒了。她想求援，可是近处又没熟人。

这时，裴爵尼突然出现了，他推开醉鬼，说小姐已答应和他跳舞了。

玛丽很感激，她把这事告诉给她的母亲。

公爵夫人便向裴爵尼道谢。

此后，裴爵尼天天上公爵夫人家去，维拉还以为他是去看她的。

裴爵尼在玛丽面前，以讲自己生平奇遇和冒险故事来打动她，使她感到他是个不平凡的人。同时，当他看到葛鲁式尼茨基和玛丽一起交谈时，他有意走开，把他们留在一起，这样使玛丽感到裴爵尼很少有"私心"。

玛丽并不爱葛鲁式尼茨基。

当裴爵尼第二次有意躲开时，她便发火了。

然而，裴爵尼所做的一切纯粹是为了征服她、玩弄她，并不是为了爱情。他说："为什么我要这么执拗地专心地去赢得一位我并不愿意诱惑的、而且又决不会来结婚的年轻姑娘的爱呢？这多半是因为她被我看成一位不可征服的美人。"同时，他认为女人在青春时，犹如一朵小花，"在它美好的香气发散着去迎接清晨的阳光时，就把它摘下来，尽情吸收着它的香气，过后就把它丢在大路上"。

纯洁的玛丽不了解裴爵尼，她上当了。

有一次，他们和游客一同去看火山喷火口。

裴爵尼有意对玛丽诉说："我准备去爱全世界——但却没有一个人了解我"，以引起玛丽对他的同情。

回来后，她把自己对裴爵尼的好感告诉了维拉，这使维拉很伤心。

葛鲁式尼茨基被提升为军官，他穿了新制服去看玛丽，满以为她会大吃一惊。可是，她却很冷淡。当他明白裴爵尼夺去了他的爱情时，他在别的军官的怂恿下，提出和裴爵尼决斗。决斗的条件很苛刻，双方都站在悬崖顶上开枪，相距只有六步远。只要一方受轻伤，就会从崖顶上掉入溪谷摔死。

葛鲁式尼茨基在抽签时，抽中先射击。他本来可以把裴爵尼打死，但在发射时，他又不忍心打死朋友了，他放了空枪。

轮到裴爵尼射击了，他要葛鲁式尼茨基向他请求饶恕。

葛鲁式尼茨基不愿意承受这种屈辱。

裴爵尼开枪了，把他打下了山崖。

因决斗一事，裴爵尼被放逐到偏僻的 N 要塞去。

临行，他和公爵夫人告别。

夫人告诉他，她女儿正为他而生着病，要他和玛丽结婚，但他拒绝了。

玛丽苍白得像大理石一样，她向裴爵尼说："我恨你！"

裴爵尼却恭恭敬敬地鞠了个躬，走了。

N 要塞坐落在特勒克河畔。要塞的负责人是一位五十岁上下的老军人马克西姆·马克西米奇上尉。他在高加索生活了很长的时间，为人善良而富有同情心。在马克西姆眼里，裴爵尼是个既出色又古怪的人。

在这要塞附近，住着一位土司。

土司有两个女儿，一个儿子。那男孩才十五岁，叫亚沙玛特，常骑马到要塞来玩。他性子刚暴，受到激怒便去找他的短剑。

有一回，土司大女儿出嫁，请要塞的军官们去赴宴。婚宴上，主人的小女儿贝拉对着裴爵尼唱诗。这位年轻的山民女子，深深吸引着裴爵尼的注意。

参加婚礼的还有一个叫卡比基的当地山民，他也爱贝拉。他有一匹十分出色的马，被土司的儿子看中了。亚沙玛特要卡比基把马让给他，他愿意付出一切代价，甚至可以把姐姐贝拉偷出来给他，但卡比基不肯用马作交换。

于是，他们打起来了，引起一场骚乱。

军官们回到要塞。马克西姆把这场纠纷的原因告诉了裴爵尼。

裴爵尼便盘算着一个坏主意。

当亚沙玛特再次到要塞来玩时，裴爵尼极力称赞卡比基的马，弄得这位小鞑靼心里痒痒的，再也按捺不住了。

裴爵尼便向他提出，他可以帮他弄到那匹马，条件是他要把他姐姐弄出来给他。亚沙玛特答应了。

当天晚上，他们乘土司外出时，弄来了贝拉。

第二天，卡比基到要塞来卖羊，裴爵尼便帮土司的儿子骑走了卡比基的马。

贝拉被抢后，一直在哭泣。

裴爵尼用各种方式去安慰她。

终于，她停止了哭泣，因为她也爱他。

卡比基错认为亚沙玛特偷他的马是获得土司许可的，他埋伏在路上，把土司杀了。

不久，裴爵尼对贝拉的感情冷淡下来。他感到"一个蛮女的爱情比起上流社会贵妇的爱情来并不好多少"。

贝拉也看出他对自己的疏远。

她对马克西姆说："如果他不爱我，那么就把我送回家。"

马克西姆像对女儿那样关怀她、宽慰她，并陪她散步。

这样一来，贝拉被卡比基看见了。

一次，当裴爵尼和马克西姆出去猎野猪时，卡比基到要塞把贝拉劫跑了。

裴爵尼和马克西姆随后追去。眼看要追上了，卡比基便残忍地用短刀把贝拉刺死，扔下马来。马克西姆开枪打伤了卡比基，但最后他还是跑了。

要塞生活枯燥而单调，军官们都无所事事。

有一次，裴爵尼到哥萨克村子和军官们玩纸牌。他们讨论到命运和"定数"问题。裴爵尼从中尉乌里奇苍白的脸上看出了"死亡的命劫"，断定他在本日内必死。

乌里奇不信，与裴爵尼打起赌来。

乌里奇有意用手枪朝自己头部开枪，枪不响。

结果中尉赌赢了。

可是，当他回家时却被一个醉鬼砍死了。

那醉鬼住在村子尽头的一间房子里，人们都不敢前去捕捉他。

裴爵尼想去试试命运。他爬进醉鬼房里，醉鬼开枪未击中他。

他便把醉鬼捕捉了。

从此，他更加相信命运的安排，成了一个宿命论者。

裴爵尼调离N要塞后，还到过格鲁吉亚一段时期。

后来，他准备到波斯去旅行。

一次，在旅途中，马克西姆遇见了他。

这时裴爵尼发生了很大变化，他失去了过去的热情，神情变得十分颓唐，"走起路来是懒洋洋的，当他把身子移到小凳上时，他那直挺的躯干弯曲得就像脊背上没有一根骨头似的，他周身的姿态表现出某种神经上的衰弱"。

从此，马克西姆没有再见到他了。

裴爵尼从波斯回来后，便默默无闻地死了。他死了，俄罗斯没有任何改变。他成了"多余人"的一个缩影。

莱蒙托夫用书写的方式保持着同沙皇政府的激烈抗争，他的作品有力地鞭挞了反动的专制统治，但他在精神上还是摆脱不了极度的空虚和苦闷。这种心情充分反映了他所生活的令人窒息的社会和具有自由思想的贵族青年的绝望心情。这是俄罗斯的"时代病"，莱蒙托夫诊出了这种病，却无力医治它。这是作者的悲剧，更是那个时代的缺憾。

八、英雄之死

1840 年，回到彼得堡的莱蒙托夫猛然间发现自己已经成为首都的最高诗人，换句话说，他成了俄罗斯的最高诗人，这是他始料未及的！从某种意义上来说，他的《诗人之死》已经让京城人把他看成诗人理所当然的继承人。虽然，他远在高加索，京城也很少有人提到他，而他一旦回归，注定成为英雄。

"莱蒙托夫回来了！"有人说；

"诗人又回来了！"也有人说；

"他回来了！"更有人说。

人们不用多作解释，看着大街小巷，阡陌百姓都在议论同一个人，沸沸扬扬。王公贵族听见这些议论显得很不耐烦，脸色难看。所以，不用明说，只需要用"诗人"，甚至用"他"作为主语，所有人就都明白这到底是怎样一位人物。

从前，这个人必定是普希金，现在这个人则一定是他。

面对人们的追逐，面对那些疯狂的女人，他几乎有些受宠若惊。这个时候，穿着军装、留着漂亮小胡子的他，骑着红棕色的马，异常魁梧英俊、意气风发。他住进皇村禁军骑兵团，但是，他的身份已经更是一个诗人。

人们很快发现，他的地位、追求、热情、爱情果然全是普希金式的。再后来，人们发现他的死亡甚至都是普希金式的。

他开始频繁出入于各个上流社会的沙龙，人们都把他奉为座上宾，他习惯了出场时听到人们的尖叫，看着人们向他鞠躬，女子们争相和他握手，为他争风吃醋，他已经不以为然。他和那些贵妇人打情骂俏、逢场作戏，女人们却心甘情愿。

茹科夫斯基、维亚泽姆斯基等著名宫廷诗人也开始派人到他府上请他写诗，约他见面，讨论创作或者游山玩水。

皇宫的这一边，因为他如火的思想，如电的语言，自然他已成为皇帝和权贵们的眼中钉和肉中刺；皇宫的另一边，妃子侍女们却在喋喋不休地谈论他的爱情诗。

可是，终究他不是普希金！

他没有普希金政治抒情诗的直白程度，对权贵的灼伤没有那么疼痛。他的思想体系是他自己特有的，虽然很大部分和普希金重叠；他的爱情诗也没有普希金那样强烈的欲望表露；他的写作风格更是和普希金式大相径庭，甚至是某种对立，茹科夫斯基、维亚泽姆斯基等非常不认同他的风格。

可是，女人还是疯狂，权贵还是害怕，诗人还是敬畏，完全因为人们就是把他看成了普希金的替身！仅仅因为，他写下了《诗人之死》。所以，只要他还活着，那么不同的人就可以把对普希金的方式转移到他身上。他被普希金覆盖了！

短暂的风光之后，他开始感觉到和普希金同样的迷惘，那种在高加索时候的"多余人"的感觉再次笼罩着他，而且比普希金的程度更深。因为，他不仅仅迷惘于社会，更迷惘于普希金。不管怎样，他都必须写下自己的东西，诗歌也好，小说也好，他必须表示"我并不全是普希金"，所以，这两年，他创作了很多重要作品，包括长篇小说《当代英雄》。

然而，他终究又扯不去自己身上的那个普希金！除非他死了，这也的确加速了他的死亡！从某种意义上来说，普希金的"诗人之死"注定了诗人莱蒙托夫之死，这就是有人说的"他是一个因为诗人之死而死的诗人"的含义。

1840 年 2 月，一场同样是因为一个女人而引起的决斗差点在莱蒙托夫和法国青年巴兰特之间发生。

他们在公爵夫人拉瓦尔的舞会上碰面，当时，身为法国公使儿子的巴兰特正和谢尔巴托娃公爵夫人跳舞，这位夫人的确诱人，巴兰特费了好大力气才成为她的舞伴。可是，莱蒙托夫刚来到舞会就向她躬身伸手，结果她欣然接受了莱蒙托夫的邀请，把巴兰特甩在一边。巴兰特与莱蒙托夫产生矛盾，并争执起来。最后，闹得要以决斗收场。

幸运的是决斗没有最终执行，经过多方调解，他们达成和平解决。可是，事件却被人添油加醋，传得沸沸扬扬，结果莱蒙托夫被抓起来，关进大牢。然后，又无缘无故地被发配到高加索！

1841 年 2 月，在平定高加索民乱中立下战功的莱蒙托夫借休假回到京城，本打算彻底弃戎执笔，可是，有人就是不希望他待在京城，因为只要他在京城，普希金就在，有人就害怕。最终，他未能如愿，只能再赴高加索。此时，一次次被逐出京城，他已经身心疲惫！

途中经过一个叫皮亚季戈尔斯克的地方，莱蒙托夫在这里的军团遇到了很多往日旧友，于是，暂住几日。在同学聚会上，酒后的他和同学马丁诺夫发生摩擦，两人决定以决斗解决问题。

站在旷野里的莱蒙托夫再次感到迷惘和自己的"多余"。这一次，他故意没向同学开枪，结果中弹身亡，年仅二十七岁。

他终于不用再迷惘下去，也不用再背负着"普希金"生活，他被安葬在塔尔罕内的家族墓园，得到庇护。

当他死了，人们摸着他的名字，才清晰地看到：不，这原来不是"普希金"，而是莱蒙托夫。

活着，他注定逃不掉"普希金"三个字；死了，他才能绚丽地盛开。

后来人们知道普希金，也知道他，他不需要普希金来装点，他可以用自己应得的方式冠名！

参考文献

[1][俄]莱蒙托夫：《诗人之死》，冯春译，上海译文出版社 2006 年版。

[2][俄]莱蒙托夫：《当代英雄》，吕绍宗译，上海三联书店出版社 2015 年版。

[3][俄]弗拉季米尔·邦达连科：《天才的陨落：莱蒙托夫传》，王立业译，新星出版社 2016 年版。

[4][俄]莱蒙托夫:《莱蒙托夫叙事诗集》,王智量译,华东师范大学出版社 2013 年版。

[5][俄]莱蒙托夫：《莱蒙托夫小说选》，文秉勋译，重庆出版社 1985 年版。

[6]傅明根、李知默：《普希金对莱蒙托夫创作的"影响"研究》，《燕山大学学报》，2012 年第 4 期。

[7]章小凤：《诗意化的二元对立——莱蒙托夫诗歌中的天空与大地》，《俄罗斯文艺》，2014 年第 3 期。

[8]夏忠宪：《现代的普罗米修斯——西方思想史语境下的莱蒙托夫及其创作》，《俄罗斯文艺》，2014 年第 3 期。

[9]黄晓敏：《莱蒙托夫戏剧主人公的恶魔性》，《俄罗斯文艺》，2005 年第 3 期。

[10]黄晓敏：《莱蒙托夫创作中的圣经主题研究》，《俄罗斯文艺》，2014 年第 3 期。

[11]张杰:《〈当代英雄〉文本意义再生机制解析》,《俄罗斯文艺》,2014 年第 3 期。

[12]管月娥：《情感性、对话性、多维性——毕巧林形象"当代性"的符号学透视》，《俄罗斯文艺》，2014 年第 3 期。

[13]顾蕴璞：《莱蒙托夫研究》，北京大学出版社 2014 年版。

[14]张爱丽：《莱蒙托夫长诗〈恶魔〉中恶魔形象研究》，硕士学位论文，华中师范大学，2015 年。

[15]王学：《莱蒙托夫的文学创作与俄罗斯民族主义》，硕士学位论文，首都师范大学，2007 年。

第四章

《父与子》
——雕刻屠格涅夫

伊凡·谢尔盖耶维奇·屠格涅夫，生于1818年10月28日，卒于1883年9月3日，享年65岁。

屠格涅夫的故乡位于俄国的奥廖尔省奥廖尔，他在一个旧式富裕家庭中成长。他的童年就是在母亲的大庄园中度过的，他的父亲是骑兵团的团长，母亲是大农奴主。1833年屠格涅夫进入莫斯科大学文学系，后转入彼得堡大学哲学系的语文专业，毕业后又到德国柏林大学修读哲学、历史和希腊语与拉丁文等。在欧洲，屠格涅夫见识了相较俄国更为现代化的社会制度，由此他主张俄国学习西方、废除农奴制等，被视为"欧化"的知识分子。

屠格涅夫以写作中篇和长篇小说为主，他在1847年至1852年发表了《猎人笔记》，因其著作揭露了农奴主的残忍和农奴的悲惨而被放逐，于放逐中他写作短篇小说《木木》表达了对农奴制的抗议。而后又发表了小说《罗亭》《贵族之家》《多余人的日记》等，主要是描摹出身贵族地主的知识分子的虚伪形象。而后的作品《前夜》塑造了保加利亚革命者英沙罗夫的形象；《父与子》表现了贵族自由主义者与平民知识分子之间的思想冲突；《烟》和《处女地》则是否定了贵族反动派和贵族自由主义者，批评不彻底的民粹派。

在俄国现实主义文学的发展史上，屠格涅夫以反映"生动活泼的真实"的小说创作完成了俄国文学由浪漫主义到现实主义的过渡，他的小说标志着俄国现实主义文学进入了新的成熟阶段。

一、俄罗斯的经纬

普希金的伟大在于厚重，他住在俄罗斯的心脏里；

托尔斯泰的伟大在于深刻，他住在人类的灵魂里；

陀思妥耶夫斯基的伟大在于纯粹，他住在天空的怀抱里；

而屠格涅夫的伟大，在于宽广，他覆盖整个俄罗斯，没有撕心裂肺的疼，没有刻骨铭心的痛。

他雍容华贵，德高望重，博文广志。他有一颗善良勇敢的心，为俄罗斯呐喊，给俄罗斯指引。

他的文字有绸缎的光滑，有泥土的质朴，有诗意的清澈，有自然界的风、云、雨、露的踪迹和味道，似乎有些浅，有些淡，但是文字的后面尽是甜蜜的忧愁和苦难。那属于他的生命，他的生命酝酿了他的笔触；那属于俄罗斯，俄罗斯给了他生活的疆域。

他一生追求一种生命的精益求精，写作如此，思想如此，爱情亦如此。他是猎人，端着枪，追逐着猎物。不幸的是，他所追逐的始终没有得到，然而却留下了整个追逐过程。

这个过程比目标更辉煌；

过程成了最美的结果。

他是俄罗斯文学与思想的舵手！是最有成就的舵手。几乎整个俄罗斯能说出名气的作家、文学家都和他有交往，无论是普希金时代还是托尔斯泰时代的人物，更不用说与他同时代的人。他上承普希金，下启托尔斯泰，中间和陀思妥耶夫斯基同行。他是莱蒙托夫的客人，果戈理的门徒，别林斯基的知己，车尔尼雪夫斯基的导师，涅克拉索夫、巴枯宁、斯坦凯维奇、冈察洛夫、安年科夫、赫尔岑的挚友，他站在俄罗斯文学的中心位置，虽然未必是最高的那一个！

他的姿态仿佛是俄罗斯的客人，他终生都在漂泊，在彼得堡，在罗马，在伦敦，在柏林，在巴黎。整个欧洲都是他的居住地，但他只属于俄罗斯。他走遍欧洲的各个角落，没有什么不能承载的挫折，到哪里他都得心应手。

但是，故乡的那个村庄却让他记挂一生，他从不把不幸与成就张扬、宣泄，他总是在他的村子里安静地思考。当然他不会停止一种脚步——将俄罗斯文学带向欧洲大陆，他站在俄罗斯的旁边，一切看得更清楚。

他是俄罗斯的传教士。

人们把他定义为现实主义作家，其实他更像一部百科全书。

他的一生，没有惊艳，没有传奇，于是人们觉得他像一杯清水，惊不起涟漪，而恰恰是他可以让你平静，那种感觉是他的力量。不要惊奇这个人一生经历过多少浮沉，他对这一切都很坦然。

他一寸一寸地走过欧洲，不惊醒入梦的大地。

他用行走的痕迹丈量俄罗斯的经纬。

他是俄罗斯的掌纹；

他是俄罗斯的坐标。

1878年6月，巴黎，国际文学会议主会场，主持人宣布：俄罗斯作家，伊凡·屠格涅夫，当选为会议副主席。

屠格涅夫从座位上站起来，向全场的人深深鞠躬！全场的欧洲文学代表纷纷起立，报以长久的雷鸣般的掌声。

一个文学青年从后排跑过来，给这位老人献上鲜花，对他说："尊敬的作家，您是人民权利的捍卫者，我们向您致敬！"

屠格涅夫亲切地笑了。随后他激动地向在场的人歌颂了俄罗斯文学，歌颂了普希金、托尔斯泰，并满怀激情地朗读了普希金的诗作。

此时的屠格涅夫已经长时间地定居在巴黎，和福楼拜、左拉、都德、爱·龚古尔形成了著名的"五人聚会餐"。他们讨论俄罗斯文学、法国文学、欧洲文学，讨论"自然主义""现实主义"，文学在他们的餐桌上融合。

在法国，他和乔治·桑、梅里美也有着深厚的交情。

他更像一个社交家，社交与文学和思想有关的一切。他的社交就是俄罗斯文学与欧洲大陆文学的交汇。

1883年9月3日，法国小城布日瓦尔，仆人和许多法国作家围在他的床旁。

他的床上散发着苏打水的味道。屠格涅夫神情枯槁，双眼深陷，神志已经模糊。他就要走了，患的是脊椎癌晚期。他仅有的胡须和头发梳得很整齐，衣服也洗得干净，灯火映射在他的脸上。他向周围看了看，他似乎在寻找什么——寻找俄罗斯人。可是没有，他一生没有妻子，现在也没有俄罗斯的那些朋友。他在法国呼风唤雨，实际上他心里的孤独只有自己知道，这里只有他一个人。

他闭上眼睛，仿佛看到俄罗斯辽阔的草原和森林。他的猎枪还放在那里，那里是家，是根，那里有他永远的故乡——斯帕斯科耶。

病重中他曾给俄罗斯诗人波隆斯基写信："您如果到斯帕斯科耶，请务必代我向我的故居、花园和我的那棵小橡树鞠躬致意，向我大概永远不能再见的祖国鞠躬致意。"

他多想再回到俄罗斯，再亲吻那里的土地和人民。他怀念那里的一切，特别是灵魂的导师和伴侣别林斯基。

他真的回不去了，文学把他放逐，他自己把自己放逐。

那是命运，也是荣耀！

他又向周围的人说："我爱你们，就像你们爱我一样。但我是俄罗斯的儿子，死后我要回俄罗斯！请把我的身体运回俄罗斯，运回别林斯基旁边。"

周围的人，走到他身边，亲吻他消瘦的手！为他祝福。

他真的安静地走了，眼里噙着泪水。

俄罗斯和欧洲大陆都被他的死震惊了！

托尔斯泰也震惊了，痛哭流涕。

屠格涅夫时代结束了，这位善良的导师把俄罗斯交给了托尔斯泰。

人们遵照他的遗愿把他葬在彼得堡沃尔科夫作家公墓，他的坟墓在别林斯基旁边。

他已经完成了一个伟大的过程，设定了俄罗斯的经纬和坐标。

他入土的那一刻，坐标嵌入大地，永远定位。

那是俄罗斯的宽广，不疼，但是深刻，并且清晰。

二、善良的猎人

俊美的少年，端着微型猎枪，行走在芳草丰美、树木参天的森林里。

他的枪上了膛，等待发射。

阳光温暖，从树木的罅隙里投射下，留下雾霭的轨迹；空气清新，带着微微的花蜜香气；满地的野草莓，红得像女子的唇，晶莹饱满；鸟儿在树林里婉转鸣叫，欢快自由。

他的脸上浮现微笑，感叹道：多好的地方！

他是那么的美：眉清目秀，皮肤细嫩，手指光滑，身上穿着绸缎做成的马甲，里面是浆洗得洁白的衬衫，衣领竖起。

突然草丛里，沙沙作响。一只野兔，出现在一棵树旁边，啃着青草。

他收起笑容，屏住呼吸，小心翼翼地把枪托到肩上，眯着眼，枪口对准了那个小东西！样子是那样认真。

很长时间过去，枪没有响！

野兔还在那里，挪动笨拙的屁股，洁白的身体像个圆球，两只耳朵耷拉着，清澈的大眼睛无知地环顾身体四周。

枪后面，俊美的少年流下了眼泪！他有一颗善良的心，他不忍心射杀这个可爱的生命。

"伊凡，该回去了！"有人叫他。是他的哥哥尼古拉。

"你哭了！"哥哥看见他微红的双眼。

"我放了那只兔子。"他开心地笑了。

这里是，19世纪20年代的俄罗斯。

这里是屠格涅夫家的斯帕斯科耶村。

那个少年是伊凡·屠格涅夫。

他们回到家里，远远地看着农庄上空腾起直直的炊烟。农奴们收拾着农具走在田野里。看见他们的少爷回来了，农奴的孩子都往他身边跑，把他围住，和他玩耍。他笑着牵着他们脏兮兮的小手。他们的少爷是个纯良的孩子，总是分给他们糖果、草莓吃。

"伊凡小少爷，太太又在用藤条抽打玛利亚姑娘了，因为她不小心把一锅饭烧煳了。"一个男孩对他说。

"是吗？"伊凡飞快地往房子那里跑去。年少的玛利亚正蜷缩在墙角，满身伤痕。他的母亲瓦尔瓦拉·彼得罗芙娜，手里正拿着鞭子，一脸怒容。

"母亲大人，你不要发那么大的火气。"伊凡拉着母亲的胳膊说。

"你总是给这些奴才求情，不要以为我不知道，不要在这里乱插嘴。"瓦尔瓦拉瞪着他说。

伊凡使劲拉着她说："别打了，母亲。就算是我求你了。"

她又抽了玛利亚一下，把鞭子扔掉，拍了拍身上的一点尘土，有点生气地拉着伊凡，走到屋里。

瓦尔瓦拉是其叔父伊·卢托维诺夫的养女，青年时代受尽叔父的歧视和虐待。养父死后，她继承了他巨大的家业，成为当地赫赫有名的女大地主。

人人都知道她性情暴烈，对待农奴十分残忍。

"父亲呢？"伊凡打量着屋子问。

"别提这个东西，准又出去找那个野女人了。"瓦尔瓦拉气愤地说，"前些天有个野女人抱着孩子跑来，一口咬定那是谢尔盖·尼古拉耶维奇的种！"

他的父亲谢尔盖·尼古拉耶维奇曾经在叶卡捷琳娜执政时期，供职于近卫军，后来又在重骑兵团工作，和瓦尔瓦拉结婚时，是中尉军衔，后来晋升为上校。彼得堡众多的名人都是他的朋友，其中包括诗人茹科夫斯基、作家阿克萨科夫。他的生活不检点，总爱寻花问柳。

但是，不管这对夫妻凶残到什么程度，也不管他们的关系怎么不好，他们都是爱着儿子的，在儿子那里他们找了共同点。

他们一共有三个儿子，大儿子尼古拉、二儿子伊凡、三儿子谢廖沙。而三儿子早年便夭折了。在儿子当中，他们最爱的是聪明又温顺的伊凡。

瓦尔瓦拉曾经这样说："如果被夹到手，那只是疼一下，如果踩到脚上的鸡眼，会疼得要命。"她说的"鸡眼"就是伊凡。虽然比喻有失大雅，但是却很真切。

他们对孩子的教育从不马虎，对家教老师的要求十分严格。

而孩子们也很争气，学识长进很快。

1827年，他们举家迁到莫斯科。父亲请了当时活跃在文坛的作家和诗人给他们做家教。

伊凡长大了，自费进入莫斯科大学读书。因为远离俄皇尼古拉一世所在的彼得堡，当时的莫斯科大学成为俄罗斯的思想学术中心。和他同时期在那里读书的就有后来俄罗斯文学界的众多英杰：别林斯基、赫尔岑、斯坦凯维奇、莱蒙托夫、冈察洛夫，等等，用"群星闪烁"来形容一点都不为过。

他们都是胸怀大志的天才，思想像火上烧开的水一样不安。

当然，屠格涅夫和他们不一样，他更多地表现出青年的青涩和特有的儒雅，但是有一点毫无疑问：同情农奴！他们那一代人都在对父辈叛逆！

由于追求进步思想，许多莫斯科大学的学生被开除，这其中包括别林斯基和莱蒙托夫。伊凡通过父亲的朋友担保才相安无事！

莫斯科大学，给了他激情和自由，给他善良的心注入勇敢和追求自由的元素。

同时也让他开始触及老黑格尔的哲学。

1834 年，他们迁到彼得堡。不久父亲去世！母亲很伤心，一个人返回斯帕斯科耶村。对于父亲的死亡，屠格涅夫也很伤心，但是他清楚父亲是什么样子的人，所以对他的打击并不大。而且，他在那个时候已经进入彼得堡大学哲学系学习。

彼得堡是一个圣地，不是因为皇帝在那里，而是因为普希金。

当时还是普希金时代，是诗歌的时代。在人们眼里，普希金是半神。

伊凡很幸运，他的两个语文教授分别是普列特尼约夫和尼基钦柯。前者在学术界和出版界举足轻重，是普希金、果戈理的挚友。后者是杂志编辑，普希金和果戈理的许多作品问世，都是经过他的手。所以伊凡有机会见到普希金和果戈理，即便是远远地看见，那种影响也是不可估量的。

伊凡有幸见过普希金一次，那是在一场音乐会上。

屠格涅夫回忆道："他凝立门首，身靠门框，两手交叉在宽阔的胸前，满脸阴郁不快的神色，两眼向四下张望。我记得他那黑黝黝的不大的脸庞，非洲型的嘴唇，满口硕大的雪白牙齿，连鬓的胡须，宽阔的额头下面一双含着愤慨的深色双眼，眉毛几乎难于看出，卷曲的头发……他向我匆匆扫视一眼，我有失礼貌地盯着他，这大概给他留下了坏印象！"

令人惋惜的是，在那次见面后几天里，普希金死在一场决斗中。于是那个场合仿佛是一场俄罗斯文学领袖的交接。

普希金之后的俄罗斯文学就是伊凡的了！

这时的伊凡，身上有一种让人怜惜的纯真。

是的，纯真！

看到那样一个半神，他是那么激动，所以总是觉得普希金注意到了自己。这也在他心里镌刻下对诗歌的迷恋，那是对普希金的热爱。

后来，莱蒙托夫的横空出世，更让他坚定了从事诗歌创作的信念。

而他又是那么迷恋哲学，于是后来他不顾母亲的劝阻，坚持去柏林求学。

母亲同意了！

他在船上经历了一场差点要了他的命的火灾后，到了柏林！

柏林有歌德的诗歌的灵魂、有贝多芬的音乐的灵魂、更有老黑格尔的哲学的灵魂。他急不可耐地登上岸。富贵的家庭，让他可以放心地在柏林读书、游历。在柏林他和大他五岁左右的斯坦凯维奇、巴枯宁、格拉诺夫斯基成了挚友，这些人都是俄罗斯思想界的旗手。他们一同参加聚会，聚会的人都是名流，甚至有曾和歌德交往的女作家：阿尔尼姆。而那时的伊凡仅仅只是一个"俊美的有学问的年轻人"，谈话很难插上几句，大多数时间坐在角落里听。

历史以这样的方式选择他，也以这样的方式让他触摸那个时代俄罗斯的整个思想脉搏。即使那时他是配角，可也是创造他的过程。

这让他彻底忘不了诗歌和哲学。

他一直写诗，从普希金那里，从普希金所崇拜的拜伦那里寻找先哲。很早他就写了长诗《斯杰诺》，虽然并不成功，可是他并没有放弃诗歌，反而更加坚持。他所发表的第一篇文章是诗歌《黄昏》，成名之作是长诗《帕拉莎》，但是诗歌终究不属于他。

诗歌都让普希金一个人写尽了。

对于哲学，他也迷恋，后来回到俄罗斯，他立志要当一名哲学教授。他通过了考试，但是整个俄罗斯不允许有哲学教授——哲学在皇帝看来是危险的。

就像那个对着兔子不开枪的猎人一样。他扛着枪，寻遍了整个森林，可是没有打到一只兔子。这对于一般的猎人而言是失败的。但是对于他，他的成功恰恰在于没打到一只兔子，因为他把兔子全放了！

他注定是打不到兔子的猎人，尽管他是为兔子的静美而来的。

他猎取了兔子以外的所有东西，某一天，这个猎人会突然发现，自己居然那么富有。

三、爱：不能仰望的禁区

他是才子，但是配的不是佳人，因为他所生长的时代不同，他是叛逆的一代。

就像巴金的《家》里描写的一样，年轻的主人处在思想进步的年代，也是爱情发酵的年代。爱情面前，一点点纯情和善良，加上一点点疼惜与怜悯就足够了。

1841年夏天，斯帕斯科耶农庄的树林中、草原上，出现的是一个体格健壮，手臂有力，留着胡须的屠格涅夫。他扛着粗重的猎枪，行走在黄昏里，晚霞烧得正红，微风拂面，空气里充满宁谧的气息，大地上一片碧绿。青蛙在水塘里叫个不停，草丛中蛐蛐的低吟声细腻悠长，蜻蜓在落日的余晖里飞动，薄翼上闪着神秘的光芒！

年轻的屠格涅夫，点着一根烟，通红的烟头在傍晚的空旷原野里像一颗美丽的痣，青烟从上面腾起。他后面跟着仆人——亚历山大，肩上背着屠格涅夫装猎物的袋子，袋子里装着鹌鹑、野鸽。

屠格涅夫的眼里装满温顺和坚毅，心中涌动激情和青春。此刻，他皱起眉头，抬头望了望远方，他又想起罗马、柏林、彼得堡，想起斯坦凯维奇、巴枯宁、格拉诺夫斯基。

他快乐又忧伤，一切的情绪都在故乡的心房里沉淀！

他去了意大利，在罗马，他见到了斯坦凯维奇、巴枯宁、格拉诺夫斯基。斯坦凯维奇是俄罗斯19世纪30年代狂飙一时的哲学思想团体"斯坦凯维奇小组"的领军人物，成员包括别林斯基和巴枯宁等。车尔尼雪夫斯基后来称他们的思想是"最纯洁、最高尚"的。他们都是才子，才子惺惺相惜！

屠格涅夫在柏林大学读书时结识了他。在意大利的碰面，让他们成为挚友。

那时，斯坦凯维奇重病在身，健康状况十分糟糕。

但他却和斯坦凯维奇结伴游历了几乎整个意大利。

随后，他的经济一度拮据，不得不回到柏林。在柏林大学，他又遇见了巴枯宁，和巴枯宁成为挚友。巴枯宁，无政府主义的创始人，第一国际成员，俄罗斯思想界的风云人物。他的性格刚烈，但是，温和的屠格涅夫正好跟他合得来。

在柏林，他接到斯坦凯维奇的死讯！他见到了巴枯宁的大妹妹——瓦尔瓦拉·亚历山大耶芙娜，一个高贵典雅的女子，她和斯坦凯维奇情投意合，斯坦凯维奇就是在她的怀里死去的。她说斯坦凯维奇死得很凄凉，说着说着就泪流满面。

巴枯宁把三妹塔吉雅娜·巴枯宁娜推荐给屠格涅夫，屠格涅夫也承诺回国后一定去看她。巴枯宁娜是学识广博的富家女，美丽、热情，满身浪漫气息。巴枯宁想：他们是才子配佳人。

此刻站在故乡的原野上，他又想起了斯坦凯维奇。他有些神伤！夜幕降临在斯帕斯科耶，月亮出现在天空，远处传来狗叫。

他走进村子里。农奴们都和他打招呼，少爷是他们的恩人。谁都知道，当年为了保护一个农奴不被卖掉，他拿着枪和警察对峙。太太很喜欢他，他一回来，太太也变成一个和善的人，他们就不用受苦了。

看见生活愉快的农奴，他的心情好了许多。

农奴们纷纷邀他到家里去，拿出最好的食物招待他。

在一个老裁缝家里，他见到一个姑娘，美丽、清秀又腼腆，那是老裁缝的女儿阿芙多吉娅。母亲要她招呼客人，她却低下头，脸红得像秋天的苹果。

屠格涅夫见到她的第一眼，就怦然心动了。青年爱的泉水喧哗不宁！

几天以后，阿芙多吉娅到他家里，给他送衣裳。太太让她给少爷试穿，她给屠格涅夫穿着衣服，心里想：多好的年轻人，却不小心碰到他的手。

屠格涅夫感觉到她修长的手指上的伤痕，缝制衣服让她手上留下很多针孔。他很疼惜，但心里是高兴的。

几天以后，他又去了阿芙多吉娅家。让她伴自己去打猎，她忐忑不安地去了。

傍晚，在回来的路上屠格涅夫向她吐露了真情。

她惶恐不安，不知道往哪里藏，要是让太太知道，她可是要遭罪的。

可是她也管不了了。

他挽起她的手，吻了她的额头。

美丽的斯帕斯科耶成了他们的乐园。

那天的猎物，他全给了阿芙多吉娅。

后来，几乎每两三天他就找她出去打猎。

他以为他能给她幸福，他甚至想娶她做妻子。当然他不能和母亲说。说了，母亲也是不会同意的，可是他却开始了这段感情，而且在一个傍晚他控制不了自己，把她完全地抱在怀里。

没有不透风的墙，偌大的一个庄园，什么都瞒不了太太。虽然她爱这个儿子，可是不代表放弃自己的一切原则和手段。

太太知道了这件事情。

当他再去阿芙多吉娅家时，她的母亲告诉他，她已经被太太赶出了农庄。

更让他心痛的是：她怀了他的孩子。

阿芙多吉娅去了莫斯科，屠格涅夫无力挽回这个局面。他突然发现，那样的爱情很大部分是青春的冲动。因为他想来想去都没想到"去莫斯科陪她"这一条，他是不打算坚持的。在他的生命里或者注定了不会有长久的爱情，因为他不可能为爱放弃自己的道路。

从那以后，他再也没彻底地爱上一个女人，即便真心爱了，这些女人也包括后来在巴枯宁的农庄见到的巴枯宁娜。

他和巴枯宁娜热烈地相爱，他们是精神里的干柴烈火，他在那里待了六天。

六天里，那个小姐对他神魂颠倒。

但是，最后他还是放弃了。

后来，他又碰到深深眷恋的演员维亚尔多，与她交往十几年，虽然她早已经结婚。他向她坦白吐露一切欢乐和忧愁，称她为"最亲爱的"。她就像他的监护人，长久地陪伴他。

但是，她终究只是"最亲爱的"。

真心与彻底是两个概念。

真心是拥有灵魂里的共鸣就足够，而彻底需要放弃很多。他和那些女子的确是相爱的，爱得炽烈、温暖、缠绵。可是婚姻与爱情有些时候是两回事！

年轻的时候，他意气风发，追求良多，心里装不下一个爱的女人。

年老的时候，他的心里是整个俄罗斯，更没有空间放下一个女人。

对阿芙多吉娅，他很愧疚，他不像他的父亲，薄情寡义，从父亲那里他早就清楚被抛弃的女人的悲惨命运。他是正直的，尽管他不能为阿芙多吉娅做太多的事。

他资助她在俄罗斯开了一个裁缝铺。后来女儿出生，被他母亲带到斯帕斯科耶。

这样，阿芙多吉娅也成了自由身，嫁给一个小市民。

屠格涅夫每年都给她寄一笔钱。

但是母亲并不能接受他的女儿，于是把她交给一个农奴抚养。

1850年，屠格涅夫第一次见到八岁的女儿。看着苦难的孩子，他很心疼。而母亲并没有丝毫的怜悯之心，在大庭广众之下说："看看这个孩子，多像我的儿子，你和她是有关系的吧。"

屠格涅夫恨母亲的冷酷。他将女儿送到巴黎维亚尔多家里抚养，当他再见到女儿时已经是五年后。他认为自己不是一个好父亲。

他这样的才子，注定一生孤独！

爱，是不能仰望的禁区。

四、在斯帕斯科耶旋转的中心

普希金之后俄罗斯有两个中心：一个是思想界的别林斯基，一个是文学界的果戈理。

两个中心旋转，引发另一个更大的中心产生。

1846 年的夏天，斯帕斯科耶格外的宁静，恰似一个酒坛，屠格涅夫的思绪在那里沉淀，酝酿成芳香的酒，令人微醉。

夜幕即将降临，他的窗子里没有亮灯，黑洞洞一片。此刻，他不在屋子里，他跑到几十里外打猎去了。

这次回乡，他更加迷恋打猎，打猎让他转移视线，让他不用思考写作。

他喜欢拿笔，更喜欢拿枪。

此刻，他提着猎物，走在返家的途中，想到的却是别林斯基、维亚尔多和《现代人》杂志。

1843 年，他以长诗《帕拉莎》正式踏上文坛，迎接他的是别林斯基慈父般的呵护和知己般的热爱。

1843 年，《祖国纪事》上刊发了别林斯基关于《帕拉莎》的评论，随后，屠格涅夫和巴枯宁的妹妹瓦尔瓦拉·巴枯宁娜一起拜访了别林斯基。

第一次见面，屠格涅夫就喜欢上别林斯基。

他在给别林斯基的诗《人群》中写道："只是因为你，天空才如此光彩夺目……"

别林斯基给予屠格涅夫的诗歌以极大的肯定，在屠格涅夫身上他看到普希金和莱蒙托夫的诗歌时代并没有结束。但同时也指出他的天真不足，给予谆谆教诲。

这种指正和教诲，屠格涅夫日后同样用在了托尔斯泰的身上。

他们是师生，他们也是朋友！

那些年里，屠格涅夫和别林斯基经常见面，甚至做过几次邻居，一起散步，一起聊天，一起进咖啡馆。他们灵魂产生了情人般的共鸣。别林斯基每天盼望见到屠格涅夫，每天又依依不舍地和他告别。

他说："屠格涅夫一来我就有了精神，而他一离开，我就处于悲哀的孤独境遇。"

屠格涅夫也融入《祖国纪事》圈子，和陀思妥耶夫斯基、涅克拉索夫、冈察洛夫、赫尔岑、安年科夫等人交上朋友，成为圈子里的红人。

陀思妥耶夫斯基在给哥哥的信中写道："哥哥，这是怎样的人啊！我同样不能不说钟情于他。诗人、天才、贵族、美男子，富有、聪明，有文化教养，年方二十五——我不晓得大自然还有什么不曾赋予他的。"

1843年，对于屠格涅夫还有另外一个重要意义：这一年他遇见了年方二十二岁的法国女演员波莉娜·维亚尔多。

波莉娜·维亚尔多那时是名震欧洲的女演唱家，与包括李斯特在内的众多音乐名流都有交往。

那年秋天，维亚尔多随团到彼得堡演出。屠格涅夫被她的热情、高贵、美丽和才华深深吸引。她在彼得堡演出多场，屠格涅夫场场必到，满眼是她。

富有戏剧性的是，他最后结识她是通过她的丈夫。

她的丈夫携着她的手说："这是内人。"她看着丈夫幸福得有些害羞。

屠格涅夫向她深深地鞠躬，心里却酸酸的。而她眼里屠格涅夫只是一个年轻的地主、初涉文坛的诗人。

人们对他的定位还是诗人，的确，他的创作重心还是诗歌。他并没有意识到转变的时机到了，诗歌已经不能给俄罗斯带来更大的力量，诗歌也限制了他的作品的社会性。

屠格涅夫爱上了维亚尔多，从第一眼开始，到生命的结束；从一个无名青年，到成为誉满欧洲的文豪，他一直爱着她。虽然她是别人的妻子，可是他却把生命毫无保留地交给她。维亚尔多以女神的姿态给他真诚的恩泽，而不是以女人的身份！

其间，屠格涅夫追随着她到过巴黎，甚至到了她的故乡去游览。

当他回到俄罗斯时，文坛开始酝酿一场革命。

别林斯基决定离开《祖国纪事》，他无法忍受主办人克拉耶夫斯基对财政的控制和杂志的平庸风格。那一批文学志士纷纷响应他的号召，开始新的尝试。然而别林斯基并没有良好的创业能力，加上肺病的折磨，他没有心力完成这项工作。

于是责任落到屠格涅夫、涅克拉索夫等人的身上。

最终，他们找到了自己的阵地，那也是俄罗斯文学的阵地！

他们从普列特尼约夫手中买到由普希金创办、当时已经衰落的《现代人》杂志。原来的《祖国纪事》文学团体，全部转移到这里。

1846 年的回乡，屠格涅夫正是为日后的创作和《现代人》创办做短暂的调整，此后，十月，《现代人》顺利出版。

与此同时，他也把自己的创作从诗歌转移到小说上。他已经完成《猎人笔记》，这标志着他的蜕变，完全地转移到社会和人民的高度。

1852 年，他再次回到斯帕斯科耶，六年的时间，淹没了太多匆匆发生却又致命的事件！

1848 年，别林斯基因肺病去世！

1849 年，巴枯宁领导起义失败被流放西伯利亚！

1850 年，母亲去世，他把所有的遗产给了哥哥，只要求留下斯帕斯科耶村。

1852 年，果戈理逝世！

此时的屠格涅夫，已经是名动俄罗斯乃至欧洲的文豪，皆因《猎人笔记》的出版。众人把《猎人笔记》看作划时代的作品，它开辟了俄罗斯文学的新纪元。

然而，因为《猎人笔记》强烈地同情农奴和批判地主，他成为沙皇尼古拉一世眼中的危险人物。

《猎人笔记》的成功也让他在 1851 年见到俄罗斯的灵魂果戈理。当时果戈理因为《与友人书简选》，正处于舆论的旋涡中。果戈理说自己并没有背离一贯的道路，所以才出版《与友人书简选》以试图证明，没想到弄巧成拙。

屠格涅夫和演员谢普金一起拜访了果戈理，他显得很苍老，压力很大。屠格涅夫的到来让他高兴，某种意义上屠格涅夫此时已经成为新时代俄罗斯的发言人。

他要通过屠格涅夫发言。

屠格涅夫说："当年我在彼得堡听过您的历史课。您的历史课讲的实在是出色，可是我当时只是个学生。"

"您现在也是我的学生！"果戈理很有兴致地对屠格涅夫说："您很有才华，是天才，但是一个天才要带出十个天才，这才是成功。我们把文学弄贫乏了，要靠您把它丰富起来。"

但是谈到别林斯基们，他的气就不打一处来。他生气地说："为什么赫尔岑敢在外国的期刊上胡言乱语侮辱我？还有故去的别林斯基——当然现在谈已逝的人是不尊敬的。"

屠格涅夫听到他说别林斯基，心里有些疙瘩，他说："他们只是评论家，必须陈述自己的观点，他们很不理解像您这样的作家也会背离自己的道路。并没有恶意。"

屠格涅夫临走时，果戈理紧紧握住他的手说："其实我们早就该认识了……"

这次会见，拉近了屠格涅夫和果戈理的距离。

屠格涅夫感觉到他的亲切，那种亲切是仰望的，不是平视，但是真诚。

随后，屠格涅夫在神甫托尔斯泰家里参加了果戈理亲自主持的作品朗读会。

果戈理的目的达到了，他不需要所有的世人都理解他。

只要屠格涅夫一个就够了。

他们见面后不久，1852 年 3 月，果戈理逝世。

屠格涅夫大为悲恸。他感觉到俄罗斯文学的中心没了。

事实上中心已经旋转到他身上，而他是当局者迷！

他发表了悼念果戈理的文章，为失去俄罗斯之心表达扼腕的痛。

然而，早就盯上他的当局痛恨果戈理，他们用这个借口将他拘留起来。

一个月的拘留，他写出了著名的《木木》。后来他被遣回故乡，长久不准回到彼得堡。他回到了故乡！

他成了真正的中心！俄罗斯新的中心开始在斯帕斯科耶旋转。

他旋转得飞快，在他身上每个事件都是决定性的，决定性的时间接踵而至，于是变得都很平淡。

这是他的力量，中心的力量！

五、《父与子》：谁是俄国人民需要的呢？

此时，屠格涅夫的眉头皱得很厉害。他思考着俄罗斯的现在与未来。他要找一个视角将自己的思考定格来看。于是，尼古拉一行进入了他的视野——

尼古拉·彼得罗维奇·基尔沙诺夫善良而软弱，妻子早亡，儿子阿尔卡狄刚从大学毕业回家。他到车站去接儿子，和儿子同来的还有他的朋友巴扎洛夫。

尼古拉的胞兄巴威尔·彼得罗维奇是个穿着考究，具有英国绅士派头的贵族。在他那血色不好，但没有一条皱纹的脸上，五官十分端正，而且轮廓分明，就好像是用一把精巧的小凿子雕刻出来的。尼古拉对哥哥总是十分的信任，阿尔卡狄对伯父也很尊敬。

可是，巴扎洛夫一见面就不喜欢巴威尔，称他是"古董"。

巴威尔向侄儿询问巴扎洛夫究竟是怎样的一个人。阿尔卡狄告诉他，巴扎洛夫是个"虚无主义者"，一个不服从任何权威的人，他不跟着旁人信仰任何原则，不管这个原则是怎样被人认为是神圣不可侵犯的。巴威尔感到十分惊讶。巴威尔从小以漂亮和爱装饰出名，是个十足的"纨绔子弟"。二十八岁时，当上了上尉军官。后来，结识了一个公爵夫人，使他抛弃了军职，跟她一道出国远游。公爵夫人死后，便住在弟弟的田庄上来。他自称是个"旧派的人"，和农民讲话时，总是皱着眉头，而且时常闻香水。

尼古拉很看重哥哥的才干，什么事都向他请教。他对哥哥说："我是一个优柔寡断的人，我的日子大半是在乡野地方消磨了的，你见过不少的世面，来往的人也很多，你看得透人，你有老鹰的眼光。"

但巴威尔很阴暗，他常常在背后盯梢和调戏尼古拉的漂亮的情妇费尼奇卡。

巴威尔的贵族气质受不了巴扎洛夫那种极端的冷漠和嘲笑的态度。在他看来，这个医生的儿子非但不知道拘谨、害怕，还常常用粗鲁而不情愿的态度回答别人的问话，他的声音里有一种粗野的甚至近乎无礼的调子。巴威尔对弟弟尼古拉说，巴扎洛夫"自大得叫人讨厌"。

一天傍晚，这两位彼此讨厌的人物终于冲突起来了。巴扎洛夫认为贵族是"没有出息的"，巴威尔宣扬的"贵族制度、自由主义、进步、原则"，对于俄国人来说是一点用处也没有，目前最有意义的事是"否认一切"。

巴威尔听了火冒三丈，说："我不能承认您是一个俄国人！"

争吵后，巴威尔余怒未息。他对弟弟说，"这就是我们的下一代吗？他们原来是这样！"

尼古拉陷入沉思：巴扎洛夫他们"比我们强的地方就在于他们比我们少

些绅士的气派吗？"但他又想到巴扎洛夫排斥诗，"对艺术，对大自然没有感情"，而他自己是爱诗和大自然的。于是，他和儿子一辈的思想也合不来。

尼古拉的阔亲戚加利亚金被派到省城做官。他邀请尼古拉兄弟到省城去做客，但他们不愿去。儿子阿尔卡狄和他的朋友巴扎洛夫前去了。在那儿，他们拜访了省长，还结识了一个叫库克新娜的女性。这位懒散的太太，一举一动都是"故意做出来的"，既不朴素，也不自然。

在省长家举办的舞会上，他们又认识了一个漂亮的寡妇阿金左娃。她举止大方，脸上显出一种亲切而温柔的魅力。她没成见，没有坚定信仰，遇什么事从不退缩，但也没有一个固定目标。她诚恳地邀请巴扎洛夫到她田庄上做客。

在阿金左娃的田庄上，阿尔卡狄和巴扎洛夫都坠入了情网。阿尔卡狄恋上主妇的妹妹卡吉亚。巴扎洛夫虽然不喜欢阿金左娃家那固定的一成不变的秩序，但被主妇的美丽吸引住了，并向她表白了自己的爱情。然而，阿金左娃过惯了安逸自在的生活，不愿意以爱情的义务来束缚自己，拒绝了他。

巴扎洛夫和阿尔卡狄一同到巴扎洛夫家乡去。

巴扎洛夫的父亲瓦西里·伊凡诺维奇是个退休的军医，家产不富，只有二十二个农奴，经营着一小片土地。夫妇俩全身心地爱着自己的儿子。父子间虽然有观点不合的地方，但父亲遇到意见分歧时，总是让步。

老人总是喜欢对阿尔卡狄说："我崇拜我儿子。"

巴扎洛夫则对家里的一切都看不惯，感到十足的平庸和乏味。他对阿尔卡狄说："我的父母整天忙着，并不去想一想他们自己的渺小；他们并不因为这个感到不舒服……我只感到厌倦和愤怒。"两位老人听了很伤心。

回到玛利因诺后，这两位朋友便各自分开了。阿尔卡狄因热恋卡吉亚，住到阿金左娃的田庄上去了。巴扎洛夫则以医生身份经常关照费尼奇卡新生的幼儿。因此，他博得费尼奇卡的好感和信任。在她的眼睛里，巴扎洛夫是个很好的医生和一个朴实的人。

同时，他和尼古拉家的仆人也混得很熟，他们都喜欢他。

但巴扎洛夫和巴威尔的关系却日趋紧张起来。有一次，费尼奇卡和巴扎洛夫在凉亭里亲吻，被巴威尔看见了。旧怨新恨，巴威尔恼怒得不得了，提出与巴扎洛夫决斗。

巴扎洛夫接受了。

在决斗中，巴扎洛夫用手枪打伤了巴威尔的腿。第二天，他便收拾行李回老家去了。

阿尔卡狄在阿金左娃的田庄上过着悠闲的、炽热的爱情生活。他已经不是初来的那个自命不凡的少年了。卡吉亚对他说，"你的朋友巴扎洛夫是猛兽，你跟我却是被喂驯了的。"

阿尔卡狄回答说："我不再到我从前寻觅理想的地方去寻找我的理想了；理想自己来找我了，它就在我的身边。"

巴扎洛夫来看他们，并把他和巴威尔决斗的事转告阿尔卡狄。

巴扎洛夫说："这是和封建人物住在一起的结果。"

但这对朋友之间已经很难找到共同之处了。

巴扎洛夫看到阿尔卡狄正热心于给自己"造一个窝了"，便对他说："我们的路开始分岔了"。

第二天，巴扎洛夫离开了阿金左娃的田庄。

临别时，他对阿尔卡狄说："你不宜于做我们的事。像你们这--类的贵族至多不过做一些高贵的顺从或高贵的愤慨的举动，那是没有用处的。譬如说吧，你是个很好的人，但你不肯战斗；你还是一个柔软的、爱自由的少爷。"

巴扎洛夫回到家中，帮助父亲给人治病。后来他在解剖一个伤寒病人的尸体时，划破了手指，受到感染。他病得很重，临死前，他要求和阿金左娃见一面。

阿金左娃便带了一个德国医生赶来看他。他已奄奄一息，吃力地对阿金左娃说："我掉在车轮下面了"，"俄国需要我……不，分明是不需要我。那么谁又是俄国需要的呢？"

他找不到答案。他死了。

这年冬天，尼古拉和费尼奇卡、阿尔卡狄和卡吉亚在同一天举行了婚礼。

婚后，阿尔卡狄热心于经营农庄，于是他的农庄大有起色，和他父亲经营时已大不相同了。

不久，巴威尔出国了，阿金左娃也嫁了人……

屠格涅夫写完了。这个善于打猎的人握着笔，久久没有放下。仿佛狠狠地打了一枪，他并不在乎击中目标，更在乎枪响后战栗的余热。

六、托尔斯泰：唯一产生误解的人

1853 年，斯帕斯科耶的农庄。

屠格涅夫正在擦拭他的猎枪，突然有仆人跑进院子里，惊起屋顶的几只停歇的麻雀。那个仆人气喘吁吁地说："老爷，信！信！"

屠格涅夫看着仆人，微微一笑说："什么信，你这么激动。"他把枪放到桌子上，接过两封信函。一封来自涅克拉索夫，信中的内容和他以前的来信一样，想让他给《现代人》写稿子。信中说："我恳切地请求您，能为杂志写篇小说，很短的也行，只要有您的名字出现就行。不然新的一年我们怎样开始呢？"

屠格涅夫笑了笑，他觉得涅克拉索夫还真是一个可爱的人。对于他的约稿，屠格涅夫总会尽量满足。

他又看了第二封信件，上面盖着官方邮戳。他的眉头紧皱了一下，把信撕开！很快，他的脸上浮现出愉悦的神情。

"快，快，收拾我的东西。今天就把东西收拾好。"屠格涅夫抑制不住激动，大声说。

"您要干什么，老爷？"仆人有点纳闷。

屠格涅夫说："哦！我就要去京城了，我的流放已经解除了。"

那封信来自宪兵总监奥尔洛夫。

很快，他到达彼得堡，《现代人》杂志圈的文学人士，为他举行了盛大的欢迎晚宴。在众人眼里屠格涅夫才是《现代人》的核心。

回到《现代人》，屠格涅夫就显示了自己的能力，他把诗人费特拉进圈子里，费特成了杂志的重要撰稿人，后来也成为屠格涅夫和托尔斯泰的挚友。

屠格涅夫和涅克拉索夫这两个别林斯基最爱的年轻人，并肩支撑起《现代人》的大旗。别林斯基在天有灵，应该会感到安慰。

1854 年秋天，屠格涅夫又返回斯帕斯科耶。此时，涅克拉索夫身体状况很不理想，精神阴郁。屠格涅夫让他和自己一起回故乡，他觉得故乡宁静的空间对涅克拉索夫有好处。涅克拉索夫同他去了。

就在这个关键时候，列夫·托尔斯泰闪亮登场了！

托尔斯泰的登场不像屠格涅夫那样，酝酿太久。他一出场就惊天动地、气势如虹。但是，他应该感到幸运，因为看到他第一次演出的是别林斯基的嫡系屠格涅夫和涅克拉索夫。他们秉承了别林斯基重视文学后辈的作风。

在斯帕斯科耶，托尔斯泰的小说《少年》寄到了他们的手里。他们敏锐地预感到这个人将执俄罗斯文学未来的牛耳！

早几年，托尔斯泰的处女作《童年》在《现代人》杂志上发表！屠格涅夫就注意到"列夫"这个名字，他打听到他的全名是"列夫·托尔斯泰"。他的妹妹玛丽亚·尼古拉耶芙娜住在离斯帕斯科耶不远的波克罗夫斯科耶庄园，他打猎时曾经经过那里。于是他到处打听关于玛丽亚的这位长兄的消息。他认为如果托尔斯泰坚持写作，那么前途将不可限量。

但是很遗憾，当时，克里米亚战争正酣，托尔斯泰正在前线作战，他们无法相见。

托尔斯泰的养母在给托尔斯泰的信中表述了屠格涅夫的话，托尔斯泰万分振奋。

不久，托尔斯泰把中篇小说《伐木》寄给了屠格涅夫和涅克拉索夫。

涅克拉索夫对小说评价很高："其中有个军官简直就是穿上军装的哈姆雷特。"

托尔斯泰的莎士比亚式的才能一开始就被他们注意到。到了后来《战争与和平》出版时，屠格涅夫在法国和福楼拜一道将托尔斯泰与莎士比亚相媲美。

然而，这段时间托尔斯泰都是和涅克拉索夫通信，尽管屠格涅夫访问了他的妹妹，托尔斯泰也听说了屠格涅夫的事情，并为此深受鼓舞。

1855 年，屠格涅夫再次注意到《现代人》上托尔斯泰的文章《塞瓦斯托波尔》，他觉得是见见这位年轻作家的时候了。他提笔给托尔斯泰写了一封信。信中写道："亲爱的列夫·尼古拉耶维奇，我早就想与您结识，既然暂时没有别的办法，哪怕结为'信友'也好……我衷心感谢您将《伐木》献给我——在我的文学生涯中使我感到最荣耀的事。"

同一封信里，他还写道："要是我们能聚在一起，一定谈个没完，我们的相识对您我都大有裨益。"

很快，屠格涅夫回到京城，发表了轰动文坛的《罗亭》。

托尔斯泰也终于从前线回来，火车到达彼得堡后，他拒绝了家人的要求，直奔屠格涅夫的家。

那天，屠格涅夫正在住所审阅稿件，听见仆人说有客人到。屠格涅夫心不在焉地问一句："是谁来了？"

仆人回答："说是列夫……"

屠格涅夫愣了一下，立刻从椅子里站起来，径直奔向前厅，身上披的衣服掉了，都没有发觉。在前厅他见到年轻的托尔斯泰伯爵。这个一向很内敛、很优雅的男人一下子把托尔斯泰拥入怀里，甚至激动地亲吻他。

　　他们进行了长久的交谈，屠格涅夫完全忘了时间的概念，以至于忘了吩咐仆人给客人倒茶。托尔斯泰也是受宠若惊，他没想到这位文坛领袖对自己竟然如此癫狂。

　　托尔斯泰在彼得堡停留了一段时间，屠格涅夫带他见了涅克拉索夫。

　　那时，涅克拉索夫在托尔斯泰心里的地位是超过屠格涅夫的，因为自1852年在《现代人》发表《童年》开始，他们就在通信，是涅克拉索夫带他走上文坛。

　　但是在彼得堡期间，他和屠格涅夫走得更近，几乎形影不离。他们一起参加各种聚会，托尔斯泰结识了费特、冈察洛夫、安年科夫、鲍特金等，这些人日后都成了托尔斯泰最重要的朋友。他们鼓励托尔斯泰坚持写作，走自己的道路，千万不要放弃，并对他的一些不足给予指正。

　　同时他们还向托尔斯泰郑重其事地推荐斯坦凯维奇、别林斯基。

　　托尔斯泰对别林斯基原来并没有好感。他曾在给涅克拉索夫的信中表示别林斯基总是大声疾呼，总是用一种愤慨的语调说话，而他认为恼怒、凶狠是不正常的。

　　但在屠格涅夫的影响下，他对别林斯基等人有了新的认识。

　　这就是中心的力量，人们总是向中心看齐，中心的一句话可以开辟一个人的一生。

　　不过，在托尔斯泰那里，并不是完全有效的。

　　因为，他是托尔斯泰！

　　托尔斯泰从一开始就是大家的身份，有自己的原则，且从不屈从于他人。早在他写给涅克拉索夫的第一封信里，他就强烈地批评《现代人》杂志随意改动他的《童年》。他的人格魅力让他拥有一种不可侵犯的气势，这种气势屠格涅夫也奈何不了。因此，他们在一起时经常发生摩擦、争吵。

　　屠格涅夫在信中说："您是唯一和我产生误解的人。这之所以会发生，就因为我不愿意和您只局限在一种单纯的友好关系，我希望我们的关系发展得更深、更密……"

托尔斯泰读到这样的信当然也会十分感动。但感动归感动，感动不能替代心中的文学。他虽然可以接受别人的影响，但对于文学创作他有自己的追求。这追求是执意的，是强悍的，是无法动摇的。

正因为此，屠格涅夫把托尔斯泰看得很重，他总想和他推心置腹。可越是这样，他越是不敢推心置腹。他们是两种不同的人，在一起时也许有些厌烦，而每当分开，他们又深深地眷恋对方。

自彼得堡分别后，他们又设法在波克罗夫斯科耶庄园见过面。随后，屠格涅夫去了巴黎，开始他在国外长久的生活。对于他，站在国内，没有观察俄罗斯的适当角度，虽然沙皇已经废除了农奴制度。他得远远地站着，也许这样更清晰。

在巴黎，由于彼此思念太甚，屠格涅夫接待过到访的托尔斯泰。他们一起出入于作家聚会、咖啡馆、歌剧院。他们靠得很近，但他们越是靠得近，越是感到摩擦，那种摩擦本身让人眷恋，但是摩擦太多，总会出问题。

19世纪50年代末60年代初，屠格涅夫的创作进入高峰期，写出了《前夜》《阿霞》《贵族之家》《父与子》等著名的篇章。而同时，他的社交圈子也接连出现了问题。

首先是和冈察洛夫闹翻。因为敏感的冈察洛夫觉得《前夜》和《贵族之家》抄袭了自己的作品，盗用了自己的思路。

屠格涅夫对此既担忧又生气，他们极少再有往来。

1860年，他又和《现代人》杂志决裂了。与《现代人》杂志的裂痕在19世纪50年代就已经出现。从车尔尼雪夫斯基成为杂志的思想领军人物开始，杂志内部就产生自由派和革命派之争，最终革命派占据了主导。《前夜》的成功，被革命派视为革命的信号。杂志要刊登有关这个问题的论文，屠格涅夫坚决反对。

涅克拉索夫没有答应屠格涅夫的要求。

屠格涅夫愤怒之下退出编辑部。

随后，屠格涅夫又和托尔斯泰断交。这样的断交像钢管一样折断，伤口是那样的尖利，光亮刺眼。

1861年，屠格涅夫回到斯帕斯科耶。托尔斯泰到访，这次见面让屠格涅夫很愉快。经历了几次变故，最重视的朋友能在身边说说话，陪自己打猎，确实是一种享受。

但是，此时屠格涅夫精神上被折磨得厉害，变得也很敏感。

这是危险的信号。

他们的决裂只因为一句话。

他们到费特家里做客，谈到女仆。屠格涅夫赞扬起女儿的女家庭教师，颇为得意地说："她要我的女儿取走穷人的衣服，亲手缝补好了再还给他们。"

托尔斯泰对此却很反感，他觉得那是一种虚伪。他坦率地说："这只是一个富家小姐演出的滑稽戏。"

这种讨论他们有过很多，他们是大作家，又是亲密无间的朋友，以前从没因此出现大的隔阂。但那时的屠格涅夫受到了太多诽谤，对这种闲言碎语十分敏感，认为眼前这个最亲密的朋友的话中带有明显的针刺。

很快，屠格涅夫愤怒地从椅子上跳起来，差点失去控制力。他几乎是歇斯底里地喊道："你这是诽谤！"

以坚执原则著称的托尔斯泰仍然坐着不动，冷静地说："我只是在陈述事实。"他并不认为自己说错了什么。作为文坛领袖，连这个问题都认识不到，托尔斯泰感到压抑和苦痛。

当然，屠格涅夫压抑和苦痛得更厉害，他极度失望地说："对不起，我要与伯爵您决斗，我必须挽回尊严。"

托尔斯泰说："如果您认为这样就能解决问题，我乐意奉陪。"

屠格涅夫气得脸色发紫，他不再言说，用眼神命令费特拿来纸笔，他要立生死状。

费特好言相劝，不给他纸笔。

托尔斯泰有些尴尬，他比屠格涅夫年轻不少，两人决斗，在力量上他占有明显的优势。想到这里，他平静甚至是带有一丝怜悯地看了屠格涅夫一眼，起身而去。

而那最后怜悯的一瞥，更像刀子一样，插入过度敏感和衰弱的屠格涅夫的心脏，他痛得差点喘不过气来。就这样，两位文坛巨匠和亲密朋友不欢而散，就此断交。

与托尔斯泰断交后，屠格涅夫在国内的压力更大了，于是他长久地在巴黎生活。尽管冷静下来后，屠格涅夫也曾试图与托尔斯泰重归于好，但是没有效果。

直到19世纪70年代末，他们才恢复到友好而又礼貌的交往。

1878年，托尔斯泰给屠格涅夫写信说："最近，我回想起和您的关系，使我又惊又喜的是，我觉得，我对您没有任何敌意……让我们彼此握手言欢吧，并且请您完全彻底地原谅我对不起您的地方。"

收到此信，屠格涅夫连夜启程，回国见到了托尔斯泰。

托尔斯泰闻讯，走了很长的路，把他迎进波良纳农庄，两个人热烈地握手、拥抱。

看着年逾花甲的屠格涅夫，托尔斯泰眼里湿湿的：这个善良的猎手真正老了。

他们拥抱在一起，久久没有松开。千言万语，不必再说。

一个拥抱，两人的心结都化解了。

一个拥抱，俄罗斯文学更茂密了。

参考文献

[1] 李兆林、叶乃方：《屠格涅夫研究》，上海译文出版社 1989 年版。

[2] 鲍戈斯洛夫斯基：《屠格涅夫传》，湖南人民出版社 1983 年版。

[3] 王志耕：《"漂泊"与"禁忌"：屠格涅夫小说的基督教命题》，《外国文学研究》2017 年第 4 期。

[4] 立业：《屠格涅夫小说在中国的百年研读》，《解放军外国语学院学报》2016 年第 6 期。

[5] 吴嘉佑：《亦真亦幻〈父与子〉》，《解放军外国语学院学报》2010 年第 6 期。

[6] 艾尔默·莫德、谈放：《与屠格涅夫的争吵——〈托尔斯泰传〉片段》，《江苏师院学报》1981 年第 3 期。

[7] 叶乃方：《屠格涅夫与托尔斯泰——坎坷的友谊之路》，《苏联文学》1982 年第 5 期。

[8] 王立业：《梅列日科夫斯基文学批评中的屠格涅夫》，《外国文学》2009 年第 6 期。

[9] 程家钧、张勉：《艺术真实的一曲凯歌——评屠格涅夫的小说〈父与子〉》，《苏州大学学报》1984 年第 1 期。

[10] 李彦：《由〈猎人笔记〉看屠格涅夫"诗意的现实主义"创作手法》，《名作欣赏》2013 年第 23 期。

[11] 郑锦棠：《从〈父与子〉看屠格涅夫心理描写的主要特色》，《苏联文学》1988 年第 4 期。

[12] 德·皮萨列夫、徐荣强：《巴扎洛夫——屠格涅夫的长篇小说〈父与子〉》，《中南民族学院学报（哲学社会科学版）》1984 年第 3 期。

[13] 王晨：《屠格涅夫创作的诗学研究》，博士学位论文，黑龙江大学，2014 年。

[14] 梁宝平：《论屠格涅夫的小说〈父与子〉与虚无主义》，硕士学位论文，华中师范大学，2004 年。

第五章

《罪与罚》

——雕刻陀思妥耶夫斯基

　　1821 年，费奥多尔·米哈伊洛维奇·陀思妥耶夫斯基在莫斯科出生，他的父亲米哈伊尔·安德烈耶维奇是莫斯科丁马丽贫民院的一名医师。母亲玛丽亚·费多洛夫娜·涅恰耶娃则出身于一个商人家庭。陀氏在童年时就因父亲工作的关系目睹了犯人公墓、精神病院和孤儿院周围人们的生活，这些景象给年纪尚小的陀思妥耶夫斯基留下了深刻的印象。在其母亲去世后不久的 1838 年，陀氏进入了彼得堡军事工程学校，在工程学校学习期间，他曾在给哥哥的信中提到自己最近感到精神沉重，并且正在阅读歌德、雨果、巴尔扎克等人的作品。

1844 年，陀氏完成了处女作——书信体短篇小说《穷人》的写作。据说当时任《彼得堡文集》杂志社主编的涅克拉索夫在读完小说后兴奋地冲进俄罗斯文学评论家别林斯基的办公室，大叫"又一个果戈理出现了"，而别林斯基更称其为"俄罗斯文学的天才"，虽然不久后陀氏因为文学创作理念上的分歧与涅克拉索夫、别林斯基决裂，但最初的友谊还是令人难忘的。

　　正如涅克拉索夫和别林斯基所预见的那样，在《穷人》的单行本正式出版后，陀思妥耶夫斯基很快成了文学界的名人。1847 年，陀氏参加了彼得堡拉舍夫斯基小组的革命活动，并在 1849 年因涉嫌参与反对沙皇的革命活动而被捕入狱。之后的十年，他被流放至西伯利亚，也正是在西伯利亚，他开始反省自己笃信的宗教。

　　1860 年，陀思妥耶夫斯基返回圣彼得堡，次年发表了第一部长篇《被侮辱与被损害的》。这部作品可以被看作是他前后期的过渡作品，既有前期的对社会苦难的描写，又带有后期的宗教与哲学探讨。之后，陀氏经历了失去亲人的痛苦，还染上了赌博的恶习，只好到欧洲一边写作一边躲债，并最终于 1866 年写成了他的代表作《罪与罚》，并为自己赢得了世界性的声誉。1868 年他完成了小说《白痴》，四年后又完成了《群魔》，并于 1880 年发表其后期总结了其哲学思考的作品——《卡拉马佐夫兄弟》，成为世界文学史上一座难以逾越的高峰。翌年，陀思妥耶夫斯基准备写作《卡拉马佐夫兄弟》第二部。1881 年 2 月 9 日他的笔筒掉到地上，滚到柜子底下，他在搬柜子的过程中用力过大，导致血管破裂，当天去世，弥留前，妻子为他朗诵《圣经》。

陀思妥耶夫斯基的小说情节发展快，戏剧性强，接踵而至的灾难性事件往往伴随着复杂激烈的心理斗争和痛苦的精神危机，以此揭露出资产阶级关系的纷繁复杂、矛盾重重和深刻的悲剧性，他的作品成为俄罗斯社会的一面镜子。

一、俄罗斯病人

俄罗斯有一个病人，病得致命、瑰丽、夺人心魄。

他的眼睛干枯，透射出骇人的光芒；他的头发僵硬，仿佛积满污垢；他的胡须零乱，像是无数毒蛇；他的皮肤苍白，没有血色，像一具泡在水里的浮尸；他的肌肉紧绷，总是不经意地抽搐，仿佛触电；他的面颊没有多少肌肉，颧骨很高，仿佛岩石，只有硬度，没有温度。

病，是他的独一无二的权杖，是他的独一无二的资本。他不需要像其他人一样去开采整个人类，他所要做的就是把自己彻底解剖。

他拿着一把破损的铁锹，死命地开掘自己，像鲁迅先生的解剖刀，开掘出所有的民族劣性，开了一层又一层，支离破碎，却毫不手软，残酷得近乎冷血。他开掘的是一个矿藏，开掘出前所未有的恐慌，开掘出最深的病。那种病生长在干净的浓郁里，盛开最艳丽的花朵，花冠丰腴，花径肥大，里面注满毒液。

他拥有一个孩子般的灵魂，放在他天才的心脏里。他肆意说话，肆意书写，却不懂遮掩或节制。因此，他完全地暴露，没有任何防备。他注定不属于文明人的文明社会。

他总是不停地点燃指间纸卷的烟草，烟草脆弱的星火烧得他灵魂颤动，因为他在思考，因为他的生命虚弱。他的灵魂是一根浸满油的绳索，一星一点火就把他烧得干干净净。

他生来就是这个角色——为了承受煎熬和拷问，罪恶与惩罚才能让他安稳。快乐对他是一种奢侈，也是一种摧残，他的存在本身就是一种燃烧，直到把一切病燃烧成一捧干净的灰烬。甚至连灰烬都没有，化成一股青烟，飘向空中，飘向浩瀚的大自然。

他是一个人，他从躯体里剜出的带血的病体却是整个人类的病体。

人类的病住在俄罗斯，像根一样，植入俄罗斯古老的病灶。

他因此才病得持久，病得扭曲、彻底、丝丝入扣。

那种病是炽烈的情感。那是恐惧、敏感、多疑、冷漠、挣扎、崩溃、坍塌，是毁灭、凌辱、欺骗、暴力、死亡，是歇斯底里的一切。

那些是人类的暗区与阴影，却是天生的、不可消灭的。他们跟了"人类"千年万年，没有人敢把他们赤裸裸地拿到太阳底下晾晒。在他之前，人类很少往"个体"内部做最深刻的探入；在他之后，人们开始追问自己：我究竟是一个什么东西？

他把人带入"现代性"的思维洪荒。

他，这个著名的俄罗斯病人，就是天才作家——陀思妥耶夫斯基！

他是一个错位，是一个交叉。人道主义、同情心、宗教信仰、精神分析、存在主义、理性危机，都在他一个人身上生长。站在 19 世纪的土壤里，他开辟了 20 世纪的世界。他天生具有一种超前意识，这种超前使他无比孤独，使他病得更加厉害。

在俄罗斯整体意识滞后的年代里，他混乱的情绪十分不稳定，幸而他拥有一种无可比拟的意志。他宁愿自己病得狠些、再狠些，病得像火，像烈焰。无数人视他为疯子或先知：胆怯的卡夫卡，狂妄的尼采，敏感的弗洛伊德，睿智的萨特。他以一种不可预见性，偶然又必然地波及了整个现代主义世界。

读他的文字总是感觉很冷，冷得麻木和绝望，却又于麻木和绝望中看到一丝亮光。于是意识到自己也在被解剖，自己心甘情愿或莫名其妙地接受了他的解剖。如此，怎能不有些慌乱，有些迷失，又有些清晰和安稳？哦，在这个病人身边，才发现自己是那么的恶，也是那么的善，原来自己也病得不可救药。

陀思妥耶夫斯基，全名叫作费奥多尔·米哈伊洛维奇·陀思妥耶夫斯基。这个冗长的名字，就像肠炎一样，令人很不舒服。可是，读了他的文字，你可以忘记他的名字，却清醒地记住了自身的疼痛。

1821 年，这个名字像肠炎一样的病人出生于莫斯科的一个医生家庭，排行老二。父亲拥有贵族头衔，不算名门大姓，却也丰衣足食。童年，他在莫斯科郊外的庄园无忧无虑地度过，和兄弟姐妹钓鱼、游泳，天真地玩各种游戏，之后和哥哥一起念书。没有任何迹象表明他会成为后来的著名病人。除了他的不一般的细腻、敏感和天花乱坠的幻想，以及一点性格上的僵硬或固执外，看不出他与别的孩子有什么不同。

那么，他后来经历了什么呢？他感受了什么呢？简单地看，似乎一切也很正常。在农庄，他和家人和谐地生活，并无师自通地爱上了文学。1837 年，他的母亲因肺结核去世，那是正常的死亡，并没有给他太大的打击。1838 年，他到彼得堡，就读于军事工程学校。似乎他就要成为一个工程技师，然而，命运此时悄悄转了一个弯。

这个弯，成为他日后命运的征兆。

1839 年，在庄园里一群农奴用农具打死了他父亲米哈伊尔·安德烈耶维奇·陀思妥耶夫斯基。父亲的死给他的冲击是巨大的。原本他的家庭对待农奴是宽厚甚至仁慈的，甚至有一次庄园发生大火，家里还给每个农奴五十卢布盖新房子，事后并没有逼债。

但是，他不理解他们为什么要打死父亲。难道父亲做错了什么？错得无可原谅，错得只有以死来偿还？他不懂，但他爱父亲。

那些打死主人的农奴心惊肉跳，以为肯定会遭受报复。然而，很意外，一切都静静地流去，像什么都没有发生一样，他们依旧在农庄工作。当老大和家里的其他人试图为父亲争回一点什么的时候，老二据理力争，宽恕了那些担惊受怕的人。

"父亲的死我很悲痛。但是，那些人也很不容易。打死他们并不能给父亲带去天国的安慰。"老二以不容置疑的口吻说。

是的，从这个时候开始，有人就怀疑这个老二是不是有病。他真的没有痛恨农奴，没有。相反，他的一生都在为农奴说话。

进入陌生而又繁华的彼得堡之后，他把犀利的目光投向灰蒙蒙的街道、房舍，投向市声之上，投向波浪般涌来的一张张脸。他天才般的多虑、深思和敏感已经有所发展。父亲的死，把他的性格推向一个很深的阴暗角落，他命定的病开始在那里发酵，梦幻、理想、价值观、道德观都开始微微变形。

在给哥哥的信中他写道："我的心灵与原来的狂热已经格格不入。心灵中的一切很平静，就像隐藏着深刻秘密的人的内心一样；我在研究'人和生活的意义'……人是一个谜，需要解开它，如果你一辈子都在解这个谜，那你就别说浪费时间了。我在研究这个谜，因为我想成为一个人。"

正是从那个时候开始，他的病开始间歇性发作，以后发作的频率越来越快，发作的程度也越来越厉害，越来越深刻。

因为病，他注定成不了传统意义上的好人。他不漂亮，也没有理性的光芒。他有癫痫。甚至他是一个坏人，一个赌徒。

可是，他是一个真正的人，因为他坦承一切，像卢梭笔下那个可以理直气壮地说"我就是一个这样的人"的病人。

他的病是人类无法承受的炽烈的冰冷；

他的病是水中的太阳；

他的病是凡·高的《向日葵》，是贝多芬悲怆的《命运》。

二、成也别林斯基，败也别林斯基

从军事工程学校毕业后，他进入了工程制图部。但是很快他辞去了工作，表面的原因是皇帝尼古拉对他的一幅制图不满，实际上是他觉得一个"人"不应该这样地生活着。

他要当一个自己期望的作家。

他和工程学院的同学格里戈·罗维奇在彼得堡同租了一间小房子，房子阴暗又潮湿。租房子的钱由兄长资助，每月大概五十卢布。

那些日子，他闭门谢客，足不出户，天天躲在昏黄的灯光下，在草稿纸上急速地写着密密麻麻的文字。姿势仿佛在盗窃，盗窃自己的智慧、自己的感情、自己的灵魂。

窗外喧哗的彼得堡，不是他的；窗外菊花般野性的爱情，也不是他的。他只需要一间囚室一样的房子。那样的一间囚室可以装下他酝酿的罪恶和惩罚。

室友格里戈·罗维奇对此很好奇："亲爱的费奥多尔，你每天趴在桌子上，在写什么呢？"

陀思妥耶夫斯基没有说话，他抬起头看看朋友，脸上闪过一道抽搐，继续伏案。

过了一会儿，他坐起来，请求室友说："你可以去买些面包吗？我已经很久没吃东西了。刚觉得原来我是饥饿的。"

文字像贪婪的寄生虫，吮吸着他的营养。

他饿了！

几个月的时间，他写完七个印张，情感几乎耗尽，印张却变得无比饱满，饱满得仿佛有俄罗斯那么大。

写完，他打算将作品寄给《祖国纪事》，那里有泰斗别林斯基和年轻的新锐涅克拉索夫。但是他怕会被他们忽视而错过，又怕即使能发表也会耽搁太久，再想，他更怕他们随意地改动。他是一个无名之辈，别人会怎么认定自己，给自己以发表的机会？

显然，这个开始患病的人小看别林斯基和涅克拉索夫了。

正因为怀疑别人，所以他迟迟没有采取行动。

相反，格里戈·罗维奇还赶在他前面进入了文学圈，虽然只发表过一两篇影响不大的文章，但是他居然和涅克拉索夫有所交往了。

当时涅克拉索夫正在准备出版一本反映彼得堡社会万象的《彼得堡文

集》，格里戈·罗维奇便提议把陀思妥耶夫斯基的手稿带给涅克拉索夫。

陀思妥耶夫斯基觉得不太妥当。

但是，当天晚上，格里戈·罗维奇自告奋勇地把陀思妥耶夫斯基的手稿往胳膊下一夹，说了句："你安心睡觉，等消息吧。"就径直出了门。

陀思妥耶夫斯基从狭小的窗户看着朋友在黯淡的路灯下远去的背影，忐忑不安。

之后，他在漫长的黑暗里陷入煎熬，他在等待一次审判。

审判的过程远比结果让人煎熬。

他怎么能睡得着？

忧虑的他，点着烟在房间里来回踱步，心脏跳得越来越厉害，仿佛有一颗子弹要从暗处射来。

凌晨四点，门铃突然响了。

"我的天哪，这会是谁？"陀思妥耶夫斯基想。

门铃按得更紧了，他开了门。

一个挺拔的年轻人，戴着帽子和围巾，满面微笑地站在门前。

在他身后是格里戈·罗维奇。

"你就是那位年轻的作家吗？我是涅克拉索夫。"那个年轻人说。

惊愕像闪电一样，瞬间传遍陀思妥耶夫斯基全身，他打了个颤。

这个人就是传说中才华横溢却敏感多疑的文学旗手？他那么年轻、英俊，而且十分可亲！

陀思妥耶夫斯基还不了解情况，只好惴惴不安地把他们请到屋里。

原来，格里戈·罗维奇给涅克拉索夫念了陀思妥耶夫斯基的手稿。

开始，涅克拉索夫打算只听十页，以便对作品有个了解，可是十页下去又是十页。最后他忍不住抢过手稿，自己念起来，念着、念着，两个人都泪流满面了。

涅克拉索夫用力地拍了一下手稿，说："真他妈的！我们就这样过一夜？"

他的手拍得通红，放手稿的桌子也跟着摇晃，但是他完全没有注意到。这部作品强烈地震撼了他，他急切地想见见年轻的作者，他和格里戈·罗维奇忘记了时间，当即就起身，来找陀思妥耶夫斯基。

涅克拉索夫和陀思妥耶夫斯基一起待了半个小时，谈话是完全敞开心扉的，多少因为涅克拉索夫带着对后辈才华横溢的赞赏，所以显得真诚。

涅克拉索夫承诺会把手稿给别林斯基看。

陀思妥耶夫斯基兴奋极了，愉快极了。

临走时，涅克拉索夫说："好好休息，我该走了，明天你来找我们。"

其实已经是第二天了。他取了帽子、围巾和外套走出门。

陀思妥耶夫斯基一夜没睡着。他想：别林斯基应该是怎样的一个人呢？我见了他该说什么呢？他会不会讨厌我？他会喜欢我的作品吗？无穷无尽的问题在他脑海里萦绕。

第二天，涅克拉索夫带着手稿去见别林斯基，还没进门就高喊："第二个果戈理出现了！"

一个苍劲的声音笑着应道："你们那里果戈理可是雨后春笋般的出现呢。"

三十多岁的别林斯基，成熟、稳重，像个领袖。

涅克拉索夫说："不要笑，我是认真的。"

他把手稿交给别林斯基，别林斯基坐到书桌旁，面前放着一杯腾着热气的咖啡。他打开书稿，涅克拉索夫在他旁边坐下。

不知道过了多久，别林斯基突然喊出来："快，这个年轻人叫什么名字，在哪里？我能见见他吗，我要见他，立即！"

涅克拉索夫笑着说："他叫费奥多尔·陀思妥耶夫斯基，我给你安排会见。"

此时，别林斯基面前的咖啡已经凉了，他一口都没喝过。

涅克拉索夫把陀思妥耶夫斯基带到别林斯基那里。

别林斯基穿得很正式，把他从门口迎进来，仿佛是对一位自己崇拜的人。

相比之下，陀思妥耶夫斯基显得仓促，他似乎还没有清除作品的震撼给自己的心灵造成的阴影。

别林斯基拉着他的手激动地说："你知道吗！你写出了一部了不起的作品！"

"谢谢。"陀思妥耶夫斯基机械地说了一声，显得有些不自信。

接着，别林斯基高声评论道："亲爱的朋友，您仅仅凭感受，像艺术家那样，就能写出这些事情，可您自己是否理解您给我们揭示的这可怕的真实呢？……请珍视您的天赋吧，永远忠诚地做一个伟大的作家吧，就像我们期望的那样！"

这位泰斗竟然这么平易近人，他的评价带有一锤定音的意味。陀思妥耶夫斯基怎能不激动？他忘记了一切，也忘记了涅克拉索夫和别林斯基还在认真看着自己。他满脸涨红，因写作太久而有些虚弱的身体仿佛喝足了加酒的阳光，变得饱满、丰沛、生机勃勃。

从别林斯基家出来，陀思妥耶夫斯基不停地回味着一句话："做一个伟大的作家吧！"我是不是就是一个伟大的作家呢？

别林斯基盛赞的那部书稿是——《穷人》。

果然，一如别林斯基预见的那样，陀思妥耶夫斯基很快脱颖而出，成为俄罗斯传颂一时的大作家，这个跳跃带来的巨大冲击让他脆弱的心脏几乎难以承受。

那也是他一生仅有的一次认为自己是一个伟大的作家。

而他将为此付出代价。

他进入了别林斯基的《祖国纪事》圈子，那里有年轻的屠格涅夫。

很快他的性格为他带来不幸。由于急速的成名带来的天才式自负与高傲，他让这批盛名已久的作家看不顺眼，可是他敏感忧郁至极，不喜欢和这些人进行一些不合心意的交往。于是众人开始闲言碎语，故意挑拨他和别人的矛盾，故意用一些鸡毛蒜皮的小事来激怒他，让他难受。

其中不乏屠格涅夫。

这里并不是怀疑屠格涅夫的人格，只是他和陀思妥耶夫斯基是两种人。他们一个是高尚的人，一个只是单纯的人。

屠格涅夫眼里的小事，在陀思妥耶夫斯基那里却是致命的事。

陀思妥耶夫斯基对着众人冲动、发怒，甚至表现出神经质，仿佛要把所有人都撕碎。

要命的是，由于这些原因，众人开始不满他的写作风格，别林斯基称其风格为"青年人缺乏经验、不成熟的表现"，可是陀思妥耶夫斯基坚持自己的原则。

他随后出版的《双重人格》《女房东》都遭到别林斯基的大肆抨击。

别林斯基错了，从一开始就错了。因为从一开始陀思妥耶夫斯基就是一个完整的结构，而非不成熟，只是那种结构他们想都没敢想过。

最后，陀思妥耶夫斯基和涅克拉索夫、别林斯基、屠格涅夫他们彻底闹掰了。

往往人们愿意去接济一个乞丐以显示自己的高尚，却没有勇气坦然接受一个人的才华高于自己。

陀思妥耶夫斯基忧郁得让人害怕，他的情感是那么强烈，没有丝毫的掩饰：冲动、愤怒、固执、敏感，甚至哭泣、伤心，那是众人眼里的病。

在涅克拉索夫们那里拥有的是作为一个作家的敏感多疑，而在他那里是作为一个人的。

人类竟容不下这么一个人，给了他一个标签：病人。

三、病入膏肓的森林

1860 年冬季的一天，俄罗斯彼得堡，冷得出奇。涅瓦河结冰了。夜已经很深，沉睡的城市里亮着一处灯火，灯火旁，坐着神色凝重的陀思妥耶夫斯基。他披着深灰色的尼龙大衣，面前放着笔和稿纸。他的妻子玛丽亚·伊萨耶娃和年幼的继子在里屋睡着了。

他点着一支烟，在稿纸上飞快地写字。思绪翻滚，一如翻滚的乌云。记忆，灰色的记忆并未板结，涌动，快速地涌动，往事不受控制地钻入他脆弱的神经纤维中。

那是痛苦的记忆。他仿佛又听见了那致命的敲门声，敲得那么剧烈，那么急促，那么愤怒，像索命的鼓："咚、咚、咚！"

1849 年 4 月 23 日，深夜，无月，无风。这种硬邦邦的敲门声击碎了夜的宁静，击碎了他的梦。

紧接着，几个手持军刀的人，不由分说地闯进了他的屋子里。

他还没有完全清醒过来，一个穿着蓝色军服、留着大胡子的中校对他说："你就是费奥多尔·米哈伊洛维奇吗？"

尽管知道来者不善，但陀思妥耶夫斯基仍然简洁地答道："是的。"

中校说："快起来吧。"他做了一个手势，其他的人便开始在屋子里翻箱倒柜，家具、书籍、衣服散落满地。

陀思妥耶夫斯基冷冷地说："怎么回事？"

中校答道："奉上谕，跟我们走。"

中校又做了一个手势，那些人拖着他匆匆走向深夜的大街，他连衣服都还没穿好。

直到这时，他才发现自己被逮捕了。

理由是：他是激进的彼得拉舍夫斯基小组的成员。

原来，彼得拉舍夫斯基小组是在欧洲大陆政局突变、各地方新政如火如荼的情况下产生的带有革命倾向的组织，由一批年轻的热血青年，在革命者彼得拉舍夫斯基的感召下汇集而成。他们想在俄罗斯进行革命性的改革，特别是主张人道主义思想和解放农奴。陀思妥耶夫斯基胸怀年轻人的理想和壮志，在离开《祖国纪事》团体后，成了这个组织的坚定成员。天真的他没有任何防备地付出了他的热情，对组织的宗旨十分推崇。官方注意他们很久了，派奸细安东内利打入他们内部，掌握确凿的证据，然后采取断然措施，将主要成员一一逮捕……

此刻，他狠狠地抽了一口烟，突然，他的瞳仁剧烈地张开，他裹了裹衣服。

恍惚中，他又看到了一个吐着烟的冰冷的枪筒。

1849年，圣诞节前夕的彼得堡。在谢苗诺夫阅兵场，空气异常紧张，寒冷的风吹得广场上的旗帜"噼啪"直响，四周空气仿佛凝固了。他站在广场上，整个身子都在发抖，不是因为冷，而是害怕。枪响了，仿佛旷野里悲凉的鸟鸣。他心里一颤，咬紧牙，脸上滑过一阵抽搐，接着又是一阵，他差点叫出来。他朝前方看，看见有人死在血泊里，蜷缩着，像一只狗。

"天哪，我就要死了。可是生命多么珍贵，我还要干很多有益的事呢！"陀思妥耶夫斯基焦虑地想，一脸的惊恐。

他抬起头看看周围的同志们，一个个神情恍惚，有的竟然哭出来。他们的确要死了，彼得拉舍夫斯基小组的成员在被关了八个月之后，全体被判了死刑！他们被剃了头，穿上白色的死囚服，三人一排地站在广场上等待枪决。

陀思妥耶夫斯基站在第三排。

第一排的人，已经被杀了。

第二排的人被绑到柱子上，枪口对准了他们。

然后，就该陀思妥耶夫斯基他们三个了。

他和好友普列谢耶夫、杜罗夫拥抱告别，可是恐惧依然萦绕在心头。

"我是多么想重新体验生活！"陀思妥耶夫斯基几乎要瘫倒在地。

就在此时，不知何故，上头传来了停止行刑的命令。原来是沙皇大赦，免了他们的死罪，但是代替死罪的是流放服刑苦役四年。

死神就这么擦肩而过了。

陀思妥耶夫斯基死里逃生，这让他感到精神振奋，即便必须面对未知的流放，至少生命还在，希望还在。他给最爱的长兄写信说——

> 现在你可以放心一些了！哥哥，我不忧伤，也不泄气。生活究竟是生活，生活存在于我们自身之中，而不在于外界。以后我身边会有许多人，在他们中间作为一个人永远如此；不管有多么不幸，永不灰心和泄气，这就是生活的意义和它的任务……可能，我们还会见面，哥哥。看在上帝的份上，为了和我相会，你要保重，要生活下去。也许，以后我们能拥抱在一起，共同回忆我们过去最美好的青年时代，我们的青春和希望，但此时此刻我痛苦地把它们从我的心里驱除掉并埋葬。

他的长兄也是彼得拉舍夫斯基小组的常客，但是因为并不强烈支持他们的言论和信仰，所以在被捕后当即释放了。

陀思妥耶夫斯基告别哥哥和好友米柳可夫，圣诞节那天，他被戴上沉重的镣铐，同朋友杜罗夫一起奔赴遥远的西伯利亚流放地——鄂木斯克。

坐上雪橇，他向彼得堡熟悉的一切告别，向喜欢或不喜欢的城市告别，向来来去去的人告别。这个敏感的人心如刀割。

当他们经过长途跋涉，来到了冰天雪地、人迹罕至的军事流放地时，他才骇然发现，这竟是一个"死屋"。

看来，活着未必比死去好受。

此刻，坐在彼得堡温暖的家中，那里地狱般的一切仍旧历历在目。

经历那个过程时，他仿佛是死了，可是经历过后，现在去想，那完全是享受，享受那些痛苦，享受那些梦魇，享受自己的癫狂，享受那些病。

那里关着人类的各种犯人，那里安放着人类所有的病，仿佛巨大的矿藏，各种病如钻石林立，发出诱人的带毒的光芒。

杀人犯、盗窃犯、抢劫犯、贪污犯、强奸犯、诈骗犯、纵火犯、政治犯在那里聚集；

穷人、富人、农奴、贵族、商人、教师、军人、官员在那里行走；

暴力、中伤、诬陷、欺骗、镇压、卑劣、嘲讽、血腥、冷酷、威胁、利诱在那里生长；

胃病、肺病、肝病、皮肤病、性病、肠道病、脑病、精神病在那里繁衍……

那里只有一种存在：人；

那里只有一种存在方式：病。

一年到头见不到油和肉，人们像饥饿的野兽。一百多人挤在一个屋子里，睡在地板上，随便大小便。人们肮脏得像虫豸，丑陋得像魔鬼。零下四十摄氏度的雪地，穿着露着脚趾的鞋子，盖着半截被子，人们瑟瑟发抖，寒冷得像冰块里的虾米。繁重的体力劳动，长时间的劳作，大家坚强地默忍，像戴罪的受难者，又像喘着粗气的骡马。官兵的皮鞭抽打，文官对犯人的记录文书往上呈报，人们像被困在牢笼里的老鼠。更要命的是没有书，没有报纸，不能写作，不能写信。

那是死屋，是活着的坟墓。

在那里，陀思妥耶夫斯基作为贵族，遭到其他犯人的攻击，他的敏感、软弱、孤僻让恐惧占据了他的全身，神经质式的感触让他的癫痫剧烈地发作。

在那里，好友杜罗夫生病死去。

陀思妥耶夫斯基也患了胃病，严重的时候，痛得死去活来。

可是，一切的病都让他热爱，人性的劣根，以从未有过的姿势赤裸裸地暴露在他面前，在他灵魂里沉淀成丰富的矿藏。

那些病，让他富有、亢奋，让他"病入膏肓"，让他活得坚韧。

陀思妥耶夫斯基是一块钢，在那里彻底锻造成型，成了一把刀，一把锋利的刀，一把俄罗斯的解剖刀。

终于结束了！这把刀带着寒光，藏在他身上。

陀思妥耶夫斯基离开了鄂木斯克，可是他还没有被完全赦免，没有贵族头衔，没有公民权，不能回彼得堡，甚至俄罗斯，更不能发表文章。

他在塞米巴拉金斯克流浪，在西伯利亚边防军当了兵，并在那里爱上了一个有夫之妇玛利亚·伊萨耶娃，自己还起了个假名字：米哈伊尔·彼得罗维奇。

后来，玛利亚·伊萨耶娃的丈夫死于肺结核。

陀思妥耶夫斯基和她结了婚，并接纳了她的孩子。

1859年，他终于可以回到俄罗斯本土。翌年，获得赦免搬入彼得堡。

于是，他可以在那个夜晚，坐在房子里，体味病的味道。

他不能忘记那些病，那是从灵魂的阴影里透出的光芒；

他要记录所有的罪恶，关于人的罪恶。

他写下了《死屋手记》。

他要惩罚，惩罚所有人，惩罚自己的血管和神经。

那种滋味让他爽快，让他全神贯注。

那种滋味让他觉得自己是个人，还没死。

四、最没水平的编造

1866年10月，彼得堡斯托利亚尔内胡同，陀思妥耶夫斯基新的家，他正穿着睡衣和拖鞋在屋子里不安地打转。因为最爱的兄长过世了，他接下了兄长在《当代》杂志留下的债务，同时又要为嫂子一家和自己一家支付生活费，财政十分紧张，于是向出版商斯捷洛夫斯基预支了一笔稿费。

斯捷洛夫斯基的条件极为苛刻，如果陀思妥耶夫斯基在11月1日前拿不出稿子，他将面临灭顶之灾。

突然有人敲门，女仆打开了门。

陀思妥耶夫斯基看见一位穿着黑色长裙的年轻姑娘走了进来。

这个姑娘有些拘谨地问："请问，这是作家费奥多尔·陀思妥耶夫斯基的家吗？”

女仆回头答道："你找他有事吗？"

女子答道："我是安娜·尼古拉耶夫娜，奥利欣（她的老师）介绍来的速记员，是作家要求的。"

陀思妥耶夫斯基看见陌生的安娜，迅速闪进里屋。安娜看见他的身影，有些奇怪。

女仆答道："哦，是的，老爷正在等你呢，你进来吧。"

安娜和女仆一起走进屋里。女仆让她坐下，等一会儿。十几分钟过后，陀思妥耶夫斯基衣装整齐地出现在客厅，之后他让女仆把安娜带进书房。

四十多岁的他，面带病容，眼睛一直打转，布满恐惧。但是说起话来，却很有力，仿佛一个中气很足的年轻人。

他问："你就是奥利欣介绍来的速记员？"

安娜答道："是的，听说您有这个需要，为您效劳我很乐意。"她尽量控制自己的胆怯和激动，站在她面前的这个作家，是她崇拜已久的人，她的故去的父亲也十分欣赏这个有病的作家。能有机会为他服务，她感到是一种荣誉。

为了将气氛变得轻松些，陀思妥耶夫斯基点着了一根烟，轻轻地问："你抽烟吗？"

安娜说："我从来都不抽烟的。"

陀思妥耶夫斯基抽了一口烟，说："其实，我并不太了解你们工作的方式，只是我现在遇到一些困难，米留科夫（他的一个朋友）说或许速记员可以帮助我，他安排给我找的。"

安娜恭敬地听着，不知道他为什么要说这些。

他接着说："当真——我说什么，你都能记下来？"

安娜说："是的，我想可以。你可以试试。"

陀思妥耶夫斯基的烟灭了。他立刻又点了一支，说："你抽烟吗？"

安娜说："先生，我已经说过了，我不抽烟。"

他说："哦，是吗，你说过？"

安娜说："是的，我说过。"面对这样的一个人，她紧张的心再一次提了起来。

他说："那么，现在我说一段话，你能把它速记下来吗？"

眼见要考验，安娜来了神，她稳定一下情绪，说："你尽可以说，说多些，我记下来，不用担心时间不够。晚上我拿回去整理出来，明天再带来给你看。"

"嗯。这个主意不错。"

他吐出一口烟，开始口述。安娜埋头记录。

中途，他忽地停下来，询问道："你真的能跟上吗？我可以慢一点。"

安娜连连摇头，说："哦，先生，不用。我可以跟上。"

他的确不太信任她，他是一个没有接触过速记员的作家。她是单纯的速记员，她也感觉到他不信任她，这给她对于他的崇拜投下了一点阴影。她怎么可能理解他内心的重负啊！

第二天，安娜把整理好的稿子念给他听。

在她念到"普列特恩"时，他突然说："怎么会有'普列特恩'，是不是记错了？"

安娜说："是您说的。"

他说："我是这样说的吗？"

安娜说："是的，先生。不信您看看我的原始记录，您的故事情节里是否有'普列特恩'这个城市？"

他想了一下，说："是的。"

安娜说："那么，你肯定说了。"

他说："哦，那么是我错了，记错了。"

他的手里依然燃着烟。烟尘飞到安娜的面前，她咳嗽了一下说："请恕我直言，吸烟对您没有好处，我最讨厌那些妇女夹着烟到处走。"

他笑了，第一次在安娜面前笑。看来，考验通过了。他完全相信了她。他原本就是一个单纯的人。

他说："不吸烟我可没办法思考，况且我不是妇女。"

他们开始工作，陀思妥耶夫斯基口述，她飞快地记录，晚上她把记录带回家，翻译好，第二天再交给他校对。日复一日地过去，陀思妥耶夫斯基感觉到，这个女子不同一般，美丽大方，又有主见，而且心思细密。

于是在口述之外，他习惯与她聊天，什么都和她交谈，把自己的委屈一一告诉她，遇到难题也和她商量，甚至有关作品的创作细节和人物性格变化是否合理也和她讨论。

安娜也不再觉得他像开始那样崇高，高得必须仰视。她以自己的细腻和独特的方式走进了这个孤僻的病人的生活。

10月29日，《赌徒》终于创作完了，安娜就要离开了。

陀思妥耶夫斯基对她说："你就要走了，我还真舍不得，不知道能不能习惯。我可是希望你能天天来，陪我说说话。"

安娜说："你可以到我家里去。"

陀思妥耶夫斯基惊喜地说："真的可以吗？那我明天就过去。"

安娜说："明天不行，有朋友到我家里来。"

陀思妥耶夫斯基说："那么，后天过去吧。"他显得有些迫不及待。

安娜摇摇头，说："后天我要去戏院。"

陀思妥耶夫斯基沮丧地说："你可真够残忍。"

安娜妩媚一笑，说："没有办法——两天后你可以过去。"

陀思妥耶夫斯基说："那不是要两天见不到你？不过大后天我一定过去。"

他的脸上露出毫不掩饰的兴奋。

写完了稿子当然就要出版。

可是，曾经急切地催促他写作的出版商斯捷洛夫斯基在他按合约交书稿的那天，却突然不见了。陀思妥耶夫斯基去找他，他的下属说他旅行去了，要过两天才回来。

显然这是花招，想让陀思妥耶夫斯基不能按时交稿，以便克扣他的稿酬。

幸好，安娜给他出了主意，让他找警察、律师和公证人，立下字据证明是按时交的稿子。

陀思妥耶夫斯基乘着雪橇去了安娜家，她特意脱去了一直穿在身上的黑装，穿了一件亮丽的衣服迎接他。他提出要她继续帮助他完成《罪与罚》的后半部分，她表面上说她得征得老师的同意，实际上是答应了。

陀思妥耶夫斯基十分高兴。

就在安娜为《罪与罚》的写作又一次来到陀思妥耶夫斯基家以后，他给她讲了一个故事。

这个故事真诚得让人心疼，浪漫得让人心疼。

他讲了一个作家的故事，一个和他一样的生活窘迫、性格怪僻的作家，讲到作家爱上了一个比自己小二十多岁的青年女子。他明确地表示，那个女子和她很像。

最后他拿出所有的勇气，用颤抖的声音说："假如您现在处在女主角的位置，请您设想，这个艺术家就是我，我向您倾诉爱情，请求您做我的妻子。您说说，您怎么回答？"

他的表白是那样热烈，又是那么笨拙。他终于吐出了这句话，他爱上了安娜。这是已经有过婚姻经历的他，在现阶段残酷的人生和潦倒的生活里不敢奢望的奢望。

结果正是他想要的。

安娜坚定地说："那我就回答您：我爱您，而且矢志不渝。"

她也爱上了他，带着父亲的遗愿。

他们拥在一起，两个人幸福地流下热泪。

安娜明白这将意味着什么。对于这样一个性格扭曲到极致的作家,她必须用一生去呵护和宽恕,她必须拥有常人难有的大度和坚韧。

1867 年 2 月 15 日,陀思妥耶夫斯基和安娜在彼得堡结婚。

婚后,他们的生活很幸福,当然,也必不可少地伴随着瑕疵。

陀思妥耶夫斯基的继子和嫂子都不喜欢安娜,对她百般刁难,但是安娜只能忍受,她不愿顶撞,那样的话,伤害最重的不是别人,而是陀思妥耶夫斯基。她不想挑起家庭矛盾,不想让这个危机四伏的家硝烟四起。那样的话很容易让陀思妥耶夫斯基犯病。

事实上,就在他们结婚后的第二周,陀思妥耶夫斯基就在安娜的姐姐那里犯了一次癫痫。

当时,他正说着话,突然尖叫一声,抽搐僵硬起来,瘫倒在地板上,口吐白沫。

众人见了都失了魂一样跑开。

那是安娜第一次见到他发病,她坐在地上,抱着他的头痛哭,吻他的头发,直到他清醒过来。

那是他心爱的丈夫,她要保护他。

不仅如此,她还不再随便和别的男人独处,因为,有一次聚会,她和一个同龄的年轻男子笑谈一个晚上,结果敏感的陀思妥耶夫斯基以为她爱上了别人,癫痫发作。她理解她多疑的丈夫,为了丈夫,她突然长大了,再也不随便离开他的视线。

为了逃离彼得堡烦乱的生活,能够更好地陪伴丈夫,她卖了自己的嫁妆,和陀思妥耶夫斯基一起出国住了四年。

在安娜的悉心照顾和辅助下,陀思妥耶夫斯基写出了《白痴》和《恶魔》。

陀思妥耶夫斯基和安娜相濡以沫地生活了十四年,他把她看得比什么都重要。

有一次,涅克拉索夫重新找到他,高价约他写小说。

他说要和妻子商量一下。

涅克拉索夫感到奇怪，笑着说："我怎么也想不到您受夫人的'管束'如此厉害！"

陀思妥耶夫斯基坦然道："是的。这有什么奇怪的？我和她相处得十分和睦，我所有事都让她知道，我相信她的智慧和才能。写作这样的大事对我们俩都十分重要，我怎么能不征求她的意见呢。"

涅克拉索夫点了点头，理解了：他们是不分彼此的。

陀思妥耶夫斯基燃烧了整个生命，却常常感觉冷得要命。

安娜抱着他，和他一起燃烧，这样，他才感觉温暖。

五、《罪与罚》：灵魂的拷问

他在冰冷的地下室写作《罪与罚》，触目惊心的苦痛。那是 1886 年，陀思妥耶夫斯基应《俄国导报》之邀而作的，结婚前已创作了前两部，结婚后写作第三部。

那一时期，他的经济十分拮据，稿酬是每印张一百五十卢布。

而同一时期，屠格涅夫在同一张报纸的文章，稿酬是每印张五百卢布。

陀思妥耶夫斯基顾不上这些。这个固执的病人有着顽强的生命力。他没日没夜地创作，人物、事件、细节，像奔腾的浮云，无可抑制地涌入他的脑海——

拉斯柯尔尼科夫是个穷大学生，他租住在彼得堡一幢很高的五层楼房的顶楼上。贫穷逼得他喘不过气来。他口袋里只剩下一块旧表了，这是他已死的爸爸留给他的纪念品。为了还账，他不得不拿到女高利贷者阿廖娜·伊凡诺夫娜家去典当。

拉斯柯尔尼科夫走进一家酒馆，遇见了马尔美拉陀夫。这人五十开外的年纪，脸浮肿而又发黄。他一家六口人，全靠前妻生的女儿索尼雅当妓女来维持生活。他的继妻卡杰琳娜带了三个孩子来。她患着肺病，性情暴躁。五天前，马尔美拉陀夫偷了家里的钱去喝酒，现在不敢回家。

拉斯柯尔尼科夫送他回家。卡杰琳娜见丈夫回来，疯狂地扑上去厮打他。

他们的孩子正在挨饿。拉斯柯尔尼科夫眼见这幅凄惨的情景便忘了自己的穷困，把当表的钱放在他家窗台上离开了。

他接到母亲从乡下寄来的一封信。母亲告诉他，他的妹妹杜尼雅在地主家当家庭教师，因受到调戏，已自动解职，现在准备嫁给一个彼得堡开业的律师卢仁。他们不久也准备到彼得堡来。母亲在信中说，卢仁年纪已超过四十五岁，这并不是一桩理想的婚事，但对他可能会大有好处，他可以念完大学的法律系，将来还可以成为卢仁法律事务方面的助手，甚至是合伙人。母亲最后说，"为了你，全家人干什么都愿意，只要你幸福，我们也会幸福的。"

他读完母亲的来信痛苦极了，认定卢仁绝不是一个好东西。他了解妹妹的性格：她宁肯到种植园去当奴隶，也不肯嫁给一个不受她尊敬的人。现在她竟作出嫁给卢仁的决定，完全是为了他而作出的自我牺牲。他决定不接受妹妹的这种牺牲，只要自己还活着一天，就不能让这门亲事成功。

在一条林荫道上，拉斯柯尔尼科夫看到一个被灌醉的女子，正是马尔美拉陀夫的女儿索尼雅。她约莫十六岁，有一张小小的、漂亮的脸。一个结实肥胖、脸色红润的绅士在紧紧地追逐着她。拉斯柯尔尼科夫同情这位受凌辱的女子，出面保护她，并和绅士争吵起来。原来这绅士是专门来彼得堡寻欢作乐的地主斯维德里加依洛夫。

拉斯柯尔尼科夫由索尼雅的命运，联想到自己的妹妹。

他去找大学同学拉祖米兴，要求他帮忙找工作。

在一家酒馆里，拉斯柯尔尼科夫听到一个大学生正与一位军官谈话。大学生说，如果有谁把放高利贷的女当主阿廖娜杀死，把她的钱献给穷人，以一死解救众生，那是件值得称道的事。

拉斯柯尔尼科夫听了正中下怀。

他决定把老太婆干掉。

第二天，他拿了房东的一把斧头，以典当为名，溜进女当主的房间，把她杀了。他拿了女当主的一个钱袋，几件抵押的首饰。正当他要离开时，阿廖娜的妹妹丽扎维塔回来了。她被眼前的情景吓呆了。拉斯柯尔尼科夫怕她告发，也把她砍杀了。

拉斯柯尔尼科夫因是第一次犯罪，精神紧张，唯恐别人看出破绽。他躺在床上，浑身打着哆嗦。刚好，这时衙门里来了一张传票。他以为事情暴露了，准备把犯罪事实全部供认出来。但到了警察局，传的是女房东告他欠账不还的事，他才松了一口气。于是，他大谈起女房东原来对他怎么好，还答应把她的漂亮的女儿嫁给他，可是后来女儿死了……

这时，警察局局长尼柯季姆·福米奇上尉和副局长伊里亚·彼得罗维奇中尉谈起女当主刚被谋杀的事，他感到一阵晕厥，差点把事情说出来。

他从警察局回来后，害怕被搜查，把抢来的钱袋等带在身上，又想把它扔进运河，但岸上人多，怕引起人们的怀疑。后来，他看到一个堆放材料的冷落的院子，便把钱袋等赃物压在一块大石头底下。

他失去了常态，恍恍惚惚地走到老朋友拉祖米兴家。

拉祖米兴见拉斯柯尔尼科夫这副神情不定的样子，以为他患病了。

这时拉斯柯尔尼科夫的母亲抵押了自己的养老金，给他寄了三十五卢布来。

拉祖米兴拿了十卢布给拉斯柯尔尼科夫买了一套新制服和帽子，并请他参加自己的搬家晚会。

拉斯柯尔尼科夫怕自己在神志不清时说了什么错话。

拉祖米兴告诉他,在昏迷时,他说了不少疯话。这使拉斯柯尔尼科夫更加心慌意乱。

晚上,在拉祖米兴家,客人们又谈起女当主被杀一事。有一个油漆匠已被牵连进去了,因为他捡到一个耳环,拿去当给酒馆,被认出是女当主的,他被捕了。

客人们纷纷议论:凶手一定是个生手。

拉斯柯尔尼科夫坐立不安,感到这些话都是针对他说的。

卢仁穿戴得十分考究来找拉斯柯尔尼科夫。他看到拉斯柯尔尼科夫住在一间又窄又矮的斗室里,佯装着有点儿惊慌和近乎受辱的样子。

刚好,拉祖米兴等朋友也在房里,卢仁的滔滔不绝、妄自尊大的谈吐,引起在座人们的反感。

拉斯柯尔尼科夫没有好气,当面揭穿他要娶自己妹妹的卑鄙的居心。卢仁气得满脸通红,悻悻地走了。

拉斯柯尔尼科夫在小酒店遇见警察局文书扎苗托夫,做贼心虚地向他谈起女当主被杀一事,并说如果是他杀了女当主的话,该怎么办呢?他只差没有承认自己就是凶手。

幸好,扎苗托夫把他当作醉了或疯了,没有追究他。

他走到一座桥上,见到一个女人跳水。他想不如自己也自杀,或者到警察局去坦白。

可是他并没有跳水,迷迷糊糊地走到被杀的女当主家。他看到两个工匠正在油漆死者住过的房子。他问他们是否要把地板上的血污擦掉。

油漆工感到很奇怪,问他是谁。

他说到了警察局自然就会知道。

人家把他当作无赖汉,放了他。

拉斯柯尔尼科夫走到十字街口,正在犹豫是否要到警察局自首时,发生了一桩意外的事：一辆贵族坐的豪华四轮马车把失业的马尔美拉陀夫轧坏了。街上围着的人都不知道他的姓名和住址，拉斯柯尔尼科夫便挤上前去，说他认识伤者，并引路把马尔美拉陀夫抬回家。由于伤势过重，马尔美拉陀夫随即死去。拉斯柯尔尼科夫把母亲寄来剩下的二十卢布给了死者的妻子卡杰琳娜。在他们家里，他认识了马尔美拉陀夫当妓女的女儿索尼雅。

母亲和妹妹来到彼得堡，她们抱着久别重逢的心情向拉斯柯尔尼科夫扑过去。他却站着像死人一般不动，有罪的思想在折磨着他。母亲和妹妹紧紧把他搂在怀中，亲吻着、哭着……他后退一步，踉跄一下，昏倒在地。

清醒后，他告诉母亲，他不同意杜尼雅和卢仁的婚事。如果他们要结合，他便不再承认杜尼雅是他的妹妹了。于是，他和妹妹发生了争吵。

索尼雅来感谢拉斯柯尔尼科夫对她一家的慷慨援助，并邀请他参加她父亲的葬礼。

这时，杜尼雅才弄明白事情的真相，因为在这之前，卢仁曾写信给她，诬告她哥哥把钱给了一个不正派的女人。至此，她感到卢仁非常可耻。

拉祖米兴陪拉斯柯尔尼科夫到警察局取回典当给女当主的表。他们遇见了主办这桩谋杀案件的侦探科长波尔菲里。他责备拉斯柯尔尼科夫说，所有典当的物主都去领取了典当物件，唯有拉斯柯尔尼科夫迟迟不去领表。

这样，拉斯柯尔尼科夫心情又紧张起来，认为波尔菲里的话是带有某种含意的。他们在暗地里跟踪他，现在又来玩弄他。

卢仁要和杜尼雅母女单独会面，不要拉斯柯尔尼科夫参加。当他来到杜尼雅的住处，发现拉斯柯尔尼科夫也在座，便老大不高兴。他提醒杜尼雅说，对未来生活伴侣的爱，应当超过对兄弟的爱。他们一同把卢仁撵了出去。

拉祖米兴自告奋勇要照顾他们母女的生活。他曾在出版商那里干过两年的工作，熟悉出版业务，便邀拉斯柯尔尼科夫一同经营出版事业。

拉斯柯尔尼科夫极力赞同这项计划，并让母亲和妹妹参加。但他自己不愿参加，他要单独一人生活。大家都莫名其妙。

卢仁和列别兹雅特尼柯夫住在一起。他正考虑对拉斯柯尔尼科夫进行报复，便叫列别兹雅特尼柯夫引来了索尼雅。卢仁假仁假义地表示对她刚死去父亲的同情，并送给她十卢布，要她转给她的寡母。

索尼雅表示感谢。待她回家后，卢仁立即到她家，当着送葬客人的面，说索尼雅偷了他一百卢布。

索尼雅感到惊恐，她说只收了卢仁送给她的十卢布，并没有什么一百卢布。她把十卢布拿出来扔还给卢仁。

卢仁坚持说他丢了一百卢布。

卡杰琳娜不相信女儿会干这种事，认为卢仁是有意前来讹诈，她把索尼雅的口袋全翻开给客人们看。

可是，在一个口袋里真的跳出一张叠好的一百卢布的票子。

在场的人都惊呆了。

卢仁得意洋洋起来，还狡猾地看了呆立一旁的拉斯柯尔尼科夫一眼。

正在这时，列别兹雅特尼柯夫出现了，他说他知道事情的全部经过，揭发卢仁是个卑鄙的诬陷者。他曾亲眼看见卢仁把一张叠好的一百卢布的票子偷塞进索尼雅的口袋。

这时，拉斯柯尔尼科夫也明白过来了。他愤怒地揭发了卢仁的卑鄙用心。卢仁的目的是要把索尼雅诽谤成贼，以便向他的母亲和妹妹证明，拉斯柯尔尼科夫称赞和接济的索尼雅是个什么货色，进一步挑拨他和亲人不和。

拉斯柯尔尼科夫把索尼雅引为知己，而且爱上了她。她也以爱报答他。

接着，拉斯柯尔尼科夫向索尼雅坦白了自己杀死女当主的罪过，并说时时受到良心的苛责。他问索尼雅应当怎么办？

索尼雅要他毫不隐瞒地坦白罪行，去自首，"去受苦赎罪！"

地主斯维德里加依洛夫住在索尼雅隔壁房里。他偷听到了这一番谈话，知道拉斯柯尔尼科夫是凶手，便写信给杜尼雅约会，暗示她哥哥犯了严重的罪行。杜尼雅出于对哥哥一片热爱的心情，前去赴约。地主便以他知道她哥哥杀人的秘密来要挟她，要她嫁给他。

他说只要她答应，他可以帮她哥哥一同逃出国去。

杜尼雅不从，拔出一支早已准备好的手枪打伤了地主，并揭发他毒死自己妻子的罪行。然后她把手枪扔下，离开了。

拉斯柯尔尼科夫决定向警察局自首。他向母亲告别，但他并没有把自己犯的罪行告诉她，只是说要到很远很远的地方去。他劝妹妹和拉祖米兴结合，拉祖米兴是个很好的人。

杜尼雅伤心地哭了。

然后，他又去向索尼雅告别，并向她要了一个十字架。

索尼雅要伴他去自首，他不同意。

拉斯柯尔尼科夫去找警察局副局长伊里亚·彼得罗维奇自首，而不向侦探科长波尔菲里自首。因为在前一天，波尔菲里曾来找过他，说女当主是他杀的，要他主动去投案，这样他便可以减刑。拉斯柯尔尼科夫对他那种自作聪明、咄咄逼人的神气，感到受不了。他走到警察局楼上和副局长交谈了几句，看到副局长一片热诚待他，而不怀疑他。

忽然，他又把话咽住了，站起身来，走下楼去。

在院子里，他看到索尼雅苍白地站在那儿，她脸上流露出痛苦、惊讶和失望的神色。

于是，拉斯柯尔尼科夫又重新走上楼去，鼓起勇气把自己的全部罪过向警察坦白出来。

拉斯柯尔尼科夫被判刑八年，流放到西伯利亚服苦役。

索尼雅置办了行装伴他一同去流放。

她在流放地做裁缝，和犯人相处得甚为融洽。

拉斯柯尔尼科夫开始信仰起上帝来。在他枕头底下，经常放着一本《新约全书》。在一次又一次拷问中，他的灵魂得救了。

陀思妥耶夫斯基也因为《罪与罚》而得救。他的灵魂落在坚实的大地上，落在苦难深重的俄罗斯心脏。

六、贫穷的坟墓让人的心脏长久地发颤

他一生都是穷人，一身都是病。

贫穷，也是他的病。

他像巴尔扎克一样到处借债，但是他在理财上却像个孩子，完全没有巴尔扎克的世故与潇洒，自然也没有他的富有。

自从双亲过世，他就陷入拮据的旋涡，可是钱对他来说又是那么重要，一刻也不能缺少。他的生活完全由经营烟草生意的长兄接济。

1844 年，他在翻译巴尔扎克的《欧也妮·葛朗台》，他写信给长兄说："我现在囊空如洗，你该知道，我在节日期间翻译了巴尔扎克的《欧也妮·葛朗台》。我的翻译再好不过了。至少能付给我三百五十卢布的稿费。我也急于将它脱手，但未来的富翁此刻连用于誊写的钱都没有；也没有时间。看在天使的份上，请汇款三十五卢布来。"

他满心以为自己可以成为富翁，可是错了，即便他成了大作家，也还是个穷光蛋。

1849 年 12 月，在彼得堡罗要塞，被改判流放以后，他在给长兄的信中说："亲爱的哥哥，你收到这封信后，如果有可能弄到一些钱，请立刻送来，我现在像需要空气一样需要钱。"

五年后，在鄂木斯克，他给长兄写信说："你想想，如果没有钱怎能生活下去？如果没有钱，我肯定会死去，而且没有一个人，没有一个犯人能熬过这样的生活。不过谁都能做一点工，卖一些东西，手头也都有几个钱。我如果能喝茶，有时候能买块牛肉吃，我就得救了。"

在同一封信里，他还写道："你是我的哥哥并爱我。我需要一些钱，我要生活下去。哥哥，这几年不会白白过去的。我需要钱和书。在我身上的花费不会没有补偿。"

疼爱他的长兄对他总是有求必应，即便向别人借钱也会满足他的要求。

他终于可以回到彼得堡，写作赚钱，看来似乎要好起来。但是哥哥却在毫无迹象的情况下死了，他承担了哥哥留下的烟草厂和《当代》杂志的混乱债务，还要负责嫂子一家的生活。

1866 年，他的债务达到一万卢布。这在那个年代可是一个天文数字。

他开始疯狂地写书，预支稿费，借高利息的债。借新债还旧债，债台高筑。

他的一生那么高产，全是债务所逼。但是他的书没有一部能卖出好价钱，因为都是预支稿费，大部分是他请求出版商出版。从经济学上讲，这就很不利于他讨价还价，他也不会讨价还价。和他同时代的托尔斯泰、屠格涅夫，每个印张的稿费可以达到五百卢布，而他每个印张都是一百五十卢布，最好的《卡拉马佐夫兄弟》也才拿到三百五十卢布。从文学角度讲，这样的写作也没有多少时间来审稿、修改。

《穷人》是唯一例外的小说，因为那是最早的一部。也多亏了他的天分，使得这些速成的书都是精品。

他的大半生都是靠租房生活，家具也比较简单，典当、抵押物品对他来说很平常。

1867 年出国，也是靠妻子典当了嫁妆，但这并不能减少债务负担。当他四年后回国的时候，债务已经达到两万五千卢布。

这个时候，各种莫名其妙的债务都跑到他身上。大作家、出版社、小撰稿人、各种商人都成了他的债主。而他从不怀疑这些债务的真实性。只是请求可以宽限时日，先立出欠据，等拿到稿费再还。

比方，有一个作家上门说，他的哥哥在经营《当代》杂志时欠了他五十卢布的稿费。后来等他还了稿费，妻子在他哥哥的遗物里发现有一张清楚的字据，表明早已经给了那位浑水摸鱼者稿费了。

屠格涅夫还托人向他讨还过五十卢布的债，说是在国外借给他一百卢布，只还清了五十卢布。等到后来核实，确实只借了五十卢布，为此，他大为恼火。

钱，对他来说是那么的重要，可是他天真地要做一个富翁。没钱怎么办？他成了一个赌徒。

他必须怀着沉重的罪恶感才能全神贯注地写作。

他很早就研究了轮盘赌，按照他的理论赢的概率很高。但是事与愿违。他总是带着歇斯底里的情绪走进赌场，他的心思不能集中在赌上，所以每次都输得一败涂地。

逗留在德国德累斯顿期间，他遇到了一件很不愉快的事情。沙皇亚历山大二世在德国被刺（未遂）。他很崇拜这个皇帝，这个皇帝解放了农奴，还恢复了他的贵族头衔。所以他的情绪一连几天都不能稳定。

于是，他决定去赌城戈姆堡碰运气。

赌场里乌烟瘴气，赌徒的叫声混响成一片，但他很喜欢。轮盘开转，钢珠滚动，他很快推测出大概方位，但是他确定不了是十八、十九还是二十。他有些急躁，越想越急躁。他很快地出手，押了十八。轮盘开始慢下来。他和其他人一起大叫："十八、十八、十八，哎——"

结果是"二十"，他很恼火，继续开始下一局。

很快，他的钱输完了。他写信给妻子，让她寄钱。钱寄到，他又输光了。

他满肚子懊恼地带着负罪感回来，开始疯狂地创作《白痴》。他认为自己就是白痴。

后来他写不下去，没了灵感，他又跑去赌场几次，结果依旧输得精光。

有一次，他赢了一百五十个"腓特烈金币"。他想运气不错，再赢多点回去，最后又都输了。

1871 年，他们即将回到俄罗斯，漫游了整个欧洲，他再次回到德累斯顿时期。生活的拮据，让他的创作灵感几乎枯竭。他又想到轮盘赌。他带着极度失落的情绪和几乎全部的钱，去了赌城，结果连路费都输光了。

但是，从赌场回来，他又可以全身心地投入到创作中。

赌场的经历是对他的折磨，培养他的绝望。他正可以抓住绝望，享受折磨。

那一次，他下决心不再赌了，他果然做到了。

以后无论到哪里，他也不再去赌场。

赌也试过了，他不得不接受贫穷，写书还债是他唯一能做的。

1880 年，他的债务终于还清了。

可是离死亡也不远了。

1881 年 2 月 7 日凌晨，他正在赶稿子。突然钢笔掉到地上，滚进书架下。他起身移动书架，猛地用力，却吐出了血。吸烟使他的肺极度脆弱，这次是肺脏血管破裂！

但是很快停止了吐血，他以为没事了。

第二天，他告诉了妻子，妻子赶忙差人请医生。

医生检查他的胸部时，他又开始吐血。

医生告诉他没有大碍，可是他却感觉到什么，坚持让人请来神甫，做了忏悔。

两天后，他的情况的确好了很多，心情也比较平静，并修改了一些稿件。

但是，到了2月9日，也就是吐血的第三天，他感觉到一些事情终于要发生了：死亡，将行的人似乎真的能感应到。

他慢慢地把孩子和妻子都叫到身边，回忆过往的点点滴滴。

他游丝若存地对妻子说："记住，安妮娅，我永远热烈地爱你，从不背叛你，连思想上也没有背叛你！"

晚上，鲜血渗透到他的整个面部。

妻子一直陪在他的身边，紧紧握住他的手。

慢慢地，他失去了知觉！

八点三十分，心脏停止跳动。陀思妥耶夫斯基再也不愿回头，跟着上帝差来的信使，离开了人世。

关于他将葬在何处，他生前并没有立下遗嘱表示。

但是，人们记得1877年，在新圣母修道院，他参加涅克拉索夫的葬礼时曾经说过："在我死后，安妮娅，把我葬在这里或者另外什么地方，但是要记住，别把我葬在沃尔科夫公墓，在文人墓地。我不想躺在我的仇敌们中间，我一生受够了他们的气。"

妻子安娜说："好吧，你不愿意葬在沃尔科夫墓地，那我就把你葬在涅夫斯基大修道院墓地，你所热爱的茹科夫斯基身边。"

是的，他最后的愿望得到满足，他被安葬在涅夫斯基大修道院季赫文斯基墓园里。

他的墓不起眼。

可是，从他入土的那刻起，整个大地就病了。

那个小小的坟装着人类承载不了的病，大地也无法承载。

那是真正的坟墓，阴暗、恐怖，住着纯净的恶魔，比流放的炼狱更为真实。

那贫穷的坟墓让人的心脏长久地发颤。

他死后第四年，妻子安娜见到了托尔斯泰。

这位素未谋面的文学巨擘深情地说："对我来说，陀思妥耶夫斯基是个珍贵的人，也许还是唯一我能够向他讨教许多问题、而他能在许多方面给予我回答的人。"

天呜咽，风嘶哑。陀思妥耶夫斯基如果泉下有知，听了这样的话，他的病是否能够稍好一些呢？

参考文献

[1][俄]陀思妥耶夫斯基：《罪与罚》，岳麟邱译，上海译文出版社1995年版。

[2]格·米·弗里德连尔：《陀思妥耶夫斯基的现实主义》，陆人豪译，安徽文艺出版社1994年版。

[3][德]赖因哈德·劳特：《陀思妥耶夫斯基哲学：系统论述》，沈真等译，东方出版社1996年版。

[4]赵祥辉：《陀思妥耶夫斯基〈罪与罚〉中的死亡艺术》，《科教文汇（上旬刊）》2007年第10期。

[5]皇甫世奎：《〈罪与罚〉的晦涩主题：基督精神》，《长安大学学报（社会科学版）》2010年第2期。

[6]贾茹：《〈罪与罚〉中拉斯柯尼科夫的双重人格研究》，硕士学位论文，哈尔滨工业大学，2017年。

[7]于鑫：《从〈罪与罚〉看陀思妥耶夫斯基的宗教思想》，《西安外国语学院学报》1999年第1期。

[8][俄]巴赫金：《陀思妥耶夫斯基诗学问题》，白春仁等译，河北教育出版社1998年版。

[9][俄]罗赞诺夫：《陀思妥耶夫斯基》，张百春等译，华夏出版社2002年版。

[10][俄]陀思妥耶夫斯基：《卡拉马佐夫兄弟》，耿济之译，人民文学出版社2002

年版。

[11] [俄] 车尔尼雪夫斯基：《论文学》（下卷），辛未艾译，上海泽文出版社 1983 年版。

[12] 赵桂莲：《漂泊的灵魂——陀思妥耶夫斯基与俄罗斯传统文化》，北京大学出版社，2002 年。

第六章

《战争与和平》

——雕刻托尔斯泰

1828 年 8 月 28 日，列夫·尼古拉耶维奇·托尔斯泰出生在距离莫斯科两百多公里的图拉省的"亚斯纳亚·波良纳"庄园。

他出生于真正的贵族家庭，贵族的教养和风度深深地烙印在他的骨血之中，哪怕是农民的衣着也无法掩盖他贵族的身份，但他的一生都是为了"俄罗斯的大多数"——农民，而奔走疾呼，他的思想是建立在不分等级的人的基础上的，这也是历经时光磨洗，托尔斯泰的光辉却愈发耀眼的原因，爱人者人恒爱之。

托尔斯泰一岁半丧母，九岁时丧父，之后的童年与少年时期由两位姑妈抚养照料。他在

1844 年进入喀山大学学习，1847 年退学回故乡在自己领地上作改革农奴制的尝试，却不为农民所理解。1851 年他加入了高加索军队服役并开始写作，1854 年春参加了克里米亚战争，1856 年 11 月，托尔斯泰以中尉军衔退役。

在军旅生涯开始后，托尔斯泰于 1852 年发表的成名作《童年》在俄罗斯引起了热烈反响，同年 12 月创作完成的《袭击》（1853 年 3 月发表）揭开了俄罗斯文学史上高加索题材创作的新篇，之后他又陆续创作了《少年》（1854）、《伐木》（1853—1855）、《塞瓦斯托波尔故事》（1855）。

1857 年初，退役后的托尔斯泰进行了为期半年的西欧之旅，这次旅途引起了他对西欧资本主义文明的反感与反思。1860 年他再次前往西欧，目的是探望重病的兄长尼古拉和考察研究各国学校及教育制度。此次归国之后，托尔斯泰致力于开办学校，创办教育期刊，将普及国民教育事业视为消除地主与农奴间鸿沟的途径。

托尔斯泰在进行社会活动的同时笔耕不辍，1863 年他开始创作《战争与和平》，于 1869 年完成；1872 年出版了《初级课本》，1873 年开始创作《安娜·卡列尼娜》（1877 年完成）；1879 年，他的思想发生了巨大变化，放弃了东正教信仰，开始着手《忏悔录》的撰写。1880年后他著作繁多，写有：剧本《黑暗的势力》（1886）、《教育的果实》（1891）、《活尸体》（1900），艺术论著《〈莫泊桑作品集〉序》（1894）、《什么是艺术》（1898），短篇小说《舞会之后》（1903），中篇小说《霍尔斯托密尔》（1885）、《魔鬼》（1889）、《伊凡·伊里奇之死》（1884—1886）、《克莱采奏鸣曲》（1891）、《哈泽·穆拉特》（1886—1904），长篇小说《复活》（1889—1899）。

在托尔斯泰的晚年，他深刻地认识到了自己与农民之间客观存在的思想距离，决心放弃自己的贵族特权，身体力行地向平民靠近。1891年，他宣布放弃版税，食素，戒酒，不再抽烟和打猎。1892年，他在梁赞省救济饥荒。1899年，他决意将《复活》的版税用于帮助杜霍博尔派教徒移民，这引发了妻子的激烈反对。1910年，在他与妻子的矛盾日益不可调和的家庭环境下，八十二岁的托尔斯泰在10月28日秘密离家出走，向自己所追求的平民生活出发，然而年老多病的躯体限制了他的活动，这个人类思想领域的巨人最终未能抵达自己的目的地，于11月7日不幸病逝于阿斯塔波沃火车站。

一、一个俄罗斯的俄罗斯人

他在俄罗斯最俄罗斯的地方生活，那里有蓝色的天空，有油画般的云彩飘过，那里有绿色的阔野，有机灵的野兔藏匿。

他肯定凝望过云彩，也曾带着猎犬追赶过野兔，湛蓝的晴空下是他奔跑的身影，色彩变换的原野上是他憩息的剪影。

他在远离家乡的地方战斗，那里也风景优美，天高云淡，少女也芬芳鲜嫩，人民也淳朴可爱。可是那就是战场。

昨天还与你欢笑戏谑的战友此刻就躺在被炮弹轰炸过的裸露的土地上，来时健全的人走时已变得残缺不全，血液在土地上甚至凝结不出一抹鲜艳的色彩，火焰灼烧的是人的理智，魔鬼噬啃的是人的心灵。

他就站在这里，战争的功名，非他所属，权柄与力量也不在他眼中。荣耀和正义，生命和责任，人们到底为何而战？这才是他关心的本质。真正的英勇者应该明白自己所面对的是什么，真正的勇士应该了解正义的归处，真正的英雄应该尊重生命。

他日夜忧愁的是怎样才能让国家变得更好，他抨击的是那些落后的、腐朽的、已经不适合这个国家美好未来的制度。

他如同明亮却不刺眼的太阳，他的光辉是和煦的，所以万人追随。

他用爱的双眼注视着大地，大地便回馈他以歌，他的身上明明有苦痛，但他的眼神却依旧柔和。

岁月在他身上留下了深深刀割，只有那不变的坚持告诉了我们他是谁，为什么他是他，为什么他和俄罗斯其他作家不一样，为什么他轻轻地握住笔便拥有了众人的爱。

因为他这一辈子都在施爱于人，他对弱者的悲悯同他为苦难者伸出的援手一样真诚，俄罗斯的"救赎"精神贯穿了他长达八十二年的生命。

因为他的一生都在路上，真、善、美所在之处是他不懈求索的方向，这种求索是为了俄罗斯甚至是为了全世界人民的，而不管行进路上有几多困难和痛楚，他的向善精神都未曾止息。

他是行走在地上的圣徒，一个真正的博爱世人者，他就是列夫·尼古拉耶维奇·托尔斯泰。

他的爱出发的地方，叫作亚斯纳亚·波良纳。

亚斯纳亚·波良纳，那是一个庄园，庄园里有结构匀称的楼房，还有几个果园。

连接着两片苹果园的是一条回廊，廊上飘荡着瓜果的清香。他以前总爱在夜里来到此处，在夏日的夜晚，静静地坐在回廊上，让黑夜模糊了双眼，远处的地平线与天融为了一体。

有的时候月亮很明亮，星子稀疏。有的时候星河浩瀚，阔野无垠。

他静静地坐在回廊上，看住宅的灯一盏一盏地熄灭，听月下草虫鸣唱，听突然的一阵风奏出的树叶"沙沙"声，感受到发丝飞舞与大自然的震动。

他感受过大自然的脉搏，也懂得敬畏生命。

他于爱中成长，也用自己的血肉与精神去敬爱世人。

亚斯纳亚的贵族庄园里，人人都爱他，战场上的血与火不曾摧毁他，在最铁血无情的历练之地，他看到的和期望的却是全世界的爱与和平。

列夫·尼古拉耶维奇·托尔斯泰，这个未来注定要震惊世界文坛的人，这个用思想点亮 19 世纪的人，在两岁时，只不过是一个丧母的孩童。

他生而高贵，陪伴他走过漫长人生的亚斯纳亚由他的外祖父沃尔康斯基亲手打造。沃尔康斯基有着独特而又不俗的审美，他是一个优秀的设计师，在庄园里他就是造物主，他会在这里建造一个道路纵横交错又呈现艺术图案分布的"楔园"，又会在那里营造一个自然野趣的"英式园林"。

园里几个池塘也是外祖父下令挖就的，沿着池塘种下的是最芬芳的玫瑰，这片玫瑰与水的园地最终成了托尔斯泰母亲的挚爱，她经常坐在池塘边的小凉亭里，在玫瑰的芳香中等候自己丈夫的归来。

托尔斯泰的母亲玛利亚·尼古拉耶芙娜不同于一般的贵族小姐，在以法语为第一语言的俄罗斯上层社会中，她除了精通法语之外，还会包括俄语在内的其他四种语言。她熟知音律，钢琴弹得很好，同时还具有出众的文学才能。据说当她开始讲故事时，舞会上的小姐们会放弃跳舞，转而聚拢到她的身边。

玛利亚严于律己，从不指责他人，并且不在意旁人的眼光。她三十多岁的时候才同尼古拉·伊里奇缔结婚姻。在婚后她用心教导子女，友爱他人包括仆人与农民，崇尚民主和自由。加上为人正直、热情爽朗的丈夫，农民和仆人对托尔斯泰一家产生了深深的依赖之情。托尔斯泰一生的信条也与这种从小伴随着他成长的氛围有关。

托尔斯泰其实并没有多少关于自己母亲的记忆，他对母亲的所有印象都来自他人，但这并不妨碍他将母亲作为自己的精神支柱，那个光辉的形象长久地停留在他的心中。当他还年轻，是一个经不起诱惑的青年时，他每每在心间祈求母亲的指引，希望母亲能指示他前进的方向，拯救他即将堕落的魂灵，一直到他成为一个垂垂暮年的老人。当他走路也需要拄着拐杖时，清晨的气息唤醒了他。他慢慢地走在熟悉得如同自己的手掌纹路一般的庄园里，他心间浮现的，依然是母亲的光辉。他未曾有多少记忆的母亲却这样深刻地影响了他的心灵，她是他心中"心怀纯真之爱的完美形象"。而他的母亲一手培养塑造的长子尼古拉·尼古拉耶维奇则更全面地继承了母亲的一切。

在年幼的列夫·托尔斯泰心目中，大哥尼古拉是他所仰望和追逐的目标。一直到跟随大哥去参军的路上，托尔斯泰还时常因自己的品行不如大哥高贵而感到羞惭。

大哥尼古拉和母亲一样擅长讲故事，他的想象力总是能带领弟弟妹妹前往神奇的国度。

有一次，尼古拉告诉小托尔斯泰："我有一根秘密的小绿棒，如果有人能把它找出来，那么世界上所有的邪恶都会被根除，天下人都将获得幸福，人们将同心协力，彼此相爱。现在，我把它埋藏在了庄园的山谷里。"说这个故事的时候，尼古拉的眼睛里盛满了细细碎碎的光，它们晃荡着晃荡着，就把尚且稚嫩的小列夫淹没了。

小列夫走在庄园的林荫路上会想，前面那一棵笔直的树下是否埋藏了那根珍贵的"小绿棒"？空中飞过的那只云雀是否像带走一颗种子那样轻易地衔走了"小绿棒"？潺潺的水流是否将"小绿棒"冲刷走了？

他在林间寻觅，偶尔抬起头望一望树梢，或者侧耳倾听一下山谷间溪流的声音是否有异常。他会刨开一棵长了蘑菇的树根或是拂开厚厚的落叶仔细察看。他已经下定决心要找到那根有魔力的"小绿棒"，为人们带来幸福与永久的爱。从此，他对大自然有了永恒的好奇之心。如果他生在贫穷人家，食不果腹，衣不蔽体，他的所有时间都将花在解决温饱上，而不会保持这份可爱的童心。

感谢上帝，他是典型的俄罗斯贵族，从小过着优渥的生活，但这不妨碍他将目光看向劳作的人们。他看到农民粗糙的饱经风霜的手正拿着锄头翻土除草，泥土的芳香扑面而来，汗水浸湿了农民的衣裳。

他和哥哥出去打猎的时候，仆人们跟在他们身后捡猎物，但仆人却吃不到。一整天的劳累后回到家，等待仆人的是残羹冷炙。他看到那些在冬天只能裹着单薄的衣服的婴儿，三四岁就要跟随父母在外一起劳作的孩子，他们的脸上不是雪白的肌肤，而是寒冷在脸蛋上刻下的皲裂的纹路。

小列夫还亲眼看到，收成不好的时候，街道上会有农民叫卖自己的儿女。他们的衣服上打着各种颜色的补丁，衣袖泛着油光。

他看到每天等待农奴们的是饥饿和寒冷，他们的双手永远在忙碌着。辛苦的劳作之后却还是吃不饱、穿不暖，更没有接受教育的权利。

他和俄罗斯其他贵族一样，信仰东正教，关爱、平等与自由的教义在他的脑海永存。他相信上帝，祈求上帝会解救这些可怜的人们。

当然，哥哥以及其他正派的人也对小列夫的心灵产生影响。他总是祈祷，希望那些可怜的农奴，世界上的每一个人，都拥有世界上最美妙的手足之情，所有的人都能平等地获得幸福。这样一个质朴却不简单的信念就随着"小绿棒"的故事而在小列夫的心中生根发芽。

可是，他作为典型的俄罗斯贵族，注定他付诸爱与平等、解救农奴的事业，不能像高尔基那样彻底，他无法彻底脱离他的家庭，采取暴力的手段进行抗争。他对农奴制的抵抗、抗争是温和的、软弱的。

二、放纵的痛苦

1836 年秋，为几个儿子的教育着想，托尔斯泰的父亲决定全家搬迁至莫斯科。

离开了如同田园梦境的亚斯纳亚后，托尔斯泰的生活也仿佛骤然从美好梦境中被拽了出来。

他父亲在即将迎来自己四十三岁生日的一天晚上，在图拉城的街头突然肺部大出血，不幸离开了人世。

紧接着，不到一年的时间里，托尔斯泰的祖母因为过度思念已去世的儿子，加上常年病痛的折磨，也离开了人世。

托尔斯泰可能永远不会忘记那一晚，烛火灯影摇晃在墙上，可是这一次再也没有一个盲眼的说书人会缓缓讲起那些动人的故事，也看不到祖母头戴睡帽倚在床上听着故事的模糊身影。他只能颤抖地强装出一副镇定自若的样子，走到祖母躺卧的高床前，亲吻她那只已经透出死亡气息的苍白的手，对着神志已经不太清醒的她，在口头在心中一遍又一遍地和她道别，直到她的魂灵彻底离开这个世界。

人死后是什么样子呢？

可能所有人都不愿意去多看一个死者，哪怕一眼。

然而小小的托尔斯泰却不得不勇敢地直视自己的祖母。她的身体已经渐渐冷却，可是神情依然严厉，或许下一秒就会睁开眼睛教训他们这些不听话的孩子。但是她永远、永远不会睁开她的眼睛了，就像小托尔斯泰那不知何日才会从图拉城的街头回到家中的父亲一样。

他们都已永远地离开了他。

变成孤儿的几个孩子从此辗转跟着几个姑姑过活。1844 年，十六岁的列夫进入喀山大学东方语言系，然而年轻的他却并未能坚持自己外交官的梦想。

托尔斯泰的二哥谢尔盖英俊不凡，多才又多情，于绘画、音乐、数学上皆有所能，行事潇洒不羁。他的举止，皆是列夫向往的榜样。于是在进入大学之后，列夫开始努力模仿他，想要成为一名真正的贵族绅士。而谢尔盖也不吝啬带着自己年幼的小弟到处社交，并教导他应该怎样追逐女性。

贵族的社交圈充斥着浮华与虚荣。十几岁的列夫开始过上了放荡的生活。他开始热衷赌博，也逛妓院，似乎深陷这种奢靡而放纵的生活难以自拔。

在那命中注定的日子，他失去了自己的童贞。他从床上爬起，开始一颗纽扣又一颗纽扣地给自己穿好衬衣，在系好最后一颗纽扣之前，他捂脸失声流泪。他感到羞愧又自责，既痛恨于自己的意志力薄弱，又悔恨于自己行为之放浪。

灵魂与肉欲在他身上激烈交锋，他在这被割裂的两者之间艰难求存。

幸运的是，他从未放弃过阅读与思考。他阅读了卢梭、黑格尔、伏尔泰等人的哲学著作。哪怕是在最荒唐的日子里，他都没有放弃过自己的羞耻心，这使他时时自省。

1847 年 1 月，托尔斯泰开始采取更多的实际行动来加强自己的自制力。他开始严格规定好自己的每日活动，并定下种种目标，包括对一些课程和语言的学习、锻炼身体、散步等。

然而刚刚年满十八岁的列夫和大多数平凡的年轻人一样，在一段紧张而有规律的日子之后也会想要偷个懒。于是除了那些认真遵守自我规划的日子之外，他也不得不诚实地面对自己。

1847 年曾有过一个政府规定，当农奴积累了足够的财富时，可以花钱赎买自由。但是这并没公开颁布，农奴主已经习惯了被服务、被伺候的上等人生活。各个地方农奴主和农奴的矛盾此起彼伏。法令颁布，如果引起贵族的轩然大波，就有点得不偿失了。就是在这样的背景下，列夫·托尔斯泰率先减免农奴们的租金。但是让他无比痛苦的是，他的善良慈悲的举动，并没有赢得农奴们的支持，他们反而觉得这是老爷的圈套。他陷入了无尽的痛苦之中。他必须更加严格地反省自己。

俄罗斯的月光洒进窗户，年轻的列夫·托尔斯泰坐在桌边咬着笔杆一脸沮丧，他一字一顿地写下总结：

> 今日没有做事。
>
> 睡懒觉。
>
> 几乎没有做事。
>
> 读了果戈理。

> ……

这种记载一直持续到了 1847 年的 6 月，他跟自己约定不吃甜食，每月只去两次妓院，每天要早起早睡，做一件事情的时候要有毅力。

在第二年，他又给自己制定了一些新的准则，很明显，年轻人旺盛的生理欲望已经深深地影响到了列夫的正常生活。他开始视女性的诱惑为罪恶，认为她们是祸害。但是更多的准则还是显现了他本人的一些深层次思想，涉及了做人的准则、个人的自我修养、与他人的交往尺度等，比如说他认为在日常生活中应该帮助那些比自己不幸的人，行善应该是出自本心而不应该张扬得众人皆知。

1848 年 2 月爆发的法国革命给欧洲的现有秩序猛烈一击，此时的沙皇尼古拉一世正在宫廷舞会上告诉他的客人们备马，拿破仑成立了法兰西共和国。尼古拉一世不能容忍这样的改变，决意与法国断绝关系，并在俄国西部布下三四十万军队。他迫不及待地想要发挥自己欧洲宪兵的身份，对这一革命作出积极应对。

1851 年，俄罗斯部分地区建立了强迫贵族为国家服役的制度。

在军队服役以及写作中，列夫·托尔斯泰逐渐脱离了以前的放荡生活。

列夫·托尔斯泰在 1851 年 4 月随着大哥尼古拉离开了亚斯纳亚前往高加索地区，途经伏尔加河，舒阔的河面，植被茂盛的河岸与金色的落日深深地净化了他的心灵。与家乡不同的物土风貌和人情风俗在他面前打开了一扇新的大门，燃起了他对未来的希望与期待。他将这一次的旅途见闻与感想记在了《还有一天（在伏尔加河）》中。

他开始在高加索游历，驻地单调的风景退去，雄伟而宏丽的景象将他包围了，入眼的是皑皑雪山，接触到的是自由生活的哥萨克人。他们的热情与民族内在的那种傲骨令他着迷。他也曾沿着格鲁吉亚军事公路前进，它是世界上最高的公路之一，拥有着举世难及的美丽风貌，群山在身侧连绵，积雪在山顶盛开，它曾令无数俄罗斯诗人心醉神迷。

充足的时间、优美的风景、偶尔夹杂的小规模战事，这一切都让年轻的托尔斯泰去思考。思维的火花碰撞，在遥远的高加索山脉，在战事的间隙，他开始回忆自己的童年，那些细腻而柔软的情感在崇高的山岭间滋生，在血与火中萌蘖。

但很快他在军队的服役被中止，病中的他无比难受，他的脑海中浮现出小时候无忧无虑的童年时光。在孤独和病痛的折磨下，他借着清闲的时光，开始了《童年》的书写，回忆过去如诗如画的日子。但是，过去的快乐终究是一去不复返了。

在他打算写《童年》这部作品的时候，他就已经计划好要书写自己几十年的生活。

窗前的橡树抖落着自己的树叶。每当他写作陷入困境时，他双手放在背后，在窗前踱步。隐隐约约听到一些钢琴的声音，他也会大为恼火。写作时的他，不喜欢别人打扰，也不喜欢有任何多余的声音。

清晨的第一缕阳光照在他窗前的稿纸上，他还没有停下手中的鹅毛笔。

他带着对未来的无限憧憬书写着这片土地上的美丽。就这样，一篇小说处女作开启了他不平凡的文学生涯。他就像火炬，毫无悬念地要照亮世界文学的花园。

1852 年 7 月，他对自己修改了四遍的手稿终于感到满意，并决定将它寄往俄国最负盛名的期刊《现代人》编辑部，就是这部作品打响了他在俄国文坛的名气，它就是《童年》。《童年》在俄罗斯文坛引起了热烈的讨论，人们既惊诧于《童年》中那些极富诗意的描写，又感动于敏感而又纯善的小主人公，在他的眼中，哪怕是一棵草的颤抖都有可能引起他心间的微澜，他会因为自己未曾诉诸口端只是在心里转过的念头而羞愧难堪。作品中所塑造的每一个人物形象都是那么生动而独立。

第一篇作品的发表与被肯定，托尔斯泰的心情几乎是狂喜的。管家递给托尔斯泰一封信，这封信并不厚，但是它对托尔斯泰有着非凡的意义。信上赞赏托尔斯泰的才华，并希望他创作出更多精彩的作品。他手里拿着信笺，开心地拥抱索菲娅。阳光洒向亚斯纳亚·波良纳庄园的草坪，所有的小草都大口呼吸着灿烂的阳光，草尖上闪着点点晶莹，仿佛托尔斯泰激动的泪花。

杂志编辑部没等托尔斯泰回信，便寄出第二封，告诉他作品将发表在 9 月号。《童年》的发表使得他的创作欲望空前高涨。俄罗斯文坛即将迎来一位举世瞩目的伟大作家，未来的文学世界在向他敞开。

1848 年后的俄罗斯帝国看起来是无敌的，但是尼古拉一世没有看到欧洲各国对俄罗斯的不满。他为了对抗拿破仑对天主教徒的支持，扬言要解决争端。实际上他并无能力解决，可是他的鲁莽却引起了土耳其、法国和英国的不满。最后沙皇的近东政策在克里米亚战争中达到逻辑的顶点。最终联军控制了海洋，并在俄罗斯的海岸发起一系列进攻。他们在克里米亚登陆。由于俄罗斯军队供给中断、统帅昏庸无能，俄罗斯军队无力应战，想极力避免冲突，结果造成了誓死保卫塞瓦斯托波尔的军官们的惨烈牺牲。这场战争极具讽刺意味，很多士兵并不是战死的，而是冻死或者病死的。那些原本生动活泼的人，就这样悲剧性地死去了。

列夫·托尔斯泰对这一悲惨景象和英雄气概进行了描述，创作了《塞瓦斯托波尔故事》，从而进一步奠定了自己在文坛的地位。

三、多情与忠诚

托尔斯泰是一个多情的人。贵族的身份赋予他在追逐女性方面的天然优势。那些美丽健康的农女的爱与身体对于他而言是能轻易获得的。旺盛的情欲使得他曾一度多情而放荡。幼年时他就喜欢过自己的童年玩伴，甚至追求过后来成为自己岳母的柳博芙·伊斯拉文；也在大学期间谈过纯洁的恋爱，在服役期间深深地为哥萨克女性的自由与奔放而迷醉。他甚至兴起过想要娶那个特别的哥萨克女人为妻的念头，只是在深入了解后发现两人之间存在不可逾越的鸿沟而放弃了这个想法。

从克里米亚战场回来后，他深深地喜欢上了一个名叫阿克西妮娅·巴济金娜的乡下女人，他与她缠绵的肉体关系和存在的精神依恋促使他在日记中写下了这样的语句："我从来没有像这样"爱恋过。

正是因为托尔斯泰将自己的一切感情经历忠实地记录在日记之中，当他将这种坦诚的面目展现给他后来将要携手一生的妻子索菲娅时，这些日记引起了她的极度痛苦。

托尔斯泰与他的兄弟姐妹同柳博芙·伊斯拉文自儿时相识，在柳博芙嫁入别尔斯家之后，两家依然保持着密切的联系。柳博芙生育了八个子女，索菲娅是家中次女，在十六岁的时候索菲娅与托尔斯泰已经十分熟悉了。据索菲娅的妹妹塔尼娅回忆，在她们的少女时期，托尔斯泰家的大哥尼古拉会给她们讲故事，而托尔斯泰则更令人愉悦，他总是会给她们带来欢乐，会和她们一起唱歌或者给她们分配角色扮演的任务。

托尔斯泰每次去到莫斯科都要拜访别尔斯一家。别尔斯一家对他的每次到访并没有多么重视，只是把他当成寻常来拜访的诸多客人一样招待。而托尔斯泰在每次去之前也并没有精心准备过。他总是兴之所至，无论是白日还是傍晚抑或是晚上。他对别尔斯家里的三姐妹也并没有区别对待，对每个女孩他都是一样的关注与温柔。他同三姐妹谈论不同的事情，以不同的方法但同样的贴心去讨她们开心、令她们愉悦。

由于托尔斯泰频繁地出没于别尔斯家，外界人士均认为他是看上了别尔斯家的大女儿丽莎。但是托尔斯泰在与三姐妹平等的相处中，渐渐地为索菲娅的天真与敏感善良所触动，更为她的文学才华所吸引。丽莎身为大姐的那种端庄与古板显然并不能真正打动已经三十多岁的托尔斯泰。

在被索菲娅吸引之后，托尔斯泰也曾一度感到痛苦与摇摆，他反复质问自己对索菲娅的心动是出于真正的爱还是一种结婚生子的人生需求，最终他承认了自己的感情。

在认知到自己对索菲娅存在一种超出友谊的感情之后，托尔斯泰曾经用单词的首字母组成的句子试探过索菲娅。令托尔斯泰感觉到更深的情感迸发的是，索菲娅完全能猜出每个首字母代表的是哪个字，而整个句子又是什么意思，这种心灵上的无障碍交流令托尔斯泰上瘾。

接下来的一段时间里，不顾距离的遥远，他几乎每天步行前去别尔斯家的别墅。在日复一日的拜访中，在一天一天与索菲娅的接触中，托尔斯泰越来越无法离开索菲娅。他在日记中写道，自己已经深深地爱上了索菲娅。

在索菲娅命名日的前夕，托尔斯泰用塔尼娅的歌声帮自己做了个决定，那段时间他天天将写给索菲娅的表白求婚信带在身上。在命名日的前一天晚上，在塔尼娅开唱之后，他暗暗地对自己说："如果她在结尾时漂亮地唱出高调，那么今晚就把信交出去；如果唱得不好——那就不交出去。"

而索菲娅可能已经感受到了托尔斯泰不平常的情绪，她早就表现出了紧张与忐忑不安，甚至在给塔尼娅伴奏时弹乱了节奏。

最终在托尔斯泰接过伴奏的重任之后，塔尼娅唱出了一个和以往的结尾完全不同的漂亮高调。

托尔斯泰最终在这次用歌声占卜的结果出来之后，选择了遵从自己的内心。

他将那封信交了出去。

在信里他彻底地坦露了自己对索菲娅的深深爱恋：

你的家人对我的不正确看法在于，似乎我爱上了你的姐姐丽莎，这是不对的。你的小说深深地印入了我的脑海里，因为我看过它，我深信，我这个杜布利茨基绝不应幻想幸福，不幻想你对爱情真正赋予了诗意的要求……我不嫉妒，而且将来也不会嫉妒你爱的人。我觉得，我能够像为孩子那样地为您高兴。

在伊维茨我曾写过："正是您，您的在场才极为生动地提醒了我对老迈和幸福追求的不可能。"但无论当时，还是在其后，我都对自己撒了谎。那时我原本还能够割舍这一切，重新开始回到孤独劳作的修道院里埋首于事业，可是现在我什么都不能做了。

索菲娅好像长了翅膀，飞快地跑进母亲的房间诉说着愉快的爱恋。

在信里托尔斯泰表达了自己对于搅乱了别尔斯一家生活的歉意，并表示自己愿意负起责任，更诚恳而又热烈地希望索菲娅能够嫁给自己，做自己的妻子。

最终索菲娅同意了他的求婚，别尔斯家也同意了这桩婚事。

他们在七天之后就举办了婚礼。

花园里和宫廷教堂一片灯火辉煌。列夫·托尔斯泰在门口迎接新娘索菲娅。他拉起新娘的手，领着她向教堂走去。随后，唱诗班唱着歌。神甫主持婚礼，在亲人、朋友们的祝福下，索菲娅流下了幸福的泪水。

列夫·托尔斯泰的小说《安娜·卡列尼娜》把这一结婚场景转写为列文和吉提的婚礼。

成婚之后索菲娅立刻跟着托尔斯泰回到了亚斯纳亚。

在亚斯纳亚，他们度过了一段非常平静而又愉快的婚后生活，虽然也偶有摩擦，但总体是幸福的。

在过去的岁月中，他总喜欢一个人在僻静的荒野、宁静的森林里漫步。现在他的身边有了索菲娅，在这片安宁的森林里，他的思绪不仅仅停留在这些神秘的山林和深邃的谷地里，他的思绪也会随着索菲娅的心情而起伏不定。他暂时无法找到内心的安静。

最令索菲娅感到痛苦的是托尔斯泰的"过度坦诚"，他将自己所有的日记都毫无保留地提供给了索菲娅阅读。当索菲娅发现托尔斯泰在她之前的情史之后，她感到十分嫉妒与痛苦，尤其是她发现托尔斯泰和诸多农妇有过私通，这令她从内心深处对农民群体存有了反感与敌视的态度。

而从小在城市长大的索菲娅也无法理解托尔斯泰对于农民的感情，尤其是后来家庭的各项琐碎杂务占据了她的绝大部分精力之后，她就更加没有时间去思考与体会自己丈夫的感情和思想的变化了。这也为夫妻俩日后的生活埋下了隐患。

但毋庸置疑的是，自从托尔斯泰结婚之后，他的一生从未背叛过自己的妻子，他多情的天性在他决心要娶索菲娅时便收束了起来，他的心不再到处流浪，而深深地忠诚于索菲娅一人，哪怕他们之间爆发了再多的矛盾冲突，托尔斯泰都没有想过要在婚恋关系上背叛索菲娅。

四、《战争与和平》：恢宏的英雄史诗

1863 年到 1869 年，定居在亚斯纳亚·波良纳的岁月里，他收集了大量彼得大帝时代和"十二月党人"生活的材料。在常年散步的那条公路上，他也收集了许多有关农民生活的故事。

有时候，他看到农民在公路上敲打石头。他试着和他们聊天，自己也敲打石头。

有时候，他在朝圣路上听说了各地的故事和传说，有北方的、伏尔加河的、乌克兰的还有波兰的。

有一次，在公路上，他看到一个农民的身体被沙子埋住了，他和其他农民一起帮忙去挖被埋者的身体。

经过长达六年苦心耕耘，托尔斯泰终于完成了俄国文学史上第一部卷帙浩繁的史诗体长篇巨著——《战争与和平》。

《战争与和平》被誉为近代的《伊利亚特》，是公认的世界上最伟大的文学作品之一。列夫·托尔斯泰以恢宏的史诗笔法描绘出了一个时代风云际会的战争生活场面。列夫·托尔斯泰深受狄更斯和雨果的影响，用现实主义的笔法在这一现代战争的壁画上面，以其精湛的笔触勾勒了以 1812 年俄法战争为中心而展开的历史画卷。在这幅巨帛上，既有流血漂橹、战斗残酷的战争场面，又有古朴自然、轻松愉悦的生活场面；既有上层贵族醉生梦死的奢华场景，又有下层农民艰苦朴素、自强不息的生活描述……春光明媚的庄园，雪水浸泡的原野，由乡间大叔弹奏的六弦琴、少女翩翩的舞姿组成的俄罗斯民间风光与激烈残酷、战火咆哮、死伤一片、冤魂沉沉的战争情景相交织，生活与战争，天堂与地狱，一明一暗，交相辉映。

这部一百三十多万字的长篇巨制以保尔康斯基、别祖霍夫、罗斯托夫和库拉根四个贵族家庭的人物活动为主线，以安德烈、彼埃尔、娜塔莎三

个年轻人为主要描写对象，其中描写了五百多个人物：既有英勇作战的游击战士，又有奢侈糜烂的上层贵族；既有勤劳朴实的农民，又有不识米粟的贵家公子；上自沙皇将领，下到小偷犯人，描述了各个阶层的人物以及他们的内心活动的变化，从而勾勒出 1805 年到 1820 年间的历史面貌。

为了能够更生动形象地展现这一历史画面，托尔斯泰在创作过程中查找了大量的 1812 年法俄战争的历史资料。据研究，托尔斯泰搜集的相关书籍、报刊多达七十四种以上，除了官方的正史资料，他还查找了各种大小人物的传记、回忆录、书信、手稿等。他还在报刊上以两千卢布的高价求购全套的《莫斯科消息报》以及附刊。为此，他还去采访了亲身经历的老人，前往战役遗址了解法、俄军队的具体位置。

经过托尔斯泰苦心孤诣地调查访问以及孜孜不倦地撰写，这部气势恢宏、场面壮观的人民英雄史诗终于跃然于纸上——

当安德烈公爵又一次躺在战火纷飞辽阔的战场，目光望向深邃辽远的天空，这一生像电影胶片般闪过：质朴平凡而英勇有智的库图佐夫将军、矮小活泼流产去世的亡妻莉萨、灵动可人的娜塔莎、忠贞为国的父亲、天真理想的彼埃尔……他也一定会想起 1805 年那次盛大的晚会。

1805 年 7 月，俄国与法国关系日趋紧张，俄法战争迫在眉睫，彼得堡的俄国上流阶层在宫廷女官安娜·芭芙洛芙娜组织的盛大晚会上聚集。第一个来到会场的是库拉根公爵，他自称"忠心的仆人"，而实际上他是一个阴险狡诈、钩心斗角、热心名利、虚伪自私的腐败宫廷官僚和上层贵族的代表。"有一种东西总是使他爱慕那些比他更有钱有势的人，他在抓住利用人的最适当时机上具有罕见的技巧。"随同库拉根公爵参加舞会的，还有他的大儿子依包理特——一个无用的外交官，小儿子阿那托尔——一个寻欢作乐的花花公子，以及他那位有着"美丽的动物"之称的女儿爱伦。

这次盛会上，安德烈公爵遇到了他的朋友彼埃尔。彼埃尔是大贵族别祖霍夫的私生子，十岁就被送到外国，受到了西方资产阶级民主思想的熏陶。这是他回国后，第一次踏入社交圈。彼埃尔是一个"胖大健壮的年轻人"，热情聪明而又善良老实，因而带有一点傻气，懒散软弱而显得不羁放荡。当保皇党在晚会上大肆攻击法国革命，虚论爱国主义时，彼埃尔则表示了对法国革命与拿破仑的赞赏。晚会没过多久，彼埃尔的父亲去世，他继承了遗产。

晚会后，经库拉根公爵介绍，保理斯要到军队去服役。服兵役前，他随同他母亲到莫斯科去看望亲戚罗斯托夫伯爵一家。罗斯托夫伯爵一家是保持着温情脉脉的庄园贵族，过着宗教化的生活，他们纯朴善良，热情真挚，忠义爱国。保理斯来到伯爵家后，迅速与伯爵十三岁的小女儿娜塔莎谈起了恋爱。

和保理斯一样，晚会后，安顿好妻子，安德烈就上前线去了。安德烈是俄奥联军总司令库图佐夫的副官。库图佐夫是一个谦逊朴实、平凡普通的人。"他从来不谈从金字塔上向下看着的四千年的历史，从来不谈他为祖国所作的牺牲，也从来不谈他想完成或已经完成的事，总而言之，他完全不谈自己，一点也不装模作样，永远显得是一个最普通、最平淡的人。"而在检阅部队、作战指挥、日常生活中，库图佐夫都表现出了优良品质，这种品质就是对人民、祖国真挚的热爱。

1805 年 10 月，库图佐夫在奥地利布劳诺设立的司令部检阅了五个步兵团。在副总司令马克将军失利的情况下，库图佐夫向他麾下的三万五千俄军下达了撤退往维也纳的命令，但却遭到了拿破仑指挥的十万法军的追赶。当军队渡到多瑙河左岸时，库图佐夫的军队已损失了三分之一。又经过多番的角逐，20 日，俄法在奥斯特里茨会战。年轻好胜的亚历山大一世没有听从库图佐夫的意见，而执意要与法军对战，最终这场历时 12 个小时的战役以俄国溃败结束。

受了重伤的安德烈倒卧在卜拉村山上，望着无比高远浩渺的天空，他开始进入了人生的沉思。安德烈曾希望以这场战役辉煌的胜利获得巨大的荣誉，但当俄国军队惨遭失败时，安德烈的功名心也随之破灭。他看着天空，察觉了天地的宽广，而个人功名的渺小。"他只看见在他的头上，极高远的地方，一片无垠的青天，几片灰色的薄云无力地飘浮着。""何等的宁静！何等的平和！"他对着自己说，"和我狂乱的奔驰相差多远！这美丽的天我怎么早就没有看见？终于窥见了，我何等的幸福！是的，一切是空虚，一切是欺罔，除了它……它之外，什么也没有，……如此，颂赞上帝罢！"

奥斯特里茨会战失败了，但生活仍在继续。伤愈后的安德烈公爵从前线归来，知道他的妻子莉萨因分娩谢世，则更加悲观厌世。此时，彼埃尔则在库拉根公爵的诱骗下娶了库拉根公爵的女儿爱伦。爱伦淫荡不贞，整日纸醉金迷，并和军官道洛号夫勾搭上了。彼埃尔在决斗中将道洛号夫打伤后，便去彼得堡参加共济会。而后又在自己的田庄进行农业改革，实行农奴解放，但因受到管家欺骗而失败。彼埃尔来看望安德烈公爵，想劝服安德烈相信共济主义，但安德烈意志消沉，思想消极。

而后安德烈公爵在自己的田庄上进行农奴解放运动，并取得了一定的成功。在又一场舞会上，安德烈经过彼埃尔的介绍认识了被爱人保理斯抛弃的娜塔莎。娜塔莎美丽动人，"她的魔力之酒使他陶醉了"。安德烈向娜塔莎求婚，却因其父亲的反对，婚事被搁置了下来。

在爱伦举办的舞会上，爱伦帮助她的兄弟阿那托尔追求娜塔莎。娜塔莎爱上了阿那托尔，解除与安德烈的婚约，并想要和阿那托尔私奔到国外，幸而被彼埃尔及时阻止了。安德烈知道娜塔莎变心了，便托彼埃尔把娜塔莎的相片送还给她。1812年，拿破仑对俄国发动了侵略战争。安德烈再次上战场，担任轻骑兵团团长。而轻骑兵团指挥官则是荣升上尉的尼古拉·罗斯托夫。斯摩棱斯克是通往莫斯科的大道，俄法两军在斯摩棱斯克举行了会战，因俄军总司令指挥的失误，斯摩棱斯克失守。库图佐夫因此重返第一线。库图佐夫认为："占领要塞不难，打胜仗却难了，我们不要猛攻，却需要忍耐和时间。这两个战士比一切都强，要让法国人吃马肉。"

1812 年 8 月 26 日，波罗金诺会战爆发。在激烈的战事中，彼埃尔和安德烈均受伤了。俄法双方都精疲力竭，损失惨重。面对两难抉择，库图佐夫选择了放弃莫斯科，以便保全军队。

当拿破仑倨傲地俯视脚下的莫斯科时，却发现他占有的不过是一座空城。接着，莫斯科发生了大火，法军在全城搜捕纵火犯。

以库图佐夫为首的俄国军队和以拿破仑率领的法国军队的大会战基本遵照 19 世纪初的史实书写，尤其是库图佐夫为了保存军队，撤出莫斯科。民兵零散抗击法国军队，莫斯科严寒的气候让粮草不足的法国军队备受掣肘。库图佐夫借此里外夹击，最终取得了莫斯科战争的胜利。《战争与和平》颇具现实主义笔法，还原了当时的战争场景——

之前推崇拿破仑的彼埃尔则乔装成农民以伺机刺死拿破仑。为了营救被法军羞辱的俄国妇女，彼埃尔被法国巡逻兵搜出随身携带的刀，被当成纵火犯逮捕入狱。

在俘虏营里，彼埃尔认识了农民出身的老兵普拉东·卡拉塔耶夫。在彼埃尔看来，普拉东朴素善良，体现了"俄国的、善良的和完美的性格"。普拉东"听天由命"的宿命论和"勿以暴力抗恶"的不抗恶论思想深刻地影响了彼埃尔，彼埃尔领悟到了人生的真正意义在于顺从天命，为上帝而活。而当莫斯科失守时，彼得堡的上流阶层却仍在纸醉金迷、寻欢作乐、党派相残。彼埃尔的妻子爱伦也在荒淫放荡中病死了。

法军进入莫斯科前一天，罗斯托夫伯爵一家开始撤退。途中，娜塔莎接待了许多伤员，而其中有负重伤昏迷的安德烈。安德烈饶恕了娜塔莎，他们又重新开始了恋爱。虽然安德烈最终因伤势严重去世了，但当他再次躺在战场的大地上，仰望天空时，他已经懂得了人民才是战争胜利的真谛，他亲近了人民，完成了对人生意义的探索。

俄军经过休整，俄法双方力量发生转变。库图佐夫拒绝了拿破仑的和谈要求，在亚历山大一世的催促下，库图佐夫签署了作战命令。10月6日和7日，莫斯科的法军开始撤退。彼埃尔等三百多名俘虏也随之撤退。俄国游击队和俄军对法军进行了袭击。娜塔莎的弟弟在游击队里英勇冲击法军，最终中弹身亡。但俄国俘虏被成功救出，其中包括彼埃尔。

10月28日，俄国的冬天悄然而至，纷飞的大雪对俄国来说是一场盛大的神的恩赐。法国军队难以忍受如此恶劣的天气，冻死的法国士兵的数目逐日递增。在追击法军和进军欧洲的问题上，库图佐夫和亚历山大一世产生了激烈的争执。库图佐夫因年高体衰，在争执后去世。而亚历山大一世也开始下令对法军追击作战。

几番奋战后，俄国终于赢得了最后的胜利，彼埃尔回到莫斯科后再次遇到娜塔莎，他们互相爱慕，最终喜结连理。而安德烈的妹妹玛莉亚也与娜塔莎的哥哥尼克拉结婚，而组成一个幸福的家庭。

娜塔莎从幼稚冲动到稳重克制，她的心理发展在遇见英俊的男子和灵魂伴侣时的心情呈现出不同层面的变化，她心灵的丰富与复杂经由托尔斯泰的笔真切地勾勒了出来。这一艺术手法后来被车尔尼雪夫斯基概括为"心灵的辩证法"。

如果说巴尔扎克的《人间喜剧》是法国杰出的批判现实主义作品，那么《战争与和平》则构成了俄国小说乃至整个俄国文学新的标杆。

曾创作出《红色骑兵军》的巴别尔曾评价《战争与和平》是托尔斯泰这位伟大作家最伟大的作品。

法国作家罗曼·罗兰对《战争与和平》的评价则更贴近托尔斯泰本人："我们时代最伟大的史诗，近代的《伊利亚特》。"

五、宗教与助人

1861 年 3 月亚历山大二世签署了解放农奴宣言，列夫·托尔斯泰为之欢呼雀跃，但是这项改革并没有给予农民应有的社会地位和自由，他们仍要缴纳高额的人头税，依旧被紧紧拴在公社的土地上。《安娜·卡列尼娜》中的列文或多或少有着托尔斯泰的影子，他以非常低廉的价格把土地卖给农奴，可是他们并没有能力一直拥有这些土地，也没有能力改变自己的生活。他们依旧生活在苦难和痛苦之中。这让托尔斯泰内心煎熬，看不到生命存在的意义。在反复思考之后，他领悟到生命的死亡、生命的虚无。

一天，列夫·托尔斯泰刚从田地割完杂草回来，他把镰刀放在袋子里带回了家。家庭教师得知他刚接待了一个分裂派教徒商人。托尔斯泰给商人讲《十二使徒教义》。

托尔斯泰说："我不久就要死了。像我这样的人，生活着的人死去了，这是一件多么好的事情。天知道我们获得了多少我们不该获得的东西，而另外一些人，则什么都没有。"

到了晚上，列夫·托尔斯泰沉浸在宗教世界，他读《约伯记》。一个善良的人遭受种种灾难，依然没有放弃对善的向往。这就是善所给予的奖赏啊！突然之间，他明白，正遭受各种折磨的贫穷的人们，可以在宗教的港湾里得到幸福的慰藉，能够获得现世生命的意义。他觉得贫穷像他带回家的那把割草镰刀，它可以收割青草，也可以收割麦子。穷人收割苦难的时候，也可以收割善和对美好的向往。

自 1877 年起，托尔斯泰开始走上了极端信仰宗教的道路，他以基督教的教义生活，以前所未有的热情信仰基督教，行为举止是前所未有过的虔诚。自他十八岁起放弃了宗教信仰后，这是他第一次彻底地皈依于宗教。

他在写给亚力山德琳的信中表示："我过去两年就像溺水的人一样，在绝望中挣扎，一直想要抓住什么。"所以他抓住了宗教，他渴求宗教能带给他新的方向，拯救他的思想。

他每天都进行祷告，每周去教堂，每周坚持斋戒。他甚至特地前往奥普提纳修道院去朝圣，去寻求修道院长老的指引，希望在这一次朝圣之旅中获得帮助，让自己从人生的思想困境中脱离出来。

然而修道院的长老却并不看好他，托尔斯泰特地去求见的阿姆弗洛西长老在之后和朋友的谈话中透露，托尔斯泰骄傲地相信的是自己对福音书空洞的理解，他虽然在苦苦寻觅上帝，但是他的思想却十分混乱，缺乏真正的信仰。

这位长老确实道出了托尔斯泰的真实心境，他虽然在行为上已经做到了一个虔诚的教徒该有的样子，但是他从心理上是怀疑的。他的思想无法容许他对自己进行彻底的洗脑从而无条件地去信仰一个从未有人见过的上帝。但是他迫使自己去相信，因为这样会让他感觉到有所依靠，感受到自己能被救赎，可以暂时停留和休憩。

但是和陀思妥耶夫斯基在经历西伯利亚的流放生涯之后，从无神论者转变为一个狂热的教徒不一样，列夫·托尔斯泰在疯狂地追逐宗教、寻求灵魂解脱的过程中，却对现有教义教会产生了质疑，在最后他不仅放弃了俄罗斯的东正教教义，还和大部分的基督教教义说了再见。他不太相信灵魂不死和阴间生活这些说法。

他有一次从教堂回来，不停地发牢骚，对子女的家庭教师说："农民对宗教的信仰，在教堂里复杂繁琐的仪式中是没办法找到的。可是在那里，至少他们在努力寻求基督教教义的真正意义，那里至少会有某种对心灵的答复。"

自 1877 年起，托尔斯泰其实在追寻的是一种思想精神领域的信条，一种具有意义的，值得他为之追寻、思索、工作、奋斗的事业。他在 1884 年写给妻子的信中这样写道："现在我想起来了，我已经五十六岁，我听说并发现，七年的周期是人生的一个转折。我重大的转折发生在 $7 \times 7 = 49$ 岁那年，正是在那年我踏上了现在走的这条路。这七年充满了极度紧张的内心生活，获得了一种明澈、一种激情和决裂。如今，我以为，这已经成为过去，业已融入我的肉体和血液中，我正在这条路上寻找我要做的事情。要么死去，要么我将非常不幸，要么我能在我的人生道路上找到一项能将我全身心吞噬的事业。"

他在此处提到的道路就是宗教信仰之路，在这条路上走了七年之后他决心要在宗教信仰上寻找到自己的路，也就是开辟一种属于他的全新的信仰与思想。

托尔斯泰最终找到了这样一条道路，他创建了一种被人们称作"托尔斯泰主义"的生命哲学与道德哲学。他对宗教的皈依是建立在他对人生存在价值的终极探索的基础上的。托尔斯泰痛苦于上流社会的虚假尊严与他们对精神的无追求无探索，贵族们华而不实的生活令托尔斯泰反思，他想在生命和道德层面上摆脱这种状态。

列夫·托尔斯泰打算做一个普通农民应该做的一切，他不是为了作戏，不是刻意表演给谁看。亚斯纳亚·波良纳的农民都知道，托尔斯泰伯爵自己在田地里干活。

割草回来，他把镰刀放到自己的书房里，在沙发上休息。他经常穿着麻布衣裳和最普通的裤子。

在这段探索之旅中，托尔斯泰不曾放弃对社会最广大民众的关怀。他在1880年帮助附近一个庄园的农民夺回了被贵族占有的土地，1881年两次探访无辜被关押在图拉监狱的农民，1882年向全社会发出救济莫斯科贫民的呼吁。1885年，托尔斯泰开启了自己素食主义者的生涯。

在19世纪90年代初，俄国大片地区发生了灾荒，全国很大一部分农民都在承受饥荒的威胁，而政府为了自身统治选择将这些消息压下。托尔斯泰和自己当医生的二女儿深入难民群中，写了很多揭露真实情况的报道，并站出来呼吁社会帮助灾民。1896年托尔斯泰撰文支持"杜霍鲍尔派"的宗教运动，并在之后该教派教徒受到政府迫害时将《复活》的全部稿费用以资助杜霍鲍尔派移民。

值得注意的是，在托尔斯泰投身自己的信仰事业，即解放农奴，使所有人获得爱、自由与平等时，他也极力让自己生活得像一个平民。可是他还是准许他的家人靠他的财产和土地的收入生活。对于激进的革命人士来说，对于他的信念来说，这些土地应该完全归耕者所有。他追求的生命价值和他的实际生活有不小的冲突，这让他在精神上备受折磨。

他也承认在他的家庭方面他是有弱点的，这为他以后的生活埋下了痛苦之源。因此，在空闲的时候，他会穿上自己做的鞋子，穿上粗布衣裤和自己的大女儿去农民家里帮忙。他尽可能将自己变得像一个农民，吃素，做农活。

在这一段探索精神领域救济世人的路途中，托尔斯泰也没有放弃自己的文学创作。其间，列夫·托尔斯泰在家里见到一个地主邻居，他的妻子因为丈夫吃醋而卧轨自杀。这个家庭悲剧让托尔斯泰产生了极大的心灵震动，在 1877 年 4 月他完成并发表了《安娜·卡列尼娜》后半部，在 1879 年到 1882 年间，他坚持《忏悔录》的写作，这一作品凝结了他这个时期对宗教与信仰进行思索的精华。1889 年，托尔斯泰完成了小说《克莱采奏鸣曲》、喜剧《教育的果实》，并开始了《复活》的写作。

六、最后十年

有一天，托尔斯泰又和妻子发生了争执，妻子那昔日美丽天真的脸庞已经在日复一日对家务的操持中老去了，她指责他的样子是那么陌生又刺痛了他的心脏。

"噢，列夫，你想成为一个平民，可是你就是一个贵族啊，一个天生的贵族，难道还能通过后天的修饰成为一个真正的平民吗？我真的搞不明白你为什么非要像一个平民一样生活。"索菲娅用不解的眼神凝望着他。

托尔斯泰坐在沙发上，试图对妻子的质问作出解释："你只是不够了解他们，他们其实是很可爱……很高贵的。"

索菲娅的情绪开始激动了起来，她想到丈夫要放弃好好的贵族不做去和那群胆小鬼混在一起就生气："高贵？他们不是从出生起就是丑陋的吗？你想救助这群人，因为他们贫困潦倒，可是他们的贫困是他们自己的选择，如果他们不酗酒那可能他们早就过上好日子了。"

"事情不是你想的那样的……他们贫困只是因为他们没有自己的土地。"他加上了手势，意图增强说服力。

"他们没有土地难道是我们家的错吗？社会的不公平从每个人降生之前就已经存在了，我们又能拿这种不公平怎么样？"一连串的质问从索菲娅的口中被扔向托尔斯泰。

"至少，我们能为此做出自己的努力，而不是嘴上说说，或者只是看着。"是啊，从19世纪80年代收到那个大学生的信开始，他就一直想要做点什么，但是却没办法彻底脱离现在的生活。我的妻子，你是否能够体谅我？托尔斯泰坐在那里，表情却已经渐渐凝固。

"你说的努力就是不管自己的家人，将全部的钱财用在这些粗鄙的农民身上吗？列夫，你睁开眼睛看看，看看自己的孩子是不是都只能吃黑面包过活！看看我们的孩子都住在什么样的环境里！我亲爱的丈夫，你所想要走的道路，难道就是要拿我们家庭的钱财去给自己买名声吗？是其他人重要还是我们重要？"想到托尔斯泰一直不肯更改的想法，想到之前一次又一次无果的争执，索菲娅几乎要掉下泪来。

最后夫妻俩只能各自找个地方安静地待着，托尔斯泰在这一次又一次的家庭冲突中，深深地意识到这一切并不能怪罪于自己的妻子，因为她这些年来大部分精力都用在操持家务上，她在这种贵族生活中早就把自己定格了，她也没有把更多的心力用在思考人生与世界上，以至于她现在无法理解自己。但这是很明显的可以理解的，甚至可以说妻子的所作所为是高贵的。她为自己生育了众多儿女，并且履行了一个妻子、一个母亲的职责，他是十分感激自己的妻子的。但同时他又为妻子无法理解自己而感到难过与痛苦，也为自己无法跳出这个圈子，无法放弃家人去过自己真正想过的生活而感到痛苦，他感觉自己仿佛生活在囚笼之中。

这一切在他拟定了自己的遗嘱之后变得更加糟糕了。妻子和儿子强烈地反对他的决定，女儿却站在他这边，家庭分成了两派进行激烈的交战，往日宁静美丽的亚斯纳亚现在变成了没有硝烟的战场。

两人之间虽然有矛盾，但在心底里依然是互相依赖与信任的。加剧夫妻俩之间矛盾的是一个名为切尔特科夫的人，晚年的托尔斯泰信赖他甚至超过信赖自己的妻子，这令索菲娅感到痛苦与嫉妒。

索菲娅发现了丈夫《魔鬼》的手稿，里面讲述了一个年轻贵族对一名农家女子的爱慕与渴求之情，其中甚至有一些令索菲娅感到极度不适的描写，这让她感到愤怒与痛苦。因为这个故事又令她想起了曾经看过的丈夫的日记，里面记载了那个曾经让托尔斯泰热烈地迷恋过的农女。而更令索菲娅感到痛苦不安的是托尔斯泰将自己的日记交给了切尔特科夫保管，她感觉到自己不被丈夫信任，同时也害怕日记中存有一些不利于她的记载，于是一次又一次因为日记的事情和托尔斯泰产生冲突。

1905年俄罗斯和日本就中国的领土发生战争，俄罗斯在这场争端中败下阵来。俄罗斯冬宫门口也不消停，1月份一个平常的星期天，15万工人民众聚集在门口请愿，为自己的权益呼号：改善工作条件、提高待遇。

就是这样简单的要求却遭到了无情的镇压，数百名群众在圣彼得堡的冬天死去，他们的鲜血浸染在飘飘洒洒的雪花上。自此之后，罢工等工人运动此起彼伏。

在一次和革命人士对话的过程中，托尔斯泰表明了自己对当前混乱时局的看法。青年们对着草原呐喊："向猛兽的头上狠狠地击打。"

托尔斯泰却说："连臭虫也不要碰。"

1910 年的某天，托尔斯泰在工作室里，迎来几个学生。他们谴责托尔斯泰的不抵抗、温和的变革主张。他们想让他看到现实，如果不采取暴力，还会有更多无辜的工人、农民失去他们宝贵的生命。

不久之后，参与革命事业的学生们被捕，托尔斯泰曾经熟悉的鲜活的生命，被关进监狱，或被流放。更多青年人的生命在最美丽的时刻凋零。以前的无数个日夜，他的作品《战争与和平》《复活》等激励了一代又一代的年轻人，他描绘的农奴们的悲惨命运和上层人彻底的虚伪与软弱，这些曾深深印刻在这些热血青年的脑海中。托尔斯泰是青年人的榜样，可是当他们寻求托尔斯泰帮助，发出响彻云霄的宣言的时候，他却退缩了，他在暴力的反抗面前退缩了。

他没有办法脱离自己的家庭，他是这种有尊严家庭的供养者，他无法不给自己的家庭支持，不能和自己现有的财产和土地告别。他感觉到自己的错误，而且错得离谱。

托尔斯泰的内心动摇了。他眉头紧锁，一连许多天，他在书桌上写下了许多文字。在整洁干净的稿纸上，他颤颤巍巍地写下他的愤怒和无助，他的泪水从脸颊顺流而下。他坐在他的沙发上，一言不发，嘴里念叨着："太野蛮了。"

1910 年 10 月 28 日晚上，托尔斯泰发现自己的房门没有关紧，浅淡的黄色光线从门缝里流泻出来，他走过去一看，自己的妻子缩着身子在偷偷翻看自己的东西，那一瞬间他感觉如坠冰窟，从什么时候起，他们之间的信任已经薄弱到了这种地步？

是时候了，是时候离开这个令自己窒息的囚笼了，是时候去过自己想要过的真正的平民生活了，是时候去证明自己并非嘴上说得好听却没有实际行动的人了，是时候从幸福的生活中抽身去经历世间的痛苦了。

第二天，大雪纷飞的清晨，托尔斯泰悄悄带上家庭医生，坐上马车，离开了亚斯纳亚。

未曾有人想到，他这一走，便是永远地离开。

也未曾有人料到，一生都离不开亚斯纳亚的托尔斯泰，却不是在自己的亚斯纳亚里离开人世。

他在离开俄罗斯之前的火车上便病倒了，患了肺炎，最终不得不下车停留在阿斯塔波沃火车站。

没有人想到，俄罗斯文学的一代灵魂人物，居然会病逝在这样一个毫不起眼的小火车站。

一直到死，曾经彼此深爱的伴侣都没有见面。

索菲娅早就赶到了阿斯塔波沃，怀着无限的愧疚和悔恨，她听从了长子的建议，只是偷偷地在窗户外看了几眼自己的丈夫。

他的逝去不仅仅带走了索菲娅的精神支柱，带走了托尔斯泰家族的灵魂，更是带走了全俄罗斯人民心中那束永亮的光柱。

托尔斯泰乘着白鹤飞去了天堂的远方。他躺在那儿，就像一块光滑的石头躺在冰冷的冰川之上，他的双手已经完成了他对这个世界所能做到的最好的一切。他白胡子里的微笑隐约透露出对光明未来的希望。之后，一个电报接着一个电报传遍了俄国的大街小巷。全世界的报纸都竞相登载这一令人悲痛的消息。

莫斯科官方禁止集会哀悼。可山岗上亮起的一个个小火把，就像星星坠入人间，无数的农民、青年学生，他们穿过拥挤的人群，要来瞻仰这位伟人的圣容……

高尔基评价列夫·托尔斯泰说："他确确实实是一个最具有民族特性的作家。他把我们民族的一切缺点，以及我们在历史上经受过的种种苦难给我们造成的一切创伤都体现在他那个巨大的心灵里了。"[1]

---

1 周明显、吴克礼等译：《同时代人回忆托尔斯泰（下册）》，第732页。

他的《战争与和平》《安娜·卡列尼娜》《复活》让我们认识了人的心灵，得到了认识心灵的方法。

他出走，找寻新的生活之途，寻找新的方法为改变旧世界而进行斗争。

人们哭泣的或者肃穆的脸，都只朝向一个方向。

那个方向是他们的人之道德，国之英灵。

那个方向是渐行渐远的棺木和慢慢黯淡的光辉。

那个方向是这个时代最大的爱人者，也是最伟大的被爱者。

列夫·托尔斯泰一生喜欢大自然，喜欢泥土，就像花朵喜欢阳光。

列夫·尼古拉耶维奇·托尔斯泰的永眠之地，简单，朴素，天然而生。在庄园的边缘地带，周围绿树丛生，托尔斯泰的沉睡之地，周围是一圈低矮的木栅栏。他的坟墓没有石碑，没有名字，没有指示牌，就是一座无人看守的长方形土堆。他的身体和心灵都与大自然融为了一体。奥地利作家茨威格称，这是世界上最美的坟墓。

参考文献

[1][俄]列夫·托尔斯泰：《战争与和平》，刘辽逸译，人民文学出版社1989年版。

[2][法]罗曼·罗兰：《托尔斯泰传》，傅雷译，中国书籍出版社2017年版。

[3][俄]塔·库兹明斯卡娅：《托尔斯泰妻妹回忆录》，辛守魁、董玲译，北京大学出版社2016年版。

[4][英]巴特利特：《托尔斯泰大传：一个俄国人的一生》，朱建迅等译，现代出版社2014年版。

[5]张建华、温玉霞：《托尔斯泰画传》，中央编译出版社2008年版。

[6][俄]列夫·托尔斯泰：《忏悔录》，冯增义译，北京联合出版公司2014年版。

[7][俄]列夫·托尔斯泰：《童年·少年·青年》，草婴译，上海文艺出版社2008年版。

[8] 邹正贤：《厚爱人间：托尔斯泰其人其作》，安徽文艺出版社 1999 年版。

[9][俄] 蒲宁：《蒲宁回忆录》，陈倩译，江苏凤凰文艺出版社 2017 年版。

[10][俄] 伊·托尔斯泰：《托尔斯泰次子回忆录》，梁小楠等译，北京大学出版社 2016 年版。

[11] 陈鹤鸣：《美好而难解的“小绿棒”情结——论托尔斯泰的痛苦意识》，《外国文学研究》1997 年第 3 期。

[12] 戴卓萌：《列夫·托尔斯泰创作中的宗教存在主义意识——谈托尔斯泰创作中的“死亡”主题》，《外语学刊》2005 年第 2 期。

[13][奥] 斯蒂芬·茨威格：《人类群星闪耀时》，吴秀杰译，广西师范大学出版社 2016 年版。

[14] 周明显、吴克礼等译：《同时代人回忆托尔斯泰（下册）》，上海译文出版社 1984 年版。

[15][美] 梁赞诺夫斯基、斯坦伯格：《俄罗斯史》，杨烨、卿文辉等译，上海人民出版社 2013 年版。

第七章

《变色龙》
——雕刻契诃夫

契诃夫是俄国著名小说家、戏剧家。他出生于罗斯托夫省塔甘罗格市。祖父是赎身农奴，父亲曾开杂货铺，1876 年破产后举家迁居莫斯科，契诃夫只身留在家乡，靠做家庭教师维持生计。1879 年契诃夫考入莫斯科大学医学系，毕业后行医。他的早期创作迫于生计，只求速成多产，写下大量诙谐小品和幽默短篇，多为趣闻笑料。他通过手中的笔对社会的丑恶和腐败进行了嘲讽，如《变色龙》《普里希别叶夫中士》《在钉子上》《英国女子》等。

19 世纪 80 年代中期以后，他开始严肃对待创作，如短篇小说《万卡》《苦恼》《渴睡》，表达了对社会下层劳动者的同情。中篇小说《草原》，在对大自然的赞美中饱含着对美好理想的渴望。而小说《命名日》《公爵夫人》等则表达了对各种丑恶的憎恨。1890年他曾独自一人到遥远的西伯利亚的库页岛游历，深入调查和了解被沙皇当局流放到此地的大量囚犯和移民。这次游历几乎影响了他整个后期创作，他据此写出了中篇小说杰作《第六病室》，此作曾让列宁感到十分震撼。

19世纪90年代至20世纪初，除参加各种社会活动外，他的文学创作进入了一个新阶段，作品开始触及重大社会问题，如小说《农民》，反映了俄罗斯农民的真实生活及其贫困和愚昧。而小说《女人的王国》《三年》《出诊》《在峡谷里》等则揭露了资本主义罪恶。此外，这时期有影响的小说还有《带阁楼的房子》《我的一生》《套中人》《醋栗》《姚内奇》等。晚年，他还创作了一部优秀小说《新娘》，表达了对新生活的向往和信念。他是全世界声誉最高的几个短篇小说家之一。他创造了一种言简意赅、精湛独到的抒情心理小说。他注重描绘具有普遍意义的心理特征，自觉截取平凡的日常生活片段，依靠精巧的细节来描写人物，刻画典型性格。

他的小说具有幽默、讽刺的风格，充满轻松的戏谑，冷静的讥讽，往往显得尖锐辛辣。小说简练、朴实，结构紧凑，富于戏剧性。此外，他还写有很多著名的戏剧作品，如《樱桃园》等。

契诃夫与欧亨利、莫泊桑享有世界三大短篇小说之王的美誉，他以"文短气长"的独特风格在文坛独领风骚，他写最平凡的人和事，却表现出了最真实的俄罗斯。

一、群星闪耀中最独特的那一颗

从普希金开始，俄罗斯文学开启了它辉煌而伟大的黄金时代。

托尔斯泰、果戈理、车尔尼雪夫斯基、屠格涅夫、高尔基、巴尔加科夫、奥斯特洛夫斯基……

他们中的任何一个都拥有震撼世界文坛的力量。

然而，我们不要忘记，在俄罗斯这块神秘而又微妙的土地上，总有一些令人不解的存在。

上述这些大师，个个都是善写长篇的能手，经典鸿篇巨制俯拾皆是，个个都吞吐风云、充满激情：

托尔斯泰总想将每一个社会问题都作一番探究，陀思妥耶夫斯基愿意将一个人的情感反复剖析，大家处心积虑，浩浩荡荡，从来不缺内容丰满。

但是，细细寻找，却难以在这片浩瀚宇宙中发现善写短篇的巧匠。

当我们的目光聚焦，便会惊喜地看到，在这闪耀的星空里，有着一颗最独特的存在：

他有着与他人截然不同的文学经验，

他沉着冷静，心思缜密，

他习惯于用最简短的话表现丰富的含意，

他的文章短小精悍，却又令人回味无穷，

他是俄罗斯文学群星璀璨中最不同寻常的那一颗。

他发誓要做俄罗斯的镜子。

他追求艺术精湛、言简意赅的抒情短篇；他从最平凡的俄罗斯人中感受最真实的人生；他迎接革命的风暴，他毫不掩饰对丑恶现实的不满和对美好生活的向往。

他高声宣扬"简洁是天才的姊妹"，"写作的本领就是把写得差的地方删去的本领"。

他是一个作家也是一个医生。他在医治穷苦大众的身体的同时也用手中的笔治愈人民的心。

他是俄罗斯文学的一颗明珠，是与欧亨利、莫泊桑齐名的短篇圣手。

他被托尔斯泰称为"无与伦比的艺术家"。

他，就是契诃夫。

1860 年契诃夫出生于俄罗斯的南部小镇塔甘罗格市，这里是他梦开始的地方。

那个时候，他还被家人唤作"安托沙"。一所小小的两层楼房，承载了他童年的所有记忆。

然而，本应该无忧无虑的孩提时光，对于小安托沙来说却是上帝给他的人生设的第一道坎。

他有一个勤劳的父亲，经营着一间杂货铺，维持着全家的生计。喜怒无常的父亲巴维尔却让这间小小的杂货铺成了安托沙的噩梦。

巴维尔性情暴躁、专横，无论是对妻子，还是子女。挨打对于安托沙和他的四个兄弟姊妹都是家常便饭。安托沙五岁时就已经开始帮家里看店铺，每况愈下的家庭条件让他的童年烦恼大于欢乐。

于是，契诃夫总说，"我是一个没有童年的人"。

这一切的苦难却无法掩盖安托沙耀眼的文学热情和天赋。或许伟大的人总是得经历一些非常的人生才能蜕变成最绚丽的蝴蝶。

尽管生活艰难，他的家庭却也是他文学梦想的启蒙地。

父亲巴维尔鲁莽的做派下却藏着一颗热爱文艺的心。他要求他的孩子们多才多艺。唱诗班、合唱队、绘画班，都留下了兄妹几个稚嫩的身影。

而母亲叶甫盖尼娅，却用她那春风般的呵护与疼爱温暖着安托沙心底最柔软的地方。妈妈的每一个故事也许就是他日后创作的萌芽。

塔甘罗格的夏季闷热得让人窒息，父亲阴影笼罩下的家庭气氛古怪郁闷，但天性烂漫的安托沙却善于苦中作乐。

亲手栽种的葡萄架是他嬉戏的乐园，也是他文学创作的灵感源泉；沐浴坡的海岸线是那么蜿蜒而迷人，海水的清凉足以让人忘掉所有烦扰；在海湾捕鱼时留下的伤疤都显得那么俏皮可爱。

年轻的安托沙是如此地充满活力与表现欲，此时，他的幽默天才初露端倪。

十三岁那年的暑假令他永生难忘。在乡下的祖父家，他第一次去剧场看了戏剧《美丽的叶莲娜》。当帷幕拉开的那一刻，他便确认了自己属于舞台的灵魂。

那布景，那灯光，那演员，一切的一切，都是那么妙不可言，那么让人着迷。仿佛迷途的小鹿找到了回家的路，安托沙也找到了自己的灵魂栖息地。

还记得八岁那年初次入学的情景，海军蓝的制服上还缀着金属纽扣。

在这里，他遇到了文学路上的第一位引路人——波克罗夫斯基。老师的平易近人与幽默风趣，以及独具特色的教育理念都深深吸引着安托沙，后来伴随他多年的笔名"契洪特"便是拜老师所赐。

波克罗夫斯基在课堂上大谈普希金、莱蒙托夫、歌德、莎士比亚，他还拥有自己的政治道德主张。老师的博学与特立独行在安托沙的心底埋下了智慧的种子，并迅速发芽，疯狂生长。

得到老师鼓励的安托沙再也无法停下追逐文学梦想的脚步。他本就是为此而生，一切都才刚刚开始。

可是生活却依然艰难。

维持全家生计的小杂货店终于破产，父亲也因欠债而逃离家乡。两个哥哥在外地求学，家里只剩下了安托沙来安慰母亲。

十六岁的安托沙不但要面临赤贫的生活，还要忍受冷眼与嘲笑。

可是，天生高贵的人是不会被眼前的苟且所击败的。因为他身上流淌着倔强与坚毅的血，暂时的困境并不能改变他的初衷。

他下定决心，独立谋生，打工糊口，保持着做人的尊严；他勇担家庭重担，也愿意为朋友两肋插刀，他甚至帮助家庭度过了危机，但同时也始终没有忘记自己的文学之梦。

艰难的岁月里，陪伴他的是彼彻尔斯托夫、叔本华、洪保德、雨果……他拥有了更多自由思考的时间，他慢慢沉淀自己。

终于，二十岁的安托沙考入了莫斯科大学医学系。

二、"合法妻子"与"地下情人"的较量

"不要容你自己昏睡，趁你还年轻力壮，血气方刚，要永不疲倦地做好事情。"这是契诃夫学生时代的座右铭。

进入大学，他依旧还是班上最勤奋、最刻苦的那个学生，他还是安托沙。

还记得十九岁那年的平安夜吗？年轻的安托沙完成了自己的处女作——《一封给有学问的邻居的信》，并用了"契洪特"这个笔名。

这个名字一用便是多年。

谁能想到第一次投稿就被发表了呢？这是多大的鼓舞与幸运啊。正如刊登他文章的杂志名称《蜻蜓》一样，载着契洪特梦想的绿色蜻蜓正越飞越顺。全家人都为这个少年的成功而振奋。

除了热爱，写稿带来的酬劳也是一大诱惑。他开始疯狂发表文章，却从不愿意使用真实姓名。他清楚这些为赚钱而写作的文章不是他想要的，他坚持着自己的底线。

开始小有名气的契诃夫有了选择的权利，他加盟了《花絮》。

他以极大的热忱履行着与《花絮》的约定，他甚至获得了开设个人专栏的机会。

可是，如果谁想用金钱来设定条条框框束缚契诃夫的话，他怕是要失

败而归了。因为契诃夫是不可能被左右的，他想做的事没有人能够阻拦。

他看到了问题的症结，他无法容忍自己继续写这些华而不实、空洞无物、题材杂乱的东西，他拒绝莱金的"一百行以内"的规定！

他开始控诉与抗争，终于，他用自己的文字魅力征服了读者，战胜了金钱与欲望。他的小说是那么诙谐逗趣，引人入胜却又不失严肃与思考。此时的契诃夫沉浸在个人的世界中尽情地宣泄。

直到好朋友加尔申的自杀。

契诃夫突然意识到了这个吃人的社会的可怕，他感受到了政治高压下的白色恐怖，他明白了加尔申的绝望。是残酷的社会现实逼迫"加尔申"们失去了希望，最终在苦恼中消沉、堕落，直至走向毁灭。

契诃夫的思想与立场开始转变。在季米良泽夫教授唯物主义世界观的影响下，他逐渐由一个政治生活的旁观者变为了民主主义的拥护者。

他相信医学对他的文学事业会有重大帮助。

他是一个作家兼医生。而且有理由相信，伟大的契诃夫能够面面俱到，出色地扮演这两个角色。

契诃夫仍旧得和莱金的形式牢笼作斗争。他的简练、明确、活泼的文风正是在此时得到了锻炼。

他的高明之处就在于：他可以用短篇的篇幅容纳中篇甚至长篇的内容；他可以在逗乐读者的同时引发他们的深思；他可以在看似平淡的幽默小品的背后蕴藏着深邃的哲理。

他的格言是——

> 短——是才能的姊妹，
>
> 写作技巧——就是缩短的技巧，
>
> 写作的才能——简洁，
>
> 要善于长话短说，

写了再删，写了再删，

写作的艺术，其实不是写的艺术，而是删去败笔的艺术。

契诃夫开始不满足于当一个"幽默"作家。

他开始尝试将幽默与讽刺、喜剧与悲剧交织在一起，他大胆创新，大胆突破。

1884 年发生了两件对契诃夫意义重大的事：二十四岁的他结束了大学生活，并获得了医学博士学位；他的第一部小说集《梅尔帕米娜的故事》应运而生。双黄蛋一下，多么令人振奋啊！

对于医学和文学在他生活中所占的位置，契诃夫这样比喻：

"医学是我的'合法妻子'，文学不过是我的'情人'罢了。"

如果说"合法妻子"是契诃夫的责任与担当，那么"情人"则是青梅竹马，无法割舍的。

他厌倦了城市的喧嚣，决定到乡下去。他来到小镇沃斯克列辛斯克。在这里，他仿佛找回了童年的欢乐。

那异国情调的古堡，那别具一格的剧院，甚至那些陌生的外国人，都使他十分着迷。

在这充满乡野情趣的小镇，他几乎忘掉了自己的作家身份，人们亲切地称呼他为"安托沙医生"。写作和行医他都热爱，他都不想放弃。

契诃夫就是这样一个不愿停下脚步的人。然而此时，他的身体却开始抗议。1884 年 7 月 2 日突然咳血，他的健康已亮起红灯。但这似乎丝毫没有影响他的创作激情。这年年底，脍炙人口的名篇《变色龙》诞生。

三、《变色龙》——时代悲剧下的众生相

《变色龙》是契诃夫 1884 年创作的讽刺短篇小说。

"变色龙"奥楚蔑洛夫这个文学史上的经典形象直到今天都具有鲜活的生命力。

他是沙皇政府的走狗，见风使舵、专横跋扈、欺下媚上，他是特殊时代的典型。正如小说的名字，他就是一条时刻伪装、趋利避害的变色龙。

小说以街头广场的一次"狗咬人"事件为起因，通过对警察奥楚蔑洛夫处理问题的态度与情绪变化的生动描绘，为我们展现了一个见风使舵、欺软怕硬、虚伪逢迎的"变色龙"沙皇警察形象——

故事的开头，银匠赫留金的手指被狗咬掀起了小镇的一阵风波。赫留金大声叫唤着，原本安静的街道突然钻出了一众围观群众。

奥楚蔑洛夫是事件的裁决者。

"这好像是将军家的狗！"

仿佛冬日里的一盆凉水浇头，听到这个说法的奥楚蔑洛夫忽然浑身发抖，慌乱无措。

这时的斥责对象不再是那只可怜的小狗，而是变成了赫留金。

"你没事举起手指头干什么！你为什么会出现在这！"

忽然，只听人群中又有人呼喊："将军家才没有这种狗！将军家的狗都是猎犬！"

"果然是下流坏子！"奥楚蔑洛夫瞬间又成了"正义"之神，指着狗吼叫道，一副执法必严的样子。

其情绪、语调、态度变化之快令人咋舌，俨然一只丛林里为躲避威胁、掩护自己的变色龙。

故事的最后，将军家的厨师出面指认了小狗的身份：这是将军哥哥的宠物。

"起风了！"这位刚刚还正义凛然的警察突然心凉，裹紧了大衣。

围观的群众在哄笑声中散开去。

契诃夫匠心独具，用他简练而又深刻的笔触，创造出了经典的人物形象和独特的语言叙事风格，流传至今不朽。

还记得他的名言吗？

"简练是才能的姊妹。"

他写作的宗旨是删掉一切多余的东西。

整部小说篇幅短小，却严谨、简练、平实，意蕴深厚。

这是契诃夫的一贯风格。《变色龙》从语言、结构、情节、人物的安排上都严格遵循了这个原则。

首先，情节一波三折却不拖沓繁复，是小说的最大亮点。原本严肃的主题被消解，在情节起伏中将讽刺最大化。

在审案的过程中，奥楚蔑洛夫根据狗是不是将军家的不断变换着自己的脸谱。前后共变换了五次，断案的过程更是洋相百出。

然而，厘清小说却并不复杂。

整部小说就写了一件事、一个场合、四个主要人物。契诃夫紧紧抓住奥楚蔑洛夫断案这一中心事件，以他为中心，上演了一出啼笑皆非的独幕剧。

五次的情绪态度转换，更是将奥楚蔑洛夫欺上瞒下、恃强凌弱、谄媚无耻的形象表现得淋漓尽致。

其次，该小说的语言风格也是值得细细品味的。

契诃夫的忠实崇拜者高尔基这样评价契诃夫的语言风格：

"只需一个词，就能创造一个形象。只需一句话，就能创造一个短篇故事，而且是绝妙的短篇故事。"

这份赞美实不为过。

小说的人物台词大多简短有力，却能充分体现角色的身份与心理。

人物之间的对话更是诙谐有趣，生动无比。

讽刺的表现手法大概是契诃夫的看家本领了。

创作出这个故事，契诃夫作品的讽刺辛辣露骨，直击当权者的要害。

用"变色龙"来形容奥楚蔑洛夫真是契诃夫的天才创造。从此，变色龙成为某一类人的代称。

而故事中的其他角色也充分地烘托和表现了主题，没落帝国的众生丑相一览无遗。

奥楚蔑洛夫是小说的中心人物。他并没有官职，只是一个巡逻警察。但正是这样的设定更能突出他的趋炎附势、谄媚却又卑微的地位。他就是特殊社会背景下的一只"变色龙"，趋利避害，随时"变脸"。

他的态度和情绪的变化对比尤其强烈。

对待下属和老百姓，他专横跋扈，作威作福；

对待上级与权贵，他阿谀奉承、谄媚无耻。

短短几分钟，情绪波动变化达到了五次，而他的军大衣则是他地位的象征，在一脱一穿之间墙头草的丑恶与卑鄙尽显。

赫留金和厨子等人作为配角，也是推动故事情节发展、表现小说主题的重要力量。赫留金嚷着要狗主人的赔偿金，乘机敲诈的心态尽显小市民丑态。而作为整个事件走向的决定者厨子，其狐假虎威的骄傲姿态令人作呕。

将军及其哥哥始终没有出场却又无处不在，他们的存在对每个人都显示出十足的威胁性。他们象征着专制统治下的领导者，仅仅是听说就足以让所有人恐慌。

可憎的还有那一群围观的好事者，他们都是模糊的面孔，代表的是一个群体。

本来安静的街道却因为一件"狗咬人"的小事而顿时热闹非常。大家满脸兴奋，期待着看一场好戏。一个"钻"字让好事者们唯恐天下不乱、麻木冷漠之态跃然纸上。

契诃夫为何要描写这样一只"变色龙"？

故事的背景是俄国沙皇统治最黑暗的时期，广大人民身处水深火热的生活中。

亚历山大三世上台之后，专制主义阴影笼罩全国。这时的警察不再是随意使用暴力的恶棍了，而是打着守法的官腔，实质上却更加残暴的"变色龙"。其谄媚虚伪之态比起前者有过之而无不及。

契诃夫对此深恶痛绝。

他要揭露，他要呐喊，他要批判。

穷凶极恶的沙皇专制的末日不久就要到来。

作为政府的"警犬"，奥楚蔑洛夫的卑劣事迹当然是人尽皆知。然而当他断案颠倒是非、尽出洋相的时候却没有一个人敢嘲笑他，反倒是作为受害者的赫留金被恐吓，被讥笑。令人匪夷所思的是赫留金竟然指望奥楚蔑洛夫去维持正义。明明想着敲诈却还满嘴法律、公平、正义。还有那帮为事件推波助澜的无事群众。

契诃夫笔下是麻木愚昧的小市民群像，既贪婪自私又安于现状，既愚昧无知又趋炎附势。他认为这些人对于民族、国家的危害甚至大于反动者。他试图唤醒他们。

在这篇不足三千字的文章里，契诃夫塑造了一个可以列入世界文学经典人物脸谱的形象——"变色龙"奥楚蔑洛夫。

四、弃医从文的探索与革新

1885年5月，契诃夫举家搬到了巴博基诺庄园的一栋别墅。

这是多么美好的一个地方啊！英式的花园、树林、草坪，还有那门前流过的潺潺溪水。契诃夫总爱透过窗户去欣赏窗外的风景，夜莺在耳边啼过，微风亲吻着脸庞。

在这里，他意外地遇到了画家列维坦。不过，此时的列维坦，却患上了忧郁症。契诃夫陪伴着列维坦，鼓励他，安慰他，开导他。

终生不渝的友谊从此发芽。

医生的身份让他看到了更多的民生疾苦。他深入到底层人民中间，看到了以前从来没有接触到的贫穷，他认识到医人只是表面，治人必先治心。

他作了一个惊人的决定：弃医从文。

于是，在文学这条道路上，契诃夫开始勇往直前。他以对真理的执着追求，强烈的写作欲望，高度的民主精神，打开了新世界的大门，他开始思考一些新的东西。

1885 年，是值得铭记的一年。

契诃夫渐渐疏远了曾经为自己博得名声的"娱乐"小报，逐渐深入了严肃的领域，终于，他找到了自己的人生坐标。他开始完完全全以作家的姿态出现在人们眼前，他终于变成了"契诃夫"。

《哀伤》这部小说便是他这个转型期的产物。

充满着生活气息，却又顿生怪异；让人觉得可笑却又悲伤；笑声与忧伤水乳相融。契诃夫就这样真实地将人民的生活展露无遗。

"人在智慧上应当是明豁的，道德上应该是清白的，身体上应该是洁净的。"他是好人契诃夫。

一切都在悄悄地发生变化。

社会在变，"吃人"的程度变本加厉，俄国人民苦不堪言。

身处时代洪流的契诃夫也不得不变，习惯于讽刺幽默的他此时开始真正关心起了人类。

这是一个多么伟大的转变啊！

这时的他深信着托尔斯泰主义，他以悲天悯人的情怀写下每一篇故事。

从此，契诃夫的世界不只是生活可及的那一方小天地，而是关乎整个国家与民族，乃至整个人类。

他越发地深沉与深刻。

1886 年，《苦恼》发表，又是一部关于劳动人民的悲剧：一个靠拉车为生的老车夫，已经失去妻子，现在连儿子也离他而去。高高在上的乘客不理会他的丧子之痛。年轻的车夫和像他一样靠体力挣钱养家的人，也不屑于倾听他的痛苦。苦难的生活一点点撕扯着老车夫的肉体、精神，一点点吞噬着他的生命力。他只能把这些告诉一匹马。小说层层加码，不断叠加，渲染这个苦命人，通过各色人的冷漠，反映社会的麻木，人性的冷漠，让人不寒而栗。

托尔斯泰赞叹道：这是契诃夫的一流作品！

同年，《万卡》发表。那个给"天堂爷爷"写信的小万卡牵动着多少人的心啊！万卡的梦只是儿童玫瑰色的梦，血淋淋的现实仍旧在老地方等着他。

契诃夫就这样赤裸地揭露着社会，他用明澈的双眼冷静地探索着人类可悲的灵魂，在客观叙述的背后是契诃夫猛烈的控诉与呐喊。

这时的契诃夫对未来的写作之路有着无限的希冀与憧憬。

1886年后，接连发表作品的契诃夫开始名声大噪。

他就像被尘土掩埋的璞玉突然被挖掘出来了一般，耀眼的才华光芒四射，人们期待着这个年轻人带来的惊喜与希望。

秋天的时候，全家人搬到了"五斗橱"。

那是库德林花园街的一幢小楼房，好客的巴甫洛维奇家族使整条街都充斥着活力，音乐声、欢笑声不绝于耳。

1887年，契诃夫再次回到了阔别八年的故乡塔甘罗格。

带着幸福的心情而来，家乡的一切却使他感到不快和烦恼。

原来看起来淳朴善良的乡亲如今为何如此行动迟缓，不知变通？曾经童年的乐园现在却是如此闭塞与消沉，让人窒息。

契诃夫临走前决定去看看故乡的草原。

那分别已久的草原啊，还是这么迷人。无边无垠的旷野，混合着阵阵花香的熏风，望不到边际的天穹，空中自由翱翔的飞鸟和盘旋的苍鹰，一切都是离开时的模样。这些大自然的精灵啊，上演着一曲曲生命的赞歌。

然而，物是却人非。

内心无法平静的契诃夫需要用手中的笔来宣泄。他回忆了珍贵无比的童年印象，同时也记录了这次返乡的失望与落寞。

1888 年，"一部草原百科全书"——《草原》就此诞生。《草原》放弃了契诃夫惯用的讽刺笔法，去勾勒一个个沙皇专制统治下的施暴者与被施暴者。《草原》也放弃了短小精悍的快节奏叙事，将一个短篇的篇幅延伸至中篇。神甫和舅舅在做生意的时候顺便送叶戈鲁什卡上学。叶戈鲁什卡与他们分别后，留下了"草原"无尽的孤独。

如此简单的小说框架在中篇的篇幅下，投入了大量的闲笔。其中最为引人注目的是草原上的自然风光。作为生命容器的大自然是如此令人迷恋、陶醉，而这美丽容器中盛放的竟是无数艰辛、酸楚与命运的粗暴。这超越了契诃夫之前的创作风格，超越了故事中人物的各色经历，契诃夫真正地拥抱自然，呈现了草原的无穷魅力。

在人物的诉说中，我们依旧能够感受到一股巨大而不朽的宗教苦难气息与命运神秘氛围笼罩在《草原》的读者心间。例如那信仰《旧约》的老牧羊人任劳任怨，有着慈悲心肠，不让狗咬过路的行人。可他辛勤的劳作并不能改善他现有的生活。

假如苦难得不到足够的舒展和充盈，那它始终是浑浊、繁重、沉闷的，只能像顽石一样造成压抑，而不会诞生美。

契诃夫却将这苦难赋予了饱满的亮度与梦幻色彩。

忧郁的黑夜里响起了奇迹的歌声，燃起了橘明的篝火。严肃中分泌着微笑，荆棘丛中绽放出了花朵。

草原上诗意的风景与童话般的生活是契诃夫对祖国未来的信心，而那酷暑下沉闷的草原却是沙皇统治下的俄国最有力的象征。

《草原》让二十八岁的契诃夫蜚声文坛，他从此跻身俄国一流作家行列。

因为一次赌约，契诃夫十天完成了戏剧《伊凡诺夫》。

戏剧的主人公，不是天使，不是恶棍，也不是小丑，只是一个真实且上进的俄国知识青年。

契诃夫赋予了伊凡诺夫"俄罗斯人冲动的独特性质"。现实的残酷却让伊凡诺夫一次次步入迷茫，他越来越走不出人生的困境。终于，伊凡诺夫选择了在婚礼上自杀。

这是整个俄罗斯的悲剧。

在这个被寒冷和空旷所充斥的国度里，人们只有靠酒精维持着麻木庸俗的生活。

置身其中的契诃夫痛心而难以忍受。

契诃夫的戏剧天才让人讶异。他粉碎旧传统，他带给舞台诗意的生活，他使文学又回到了剧场。

人们惊呼："对契诃夫的赞美不会少于莎士比亚！"

五、从契洪特到契诃夫

1887年12月5日，契诃夫在《花絮》上发表了《狮子和太阳》，"契洪特"时代自此结束。

他决心以"契诃夫"的身份开始新的探索旅程，他要当一名真正的作家！

他心中最神圣的东西是人的身体、健康、智慧、才能、灵感、爱情以及绝对的自由。这个绝对的自由是免于暴力的自由，无论这暴力和自由用什么方式表现出来。

他已经完全摆脱了"契洪特"风格，他第一次在《在黄昏》上署名"契诃夫"，一个伟大的时代已经来临。

1888年10月，俄国国家科学院决定授予契诃夫"普希金"奖。从发表第一部作品到获得"普希金"奖，不过八年左右时间，鲜为人知的"契洪特"变成了彼得堡的红人"契诃夫"。

这是意外，却又在意料之中。

短暂的兴奋之后，他却试图冷静下来。他甚至担忧外界的过度赞誉对于自己创作的危害。事实证明，这种担忧完全是多余的。因为他是契诃夫，沉着沉稳的契诃夫不会陷入自我陶醉之中。

这一年，是契诃夫的幸福时期：

首次尝试剧本《伊凡诺夫》演出成功；

描写故乡风光的《草原》震惊文坛；

《在黄昏》荣获"普希金奖"。

尽管这样，契诃夫依旧把自己归为一个凡人。

"我只是给平凡的地图上了颜色。"

"当喉咙发干时，会有连大海也可以一饮而尽的气概，这便是信仰；一等到喝时，至多只能喝两杯，这才是科学。"

二哥尼古拉的突然离世让契诃夫开始思考人生的意义。

而他自己的肺病却也日益恶化，咳嗽，吐血，他甚至诗意地描述自己的病情："嘴里吐出来的血有一股凶气，颜色像晚霞一样。"

他用意志强撑着写完了《乏味的故事》。老教授的疑惑正是契诃夫的疑惑。他在寻找生命的终极意义。

1889 年，契诃夫这样总结自己的文学生涯：

> 错误和败笔不可胜数，写了成百斤的纸，得了科学院的奖，但在我眼中没有一行有真正的文学价值。
>
> 我为谁写作？为何写作？为大众？
>
> 可是大众需不需要我，我却不得而知。

他整天愁眉不展，心事重重。直到他决定去库页岛体验生活。他要深入到那个可怕的角落里，去勇敢地拥抱深沉的痛苦。

他不愿意成为糖果制造者，他也不是社会的美容师，更不是整天牢骚、消愁解闷的人。他清醒地认识到，"作家是被自己的责任感和良心所约束的人"。

莫斯科、雅洛斯拉夫斯克、喀山、彼尔姆、秋明、贝加尔湖、尼古拉耶夫斯克，每途经一站仿佛就是一次胜利。

车轮向前滚动，漫长的旅途才刚刚开始。

彼尔姆的寒风如刀割，西伯利亚到处充斥着贫穷与野蛮，偶遇的异族人民亲切而有教养，托木斯克的短暂歇息，从温和的春日走到酷热的夏天，同泛滥的河水作斗争，同饥饿寒冷泥泞作斗争，同臭虫蟑螂作斗争。这如同戏剧般的遭遇，却是真真实实地摆在契诃夫的面前。

而契诃夫却欣然接受了这一切，甚至乐在其中。

因为陪伴他的还有贝加尔湖迷人的沟壑与山岩，他在高加索驰骋，在顿河草原漫步，徜徉在黑龙江畔，还有最最淳朴善良的当地人。

终于在 7 月 9 日，他怀着狂喜和自豪到达了遥远的库页岛。

这个满是犯人与流民的人间地狱让契诃夫充满着好奇。时间的限制让他紧锣密鼓地展开了考察。

他规定自己每天早上五时就起床，他打算对全岛的犯人作一次调查。

他参观了所有监狱、木板房和枞木室，他下了所有的矿井，他见过有文化的政治犯，也见过目露凶光的杀人犯。他目睹了人性的凶恶，也感受到人性的温暖。

两个月的走访，他记录了差不多一万个囚徒和移民的简况，何其伟大的壮举啊！他于 10 月启程回家，终于在 12 月回到了莫斯科。

七个月的旅程，却够契诃夫回味受用一辈子，他甚至为这次旅行创作了专著《库页岛》。这部艺术性和科学性共存的大部头，涉及地理、历史、生物学、气象学、人文学、监狱学和法学等各个领域，堪称百科全书。

这是他生活和创作的新起点。

库页岛之行却也给契诃夫的身体造成了无法弥补的损耗与伤害。

1891 年结束西欧的旅程后，契诃夫的肺病越来越严重。身体的折磨让他变得暴躁，变得谨慎，变得挑剔。他决定逃离现在的生活，决定到乡下去，他的心中涌动着强烈的社会责任感，他迫切地想要站到人民中间去。

于是，在第二年春寒料峭的时节，契诃夫一家搬进了梅里霍沃庄园的新家。

新的环境总是令人兴奋的。

契诃夫满心欢喜，尽情地享受着新庄园的乐趣。周围的花园、树林、池塘都留下了他漫步的身影。

在梅里霍沃，契诃夫的身份也是多种多样的。他是医生，为街坊四邻义务寻药问诊；他是地方议员，用自己的积蓄建学校、修公路、整改医院；他依旧是位作家，丰富的社会生活体验让他的创作进入了鼎盛时期。

回头想想真是可笑，他搬来乡下的初衷可是隐居啊。

义务看病，慷慨捐赠，契诃夫的经济情况并不乐观。他必须更加努力地创作以赚取稿费维持全家人的生活。

库页岛之行让他的思想产生了巨大的震荡。他开始对以往信奉的托尔斯泰主义以及不抵抗哲学有了更深的怀疑。

冬天又来临，荒凉的田野上覆盖了皑皑白雪，光秃的树枝毫无生气，寒风呼啸而过，一切都变得忧郁、沉寂。

契诃夫来不及为自己伤春悲秋，他更关心那些衣不蔽体、食不果腹的穷苦人。这样的时节他们该如何度过？库页岛上的所见所闻让他心生不安。

当下决定写《第六病室》。

内心积郁了很久的苦闷与同情仿佛找到了宣泄的出口，仅仅几天便完成了这部伟大的杰作。

如今的俄国难道不就是一座监狱吗？下层劳动人民被关在这无形的监狱里，忍受着身体与精神的双重煎熬。整个国家充斥着压抑和不安，让人窒息，想要逃离。

正常的格罗莫夫和拉京被关进监狱，而病态的行尸走肉却高高在上，是非颠倒，黑白不分。这是何等荒谬与黑暗的世界啊！

1892年冬，《第六病室》发表，震动了整个俄罗斯。

一个是为墓园附近山沟里两具腐烂尸体哀痛，为疑心执法队的暴力而忧心忡忡的前官员；一个是拯救疾病、疗救道德的医生。他们曾经是这罪恶俄罗斯上的一环，他们曾经制定了规则。可当他们醒悟，给这腐朽的、不洁的世界清洗罪恶、救赎自我的时候，他们被当成了疯子，真正疯狂的人却还在逍遥。

慢慢地，一个人拒绝了思考，拒绝了自由。正如那些普通的病人一样躺着，吃饭，睡觉，"从这个墙角走到另一个墙角"。在坚固的铁窗面前，他们的双手和脑袋都紧紧地固定在一个位置上。那些真正病态的尸体还在街上游荡。

《第六病室》通过辛辣的讽刺、娴熟的对比设计，描摹出当时俄罗斯这座巨型的权力监狱之现状。

青年列宁为之振奋，托尔斯泰点头肯定。这是契诃夫思想的一次飞跃，他又征服了一座高峰。

多年以后，这样的生活依旧在不停地上演，《第六病室》又何尝不是一曲自由的悲歌。

六、戏里戏外，都是人生

1895 年底，满带着契诃夫个性的剧作《海鸥》横空出世。这是他天才的结晶。

说到这里，不妨来谈谈契诃夫的恋爱吧。

女友莉卡就是童话里出众的天鹅公主。她美丽、优秀、充满活力，她令契诃夫情迷神往。契诃夫的才气也令莉卡移不开目光。

爱情的种子在生根发芽。

然而，尽管迷恋爱情的香气，契诃夫却始终更爱自由。

1904 年的春天到来。他不认为爱就一定得倾注所有，他的保留与理性让莉卡不安与失望。得不到回应的爱情最终被扼杀在摇篮里，莉卡于是移情别恋了。

然而，童话却也不总是美好的，莉卡也同样遭遇了背叛与抛弃。契诃夫同情又心疼自己曾经的公主的遭际，于是，《海鸥》诞生。

另一段爱恋却也在悄悄上演。

"要是你什么时候需要我的生命，来，拿去就是。"

多么露骨而又动人的表白！或许是心有灵犀？契诃夫猜到了礼物的主人，是那个二十八岁的女作家阿维诺娃。

没有回应就是契诃夫的回应。

小心珍藏，不去回信，也不去看望。

两个灵魂心心相印，灵犀互通，热烈而又深沉，纯洁而又高尚。

毕竟，阿维诺娃是有着丈夫的妻子，有着孩子的母亲。

《海鸥》里描述的十个主要人物，他们并没有什么正经事做，吃吃喝喝，无聊至极。这些没有寄寓滑稽与讽刺的人物身上却充满着繁复的爱恨纠葛，却也最真实地表现着生活的本质。

个人和广大人民的幸福是紧密联系的，爱情和根植于现实生活的崇高理想是互相联系的。这便是契诃夫创作《海鸥》的初衷。

《海鸥》潜藏着一种隐忍。忍耐是一种信仰和使命。有了信仰，就不再痛苦；而知道使命，也就不再害怕生活。

"海鸥"不直接参与叙事，也不是传统意义上的道具，却暗含着人物命运。妮娜不是一只等待被毁灭的海鸥，而是一只越过风浪迎击磨炼的海鸥。艰难困苦不能将她打垮，而只会使她更加坚定与强大。

"海鸥"是尼娜，是特里波列夫，是剧中的每个人，也是每一个平凡的看戏人。这便是契诃夫的伟大之处。

然而，谁能想到《海鸥》的第一次公演会遭遇滑铁卢式的惨败呢？嘲笑声、喝倒彩声、口哨声几乎将契诃夫淹没，他不知所措，脑海中闪现了永世不再写剧本的念头。

我们得庆幸第二次斯坦尼斯拉夫斯基公演的胜利，否则我们将永远失去一位天才剧作家了。

接着一次又一次的演出，是一次又一次的荣耀。

从那以后，莫斯科艺术剧院的标志，就是帷幕上一只飞翔的海鸥！

《海鸥》的成功使人振奋，契诃夫重新拾起了写剧的信心。

契诃夫也没想到，百年来，中国、日本等国家的戏剧导演将这一经典四幕喜剧多次搬上银幕。

此后，多幕戏剧《万尼亚舅舅》应运而生。

过有意义的生活或者无意义的生活，是追求诗和远方还是安于庸常，这是万尼亚的痛苦根源。他无法使自己麻木、沉沦；他无法平息心灵的渴求；他无法对生活的庸常熟视无睹。

他也许会失败，但他渴望意义、价值和美的心灵，以及他不甘沉沦于日常生存的努力与挣扎，是这个小人物身上潜藏的高贵与美。

契诃夫剧作的高度，让他无愧于人们的致敬与崇拜。

契诃夫大概一辈子不会忘记第一次和托尔斯泰见面的情景。

那是 1895 年 8 月的一天清晨。

契诃夫拜访了亚斯纳亚·波良纳，他从不敢想象自己有一天也会来到这个闻名遐迩的庄园。它的确如同它的名字——明媚的林中草地那般美。

古老的庄园掩映在葱郁茂密的白桦林之中，他的心中雀跃不已。那是一种对偶像才有的崇敬与激动。

这次的相聚无疑是快活而享受的。

契诃夫也绝想不到他们俩的最后一次见面竟是在自己的病榻前。

完成《万尼亚舅舅》后，停不下来的契诃夫热心于社会事业。建学校、搞人口普查、出席农奴解放纪念晚宴等，活动一个接一个。

这个热忱而又充满活力的人啊，却从不为自己的身体着想。终于，健康开始亮红灯。经确诊，他罹患肺病，在当时这可是不治之症。

家人、爱人痛心不已，整个家里笼上了一层无法挥去的阴影。

托尔斯泰的探望无疑是一种慰藉。

病情稍微好转，契诃夫就迫不及待地出院。

他依旧停不下来。他关心自己的农场，关心修建的学校，甚至关心路边的陌生人，却从没有为自己多费点心思。

他当然更不会停下手中的笔。他的最后一部小说《农民》便完成于此时期。

又是一次轰动。书中对俄国农民悲惨生活的描绘令人咋舌。

身体上的疼痛却没有减少分毫，家里来来往往的人更是让他心焦。他再一次决定逃离。

1897 年 8 月底，他终于逃出了梅里霍沃。他感觉，逃离这里仿佛就逃离了病痛。

他一路向西，心情时好时坏，创作的灵感时有时无。

"爱管闲事"的毛病却一直都在。他甚至在尼斯参与了"杜雷法"案件的辩论。

左拉的仗义执言让契诃夫心生景仰。

1898 年 4 月，他再次回到了梅里霍沃。父亲的去世让他决定和家人在雅尔塔定居。

但是契诃夫却并不喜欢这座美丽的城市。它既有欧式的洋气，却也夹杂着市侩的俗气。游手好闲的阔佬贪求廉价的艳遇，脂粉味代替了松柏和海洋的气息。萎靡不振是契诃夫对雅尔塔的评价。

尽管这样，他还是愿意用心经营生活。

高尔基作为契诃夫的后辈，对他一直充满景仰。

他的来信是如此真诚而热烈："我要向您表白，在您那惊人的天才面前，在您那忧郁而摄人魂魄、悲戚而温柔、永远优美细腻的才华面前，表达我所感受的欣喜。"

契诃夫的回信让高尔基深受鼓舞。两人的友谊怀着对彼此的欣赏。

天才的遭际也许都很雷同，高尔基也患上了肺病。

契诃夫邀请高尔基来自己的"小白楼"休养，两人的初次见面就这样实现了。

高尔基注视着这位和蔼慈善的大作家，仿佛他身上有一种不可抗拒的力量，吸引旁人去听他所说的每一句话。

两人仿佛多年老友，一起心系着国家与民族的未来。

那是个炎热而晴朗的日子，水波在阳光下闪烁，一旁的小狗在欢快叫唤。多希望时间能够停留啊。

小狗突然被来往的车辆轧伤了腿。契诃夫为小狗处理伤口的动作是那么轻柔，目光是那么温暖。高尔基泪流满面：这是一个多么善良的灵魂啊！

因为戏剧《万尼亚舅舅》，契诃夫遇到了自己的终身伴侣——奥尔加。

奥尔加是戏剧的女主角。她的美丽干练让契诃夫赞赏，而契诃夫对于奥尔加则是神圣的存在。编剧与女演员的恋爱故事是那么老套却又妙不可言。

1901 年，戏剧《三姐妹》上演，反响依旧热烈。

在艺术特色上，《三姐妹》延续了《海鸥》中的饭桌场景，以十分日常的生活场面展现人物的内心波澜，使观众参与叙事并主动思考。契诃夫拒绝建构强烈的冲突，比如火灾、男爵死于决斗等场面仅仅是一笔带过。他选择让观众与戏中人物一起度过一段时光。

在主题表达上，"三姐妹"一心想去莫斯科，她们的哥哥安德烈则想要成为大学著名学者。可是他们并没有去追寻自己的目标。信念只停留在他们的口头上，他们日复一日地等待，结果注定是徒劳。伊琳娜嫁给自己不爱的男爵，安德烈则沉迷赌博，一事无成。《三姐妹》全剧笼罩着一种生存境况的哲理性思考。

七、最后的时光

孤独的灵魂也在努力寻找另一颗孤独的心。

尽管事业上获得了巨大的成功，契诃夫的感情却一直没有归属。莉卡，阿维诺娃，都仿佛是梦幻的泡沫，经不起触碰，一戳就破。

他对待感情谨慎收敛，他从不轻易说爱，直到他深深爱上女演员奥尔加。

甜蜜的气息让人迷醉。像每一对热恋的情侣一样，两人一起感受春日的暖阳，互道晚安，憎恨离别，渴望重逢。

度过了四十年的孤独与苦难，契诃夫总算是尝到了爱情的甜蜜与酸涩。

奥尔加以契诃夫妹妹朋友的身份住进了契诃夫家，两人终于可以朝夕为伴，不必再受思念的煎熬。

奥尔加是那么活泼欢快，那么芬芳迷人，时而含情凝睇，时而娇言蜜语。契诃夫为之神魂颠倒。

也许是习惯了一个人，面对奥尔加的热烈表白，契诃夫却选择了克制。他既亲热又冷静，让奥尔加捉摸不透、失望气恼。

一个晴朗的月夜，契诃夫终于打开了感情的闸门，尽情享受着亲吻与拥抱。

转眼而来的分别使人憔悴，只能靠鸿雁与鱼书互诉衷肠。甜言蜜语不断，契诃夫却从不提结婚的事。

奥尔加的独立与果敢不允许她等待。她向契诃夫发出最后警告："我已厌倦了等待，我必须马上结婚！"

聪明的契诃夫明白，如若他继续坚持不婚主义，他将失去眼前这个可爱的女人。他终于妥协。

1901 年，他终于还是走进了婚姻的殿堂。

然而爱情的力量却仍然无法阻挡病情的恶化，肺结核在不断扩散。

敏感的契诃夫在写《三姐妹》时就曾预料："到那时候，一个庞然大物将向我们奔来，一场风暴正在酝酿着，即将来临！"

他已经闻到了暴风雨临近的气息。

于是，他变成了另一个人，生机勃勃，焕然一新。昔日的契诃夫已不复存在，暴风雨前的俄罗斯掀起了汹涌澎湃的浪潮，契诃夫也变成了弄潮儿。

20 世纪初的俄国风云变幻，激流暗涌，革命势不可当，一触即发。

学生运动、群众运动接连发生，却又惨遭当局镇压。高尔基的被捕更是加深了契诃夫对政府的不满与仇视。

但这几年，却也是他身体垮得最厉害的几年，病榻生活已是日常，扶椅变成了最亲密的伙伴。

高尔基事件坚定了契诃夫的政治立场。

他为高尔基而战，为正义自由而战，为敢于反抗的精神而战。他不再是那个"无可救药的悲观主义者"，他已经成为为祖国光明未来而战、为人民幸福而战的斗士。

他作品的主旋律也在悄悄发生变化。

他坚信"过二百年，生活将变得更好"，他讽刺，他嘲笑，他贬斥社会一切的不公正与不合理，但他也满怀希望去指引这些迷途的羔羊。

短篇小说《未婚妻》便是此时的心声。抹去了以往的愁闷抑郁，这是全新的契诃夫。

完成《未婚妻》，契诃夫几乎拼尽了全力。他仿佛已经看到了人生的终点。

一位作家如若能遇上理解自己的读者，是何其幸运的事。观众的期待与渴望让他无法放下手中的笔。

在生命倒计时的最后时光，他谱写了永远的天鹅之歌——《樱桃园》。

他在与死神赛跑。

完成剧本的那天，他仿佛卸下了重担。妻子奥尔加读后泪流满面。

所有有幸看到剧本的人，无不如获至宝。斯坦尼斯拉夫斯基也发来了贺电。

这又是一座里程碑。

女地主郎涅夫斯卡雅是樱桃园贵族之家的女主人，长年客居法国，突然有一天想到了樱桃园，于是举家回到了阔别五年之久的故乡。由于郎涅夫斯卡雅长期沉醉在寄生虫式的生活中，贪慕虚荣，债台高筑，樱桃园面临即将被拍卖的命运。面临破产的她却依旧寻欢作乐，沉湎在幻想、空谈之中。从前曾做过郎涅夫斯卡雅的仆人、父亲是樱桃园庄园农奴的罗巴辛，现在却摇身一变成为商人、企业主和暴发户。

罗巴辛建议把树砍光，然后盖别墅出租，用这些钱付利息，这样樱桃园就可以保存下来。但郎涅夫斯卡雅和哥哥加耶夫却根本听不进去，他们想保住樱桃园，却没有任何主见和解决问题的办法，只愿沉浸在对过去生活的回忆中，从而使樱桃园最终难逃被卖掉的命运，买主竟是罗巴辛——昔日樱桃园农奴的儿子现在却成了这里的新主人。随着樱桃树一棵棵倒下，每个人的"新生活"也即将开始了。失去了樱桃园的郎涅夫斯卡雅挥泪与樱桃园告别，去巴黎追求毫无价值的"爱情"，哥哥加耶夫去银行当了职员，瓦里雅去给别人家当了管家，罗巴辛以樱桃园新主人的身份在做着新的发财梦。曾经拥有樱桃园的那些上层人物正逐渐没落。契诃夫写出了贵族和封建专制衰败的趋势。更重要的是，契诃夫写出了时间永恒之下的无奈流逝。

可悲的人总在回忆过去，而新生的人永远向往着未来。

1904 年的春天到来了，契诃夫的病情却毫无好转。

5 月，他决定和妻子去柏林疗养。

朋友都来送别，契诃夫握着捷列绍夫的手平静地说道："永别了，我将死在那里。"

一语成谶。

终于，在德国 7 月的一个闷热而宁静的夜晚，契诃夫在病榻上像一个孩子般睡着了，再也没有醒来。

一只黑色夜蛾飞出敞开的窗户，永远消失在夜色之中。

参考文献

[1] 杨凯：《中国的契诃夫研究》，《重庆大学学报（社会科学版）》，2005 年第 6 期。

[2][俄] 安·巴·契诃夫：《契诃夫论文学》，汝龙译，安徽文艺出版社 1997 年版。

[3] 朱逸森：《短篇小说家契诃夫》，华东师范大学出版社 1984 年版。

[4] 弗·纳博科夫，薛鸿时：《论契诃夫》，《世界文学》，1982 年第 1 期。

[5] 侯晓艳：《20 世纪国内契诃夫小说译介及研究述评》，《四川师范大学学报（社会科学版）》，2000 年第 5 期。

[6] 徐乐：《21 世纪的俄罗斯契诃夫学：回顾和现状》，《俄罗斯文艺》，2010 年第 4 期。

[7] 叶子：《契诃夫其人》，《读书》，1987 年第 7 期。

[8] 赵先栋：《论〈变色龙〉的讽刺艺术——基于文艺学方法的多维度分析》，《安

徽文学（下半月）》，2013 年第 7 期。

[9] 肖娜：《契诃夫小说不同时期的幽默与讽刺艺术》，《肇庆学院学报》，2009
年第 3 期。

[10] 张建生：《〈变色龙〉的人物形象及讽刺艺术探析》，《语文建设》，2016 年第
30 期。

[11] 万苗苗：《〈变色龙〉的内容美与形式美》，《天津市经理学院学报》，2014 年第
1 期。

[12] 于秋潭：《〈变色龙〉的创作风格与人物语言特色》，《语文建设》，2014 年第
29 期。

[13] 张艳娇：《浅析〈变色龙〉中的人物与社会》，《剑南文学（经典教苑）》，
2012 年第 11 期。

[14] 常秋莎：《〈变色龙〉小说赏析》，《汉中日报》，2011 年第 6 期。

[15] 李娟：《契诃夫的文学创作风格》，《辽宁大学学报（哲学社会科学版）》，
2001 年第 6 期。

[16] 韩显阳：《契诃夫——俄国伟大的批判现实主义文学巨匠》，《光明日报》，
2005 年 1 月 28 日。

[17] 契诃夫：《契诃夫文集》（16 册），汝龙译，人民文学出版社 2020 年版。

第八章

《母亲》

——雕刻高尔基

高尔基，原名阿列克塞·马克西莫维奇·彼什科夫，1868 年 3 月 16 日出生于下诺夫戈罗德的一个木工家庭。他四岁丧父，被母亲带回到外祖父母家里。他的童年主要是在外祖父母家中度过的。外祖父母靠印染发家致富，有相当高的社会地位和比较富足的经济条件。高尔基的童年可以上学读书，同时也接触了大量社会底层民众。后来，外祖父破产，家道中落。年仅十岁的他不得不走上外出谋生的道路。

从一开始的捡垃圾，到后来的信使、厨房里的杂工、售货员、圣像画工、船上的杂工、面包店的学徒、工地上的杂工、晚间的看守人、铁路职工和律师事务所杂工。他的青少年时期尝遍了俄罗斯底层的各种辛酸，流浪于俄国各地。这一段特殊的经历，深入接触底层民众，脚踏俄罗斯大地，为日后高尔基的写作打下了深厚的基础。

1892年，在《高加索报》上，他用高尔基·马克西姆这个笔名发表了处女作《马卡尔·楚德拉》。从此高尔基进入了大众的视野，走上了自己的文坛之路。此后，《伊则吉尔老婆子》《鹰之歌》《契尔卡什》等作品相继发表。这个初级小学都没有毕业的人，开始在俄罗斯，乃至全世界大绽光彩。

1901年，著名的散文诗《海燕之歌》一经发表，就受到列宁的热情赞赏。诗中塑造了不畏风雨的勇敢的海燕形象，鼓舞着人民群众投身于革命的洪流。高尔基本人更像一只无畏的海燕，在风雨飘摇的俄国展翅高飞。

1905年前后，高尔基由小说转向了戏剧，先后写出了《小市民》《底层》等经典剧本。1906年，长篇小说《母亲》出版，这本正合时宜的书，将高尔基的创作推向巅峰，也为社会主义现实主义文学奠定了基础。

此后，高尔基又开始了漂泊的生涯。这期

间他完成了著名的自传体长篇小说三部曲《童年》《在人间》《我的大学》。他始终与人民同呼吸、共命运，用自己手中的利剑，塑造了一个又一个底层民众形象，无产者成为他作品的主宰。他致力于用积极的态度，引导广大人民群众，为社会、为自己而奋斗。

《克里姆·萨姆金的一生》成为高尔基的绝笔，这部具有史诗气魄的长篇小说凝聚着高尔基生命最后的心血。最终，还没等到完成，高尔基便撒手人寰，他的脉搏在 1936 年 6 月 18 日停止了跳动。

永不停息的高尔基，将一生奉献给了社会主义文化事业，从小说到戏剧，从诗歌到政论文章，从文艺理论到文学批评，他为无产阶级文学留下了一笔宝贵的财富。他不仅仅是作家，更是一名坚定的战士，奔走在革命的战场。他是社会主义文学的奠基人，是无产阶级艺术最伟大的代表者，是无产阶级革命文学的导师。

一、俄罗斯人民伟大的儿子

他是一座森林，那里有走兽，有飞禽，还有野果和蘑菇。他是一座宝藏，带着神圣的光环照耀着无产阶级文坛。

> 在苍茫的大海上，
> 狂风卷集着乌云。
> 在乌云和大海之间，
> 海燕像黑色的闪电，
> 在高傲地飞翔。

小草能在夹缝中生根发芽，海燕能在暴风雨中展翅翱翔。他就是俄罗斯文坛那"黑色的闪电"，在现实的狂风暴雨中，高傲地、不屈地前行，向着暴风雨最猛烈的地方。

他与人民共命运，与时代同呼吸。他用洋溢的热情、无穷的创作力，以永不停息的脚步，行走在俄罗斯文坛，攀登着无产阶级文学的高峰。

他是俄国的见证者，苦难中成长，风雨中漂泊。

现实的苦难没有将他击败，社会的大学让他历练。

从少年到青年，历经人生百态，扎根现实的广阔土壤。他是俄罗斯最忠实的儿子。

今后不管走了多远，他始终不忘自己开始的地方。

他因流浪汉题材小说轰动文坛，至此，一发不可收拾，如一块璞玉，在世界文坛大绽光彩。

不论是诗歌、小说，还是戏剧，他始终用坚定的态度，行走在人民群众之间，展现底层群众的悲欢挣扎。

他用文字的力量，讴歌生命的价值，唤醒民众的自信。

现实主义使人信服，浪漫主义催人奋进。

《海燕》《母亲》，人民战斗的号角；《敌人》《底层》，群众运动的灯塔。

他始终不忘带领人民走出苦难的泥泞，获得自由的新生。

文字不是他唯一的武器，深入群众才是他成功的秘诀。

他也是一个伟大的政治活动家。被捕，阻挡不了他坚定的信念；流放，带不走那一颗真心。

风雨漂泊的岁月中，他抱着一颗悲悯的心，从旧俄罗斯走来，向新俄罗斯迈进。

马克西姆·高尔基，原名阿列克塞·马克西莫维奇·彼什科夫，1868年出生于俄国伏尔加河畔的下诺夫戈罗德。"高尔基"的俄文翻译是"最大的痛苦"，这正是高尔基童年最真实的写照。

祖父是一名沙皇军官，高尔基的父亲不堪忍受其残暴，选择外出谋生，做了一名木匠，在那里他遇到了高尔基的母亲。贪婪自私的外祖父却一心让女儿麻雀变凤凰。不被祝福的婚姻，让这个家庭在建立之初就蒙上了一层阴影。不久，夫妻俩更是阴阳两隔，支离破碎。

父亲是什么样子的？雨天荒凉墓地，泥泞土地上的一口棺材是他仅有的印象。聪明、能干、善良、乐观，或许是父亲这一生留给高尔基最宝贵的礼物。

四岁丧父也许不是个例，但十岁的他又失去了母亲的庇护，从此独自飘零、寄人篱下。

他的童年，是在外祖父的毒打、舅舅们的野蛮争夺财产中度过的。唯有温柔慈爱的外祖母，用优美的童话故事、风趣的民间歌谣，抚慰他那颗幼小、受伤的心灵，温暖他的灵魂。

外祖父家里的青年学徒茨冈、老工人葛利高里是陪伴小高尔基童年的一部分，他们的不幸遭遇，同样冲击着他小小少年的心灵。

温饱不愁，书本相伴，还是一种幸运，尚有一方庇护。一夕之间，外祖父家惨遭破产，命运之轮再次给了高尔基狠狠的一击。

那是1879年，十一岁的他因贫穷而辍学，走上了艰辛的谋生之路。

学徒、洗碗工、面包店学徒、售货员、杂工、晚间看守人，他尝遍了所有底层人民的辛酸。

他也曾绝望过，繁重的工作、面包店的倒闭、外祖母的逝世，每一件都在他的心上划下了重重的一刀。人生没有方向，前途没有答案，就连漂泊的心也没有了牵挂。

一支旧手枪、胸膛上的一枪，是他对现实的逃避。可是，生活还需要继续。

自卑的他遇到了罗马斯，一位民粹派革命家。在对农民的革命宣传中，他重新找到了自我。

喀山，在这所社会大学中，形形色色的人，都成了高尔基最宝贵的精神财富。这里，是他生命再次开始的地方。

离开喀山，继续流浪。书中浪漫的美好理想与不堪的社会现实形成鲜明的对比。彷徨、迷茫、孤独席卷而来。

二十岁身强体壮的小伙子，不满足于只是看守麻袋、防水布和木材。他渴望，渴望在年轻的岁月中闯出一片天地。

于是，他怀揣未来，开始上路。他要去见托尔斯泰，他开始了对整个俄罗斯大地的漫游。

不在乎被冤枉、被诬陷，不在乎路途的艰辛，旅途的意义，在于心灵的再一次升华。

生活的馈赠，远比书本更为真实，更有人情味。

他喜欢人们对现实生活的敢爱敢恨，欣赏人们对世间一切的敢于嘲笑，更赞扬他们乐观的态度。

这一切，成就了高尔基。

没有人料想到，那个贫穷的、曾被人取笑的、仅仅念完初级小学二年级的孩子，会成为闻名俄国，甚至闻名全世界的作家。

　　生活在泥泞的现实中，让高尔基比同时代的作家有了更丰富、更复杂的下层社会感受，更能深刻感受人民的愿望，体察人民的思想。

　　这些宝贵而丰富的人生阅历，像不竭的源泉，为高尔基输送着灵感。他以大地之子的身份，创造出一个又一个生动的人物，感染着广大的群众。

　　有人说他是神，是高高在上的指路者，不，他否认，拨开迷雾，他只是一个普通的俄罗斯人。

　　他会迷茫、会犯错，他只是倔强地爱着自己的祖国，爱着祖国的人民。

　　他不向生活低头，不向苦难妥协。他走出了与众不同的道路。

　　他是俄罗斯的儿子，是俄国的财富，是无产阶级革命者的福音。

　　他从苦难中走来，披着一身荣光，向未来走去。

二、灵魂的芳香：爱书成痴

　　他扑在书籍上，就像饥饿的人扑在面包上一样。

　　贫穷使人沉沦，书籍让灵魂高贵。

　　他对书的热爱，源起童年爱的种子。那位年轻时做过织花边活儿的慈爱老人，用她藏在记忆里的童话故事、民间歌谣，将小高尔基带到质朴的民间文学的世界。这里有"圣母娘娘"、战士伊凡·阿列克赛、英明的华西莉莎，更有通往文学殿堂的鲜花小道。

　　那时的小高尔基还只是在书籍的大门之外徘徊，是厨子史穆莱阴差阳错地领着他走进了这扇大门。

　　少年辍学的他，本与书的缘分已尽，意外地遇上了一艘名叫"善良号"的邮轮。文化水平不高的厨子史穆莱，酷爱读书。他有着满满一大皮箱的书，总是不加选择地叫小高尔基大声朗读给他听。

　　就这样，在这位"启蒙老师"的带领下，他感受到了来自灵魂的香气。

一遇经年，便再也没有放下书本。

1880 年秋天，被解雇的小高尔基离开了"善良号"。

精神食粮的匮乏远比肉体痛苦更折磨他。为此，即使前路荆棘丛生，也在所不惜。

在绘图师家中，繁重的工作占据了他的大部分时光，主人也明令禁止他看书。但精神的渴求，让他工作结束后躲着也要看。无奈主人的母亲是个吝啬鬼，数清了所有的蜡烛，丈量了长短。一旦发现短了或少了，便对他一顿痛打。不能用蜡烛，那就向月亮借光。一次，在借铜锅反射的月光看书时，因过于专心，烧坏了炊具，结果又是招来一顿毒打。被送到医院后，医生从他的背上挑出四十二根木刺。

可是肉体之痛，远比不上灵魂缺乏知识的饥渴难耐之痛。

没有钱买书，那就四处去借书。没有条件看书，那就自己创造条件。

他曾说："假如有人向我提出用棍棒打我一顿就可以读书，那我也愿意接受！"

多么痴迷！再累的生活，有书相伴，也会成为一首轻松而舒适的诗。贫穷的日子，有书可读，就是幸福的人。

从公共图书馆借到的第一本书《巴黎的悲剧》，是克萨维蒙台潘的长篇小说，陌生的生活、激荡的斗争，让他常常忘了这只是纸上的风云，随书悲随书喜，仿佛自己便是那个世界的参与者。

巴尔扎克的《欧也妮·葛朗台》使他联想到外祖父；彭桑特里尔的主人公罗堪博尔教导他对现实不低头，做一个坚韧不拔的人；仲马笔下的那些人物启发他树立远大理想，献身伟大事业。

福楼拜的《一颗简单的心》，熟悉的语言、平凡的故事，对他来说却胜过春天里喧闹的节日。外界的热闹是他们的，高尔基只愿坐在棚顶，享受内心的孤寂，感受文学世界的激动。普希金的长诗，把他带到一个美丽的新世界。仿佛一个人在寂寥的沼泽青苔间，忽遇一片铺满鲜花和阳光的天地。读几遍就能背下来的亲切的童话诗，便成了他最好的睡前读物。一遍又一遍地默念，直到灵魂安睡。

他疯狂地热爱和享受这种生活。如一杯醇厚的美酒，韵味绵长；如一曲动听的歌谣，余音袅袅。这是独属于他的，没有阶级、没有贫穷的世界。

曾有一场大火，侵袭了他的房间。他首先抱起的不是金钱，不是财产，而是书籍，也只有书籍。为了这些心爱的宝贝，他甚至不惜丢掉性命。

他将他的深情、柔情、热情全都献给了书籍。他永远以崇敬的态度爱抚着这些高尚的灵魂。

是书籍，把他拉出了愚蠢、下流的泥沼，拯救了他那颗濒临死亡、绝望的心灵。

强烈的求知欲，使他萌生出上大学的愿望。皇家喀山大学，是令他神往的地方。

偶然的机会，他结识了小商人安德烈·捷林柯夫。这个食品杂货店的老板，拥有一个藏着禁书的秘密贮藏室。车尔尼雪夫斯基、什勃罗留波夫和谢德林的政论著作吸引了年轻高尔基的目光。

从此，他的书籍世界不再只有冒险故事和小说，而开始涌进了科学家、思想家和革命家的著作。

他走出了狭隘的自我，原来生活不只有衣食温饱，更有广阔的远方和未来。

虽然与皇家喀山大学擦肩而过，但对书籍的热爱让他不虚此行。

随后，他把写诗的笔记本和《老橡树之歌》装进行囊，带着满腔的热血，步行千里，寻找托尔斯泰。虽然没有成功，但精神愈加健旺而勇敢。

1891 年 11 月，结束了身心的放逐，他抵达了高加索的首府第弗里斯，开启了步入文坛之路。

与书结缘，是他新生的起点。和书相伴，让他看得更高，走得更远。

在比萨拉比亚的流浪中，在吉卜赛人的帐篷里，关于拉达和左巴尔的传说，让高尔基迈出了第一步。在卡柳日内的鼓励和帮助下，处女作《马卡尔·楚德拉》诞生了，伴随着文坛一颗冉冉升起的新星——马克西姆·高尔基。

《叶美良·皮里雅依》《科利亚的梦》《报仇》《撒谎的黄雀和爱真理的啄木鸟》等相继发表，这颗新星越来越亮。

从小学生到作家，从诗歌到小说再到戏剧，离不开他的博览群书。他从巴尔扎克、福楼拜、司汤达等大家的著作中敏锐地接受着洗礼。最终，现实主义和浪漫主义在高尔基这里相遇，然后发酵。

他说，书籍是人类进步的阶梯，是青年人不可分离的生命伴侣和导师。每一本好书都是一个小阶梯，每爬一级，便能向着高尚迈进一步，便能接近更美好的生活。这是他浓缩一生的写照。

"热爱书吧——这是知识的泉源！"

时光最终没有辜负那些冒着痛楚、冒着危险去读书的日子。即使鲜血淋漓，在书的世界中，他始终恣意潇洒。

三、《母亲》：正合时宜的照亮现实的灯塔

一场日俄之战，让沙皇政府的腐败无能暴露得更加彻底。社会制度更迭刻不容缓，政治活动家高尔基怎能不参与其中。然而起义失败，面临被捕的危险，高尔基按照党的决定，开始了逃亡之旅；亦是利用自己的声誉，到国际上，为革命党争取支持、筹集经费。

从芬兰、瑞士，到德国、法国，最终暂住美国。这座以民主自诩的国家却容不下高尔基，采用种种手段阻挠其生活。幸亏好心人的帮助，才能让他在"黄色魔鬼的城市"中飘泊。

这场欧美之行，长达半年的流亡，最终以失败告终。无论是政治还是经济，都未达到他的预期目标。但这一段飘泊，却成就了日后的社会主义

文学奠基之作——《母亲》的诞生。

1902 年，高尔基的家乡诺夫戈罗德附近的索尔莫夫镇举行了一场轰动的"五一"游行，游行的领导人被捕后被判处流放。他的母亲选择了继续儿子的事业。高尔基与这位母亲安娜在游行之后有了交往，由此有了这部巨著的原型——

工厂像一头怪兽，吞噬着工人的血汗。老钳工米哈伊奇·弗拉索夫是工厂里最好的钳工。但他对上司粗鲁的态度，让他的工钱与劳动不成比例。精神苦闷的他，只好借着酗酒、打架发泄自己的不快。回家后就拿自己的妻子尼洛夫娜出气。

她长得很高，有点驼背，活动时没有一点声响，走起路来微微侧倾着身子。这就是母亲尼洛夫娜。

她受尽生活的折磨。长年累月的劳动、丈夫的毒打，让她如同动物园被驯服的动物。她隔离了外部的世界，只有无尽的屈服与逆来顺受。

胆怯顺从的贫苦女人，在社会积习的牢笼中，只能将希望寄托在神的旨意中。尽管丈夫不久因病去世，少了家庭强权的压迫，她依然活在混沌、愚昧的世界，带着哀愁与不安。

年轻的儿子——巴维尔也成了工人。刚开始，他也像父亲那样苦闷，抽烟、喝酒。幸运的是，他出生在工人运动蓬勃发展的时代。渐渐地，他会自己打扫房间，整理床铺，尽量减少母亲的操劳。他开始拿书回家用功学习。

当母亲听说儿子在看"禁书"，她惊恐不安。丈夫去世后，儿子就成了她的全世界。如今，她明白她的儿子要献身给一项秘密的事业，要走上危险的道路。

巴维尔在革命知识分子的帮助下，找到了属于自己的、献身于工人解放事业的光明大道。他在家里秘密组织了革命小组，学习理论，懂得了工人痛苦的来源，这是资本家剥削的罪过。他和志同道合的工人，秘密发放传单，在工厂"号召工人们团结起来，为自己的利益而斗争"。坚强的意志、清醒的头脑，让他赢得了信赖和尊重，成为工人运动的组织者和领导者。

旧社会的妇女，身受夫权、神权、政权的束缚，灵魂没有思考的空间。但活生生的现实，让她明白，儿子的革命言行，让她启发。纵然一开始，她对革命害怕和恐惧。她开始醒悟，要打破一切奴性枷锁，直起自己的腰来。

新厂主为了从沼泽地上获取利益，要工人们弄干这块沼泽地，顺便挖取泥炭。新厂主便借着改善工人生活条件的名号，公然克扣工资。巴维尔挺身而出，与厂主争辩，号召工人同胞，宣扬马克思主义，自己解放自己。那些工人的一双双眼睛里闪烁着不安与疑惑。条件尚未成熟，同胞尚未觉醒。巴维尔那些激动的豪言壮语只是一阵微风，并没有在同胞的心中泛起什么涟漪。回到家中的巴维尔为此苦恼不已，他觉得自己还没能让他们明白真正的真理。正当巴维尔躺在床上看书时，宪兵怒气冲冲地带走了巴维尔。巴维尔因为抗争而被捕入狱。

儿子入狱，救子心切的母亲，爱屋及乌被卷入了革命的风暴中。她利用向工人送饭的机会，代替儿子去工厂发传单。

她成功了，兴奋之情溢于言表。因为爱，她选择与敌人周旋；因为爱，她跟随儿子的脚步学习知识、真理。这是她向革命迈出的第一步，也是向全新的自己迈出的第一步。胆怯、懦弱在消失，自信、勇敢在增强，懵懂开始走向成熟，被迫开始走向主动。

母亲在成熟，儿子也在进步。狱中生活的磨炼，提高了巴维尔的思想觉悟，他明白了斗争的关键。出狱后，巴维尔策划了"五一"游行，不顾亲人阻拦，扛起开路的大旗，威风凛凛，走在队伍前列。工人们像磁铁一样，紧跟着巴维尔，高喊口号，高唱战歌。面对沙皇政府的镇压，他们勇敢、坚定，不畏牺牲。巴维尔再次被捕了。

游行中，尼洛夫娜始终与儿子在一起。儿子被捕，她的胸口有一股革命的热血喷薄而出。她拾起儿子高举过的、在战斗中被撕碎的旗帜，高呼民众。

在她的呼吁下，一个个苦难中的人，说出自己的苦难，传递给人们的不再是沉默和无助，而是无限的悲愤与力量。

儿子再次被捕，她不再害怕，与革命者共进退。她积极参加革命活动，工厂、农村，乔装、打扮，都是为了同一个目标。质朴、沉着、机敏、勇敢成为她的代名词，生命危险不算什么，艰苦劳累都不在乎。

眼神微笑，眉毛飞舞，神采奕奕。这是全新的尼洛夫娜。坚定革命崇高的理想，带着十二分的热忱，不害怕敌人，不笃信上帝。

将法庭变阵地，开始自己的演说，痛斥暴行，宣扬真理、自由。冒着被流放的危险，做自己所爱的事。巴维尔成为一个真正的、优秀的无产阶级革命战士。

儿子被判处流放。尼洛夫娜难过，但没有因此消沉下去。除去儿子，她还是她自己。她主动请缨，发放儿子的演讲稿。当她发现自己被盯梢，面对个人安危与革命责任，她犹豫了片刻，没过多久就为自己不高尚的想法而痛苦。最终，她不再动摇，一种力量油然而生。她坚定地毅然打开箱子，面对警察，散发传单，激昂宣传："贫困、饥饿和疾病，这就是人们劳动的报酬……我们的生活就像黑夜，暗无天日、漆黑一团。"

人民被鼓舞了，她内心燃烧了。在人民给予的力量前，敌人的痛打不再疼痛。她豪迈宣布："大家要齐心协力，团结一致！""真理是用血的海洋也不能扑灭的！"

一个是先进工人，一个是革命群众，《母亲》给我们塑造了有血有肉的无产阶级革命者形象。这次，无产者们不再是陪衬，不是受苦受难的可怜虫，不是愚昧无知的庸人，而一跃成为故事的主角。他们以主人翁的全新姿态，昂首出现在文学的殿堂里。

特别是母亲这位主人公的塑造，体现了高尔基的独具匠心。佩拉格娅·尼洛夫娜·弗拉索娃——从逆来顺受、挨饿受冻、饱尝辛酸凄凉的母亲，一个工人的母亲，成长为革命的群众。她有过困惑不解，也有动摇和不安。在各种游行、社会主义事业逐渐见效的时候，她的内心既为监狱中的儿子担忧，又为他在即将出狱前做好牺牲的准备而无比坦然。她的革命感情、为伟大事业奉献的觉悟战胜了忧心忡忡的个人思绪。

母亲在尼古拉等革命人士的鼓励下，多次在探监的时候递纸条给巴维尔，请求他越狱。巴维尔给母亲回以坚定的微笑，这让母亲无可奈何又无比欣慰。当儿子终于递给母亲纸团的时候，母亲又感觉无比沉重。可以说，在故事发展的各个阶段，母亲的心理活动都真实可信。

之后，母亲四处散发报刊，宣传社会主义思想。当她聆听完巴维尔在法庭上的演讲，她的身份已经完成了彻底的转变。如果说在之前的呼吁等活动中，她还是被动的、受保护的角色，那么当她勇敢地撒出巴维尔的演讲稿，并为之呐喊的时候，她就完成了一个自主自觉的革命形象的转变。可以说，母亲的觉醒是《母亲》小说整个故事最为精彩之处。

回顾整个故事也是有详有略。比如在巴维尔和一众革命同志因为"游行"而被捕后，母亲也扛起大旗在大街上为无产阶级奔走呼号。这一幅热血的革命画面描写得无比详细，在细节的铺陈下也显得无比真实。随后母亲认识了尼古拉和索菲娅姐弟。索菲娅跟巴维尔母亲说起自己如何机智逃脱种种追捕。小说在陈述这段故事时，采用简约笔法、精炼笔触。高尔基采用细线条混合粗线条对不同人物进行刻画，详略得当。

高尔基采用了独特的修辞技巧，比如"工厂像一只巨大的暗红色蜘蛛"，写出了工厂残忍、罪恶的本质；"瘦弱的孩子们"像"秋天的苍蝇一样大批地死去"，描写出一种多么残酷的事实，沙皇和地主的罪恶在这样的事实面前暴露无遗。

立体的人物塑造方法、有张有弛的节奏、独特的修辞、细腻的心理描写，这些卓越的艺术手法让《母亲》这部作品生动形象，非常富有生活气息地呈现在读者眼前。

《母亲》这部作品从现实的革命出发，真实地、历史地、具体地描写现实。高尔基首次运用了社会主义现实主义的创作方法。他将真实的现实与浪漫主义的思想相结合，勾画出俄国工人运动的整个发展过程。对新革命现实的真实描写，对时代本质的深刻概括，新的人物形象的创作，新的创作方法的运用，开创了无产阶级文学的新纪元。

列宁评价这是一本非常及时的书。1905 年，俄国革命失败，陷入白色恐怖，正是因为工人、群众尚未有真正意义上的觉醒。《母亲》的问世，展现了俄国革命的历史进程，从马克思主义的传播到工人小组的成长，反映了人民群众的觉醒，从不自觉的革命运动到自发的活动，从经济斗争到政治斗争。这样积极向上、催人奋进、使人觉醒的作品，是指引无产阶级革命历史进程的火把和灯塔。

《母亲》，是一部划时代的巨著，对高尔基来说是锦上添花，但却造福了整个世界的无产阶级革命者。

四、俄罗斯精神的守夜人

高尔基遇到的第一位"知识分子"，是外祖父的房客，"好事情"科学家。他衣衫褴褛，终日埋头书籍。酒精灯、铜块、铅条是他生活的试剂，实验是他的一生。他却被外祖父撵走了，就连宽厚的外祖母都认为他是药剂师、巫师，是危险的人物。风趣幽默的"好事情"是高尔基儿时的朋友，这位追求真理的孤独者的遭遇，一直留在了高尔基的记忆中。

这一生，高尔基甘愿做一把保护伞，竭尽自己所能，保护那些科学家、作家、诗人，那些对文化有贡献的人。

他是俄罗斯的儿子，在时代的风云变幻中，他怎么可能独活于自己的艺术象牙塔。在艰难的政治岁月中，他始终保护着俄罗斯"理智的力量"。

作家扎米亚京曾写道，在俄罗斯，特别是彼得堡，许多人都怀着感激之情回忆作为一个人的高尔基。不止十个人的生命和自由多亏有了他。

俄国十月革命后，新生的苏维埃政权处在国内外反动势力的威胁之中。为了巩固新生的政权，苏俄政府采取了一系列措施。布尔什维克下令逮捕对新生政权保持观望态度的知识分子。知识分子的不同命运就此展开。

高尔基是列宁的好战友、好朋友，这一次，他们政见不合。当友情遭遇认知差异的考验，高尔基选择忠于自己。

作为一名作家，他同情这些知识分子，他认为知识分子是国家富强兴盛的基础。极大的愤懑充斥着高尔基的内心，他立即给列宁写信，抗议这种损害知识分子的政策。

他奔走于解救知识分子的道路上，不断给列宁写信，还一次次到莫斯科找列宁。

但是，再好的朋友也会有不同的观点。

列宁认为高尔基将人民的"知识人才"和资产阶级知识分子"人才"混为一谈。甚至严厉提醒高尔基，再不将二者明确区分，再不从资产阶级知识分子的包围中挣脱出来，会犯严重的认识错误。

高尔基从未怀疑过自己的对错，他坚定地行走在自己坚持的道路上。随后，他又就此事，写信给全俄肃反委员会主席约·捷尔任斯基，明确表示了自己的失望。

经过仔细甄别，苏维埃政府释放了一些知识分子。显然，高尔基的奔走呼吁起到了重要的作用。

苏维埃政府渐渐稳定了，但对知识分子的甄别更加严格。知识分子们将在成为人民的知识分子还是资产阶级的知识分子之中作出选择，这种选择将决定他们的人生轨迹。

俄国知识分子的生活水平一落千丈，面包没有，木柴也没有。在1918年到1920年的饥荒时期，高尔基甚至放弃了钟爱的文艺创作，一心扑在拯救受苦受难的人的生命上。他诚恳地请求列宁，做点什么吧，提供面包和木柴，满足他们最基本的生活需要。

"改善学者生活委员会"在高尔基的呼喊中、奔走下成立了。"学者之家""作者之家""艺术家之家"，高尔基巧立名目，千方百计地改善知识分子的生活，为他们谋得口粮。为了给一位年轻的母亲求得牛奶，他不惜损害自己的声誉，说那孩子是自己的私生子。

为了他们的衣食住行，高尔基煞费苦心。利用手中的笔杆，他不止一次为知识分子发声。依仗与列宁的亲密私交，他一次次触及政权的底线。终于，列宁的忍耐到了极点，强硬地要求他出国。

全国赈济灾民委员会被解散，成员被逮捕。诗人勃洛克申请出国未被批准，古米廖夫被处决。这一切无异于当头一棒，高尔基有心却无力，万般无奈，只能黯然出走。

流浪国外期间，他仍旧关注着国内文学和社会生活的动态。极左势力猖獗、个人崇拜泛滥，他为保护扎米亚京、布尔加科夫、皮利尼亚克、普拉东诺夫等受到不公正批判的作家和知识分子挺身而出，他高声赞扬叶赛宁、左琴科、帕斯捷尔纳克等人。直到逝世前不久，他还为横遭批判的音乐家肖斯塔科维奇辩护。

非难、指责、批判，四面涌来。尽管心力交瘁，他始终不能安然独善其身，兼济天下是他一生的使命和责任。

在生活上，他是知识分子的保护者；在文坛上，他更是晚辈作家的引路人。

对文学创作者，他始终抱着最大的同情。尽管在文坛已赫赫有名的他，仍毫不忌讳地做粗活。他不吝啬花数小时，给晚辈们忠告，帮助他们继续创作。

　　1918 年，高尔基在彼得格勒创办了世界文学出版社。他有一个梦想，要把世界著名文学作品带给崭新的苏维埃读者。虽然身为名誉主席，他却是一名对最令人生厌的劳动也不嫌弃的壮工。每次会后，他都要带走满满一包别人的手稿，这些都是别人请他"浏览"一下的作品。他都会仔细阅读，认真批改。手稿上被划掉的蓝色笔记，密密麻麻的批注，都是他对文学、对创作者最大的尊重。

　　繁重的工作下，连续三年他都没有休息过。对这些事关文学、作家的细枝末节，他不曾一刻放松。他以忘我的精神编辑杂志、书籍，超出了常人的想象。

　　一位初学写作的人送来一篇文理极不通顺的文章，编辑部的科·伊·楚科夫斯基将这篇毫无用处的东西退回去了。而在高尔基看来，这是一篇清新的好东西，他几乎把每一行都勾掉，写上了自己的批注。

　　他保护着晚辈们那颗纤弱而敏感的心，自信、自尊在这里得到了保全。

　　在编辑部的历次会议中，对于那些与他观点不同的人发表的见解，他总是耐心而冷静。同他们争论时，他总是在讲话前加上各种谦恭的话。

　　对于年轻的作家，高尔基没有高高在上，他们之间是平等的，谈话是无拘无束的，他并不企图用自己的"教育学"去改变他们。

　　有人曾经记载了高尔基关于书籍、事件、人物等的见解，却遭到了高尔基的极力反对。他不愿让自己的意志禁锢后人的思想。

　　在俄罗斯的头脑、精神面前，他是谦卑的、宽容的、博爱的。他宁愿燃烧自己的一切，也要保全俄罗斯精神的尊严。

　　他是俄罗斯精神最忠诚的侍卫，誓死捍卫祖国的头脑，物质的，精神的，这是他永远放不下的挂念。即使自己凋零，也要用鲜血灌溉最美的鲜花。

五、活着，一切为了爱

没有太阳，花朵不会开放；没有爱，便没有幸福；没有女性，也就没有爱；没有母亲，既不会有诗人，也不会有英雄。

或许是童年的缺爱，让高尔基从小就对爱情有了憧憬。也许是害怕孤独，他大半生都在爱的世界里放逐。

他的爱情像一个谜，留给我们的只是荧幕背后的暗影。如人饮水，冷暖自知，我们只能做一个糊涂的旁观者。

情窦初开的年纪，暧昧、朦胧却虚无。十三岁的他，有了属于自己的女神。漂亮的女寡妇，愿意为他从图书馆借来诗集和书本，温柔、善良，让高尔基如痴如醉。这是属于他的"玛尔戈王后（大仲马笔下的人物）"，纯洁、无瑕。直到他发现一个男人睡在了"玛尔戈王后"的床上，年轻崇拜者的心灵受到了重创。这是一场无声的爱情，一个人的相思，迷雾般走来，又悄然离去。

二十一岁，正是人生中最璀璨的时光。美丽聪慧的有夫之妇奥莉加·卡明斯卡娅进入了高尔基的视线，高尔基从此坠入爱河。

仅仅五分钟的交谈，让高尔基对这个比他大十岁的女子一见钟情。她那可爱的椭圆形小脸和那双温情脉脉的眼睛，她那迷人的微笑，慰藉了一个生活在凶涛恶浪中备受凌辱的年轻男子的心。他心动了，那笑容是他长久以来求之不得的。

一切就是这么突如其来。高尔基游泳跳水时受了伤，奥莉加来家里看望他。高尔基借机表达了自己的倾慕，奥莉加也承认了这份爱情。但理智告诉这个女人，这样做是不好的。

几天后的一场长谈话，暂时结束了这一段罗曼史。奥莉加无法离开丈夫，高尔基也不能接受情人的身份，只好默默地为她保留自己的全部真心。

两年之后，命运让他们重逢。此时的奥莉加也结束了和丈夫的关系，独身的两个人，很快重燃了爱情的火花。他们一直攀谈到深夜，第二天高尔基立即写了一首爱的表白诗。

沉浸在爱情中的两个人很快正式结婚了。

这一桩"奇怪"的婚姻，让高尔基感到现实不再黑暗，心中充满力量，到处都是希望的火焰。

欣赏是需要距离的。这段婚姻维持了两年，终究敌不过现实的真实。奥莉加无法理解高尔基作品的美妙，高尔基也接受不了奥莉加只会请客聚餐的日常活动。矛盾终究发展到了无法调和的地步，1894年12月，这段五年的罗曼情史合上了它的帷幕。

1895年3月5日，一首题为《别了》的诗在《萨巴拉报》上发表。高尔基再一次在爱情中遭遇挫折，苦闷盘踞周身。1921年，得知奥莉加因病去世的消息，他便提笔写了一篇名为《初恋》的自传体小说。

他一定是爱死了这个女人，这曾是他青春最浪漫的梦。

1896年，二十八岁的高尔基爱上了报刊校对员叶卡捷琳娜·帕夫洛夫娜·沃尔任娜，并与其结婚，次年独生子马克西姆诞生。比高尔基小十岁的沃尔任娜也是个坚定的革命者，但他们还是分居了。

1901年，他的浪漫又转向了有夫之妇——女演员玛丽娅·费多罗夫娜·安德烈耶娃，并在旅美期间，将她带在身边。他因此遭到沙皇政府和美国的联合诋毁，说他是带着情妇来旅行，是"无政府主义者与好色之徒"。

最后一个与高尔基有过纠缠的女人，是被他称为"铁女人"的秘书玛·伊·扎克廖夫斯卡娅。关于她的身份，以及与高尔基的关系更是一个难解的谜团。高尔基最后一部作品——长篇小说《克里姆·萨姆金的一生》正是献给这个神秘、特别的红颜知己。

爱情，在高尔基这里，是多变的，也是真诚的。

爱情是轰轰烈烈的，亲情则是细水长流。

高尔基有一子一女，女儿卡佳自幼多病，不幸夭折。马克西姆·阿列克谢耶维奇·彼什科夫就成了他唯一的孩子。

高尔基对马克西姆视若珍宝，他给的爱名为尊重。

由于高尔基长期受到沙皇政府的监视和迫害，马克西姆从小跟随母亲，侨居异邦。不能长期在一起，信件成为他们的传声筒，倾注了父亲的全部心血。

望子成龙是天下父母的心愿，高尔基也希望自己的孩子能成为一个"所有人都需要"、"心灵丰富"的人。懂得人生的意义，明白家国天下与自己是高尔基给孩子的必修课。学会祖国的语言，懂得贫苦孩子的遭遇，期望能与孩子一起顺着伏尔加河去漫游，脚踏祖国的大地。高尔基始终用春风化雨般的态度引导着马克西姆。

他的"自传三部曲"中的第一部《童年》，有着自传体的意味，但与高尔基的童年有一定的出入。他是为了教育儿子而写，专门题词献给了儿子。

精心挑选学校，指导儿子看书，从天文地理到诗词歌赋，并亲自替儿子选购书籍。虽然距离很远，但两颗心始终紧紧靠在一起。

那一封封信，一句句话，一个个文字，都是爱的见证。他一事一议，用智慧的态度带领马克西姆在成长的道路上大步迈进。

从音乐到绘画，从爱情到工作，高尔基无微不至地用自己的态度启发着儿子。他热爱儿子，同时也尊重儿子。他尽力满足孩子的愿望，用善意的语言教儿子成长，用正确的态度对待儿子的兴趣，同时严格要求儿子。

在高尔基的精心呵护下，这棵小树如愿开枝散叶。他才华横溢，通晓艺术，热爱文学，喜欢体育，成长为一名坚定的共产主义战士。

这是父亲的心血，也是父亲的骄傲。

谁最爱孩子，孩子就爱他，只有爱孩子的人，他才可以教育孩子。

不幸的是，父亲的这块心头宝，离奇地永远离开了父亲。阴阳两隔，白发人送黑发人，高尔基的痛楚无人能懂。

爱是他活下去的源泉与动力，他却一直与爱擦肩而过。

妻子分居，儿子离世，孤独的他是不是厌倦了这样的生活？

六、是作家，也是战士

他用尽一生，痛苦而不安地爱着俄罗斯，爱着俄罗斯人民。

他的爱是深沉的，并不温柔，而像一朵带刺的玫瑰，甜蜜中夹杂着尖锐的痛楚。

他是一个作家，同时也是一名战士。

如果说生活是为了实现人间的幸福，忍耐和仁慈只会是通往这条幸福大道的绊脚石。

去战斗，是他一生的态度，只为打开"人道主义"理想那扇大门。

青少年时期的高尔基生活在各种思潮交织、碰撞的时代。他早早地与共产主义有了亲密接触，接受马克思主义的熏陶。什么是真理，他不确定。各种信仰与主张在脑海中回荡，他踏上了流浪之路。浪漫而又现实的他，用脚丈量土地，到广袤的原野上，到人间现实中，去寻找力量。

他坚定了信念，来到这个世界，就是为了反抗。他说，对进化论，也无法同情。

1891年11月，这个小伙子到达高加索的首府第弗里斯，结束了他的漫游。也是在这里他有幸遇到了他的文坛导师——卡柳日内，处女作《马卡尔·楚德拉》诞生了。处女作一经发表，他手中的笔便很难再停下，接二连三地创作了多部短篇。

柯罗连科被这些小说打动，很想与作者见面。他一眼就认出了这个年轻人。早在1889年，高尔基第一次漫游回到家乡时，曾带着自己最为得意的诗歌《老橡树之歌》拜见过柯罗连科。出乎他的意料，没有得到赞美。这深深地打击了高尔基，他羞愧难当，之后的两年之内果真再也没有动笔。

这一次，他得到了柯罗连科的赞赏。柯罗连科也成为高尔基文学创作路上具体的指导者。

1895年2月，柯罗连科还推荐高尔基到《萨马拉报》工作。几乎每一周，这位文坛黑马就会在《萨马拉报》上发表一篇新小说。《伊则吉尔老婆子》《鹰之歌》《有一次，在秋天》《游街》《筏上》《我的旅伴》等就这样诞生了。此外，高尔基还负责"速写与随笔"板块。这一专栏给高尔基开启了方便之门，他秉承自己的原则，对庸俗、卑鄙的社会现象进行抨击。当刊物在大肆吹捧歌颂成就时，他独树一帜，揭露工人的痛苦生活。

1897年，高尔基辞掉了这份工作，开始了专职作家的生涯。《特写与短篇小说集》的出版，开创了俄国出版界的先河。1899年，他的声望已经举国闻名。在首都有他的庆祝晚会，关于他的演讲和小册子，甚至巡回展览会上列宾画的高尔基的一幅肖像，抢占了所有的风头。这一年，高尔基不负众望，为读者奉献了第一部长篇小说——《福马·高捷耶夫》。

这部作品揭露了俄国资本家的罪恶本质，得到了赞赏，也引来了仇恨。高尔基这个名字，也走出国门，吸引了西欧文学家、批评家的注意。

同样，他的作品也引起了沙皇政府的注意与恐慌，以莫须有的罪名被逮捕，又因无罪而释放，高尔基活在了警察的视线中。高尔基毫不收敛，公开举行社会活动进行反抗，为孩子、流浪汉。警察们也对他一筹莫展。

这时的高尔基已经与革命者有了接触。他秘密地呵护着这个新生的幼小的火苗。1901年，政府对因反对《暂行条例》而举行示威游行的参与者展开了大规模的屠杀。目睹了这一切的高尔基，立即在《控诉政府抗议书》上签了名，并亲自写了一份《驳政府报道》的传单。他又一次被逮捕了。沙皇当局决定将其流放，高尔基家乡的子民为他组织的欢送会，演变成一场游行示威，人们高呼《海燕之歌》进行反抗。

1902 年 9 月，恢复自由返回家乡的高尔基，又投入到了他无比热爱的事业当中。《知识》出版社、"星期三"文学联合会是他的强有力的阵营；《小市民》《底层》等戏剧，掀起了直逼沙皇的热浪。

1905 年，"流血星期日"事件的发生，高尔基再一次挺身而出。他第三次体验了牢狱之灾。这一次的被捕，整个欧洲甚至美国都为他"求情"。

如果说这个时候的高尔基只是锋芒毕露，那之后的高尔基便是最大的"叛徒"。

深深热爱着俄罗斯人民的高尔基，想要挽救这个民族最强硬的脊柱。

他相信革命能够唤醒民族的光辉。站在工人群众队伍里的高尔基终于在以列宁为首的布尔什维克身上看到了真正的革命精神，他加入了布尔什维克。

在革命形势高涨的岁月里，他以战士的身份直接加入了这一洪流。

《母亲》是他献出的最有诚意的礼物。

世人眼中，高尔基和列宁成了最好的战友和伙伴。

但友谊的小船也会有磕磕绊绊，很快分歧就出现了。

"造神论"是最初的裂纹。是否应该建立一个马克思主义宗教来拯救沉重的俄罗斯，列宁极力反对，高尔基则认为这是一剂良药。

1908 年，《忏悔》问世，列宁从中看到了他对"造神论"的坚持，二人从此中断了联系。

一个是坚定的政治家，一个是紧随内心的文学家。这是现实与理想的较量，他们终因立场不同，分道扬镳。

直到 1909 年，因高尔基主动让布尔什维克革命家米哈伊尔去巴黎寻找列宁的帮助，二人中断了一年半之久的通信才得以恢复。

二人之间是有感情的。列宁敏锐的艺术感使高尔基受益匪浅，1910 年到 1913 年三年间，《夏天》《奥古洛夫镇》《玛特维·克日米亚金的一生》《意大利童话》《俄罗斯童话》《童年》以及剧本《瓦萨·日烈兹诺娃》

《怪人》《崔可夫一家》等一系列作品成了最好的革命宣传。但好景不长，身份的差距让二人再次产生隔阂。

十月革命爆发，一直渴望着革命风暴的高尔基，却对革命犹豫了。他们的观点开始有了分歧。

在高尔基看来，革命的烈火没有能够治疗垂危的俄罗斯，反倒激起了人们的暴动性。这不是高尔基心中的世界。这场暴动的滚滚洪流中也伴随着泥沙俱下。

以列宁为首的布尔什维克在继续推动革命，要用武装斗争的方式，将政权全部掌握。

高尔基对此不理解，对于暴力革命，对于武装斗争，他出于知识分子的本能，保持着适当的距离。

他认为，如果俄国唯一的积极力量——工人阶级，也选择了暴力革命，那么俄国的明天还有社会主义的气质与灵魂吗？

1918 年 8 月列宁遇刺，引起工人阶级的极大愤慨，高尔基恢复了和列宁的往来，他们的友情又燃起了一丝希望的火花。

随后布尔什维克的武装斗争形式与高尔基坚持的人道主义价值观格格不入。他不断用友情的名义，与列宁争论时政。

列宁的革命理论，高尔基无法抗拒，也无法反驳。可他无法眼睁睁看着俄罗斯民族传统的信仰接受新的逻辑改造。

高尔基与布尔什维克，有合作，也有分歧。

列宁坚持新生的政权需要用武装斗争的手段维护，而在高尔基眼里，科技才是国家长期进步的源泉。

终于，列宁受够了高尔基，劝说他离开革命的城堡。1921 年，高尔基离开了俄国革命的洪流。这一走，便是数载。

除小说、戏剧外，高尔基在革命期间写了许许多多的公开信和"社会论文"，有人讥笑他是蚊子、苍蝇。

但高尔基不只是一个作家，他还是一个守护俄罗斯"人文理想"的斗士。

不管在什么样的年代，他都勇于做一只啼血的夜莺，用生命唱出自己的旋律。

他一直都清醒地知道，自己要的是俄罗斯民族的魂魄，而列宁追求的是国际共产主义的理想。

他可以做一只引领潮流的海燕，也能做一只不合时宜的乌鸦，他是不是真正的勇士，交给历史去评判吧！

七、伏尔加河最后的哀叹

不幸的老熊，戴上桂冠，备受礼遇，却丧失了灵魂的光彩。

心灵的痛苦，身不由己的煎熬，成为压倒他的最后一根稻草。

1927 年，斯大林击败了所有的政敌，急需树立自己的绝对权威。他想制造一场等同于十月革命的变革，于是他盯上了高尔基。

高尔基在列宁的时代出走，在斯大林的时代回归。多么风光的赞美，斯大林想。

一场惊心设计的谋划悄无声息地向高尔基展开了。

1927 年 10 月 12 日，《消息报》以《向高尔基致敬》为题发表了纪念高尔基创作活动三十五周年的电文。一个月后，庆祝高尔基创作活动三十五周年和六十岁诞辰委员会成立。

一生朴实的高尔基不在乎这些所谓的荣誉，更不想将时间浪费在无意义的活动上。对文学家的最高奖赏，是与读者进行灵魂的交流，他已经获得了，剩下的都是浮云。

他致信纪念委员会，拒绝各种头衔和奖励。1928 年，国内仍旧掀起了一场欢迎高尔基回国的运动。

作家协会，各机关、团体，甚至学校纷纷投书。少先队员们写信问他为什么宁可生活在法西斯统治下的意大利，而不愿回到衷心爱戴他的俄罗斯人民中间，这深深刺中了高尔基的心。

苏联政府以热情洋溢的态度，"代表群众自发的要求"，邀请高尔基回国定居。

没有别的路可选，高尔基只能归来。虽然荣誉加身，可这不是他想要的。

一座高级住宅、两栋豪华别墅、专门引进的名贵花草、订购的全部生活必需品，甚至专门打造的车厢，这是斯大林为他打造的黄金囚笼。

海燕折断翅膀，无法翱翔。高尔基与世隔绝，就不再是高尔基了。

密集的活动安排，所到之处的鲜花掌声，使高尔基来不及思考和拒绝。

高尔基是伏尔加河的子民啊，丧失了群众，就是鱼儿离了水。可他又有什么办法呢！

回国后，高尔基被委以重任，出任苏联作家协会第一任主席。斯大林没有看错，高尔基不仅是埋头苦写的文学奇才，他也是合群的政治天才，执行党的方针政策的好帮手。

与高尔基联络感情，在表彰会上频频向高尔基致敬。莫斯科市内的一条主要街道更名为高尔基大街，高尔基的故乡改名为高尔基市。高尔基州、高尔基艺术剧院、被命名为"高尔基号"的飞机，这一切都是甜蜜的毒药。

高尔基选择了接受。人们惊奇地发现曾经"让暴风雨来得更猛烈一些"的海燕，学会了唱赞歌。

创办《我们的成就》《苏联建设》等杂志，高尔基的笔杆不再是武器。他盛赞斯大林，歌颂苏联的成就，配合"肃反""劳改"政策。

他努力扮演着自己的角色，紧跟斯大林的步伐。

高尔基毕竟还是高尔基。身体可以衰老，但心仍旧在呻吟。

工人们那因吃不饱而瘦削的脸庞，押送"富农"去西伯利亚劳改的棚车，成千上万沿街乞讨的农民，不断地刺激着高尔基脆弱的神经。

他再也坐不住了。他找到内务部，勇敢地抗议政府。那只属于人民的海燕回来了！

不同政见的党外人士秘密被捕，高尔基为"反派"的求情再也没有了作用。

高尔基也明白了自己在强权面前宛如一个跳梁小丑，他没有能力去改变斯大林，拯救水深火热的人民。

面具被撕下，野心就不会再遮掩。高尔基的光环已经变成了水蒸气，消失殆尽。

这一次，他真正成了囚笼里的鸟，而且再也不配得到主人的宠爱。通信自由被限制，出国申请被驳回。

作家脱离了生活，他的呼吸就没有了意义。精神上的苦闷、压抑，加重了身体上的负担。

1936 年 6 月 18 日，良医妙药未能阻止生命的逝去。郁郁寡欢的他，撒手人寰。一代文豪在痛苦挣扎了十余天后，最终停止了脉搏的跳动。

苏联政府为了隆重悼念这位"伟大的无产阶级作家"，成立了"安葬委员会"。瞻仰开放日的当天，就有五十万人次的苏联民众到场致哀，致敬。法国著名作家、诺贝尔文学奖获得者安德烈·纪德受邀参加，泪流满面。无数青年作家、艺术家在悲痛中送这位前辈最后一程。

一代文豪永远长眠于赋予其艺术创作灵感源泉的祖国。

《克里姆·萨姆金的一生》，这部凝聚了高尔基数十载的心血，一直到去世都不曾停笔的巨著，用史诗般的画卷展现了俄罗斯十月革命前四十年里社会的发展，展示了四十年纷繁复杂、风起云涌的社会面貌。它包含了高尔基对旧俄时代的知识分子精神面貌的典型刻画和深刻批判。这是高尔基最后的哀叹。

俄罗斯的子民啊，他的一生如故乡的伏尔加河一样浩浩荡荡。

童年的高尔基在苦难中挣扎，晚年的高尔基在苦闷中悲叹。

他从苦难中走来，又带着满腹遗憾，在苦难中归去。

参考文献

[1]［英］罗斯金：《高尔基传》，汝龙译，文化生活出版社 1949 年版。

[2] 汪介之编：《高尔基自传》，江苏文艺出版社 1998 年版。

[3] 汪介之：《伏尔加河的呻吟：高尔基的最后二十年》，译林出版社 2012 年版。

[4]［苏］高尔基：《不合时宜的思想》，江苏人民出版社 1998 年版。

[5]［俄］瓦季姆·巴拉诺夫：《高尔基传——去掉伪饰的高尔基及作家死亡之谜》，张金长译，漓江出版社 1993 年版。

[6] 科·伊·楚科夫斯基，昌茂译：《高尔基》，《世界文学》，1986 年第 2 期。

[7] 魏丕植：《读高尔基》，《黄河之声》，2012 年第 24 期。

[8] 汪介之：《高尔基：超越时空的文学大师》，《中国社会科学报》，2016 年第 4 期。

[9] 陈学迅：《高尔基是怎样教育儿子的》，《新疆大学学报（哲学社会科学版）》，1984 年第 2 期。

[10] 林精华：《作为人文主义者的高尔基》，《长沙电力学院学报（社会科学版）》，1998 年第 3 期。

[11] 徐元宫：《你不知道的高尔基》，《同舟共进》，2013 年第 8 期。

[12] 汪介之：《关于高尔基的几点再认识》，《俄罗斯文艺》，1997 年第 4 期。

[13] 王明元、杨开三：《论高尔基之死》，《俄罗斯文艺》，1994 年第 3 期。

[14] 清华：《高尔基的初恋》，《世界文化》，2009 年第 8 期。

[15] 武晓霞：《论梅列日科夫斯基批评视野中的高尔基》，《俄罗斯文艺》，2016 年第 4 期。

[16] 丁帆：《高尔基又告诉作家："敌人不投降，就叫他灭亡！"——1928 年以后的高尔基：高尔基论（之二）》，《文艺争鸣》，2013 年第 3 期。

[17] 赵静蓉：《大地上的异乡者——评〈伏尔加河的呻吟：高尔基的最后二十年〉》，《俄罗斯文艺》，2013 年第 3 期。

[18] 高玉秋、付天舒：《高尔基的文学良知——从〈母亲〉到〈不合时宜的思想〉》，《东北师大学报（哲学社会科学版）》，2010 年第 4 期。

第九章

《米佳的爱情》
——雕刻蒲宁

伊凡·亚历克赛耶维奇·蒲宁（1870—1953）出生在俄国波罗纳捷市一个破落的贵族家庭，曾当过校对员、统计员、图书管理员、报社记者。

1906 年，经历过一段失败婚姻的蒲宁与维拉相识并结为夫妻。1927 年，蒲宁认识了年轻女作家加丽娜·库兹涅佐娃，投入了另一场火热而又痛苦的黄昏恋。这场恋爱令蒲宁重获青春，激发了他的创作热情，但同时也给他的妻子维拉带来了极大的痛苦。最终加丽娜·库兹涅佐娃因忍受不了蒲宁专制而又充满极强控制欲的爱情而离开了他。年逾古稀的蒲宁因库兹涅佐娃的背叛受到打击，变得暴躁易怒且愤世嫉俗，并和很多侨民作家交恶。忠实而善良的妻子维拉始终陪伴在他身边，无微不至地照顾直到他逝世。

蒲宁1887年开始发表诗作，1903年因诗集《落叶》获普希金奖。他从19世纪90年代起致力于小说创作，他的主要成就是中短篇小说。早期比较重要的作品有：《乡村》（1910）、《苏霍多尔》（1911）、《伊格纳特》（1912）、《扎哈尔·沃罗毕约夫》（1912）、《旧金山来的绅士》（1915）等。这一时期，他的创作从不同角度表现了俄国的社会生活，主题深刻，风格独特。

蒲宁对十月革命不理解，1920年起侨居法国。在那里，他创作了近200篇中、短篇小说，较重要的有《暗径》《大乌鸦》等，其基本主题是死亡和爱情。1930年发表自传体长篇小说《阿尔谢尼耶夫的一生》，1933年以《米嘉的爱情》获诺贝尔文学奖。主要作品有诗集《落叶》，短篇小说《安东诺夫的苹果》《松树》《新路》，中篇小说《乡村》《米嘉的爱情》等。蒲宁是一位极具艺术个性与成就的作家，虽然他以诗歌创作登上文坛，但小说成就却远远超过诗歌。

与普希金、托尔斯泰、屠格涅夫等现实主义作家相比，蒲宁的小说缺少对典型人物形象的刻意塑造、对完整情节的精心安排，而更注重追求艺术的空灵和对生活的诗意处理。蒲宁的小说因具有诗化小说的诸多特征而改变了俄罗斯传统小说叙事的风格，使小说以抒情化特色为主导。

永不熄灭的心灯
——俄罗斯文学大师群像

一、最后的贵族

1933 年，法兰西，小城普罗旺斯，电影院里一场幽默的闹剧正在上演，黑压压的人丛中笑声不断。突然，门口一亮，闪进一个人。随后，那个人和电影院管理人员窃窃私语。

那人从后排走来，小心数着座位，然后在一排座位前停下，打亮手电筒，一束光照着一张苍老的男人的脸。老者不由自主发出一声微弱的呻吟，抬手挡住眼睛，瘦弱的手臂上皮肤褶皱，血管凸出。

男人走过去，轻轻在老者耳朵边说："斯德哥尔摩来电话了。"

老者身体微微一颤，扶着那位年轻人的手，吃力地站起来，说："走，走……"

走进过道，年轻人搀扶着老者，谨慎地说："已经有消息了，您获得了今年的诺贝尔文学奖。"

老者面无表情，仍旧说："走，走……"

他们走出了电影院。风很大，夜色漆黑，老者的衣衫陈旧，精神却还矍铄。年轻人说："要打车吗？您还要走回去？"

老者沉着地说："哦，哪来的钱，走，走……"

年轻人跟着老者，沿着墙根行走，黑暗默默流淌，偶尔传出老者的几声干咳。然后他们小声地谈话，话音刚起，就消失掉。

年轻人疑问："您不高兴？诺贝尔文学奖……"

老者用洪亮的声音说："高兴，是该高兴。他们欠俄罗斯一个诺贝尔奖，现在还给我们。"

"您在说什么？"

"托尔斯泰伯爵难道不该得诺贝尔奖？而我……"

"您已经离开了俄罗斯！"

"我获奖是因为我是俄罗斯的，而不是因为我离开了俄罗斯。"

……

老者去了斯德哥尔摩，以一个法国人的身份获得并领取了诺贝尔奖。面对着话筒，他说："自诺贝尔奖成立以来，你们第一次颁发给一个流亡者。"

一个"流亡者"和一个"法国人"，到底哪个身份更高？在他看来，一个俄罗斯的"流亡者"比一个"法国人"更高，他宁愿人们称呼他为俄罗斯流亡作家，这样，他还是俄罗斯的；这样诺贝尔奖肯定的就是俄罗斯。

伊凡·亚历克赛耶维奇·蒲宁，一个俄罗斯文学历史上很隐秘的符号，人们说他是某种标本，人们说他很广却很浅。

虽然，他覆盖了几乎整个俄罗斯"白银时代"，但是当人们谈论"白银时代"，却没有他的位置。很长时间内，人们都不知道俄罗斯的第一个诺贝尔文学奖在哪里，人们常说帕斯捷尔纳克是第二个获得诺贝尔文学奖的俄罗斯人，却很少说获得第一个诺贝尔文学奖的俄罗斯人是蒲宁。

诺贝尔文学奖给他的颁奖词是："由于他严谨的艺术才能，使俄罗斯古典传统在散文中得到继承。"

19世纪的俄罗斯文学可以说就是贵族文学，普希金、莱蒙托夫、果戈理、屠格涅夫、陀思妥耶夫斯基、托尔斯泰无一不是贵族。蒲宁也是一个贵族，而且是最后一个贵族，是俄罗斯古典文学最后的尾巴。

与其说诺贝尔文学奖授予他不如说是对19世纪俄罗斯文学的致敬，或者说为了弥补托尔斯泰没有获奖这一缺陷。"唯一有资格替托尔斯泰去领取诺贝尔文学奖的俄罗斯人"，单单这样评价他，那么他的地位已经很高很高。

可是，为何他会消失，为何他变成了"浅"的？"最后的贵族"在他为何成为一顶"罪恶的帽子"，而不再是"俄罗斯古典文学的最后一个巨人"的标志？最后的贵族为何只能生活在别处？

1870年10月22日，蒲宁出生在俄罗斯边远地区沃罗涅日的贵族之家，祖上是大地主，并且有祖先是沙皇面前的红人。而那个时代是俄罗斯封建时代最后的挽歌，农奴制度已经废除十年，所有的贵族都在下沉，而年幼的他还做着贵族梦。

很早，他就开始阅读普希金和莱蒙托夫，俄罗斯古典的贵族情怀、英雄主义在他的脑子里萌芽。而现实却让他失望！

由于家道中落，他常常要跟着父母到处搬家，颠沛流离地走过很多农村。农村是他的命数，无论是生存还是写作，他都逃不了。农村真实地在他面前说话，他参与进去，在其中成长。

高低不平的土地，蜿蜒无边的腥臊的大麦田，光秃秃的山冈，在太阳下耀眼的石头，污浊的河流，风沙的侵袭，一点点扩大的戈壁。世界乱糟糟一片，而家乡是糟糕之中的最糟糕。农村千百年里传承的是质朴、纯粹、厚重和踏实，同时也传承着粗犷、野蛮、原始、卑劣。任何古老的农村都同时具有这两面，而在一个渴望成为文明高尚的贵族青年那里，无疑他看到的更多是劣根性。

他记得那个小女孩，小女孩给他的震撼不亚于普希金！

夏日的阳光下，腥臊的土地上，远远地有一户人家，年少的他和哥哥走过去，影子落在龟裂的大地上。而那个小女孩距离他咫尺之遥，正大口大口地吃饭。

突然，他却闻到一股恶心的臭味。他发现小女孩面前放着一个木箱子，凑过去，他吃惊地发现，木箱子里装着一具更幼小的尸体。烈日下，尸体已经腐烂流浓，蛆虫疯狂地在木箱子里游走。

他和哥哥当场就吐出来！

"你的家人呢？"哥哥问那女孩。

"爸爸出门了，妈妈去找爸爸。"小女孩若无其事地说。

"这个（尸体）是谁？"哥哥问。

"弟弟——死了。"小女孩说。

"怎么死的？"哥哥问。

"传染病！死了三天。"小女孩说，继续吃饭。

幼小的蒲宁拉着哥哥的手，惊慌地说："哥哥，快走，会传染的，快走。"

他和哥哥落荒而逃，回头再看，那个女孩又进屋拿了吃的！

"她怎么可以这样？"幼小的蒲宁皱着眉头问哥哥。

"这就是农村。"哥哥说。

还不只是这样，他亲耳听闻月光里篱笆下干燥的情欲，然后亲眼看见那种情欲在随后带来的杀戮，一个男人用耙头砸死另一个男人和女人；有人为了还赌债以六十戈比就卖了老婆，本来连孩子也要一起卖换取一个整数一百戈比，可是买主对孩子不感兴趣；有人为了一寸土地而和别人争执，然后动起刀子，双方头破血流；有人三餐不保，到处乞讨；有人则为了丁点大的事情上吊自尽。

农村贫穷，农村贫瘠，而他正是要挖掘农村的贫穷和贫瘠；但是他不允许自己也这样，他要财富充足，精神丰满，然后衣食无忧、地位显赫地去观察，然后抓住俄罗斯的、农村的劣根和某种腐朽。

他要的就是成为一个真正的贵族，像托尔斯泰一样的贵族，一个有良知的高高在上体会着社会最深刻伤痛的贵族。

像托尔斯泰一样，他走上了文学之路。他并没有受多少正规教育，主要是由读过大学、思想先进、受过牢狱之灾的哥哥辅导。

他在文坛的出现来得很快，虽然他不是一个天才，但他骨子里是一个贵族，这就足够了。1887年，十七岁的他在俄罗斯举足轻重的杂志《祖国》上发表了自己的第一首诗歌！他以诗歌进入文坛。

然而，他还必须为"贵族梦"而挣扎痛苦，因为他的贵族之家早已幻灭，他没有钱去浪费和标识自己的身份。这个时候他不得不走出家门，从事各种职业，当过校对员、统计员、图书管理员、报社记者等。

同样，这个时候他也没有放弃诗歌，通过诗歌他要复苏身上的贵族的灵魂已经成为他唯一的和最终的道路。

1891 年，他出版了第一本诗集《在露天下》，这个时候他成年了，也成名了。

1894 年，他去了莫斯科，并在那里见到托尔斯泰。

他满心欢喜，他以托尔斯泰的名义确定自己已经是个贵族或者说贵族作家。没错，他已经得到贵族身份，是屠格涅夫和托尔斯泰式的，是最后的贵族。

二、"非典型纨绔生活"

一开始，他并没有贵族的地位，但是，他的生活早就养成了贵族方式，尤其是在爱情方面，容易冲动，感情热烈，欠缺深思熟虑。这或许可以称为精神上的纨绔生活——非典型纨绔生活。

1885 年，他刚刚十五岁。就在那一天，黄昏的时候，他在家门口散步，看见她走进隔壁那一家。

"一个高雅的女人！"他在心里暗自称赞，因为在这块贫瘠的土地上，很难见到衣着如此得体的女人。

然后，他躲在树丛后面，往隔壁家的窗户眺望。她正坐在窗子旁边，笑容文雅，口齿隽永。接着传出来咿呀的英语声音。原来她是这家孩子的英语辅导老师。

他决定走进隔壁家，尽管隔壁的地主不屑于他中落的家道，更不屑于他经常的贵族口吻和神态；尽管他更不屑于和势利的邻居有任何来往，但他还是敲了门。

"伊凡，你怎么来了？"邻居家女主人惊讶地说。

"我有多长时间没来您家了？"他笑着说。

"你来才叫稀罕呢——从你们搬来就没进过我家——今天怎么啦？"女

主人轻蔑地说。

"您不是想请我给小家伙教英语吗？"他得意地说。

"我哪能请得动您呢！"女主人讽刺说，"找您几回不都说没时间——我还听说您在背地里说我们家孩子太笨，教不得，是不是？"

蒲宁窘迫地说："哪有这回事，我确实是没时间。这不，今天不就来了。"

"您真是有心了，可我们已经不需要了。"女主人说。

"为什么？"他故意问。

"因为我们已经请了一位老师。"女主人得意地说。

"应该是个新老师吧？"蒲宁说，"我住在对门都没有见过这位老师。"

"是刚来没几天，这又怎么样？"女主人说。

"您难道就这么放心这位老师？我可以帮您评判一下他（她）的水平。"蒲宁说。

"这倒是——可是您也不见得叫人放心。"女主人顿了顿说。

"总没有坏处的！"蒲宁笑着说，笑容显得真诚。

女主人终于让他进门，上楼。见到那位女子，他蹩脚地鞠躬，绅士地说："您好，我是贵族后裔伊凡·蒲宁。"

女主人站在门外，听到他的话，啐了几口痰。

女教师弥莉娅·费赫涅尔则很礼貌地向他回礼。

几个小时过去了，蒲宁和弥莉娅一起下楼。蒲宁高声对女主人说："您真是有福气，这位小姐的英语远在我之上，看来我真的没必要再来了。"

女主人听着他的口气又啐一口，但心里还是高兴的，赶忙给弥莉娅塞了几个戈比，弥莉娅连声道谢。

出了门，月亮已经升得很高，乡村小道上，月影疏落，悠然寂静，蛐蛐躲在暗处唱着催眠曲。

"今天真是谢谢您了，伊凡先生。"弥莉娅感激地说。

"你不用感谢我——他们这家人很吝啬，以后你要多小心。"蒲宁郑重地说。

弥莉娅笑着说："是吗？那要再谢谢您了。"

蒲宁和她一起走了很远，甚至要送她回家，却被她拒绝了。看着她消失在月光下灌木后面的背影，他赞叹："多么好的女子。"

以后，他经常会趴在窗前，等着弥莉娅从对门走出来，然后送她一路。渐渐地他得到了这个美女的芳心，小小年纪的他总要和她在月光里吻个够。

很快，冬天过去了，弥莉娅的辅导课程结束了，他们也就各奔东西。然而，那些夜晚却成了藏在他心里的针，刺出鲜红的战栗和浪漫。

他开始了流浪生涯，不停地工作与换工作，住处也跟着变化。这个时候，他强烈地感觉到自己是一个没落贵族，到哪里去捕获一个女孩的心？捕获之后又该怎样珍藏？

没过多久，他遇到了瓦尔瓦拉·帕欣科，一个和弥莉娅一样文雅又高贵的女人，正符合他的贵族身份。他们很快结婚了。

"万尼亚，你爱我吗？"她总是这样称呼丈夫。

"爱，爱得死去活来。"他说。

"那么你什么时候才能让我过上富足的生活，你总说你是一个贵族。"她说。

"就快了，再等等！"他无奈地说。

然而，她等不了。就在某一天，他高兴地回到家中，呼喊她的名字，可是没人再理会他。他以为她出门了，还会回来。

可是，等到半夜，仍旧毫无音讯。接着，他发现了那张字条，瘫倒在地。

"我走了，万尼亚，不要记恨我。"字条上这样写着。

她就这样走了，一点希望都不给他。贵族的身份什么时候低到这般地步？人心又为何冷漠到如此？可是，谁让他只是一个没落的贵族，他疯狂地摔烂所有的碗碟，发誓要成为真正的"贵族"。

但是，他并没有吸取教训。1898年，因为写诗歌，他终于有了地位，这个时候，他可以认定自己是一个"真正的原本的贵族"了，他觉得可以结婚了——为了检验贵族的身份。

1898 年，他跟一个报纸出版商的女儿安娜·尼古拉耶夫娜·察柯尼结婚。这次更加草率，因为他后来才发现这个女人的品位根本就和他不在一个档次上。

她总是把家里弄得乱糟糟的，不懂得文学，甚至不知道普希金，说话很大声，笑起来更大声，不懂风月，不懂情调，迟钝木讷。但是，他又有些爱她，因为她对他忠诚，勤快地打理所有家务。

"她和我究竟哪点相似？全部都格格不入。"夜里他侧身躺着，痛苦地想。而她用粗糙的大手摸他的后背，他却一点感觉都没有，反而觉得恶心。

当他知道她怀了他的孩子，他受不了了。"如果还要继续下去，什么时候是终结？我的一生就这样完了。"他想，于是这一次他做了一件很不仁义的事情：抛弃了怀孕的妻子，独自远行。

这一次，他是以一个真正的贵族身份抛弃一个女人。

安娜生下了儿子，同时也离开了他。他还算懂得尽一点责任，给予他们母子适当的赡养费。然而，也仅仅这样。

他神形疲惫，孑然一身。他能明显地感觉到：贵族时代行将结束了，我或者是最后一个，却没有任何女人的慰藉！他喝酒，抽烟，写诗歌，写下：

> ……
>
> 昨天你在我这儿，
>
> 而你跟我在一起却那么苦闷。
>
> 阴雨天的黄昏降临，
>
> 我觉得你似乎是我的妻子……
>
> 就这样吧，再见了！没有了爱妻，

我孤身一人，也得活到明春……

我多么想在你身后喊一声：

"回来，我是你的亲人！"

可是，对于女人来说是没有往昔的，

分手了，我就成了她的陌路人。

算了！生上炉子，喝上两盅……

多好啊，要是有条狗在身旁。

1905 年独生子尼古拉死于猩红热病。此时他却正在奥斯曼帝国各地游历。对此，他难道没有责任吗？明明他能感觉到自己身上的某种腐朽和堕落。他又想起了年少时看见的那个守着弟弟的尸体大口吃饭的女孩。

三、逃亡的命运

从某种意义上讲，蒲宁就是现代的屠格涅夫或者托尔斯泰，所以人们把他说成是"古怪的标本"，典型的存在于"新时代"的"古典"。

而他的人生道路也的确在朝着"最后的古典"发展：1901 年蒲宁由于诗集《落叶》而获得俄国科学院颁发的普希金奖；1909 年蒲宁被选为俄国科学院名誉院士。此时，无论在诗歌、小说和散文创作方面他都取得了很高的成就，在那个时代的俄罗斯声誉日隆。

1911 年，托尔斯泰离世之后，他痛苦万分，他的楷模走了，他的贵族之上的贵族走了。可是，他此时也意识到他在某种形式上已经成了又一个托尔斯泰。

一个批判现实主义作家，往往要做的就是对现实的描述与剖析，至于现实朝哪个方向发展，那是在他们之外的事情。所以，他们本质里是否定什么，而不是肯定什么；他们如果肯定什么，则不赞扬什么。他与别林斯基是知己，但是，他仍旧拒绝和车尔尼雪夫斯基为一路人；高尔基曾经把托尔斯泰仰慕到天上，但是细细相处下来，又把他拉回地上。

同样的故事也要发生在蒲宁身上。

1895 年，在莫斯科，蒲宁遇见了契诃夫和高尔基，他们结成良好的伙伴关系，共同参与主持"星期三聚会"，并且参加了高尔基领导的知识出版社的工作，三人也变得亲密无间。

这一时期，他和高尔基一同成长，迅速成为文学界的领袖人物。1914 年，俄罗斯《真理报》将他们与阿·托尔斯泰并称为三大作家。

1910 年，他出版了中篇小说《乡村》，高尔基为之震惊，说："从来没有人如此深刻如此历史地写过农村。蒲宁的《乡村》除了其第一流的艺术价值外，还是一种推动力。它迫使千疮百孔、摇摇欲坠的俄国社会严肃地思考的已不是庄稼汉，也不是人民，而是俄罗斯能否存在下去这一严肃问题。"

他和高尔基很近，却也很远，近的是他们在关于一个时代的结束上有很多观点一致，远的是他们在关于一个时代该怎样结束和另一个时代该怎样开始上观点迥异。到底他们哪个更高？只是按照那样的历史轨迹走下去，高尔基必然上升，而他必然下沉。

其实，很长一段时间里，蒲宁都是躁动不安的。他必须思考，俄罗斯应该怎样生存，还能不能生存；作为一个贵族，应该怎样在俄罗斯生存？他感觉到贵族肌理内的腐朽，整个俄罗斯社会的腐朽，但是某种意义上他又必须依靠那种腐朽。因为他是古典的，如果古典时代就那样结束，那么他将无所适从，内心的震动让他不能安心于静止地待在俄罗斯，眼睁睁看着一切的发生。

20 世纪最初十年，他在欧洲、北非、中亚到处游历。

第二个十年，俄罗斯则迎了翻天覆地的变化，"一战"时期，他畏惧战争，为古老的俄罗斯怎样存在而发愁，他又去了中亚。他想逃避，他很清楚地知道他的时代必将结束，但是他不知道新的时代将怎样开始。

十月革命来了！一个新的从来没有过的世界代替了他的古典时代，这个时候他注定要被扔下"现代的轮船"。从某种意义上讲，如果屠格涅夫或者托尔斯泰等到了这次革命，他们会不会也和蒲宁一样地被抛弃？"革命的鼓手"——马雅可夫斯基就自信地宣言要把"普希金、托尔斯泰"扔出去。

1919 年，他困居在敖德萨，于《敖德萨新闻》上刊登了反对十月革命的文章。

这个时候他成了敌人，俄罗斯已经容不下像托尔斯泰一样的贵族。

1920 年，红军开始进攻边远的敖德萨。蒲宁躲在房子里，一个人抽烟喝酒。房子下面是骚乱的人群，无数的人背着行囊，携家带口准备离开这座城市。

突然，他的门响了。他不理会，敲门声变得急促。他开了门，然后又径自坐下抽烟。

进来的是一个年轻友人，一脸惶恐地说："你还在这里抽烟——赶紧收拾东西，就要打过来了。"

"我什么都不怕，看他们能把我怎么样？"蒲宁气愤地说。

年轻人说："不行，那边的报纸登了，说一定要抓住伊凡·蒲宁这个腐朽的贵族。"

"他们倒是很看得起我！"蒲宁冷笑。

"你必须离开俄罗斯，马上离开。"年轻人说。

"我为什么要离开俄罗斯？就算死我也不离开。"蒲宁大吼。

"那么你留在这里又能怎样？这个俄罗斯已经不是你的。如果你留下来——还不如死。"年轻人痛苦地说。

蒲宁犹豫片刻说："你说的不是没有道理。我在这里还能做些什么呢？这里已经不属于我。"

年轻人欣喜："你想通了！"

"走！走！马上就走。"蒲宁忧虑地说，"去哪里好？"

"法国，巴黎。明天有船，必须尽快。"说完，年轻人匆匆离开。

蒲宁则一脸茫然地坐下，叹气："一切都完了！"

天明时分，城市上空响起了第一声枪响。真正的死亡行将来临，这个时候蒲宁才开始无比害怕起来。他已经一夜没睡觉，焦急地等待，来回踱步，不停地抽烟，等待死亡或者生存。

突然楼下响起一个声音："大师！快！"

他立刻拖着两个箱子和一个包，慌张跑下楼，和几个友人钻进一辆车里。

"船票弄好了吗？"

"弄好了，不过都是下等舱。"

"有就很好！下等舱无所谓。"

"快！快走。"

距离码头越来越近，车子却停下来，前面是黑压压的人群。

"下车！快，下车！"

几个人挽着手冲进慌乱的人群中。此时蒲宁处于极度的亢奋之中，跑动之下，他丢了一个包裹，但是，已经无暇顾及。

上船处几乎无法通过，没有票的人们聚集在那里，哭天喊地，可是无可奈何。

"我们有票！我们有票！"

他们几个人站在后面，高举着手。那一刻小小的一张下等舱船票变得那么重要。他们几个终于被拉上船。船上挤满了人，船下更是挤满了人。

尽管只有落脚的地方，但是，在船上看着船下，蒲宁平静下来。

"终于能活了！"

那一刻他感觉到生命居然那么卑微，活着居然那么好。而所谓"贵族"，让它一边去吧！

此时，敖德萨市升起了枪声和炮灰，他将要去巴黎，可是他没有抛弃俄罗斯。

俄罗斯是一个民族的永恒的概念，而那场革命只是俄罗斯的一幕。也可以这么说：在那场革命中他被流放。

四、终身伴侣

1922 年，蒲宁在巴黎举行了一场婚礼，婚礼很简单，到场的人并不多，他没有多少钱办一场像样的宴会。但是，她却没有任何怨言。夜里搂着她睡在简陋的木板床上，他说："今天你终于是我的妻子了！这让我感到自己是最幸福的人。"她只是依偎在他怀里，不说话。

良久，他又说："很对不起，没有在我最好的时候成为你的丈夫，现在却要你跟着我受苦。请允许我说对不起。"

她仍旧不说话，吻他的额头、眼角，然后把他的头抱进怀里。

蒲宁嗅着她的乳房，仿佛闻到了俄罗斯乡村夏夜里的芳香。

他再一次说："真的要谢谢你！我的薇拉。"

薇拉·穆罗姆采娃和他相识并不是一年两年，更不是一个月。在经过两次草率的婚姻以后，他的第三次婚姻居然足足用了十六年去酝酿。

1906 年 11 月，他认识了正在就读高级女子学校自然科学系的大家闺秀薇拉，短暂接触后他就认定她是自己想要的那个人。

她总是不爱在陌生人面前说话，面色白得不正常，好像贫血，冷冷的表情，显得孤傲，却让她美得出奇。

"一个有教养的人，就应该这样矜持，"蒲宁对自己说，"适合做一个贵族的妻子。"

然而，仔细和她接近才发现她是一个细心、稳重、温顺的人，做任何事情都很得体，她总是在考虑别人的感受，即便是别人的一个眼神她都能捕捉到。

这样一个女人正好能接近他的贵族的高傲，同时能够容纳他的神经质式的热情和敏感。

"薇拉，你要知道我是多么喜欢你，你就是我的天使，我的监护人。如果看不到你我就心慌——但是我仍旧畏惧你会抛弃我，或者我会抛弃你。"蒲宁以贵族特有的忧郁说。

"我不会抛弃您，除非您先抛弃我，那样我也要缠着您。"薇拉温柔地说。

"这下好了，我想我们要一辈子在一起了。"他兴奋地说。

"我很高兴，因为您在说您永远不会离开我。"薇拉说。

"是的，没有你我寸步难行。"蒲宁说。

过了一个月，他们就同居了！虽然，他们还不能结婚，因为蒲宁和安娜的离婚手续并没有办理。但是，蒲宁很高兴，他已经把薇拉看成妻子或者亲人。他拥有了一个传统贵族式的圆满：好工作、好名声、大房子、美妇人、富足生活。

然而蒲宁终究是个"非典型的纨绔子弟"，在各种社交场合见到文雅高尚又美丽的女子，仍旧热情如火，恭维殷勤。

"你的一切看上去完美，漂亮大方。"他总是很轻易地对别的女人说出这句话。接着，他摸女人的手，给女人点烟，或者陪女人喝酒，喝醉了就沉睡在女人的怀里。但是，他心里清楚，这些女人都不是他想要的，唯一能让他安稳的只有薇拉。

薇拉也知道他经常在外面拈花惹草，她却无法生气，因为，她知道他就是那样的，她也知道他是那么地需要自己，就像自己需要他一样。

这个贵族的爱情，第一次上升到灵魂和精神的高度：他和薇拉有着共同的生活目标，是完全理解对方的朋友和爱人。

他们一直同居，她陪着他辗转于俄罗斯的各个城市，陪着他游历各个国家，只是没有结婚。在俄罗斯，他是有妇之夫，安娜一直没和他解除婚姻。而她毫无怨言，在她，能和他在一起比什么都重要。

1920 年 1 月 26 日，她和他一起爬上黑海上的轮船，逃亡到巴黎。

她做到了不离不弃，无论他的身份怎样变化，也无论他的生活贫寒到何种地步。

1922 年，五十二岁的蒲宁在法国一无所有，可是，他终于能结婚了。

他抱着薇拉说："我们注定是要在一起的，怎么也分不开——即便再多男人和女人出现，我们的关系都是这样牢固。"

没过几年，蒲宁的话应验了，的确有一个女人出现在他们之间，但是他们的婚姻依然牢固。

1926 年，年仅二十六岁的流亡女作家加琳娜·库兹涅佐娃来到法国，求见蒲宁。自尊心很强的她，很快被高傲的贵族蒲宁泼了一头冷水。然而，她自己都没想到，后来她竟然和他以一种奇怪的方式生活在一起。

"伊凡·亚历克赛耶维奇先生，我是加琳娜·库兹涅佐娃。从布拉格来，受我教授的委托，特地来拜访您。" 加琳娜说，然后报上教授的大名。

"你的老师就是他？他消失很久了，不过还能记得我，很难得。"蒲宁高高在上地说。

"我想让您看看我的文章，相信会让我受益良多。"加琳娜递上自己的稿本。

蒲宁接过稿本，点着烟，粗略地翻看，问道："你什么时候到巴黎的？"

"昨天！"加琳娜说。

"那么你今天才来找我？"蒲宁说。

"昨天晚上到达巴黎，忙着找旅馆。"加琳娜解释道。

蒲宁仍旧在翻阅稿本，又说："你在巴黎要待多长时间？"

加琳娜说："办完事情就走。"

蒲宁说："什么事情，很重要吗？"

加琳娜不卑不亢地说："如果能有幸成为您的学生，那么我乐意留下来。"

蒲宁却突然问她："你最喜欢哪个诗人？"

加琳娜爽快地说："不止一个，阿赫玛托娃、茨维塔耶娃和勃洛克。"

"你的上帝可真不少呀！"蒲宁大笑道，"你应该加上我——不是想做我的学生吗！"

加琳娜很失望，蒲宁这个贵族太傲慢了，又有些玩世不恭。然而，她无法拒绝，因为临走之时，蒲宁对她说："你没有必要那么快离开巴黎，可以常到我这里来。"

后来，她经常拜访蒲宁，两人的关系越加亲密。

年近六旬的蒲宁对年轻的加琳娜说："你很有主见，有自己的想法，不轻易屈服。你是独立女性。"所以，蒲宁爱上了她，她自然也爱上了蒲宁。可是蒲宁不会抛弃妻子，因为妻子是他的必需。

薇拉说："你年纪都一大把了，还要发疯，我怎么办呢？"

蒲宁说："我的薇拉，你要明白，我和她只是师生关系，就这么简单。你知道你对我多么重要，请不要将她和你画等号。相信我，就是师生关系。"

不管薇拉是否真心相信丈夫的话，她都接受了加琳娜，因为她知道这对于丈夫是某种必需，而她是他的妻子，所以有责任让丈夫生活得更好。

而加琳娜的丈夫彼得罗夫则无法忍受。每天他要忙着工作，回家后又要细心打理家务，然后做好饭等着她回来。他尽职尽责，对她百般讨好。但是，头一天她到凌晨一点才回家，后来变成两点、三点，甚至整晚。

他愤怒地对她说："我已经无法忍受这样的日子，在我和他之间你必须作一个选择。"

他以为她会妥协，但是她却反问："你真的想让我作出决定？"

他说："是的。"

她坚定地说："很抱歉，我只会选伊凡·亚历克赛耶维奇！"

他们分开了。然后，她就搬到了蒲宁家中。

但是，妻子薇拉并没有因为这个女人的介入而离开他，反而比以前更加爱他，始终陪在他身边。他们三个人一起生活了接近十五年时间。十五年以后，加琳娜离开了他。而薇拉仍旧守着他，一直到他死亡。

五、巴黎：在漂泊的生活中挣扎

在他，巴黎不是浪漫的地方，巴黎象征着流亡！

1927 年，加琳娜搬进了蒲宁在巴黎的"了望楼"住宅，她是以一个流亡的女诗人或者流亡的蒲宁的学生身份寄居在那里，虽然他们之间有着千丝万缕的联系，归根结底，她只是他的一个食客。

那个时候从俄罗斯逃出的流亡艺术家，很大部分来到巴黎，在巴黎出现了一个域外俄罗斯，流亡的俄罗斯。当俄罗斯流亡人员协会成立，蒲宁也成为第一位名誉会员。他是身份最高、年龄最大的贵族作家，因此，他总是想办法接济其他流亡人员，接待了很多食客，虽然他的稿费并不多。

1933 年，出乎所有人的意料，他凭借《阿尔谢尼耶夫的一生》获得了当年的诺贝尔文学奖，而且是以一个法国人的身份。

此时，加琳娜已经离开他家，因为她的身份只是一个食客，虽然他们彼此需要，但是经济上的负担，他已经无法承受。另外，他们之间不可避免地更多只是精神的爱恋，年轻的加琳娜并不完全属于他，她有自己的生活。而且她似乎沾染了他年轻时候的习气，经常出门游历，所以他们之间也就经常为离合不定的生活争吵，争吵完了又重归于好。如此起伏不定的生活节奏和情感波折，正是精神恋爱的一种方式。

她一离开，他就无比地想念她。这次离开，更是已经很长时间，他几乎每天都要给她写一封长信，有的发出去，有的则留给自己。

可是，她的反应却没有以前强烈了。他感觉："她已经不要我了！没落的贵族作家，没有地位，没有钱。"他甚至开始绝望。

他在电影院里得到自己获得诺贝尔文学奖的消息，回到家里，兴奋又忐忑。

他对妻子薇拉说："你能想象吗？诺贝尔文学奖给了我。"语气自负又轻蔑。

薇拉惊喜道："这是多么大的好消息。"

他却皱了皱眉头说："一个法国作家，最深刻地表现出俄罗斯最古典的东西，听听，听听，是不是感到很别扭。"

薇拉说："你什么时候成了法国的？"

他说："是啊！我不能认可，我宁愿接受一个俄罗斯流亡人员的称号，这起码表明我是俄罗斯的。"

薇拉忧虑地说："那么你应该会去斯德哥尔摩？"

他大声说："去，为什么不去？这是他们欠俄罗斯的，现在我代表俄罗斯去拿回来。这是俄罗斯的荣耀。"

薇拉说："那边会怎么看你？"

他说："如果他们把我当成俄罗斯的，就该高兴，不然，只有唾骂。"

薇拉失落地说："那我们就等着被唾骂吧。"

他说："不管那么多，我就是一个俄罗斯人，写的全是俄罗斯——再说，我现在是个穷光蛋，有这笔奖金，我们的日子可以好过一点。"

而他也在心里暗暗地想："我获得了诺贝尔文学奖，加琳娜应该回到我的身边了！"

他去了斯德哥尔摩，诺贝尔文学奖并没有将他的地位提升。俄罗斯愤怒地称呼这位"腐朽的老贵族"为"卖国贼"。他成为某种异类，不仅仅是在当时，人们遗忘了躲在流亡区里的他；更是在后来，他在文学历史上也没有得到更广泛的传播，而是成为一名惊不起太大波澜的诺贝尔文学奖得主。

平心而论，诺贝尔文学奖历史上的确出了不少"庸才"，多少真正的大师也的确被错过。但是，被它选中的蒲宁到底是"庸才"还是真正的大师，终究不是一句"他获奖是因为政治原因"而能概括的。如果这句假设成立，那么用他一个人的力量去对抗"人类的新纪元"，这本身也体现了他在传

统的古典的俄罗斯文学领域的位置。因此,抛开历史的灼伤,去看看他的
文字,他是一个大师,了不起的大师。

尽管他是一个大师,尽管他握住了诺贝尔奖,他仍旧是一个流亡者。但是,
他的生活至少可以好过一点,因为诺贝尔奖奖金在当时可不是小的数目。

果然,加琳娜在两年多以后又回到了他身边,成为他家里的食客,而
这个时候,他的家里已经不止一个食客。除了为食客提供生活居所,他还
要资助流亡中心的艺术家们,这个时候诺贝尔奖奖金突然显得微不足道了,
而作为流亡集体中最有威望的人,他从来都不吝啬,即便已经一贫如洗。

1940年,他的家里一共住了四个俄罗斯流亡艺术人员:艺术家巴赫拉
赫、作家列昂尼德·祖罗夫、四十岁的加琳娜以及她的歌唱家女友马尔加·斯
捷潘。其中祖罗夫是1929年住进来的,原想只住一个星期,后来却长期地
住下来。加琳娜更是不用说,巴赫拉赫则是新到的。

蒲宁说:"我们五个人,就在第六个饿不死的人那里生活。"

蒲宁的房子在一个山坡上,环境优美,树木苍翠,沿着拿破仑大道而
下,可以到市区。这一屋子的人都很少出去,仿佛生活在一座封闭的城堡里,
外面的世界与他们无关。每天几个年轻人轮流去买菜,下厨则是由薇拉操作,
偶尔那两个女人也帮忙。没有多少像样的衣服,不用换,也就懒得洗;家具
简陋,摆设简单,木制的楼梯走上去"咯吱"乱响。他们经常在一起讨论文学,
讨论音乐,或者讨论俄罗斯,偶尔聚在一起打牌,很少的情况下是出席流
亡组织举办的一些活动。而最多的是,每天吃过晚饭,三个男人和三个女
人,像另外一个世纪和另外一个世界的人,一起走出别墅,沿着拿破仑大街,
在暮色中散步。这个时候,巴赫拉赫以一个忠实助手的身份搀扶着蒲宁,
薇拉则走在他另一边。加琳娜则挽着女友的胳膊,与祖罗夫侃侃而谈。

几个流亡的黑色背影在法国的一隅世界游荡,飘下一路俄语和俄罗斯
的话题,关于普希金、关于托尔斯泰、关于果戈理,关于他们还能不能回
到俄罗斯。

而当快走到闹市区，他们就会折返回去，悄无声息地回到城堡。

可以说，那些年里，蒲宁始终没有融入法国社会，他把自己关进一个自己制造的城堡，然后接纳那些俄罗斯的流亡者，在里面建立一个"古典的俄罗斯"，一起在那个俄罗斯里流亡。

他并不认为自己是法国的，从始至终，他始终认为自己是俄罗斯的，是原来那个俄罗斯的，或者说托尔斯泰的俄罗斯。很多年里，他唯一有交往的法国作家是安德烈·纪德。第二次世界大战爆发以后，他的生活更加窘迫，在"德统法国"里纪德是唯一还能给他资助的人，纪德也很推崇他，甚至安排他与其他法国艺术人士举行见面会，可是他拒绝到场，反而他去了流亡中心，把仅有的钱给了他的俄罗斯同胞。

随着他的生活进一步落魄，他已经身如朽木，脾气也坏到极点，经常无缘无故对别人发火，加琳娜也拒绝再做他的食客。1942 年，她离开了蒲宁的城堡，只身前往戛纳。

此种情况下，蒲宁在法国更加艰难和孤独，他在 4 月的日记中写道："春寒，云端暗蓝色的群山，1934 年、1935 年不幸的春天给我的是苦闷和痛楚，她（加琳娜）毒害了我的生活，时至今日还在毒害着！十五年了！我无所事事，我身体虚软、意志薄弱，健康彻底崩溃了！"

他也领悟出关于女人的道理："这（女人）是生活在人们身旁的某种特殊生物，任何人从来都说不清道不明的生物，虽然神造万物以来，人们就做着博取她们欢心的事情。"

他对着大海的方向，在拿破仑大街上踽踽独行，思念着一个女人，思念着俄罗斯。

六、《米佳的爱情》：自我世界的灰色挽歌

青春的骚动，生活的疼痛，自杀的闹剧，毫无意义的个人愁苦，多疑、

忧郁、空虚，挣扎的爱情，脆弱的心灵，不羁的性事，荒唐的现实……蒲宁生动细腻地将米佳的爱情刻录到自我世界的生命底片上，也为当时的俄罗斯青年献上了一曲令人遗憾的灰色挽歌——

故事始于三月九日，这是一个特殊的日子，米佳在莫斯科最后幸福的一天。起码，他自己觉得是这样。

中午十一点多钟的时候，他和卡嘉沿着特维尔街心公园往前走。这一天他觉得卡嘉特别漂亮。他的步子迈得很大，卡嘉简直有点跟不上他。

这一天有许多事使他感到痛苦和不快，他认为她阅历丰富，说明她向他隐瞒了某种不端行为。

这以后，仿佛一切照常，没有什么变化。米佳送卡嘉到艺术剧院附设的戏剧学校去上学。在大学宿舍的房间里，他们坐在一起，和往常一样，时间就在没完没了的、如醉如痴的接吻中度过。

一月和二月，米佳的爱情在不间断的幸福的狂飙中旋转着，这幸福仿佛已经是既成事实，或是即将实现的事实了。

可是，不久，米佳觉得卡嘉内心深处对他的冷漠正与日俱增，因此，他的疑虑和嫉妒也相应地越来越强烈了。他把校长对卡嘉的称赞当作行为不端，并认为校长已经看上了卡嘉，甚至可能他们有了不干不净的关系。因此，他一想起校长，就无法平静。

米佳的爱情几乎全部表现为嫉妒。虽然当他们卿卿我我的时候，卡嘉对他的热情表现得比以前更加强烈了，这反而引起了米佳的疑心。一切都变了，他想要掐死卡嘉。

终于进行考试了。卡嘉考得很好，心情激动、令人倾倒。对米佳来说，这是最难以忍受的，觉得她已经不属于自己了！

"你只爱我的肉体，并不爱我的灵魂！"有一次，卡嘉痛心地说。慢慢地，她和他简直没有什么话可说了。

四月底，米佳终于决心到乡村去，想休息一下身心。于是，米佳决定离开莫斯科。

动身的这天，普罗塔索夫来他家和他告别。普罗塔索夫是米佳唯一真正的朋友。

那天，卡嘉也到火车站去送他。

春日长长的黄昏已经降临，从火车站到大镇子途中的路上到处都是春天的泥泞。

乡村的生活宁静而迷人。

米佳的老家是个不大的庄园。他的妹妹安娜是个中学二年级的学生，弟弟科斯佳是士官学校少年班的学员，他们都在奥勒尔上学，大概六月以前不能回来。母亲奥丽佳•彼得罗芙娜一向独自管理家务。

他第一次作为一个成年人生活在家里，甚至母亲对待他的态度也和以前不同了。

有一天，已经入夜了，米佳从后门走出来，站在后门廊上。突然，远处什么地方发出了一声魔鬼般的狂嚎。米佳全身颤抖了一下，惊得呆若木鸡。

第二天，他写了一封十分亲切的长信寄给了卡嘉。

卡嘉回了一封信："我的亲爱的，我的唯一的亲爱的人！"

但是，奇怪的是，往后，他再也没有收到卡嘉的来信。

并且松喀对他的爱慕也使他心神不宁，甚至在某种程度上替代了卡嘉。他白天睡觉，起床后就骑马到镇上去，火车站和邮局就在这个镇上。

"如果一星期之内还没有信来，我一定自杀！"他虽然非常明白自杀是愚蠢的，然而又有什么办法呢？他也不再给卡嘉写信了。

打趣米佳的消瘦，姑娘们叫他"猎犬"。看林人的媳妇阿莲嘉个子虽不高，动作却很敏捷。吃午饭的时候，从火车站来的递急件的信差送来一份安娜和科斯佳打来的电报，电文上说他们明天晚上到家。米佳对待这件事十分淡漠。

阿莲嘉没有露面。她在林子里，"晚上，天一黑，我就来，去哪里？打谷场上不行，会碰见人的……要是您愿意的话，就去您家园子冲沟那里的窝棚，行吗？不过您可记着，别骗我——我可不会白答应您……这里跟您在莫斯科不一样。"

这一天仿佛长得到不了头。米佳呆呆的，像个木头人一样，出来喝了茶，吃了午饭，又回到自己房里躺下了。他曾打算如果卡嘉再不来信就开枪自杀，他现在对这种想法也感到愤慨。

他仍然和刚才一样，读着书，却什么也不明白。有时望着书本，心里却想着阿莲嘉，他觉得腹部在颤抖，这颤抖迅速遍及全身，而且越来越厉害。

时近黄昏，阵阵战栗越来越紧地冲击着他。

当家里人晚上出去后，米佳迅速地起来，走到大厅里去。他从衣架上抓起了帽子，立即溜到园子边上那偏僻的、杂草丛生的，以及长着茂密的金合欢和丁香树的林荫路上。

米佳快走了几步，心中有个念头瘆得慌："要是她骗了我，不来了呢？"

现在他觉得，他的全部生命都取决于阿莲嘉来还是不来。

米佳望了月亮一眼，迅速地轻轻在胸口画了个十字，向金合欢树丛走去。

不一会儿，他已经到了他们约好的地方。他满怀恐怖地钻进了窝棚，窝棚里黑乎乎的，弥散着发霉的干草味。

在这一整天里，某种特殊的兴奋状态一分钟也没有离开过他。现在他兴奋到了极点，他只能听见自己心跳的声音。

突然，米佳身后"咔嚓"响了一声，这声音像一声惊雷吓了他一跳。原来是阿莲嘉来了。她把蒙在头上的家织黑毛布短裙放下，米佳看见她那张神色慌张、笑嘻嘻的面庞。进去之后，她站住了。米佳咬紧牙关，克制着身体发抖得牙齿咯咯地相碰，他赶忙把手伸进了衣袋里，把揉得很皱的一张五卢布的票子掏出来塞到她的手里，紧张得两腿硬得像铁棍子似的。

她迅速地把钱塞进胸衣里，坐在地上了。

米佳坐到她的身边，抱住了她的颈子，不知道应该做什么。和以前一样，肉体上的欲望，并没有转变为心灵上的渴求，她向后一仰，就脸朝天地躺下了。

当他们两人站起来的时候，米佳心灰意懒、懊恼至极。

米佳一整天都在园子里不知疲倦地走来走去，而且哭得非常厉害，有时他自己也奇怪为什么有那么多眼泪，那么不可遏制地流个没完。

天气阴沉沉的，有些冷，潮湿袭骨，彤云四合。在黑乎乎的天幕衬托下，水淋淋的园中一片苍翠，显得清新、醒目。

不时刮过来的风把树叶上的积水吹下来，水流如注，向四面飞溅，仿佛雨中有雨。然而米佳什么也没有看见，什么都没能引起他的注意。

他全身衣服都湿透了，脸上没有一点血色，眼睛哭得肿肿的，目光像个疯子。他一根接着一根地吸着烟，跨着大步走在泥泞的林荫路上。

有时，他信步走在苹果树和梨树之间，全身没在高高的草里，碰上弯弯曲曲、麻麻癞癞、上面长着灰绿色苔藓的水淋淋的枯树枝。他有时在那条变成了黑色的、被雨水泡得发涨了的长木椅上坐一会儿，又跑进冲沟，躺在窝棚里湿乎乎的麦草上，躺在他曾和阿莲嘉一起躺过的地方。由于天气寒冷和空气中袭骨的潮湿，他的两只大手变得铁青，嘴唇也紫了。

他猛然跳起来，从裤子口袋里掏出那封已经揉得很皱、弄得稀脏的信。他已经看过一百遍了。现在他又贪婪地、已经是第一百零一遍地看起来："亲爱的米佳，我有什么对不起您的地方，请原谅吧！恳请您忘掉过去的一切！我不好，是坏人，是堕落的人，配不上您，但我热爱艺术！命运已定，决心已下，我要走了。"

看到这地方，米佳把信揉成团儿，一头扎进湿乎乎的麦草里，疯狂地咬着牙，抽噎着，已经泣不成声了。

一切都完了！

傍晚时分，比早上还要大十倍的滂沱大雨向园中一个劲儿地倾盆而下，而且突然惊雷阵阵，终于使米嘉想回家了。他从头到脚湿了个透，全身冰冷，抖成一团，上牙打着下牙。

天很快就黑了。房顶上、房四周、花园里，到处一片雨声。雨声仿佛加倍地响，而且各处响得也不一样。

米佳感到一种莫名的恐怖，他预感到有个什么人要和另一个人去幽会。仿佛他也参加了这一违反自然的、令人极端厌恶的幽会。

米佳从噩梦中醒来，一身是汗，他清清楚楚地意识到他要死了。他觉得这个世界上的事物比地狱里和坟墓中的还要骇人听闻、没有出路、阴森可怕，这使他非常震惊。

大厅里传来了欢声笑语。他觉得这些欢笑也是违反自然的，和他是格格不入的，是一种愚蠢的生活，对他来说是冷漠无情的……

一切美好的幻影已经一去不复返了。

他轻声哭泣起来，哭得五脏六腑都疼痛欲裂了。他强烈地希望哪怕是有一分钟能摆脱他胸中的疼痛，他只求不要再陷入曾熬煎了他一整天的那个万分可怕的世界，只要不再堕进刚才他见到的那种最可怕、最令人厌恶的梦境——他摸到了床头柜的抽屉，打开了它，抓起了冰冷、沉重的手枪，欣喜欲狂地深深吸了一口气，张开了嘴，枪口对着喉咙，心情愉快地、使劲地开了一枪……

这致命的一枪又何尝不是蒲宁对那无聊而沉重、郁闷又无望的灰色日子的一种清算和告别呢？

七、托尔斯泰：俄罗斯的乡愁

他未曾拒绝俄罗斯，他在法国构建自己的俄罗斯世界，然后孤独地在里面活着，从根本上说，他与当时的每一个人都不一样，整个世界比他快半拍，所以他成了一个"古怪标本"。

"二战"中，德意志占领了法兰西，但是，他拒绝和纳粹合作，没有发一篇文章。他以一个俄罗斯贵族的身份高昂着头拒绝，尽管俄罗斯不承认他，他却不能不承认俄罗斯。

不与纳粹合作，不能发表文章，他还冒险救助苏联红军被俘人员，甚至请他们到家里留宿。那么哪里来钱呢？这个时候诺贝尔奖奖金早已经坐吃山空，他自己也需要别人接济。如前所说，这个时候，唯一能接济也愿意接济他的人只有未来的诺贝尔文学奖得主安德烈·纪德。

纪德深受陀思妥耶夫斯基影响，而对托尔斯泰没有多少兴趣，在他眼里托尔斯泰就是一个"乡巴佬"，贵族气息太浓，又仔细认真，穿着最简单的农民衣服，却写着教训人的文字，给人虚伪做作的感觉。

蒲宁则恰恰相反，虽然他佩服陀思妥耶夫斯基的文字，却不赞赏。在他眼里，陀思妥耶夫斯基并不是纯粹的俄罗斯的，陀思妥耶夫斯基很少描写俄罗斯的实体环境，比如农村的风景，城市的建筑，一条河流，或者是一座山，都是很少有的，只要有主角，故事就可以发生。因为这些，他不喜欢陀思妥耶夫斯基。

说到底托尔斯泰和陀思妥耶夫斯基是一种伟大、两种作家。

蒲宁终生遵循的都是"托尔斯泰式"的生存写作和"托尔斯泰式"的俄罗斯，可是托尔斯泰终究只能产生于某个时代，托尔斯泰死得恰逢其时，他的死亡正好是那个时代的结束。然后，时代需要新的代言，可是他却想成为另一个托尔斯泰，或者他的文字本身已经足够成为"另一个托尔斯泰"，但是，新的时代已经没有"托尔斯泰式"崛起的位置。

托尔斯泰，只能成为乡愁般的符号，而这，正是蒲宁的悲剧所在。

1921 年，正是陀思妥耶夫斯基一百周年诞辰，纪德为此在巴黎"老鸽子窝"剧院开了很多场专题演讲会，反应十分热烈。1922 年，蒲宁也去演讲会听听，毕竟纪德在说一个他比较佩服的俄罗斯作家，某种程度上，他是带着俄罗斯人的自豪进入"老鸽子窝"的。但是听完演讲，他十分愤怒，却无处发泄。因为纪德在肯定了陀思妥耶夫斯基的同时却贬低了托尔斯泰，称其为"乡巴佬"，这是蒲宁所不能容忍的。

纪德下了讲台，谦逊地向这位俄罗斯贵族作家鞠躬，说："伊凡·亚历克赛耶维奇先生，很荣幸您能光临我的演讲，这是对我最大的肯定。"

在巴黎，蒲宁很少被人看得很高，特别是被一个有名望的人看得很高，这是头一遭。

蒲宁有些不屑地说："我可受之有愧，我连乡巴佬都不如呢。"

纪德笑着说："您这是哪里话？今天在场的人没有一个比您高，您是作家家乡来的最高代表。"

蒲宁冷冷地说："谢谢你的赞美，不过恐怕我代表不了那个俄罗斯。"

纪德却说："如果是这样，那么我必须表示遗憾，因为你们国家拥有怎样一位具有如此巨大影响的同时代人，那就是您，可是他们没有好好珍惜。"

蒲宁并不领情，谈话没有几句，蒲宁就借口身体不适而离开了，其实，他心里憋了一团怒火。

回去以后，他就对薇拉大声说："他是什么角色，有那么大口气居然敢这样说托尔斯泰。"

薇拉说："这里不是俄罗斯，别人怎么说你管不了，就算是在俄罗斯，托尔斯泰恐怕也早就被人忘了。"

蒲宁抱怨说："你就不能说些让我宽慰的话吗，年轻人这么嚣张，连你也让我不好过。"

薇拉说："我可没有你那么大火气，都是哪来的？"

蒲宁的确生气，顿时脸通红，说不出话。他在当晚的日记中写道："纪德不像一个艺术家，反而更像一个传教士。"

尽管蒲宁对纪德有所埋怨，纪德却没放在心上，反而十分热情。纪德本身就对十月革命后的俄罗斯的新世界感兴趣，20 世纪 30 年代中期还专门出访苏联，这在西方文化界是为数不多的。

回国后他对俄罗斯在法流亡人员也十分关注，而 1933 年蒲宁获得诺贝尔文学奖之后，更让他 1940 年又专门到访蒲宁的城堡。这一次，他给蒲宁带来一些钱，城堡里其他五人都纷纷表示欢迎，唯独蒲宁心里有团疙瘩。

这次纪德表现得很好，没有提托尔斯泰和陀思妥耶夫斯基，而是高度赞扬了蒲宁的《乡村》。

蒲宁仍旧不太乐意领情，但是，他感觉到这位法国人的真诚，作为一个作家对另一个作家的真诚。所以，他乐意和纪德成为朋友。

但是，当年 8 月份，纪德再次到访时，蒲宁按捺不住心情，又把托尔斯泰和陀思妥耶夫斯基的话题摆上桌案。

他试图证明托尔斯泰的确是高于陀思妥耶夫斯基的，滔滔大论、激扬文字大半天，一口茶水都没喝。没想到纪德却没有半点让步，脱口而出："托尔斯泰就是一个没有开化的乡巴佬。"

此时，蒲宁失去了理智，眼冒血光，从桌子后面顺手拿起一把水果刀，年过七旬的他，穿着脏兮兮的俄罗斯贵族长衫，戴着绵绸红帽，上身猛地俯到桌子上，刀子向纪德刺来。纪德敏捷地躲开。蒲宁还想刺第二下，却被人抱住，但他仍旧不罢休，浑身哆嗦着大叫："放开我，放开我，我要教训教训这个家伙。"

纪德面带愠色，但是，也意识到自己伤害了蒲宁的心灵。他连忙说："先生，我不会承认错误，但是，我为我刚才的话道歉。"

蒲宁怒气仍旧不消。薇拉赶紧到屋里拿酒，倒上两杯，拿到他们面前，说："快，拿起来，喝了！千万别伤了和气。"

纪德爽快地拿起酒杯，而蒲宁不理不睬。薇拉强硬地将酒杯放到他的手里，狠狠瞪了他一眼，蒲宁这才很不心甘情愿地将酒喝了。

喝完酒，纪德说："让我们忘了这件不愉快的事情，我感到遗憾，在同您的交谈中我们只谈了把我们分开的东西，而默然回避了很多使我们接近的那些东西。"

而满脸通红的蒲宁抓起一根黄瓜，边嚼边说："那么，今后在我面前请不要伤害俄罗斯民族的自尊心！我们仍然是很好的朋友。"

这次争执化解了，但是明显能感觉到，蒲宁所谓的俄罗斯民族的自尊心都在托尔斯泰那里，是一种特有的高贵而高尚的自尊。这也正是他所热爱的俄罗斯的精神。

因为这个原因，他不得不离开那时的俄罗斯。但是，这注定了他始终都在想念祖国，想回到俄罗斯，回到托尔斯泰那里。

1940年，他就申请，希望能回到俄罗斯，结果没有成行；1945年"二战"结束，苏联红军以前所未有的精神面貌在他面前赶走了法西斯，这个时候他似乎开始接受那个俄罗斯了，他表达了想回去的念头，他说："感谢上帝，如今为俄罗斯开辟了一条道路，这条道路就是俄罗斯自身，如果俄罗斯人只爱俄罗斯，那么就要爱俄罗斯的一切。现在上帝亲自引导我们达到这种爱。"

最终他也没能回去，托尔斯泰的俄罗斯的确已经不复存在，一切只是他在法国做的一场梦，梦醒时分，他将无声无息地离开。

1953年11月8日，他死在远离祖国俄罗斯的巴黎，身边是伴随他半生的不弃不离的妻子薇拉。

他抓住妻子的手艰难地吐出最后几个字："带我……回……回家！"

他流出眼泪，然后停止了呼吸。

他已经没有家，相对于俄罗斯他是流亡的，相对于时代他也是流亡的。

　　最终他被埋葬在巴黎！

　　半个世纪过去了，今天人们还会在图书馆最陈旧的书堆里偶然找到他，但是很陌生；人们也可以在很多"大师类"丛书里发现他的名字和莫泊桑、契诃夫等并列，或者是和纪德、萨特并列，甚至是和托尔斯泰、陀思妥耶夫斯基并列，但是显得很不和谐。

　　也有人把他推为 20 世纪俄罗斯文学的最后一位代表，俄罗斯三位世界级散文大师之一，俄罗斯"白银时代"早期的诗歌代表，中短篇小说大师级人物，他的爱情小说《米佳的爱情》被称为俄罗斯的"少年维特之烦恼"，还有人记得为他惹来一生争议的对他来说苍白的诺贝尔文学奖。

参考文献

[1] 李毓榛：《20 世纪俄罗斯文学史》，北京大学出版社 2000 年版。

[2] 冯玉律：《跨越与回归——论伊凡·蒲宁》，上海外语教育出版社 1998 年版。

[3] [俄] 符·维·阿格诺索夫：《20 世纪俄罗斯文学史》，凌建侯译，中国人民大学出版社 2001 年版。

[4] 邱运华：《蒲宁》，四川人民出版社 2003 年版。

[5] 周启超：《白银时代俄罗斯文学研究》，北京大学出版社 2003 年版。

[6] 武传燕：《论蒲宁笔下的乡土情怀》，《北方文学》，2012 年第 3 期。

[7] 叶红：《蒲宁在中国》，《俄罗斯文艺》，2005 年第 1 期。

[8] 沈检江：《蒲宁的新路——俄国批判现实主义传统延宕与创新空间》，《黑龙江社会科学》，2008 年第 6 期。

[9] 杨宁：《俄国作家蒲宁的爱情小说》，《新疆大学学报》，2011 年第 2 期。

[10] 邱运华、尚玉翠：《谈〈阿尔谢尼耶夫的一生〉的叙事风格》，《俄罗斯文艺》，2004 年第 4 期。

[11] 冯立律：《论蒲宁创作中的永恒主题》，《俄罗斯文艺》，1994 年第 1 期。

[12] 刘姝希：《论伊凡·蒲宁爱情小说的艺术特色》，硕士学位论文，吉林大学，2009 年。

[13] 叶红：《永不枯竭的心灵之泉——论伊凡·蒲宁小说创作中的"永恒主题"及风格特征》，博士学位论文，上海外国语大学，2004 年。

[14] 王巍：《蒲宁小说诗化特征研究》，硕士学位论文，吉林大学，2005 年。

[15] 赵小欢：《蒲宁小说中的民俗叙事》，硕士学位论文，上海外国语大学，2012 年。

第十章

《安魂曲》
——雕刻阿赫玛托娃

　　阿赫玛托娃是苏联阿克梅派女诗人安娜·安德烈耶夫娜·戈连科的笔名，她于 1889 年出生在黑海港口敖德萨附近，父亲是一位退伍的海军军官。当安娜还是一个少女时，便随家迁居至圣彼得堡。她曾就读于圣彼得堡郊区的皇村女子中学，并在那里结识了古米廖夫——她后来的丈夫。古米廖夫也是一个阿克梅派诗人，这个诗派宣称要恢复简洁而直接的表达方式。阿赫玛托娃在 1910 年移居圣彼得堡后加入了阿克梅派诗人小组。紧接着，1912 年就出版第一部诗集《黄昏》，并引起了诗坛的关注。1914 年她发表了自己的成名作《念珠》，此后还创作了诗集《白色的一群》（1917）（三本诗集《黄昏》《念珠》《白色的一群》的出版使阿赫玛托娃跻身于俄罗斯一流诗人行列）、《车前草》（1921）等。

1935年至1941年期间，阿赫玛托娃在经历了儿子被捕等一系列灾难性事件后，写出了代表作《安魂曲》（又名《挽歌》）。1946年，阿赫玛托娃受到了当时的苏联文化部部长日丹诺夫的指责，她的作品被称为"修女兼唱妓的混合物"，随后她被开除出作家协会。一直到斯大林去世后，诗人才重新投入翻译和诗歌创作。诗人于1964年在意大利获国际诗歌奖，随后在1965年获得了牛津大学名誉博士学位。1966年3月5日，阿赫玛托娃因心肌梗塞逝世，享年七十七岁。一直到1987年，她的《安魂曲》才得以全文发表。在俄罗斯百姓的心目中，她凭借优秀的作品成为"俄罗斯诗歌的月亮"。

一、站在风口的俄罗斯的高贵

她有匀称高挑的身材，乌黑顺滑的长发，白皙的手指，澄澈的眼睛，高挺的鼻梁，温润的嘴唇。她代表俄罗斯的一切典雅，她浓缩俄罗斯的所有风韵。

她美丽的双肩上总是搭着一条披肩，这披肩使无形的风有了具象的风采。

她行走的步调不快不慢，刚好是思想的速度。

她是一个符号，不是感叹号，不是句号，不是省略号。在字典里找不到，那是她独特的符号，金属的符号，音乐的符号，更是诗歌的符号。

她是一只放歌的夜莺，她的歌声美丽得让人倾倒，又让人心甘情愿地追随。然而歌唱的她却找不到栖息的枝头，长久地没有遮盖。她把破旧的披肩，披在身上，紧抱双肩，好像抱着的是俄罗斯的翅膀。

她一走就是一生，俄罗斯的黑夜里，西伯利亚的风吹得她有些冷。

她是黑暗的幽灵，黑暗里她四处做着弥撒，用手、眼睛和披肩思考。她的灵魂纯粹得也像乌黑的炭，黑色给了她质感和韧性，放出柔软的微光。黑暗是她脸上一寸一寸的皱纹，皱纹却像花朵，开得安详、宁静。

她的生命开放得很久，俄罗斯不让她死去。因为她是月亮，作为太阳的普希金的生命之灯猝然熄灭了，俄罗斯有理由不让她死去。

尽管他们并没有好好珍惜，并没有让她好好地活着。

那是俄罗斯漫长的一夜。活着不是她的本意，而是她的责任。

俄罗斯让她守夜，守了一生一世的夜。

而她固执地坚守着，让沉重的俄罗斯一页页地燃烧，作为她生命的祭奠。

那段赫黄色的历史仿佛天生就是为她准备的。

她是安娜·阿赫玛托娃，俄罗斯伟大的女诗人。

苦难是落入她灵魂的沙子，她像牡蛎一样含着它，创造出一颗颗璀璨的珍珠。

她是落入俄罗斯伤口里的一滴泪，滋养着无数的常春藤在春天覆盖了俄罗斯。

她的高贵无关贫穷富有，无关前生后世，无关太阳月亮，甚至无关诗。

与她高贵相关的只有：俄罗斯的精神，俄罗斯的气质！

"俄罗斯"就是她高贵的本质；

"俄罗斯"就是她高贵的本源；

"俄罗斯"就是她高贵的本体！

在她眼中，她的高贵容忍不了俄罗斯的污泥。

为此，她甘愿为清除俄罗斯的污泥付出一切。

用诗歌，用生命，用与生俱来的落寞和苦难。

她说：我生来就是为了承受世上的苦难。

她果然做到了。

她披着她的深灰色的披肩，"站在风口"守了俄罗斯一辈子。

俄罗斯被她守得苍老了；

俄罗斯被她守得消瘦了。

因为她，俄罗斯的一声叹息，让全世界的人都感到了沉重。

西伯利亚的风吹皱了她的面容，却始终吹不皱她高贵的灵魂。

安娜·阿赫玛托娃，原名安娜·安德烈耶夫娜·戈连科，1889 年出生在她的"南方"——俄罗斯敖德萨、赫尔松涅斯一带。尽管她很快搬离这里，但是一生断断续续在此居住了很长时间，南方给了她辽阔的黑海、近乎奢侈的夏季的阳光、故乡的概念和童贞的相思，也让她体验到淳朴的乡情、古老的渔港和忠厚的渔民。

在那里，她沿着海滩光着脚漫步，在海水中游泳，率真的她因为贪玩而忘记了淑女礼仪，阳光晒黑了她的皮肤，她只是微笑地接纳，宁静而动人。

南方不仅给了她暴雨的记忆、挂在柴门上的风铃、突如其来的闪电以及蜻蜓般飞翔的梦想，更给了她博大的胸怀、自由的意志和一颗善良的心。

不满周岁的阿赫玛托娃随着家人来到皇村，一住就是十五年。

她是皇村的"第二胎"。

皇村是俄罗斯文学的"子宫"，因为她孕育了普希金，也因为她孕育着阿赫玛托娃。

那里美丽的花园、宏伟的巴洛克风格建筑、富丽的大剧院、精致的画廊，幽静的湖泊、喧闹的溪流、茂盛的草场、神秘的树林，都让她难以忘记。

在那里她与普希金、茹科夫斯基、维亚捷姆斯基这些 19 世纪的诗人交织，在那里她也与因诺·安年斯基、尼·古米廖夫、B.科马洛夫斯基这些 20 世纪的诗人会合。而无疑最重要的是普希金的存在。有普希金这样的太阳，就会有她这样的月亮。普希金的热量使她的美更显大气和非凡。

托尔斯泰伟大，他是代表世界的；

陀思妥耶夫斯基伟大，他是代表他自己的；

同普希金一样，阿赫玛托娃的生命是诗歌的生命，是纯粹的俄罗斯的生命，因而，她的伟大，是代表俄罗斯的。

在皇村，她沿着普希金的轨迹行走，那是俄罗斯的轨迹，通往皇冠的轨迹。普希金成为"太阳"，而她成为"月亮"。

没有太阳，俄罗斯的万物如何生长？

没有月亮，俄罗斯的夜莺如何歌唱？

在那里，她所体验的是普希金的脉搏；

在那里，她所感受的是诗歌的心跳；

在那里，她所触摸的是沿着大地缓缓上升的俄罗斯的精气。

在那里，意气风发的普希金蘸着晶莹透明的露水写下了《皇村忆事》——

> 在那里，我的青年与童年交织
>
> 在那里，我被自然和梦幻宠爱
>
> 我体验到了诗情、宁静与欢乐

普希金在说他自己，也是在说半个多世纪后的阿赫玛托娃。

她从皇村出发去接受属于她的至高荣耀与全部苦难。

她以诗歌的虔诚接受荣耀；

她以生命的坚韧接受苦难。

她的诗歌从皇村出发，她的生命在俄罗斯结束。

虔诚，皆因她是"俄罗斯的月亮"，所以她要虔诚地站在黑暗里。

坚韧，皆因她是"高贵的玫瑰"，所以无数的刺扎进她苦难的身躯。

二、爱：不能融化的月光

她的青春来得那么早，仿佛还未酿成的谷酒掺入一缕不能融化的月光，不凉，却痛。

她的爱来得那么突然，仿佛还未准备的花蕾割下一片不能采摘的阳光，不热，却疼。

所有美丽的少女都有这样的机会：她比一般人更容易接近青春的菩提树。

但接近青春，并不意味着接近爱。

阿赫玛托娃也不例外。甚至，她比一般人更早地接近青春，却更晚地抵达爱。

不是她不想爱，也不是她不会爱，而是她来不及辨认突然射来的箭是丘比特带蜜的箭还是撒旦带毒的箭。

不怪她不小心，要怪就怪她的美丽。十四岁的美丽楚楚动人，像含苞欲放的花，暗香四溢，足以打动每一只嗅觉灵敏的蜜蜂。

1903 年的冬天格外的暖，一年就快过去，圣诞老人还没给她送礼物，却有人先行一步爬上她家的烟囱，在她熟睡时送来一个男孩，然而，男孩没有进入她的梦里。

他不声不响地靠近，"砰"的一声碎响，惊扰了她原本平静的一池春水。

那日，皇村的天空，格外的湛蓝，没有风，白云缓缓地飘着，太阳暖暖地照着。有狗吠的声音若有若无地叫着，像村子里点起的旱烟，偶尔闪亮一下，又倏地落了下去。

美丽可人的阿赫玛托娃和女伴一同去购买圣诞礼物。她们在兴高采烈地说着话，把少女的心事稀里哗啦地晾晒在幽幽的路边。

就在这时，阿赫玛托娃不期然地遇见了女伴的朋友——两个小伙子——古米廖夫兄弟。

女伴热情介绍两个小伙子给她。

两个小伙子热情地跟她打招呼。

一切都是那么自然，也没有半点防备。毕竟，那时的阿赫玛托娃还是出淤泥而不染的莲苞，正沐浴着暖冬的阳光，红润的鹅蛋脸被几丝飘逸的刘海浅浅地遮住，显得青涩而靓丽。

他们结伴同行，她并没有感到什么异样。她友善、快乐，沉浸在节日即将到来的愉悦中。

后来，她发现有一个小伙子经常在她家附近徘徊。开始她并没有放在心上，次数多了，觉得有些面熟。慢慢地，他引起了她的注意。她从窗户往外望去：啊，那不是尼·古米廖夫吗？

她记起那天同女伴一起去买圣诞礼物时在路上碰到的男孩，知道他是贵族的后裔。印象中，这个男孩有些木讷，好像比她大三岁，他似乎害怕看她。

正是这个害怕看她的男孩竟然爱上了她，而且从第一眼看到她开始，

"爱"就像幽灵从他的怀里跳了出来。这个气质不凡的小美女让他沉醉。

他害怕看她，是因为爱她！

他害怕看她，是害怕她拒绝他！

她看见他的眼睛发光，她觉得那目光似剑，灼热而固执。

每次，他就远远地站在她窗户后一块浅浅的平地默默地看着她；

每次，他就静静地站在她心灵外一个窄窄的阳台脉脉地凝望她。

该怎么办呢？她有些心动，有些害怕，又有些困扰。她在黄昏时沿着皇村的大街行走，低头思索。那条路是那个让她心烦意乱的家伙走过的，并且消失了。她满满的心思，美丽的愁绪染得晚霞微微绯红。

突然，她惊讶地发现，那个男孩竟然悄悄跟在她的后面。原以为他消失了，可他一下子又冒了出来，也不知道是从哪个地方冒出来的。

"这个人防不胜防，真有点烦呢。"她微微愠怒，决定拒绝他。

可是，他不死心。不仅如此，他还展开了有计划和有策略的攻势。他千方百计地接触阿赫玛托娃的哥哥安德烈和她的女友，希望能跟这些人混熟后，再顺理成章地进入她的社交圈。

爱情的烈焰还激发了他的灵感和才情。他给她写诗，一封一封的情诗，击中了她最温柔最脆弱的部位。诗里，他称她为"美人鱼""女神"。他甚至请人画了一幅"美人鱼"的画挂在家中，并把另一幅送给她。

他是那样地无可救药，那样地不可动摇，有点愚蠢，又有点可爱。

她拗不过他，也逃不了。

她想试试。一半是做游戏，一半是寻刺激。

就这样，她接受了他，带点糊涂，带点傲气。她在心里说：我只是试试。

可是，这一试，却带走了她一生的运气。

之后，皇村宽阔的大街上、幽静的湖泊中、静谧的树林里多了一对小情人。男孩总显得那么深沉，女孩又总显得那么纯洁。可是男孩的深却装不下女孩的纯。

她总是显得那么落落大方，而他敏感炽烈，不允许别的男人进入她的视线。

于是，吵嘴在所难免。她很快感觉到爱的无味。

爱原本就是一种包容，可是那个年龄他们还只是在成长，而成长的方向不能确定。所以甜蜜总是伴着苦恼，像是一汪春水，清澈却涟漪阵阵。

过早的爱只是枝头青涩的苹果，新鲜诱人，淡淡芳香，却终究没有秋天的丰满。她并不怎么认真对待这份爱，将来怎么样，天知道。

不久，俄罗斯在马岛战役中失败，她的父亲因为与海军的关系惹上一身麻烦。本来父亲和母亲的关系就不怎么好，住在同一屋檐下，却疏离得很。也许正是这样，她渴望有人爱。

那一年，父亲和母亲离婚了。

一个家怎么说散就散，这就是爱吗？她不懂，她迷茫，甚至有些痛，所以对古米廖夫很冷淡。

古米廖夫不明就里，以为自己应该给一个承诺，或者一纸法律文书，于是试探地问："我们结婚怎么样？"

她心不在焉地说："你疯了？"

古米廖夫很生气。

他们大吵了一架。

就这样，两人的感情就此搁浅。

其实，年少的他们根本不懂爱，古米廖夫如是，阿赫玛托娃更如是。

在她心里，她是海边的少女，她在等她的海王子出现，而古米廖夫显然不是。

她和母亲走得近，而对父亲有怨，她的一生都很少写关于父亲的诗。而对于她后来写诗，父亲认为是玷污了家族的名声，不让她用原名。阿赫玛托娃这个笔名就是因此而诞生的。

家破碎之后，她跟着母亲回到南方。为了未完成的学业，她又到基辅的姑妈那里读书，仿佛把古米廖夫忘得一干二净。

可是古米廖夫并没有死心。毕竟，这是他深爱过的人。冷静下来后，他感到了自己的不对。

于是在夏季，他跑到南方，突然出现在她家门口。

猝不及防地出现往往给人一种震撼。

他站在炽烈的阳光下，显得那么真诚。他似乎瘦了，并且有些忧郁。

面对父母的离异，阿赫玛托娃本就有些难过，又一个人在基辅待了半年，因此，此时看见古米廖夫，心里感到一阵温暖。她把他的消瘦和忧郁归咎于自己的任性。

他们和解了。爱情酿出了酒，或浓或淡，或甜或苦，只有两人清楚。

之后，古米廖夫去了巴黎。

刚到巴黎，他火热的信就接连不断地邮到了阿赫玛托娃手里。信上附的全是情诗，写满对她的赞美和思念。

按说，面对这样一个对爱矢志不渝又才华横溢的小伙子，任何女孩都会死心塌地。

可是，阿赫玛托娃不。

因为她是阿赫玛托娃。

她读了那些诗，好像不喜欢被赞美似的。与其说不喜欢被赞美，不如说她认为那些诗写得并不怎么样。

错不在他，错的是诗。

他在一首题为《灵魂与肉体》的诗中这样写道："夜晚的寂静浮游在城市上空／每一种响声都变得十分沉闷，／哦，你呀——我的灵魂，你仍在沉默，／上帝呀，你瞧，我的心灵宛如一块大理石。"

其实，"心如冷石"的应该是阿赫玛托娃。虽然两人已经和解，但她对古米廖夫的情感仍旧不冷不热。

这可把古米廖夫急坏了。他收不到她的回信，更不用说她以诗的方式回复他。似乎意识到什么，他急急地从巴黎赶回俄罗斯，在阿赫玛托娃家的隔壁租了一间房子。

他以为这样可以靠她近些。他希望用自己的炽热驱除她的冷漠。

他不放过每个见到阿赫玛托娃的机会，三番五次邀她散步，逛咖啡馆，给她买礼物。一个痴心男人应该做的事似乎他都做了。那么，爱情的帷幕似乎该落下来了！

一次在海边，他以为和她靠得足够近了，便再次开口向她求婚。

他说："是时候了。我想和你结婚。"

阿赫玛托娃有点讶异地扬了扬脸，然后平静下来，像说别人的事似的回复道："你总是喜欢开玩笑。"

说这话时，她看上去毫无热情，仿佛古米廖夫在痴人说梦。

他的心凉透了。他突然意识到了：一厢情愿的近，其实是一种远，不是物质上的硬距离，而是精神上的软距离。那种"远"植在阿赫玛托娃干净的心里。她还在上中学，怎么能结婚呢？

客观地说，上中学并没有什么关系。

根本的原因，还是她不甘心把婚姻就这么铆定了，她不想把一生就这样交付给了他。她的未来不该那么早被关进一个笼子。父母的离婚使她对婚姻产生了恐惧。同时，她也讨厌古米廖夫完全的自我，他灼热的感情仿佛火焰，燃烧了他自己，也让她不敢靠得太近。

古米廖夫的心沉重极了，大海也装不下那种沉重。

他失望地返回巴黎，失望灌注了他的整个生活，他食无味，困难睡，浑身乏力，情绪低落到了极点。在无法排解的情况下，他心一横，喝了毒药。

然而，上帝没有接纳他。

既然想自杀都不成，那一定是心愿未了。他想了想，唯一的心愿就是她。他不甘心，也许还有最后的希望吧。

于是，几个月后，他再次跑来向阿赫玛托娃求婚。

没料到，又被断然拒绝。

他悲怆至极，又一次决定自杀，被发现后，送到医院急救。他再一次与死神擦肩而过。

生命如此强健，他欲哭无泪。为了忘掉这段不如意的求婚经历，古米廖夫开始了他的第一次非洲旅行。

对于他这样歇斯底里地寻死，令很多人费解。

要知道，当时古米廖夫已经是文坛上响当当的人物，而阿赫玛托娃还是一个女校的无名学生。或者他寻死并不全是因为阿赫玛托娃，还因为他的英雄主义、骑士精神，还有他的孤傲、忧郁以及想控制一切的意志。

不过，他对阿赫玛托娃的爱看上去是那么真诚。

为了她，他什么都敢做。当得知阿赫玛托娃被另一个男人热烈地追求时，他毫不犹豫去与那人决斗。

令人啼笑皆非的是，因为对方的枪出现问题，他竟然让对方朝着自己试开了三次。

阿赫玛托娃惊了，阿赫玛托娃怕了，阿赫玛托娃也爱了。毕竟，她是有感情的人。她怕他真的死掉，她爱他对她的爱，可是从某种意义上来说又不是爱他。这真是矛盾。

她找不到解决矛盾的方法，找到的只有婚姻的绳索。

她把脖子伸进了绳索。

但是，她的家人却不能接受他。

家人认为这种强烈到畸形的爱是病态的，病得让人不安，病得让人害怕。

更何况，当时的阿赫玛托娃还在基辅女校法律系读书。

尽管如此，1910 年 4 月 25 日，在基辅的尼科斯卡雅教堂，阿赫玛托娃还是表情茫然地嫁给了古米廖夫。

灯熄人散，他们上了床榻，拥得那么紧。可是阿赫玛托娃觉得他好远，远到看不清他的面容。

他们"睡"在两个被筒里，像双人墓，这样的婚姻是注定要失败的。

婚姻，是起点，也是终点。

三、不是诗人的妻子，是诗人

一开始，人们知道她，是的，那个女人是"诗人古米廖夫的妻子"；

后来，人们知道她，是的，那个女人是"诗人阿赫玛托娃"。

婚姻给她带来了一条路，路很窄，刚好可以让诗歌通过；

天分给她带来了一条路，路很宽，竟然可以让诗歌通过。

她的一切仿佛都是为诗而设、为诗而生。惊人的天赋，缜密的心思，敏感的思维，准确的语言，以及对精神的追求，包括她不爱的诗人丈夫。

她失败的婚姻仿佛就是为她写诗而准备的。这是一种心灵的折磨。从某种意义上说，没有经历过苦难的人，成不了诗人，至少成不了伟大的诗人。

于是，命运把她的婚姻安排得一败涂地。

或者，正验证了古米廖夫的那种"爱的是他对她的追求"。当婚姻来临，追求结束了。他还有什么事情可做呢？于是困扰立刻包围了他，他甚至有些手忙脚乱，不知道该怎样做一个丈夫。他恨爱情，他在诗歌中清楚地表明了这一点。

而这一切阿赫玛托娃似乎早已经预料到，她也没有打算做一个好妻子。

婚后，古米廖夫开始了长长的旅行，他在逃避。而此时阿赫玛托娃独守空房。独守就独守吧，也落个清静。这是古米廖夫给她的自由，是写诗的自由。他非常支持她写诗，给她的诗歌以极大的关注。

从这方面讲阿赫玛托娃是该感谢他的。

而丈夫的远离、精神的寂寥正好激发了她作为女人的情感隐痛。女权、爱情在她的心里膨胀。

于是一个已婚的女人开始追求脱离"现在轨道"的女权，也开始追求爱情。

婚后，阿赫玛托娃一直躲在皇村街心花园里写诗。

1911年，她的第一本诗集《黄昏》出版。她一下子进入最顶尖的诗人行列。

伟大的诗人出手不凡。一鸣惊人的故事，原本就是为这样的人预留的。

古米廖夫称赞她，勃留索夫、勃洛克等声名显赫的诗人欣赏她，曼德尔施塔姆靠近她，茨维塔耶娃崇拜她。一切都是那样的突兀却又是那样的顺其自然。

她进入古米廖夫的"诗人行会"，她和古米廖夫、曼德尔施塔姆挑起"阿克梅"的大旗，诗人的地位继续上升。

之后，她接连出版《念珠》《群飞的白鸟》两本诗集。

不久，她就成为俄罗斯万人追逐的"萨福"。

人们甚至把"阿克梅"的产生和她的"阿赫玛"联系起来。她的确是"阿克梅"派的核心。她甚至超越了创立"阿克梅"的丈夫。

后人会有一种错觉：之所以那个时代被称为"白银时代"，完全是因为她月光般的光芒。那光芒太亮太亮了，亮得看不清别人，看到的只有她这个发光体。

女人有才情，又美丽，还能写出著名诗篇，这样的事情，对于已经结了婚的她而言是更危险的。她升得越高，与古米廖夫就越远。

不是垂直的距离，而是水平方向上的距离。

不是相交，而是相背。

他们参加诗人聚会，他们是两个诗人。他们衣着光鲜地出现在"流浪狗酒吧"，人们兴奋地叫道："阿赫玛托娃"和"古米廖夫"。这分明是两个人，而不是古米廖夫和他的爱人，一对夫妇。

是古米廖夫造成了这一切，他追求他的，不干涉她的，只关注她的诗；

是阿赫玛托娃造成了这一切，她也追求她的，不关注他的，只让他关注诗。

婚前，他一直在追，她一直在逃。

在家里，他还是丈夫，对她嘘寒问暖；她还是妻子，对他悉心照顾。他们同桌吃饭，说了晚安，躺到床上，甚至亲昵。可是心里却各自莫名的孤独。

要命的是他们都清楚自己的感受。

在他眼里，她永远是震颤的，成不了自己的。他和他们的生活也跟着震颤。

而她是那么孤独，她简直成了西伯利亚旷野里站在枯枝上的鸟，没有任何安慰。那是灵魂里的痛苦。

成亲以后，他们去了巴黎。可是整个巴黎的浪漫都与他们无关。

庆幸的，也危险的是，阿赫玛托娃在巴黎爱上了意大利青年画家莫迪利亚尼。他的个头不高，却很有才华。在那里，他们几乎是一见倾心。她原本不相信世界上还有一见倾心这样的事情，可是见到那个倒霉的画家后，她明白还真有这样的情感。不在别处，就在她身上。

穷困的莫迪利亚尼无法带她去咖啡馆和歌剧院，只能和她一起在巴黎的月下漫步，可是月影就撩动了她的心，塞纳河宁静的河水仿佛一只手，漫过她的伤口。

那个巴黎是浪漫的，她拥有整个巴黎的浪漫，就因为那个穷画家。

他们在一起谈论魏尔伦、马拉美，他为她画像，她也为他写诗。

回国后，她把莫迪利亚尼的画挂在屋子的墙上，一挂就是一生。

那张画是她的画像，那是她眼里最美的画，装着最美的自己。

她是真的爱莫迪的，用灵魂去爱，虽然不能在一起，却用灵魂亲吻对方。

在莫迪利亚尼给她的一封信中写道："我双手捧着你的头颅，给你我全身心的爱。"

阿赫玛托娃自言自语道："他写的信都很长，很精彩。"

而在她的脑海里，莫迪的面容一直清晰地存在，与它同在的还有他的画。

1921 年，穷困潦倒的莫迪利亚尼因肺病死亡，妻子也跟随他跳楼自杀。

她在那次见面半个多世纪后，仍然依靠记忆写下了《阿梅多·莫迪利亚尼》和许多关于他的札记。甚至晚年谈及遗产时她还说道："有什么遗产可言？把'莫迪'的画往腋下一夹就走了。"

仿佛她唯一拥有的只有莫迪和他的咳嗽。

然而，在巴黎，她可是一个刚刚结婚的女人，一个诗人的妻子。

她不管那么多了。任性也罢，固执也罢，爱就爱了，疯就疯了。

1912 年他们的儿子，列夫·古米廖夫出生。

但是，这并没能说明什么，更不能改变什么。

出于公事，也出于想避开阿赫玛托娃和她的盛名，第二年，古米廖夫又去了非洲旅行。他曾经赞美她的诗，可当她的诗不仅摆脱了他的光芒，而且远远地超过他的影响的时候，他感到了无趣和妒忌。

就这样，仿佛没有任何预兆，又仿佛早就有了预感，非洲之行，让他们的关系彻底破裂。

1914 年，"一战"爆发。对此，阿赫玛托娃感到恶心，她诅咒"一战"。而古米廖夫却英勇地参加了志愿军，并在前线负伤。阿赫玛托娃的心凉透了。那时她已经完全脱离对古米廖夫的依靠，开始主动追求自己所想要的生活。

很快，她与一位风华正茂的热血青年鲍利斯·安列普相爱，甚至把祖母遗留下来的一枚"黑戒指"作为定情礼物送给了他。她似乎找到了她的"海王子"。

这个男青年把从战场废墟里捡到的十字架送给她，他甚至怂恿她与自己私奔。他们的感情一直持续到十月革命。

革命的结果让这个白军战士匆匆离开了俄罗斯。

一段刚入佳境的感情戛然而止，阿赫玛托娃的心再次被撕裂。

而古米廖夫早就清楚他们的婚姻已经没有意义。在长久的煎熬之后，1918 年阿赫玛托娃率先提出了离婚。古米廖夫平静地接受了这个事实。

他们去见了儿子，那是他们最后一次见面。

她说："离婚吧。"

他说："行吧。"

他们很平静，他把手伸过来，她感觉到他的疼，他感觉到她的凉。

执手相看的是两个伟大的天才，他们是两根燃烧的绳索，他们不能缠绕在一起，否则会是更剧烈的燃烧，燃烧是他们对彼此的束缚。

他们是两条平行的铁轨，只能面对面站着相视，中间隔着的是爱。

他们可以在一起，但是，是以他和她的方式，而不是他们的方式。

作为丈夫古米廖夫给了她难能可贵的自由！

十月革命以后，俄罗斯政治局势发生了重大变化。

1921 年，古米廖夫被判为"人民公敌"，遭到枪决。

他的死也最终击碎了阿赫玛托娃的坚强和信念，她竟然让他年幼的儿子因为"同情其父亲"而被流放。直到此时，她才发觉，世界上最爱她的那个人去了。她号啕大哭，她的泪是送给他的唯一的情诗。

她还称他为"丈夫"，这个爱着她的男人留下来的是整个"白银时代"的荣耀。

作为那个时代的阿赫玛托娃，她是和古米廖夫、曼德尔施塔姆比肩而立的。仿佛三足鼎立，缺少任何一个，失去重心的大厦必然坍塌。

离了婚的"丈夫"走了，"白银时代"走了，她一生中更大的不幸也被开启。

四、住在别人家的女人

她曾经说过："离婚制度——是人类，或者文明，所发明的最好的东西。"那是她与古米廖夫的婚姻刚刚得到解脱的时候，率真的她毫无遮掩地道出了心声。

皆因她是阿赫玛托娃，作为诗人的阿赫玛托娃和作为女人的阿赫玛托娃其实并不完全一样，但情感上的渴望与精神里的孤苦是一样的。

当听到关于她的一些情爱传言，比如她和勃洛克，比如她和演奏家阿瑟·卢里耶的时候，她很生气。她生气的样子跟一般的女人没有任何不同。

她讨厌人们无中生有的闲言碎语。

可是谁让她站在高端，高端人物的蛛丝马迹都会成为人们茶余饭后的谈资。

尽管这样，她还是像飞蛾扑火一样地追逐伴侣。

和古米廖夫离婚不久，她就和别列科夫在一起，并很快结婚。

然而，她的恬静的梦幻，被这个残暴独裁的男人击得粉碎。

他居然和别的女人生活在一起，而且就在阿赫玛托娃的面前。

男人总是不可靠，梦境不是皇村，合她的心意——从不背叛她。

十月革命以后的俄罗斯，政治局势和文化局势都发生了巨大变化。一切都是全新的。

勃洛克死了，象征主义衰落了。古米廖夫死了，"阿克梅"也大势已去。此时阿赫玛托娃被推到浪尖，诗坛仿佛是她和主张未来主义的马雅可夫斯基之间的抗衡。她依然是众人眼里的缪斯，但却是评论界的"闺房诗人"，而马雅可夫斯基是"革命的鼓手"。

与此同时，大批的"白银诗人"开始流浪国外，远离文学沙漠一般的俄罗斯，这其中也包括和她最相近的茨维塔耶娃。可是她却坚定地以"内居侨民"的姿势留在俄罗斯，她坚定地称不与"抛弃俄罗斯的人为伍"。

在政治上，她不赞成俄罗斯有白军和红军之分，在她眼里只有一个整体的俄罗斯民族。她的诗集《车前草》更多的还是以前的风格，灌满女性的情感。可是，在此时的俄罗斯人眼里，她的诗是颓废的、贵族的、没有革命的。

1924 年，她被当局禁止发表诗歌。

为了维持生计，她只得从事翻译和研究普希金。

　　她又想起古米廖夫，他们曾经那么的亲近，作为最孤傲的诗人，他却包容了她的一切。她甚至开始打听他的死亡地点和坟墓的位置。

　　谁能安慰她呢？一个女人到了这种地步，一点安慰有时候就可以让她感动。

　　1924年秋天，阿赫玛托娃得了肺结核，那是伴她一生的病。一种典型的女人病，仿佛是心里集结的怨。她和曼德尔施塔姆的妻子在皇村养病。

　　一天，普宁来到她的床榻边，给她带来营养品，之后递给她一条热毛巾，细声细语地关怀她的病情。

　　临走的时候，他说："我会再来的，好好注意身体。"

　　她很诧异：这个平时有些粗野、容易发怒的人竟然可以那么温柔。她的心里暖暖的。

　　必须说明的是，此普宁非获得诺贝尔奖的蒲宁。普宁原是古米廖夫主编的《阿波罗》杂志的成员，后来成为艺术家和艺术评论家。他的性格有些暴躁，但很有才华。

　　果然，在养病的日子里，普宁经常会来到她的床榻前，嘘寒问暖，陪她散步，晒太阳。

　　阿赫玛托娃觉得终于又有人和她站在一起了，而且这个人曾经与丈夫同呼吸、共命运，他离自己那么近。他是可以触摸的阳光，尽管他有妻子和女儿。

　　很快，她就搬到了普宁在列宁格勒喷泉街的住处，可是开了门却看见普宁的妻子阿连斯。

　　"房子很难找，我不能赶她走，所以……"他看上去有些难堪。这话听起来更像是对妻子阿连斯说的，仿佛阿赫玛托娃是来避难的。

　　心高气傲的阿赫玛托娃接受了这个现实。

　　"我应该像一个真正的妻子一样生活。"她想着安慰自己。

　　然而，她忘记了：真正的妻子不应该是诗人，真正的妻子需要面对一切生活的琐屑。

就这样，她住进了那个家，家里有两个女人，却只有一个男人。

另一个女人是男人的妻子，那她又是谁呢？

她和普宁睡在一个房间，阿连斯和女儿睡在另一房间。上床熄灯，夜是那么深，月亮在窗外高高地挂着。

两个女人都失眠了。

阿赫玛托娃觉得阿连斯像藏在这个大房子里的一个古老的过去，而阿连斯觉得阿赫玛托娃是一个迷茫的未来。过去与未来奇妙地在此交汇，仅仅因为中间有一个男人。

不管怎么样，这是阿赫玛托娃自己选的生活，她想尝试做个合格的妻子，即便没有名分。

于是，白天阿连斯和普宁出去工作，她在家里带他们的孩子。

晚上，沙龙式的聚会，她是诗人，她和普宁是主人。

普宁也尝试着给阿赫玛托娃名分。当时的俄罗斯婚姻注册混乱，登记结婚只需要夫妇到所在的房屋管理处声明一声即可。登记之后，婚姻便有效。

他们的确登记了。

她从普宁那里得到许多关爱，那些爱让她珍惜。

最终，普宁和阿连斯离婚了，显然是为了她，至少在她看来是这样。这也让她下决心做一个好女人。

然而，诗人高贵的羽翼只适合天空，终究不能在尘世走来走去，否则满身都会惹上尘埃。

很快，她就感觉到和古米廖夫在一起时的那种孤独重新笼罩她的全身。

夜半时分，她会起身怀念古米廖夫。为什么那个人在的时候总是感觉一千个不好，而一旦离开，又那么想念。她的爱或者只能用来怀念和珍惜，那是回忆，是自由，更是诗，需要在灵魂里抚摸、锤炼，用过往的一切。

她想离开，可是离不了。离了这里，又能去哪里？她是被流放的，不仅是"被内部流放"的诗人，更是感情上被流放的女人，她有的只能是寄居。

谁让她是这样的诗人？谁让她选择这样的命运？

她和普宁一起生活了近十五年。这是她不曾想到的。

两个人在房间里沉默许久。

阿赫玛托娃说："离婚吧。"

普宁说："可是我还想再跟你一起生活几年——好吧，离婚！"

他接受了，却显得很难受，不像当年他的朋友那样洒脱。

进入20世纪30年代，苏联展开了大规模的清洗。

她的儿子列夫·古米廖夫两次被捕，最后被流放。对于儿子，她有的是愧疚，这愧疚的一半更是给丈夫的。儿子出生以后，她就把他交给了古米廖夫的母亲，她没有尽一个母亲应该尽的责任。她说自己是个"坏母亲"。

她的生命里几乎最重要的人——曼德尔施塔姆也被流放，并客死流放地。

不仅如此，普宁竟然也被流放。对此，阿赫玛托娃又一次感到"古米廖夫式"的打击。她说："天将破晓／他们把你押走／我像出殡一样跟随。"

那些年月里，她经常穿着破旧的衣裙，在诗人中行走。

在那样的黑暗里，她是一根柔软的钨丝，透射出诗人的光泽。

那些天，她反反复复吟唱着一支安魂曲，为丈夫，为丈夫的朋友，为儿子，为爱和被爱，为自己，以及黑土地上无数的冤魂。

从那时起，那支用血、用泪、用刺骨的痛唱响的安魂曲在俄罗斯上空盘旋，久久不去。

五、《安魂曲》：为俄罗斯安魂

在这类痛苦面前

高山低头、大河断流，

但牢门紧闭，

"苦役的洞穴"

和催命的焦愁藏在门后。

那是太多的忍耐，太多的积郁，太多的挣扎与苦痛。她愤懑地写下来，蘸着血，蘸着泪，她急促地写着，仿佛找到了表达的出口："我们不知道，我们到处都一样遭遇，／只有钥匙声咬牙切齿般侵入耳鼓，／还有，是兵士那沉重的脚步。"

她敏锐地感觉到了，死神悄无声息，就在每个人的周围。

她想起了自己的丈夫，那个为她献诗"我的花园里种满鲜花，你的花园却满是忧郁"的人再也不见了。

静静的顿河静静地流淌，橙黄的月亮照进了屋子。丈夫被子弹夺走，儿子也被抓走了，她成了孤苦伶仃的女人。她冷冷地握着笔，她目睹着这一切，再也不能苦撑下去。

她坚持了十七个月，为的是让爱能回家，即便扑倒在刽子手的脚下自取其辱，但为了儿子，为了无法逃避的劫数，她做了。

时间像蝴蝶一样飞走了，石头一样的判决词，压在她苟延残喘的胸口，要将她的记忆连根拔除。她的窗外只有一个节日，那是很久以前就已经预感到了。

"当我入殓的时候，别为我悲恸，母亲。"

面对儿子的劝慰，她看见痛苦如同远古的楔形文字，在脸颊上烙刻粗粝的内容。

不要建造在我出生的海滨：

我和大海最后的纽带已经中断，

也不要在皇家花园隐秘的树墩旁，

那里绝望的影子正在寻找我，

而要在这里，我站立过三百小时的地方，

大门始终向我紧闭的地方。

因为，我惧怕安详的死亡，

那样会忘却黑色玛鲁斯的轰鸣，

那样会忘却可厌的房门的抽泣，

老妇人像受伤的野兽似的悲嚎。

让青铜塑像那僵凝的眼睑，

流出眼泪，如同消融的雪水，

让监狱的鸽子在远处咕咕叫，

让海船沿着涅瓦河平静地行驶。

　　她在轻描淡写之间抹去了历史的血腥。她珍惜着每一个生命，用温情抒写残暴，她告诫人们，即便最最寒冷的冬天，也要抓住寒风中的一丝温暖。只要信念不死，心中就会有温暖。

　　历史过去了，噩梦结束了。但她忘不了那些记忆，她沉淀，发酵，哭泣，最终成为一首安魂曲。

　　她不是为个人安魂；

　　她更是为俄罗斯安魂。

六、灵魂最后的华盖

　　很快，"二战"爆发，俄罗斯民族陷入更加沉重的苦难。死亡的阴影比任何时候更加真实地跟随每一个人。

　　列宁格勒遭到围困，她和一些友人逃亡塔什干，过着流离失所的生活。

在那里，她又有一段不幸的感情结束——和一个医生无果而终。

她又想起古米廖夫和普宁，流浪期间普宁给她写信，表达相思之情，她十分感动。

流落异乡的孤独感稍微减少几分。

在长久的期盼之后，列宁格勒的局势终于得到好转，她于1944年回到那里。她的心里想着："终于回家了，一切都是那么美好和新鲜。"

"二战"，这场人类文明最残酷的病好了。她却发现，在列宁格勒自己又陷入了尴尬的境地。"卫国战争"结束，可是她新的苦难仿佛刚刚开始。

尽管经过大清洗和战争，她把创作的触须由原来的抒情风格伸向个人之外的广阔天地，她的诗歌也更具有了人民性和民族精神。但是她却与苏联文坛的主流格格不入。

蓦然回首，整个俄罗斯就只剩下她和帕斯捷尔纳克了。

她已经是个高贵的老人，但是，诗使她年轻，仿佛熟透的苹果，芳香四溢，美丽得有些耀眼。

那是她的秋天，秋天的阳光不暖，却出奇的凉。

与她的众多不幸相似，这次又是以爱情的方式。不同的是这次的爱情格外的凉，凉到让她卸下所有的尊贵。

这段爱情联系着以塞亚·柏林。

以塞亚·柏林是英籍犹太人，后来成为赫赫有名的牛津大学教授，时年三十六岁，任英国驻苏联使馆的秘书。列宁格勒是他的一个故乡，十岁的时候他才离开这里。按他自己的话说：那次回苏联，主要是想了解文艺界的现状。

然而，苏联的文艺界令他吃惊。他吃惊地发现，当时在苏联文艺界声望最高的是诗人们。这其中阿赫玛托娃和帕斯捷尔纳克理所当然是最高的。从某种程度上来说，这也意味着他们的处境是最危险的。

在拜访阿赫玛托娃之前，他已经拜访了帕斯捷尔纳克，帕斯捷尔纳克和阿赫玛托娃在苏联的位置又是截然不同的。

很早，他就崇拜阿赫玛托娃，称之为"悲剧女神"。没想到有机会见到她，在他看来那是恩泽。

一切却出乎他的意料之外地发生了。不知是什么火点着了他的神经，他竟然爱上了仍然风韵犹存的阿赫玛托娃。而更加光彩照人的当然是她的诗歌。

而更出乎所有人意料之外的是，阿赫玛托娃竟然也爱上了他。

那一年，阿赫玛托娃五十六岁。这个年纪的女人一般守在家里，照料儿女，打理家务，情感淡漠，但阿赫玛托娃的青春似乎才刚刚开始。

1945 年冬天一个飘雪的夜晚，列宁格勒，"喷泉屋"，三楼，一间没有窗帘的小屋子里，穿一身旧衣裙的阿赫玛托娃正在和一个女访客谈话，有人敲门，她起身，开了门。

这一开，竟请进了一段传奇式的爱恋，也请进了她后来最沉重的苦难。

门外站着的是以赛亚·柏林，当天早些时候他已经来过一次，但是会晤中途被打断。

现在，他又来了。

阿赫玛托娃把这个小她二十岁的男人请进屋内，等到午夜时分，送走女客人，开始与他独处。

窗外是整个俄罗斯的黑夜。

很奇怪的是，仿佛他们见面的第一眼就互相熟悉到了极致。

她居然给他诵读自己还没有定稿的《安魂曲》，以及《没有主人公的叙事诗》。

后来，他们开始谈更多更广的话题，包括"二战"、苏联、历史、诗歌、生命、价值、理想、杀戮，以及一些故去的人。

阿赫玛托娃说道："古米廖夫……"

她哭了。

阿赫玛托娃说道："曼德尔施塔姆……"

她哭得更厉害。

一个在许多人眼里已经苍老的女人，在一个比她小二十岁的男人面前，毫不顾忌地大哭，而且这个男人还是头一次相识。她已经委屈太久，她已经压抑太深，难道她还不能在属于自己的地方、在一个她认为可以信赖的朋友面前放肆哭泣吗？

他们相守了一夜，直到第二天上午，他们才意识到，哦，一个晚上已经过去了。

一个女人对一个男人，完全地敞开灵魂，多半是爱上了对方，而又在他面前流泪，那的确是爱了。

显而易见，阿赫玛托娃爱上了柏林。

她写道："那道看不见的霞光 / 在黎明前使我神魂颠倒。"

显而易见，柏林也爱上了阿赫玛托娃。

已经五十多岁，她对爱的渴望依旧新鲜，新鲜得仿佛刚割破的伤口。

她所需要的爱人在很大程度上是一个可以说、会说、乐于听她说真话的人。那些真话是在她心里存放已久的东西，存得太久了，发酵了，太热了，她无法承载了。

柏林出现了。这个男人当时算不上才华横溢，但他不是俄罗斯人，可以安全地交谈；他会俄语，能够交谈；他了解俄罗斯，有交谈的话题；他乐于听她说话，可以心安地交谈。

更难能可贵的是，他很真诚。

仅仅因为这些，俄罗斯的"萨福"就把灵魂都给了他！

上午，他们依依不舍地告别。一些天过后，柏林第二次到"喷泉屋"见阿赫玛托娃。"喷泉屋"已经成了列宁格勒最森严的"监狱"。由于阿赫玛托娃不顾及自己的身份，和柏林这个被称为"英国间谍"的人亲密来往，她已经被当局全面监视。

阿赫玛托娃想说："这些天我一直盼着你来。"可是她把话咽下去了。

柏林说："我要走了，去莫斯科，然后回国。"

阿赫玛托娃看着他远去的背影，没有语言，只是感觉到一点冷。她的灵魂又一次失去了华盖。

回国后，柏林和她一直通信，表达相思之情。

1946年，阿赫玛托娃一生最大的打击伴着那段爱情拖着的长长的影子来临。由于和柏林交往，她被视为"嫌疑特务"，最终她被开除出苏联作家协会，禁止发表诗歌。同时"喷泉屋"外的监视仍旧继续，她还必须每两天出现在窗口一次，以验证她没有自杀。

随后，她的儿子也遭受牵连，被再次流放，连离婚了的普宁也再次被流放，并死在了流放地。

1956年苏联局势刚刚好转，儿子被恢复名誉，并完成了历史专业的学业。柏林终于再次到了俄罗斯。他想与她见面，她拒绝了，她怕再次让儿子受到伤害。经历了荒诞岁月的人变得格外小心，即便是以自由著称的诗人阿赫玛托娃也不例外。

1965年，牛津大学以"自沙皇以来俄罗斯最伟大的诗人"授予阿赫玛托娃名誉文学博士学位，倔强的阿赫玛托娃拖着年迈又糟糕的身体去了。不是为荣誉，而是为了一个人。因为此时的柏林已经是牛津大学的教授，她想去见见他。

终于，她在逝世的前一年见到了柏林。

她看到柏林成家了，住进了大房子，再也不是她的柏林。

阿赫玛托娃捂着苍老的伤痛，自言自语地说："我的鸟儿住进了金子铸造的笼子。"

她在嘲笑，或者在思念。她嘲笑柏林，也嘲笑自己，而思念的是活在1945年的那个"喷泉屋"的柏林。那个柏林是她在黑暗中的一丝亮光和温暖。

那个宣称"永远不活在异国的天空下，永远不活在别人的怜悯中"的高贵诗人，那一次竟那样的低，低到泥土里，低得让每一个热爱她的人疼得钻心。

七、她是最后一个

有时候死亡比活下去要容易，在阿赫玛托娃那里就是这样。

与她同行的众多诗人，历史只留下她一个人，她是最后一个。所以她说："我活着是为了悼念。"悼念那个时代，也悼念她的伴侣、友人。

活着，就是见证；

活着，就让人想起那个噩梦；

活着，让人警醒，不能让同样的灾难再度发生！

这是最后一个活着的价值所在。

奥西普·曼德尔施塔姆和她的关系是最亲密的。尽管阿赫玛托娃一生男人众多。

他们之间超过友情，却又无关爱情。

1910 年，阿赫玛托娃在"塔楼"第一次见到曼德尔施塔姆，这个走路总是昂着头的才华横溢的青年吸引了她，从那时起他们的生命就缠绕在一起。

他们一起参加诗人聚会，讨论诗歌，一起在大街上漫步，坐马车，或者进咖啡馆、酒吧。

很早，曼德尔施塔姆就已经写过《致安·阿赫玛托娃》，他曾表示过他爱着阿赫玛托娃，阿赫玛托娃也知道他是爱自己和自己也爱的那个人。

1945 年她就曾流着泪向柏林诉说："那个爱我和我爱着的人。"或者正因如此，她不会付出爱的行动。因为一旦爱了，她可能失去他，就像她的第一个丈夫一样。

对于她，爱是一种距离。而她和曼德尔施塔姆的方式让她亲近。

她很珍惜他，于是他们可以和平地谈论一切，就像平常的夫妻谈论柴米油盐，平凡却真切，而他们在一起的方式也更像一对真的夫妻。

作为"阿克梅派"的三个领军人物，他和阿赫玛托娃、古米廖夫情感异常深厚。

流浪国外的日子，他给她写信说："我想回家，想见到你。你可知道，世界上我能够与之进行想象式交谈的人只有两个——一个是尼古拉·斯捷潘诺夫，另一个便是你。"

他指的是他们夫妇两个，而古米廖夫已经走了，世上只剩下阿赫玛托娃。

1933 年的一个晚上，阿赫玛托娃给他诵读但丁的《炼狱》，发现他突然用手遮住了脸庞。

阿赫玛托娃惊问："怎么了？"

他说："没什么。"

她走过去，轻轻拿开他的手。

他哭了。

她心疼地说："你哭了！"

他说："因为是你在读这些诗句。"

1934 年，曼德尔施塔姆被捕，阿赫玛托娃四处奔走，托人救他，最终没有成功，他被流放至沃罗涅日。在被押解上火车的时候，因为没有见到阿赫玛托娃，他哭了，他以为阿赫玛托娃受了比他更大的灾难——死了。

他最终死在流放地。死之前很宁静，他以为他终于可以在天国见到他的女神了。

曼德尔施塔姆在她心中的分量或者可以通过 1940 年她和密友利季娅·丘科斯卡娅的一次谈话准确地体现出来。她说：

> 我这一生中既被许多人夸过，也被许多人骂过，可我从来没有认认真真悲伤忧郁过。我从来不计较东西发在哪一期——第一期也好，第三期也好，

对我来说都无所谓。只有一次我是真的伤了心，即奥西普在一篇书评中称我是"镶在地板上的柱塔僧"那次。可这是由于他是奥西普，也仅仅因为他是奥西普罢了……

她是把曼德尔施塔姆当作自己人的。这个自己的人，只能他爱，或者爱他，但无论他爱或者爱他，都不复存在，因为那个人已经去了天堂。

而在俄罗斯，在人间，唯一能与她惺惺相惜、能与她媲美的只有茨维塔耶娃！

她们是俄罗斯的两个女儿，一个长在母体之外，一个长在母体之内。

她们一个站在伏尔加河畔，一个站在涅瓦河畔，遥遥相望，她唱一句，她也唱一句。

后来她在祖国的那边，她在祖国的这边，一同哭泣。

她们唱出同样的歌声，流着同样的眼泪，肩并肩在俄罗斯的大地上行走。

人们这样说茨维塔耶娃：茨维塔耶娃就是诗；

人们这样说阿赫玛托娃：诗就是阿赫玛托娃。

她们用两种方式创造出同一种伟大。

1910 年，十八岁的茨维塔耶娃出版了诗集《黄昏纪念册》。1911 年，二十二岁的阿赫玛托娃出版了诗集《黄昏》。两个天才席卷了整个俄罗斯。

茨维塔耶娃一生把阿赫玛托娃视为标准、偶像，很早就写下了《致阿赫玛托娃》。她称阿赫玛托娃为"缪斯之上的缪斯"，"全俄罗斯最有才情的安娜"。虽然她们此前只有书信来往，但是彼此很了解，也十分关注对方。茨维塔耶娃把儿子莫尔先于自己送回国，就托付给阿赫玛托娃。这是什么样的一种信赖、一种情谊啊！

但是她们一生只见过两次面，两次见面可以算是一次。

1939 年，茨维塔耶娃结束了长期的流亡生活，回到俄罗斯。但是俄罗斯早已经不是她的俄罗斯。她的女儿已经被流放。丈夫谢尔盖·艾伏隆，因为是白军的关系，也被杀害，逃了十八年，最后还是没有逃过一死。

有一天，帕斯捷尔纳克给阿赫玛托娃在莫斯科的密友打电话。

"安娜在你那吗？"

"是的。在。"

"有一个人想见她，玛利亚——她已经在莫斯科了。"

"我会转告她。"

没多久，茨维塔耶娃接到阿赫玛托娃的电话。

"你要见我？"她的声音很安详。

"你是？"茨维塔耶娃说。

"我是安娜。"阿赫玛托娃说。

"哦，是的，我要……见你。"茨维塔耶娃显得很激动，突然想哭。

"我去你那里吧！"阿赫玛托娃说。

"不，我过去找你。"茨维塔耶娃坚决地说。

挂了电话，阿赫玛托娃心跳得厉害。她终于要见到这个俄罗斯和她最相近的人了。

茨维塔耶娃如约而至。

她们简单地拥抱了一下，就像两个大难不死的故友，走进内屋。

阿赫玛托娃给她沏茶，给她端来水果。

坐定之后，阿赫玛托娃说："你还好吧？"

茨维塔耶娃说："还——好。"她差点哭出来，但努力地微笑。最终，还是哭了，哭得很厉害，仿佛要把一辈子的泪水都倒出来，让这个老姐妹看看。

因为她哭，阿赫玛托娃也忍不住哭了。她原以为，她的泪水早已流干了。可是她来了，她的泪水又重新蓄满。两个女人，不，两个诗人抱着灵魂哭泣。

天色将晚的时候，阿赫玛托娃送茨维塔耶娃出门。

阿赫玛托娃的脸上带着一丝微笑，她是那么的成熟而又高贵，心里却有一种疲惫的欢欣：她为了遭到处罚的儿子来莫斯科奔走。

而茨维塔耶娃满面红润，每一个皱褶都填满了久违的欢欣，仿佛忘记了先前的苦难。

第二天，茨维塔耶娃打电话再次约见她。

她们一起喝酒、谈天、看戏，手拉着手，沿着莫斯科的大街散步。

在阿赫玛托娃面前，茨维塔耶娃真的像个妹妹。受尽恩宠一样的欢欣，但是欢欣却让人心疼。而阿赫玛托娃虽然表现得沉稳、不动声色，实际上在她看来那也是一种恩赐。她一直保存着茨维塔耶娃为她写的诗，最后纸张烂掉，还舍不得扔。

然而，她们的相聚是那样的短暂。因为当天她们就发现有人跟踪，有人告密她们图谋不轨，她们都是"危险分子"。

她们再也没有见面。

法西斯的铁骑逼近了俄罗斯，茨维塔耶娃带着儿子逃亡到叶拉布加。

很快一个不幸的消息传到阿赫玛托娃那里。

苦难的茨维塔耶娃把高贵的头颅伸进那根让全俄罗斯落泪的铁环，她断然地走了。

阿赫玛托娃只能默默垂泪，用诗为她送行——

> 我同你，玛利亚今天
>
> 在午夜的首都漫步
>
> 身后同样的人又何止万千
>
> 却走得无声无息
>
> 周围是丧钟的哀鸣
>
> 加上莫斯科风雪的嘶叫
>
> 覆盖了我们的足迹

茨维塔耶娃走了。

全俄罗斯只剩下她一个人。

茨维塔耶娃死后，她长期接济茨维塔耶娃的儿子莫尔，可是莫尔仍旧面黄肌瘦，她十分心疼。那也是她的儿子啊！

八、生为诗人，死为诗人

她来到这世上，是为诗而生的。

她来到这人间，是为诗而受难的。

诗给了她灵感，南方给了她善良，大海给了她胸怀，皇村给了她梦幻。

普希金给了她诗歌的灵魂；古米廖夫为他的诗歌铺平道路；曼德尔施塔姆在一旁辅佐。

她首先是"白银时代"的女神，是"阿克梅的灵魂"。

早期，她的诗歌主要是抒情诗。她的笔触细腻而准确，语言简练而生动，情感平实而炽烈。她追随"阿克梅"派的宗旨，让"玫瑰自己说话"。她反对象征主义的模糊和晦涩。

对于别的诗人，只有把语言的碎片组织以来才是诗歌的整体，而她的每一个语言碎片都是整体！

"白银时代"足以让她像"萨福"一样高高地站在俄罗斯的土地上。然而那只是"萨福"，不是阿赫玛托娃。她更像黑暗里出现的女神，苦难的黑色才让她更加光彩夺目。

那些诗歌包括《安魂曲》和《没有主人公的叙事诗》。而在"二战"期间她甚至写作热血激扬的抗战诗篇，俨然一个斗士到前线慰问作战的士兵。

这时的她情感得到升华，这种视界的扩大使得她成为一个完整的阿赫玛托娃，也使得她成为实至名归的"俄罗斯的月亮"，那冷冷的光芒温润而坚强，催生无法融化的皎洁。

晚年的她境遇有些好转，虽然还处在争议的中心、旋涡的中心，但是苦难已经不再向她靠近。或者说，她经历的苦难足以使苦难看起来不再是苦难。

她的儿子列夫·古米廖夫，1956年被释放，并恢复了名誉。1961年成为历史学博士，并在后来成为著名的历史学家。而各种荣誉也向阿赫玛托娃走来，苏联、欧洲的各界人士都争先拜访她，以至于她的家门口常常排满长长的队伍。

她活着，就成了诗歌的古董，成了活化石，成了人人争睹的雕塑。这虽然不是她所愿，但她无法阻止人们的热爱。

颇具讽刺意味的是，她的生活依旧清苦。家里的摆设非常简单，身上穿的也是破旧衣服。她经常四处寄居，没有定所。根据耐曼所说：1956年她去领取意大利文学奖时还是借了阿·托尔斯泰遗孀的衣服。这境遇委实让人感到心酸。这些在别人看来是苦难的东西，对她而言，已不算什么了。

1966年3月，阿赫玛托娃在俄罗斯，瞪着如一口老井的眼睛，那眼角的妩媚和眼内的泪水已经被时间和苦难汲尽了。她的身体已经很差了。一盏昏黄的灯，在晚风中摇晃。

一天傍晚，友人给她送饭。吃了两口，她就停下了，她吃不下。

她说："饭太冷了，帮我热一下吧。"

友人热了饭再端过去，她还是不想吃。

她说："放这里吧。我一会儿吃。我有点累，想一个人安静一下。"

友人出去了。

过了一会儿，她突然大声地把友人叫进来。

她从床上坐起来说："我想见儿子。"

友人心里一怔，有种不祥的预感。

坐了一会儿，她说："算了，不见了。你出去吧，我休息一下。"

等友人再进来，她已经停止了呼吸。那么快，快得连儿子都来不及通知。

阴府有诗歌的荣耀。

普希金早在那里预留了她的位置；

古米廖夫早在那里张开了欢迎的双臂；

普宁、曼德尔施塔姆、茨维塔耶娃以及更多的朋友早在那里列队等候。

她一去，普希金的太阳，她的月亮，以及众多的诗星将阴府照得温暖如春，她会在爱和不爱之间、在爱和被爱之间、在爱和恨之间重新抒写她的激情，重新亮开她的嗓音。

她一去，夜莺再也不会疲倦。

她真的去了。谁都不通知，也没有遗嘱，她就那样毫无牵挂地去了。因为一生牵挂东西太多，最后，所有的牵挂不再是牵挂。

她的墓不在她生命的南方，也不在她生命的皇村，而是在她多灾多难的彼得堡！

这是她的宿命。

坟墓凝固了她的一生：石片覆盖的土坟，坟头上有巨大的十字架，一堵石块垒成的墙，墙上有阿赫玛托娃少妇时的白色浮雕像。

那是她对俄罗斯说不尽的爱；

也是她对俄罗斯说不尽的怨。

她是以诗人的方式死的，她的死亡孤独而沉重，却又有些安详。

死后，她仍旧长期受到争议，"俄罗斯近代文学史"都很少提及她，即使提及也是简单地归于"闺房诗人"。

但世界不会忘记她！爱诗的人们不会忘记她！历史不会忘记她！

1989 年，在她一百周年诞辰的时候，在柏林的推动下，联合国教科文组织把这一年定为"阿赫玛托娃年"。

这让爱着她的人们感到欣慰。然而，对于阿赫玛托娃或许这并不重要。活着的时候，她感觉世界太小，大不过她的俄罗斯，俄罗斯才是她的祖国。现在进入墓穴，她感觉世界真大，因为她的灵魂升入了天国。

我亲爱的朋友啊，如果你有机会到俄罗斯的大地上行走，千万别忘了在俄罗斯的原野上看看夜空的月亮。

满月，那是阿赫玛托娃；

残月，那是阿赫玛托娃；

无月，那依旧是阿赫玛托娃。

参考文献

[1][俄]利季娅·丘科夫斯卡娅：《诗的隐居——安·安·阿赫玛托娃札记（1）》，张冰等译，华夏出版社 2001 年版。

[2]曾思艺：《俄国白银时代现代主义诗歌研究》，湖南人民出版社 2004 年版。

[3][俄]阿赫玛托娃：《没有主人公的叙事诗：阿赫玛托娃诗选》，汪剑钊译，敦煌文艺出版社 2015 年版。

[4]汪剑钊：《阿赫玛托娃传》，新世界出版社 2006 年版。

[5][俄]阿赫玛托娃：《我知道怎样去爱》，伊沙等译，外文出版社 2013 年版。

[6]曾思艺：《俄罗斯文学讲座：经典作家与作品（下）》，北京师范大学出版社 2015 年版。

[7]张慧：《阿赫玛托娃中期作品研究》，硕士学位论文，上海师范大学，2014 年。

[8][俄]利季娅·丘科夫斯卡娅：《诗的蒙难·阿赫玛托娃札记（1952—1962）》，林晓梅等译，华夏出版社 2001 年版。

[9]金洁：《阿赫玛托娃组诗〈安魂曲〉中的东正教思想》，《内蒙古师范大学学报（哲学社会科学版）》，2007 年第 6 期。

[10][英]伊莱因·范斯坦：《俄罗斯的安娜——安娜·阿赫玛托娃传》，马海甸译，上海译文出版社 2013 年版。

第十一章

《日瓦戈医生》

——雕刻帕斯捷尔纳克

帕斯捷尔纳克，1890 年 2 月 10 日出生在莫斯科一个被同化的犹太家庭。母亲罗莎莉亚·考夫曼是一位钢琴家，也是鲁宾斯坦的学生；父亲列昂尼德·帕斯捷尔纳克是莫斯科美术、雕塑、建筑学院教授，著名画家，曾否认自己的犹太背景，接受洗礼，并曾为托尔斯泰的作品画过插图。童年时代他受到俄国著名作曲家斯克里亚宾的影响，立志当音乐家，在音乐学院教授指导下学习音乐理论和作曲。1909 年，他考入莫斯科大学法律系，后转入历史哲学系，1912 年夏赴德国马尔堡大学，在科恩教授指导下攻读德国哲学，研究新康德主义学说。1913 年，他开始同未来派诗人交往，在他们发行的杂志《抒情诗刊》上发表诗作，并结识了勒布洛夫和马雅可夫斯基，这使他以后的创作受到未来派的影响。

1914 年，帕斯捷尔纳克创作的第一部诗集《云雾中的双子星座》问世；1916 年，他出版第二部诗集《在街垒之上》，从此步入诗坛。在 1922 年至 1932 年的十年中，出版了诗集《生活啊，我的姐妹》（1922）、《主题和变调》（1923）、叙事诗《施密特中尉》（1926），还发表了中短篇小说《柳威尔斯的童年》（1922）、《空中路》（1924），自传体散文《安全证书》（1931）。

20 世纪 20 年代后期，帕斯捷尔纳克受到拉普攻击，很难发表作品，转而翻译外国文学作品。他翻译了许多西欧古典文学名著，如莎士比亚的《哈姆雷特》《罗密欧与朱丽叶》、席勒的《玛丽亚·斯图亚特》等。1934 年在苏联第一次作家代表大会上，布哈林把帕斯捷尔纳克树为诗人的样板，以他取代马雅可夫斯基和别德内。但帕斯捷尔纳克并非时代弄潮儿那类作家，一年后他又被已逝世的马雅可夫斯基所取代。1958 年，他因小说《日瓦戈医生》受到严厉谴责，之后他过着离群索居的生活。1960 年 5 月 30 日，他在莫斯科郊外的彼列杰尔金诺寓所中逝世。

一、拒领诺贝尔文学奖

俄罗斯的黑夜若睡不着，可找他促膝；俄罗斯的世纪若睡不着，可找他长谈。他完全醒着，失眠七十年，时间的皱纹在他的指尖栖息，他的皱纹在时间的指纹里消逝。

生活中的平凡爱情，让他希冀安慰；精神里的崇高爱情，让他灼热沸腾。他的爱不顾一切，可总是凋零，化作尘土碾成泥，枯萎的花瓣散落满池苦涩的泉水。

他在意志凝固的钢筋水泥的大厦里，种下一片罂粟花，收获的季节，他却用锋利的刀子将罂粟花全部砍掉。

帕斯捷尔纳克，20世纪俄罗斯四大诗人之一，生于1890年2月10日，死于1960年5月30日。

从某种意义上来说，他不是天才，没有天才式的迅疾燃烧。天才的燃烧放肆、奢侈、不顾后果，也把自己烧得支离破碎。他的燃烧是一堆滚烫的炭，红得像炼钢炉里的铁，一直烧着，烧了七十年，死后仍旧滚烫。

1958年，俄罗斯的秋天来得很早，树木已经开始凋零，风起日落，街道萧索。莫斯科凝重的容颜里，空气凝固，黑夜来临。

城市的灯火亮了，有一间屋子却依旧漆黑。漆黑的屋子房门紧闭，一颗火星明暗交错地烧着，那是一支烟。红红的烟火照出一缕烟和一个模糊的人脸，那人眉头紧锁。

城市的中心，突然响起嘹亮的音乐，音乐钻进这间屋子。房中那个黑黑佝偻的影子突然坐直，看了看窗子，窗子上有一片从别处射来的光线，那个黑影又狠狠抽了一口烟。

突然，门外响起一阵皮鞋的响声，接着门响了！那人警觉地侧耳，却没有开门，反而屏住呼吸。

敲门声还在继续，那人始终一动不动。敲门声结束了，接着又是皮鞋敲击地面的响声，声音渐渐变小、消失，那人长出一口气。

那个佝偻的人是帕斯捷尔纳克。原本他还没到佝偻的年龄，此刻他却佝偻了！因为有消息说瑞典皇家学院将把当年的诺贝尔文学奖颁给了他！

他想得到这个奖，他也怕得到这个奖。为此，他在白天的时候特别致电瑞典皇家学院，请不要把诺贝尔文学奖颁给他。

尽管如此，10月，瑞典皇家学院仍然宣布当年的诺贝尔文学奖得主为：苏联诗人、作家鲍里斯·帕斯捷尔纳克。因为"（他）在当代诗歌和伟大的俄罗斯叙事传统上都取得了举世瞩目的成就"。

帕斯捷尔纳克不想成为焦点，却不可避免地成为焦点。

莫斯科市的街头已经开始飘荡黄色的煤烟，天气开始有点冷了，帕斯捷尔纳克也冷了！

莫斯科，俄罗斯，欧洲，都在注视帕斯捷尔纳克的那间房子。

帕斯捷尔纳克如坐针毡，可是门不受控制地响了，他已经不知道门是第几次被敲响！

开了门，又是一位熟悉的诗人和一位作家。他不知道该以什么样的表情来迎接客人。他想微笑，但是他能感觉到一双无形的眼睛在盯着他。可是，他还是挤出微笑，微笑伴随着不安。

他不敢痛快地笑，不敢痛快地拿出伏特加，美美地喝上庆功酒！何功之有？

获得诺贝尔奖似乎是一种犯罪！他无法控制的犯罪！果真他是犯罪？总有很多人聚集在他的楼下，不是希望见见这位为俄罗斯带来诺贝尔奖的人，而是示威，是辱骂，有人甚至用石头砸他的窗户。那些人是他的同胞！而记者则拿好照相机在明处或者暗处等着他出来，给他照相，批判他、声讨他、奚落他。

那分明就是一种犯罪，获得诺贝尔奖是他不能控制的一个事件！

他不敢随便出门！只能躲在房子里，抽烟，不停地抽烟。究竟是怎么了？

帕斯捷尔纳克因为《日瓦戈医生》得奖，也正因为《日瓦戈医生》拒绝领取诺贝尔奖。

1946 年起，他就曾因杰出的诗歌创作成就多次入围诺贝尔文学奖，可是每年的文学奖都落入他人之手。偏偏等到《日瓦戈医生》出来以后，诺贝尔奖来了。

《日瓦戈医生》描写了苏联十月革命、内战和建国以后的历史。那是一部颠覆性的作品，充满时代的喧哗、躁动、流血、牺牲、苦难和对人性的深刻刻画。那是部年轻的作品，写作的过程困难重重，但是没有人能够否定它的杰出性。

靠它拿诺贝尔奖也合情合理，但是问题就出在此。在那时的俄罗斯，《日瓦戈医生》是危险的！

所以，1957 年，《日瓦戈医生》首先在意大利出版。小说在西方世界引起轰动，各国竞相出版。帕斯捷尔纳克已经感到不安，现在，不安变成了现实。

获奖后，人们纷纷攻击他，他成了"人民的敌人""国家的叛徒"，说他"攻击十月革命"。他受了很大压力，甚至有可能被流放。

一部在作者的祖国尚未出版的作品，就拿诺贝尔奖，这在诺贝尔奖以前的历史和以后的历史上都是没有的。而那个年代，东西方文化在人们眼里就是冲突的。这样急切地把它拿出来，作为得奖的理由，让人不得不想到政治因素。

1964 年，萨特成为诺贝尔文学奖历史上第二个拒绝领奖的人。他解释拒绝领奖的理由时就说到他是偏向东方阵营的，即社会主义阵营。而他本人出生在大资产阶级家庭，这种文化冲突他自己无法调和。而诺贝尔奖虽然宣称没有文化界限，但是操作的人无形之中还是把它当成了文化的机器。

不论诺贝尔文学奖给帕斯捷尔纳克的初衷是什么，在国家与西方对峙的当口，它本身就是对苏联的讽刺和对社会主义的一种攻击。而如果帕斯捷尔纳克去了瑞典，站在讲台上发表获奖感言，那么这种讽刺和攻击将达到一个顶点。帕斯捷尔纳克深知这一点。

如果他去领奖，那么他可能会入狱，可能会被判死刑，或者被驱逐出俄罗斯。

当局甚至用他深爱的伊文斯卡娅作要挟，威胁他如果他去了瑞典，那么伊文斯卡娅将遭殃。

他想去！诺贝尔奖是他应得的。但是，他不能去！一双无形的眼睛死盯着他，他不由得感觉一种不可控制的恐惧。

终于，他于10月25日给瑞典皇家学院发了电报。对于颁给他诺贝尔奖，他表示：感激，感动，自豪，吃惊，羞愧。但是，他拒绝去领取，甚至承认。

他必须否定自己！于是，他突然佝偻了。

但是，当局并不放心他。流放、逮捕甚至死亡，一切都是有可能的，因为获得诺贝尔奖本身似乎就成了犯罪，而不在于他去与不去领奖了。

帕斯捷尔纳克总感觉可怕的审判萦绕在身边。他害怕被逮捕，怕伊文斯卡娅受到迫害。他更害怕被剥夺国籍，流亡国外。失去祖国是他最害怕的。

他向赫鲁晓夫求情，他决定不去瑞典，但是求他不要将自己驱逐出祖国，也求他饶了伊文斯卡娅，但是赫鲁晓夫不为所动。

到此，帕斯捷尔纳克甚至决定和伊文斯卡娅一起自杀，以息事宁人。

无奈，他向印度总理尼赫鲁求救。他说："离开俄罗斯，我对自己的命运是无法想象的。离开自己的祖国于我而言无异于死亡，因此我恳请不要对我采取这项（驱逐出境）极端措施。"

尼赫鲁和赫鲁晓夫打了电话，声称以自己的名誉担保帕斯捷尔纳克不会去瑞典，请求赫鲁晓夫不要对他作极端处理。

最终，帕斯捷尔纳克没有被流放，也没有去瑞典。

10月29日，他又给瑞典诺贝尔奖委员会发了一封电报，电报中说："此奖在我的国家有其含义，我必须拒绝这受之有愧的奖励，请原谅我的自愿放弃。"

终于，他放弃了诺贝尔奖，可是他的确已经得到了诺贝尔奖；终于，他也没有被流放，可是从此他被彻底流放。

诺贝尔奖风波以后，他遭受冷遇，被解除了作协职务，只能潦倒地生活在俄罗斯郊外的寓所里。

获得诺贝尔文学奖在他，在那个时代成了犯罪。

可是，他又能怎样？

他必须燃烧，因为他爱俄罗斯；

他爱俄罗斯，那么必须承受。

二、生命里的生命

帕斯捷尔纳克说，1894 年 11 月 23 日的那个夜晚是他记忆力较弱的幼年和此后的童年之间的界石。从这块界石开始，他的记忆力和意识开始起作用，以后的生命不曾有过较大的空白和模糊之处，就像大人一样。

1894 年的帕斯捷尔纳克只有四岁。

四岁过于幼小，因为他自身懵懂；四岁却足够博大，因为他已经触摸到托尔斯泰。

因为托尔斯泰，他的四岁有了非同寻常的意义，成为生命的真正开端。之所以能够见到托尔斯泰皆因为他的父母。

他的父亲是昂尼德·帕斯捷尔纳克，俄罗斯著名的画家，一生为众多名人作过画像，包括托尔斯泰、柴可夫斯基、高尔基、里尔克，还有列宁和爱因斯坦，并为托尔斯泰的《战争与和平》《复活》等制作插图，是托尔斯泰的挚友。

母亲罗莎莉亚·考夫曼是位钢琴家，鲁宾斯坦的高徒，和音乐界众多人物是好友，这其中也包括俄罗斯鬼才音乐家斯克里亚宾。

那个夜晚，四岁的他早早地躺到床上，柔软的棉被和枕头，很快他进入梦里。

突然，他被一阵音乐惊醒了。醒来的他躺在宽大的床上，孤零零一个人，窗外是无底的夜色。前面是一张帷幔，帷幔又厚又重，他听见帷幔外面，有人弹钢琴，钢琴的声音很熟悉，钢琴声淹没一切。

他叫"妈妈，妈妈呀！"声音消失在钢琴曲里。

他受了很大委屈，他哭了，哭得厉害，眼泪把枕头浸湿。他想起来，可是浑身没有一点知觉，怎么也起不来，只能躺在床上不停抽泣，浑身抽搐。

音乐停止了！随之响起掌声。掌声结束，他的哭声，传过帷幔，填满整个屋子。

"哦，我的天哪，他在哭！"一个女人的声音传来，声音仿佛银铃般。帷幔被拉开，灯光探进来，那个女人也走进来。小帕斯捷尔纳克看见她穿着宽大的衣裙，面容红润，脖颈上戴着闪闪发亮的项链，胸口露出半个乳房。

母亲终于来了！母亲走到床边，说："哦，上帝呀，你哭了，我真该死。"她把他抱起来，进到客厅。

帕斯捷尔纳克仍旧处在委屈的情绪里，满脸泪水。

壁炉里的火烧得正旺，屋子里暖暖的。客人的兴致很高，其中一个老人坐在父亲旁边，胡须雪白整齐，戴着皮帽。

"小家伙怎么哭了！"老人笑着说，"看看，多可怜。"

"可不就是令郎。"罗扎丽娅说。

"哦，我来抱抱他！"老人说。

母亲把帕斯捷尔纳克递到老人的臂弯里。

老者慈祥地看着帕斯捷尔纳克，微笑，微笑仿佛有股神秘的力量，帕斯捷尔纳克停止了哭泣，机灵地盯着老人的胡须。

那一晚他一直待在老人的怀中，安宁地摆弄老人的胡须。

多年以后帕斯捷尔纳克仍旧能够感觉到那位老人的身体的气息，能够感觉到那种安详。

帕斯捷尔纳克喜欢回忆四岁的这个夜晚、这个老人。

懂事后，他知道老人是世界闻名的托尔斯泰；而当时，老人只是一位和蔼的老人！

记忆就像藏在树洞里的秘密，秘密寄存在一个点上，找到那个点，所有的秘密就被打开。帕斯捷尔纳克的秘密寄存得很高，开启点是托尔斯泰。

他的记忆里不仅仅有托尔斯泰，还有高尔基、勃洛克等。当然，还有至关重要的里尔克。

1900 年夏天，莫斯科的火车站。帕斯捷尔纳克和父母、两个妹妹将乘火车去故乡敖德萨。熙熙攘攘的人群中，在某个火车窗口里，他看见了他的神、他的爱、他的一生！

"帕斯捷尔纳克教授！"一个兴奋的声音突然响起。

尽管声音夹杂在喧闹的人群里，但是多年以后，顺着记忆的藤萝，他能够准确地找到那个窗口，看到那双忧郁的眼睛和另外一个美丽的女人莎乐美。

那是年轻的里尔克，那一年里尔克二十五岁。那一年里尔克还没有统治欧洲文坛，统治诗歌。那一年里尔克却已经统治了那个女人——莎乐美。

那一年伟大的莎乐美已经三十九岁，这个华丽的天才女人已经以神话的方式统治过尼采和弗洛伊德，她正在，而且将继续统治里尔克。

那一年，里尔克已经不能忍受在欧洲大陆中心地带的踟蹰，他陪同俄罗斯血统的莎乐美一起来到俄罗斯，拜访世界的托尔斯泰。

他们先前来过俄罗斯，通过慕尼黑的朋友，联系上老帕斯捷尔纳克，通过老帕斯捷尔纳克他们见到托尔斯泰。此刻，再来拜访托尔斯泰，又在车站巧遇老帕斯捷尔纳克。老帕斯捷尔纳克再次为里尔克安排了与托尔斯泰的会面。

这次偶遇给了帕斯捷尔纳克诗歌和一生！

　　然而，帕斯捷尔纳克并没有很早地踏上诗歌之路，甚至也没有踏上文学之路，因为他的选择太多。

　　斯克里亚宾！音乐领域的印象派。在传统的音乐历史中，他往往被忽视，是被忽视！从前很少有人能够理解他的音乐，而随着历史的前进，他开始在俄罗斯狂飙，在世界狂飙！今天，已经有人把他列入20世纪伟大的音乐家之列。

　　那个时候，斯克里亚宾和他们是邻居。他和帕斯捷尔纳克的父母是挚友，很多年里年少的帕斯捷尔纳克跟随他学习音乐。

　　拥有音乐天才的母亲，帕斯捷尔纳克的音乐天赋非同寻常。母亲和老师斯克里亚宾认为他完全有能力成为一个音乐家。

　　从成长的环境看，帕斯捷尔纳克是幸运的，他有很多选择；但对于诗歌和文学的帕斯捷尔纳克，这是危险的，他的选择太多。

　　虽有着类似的家庭背景，但他和茨维塔耶娃又是不同的。

　　那个女人天生就是华丽的诗歌，出生本身就是奇迹；而帕斯捷尔纳克显然没有她的禀赋，天生才华在他身上分散到各个方面。

　　当帕斯捷尔纳克渐渐成长起来，他还一直在为未来的道路犹豫，或者说他还没有去选择。他已成为一个多才多艺、温顺善良的青年，但还没有能力震撼俄罗斯。

　　1910年帕斯捷尔纳克二十岁，这一年托尔斯泰走了！

　　11月，俄罗斯的冬天早早降临。帕斯捷尔纳克听完《象征主义与永生》的报告，兴奋地回家。推开门，看见父亲坐在壁炉前，手里拿着一封电报，眼中带泪。

　　列夫·托尔斯泰死了！俄罗斯的良心，欧洲的良心，人类的良心，在一个小车站永远地去了。

　　电报中希望父亲尽快赶去雅斯亚纳波斯亚纳，为伯爵作最后的画像。

　　帕斯捷尔纳克的心猛烈抽搐，悲伤剧烈袭来。四岁的记忆那一刻涌入脑海。

当天，一家人连夜奔赴雅斯亚纳波斯亚纳。天明的时候他们到了那片土地，风冷冷地吹着，残雪、农田、村庄，无数的人们、无数的哭泣、无数的照相机！

帕斯捷尔纳克哭了！

在托尔斯泰的屋子里，他见到那个老人安详地躺在床上，暖暖的阳光从窗户探进来，照在他那身干净的农民装束上。

他清晰地感觉到那个老人身上有自己的生命，自己的身上也有那个老人的生命。

托尔斯泰被放进棺木，在人群的簇拥下被抬上回故乡波良纳的火车。

帕斯捷尔纳克为他送行，火车启动，汽笛轰鸣，渐渐远去。帕斯捷尔纳克在为老人送行，也在为自己的童年送行！

那一刻他长大了，他要去选择。

三、告别踟蹰

1912 年，勃洛克仍旧是诗歌的领袖，古米廖夫成为一方霸主，沃洛申在莫斯科呼风唤雨。而俄罗斯四大诗人之中，茨维塔耶娃凭借《黄昏纪念册》让俄罗斯疯狂，阿赫玛托娃凭借《黄昏》让世人倾倒，曼德尔施塔姆以《石头》使诗坛战栗。

唯独帕斯捷尔纳克仍旧籍籍无名，甚至与文学沾染不上一丝关系！

这一年帕斯捷尔纳克是在国外度过的，他的国外是德国马堡。

马堡，建于中世纪的小城，依山傍水，小城分布在山上，城内完好保留着中世纪的风情，哥特式建筑林立，古老的石板路蜿蜒交错。城内人口不多，接近三万，但是多为大学生，且外国学生占有相当部分。

这里有欧洲古老的大学，数学、哲学、音乐在这里盛行。帕斯捷尔纳克到此正是为了学习哲学，学习康德，他决心要成为哲学家！

然而历史没有让他得偿所愿。一列火车，一个女人，让俄罗斯少了一位可能的哲学家，却多了一位必然的诗人和诺贝尔文学奖得主。

他打算，在马堡最多待上一个学期，因为母亲给他的钱不太充裕，他经过缜密的策划，拼命地钻研哲学，想尽可能快地与哲学教授、新康德主义的代表柯亨接近，展示自己的哲学才华，以得到他的认可。

在马堡的大学，他是一个风云人物，但是并非因为他的哲学才华，而是他的音乐。同学们总是聚集在一起，围住他，痴迷地听他弹奏钢琴。那样的时候，他十分有成就感，俨然一个音乐家。

这也导致他的角色显得混乱，尚且无法确定他是音乐人还是哲学人，更不用谈诗人。然而，他来马堡毕竟是为了实现哲学梦想，所以他想尽快得到柯亨教授的认可。

他两次登门拜访，可是教授都不在家，他有些沮丧。可是，天才的他，认定自己选择的是哲学，也认定自己是哲学的选择。

后来，教授终于发现了他的哲学才华，邀请他参加自己的家庭午餐会。这表明他的哲学才华就要得到认可。

恰恰这个时刻那辆火车来了，然后又走了。那辆火车装着他的初恋伊达。

帕斯捷尔纳克并不英俊，但是敏感、固执，爱情则是他甘愿啜饮的烈酒，哪怕烈酒伤身，让人迷失。他无法控制爱！爱来了，他要啜饮。

那一年，年轻美丽的伊达和妹妹来到马堡。他得到这个消息，欣喜若狂。他奔到伊达的住所，与她再续前缘。

月亮爬上树梢，马堡安睡了，他的爱却醒来。火红的灯光下，伊达一直羞涩地微笑，仿佛深夜里偷偷盛开的蔷薇。他看着伊达青春的脸庞，眼泪几乎都要涌出。终于，他扑倒在伊达的脚边，抓住她的手，激动地向她求婚。

伊达立刻收起了笑容，忧虑却又认真地说："帕里斯，你不能这样，我们不能这样。原谅我，我不能答应。"

　　这个时候，他尚且没有意识到，他们的爱情已经在昨日沉睡，虽然他的爱又重新醒来，但是在伊达那儿已经沉淀成真正的过去。

　　伊达变得更现实了，也更理性了，理性战胜了情感。而帕斯捷尔纳克仍旧在梦里，他宁愿在梦里，而不放弃。

　　火车又要走了，伊达也要走了。他送伊达和她的妹妹到马堡火车站。这个日子正是他要见柯亨教授的日子。

　　在火车站，他把伊达送上火车。火车就要开动，隔着窗子，伊达微笑着向他挥手告别。

　　看着伊达，他的心突然疼得厉害，感情剧烈地喷涌。火车的汽笛声响了！他更焦急。火车在铁轨上突然震动了一下！他的心脏几乎要飞出来。

　　那一刻，他已经被情感淹没，不顾一切地跳上火车，跌跌撞撞地跑向伊达。帕斯捷尔纳克抓住她的手，几乎用乞求的声音说："我的伊达，你就不能答应我吗？我是那么爱你！"

　　伊达说："帕里斯，你吓到我了，你知道吗！请千万不要这样。我已经不能再爱你，尽管我爱过你。现在我们做朋友不好吗？我不想看到你有事，请理智一点，就当我求你。"

　　帕斯捷尔纳克并没有立刻妥协，但是他几乎已经绝望了。

　　火车到了柏林，伊达终于把他劝下车。他终于绝望了，也放弃了。站在热闹的月台之上，看着火车远去。他清楚地感觉到，火车带走了爱，带走了希望。

　　火车同时带走的还有他的哲学，因为他已经错过会见教授的时间，他再也没脸见教授，甚至不敢去上教授的课。

　　他冷却下来，他的哲学也冷却下来。哲学真是自己想要的吗？一场沉睡的爱情就可以撕碎哲学的一切。

　　爱让他累了，也让他的哲学累了。

　　尽管柯亨教授没有责备他，反而认可了他的哲学天赋，劝他安心学习，将来读哲学博士，但是哲学的火焰在帕斯捷尔纳克的身体里的确熄灭了。

他收拾了行装，在德国初秋早晨的雾霭里，沿着古老的石板路，登上去意大利的火车。火车驶出马堡，他依依不舍地回望那座山坡之上的小城。

他告别了马堡，告别了哲学！

他在后来的长诗《马堡》中写道：

> 我浑身发抖。我燃烧又熄灭／我哆嗦。我求婚了——为时已晚，我太胆怯，她拒绝我。／她的泪水我心痛，比圣徒更傻／走进广场，我被人们看作／重生。每片椴树叶，每块砖都活着，不把我放在眼里／我装作坚强，做出告别的姿态……杨树是王。我和失眠下棋／夜莺是后，我向着她的啼鸣／黑夜完胜，棋子闪在一边／我则要去认出早晨的苍老面孔。

哲学走了，诗歌来了！

他没有迟到，因为诗歌一直耐心地等着他。

虽然，他不是天生的诗人，但他，却是注定的诗人。

四、诗歌的道路

1913 年的夏天，俄罗斯，阳光照耀，河流流淌，树叶浓绿！"莫斯科—库尔斯克"铁路斯托尔博瓦亚站附近的莫洛季村，帕斯捷尔纳克在这里酝酿他的风暴。整整三个月，他躲在父母的那间房子里，埋头写诗。

他必须写诗了！诗歌已经等他很久，他自己也已经等待自己很久。

年底，他的第一本诗集面世，受到象征主义的影响，他把诗集命名为《浓云中的双子星》。

诗集没有茨维塔耶娃和阿赫玛托娃式的奇袭！

他注定需要继续酝酿，这是他的方式：像炭一样，一点点放热！但是，诗集无疑是成功的。他在诗坛有了相当的地位，他也开始行走于俄罗斯的诗人聚会。

1916 年，十月革命前夕，他发表了《在街垒之上》，终于成为俄罗斯著名的诗人。

诗歌为他带来了声誉，声誉则为他带来了渴望已久的爱情！

自从马堡的爱情幻灭以后，温顺敏感又略带胆怯的他一直埋藏着自己的情感，把情感全部投入到诗歌创作中去。现在他终于可以给爱情空间了，他也终于不再胆怯了！

1921 年，卢里耶，这位出身大户人家，漂亮又极具才华的美术院系女学生出现在他的面前。

不能否认，诗歌就是帕斯捷尔纳克最大的魅力！依靠这股强大的魅力，他俘获了女子的芳心。

他们迅速坠入爱河！甚至还没有分辨清楚那是否是真的爱，二人是否合适。

卢里耶是那么可人，热情奔放，仿佛夏季的阳光。而看上去她对诗人的爱是那么强烈，帕斯捷尔纳克也无法自拔地接受。

他们拥抱了，接吻了，只是经过几个月的时间，他们就同居了！又过几个月，他们结婚了！

爱情如此迅疾地发生、发展，仿佛暴风雨。暴风雨似乎遮盖了很多问题。

帕斯捷尔纳克真的爱上了这个女子！而卢里耶呢？那倒未必！

当帕斯捷尔纳克和她牵手进房，揭开她的婚纱，一切真相才渐渐清晰：卢里耶更爱的是帕斯捷尔纳克的诗歌，以及诗歌给帕斯捷尔纳克带来的声誉！缘何如此？

婚姻的确给帕斯捷尔纳克带来巨大动力。婚后他接连出版了《生活啊，我的姐妹》《主题与变调》等重要作品。如果说，在此之前，他还需要仰望追逐其他三位诗人的话，那么现在他可以与茨维塔耶娃、阿赫玛托娃、曼德尔施塔姆并驾齐驱了。

而卢里耶则产生了自己原本掩盖的困惑。她要追逐自己的事业，自己的成功，这本是无可厚非的，致命的是，她要主导这段爱情，主导帕斯捷尔纳克。

帕斯捷尔纳克夫人，这是她的荣誉！凭借这个荣誉她要开创自己的荣誉，她要摆脱帕斯捷尔纳克的荣誉！

出门她总是衣着光鲜，在家里她则很少做家务，她不希望在家庭生活中放下艺术家的架子，她也不希望家庭生活影响了她的事业。

那么她不能放弃所谓艺术家的架子，难道要帕斯捷尔纳克放下真正的诗人的架子？是的，帕斯捷尔纳克爱她，爱那个家，他放下了所有架子，他用写诗歌的双手洗衣服、做饭、拖地板，以及给儿子换尿布！

尽管如此，这些都是帕斯捷尔纳克能忍受的。然而，卢里耶开始强烈地干预他的交际，她不乐意帕斯捷尔纳克与其他女子有什么来往。

的确，她害怕失去帕斯捷尔纳克，帕斯捷尔纳克上升得越高，她越害怕失去他。

可是，帕斯捷尔纳克是需要交际的，尤其是在精神上，作为一个诗人，他要与同时代的女诗人，甚至女艺术工作者交往。在这一点上卢里耶恰恰干预了他的精神。这是帕斯捷尔纳克的痛苦所在。

于是他们之间经常发生摩擦。而每次卢里耶都会带着儿子回娘家，甚至跑到定居柏林的老帕斯捷尔纳克那里诉苦，她在向帕斯捷尔纳克示威！

在帕斯捷尔纳克众多的交际中，让卢里耶最不能接受的恐怕就是他和里尔克、茨维塔耶娃的灵魂之爱！

帕斯捷尔纳克爱茨维塔耶娃！这一点毋庸置疑。

1960 年，他在回答记者关于同时代俄罗斯诗人的评价时，他说：我把茨维塔耶娃置于最高处；她一开始就是个成型的诗人。在一个虚假的时代她有自己的声音——人性的，古典的。她是一个有着男人灵魂的女人。她与日常生活的斗争给予她力量。她力争并达到一种完美的透明。与我赞赏其朴素与抒情性的阿赫玛托娃相比，她更伟大。茨维塔耶娃之死是我一生中巨大的悲痛之一。

在所有的诗人里，他最疼爱玛利亚。这是有双重意义的：他最爱她，最爱她的是他。

很早他就说：（莫斯科诗人）我们敢想敢干，初露锋芒的那些年，只有阿谢耶夫和茨维塔耶娃两个人掌握了完全成熟的诗的题材。包括我在内的其他人颇受赞赏的独特风格，却是源于无能为力。

他们都是莫斯科的，就像阿赫玛托娃和曼德尔施塔姆是彼得堡的一样。那个时候，他就爱上了玛利亚，那是仰望，是追逐。后来他们站到了一起，那些年月里，玛利亚的诗歌被国内诗歌界批评，甚至包括曼德尔施塔姆、古米廖夫。

那是玛利亚独特的声音，超越时代所有诗人的声音，别人或者畏惧，或者不懂。所以玛利亚写下了《致一百年以后的你》，她相信一百年以后，世界会赶上她的脚步，为她证明。

是的，还没到一百年，她就已经被证明。而在那个时代，她早已经在帕斯捷尔纳克那里得到证明。

无论别人怎么看，帕斯捷尔纳克都坚定地支持她，他说祖国的诗人低估了玛利亚、对玛利亚的批评是不恰当的、对玛利亚诗歌没有给予充分的肯定。因为他看到了她的本质，她的伟大！

再后来玛利亚被俄罗斯放逐！俄罗斯抛弃了她！但帕斯捷尔纳克没有，他在国内时刻关注着她的诗歌创作，并以她的创作为契机，开创自己的创作，与她遥相呼应。

在茨维塔耶娃在国外流浪的近二十年里，他和茨维塔耶娃通信十三年！他们之间共有一百多封信，他把那些信看得比生命还重要。

1941 年，茨维塔耶娃自缢而亡！他承受了有生以来最沉重的打击。

玛利亚死了，他更加重视那些信件，可是最后那些信却丢了！

"二战"期间，为了保护那些信，他把信件交给斯克里亚宾博物馆的一位女工作人员保管，他特别强调了那些信的重要性，令那位工作人员也重视起来。工作人员把他同高尔基、罗曼·罗兰的信都放在保险箱里，唯独把茨维塔耶娃的信每天贴身保护，生怕出现闪失。结果，粗心的工作人员最后竟是将那一叠信件丢在出租车里。这令帕斯捷尔纳克悲痛欲绝！

他对玛利亚的疼爱用了一生。

用他在给玛利亚信里的话说："这是生活中第一次强烈体验到的和谐……这是初恋的初恋，比世上的一切都更质朴。我如此爱你，在生活中似乎只想到爱，想了很久，久得不可思议。你是绝对的美，是梦中的茨维塔耶娃……你就是语言，这种语言出现在诗人终生追求而不期待回答的地方。"

在她死后，他还长久地资助她被流放的女儿的生活。

在他和玛利亚之间，还有另外一个男人，这个男人是他的一生：影响了他的起点、进程和终点，影响了他的诗歌和文学。他正是里尔克。

他永远记得少年时候在火车站看到的那双忧郁的眼睛！正是那一刹那的回眸，让他看到了诗，看到了他的神，从此，他终生不能自拔。

1926年，《杜依诺哀歌》和《致俄尔甫斯十四行》已经让里尔克成为诗的代名词。

这个时候，十一岁的记忆让他对里尔克朝思暮想，他渴望能和里尔克联系与交流。哪怕是里尔克能来一封短小的信笺，说上一句赞美的话语都是好的，都是神圣的，于是，他拼命地央求父亲为他寻找里尔克。

1926年的某一天，帕斯捷尔纳克收到父亲从德国的来信。他慢慢地打开信封，结果他却触电一样的呆了，然后抓住卢里耶的手，失态地大笑。

卢里耶一脸茫然，感觉莫名其妙。他却喊道："信！里尔克！"

是的，那是里尔克的笔迹，写给老帕斯捷尔纳克的，也是写给帕斯捷尔纳克的。

信中，里尔克回忆了当年旧事，表达了对帕斯捷尔纳克一家的感激。同时也提到早就听说过帕斯捷尔纳克。他特别提到在象征主义大诗人瓦雷里在巴黎主编的《商报》上看到帕斯捷尔纳克的诗歌。

里尔克加瓦雷里！他们两个加起来几乎就是"欧洲"。这两个人都肯定了自己，帕斯捷尔纳克怎能不高兴？

尽管他早已经是"苏联第一诗人"，但是这个称号在他眼里抵不上里尔克的一句赞美！

帕斯捷尔纳克立刻给里尔克回信，表达景仰相思之情。信中他特别提到了身在巴黎的茨维塔耶娃和她的《终点之歌》，称她为"天才之上的天才诗人"。他希望里尔克能给玛利亚写信。他不希望她在国外一个人承受着思念祖国的痛苦的寂寞。

当时，里尔克正在瑞士疗养，他破例给茨维塔耶娃写信，并通过茨维塔耶娃给帕斯捷尔纳克回信。于是，两个男人和一个女人相互之间的恋爱格局形成。

这就是无数后人为之倾倒的"三角灵魂恋爱"！

精神的爱，诗歌的爱，仿佛夜空璀璨的焰火。

此时，里尔克的身体已经羸弱到极点；茨维塔耶娃在国外寂寞地漂泊；帕斯捷尔纳克面对国内风云，艰难地踟蹰。

三个人都那么枯涩！三个人却将灵魂的翅膀同时张开，逃离大地，在干净的天空里相互触摸。

然而，里尔克终究快不行了！

帕斯捷尔纳克万分焦急，为此他加紧赶稿子，准备在《施密特中尉》创作结束后，就去日内瓦见他。最终他没有赶上见里尔克！

那年年底，里尔克走了！帕斯捷尔纳克悲痛欲绝，在失态的痛苦下，他和卢里耶大吵一番。

为了纪念里尔克，他立刻创作了自传体散文《安全通行证》。

五、温柔的掠夺

从某种意义上来说，帕斯捷尔纳克与卢里耶的婚姻比应该有的时间要长很多。

他们躺在同一张床上，却孤零零地独立；他们都是孤零零的，却躺在一张床上。

帕斯捷尔纳克在等待一个女人，当这个女人出现，他将离开那张冰冷的双人床！后来，我们知道那个女人是美丽贤惠的吉娜伊达！

美丽贤惠的吉娜伊达却是一个孩子的母亲，是别人的妻子，这个别人正是帕斯捷尔纳克的朋友钢琴家亨利·古斯塔诺维奇。

帕斯捷尔纳克注定要做一件不仁义的事情，他将把吉娜伊达从朋友那里温柔地掠夺。温柔地掠夺恰恰是最疼的！

1929 年，帕斯捷尔纳克对于吉娜伊达还只是纸上的诗歌，她对他的诗歌不感冒，她认为很难懂。对于她来说，孩子、家务和丈夫远远胜于诗人和诗歌。

她的女友伊莉亚——哲学家阿斯穆斯的妻子则不然，是帕斯捷尔纳克的狂热的崇拜者。伊莉亚总是在她身边喋喋不休地谈论他，念他的诗歌，因为伊莉亚的存在，她注定逃不过帕斯捷尔纳克的捕获。

有一次，伊莉亚兴奋地告诉吉娜伊达帕斯捷尔纳克会到访她家，他邀请吉娜伊达和丈夫亨利过来。吉娜伊达要留在家里照顾孩子，一再推诿。但是，伊莉亚死活还是把她拉去了。

聚会上，帕斯捷尔纳克演奏了钢琴，让亨利十分震惊，同样震惊的还有有着极高音乐天赋的吉娜伊达。"他的水平完全是一个音乐家的。"吉娜伊达想。

诗歌起初是他们的距离，但是音乐却让他们熟悉，熟悉得仿佛乐谱上的两个音符!

然而,她更关心的仍旧是自己的家庭。聚会上,她一直挽着丈夫的胳膊,安静地坐着,温柔大方,偶尔露出美丽的笑容,笑容却带着淡淡的疲惫。很快她坐不住了,不安地对丈夫说:"我还是先回去,孩子在家里我可不放心。"丈夫劝她留下来,整个聚会她就为孩子一直不安。

帕斯捷尔纳克特别留意到她:"要是我的妻子也这样体贴多好。"他被她的贤惠吸引了。

那次聚会,亨利崇拜上帕斯捷尔纳克,并和他成为朋友。

以后的日子里,帕斯捷尔纳克常常去他们家,丈夫感到万分荣幸,吉娜伊达也高兴,但是夹杂着困惑,一些不好的预感总是笼罩着她。

的确,帕斯捷尔纳克首先被她俘获,无法控制地被俘获!

1931 年夏季,基辅郊外伊尔平的树林里,一个年轻的妇人穿着丝绸衣裙,正蹲在草丛里捡干树枝,腰上绑着围裙,怀里抱着一把枯木,旁边放着一个竹筐。

她低着头,伸出光滑的手臂,挪着步子。

树木葱葱郁郁,碧绿的树叶茂密地遮住天空,鸟儿在树林深处啼鸣,不时飞动,传来翅膀碰到树叶的神秘的声音,蝉也躲在树上扯着嗓子叫个不停,细细的阳光从茂密的树叶中漏下,在草地上投下明亮的斑点,草丛青翠,上面托着叫不出名字的小花。

很快干柴满怀,她要把它们送到竹筐里时。她起身抬头,却看见一个男人站在面前。她的目光撞上他的深情的目光,吓得她一阵哆嗦。

他距离她那么近,几乎贴着她。她甚至能听见他的呼吸,而他清清楚楚地看到她美丽娴静的面庞,充满母性,布满湿湿的汗水,她的头发、脖子和上衣都是湿的。

男人的目光炽烈而真诚,让她无处躲藏。那个男人是帕斯捷尔纳克,那个女人是吉娜伊达。

此次在基辅郊外伊尔平处的别墅，他们是几家人一起来消暑的，有帕斯捷尔纳克夫妇、阿斯穆斯夫妇、亨利夫妇和帕斯捷尔纳克的弟弟及妻子。

来到郊外他们就像出笼子的鸟一样活跃起来，衣衫不整地收拾房间，挂帐子，打冷水冲洗地板、过道。

帕斯捷尔纳克特意跑到吉娜伊达的房子，看见她正赤着脚，穿着短短的棉布裙子冲洗阳台，头发挽起，但是仍旧凌乱。

帕斯捷尔纳克忍不住发笑，吉娜伊达噘着嘴说："有什么好笑的！"

帕斯捷尔纳克说："你还真是的，一出了城市就再也不讲究了。"

吉娜伊达说："那你认为该怎么样呢？"

帕斯捷尔纳克没有回答她，反而继续大笑着说："你这副尊容！真可惜没有相机，不然送给我在德国的父亲，他肯定会乐坏了。"

吉娜伊达笑着，诡秘地瞪了他一眼，把半桶冷水泼向他，他飞快地跑开了。提着空空的桶，吉娜伊达回忆着他刚才的话，突然不安起来。尽管她一直在逃避帕斯捷尔纳克的追逐，但是，终究她被击中了！

在伊尔平的日子是惬意的，几家人聚在一起演奏钢琴，朗诵诗歌，或者搬几条小凳子，坐在树荫下闲聊。平淡的生活居然也那么有滋有味。他们也经常举行聚餐，或者在晚饭后的黄昏沿着乡村的小道漫步。亨利挽着妻子的手，阿斯穆斯挽着妻子的手，弟弟也挽着妻子的手，都是那么幸福，唯独帕斯捷尔纳克和卢里耶显得生疏，他们的婚姻已经陷入危机。

卢里耶甚至在吉娜伊达面前抱怨帕斯捷尔纳克，吉娜伊达有自己的打算，劝她千万不能冲动，要和帕斯捷尔纳克好好相处。但是卢里耶听不进去，帕斯捷尔纳克也早已迷失于吉娜伊达。

很快，帕斯捷尔纳克的弟弟因有事和妻子离开了伊尔平，剩下三家人在那里。

在伊尔平，他们的生活需要自理，自己打水，自己用干柴生火。吉娜伊达是勤劳的女人，自然很乐意做这类家务事。这也给了帕斯捷尔纳克靠近她的机会，他总是在亨利的住所附近打转，寻找机会帮吉娜伊达的忙。而就是那次捡干柴，帕斯捷尔纳克在森林里见到她。

她看见帕斯捷尔纳克时吃了一惊，说："你怎么会在这里？不声不响地就到了。"

帕斯捷尔纳克说："我来帮你收集干柴。"

吉娜伊达笑着说："你也能做这些家务事？"她很吃惊。

帕斯捷尔纳克说："那你看好了。"

帕斯捷尔纳克蹲下去，熟练地捡起地上的干柴。吉娜伊达看着他有些心疼：这样一位大诗人，居然也做这样的家务。她也被感动了。

帕斯捷尔纳克说："你知道吗？你很像我的母亲——为了家庭放弃了自己的理想，这是多么伟大的牺牲。"

吉娜伊达在阳光里笑着说："我可没有这么伟大。"

接着帕斯捷尔纳克向她诵读自己的诗歌。

吉娜伊达大笑着说："你总是这样，其实我真的不是很懂你深奥的语言。"她故意对他泼冷水，但是他的热情丝毫没有减少，更没打算放弃。

最后，他们搜集了满满一竹筐干柴，帕斯捷尔纳克怀里还抱了一捆。

吉娜伊达细心地说："会把你的衣服弄脏的，我来抱！"

帕斯捷尔纳克说："那怎么行。"

吉娜伊达说："没有让你闲着，你要背筐。"她一下子又笑出来，帕斯捷尔纳克也笑了。

帕斯捷尔纳克的异常举动引起了亨利的怀疑，吉娜伊达则总是有意无意地躲着帕斯捷尔纳克。

秋天，帕斯捷尔纳克一家和吉娜伊达一家坐同一辆火车从基辅返回莫斯科，火车上他们住隔壁。

晚上九点，列车上大部分人都睡了。吉娜伊达在包厢里安顿好孩子和丈夫，走向过道，在车厢交界处若有所失地抽烟。

那个男人突然又出现在她的眼前，难道她真的不能从这个男人身边逃走了？

帕斯捷尔纳克沉默许久，说："吉娜伊达，我必须承认，我爱上了你，你是知道的。我想现在恐怕没有你已经不行了——"

吉娜伊达说："不，请别这样，您不能这样，我们不能这样。这对亨利不公平，对卢里耶也不公平。我们是不可能的。请您放弃这个可怕的想法吧。"

帕斯捷尔纳克痛苦地说："我想我无法做到了！"

马堡的火车一幕重新涌上心头，他曾经错过了一个爱人，现在他不想错过另一个。

吉娜伊达转过脸，哭了！她抽泣着说："您应该和卢里耶好好地生活。"

帕斯捷尔纳克说："我现在想和你好好生活。"

她哭得更厉害，说："我并不是您想象得那么好。十五岁我就离家出走，和四十五岁的堂兄同居，那个时候我就已经不干净。我配不上您！"

这是她灵魂深处的秘密！现在她把秘密说给帕斯捷尔纳克听，她想让他走远，可是他却更加心疼。

帕斯捷尔纳克说："不，吉娜伊达，你是那么纯洁，就像二月的雪。"

她哭了！而他决定不再等待，他要从好友亨利那里"抢"到吉娜伊达。

回到莫斯科后不久，帕斯捷尔纳克跑到亨利家里，和亨利长谈。谈话完全公开、真诚。

帕斯捷尔纳克痛苦地表示自己深深爱上了吉娜伊达，没有吉娜伊达他将活不下去，他希望能和吉娜伊达在一起。

这是少有的事情，一个男人居然跑到另一个男人的面前坦白地说爱他的妻子，并希望和他的妻子在一起。

更少有的是，亨利听到帕斯捷尔纳克的话后不知所措。他爱妻子，也深深地爱帕斯捷尔纳克这个朋友，他不知道该怎么办。但是，他不恨帕斯捷尔纳克。

他和帕斯捷尔纳克一起抱头痛哭，吉娜伊达躲在屋子里也哭了。三个人都疼，该怎么办？

吉娜伊达决定放弃帕斯捷尔纳克。她尽量不和帕斯捷尔纳克见面。但是见不到他，她又是那么强烈地想他，她清楚地感觉到原来自己已经那么爱那个男人。

1931年12月，亨利远赴西伯利亚巡演。她和帕斯捷尔纳克同居了。醒来，她泪流满面。她问自己都做了什么？可是问来问去，心里全是帕斯捷尔纳克，她发现自己已经离不开他。

当即，她给丈夫写信，告诉丈夫他们之间完了。她背叛了丈夫，但是没有背叛爱情。

接下来事情并不顺利。见到伤心欲绝的丈夫和孩子，她的心里又充满愧疚。为了躲避一切，她和帕斯捷尔纳克去了格鲁吉亚作长久的旅行。回到莫斯科，她却无家可归。

去帕斯捷尔纳克那里？可是他和卢里耶还是夫妻，虽然卢里耶当时已经和帕斯捷尔纳克闹翻跑去了国外。

她是住进了帕斯捷尔纳克家，可良心上的拷问又让她搬了出来。最后，善良的亨利把她接到家中，这一次是以接待帕斯捷尔纳克爱人的方式。

亨利爱着帕斯捷尔纳克，最终他选择了朋友，放弃了妻子。但是他的父亲却异常愤怒，说："儿子说，帕斯捷尔纳克是个天才诗人，可是我却怀疑，一个天才竟然会成为恶棍。"

尽管如此，这位父亲见到帕斯捷尔纳克本人后，竟也喜欢上了他。

为了让吉娜伊达安心地和帕斯捷尔纳克在一起，亨利很快又结婚了。

吉娜伊达良心上的折磨终于平息下来。帕斯捷尔纳克也很快与卢里耶离婚。最终吉娜伊达和帕斯捷尔纳克在1933年成为夫妻，直到1960年帕斯捷尔纳克去世。

感谢亨利，他给了帕斯捷尔纳克一个绝好的女人，让帕斯捷尔纳克有活下去的希望，让帕斯捷尔纳克得到幸福，并且在他结婚以后还是帕斯捷尔纳克最真诚的朋友。

感谢这个过程，它告诉世人什么是爱，一切的爱！

六、情与殇

茨维塔耶娃死后，帕斯捷尔纳克灵魂的翅膀冰冷了。吉娜伊达是个好妻子，但她只是生活。帕斯捷尔纳克还需要灵魂的应和，精神里的爱情。

他需要灵魂的另一只翅膀。

1947年，帕斯捷尔纳克正在开始《日瓦戈医生》的创作。苏联文学界又风起云涌，批判阿赫玛托娃和左琴科的运动轰轰烈烈，《日瓦戈医生》的写作如履薄冰，完全成了地下工作。

同时，吉娜伊达参加了作协设立的一个救助阵亡军人子女的委员会，长期在外忙碌。帕斯捷尔纳克在精神和生活上忍受着双重寂寞。

伊文斯亚娜，一个才情兼备的女子，结过两次婚，生有一个儿子，她是帕斯捷尔纳克诗歌的狂热崇拜者，当时在著名的《新世界》杂志任编辑。

由于诗歌出版事务，帕斯捷尔纳克在编辑部见到她。只是经过一次交谈，帕斯捷尔纳克就发现，她就是他灵魂的另一只翅膀。

他爱上她，而她早已经爱上他，自然不会拒绝他的爱。帕斯捷尔纳克已经年近六旬，而她只有三十岁左右。但是，他们坠入爱河。

他称他们的关系"比夫妻关系更神秘"。他们幽会，拥抱，接吻，睡觉，谈论诗歌，谈论正在创作的《日瓦戈医生》，她也成为他文学创作最得力的助手。

伊文斯亚娜感情热烈，帕斯捷尔纳克极度敏感，于是他们之间吵嘴。吵嘴有时候带来煎熬，但却是他们的福气，那正是精神恋爱的一种方式。

他们煎熬，却无法分开，他们需要那份纠缠，需要坚持。

闹别扭让他们像极了两个初恋且热恋的男女。伊文斯亚娜甚至带他见了自己的父母和儿子，家里人都喜欢帕斯捷尔纳克，尽管他不能给伊文斯亚娜名分。

吉娜伊达对于他们的交往，看在眼里，疼在心里。但是，她不恨丈夫，也不愿意和丈夫离婚，她知道丈夫是那么依赖自己，没了自己将无法生活下去，尽管他现在同时爱着另一个女人。她只是恨伊文斯亚娜。

传统的爱情观在帕斯捷尔纳克的身上被完全颠覆！他如此这般地与两个女人以及两个女人的家庭共同存在。

帕斯捷尔纳克不会抛弃吉娜伊达。伊文斯亚娜曾提出过让他离婚，可是他对妻子除了内疚，更多的是依恋。

吉娜伊达想让他与伊文斯亚娜分手，可是他也做不到。

他对伊文斯亚娜的爱是新鲜的苹果，对吉娜伊达的爱是沉淀的矿藏。

但是，矛盾显而易见，终究要作一个选择！他选择了吉娜伊达，虽然他很痛苦，甚至绝望。随后，一件事情改变了轨迹。

1949年的一天，几个当局人员闯进伊文斯亚娜的工作室，翻箱倒柜之后，逮捕了她。

接着她被判刑入狱五年，罪名是"与嫌疑分子来往"。

实际上，她被抓，完全是因为她收藏着《日瓦戈医生》的手稿，当局以查办她来给帕斯捷尔纳克一个下马威。

得知她被捕，帕斯捷尔纳克痛哭流涕地说："一切都完了，他们夺走了她。再也见不到她了，这等于让我死，甚至还不如让我死。"

他不愿意见任何人，蜷缩在屋子里，连吉娜伊达也不想见。他突然感觉到疏远伊文斯亚娜是多么不应该，仿佛一种犯罪。没有伊文斯亚娜，他的灵魂被掏空了。

伊文斯亚娜出狱了，帕斯捷尔纳克对她深感愧疚，对她倍加珍爱，这种感情强烈地交织在一起。

伊文斯亚娜再次提出让他和吉娜伊达离婚。帕斯捷尔纳克同样无法抛弃吉娜伊达，他痛苦万分。

伊文斯亚娜妥协了，她不想看到爱人承受伤害，不再要求什么。只要他爱她，每天能见到他，陪陪他就好。

吉娜伊达难过，可是她知道丈夫需要这样，因为爱，她也妥协了，虽然她依旧恨伊文斯亚娜。

伊文斯亚娜搬到了帕斯捷尔纳克家附近的小别墅居住。于是，帕斯捷尔纳克实际上有了两个家，他长时间地在那两个家之间走动。

1958 年，凭借《日瓦戈医生》，帕斯捷尔纳克获得诺贝尔文学奖，却被整个国家抛弃了！他甚至计划和伊文斯亚娜一起自杀！他的精神轰塌下去，彻底老了，躲在莫斯科郊外，过着清寒的生活。然而两个女人的存在让他得到难得的抚慰。

1960 年，帕斯捷尔纳克患了心绞痛，5 月初开始卧床不起，身体像油灯里的油一样一点点消耗。

吉娜伊达细心地陪在他的身边，寸步不离地照料，很少睡眠，半夜经常坐着看着他，生怕他夜里有什么需要。妻子的身体也和他一起枯萎下去。

帕斯捷尔纳克很心疼，更加愧疚。他突然觉得对不起妻子，做了那么多伤害妻子的事情。

而躺在病床上的他不能去见伊文斯亚娜了，并且他终究没能见伊文斯亚娜最后一面。他想见她，无比地想念。但是，他不能。妻子不希望伊文斯亚娜出现在他们的房子里，更重要的是，他不想心爱的人看见自己憔悴枯萎的样子，那样伊文斯亚娜会受不了。

而伊文斯亚娜每天满脸泪痕地在他家的铁门外徘徊、张望。她想他，想见他，可是没人给她开门。

不是吉娜伊达不让她进来，而是帕斯捷尔纳克不肯。吉娜伊达问他："你是否想见伊文斯亚娜，她就在外面。我已经不在乎了，我甚至可以让五十个像她一样美丽的女人来看你。"

说这话，她疼，她怨，她恨，她也爱。她知道丈夫想那个女人，那么为了丈夫做什么都可以。

可是帕斯捷尔纳克只是睁开枯槁的眼睛，微微摇头。他对妻子说："服侍我真让你受罪了，请你原谅，但很快就会让你自由，那样你就可以休息了。"

吉娜伊达哭了！

弥留之际，帕斯捷尔纳克更多想起自己的亲人。他想见见在国外的妹妹，他已经快四十年没见到妹妹了。

但是妹妹没有赶回来，幸好还有他的弟弟在身边，国内所有的亲人都聚集到他的身前，唯独那个他最爱的人被拒绝，于门外踟蹰。

临终之前，他把吉娜伊达单独叫到身边说："我是那么热爱生活和你，但我要毫无惋惜地离去：不仅在我们周围而且在全世界都存在太多的鄙俗。对于这种鄙俗我横竖不会迁就。"

1960 年 5 月 30 日，11 点 20 分，帕斯捷尔纳克离开人世。

带着对爱人的爱和对世界的憎恨，他走了。

吉娜伊达抱着他的身体痛哭！

听到吉娜伊达哭声的刹那，伊文斯亚娜瘫倒在冷冷的风中，崩溃了，抱着自己的身体仰天而泣，几欲昏死！

相爱的人却没有权利见他最后一面！

他死了，当局却没有放过她。

伊文斯亚娜再次被判入狱四年。

那仿佛是对帕斯捷尔纳克一生的定性：一个罪人！

七、《日瓦戈医生》：俄罗斯民族的心灵秘史

当帕斯捷尔纳克写出了至今仍能证明他艺术生命力之恒久的长篇小说《日瓦戈医生》的时候，习惯了在传统的英雄主义作品中寻找自己身影的读者也许会对这部作品感到失望：日瓦戈医生不是那种力挽狂澜、主宰历史的伟大人物，而常常是软弱、渺小、无能为力的，他既没有顺应革命的洪流成为前沿斗士，更没有与邪恶的势力展开正面的交锋；他既不能保护自己的家人，也不能救助自己爱的人。然而，正是这样一个普通人，在另一场看不见的战争中——维护自己的心灵不为时代的风潮所左右的精神历险中，表现出了罕见的韧性和胆量。

在俄罗斯铁灰色的天空下，帕斯捷尔纳克怀着沉重的心情讲述自己的故事——

小尤拉从小就是孤儿，他的父亲抛弃了家庭，而母亲也过早地离开了人世，他那一向殷实显赫的日瓦戈家族走向了没落与衰败。

可怜的小尤拉被贵族格里梅科收养，尤拉与主人一家相处得很融洽，特别是同主人的女儿东妮亚关系很好。

他俩生活学习都在一起，渐渐地他们都长大了，尤拉获得医学学士学位，成了医生，东妮亚获得了法学学士学位。

女主人安娜·伊万诺夫娜病危时拉起两人的手，希望他们能够相爱到永远，而他们彼此之间同样也是这么希望的。

拉拉是个聪明又美丽的女孩子，她跟随母亲来到了正在被革命的洪流激荡的莫斯科，为了维持生计，她们开了一家裁缝店。

在那动荡岁月里，为了有个依靠，有钱有势的律师科马罗夫斯基成了母女俩的保护人，科马罗夫斯基实际上是一个对母女俩垂涎的色鬼。

他先是占有了女主人，而后就将黑手伸向了只有十六岁的美丽绝伦的

拉拉。

拉拉不仅书读得很好，干活也很出色，是个聪明的姑娘，但是，由于年轻和出于对科马罗夫斯基的尊敬，终于没能逃脱科马罗夫斯基精心谋划的陷阱。年少无知的她为此痛苦，为此忏悔，内心充满了对科马罗夫斯基的仇恨。

恰在此时，一名叫帕莎·安季波夫的少年疯狂地爱上了拉拉，他视拉拉为神明，非常崇拜她，而拉拉对帕莎也是关爱有加，非常喜欢，并将自己的幸福同他联系在一起。

但是，拉拉越深深地爱着帕莎，色魔科马罗夫斯基越是时常让她想起痛苦的往事，她再也无法忍受了，毅然决然地拿起手枪，去找科马罗夫斯基算账。

圣诞节到了，试图复仇的拉拉终于找到了机会，她参加了斯文季茨基家一年一度的圣诞晚会。

莫斯科有钱有势的达官贵人都来参加了，尤拉与东妮亚身着节日的盛装也参加了圣诞晚会，就在舞会进行到高潮时，一声枪响震惊了在场的人们，这是拉拉向恶棍科马罗夫斯基开了枪，然而并没有打中。

此时，尤拉看到了拉拉，并被她那骄傲而忧伤的美丽深深地吸引了。

拉拉与帕莎结婚了，为了忘记过去的痛苦，他们搬到遥远的尤里亚金定居下来，小两口的生活过得平平静静，已经没有了追求时的狂热。

由于往事留下的阴影，帕莎将平静误以为是拉拉并不爱他，只是把他当作一个孩子，而他也认为自己并不爱拉拉，只是欣赏拉拉的美丽和宽容。

帕莎决定离开这个家，去前线打仗，以便从这个虚伪的家庭关系中解脱出来。

听到了帕莎的决定，拉拉感到非常震惊，她试图劝说帕莎不要太冲动，但是毫无结果。她了解帕莎，知道他不会改变自己的决定。

拉拉无能为力，只有默默地咽下泪水和悲哀为丈夫准备行装。

丈夫误解了她，误解了她那脉脉温情中所掺杂的崇高的母性，她的心被彻底地打碎了。

帕莎到了前线后，就开始后悔自己的愚蠢举动，他不断地从前线写信回来，以表达自己的忏悔之意与对妻子和女儿的思念之情。

但是不久，拉拉与丈夫失去了联系，丈夫再也没有写信回来，拉拉焦急地等待着，最后，她决定亲自去前线寻找丈夫。她将女儿托付给亲朋好友照顾，报名当了一名救护列车上的护士。

拉拉来到前线后，到处打听丈夫的下落，听到了各种各样的传说：有人说他被俘了，而大部分人则说他已经在战场上牺牲了，与他同团的一个少尉甚至还说亲眼看见他阵亡了。

总之，这些说法都使拉拉失望，她越来越觉得没有找到丈夫的希望，于是，她决定离开前线，赶紧回到自己的女儿身边。

就在前线医院里，日瓦戈医生与拉拉不期而遇，由于工作上的关系，他们经常在一起。

这里的条件极其恶劣，大炮的轰鸣声不断地在身边回响，到处都散发着腐败尸体的恶臭。

日瓦戈医生看到自己仰慕已久的拉拉，心情无法平静，他激动万分地对拉拉表白自己的爱慕之情。"我发现您那叫人猜不透的郁郁寡欢的目光，那仿佛不知失落在何方的一种神色，我宁愿付出一切，只求没有它……"

说到这里，日瓦戈医生甚至有些失去控制了，幸亏拉拉的镇静，才使日瓦戈医生平静下来。

拉拉很快就离开前线回到莫斯科了，由于对拉拉的思念，日瓦戈也无心在前线待下去了，他在朋友的帮助下，也回到了莫斯科。

他一回到家，看到的情景大不如以前了：房子让出去了一大部分，佣人也都被辞退了，妻子整天为面包和劈柴奔忙，完全变成了一个家庭主妇。

日瓦戈顿感对不起妻子，在妻子面前感到很内疚。

但在当时的莫斯科，人们都在挨饿，城市一片混乱和荒凉，革命的风暴即将来临，人们的心情是既激动又忧虑。

不久，革命终于取得了胜利，当日瓦戈从报纸上看到布尔什维克战胜了临时政府的消息时，他不禁激动地说道："多么出色的手术啊！拿过来一下子就巧妙地把发臭多年的溃物切掉了！……"

然而，革命的发展并不像日瓦戈医生所期待的那样，立竿见影地彻底改变社会生活，相反，莫斯科人民的生活却更加艰难困苦了，人们缺乏生存所必需的一切东西，缺衣少药，饥寒交迫，日瓦戈一家也同样如此。他除了在医院尽心尽责搞好服务外，还要扮演妻子以前的角色，为寻找面包而四处奔波。

为了能够生活下去，一家人决定搬到遥远的瓦雷金诺去，那里曾是东妮亚祖父的领地。在乡下或许比在莫斯科挨饿受冻要好一些，可以去砍一些木材，开一片荒地，勉强生活下去还是有保障的，等到莫斯科局势好转了再回来。

于是全家人在拥挤的车站好不容易挤上一辆取暖货车，经过漫长的艰苦旅程，终于抵达了目的地。

全家人自己动手盖房子，开垦荒地，休息的时候，就一家人围在一起读小说，虽然很辛苦，日子还能勉勉强强地过下去。

生活稳定下来后，日瓦戈的空闲时间也多了，他开始经常到离瓦雷金诺不远的尤里亚金去，那里有一个很有名气的图书馆。

有一次，他竟然意外地发现拉拉也在这里看书。

自从离开前线回到莫斯科，由于生活所迫，成天为衣食奔波，他几乎将拉拉忘到九霄云外了。

日瓦戈去拜访了拉拉，他们谈了很多，越来越亲密了，很快就开始以"你"相称，甚至有时他还住在她那里。

日瓦戈心里充满了矛盾和痛苦，在拉拉和东妮亚之间，他无法作出选择。经过激烈的思想斗争，他痛苦地决定把一切都告诉东妮亚，请求她原谅，然后永不再见拉拉了。

然而想到永不再见拉拉，他简直痛不欲生，最后终于鼓起勇气决定见拉拉最后一面，把自己果断的想法向她说明白。

他来了，正当他刚要进屋时，游击队的人抓住了他，不由分说地把他带走了。

在游击队里，他被监视着行使医生的职责，甚至在非常情况下，他还拿起枪，同游击队一起攻打白军，他为自己曾打中一个年轻的白军而痛悔不已。

他思念东妮亚，思念拉拉，几经周折，他终于逃出了游击队。

日瓦戈逃到了尤里亚金，在那里他重新见到了拉拉。

由于疲惫和惊吓，他病了，拉拉用白天鹅般的妩媚护理他。

他们生活在崇高而伟大的爱情中，然而他们并不幸福。

日瓦戈收到了东妮亚充满泪水的来信，他们一家正在莫斯科被驱逐出境。

正在这困难的时刻，拉拉过去的仇人科马罗夫斯基出现了，这个善于钻营的家伙，如今摇身一变成了远东共和国的首领，他利用诡计，骗走了拉拉。

为了拉拉的安全，不明真相的日瓦戈忍痛让科马罗夫斯基带走了她。

拉拉走后，日瓦戈在瓦雷金诺神情黯然地住了几天，就踏上了回莫斯科的归程。莫斯科迎接他的是什么呢？是贫穷，是孤单。东妮亚及其一家已被驱逐到法国。

无依无靠的日瓦戈变得孤僻而又不修边幅，反应也较过去迟钝多了。

此时，又一个高尚而善良的女人马林娜爱上了他，并同他一起生活。

然而，在情绪上日瓦戈依旧郁郁寡欢。不久日瓦戈失踪了，马林娜及其亲朋到处找寻，也不见下落。

又过了一段时间，日瓦戈死在了电车站。

在丧礼上，有一个哀伤而平静得超凡脱俗的女人，她就是拉拉。她正好到莫斯科有事，碰巧得到日瓦戈的死讯，她非常震惊和悲哀，但对她来说能够看自己心爱的人最后一眼还算幸运。

拉拉整理完日瓦戈的遗稿后，很快就被捕了，从此不知去向……

这部小说发表之后，人们普遍认为在《战争与和平》之后，这部作品是唯一在精神上对如此广阔而具有历史意义的时期的概括与写照。

诺贝尔文学奖获得者、法国作家阿尔贝·加缪指出：《日瓦戈医生》这部伟大的著作是一本充满了爱的书，并不是反苏的。它并不对任何一方不利，它是具有普遍意义的。俄国只要记住这次诺贝尔文学奖是授予了一个在苏维埃社会里生活和工作的、伟大的俄罗斯作家这样一件事就行了。

是的，这是一件了不起的事。

但帕斯捷尔拉克拒领至高无上的荣誉更是一件了不起的事。

参考文献

[1] 鲍里斯·帕斯捷尔纳克：《帕斯捷尔纳克未来主义诗选》，杨开显译，四川文艺出版社 1996 年版。

[2] 鲍里斯·帕斯捷尔纳克：《追寻》，安然译，花城出版社 1998 年版。

[3] 鲍里斯·帕斯捷尔纳克：《日瓦戈医生》，蓝英年译，人民文学出版社 2006 年版。

[4] 鲍里斯·帕斯捷尔纳克、茨维塔耶娃、里尔克：《抒情诗的呼吸》，刘文飞译，上海译文出版社 2011 年版。

[5] 鲍里斯·帕斯捷尔纳克：《阿佩莱斯线条》，乌兰汗译，上海译文出版社 2011

年版。

[6] 鲍里斯·帕斯捷尔纳克:《人与事》,乌兰汗译,新星出版社 2011 年版。

[7] 鲍里斯·帕斯捷尔纳克:《第二次诞生》,吴笛译,上海人民出版社 2013 年版。

[8] 鲍里斯·帕斯捷尔纳克:《凝眸斑驳的时光》,马永波译,江苏文艺出版社 2013 年版。

[9] 鲍里斯·帕斯捷尔纳克:《最初的体验》,汪介之等译,译林出版社 2014 年版。

[10] 鲍里斯·帕斯捷尔纳克:《晚安,俄罗斯》,志晶译,天津人民出版社 2015 年版。

[11] 鲍里斯·帕斯捷尔纳克:《安全保护证》,桴鸣译,上海译文出版社 2015 年版。

[12] 陈晓春:《帕斯捷尔纳克的迷误——兼论作家的主体意识与文学真实性的关系》,《文艺理论与批评》,1990 年第 1 期。

[13] 董晓:《日瓦戈医生——我心目中的经典》,《俄罗斯文艺》,2000 年第 4 期。

[14] 包国红:《日瓦戈医生——帕斯捷尔纳克的精神自传》,《当代外国文学》,2001 年第 2 期。

[15] 刘亚丁、何云波:《雷雨中的闲云野鹤——关于帕斯捷尔纳克的对话》,《俄罗斯研究》,2001 年第 3 期。

[16] 钱华:《混浊世界与澄澈心灵:〈日瓦戈医生〉象征手法浅释》,《语文学刊》,2001 年第 6 期。

[17] 刘玉宝、万平:《日瓦戈医生的诗意特征》,《俄罗斯文艺》,2007 年第 2 期。

[18] 任光宣:《小说日瓦戈医生组诗中的福音书契机》,《俄罗斯文艺》,2007 年第 3 期。

[19] 王家新:《承担者的诗,俄苏诗歌的启示》,《外国文学》,2007 年第 6 期。

[20] 刘亚下:《苏联文学沉思录》,四川大学出版社 1996 年版。

[21] 包国红:《风风雨雨"日瓦戈"——〈日瓦戈医生〉》,云南人民出版社 2001 年版。

[22] 金亚娜等:《充盈的虚无——俄罗斯文学中的宗教意识》,人民文学出版社

2003 年版。

[23] 冯玉芝：《帕斯捷尔纳克创作研究》，人民文学出版社 2007 年版。

[24] 邓鹏飞：《论〈日瓦戈医生〉的历史主题》，四川大学，2004 年。

[25] 姜丽娜：《〈日瓦戈医生〉的象征性研究》，南京师范大学，2008 年。

[26] 初广晓：《日瓦戈医生——超越现实的情感表现》，南京师范大学，2012 年。

[27] 孙磊：《〈日瓦戈医生〉的叙事话语研究》，北京外国语大学，2016 年。

永不熄灭的心灯

HEART LAMP
THAT NEVER GOES OUT

俄罗斯（下卷）
文学大师群像

聂茂——著

团结出版社
UNITY PRESS

目 录

下卷

第十二章 《哀歌》——雕刻

曼德尔施塔姆 / 375

一、方寸里的世界 / 377

二、诗意的旅居 / 383

三、精神的流放：飘泊 / 388

四、男人枕着女人的肋骨 / 394

五、《哀歌》：一道民族的伤口 / 402

六、时代的孤儿 / 407

参考文献 / 413

第十三章 《从童年到童年》——雕刻茨维

塔耶娃 / 415

一、诗歌墓志 / 418

二、华丽的征服 / 422

三、标准的放逐 / 427

四、灵魂之翼 / 432

五、《从童话到童话》：脉管里的阳光 / 437

六、无家可归的伤痛 / 442

七、诗歌的灵魂落叶般陨落 / 447

参考文献 / 452

第十四章　《穿裤子的云》——雕刻马雅可夫斯基 / 455

一、新世界的基督 / 458

二、《穿裤子的云》：一种想象的力量 / 462

三、爱情病毒 / 466

四、奇恋：一种病态的恶之花 / 471

五、纽约与巴黎 / 476

六、驱逐叶赛宁 / 481

七、生或者死 / 485

参考文献 / 490

第十五章　《安娜·斯涅金娜》——雕刻叶赛宁 / 493

一、忧郁天国 / 496

二、梦幻年代 / 500

三、勃洛克之手 / 506

四、迷失于酒精 / 511

五、旷世惊情 / 516

六、《安娜·斯涅金娜》：飘泊的精神苦旅 / 522

七、活着也不见得更新鲜 / 527

参考文献 / 531

第十六章　《毁灭》——雕刻法捷耶夫 / 533

一、雏鹰少年，将试锋芒 / 536

二、游击队员，斗志昂扬 / 539

三、从革命者到作家 / 542

四、《毁灭》：苏联文学的里程碑 / 546

五、新的任命——苏联作家协会总书记 / 555

六、史诗的改写与未竟的心愿 / 558

七、绝命书与永恒 / 562

参考文献 / 566

第十七章　《钢铁是怎样炼成的》——雕刻奥斯特洛夫斯基 / 569

一、信仰的单行道 / 571

二、赤脚青春 / 575

三、做一个有用的人 / 579

四、《钢铁是怎样炼成的》：激情燃烧的青春手记 / 587

五、三个女人，一场爱 / 593

六、青春入土，坟上开花 / 599

参考文献 / 605

第十八章　《静静的顿河》——雕刻肖洛霍夫 / 607

一、顿河之子 / 609

二、唤醒沉睡的顿河 / 614

三、《静静的顿河》：一个民族的史诗 / 619

四、一世困惑由人说 / 624

五、平凡的苏联人 / 632

六、双重人格，一种道义 / 637

参考文献 / 642

第十九章　《古拉格群岛》——雕刻索尔仁尼琴 / 645

一、神话之光 / 647

二、十年生死两茫茫 / 650

三、声嘶的控诉 / 656

四、《古拉格群岛》：人类的耻骨 / 660

五、不买美国的账 / 665

六、谁为苏联解体埋单？ / 668

七、触摸俄罗斯心脏 / 670

参考文献 / 675

第二十章　《言语的一部分》——雕刻布罗茨基 / 677

一、诗歌发现者 / 679

二、诗歌的语言定律 / 683

三、被流放到大师身边 / 688

四、啊，美国！ / 693

五、《言语的一部分》：时间的仓库 / 698

六、把诺贝尔奖"献给诸君" / 703

七、最后的陈词 / 708

参考文献 / 713

后　记　苦难辉煌与俄罗斯文学镜像 / 715

第十二章

《哀歌》
——雕刻曼德尔施塔姆

　　奥西普·艾米里耶维奇·曼德尔施塔姆是俄罗斯"白银时代"著名的诗人、散文家和诗歌理论家。他从很早便显露出与众不同的诗歌才华，曾积极参与以诗人古米廖夫为发起人的"阿克梅"派运动，并成为其重要诗人之一。

　　曼德尔施塔姆的处女作发表于1910年，在《阿波罗》杂志刊登了他的五首诗歌。在起初几年他痴迷于象征主义的学术思想和创作，后转向新古典主义，并渐渐形成自己诗歌特有的风格：形式严谨，格律严整，优雅的古典韵味中充满了浓厚的历史文明气息和深刻的道德意识，并具有强烈的悲剧意味。因此，诗评家把他的诗称为"诗中的诗"。

由于作品的尖锐性和对人性的持续拷问，他的作品曾被长期封杀，直到最近二三十年才重又引起文学界的重视，文集和诗集由多个出版社再版，并译介到国外，渐为世界诗歌界关注。生前曾出版诗集《石头》《哀歌》《诗选》，散文集《埃及邮票》，文论集《词与文化》等。曼德尔施塔姆创造的累累硕果为他赢得了"阿克梅"派诗歌"第一小提琴手"的称号。他把自己看作"时代的孤儿"，认为"整个联盟找不到自己的家"。

一、方寸里的世界

那是石头的褶皱，时间的指纹。我看见墓碑上的名字，心里发颤。这是一个病入膏肓的名字，一个神经质式的病人啊，游荡，呓语，躲避。是谁劈开大脑？是谁将耀眼的血液埋葬成板结的矿物质？是谁投下毒药而后逃之夭夭？

我在寻找，寻找着不属于我的方向，那是伏尔加河畔的方向；

我在思考，思考着不属于我的天空，那是莫斯科郊外的天空。

世界太大，有时候却装不下方寸之小；

方寸太小，有时候却装得下世界之大。

俄罗斯的世界装不下他的方寸，他的方寸却装下了比俄罗斯还大的整个世界。

曼德尔施塔姆，一个让人想哭的名字，一个让人思考的名字，一个让人总是牵挂的名字！

曼德尔施塔姆，是一个不需要求得别人了解、不需要求得别人理解的人，如果你了解了、理解了，会感到后怕：好险！这么一个伟大的诗人我差点就错过了！

的确，许多人就这样错过了。

一个诗人？有人不以为然。

诗人究竟是怎样的存在？真正的诗人身上有一种特殊的气质：神性。这种神性是与生俱来的，像秋天的露珠，挂在饱满的稻穗上，使人感觉到成熟的喜悦和收割的沉重。

诗人是宇宙的化石，散发太古时代的气息。仿佛他们在宇宙形成的瞬间，就已经诞生。当然诞生的不仅是身体，诞生的是美，是真，是善，是正义的化身。他们是神，或者天使，或者魔鬼，但一定不是庸俗的人类。在深邃的宇宙的庙宇里，神殿肃穆，大理石柱林立，时间、空间和宇宙最伟大的灵性，在殿堂里闪烁光芒，在石柱上镌刻下他们的名字。

他们在时间和空间的源头，聚集在一起，以神的名义起誓——

他们用最美的文字取暖；

他们用最真的文字放歌；

他们用最善的文字抚慰人类的伤口；

他们用最正气的文字与人类的邪恶战斗！

然后，他们不确定地散落到各个时代、各个地点，成为各个时代的良心、各个地点的脊梁。他们又都是最精致的花瓶，光滑却易碎，他们的美在于裂痕，当他们的裂痕出现，美随之产生，裂痕就是他们开放的花朵。

每个诗人都有自己的裂痕！

那种裂痕是神性，也是世界性——或者丑陋，或者高尚。有了这种裂痕，诗人就可以在方寸之间爆发，覆盖时间和空间，覆盖你和我。

波德莱尔的"花"如是，马拉美的"牧神"如是，兰波的"醉舟"如是，瓦莱里的"海滨"如是，里尔克的"杜依诺"如是，叶芝的"芦丛"如是，博尔赫斯的"花园"如是，曼德尔施塔姆的"石头"亦如是。

如果抽去这些花瓶，这个世界将是多么的苍白，多么的乏味！

这些诗歌透射出灵魂的幽蓝的微光，弥漫着宇宙的理性，只有缪斯的琴可以演奏，只有阿波罗的剑可以雕琢，只有雅典娜的歌可以吟诵。

在诗人那里，与神性对应的是死亡。像卡夫卡的意识流一样，死亡是华丽的回归，是另一个更大的生命的起点，那个生命是一种意向，是一个概念，是一个飘动的符号。那是茨维塔耶娃的"马车"，接她驶向永恒；是狄金森的"墓碑上的苔痕"，爬上唇际，喃喃低语。

死亡即是永恒，这是神性的一种仪式，一种表现！当一切偃旗息鼓，身体被埋入泥土，灵魂的巨大的羽翼便在坟墓上张开，永远地遮蔽一切情感。这种"死亡性"体现在无数的现代作家那里，让无数的现代作家拥有诗性，拥有灵性，于是他们看上去那么容易破碎，那种破碎是无法消灭的坚韧。卡夫卡如是，普鲁斯特如是，伍尔芙如是，加缪如是，福克纳如是，马尔克斯如是，贝克特亦如是。

从这个逻辑上推论，诗人不是狭隘的概念，而是一个更大的形象。

杰出的作家都是诗人。

诗人是大地之子，是一种"永恒"的人类的"精神"，是最高贵的，同时也是最卑贱的。死亡的永恒与回归，就是最高贵和最卑贱所碰撞出的火花。

这种"死亡的永恒与回归"在纯粹的诗人那里，表现得最真切，也最绚丽。叶赛宁的"绳索"，茨维塔耶娃的"铁环"，马雅可夫斯基的"枪支"，普拉斯的"煤气"，海子的"铁轨"，等等，都是那种壮烈和纯粹。他们都是自杀的，但是在诗人那里，"自杀"不是唯一的"自杀式死亡"的方式。

在我看来，任何一个真正的诗人的道路都是"自杀式"的，那是诗人独有的"趋向死亡性"。死亡是招魂的神性。诗人的每一步都有死亡的气息，那种气息像暖色调的油画，抹不去，在萦绕。每一步都是死亡，又都是回归。"唐璜"拜伦如是，"皇村"普希金如是，"修女"狄金森如是，"孤儿"曼德尔施塔姆更如是。

诗人又该怎样存在？诗人的道路是孤独的，是"殉道式"的，是"创世纪式"的。茨维塔耶娃说："诗人在精神上都是被流放的！"这是诗人的道路，命定的，且无法回避的。而荷尔德林说："人当以神性度量自身，诗意地旅居在此大地之上！"这更是诗人的道路。

与普希金的纯粹性不同，与阿赫玛托娃的殉道性不同，与茨维塔耶娃的悲剧性不同，在诗歌的世界里，俄罗斯诗歌的广阔性，更多地体现在曼德尔施塔姆那里！

在他那里，有的不是简单的俄罗斯，有的更是一个宇宙中的"人"。

他站立在俄罗斯苦涩的土地上，宇宙、希腊、时间和人性在他身上发芽，苦难、思考、悲悯和祈祷在他身上发酵。

他说："（阿克梅主义）是对世界文化的眷恋！"

他说："我的世纪，我的野兽，谁有勇气，与你的瞳孔直面相对。"（《世纪》）

他说："去痛苦吧，惊惶的歌手，去爱，去回忆，去哭泣，双手托起那只轻盈的球，它被昏暗的天体所抛弃。"（《我冻得浑身不停战栗》）

他说："或许，你并不需要我，夜；从宇宙的深渊，像一只被取走珍珠的空空的贝壳，我被抛上你的海岸。"（《贝壳》）

他是"那个母狼追着猎犬"的时代的"孤儿"，他在俄罗斯的土地上追逐自己，追逐死亡，追逐世界的辽阔。他跑得飞快，掉了一只鞋子，也浑然不觉。他的加速，让他一不小心挣脱了自己的影子。

他说："我既是园丁，又是花朵，在尘世的牢狱中我并不孤独。"（《我禀有这肉体》）

不愿想象他憔悴的身躯，不愿想象他敏感的精神，不愿想象他沉重的苦难，不愿想象他颤动的双手，只愿想象他瘦弱的背影和无助的喊叫，他离开了他自己，让背影停留在黄昏的天际，肃穆地与天地融合。

他的狭小的空间就是他的大脑，他的凄冷的道路就是他的脚丫。空间生在大脑里，道路拴在脚丫上，一路洒下鱼鳞般的时间。

如果想知道他是不是一个真正的诗人，那么就看看他的死亡——看看他是不是有一个真正的死亡。在诗人那里，死亡是一种升华！

1938年，请记住这个时间，那是他在尘世的最后一个年头；

符拉迪沃斯托克，请记住这个地点，那是他在尘世的最后一个地点。

他给家人写信说："我现在在符拉迪沃斯托克，内务部东北劳动营，第11幢。根据特别机关的决定，我因反革命活动被判处五年徒刑。押解队9月9日离开莫斯科，离开布兑卡，10月12日到达。身体非常虚弱，弱到了极点，瘦极了，几乎变了形，我不知道，邮寄东西、食品和钱还有没有意义。

还是请你们试一试吧。没有衣被，我快冻僵了。"

请记住这封信。这是他最后的一封信，也是他在尘世的最后一点音讯。

信的后面他加上一句："许多人离开我们这个中转集中营，去固定地点。我显然被'筛除'了，需要准备过冬了。我请求你们，给我拍份电报，并汇些钱过来。"

他没有离开这个中转站，永远地消失了。他写下的最后一首诗是绝望的省略号，是被泪水打湿的空白。

整个冬天，他都在符拉迪沃斯托克。他的精神萎靡到极点，身体也孱弱到极点。在更多的情况下，他躺在冰冷的床板上，呆滞，可怜。混在衣衫褴褛的犯人中间，他只有一个身份——"人民的敌人"。他把诗收进心脏。

他开始犯病，精神上的，肉体上的。在俄罗斯的冰雪里，他一点点干枯，一点点冰冷。他被送到医院，但是医生医治不了他"诗人的病"。

他满面污垢，头发蓬乱，赤裸的脚上粘着泥土，衣衫破旧得只盖着半截手脚，身上散发尿骚味道。人类的残忍使诗人最后一点尊严丧失殆尽。

灵魂飘出之前，混沌了很久，他的脑子里萦绕着两个名字：娜吉卡——他最爱的妻子；阿赫玛托娃——他最牵挂的女子。

他就带着这两个名字离开了。

1938 年 12 月 27 日，所有能活动的犯人都被赶出去扫积雪，他孤零零地死在床板上。

他终于僵硬了。

那个日子距离新年很近，再过几天他就可以看到新年了，他的履历表上就可以增加一岁，但是他没有熬过去，年轮定格在四十七圈。

没有解剖，没有忏悔，没有圣餐，也没有被立刻埋葬。他和其他人的尸体被堆放在集中营的一角，遭受风吹日晒，雨淋雪埋，尸体成了咸鱼干。

那是自然的物品，而不是生命。

人死了应该没有感觉吧！可是他是诗人呀，他会疼惜他的尸体吗？他当然不会疼惜的！原本，那就是他的道路，那是他苦涩的诗意，也是他命定的标准式的死亡。

那种死亡是彻底的，是永恒的。

第二年春天，大地解冻。集中营开始处理尸体。和其他尸体一样，他被扒去身上最后的衣物——他彻底没了遮盖，像受难的耶稣，在脚上绑上一块牌子，上面写着：曼德尔施塔姆！

然后，他被扔进土坑里，掩埋掉！直到这时，他才冷冷地笑了。

没有亲人，没有朋友，没有葬礼，没有棺材，甚至没有身份，没有他死亡的信息。他就这样以最原始的方式入土。那是他最纯粹的死亡方式，最具有死亡气息的死亡，不带一点渣滓！他只是一个没有尘世的痕迹的人，一具最彻底的尸体。

死后，他的诗歌也被封进瓮里，瓮上粘着黑暗的封印。

几十年后，俄罗斯的春天终于来了。符拉迪沃斯托克的泥土和河流都"解冻"了。他的灵魂重新张开羽翼。人们开始寻找他葬身之处，但是再也找不到。

众人纷纷把他的死亡和自己扯上关系。说他死时是自己给他抹的眼皮，说他死后被扔进河里，说他死前装病以躲避别人的迫害。种种言论，仿佛都想沾上他死亡的光彩。而他的死亡的传奇只属于他一个人，这些人的言论成了那个传奇的一部分。

他的代表性，也毋庸置疑。这代表性，甚至就是世界性的。

从某种意义上来说，他和茨维塔耶娃是俄罗斯最具世界性的诗人。

受"白银时代"影响至深的诺贝尔文学奖获得者、俄罗斯诗人布罗茨基说他是"20世纪俄罗斯最伟大的诗人"，这个称号属他独有。布罗茨基在谈到里尔克时又说茨维塔耶娃是"20世纪最伟大的诗人"，那是在世界范围内的。

而在我眼里，茨维塔耶娃就是女性的"曼德尔施塔姆"。

在海子眼里，他们是"诗歌的王子"和"诗歌的女儿"！

有人称茨维塔耶娃是"苦艾"，艾蒿更多的是代表女性形象，埋在俄罗斯苦涩的泥土里，却光滑、洁白而又丰满多汁。

而曼德尔施塔姆是地底下的矿物质，黝黑，坚韧，闪烁锋利的质感。

二、诗意的旅居

诗人首先应该是旅居的，不仅是行走上的，更是思想上的、精神上的。

诗意不是代表快乐，在诗人那里快乐是苍白的，诗意代表美，而美是抽象的，美是人性与神性的共鸣。

大批中国普通读者走进曼德尔施塔姆的世界，是从北岛先生的《昨天的太阳被黑色担架抬走》开始的，而北岛先生进入他的世界，是从爱伦堡的《人·岁月·生活》开始的。

爱伦堡，俄罗斯著名的社会学家、作家，两届斯大林奖金获得者。晚年回忆录《人·岁月·生活》，记录了几十位名人，其中也包括茨维塔耶娃、帕斯捷尔纳克，甚至有爱因斯坦。这本书在解冻之后的苏联出版，引起巨大争议。

"身材矮小，体质孱弱，长着一撮毛的头总是向后仰"，这是爱伦堡眼里的曼德尔施塔姆，之后又说他"像一只年轻的公鸡"。曼德尔施塔姆并不俊美，也不帅气，面色发白，脱发严重，是少年老成，也是未老先衰。这形象更符合画家的气质，而不是诗人的气质。

诗人的气质应该像普希金一样，让人一看就会爱上。

曼德尔施塔姆显然不是。

我手边有一张他的照片，与爱伦堡描写他的形象完全不一样。照片里，他正在微笑，嘴唇紧闭，嘴边挂着两个酒窝，眼睛里闪烁着快乐的光芒，虔诚得有些幸福。

不过，比他只小十四天的爱伦堡又说："当我读他的诗歌时会想，他比我聪明，比我年长很多岁。但是在生活里，他在我眼中却是个人性的、心胸狭窄的、忙忙碌碌的孩子。"

这是两种截然不同的对立，这种对立在诗人那里却很和谐。他有远古时代的厚重，从降生的那一刻他就老了，老得充满悲悯，老得有些病态，老得像十字架上的基督。同时，他也有孩童的纯洁，不论多少岁月过去，那个孩子依然生长在他的灵魂里，那是善良，是胆怯，是一种感动。

这两样，诗人都不能少。那是他旅居大地上所拥有的诗意的源泉，是漂泊的根。

曼德尔施塔姆，全名奥西普·艾米里耶维奇·曼德尔施塔姆，1891 年 1 月 5 日生于波兰华沙一个皮革匠家庭，父亲是地地道道的犹太人，做小本生意，算得上一个小资本家。

1892 年，他们举家迁移到彼得堡近郊的巴甫洛夫斯克。期间，过着居所不定的生活。

1897 年，他们到彼得堡市定居。

犹太人奇异的血统让他敏感多思。从小，他的思维就与别人不同，他善于捕捉一切细节，然后从细节里发觉世界。他的思维体系，很早就成型，带着俄罗斯从来没有的拓荒性，像犁铧一样尖亮。

当他还在巴甫洛夫斯克如画的风景里时，他总是穿着露裆裤，跟着父亲的皮革靴子行走。父亲的步伐太大，他常常要跑着行走，那样还避免不了跟跄。他的两只小眼睛，机灵地打量周围的一切，有时长久地与土地对视！与苦难的俄罗斯对视！

在回忆巴甫洛夫斯克的音乐时，他说："我清楚地记得俄罗斯那沉闷的时代，即 19 世纪 90 年代，记得它缓慢的爬行，它病态的安宁，它深重的凸起——那是一潭死水。"（《时代的喧嚣》）

那是俄罗斯封建社会最后的喧嚣，革命就要降临，时代在病重中享受最后的散发裹尸衣的气息的平静。

到了彼得堡，年岁已大，曼德尔施塔姆不再穿露裆裤。他有了自己的皮革靴子，步履变得稳当，他不再跟着父亲行走。

他在彼得堡的大街上穿梭，涅瓦河默默流动。妖艳的女人，破落的乞丐，乱哄哄的车站，森严的皇宫，掺杂在父亲办公室浓浓的皮革味道里，掺杂在柴可夫斯基和鲁宾斯坦宏大的交响乐里。

那是标准的彼得堡。

静得可怕的俄罗斯。

也许是生不逢时，他很早就与孤独结成盟友。

不久，他进入捷尼舍夫商业专科学校，哲学、诗歌开始铺砌他的道路，音乐、戏剧让他迷恋，责任感和人道主义逐渐萌芽。一切都是沿着他的诗意展开。

在捷尼舍夫，对他影响最深的莫过于俄罗斯诗人吉皮乌斯，时任学校校长。

不过，此吉皮乌斯和俄罗斯第一任"萨福"——女诗人吉皮乌斯没有任何关系。这个校长和象征主义有深刻的联系，是俄罗斯早期象征主义诗人杜勃留波夫的朋友。他喜欢聪明的曼德尔施塔姆，对他谆谆教导。他对象征主义的痴迷和理解，让曼德尔施塔姆感动不已。

在吉皮乌斯的指引下，曼德尔施塔姆通读了普希金、别林斯基、果戈理的作品，还精读了勃洛克和勃留索夫的诗歌，他的诗歌意识也逐渐生成。

他说："他（吉皮乌斯）教人不要把文学建设成庙宇，而要把文学建立成家族。他珍重的是父权制的文化性质。我没有去爱祭祀的灯火，却及时地爱上了他恶毒的红色星火，这多么好。"（《时代的喧嚣》）

但是，很快他就脱离了他的轨道，因为他的轨道太窄，对他也仅仅剩下感激和尊敬。

1907年，曼德尔施塔姆到了巴黎。

在巴黎，他给吉皮乌斯写信道："与您进行交谈，一直是我的需要，虽说我一次也未能道出过我认为是最重要的东西。"

还说："从不久前，我感觉到您对我非常有吸引力，与此同时，我也感觉到了某种将我与您隔离开的距离。"

此时的他，只有十七岁，但是已经有了自己傲然独立的姿势。他开始出现脱发，但脱发不代表衰老，而是象征着成熟。

在巴黎，他就读于索邦大学，并结识了影响他命运的古米廖夫。对于这位天生的领导者和具有英雄主义情结的拓荒者，曼德尔施塔姆心甘情愿地选择了跟随，而古米廖夫也喜欢上才华横溢的曼德尔施塔姆。

他们一起上哲学课，一起出行，一起用餐，一起讨论诗歌，研究象征主义，那时还是象征主义的时代，而法国是象征主义的国度。波德莱尔，马拉美，魏尔伦，兰波，慢慢走来，走进瓦雷里的月光里。

魏尔伦是曼德尔施塔姆最关注的诗人。

他和古米廖夫并行在校园里，在长满常春藤的小巷，在香榭丽舍大街，在博物馆，在塞纳河左岸的咖啡馆，留下或深或浅的足迹。他们在彼此那里找到灵魂上需要的东西，成为不可分离的挚友。

借着求学巴黎，曼德尔施塔姆有机会游历整个欧洲，在德国，在意大利，在欧洲的脉络上。这是他第一次"脚步"上的宽阔的旅居，欧洲沉甸甸的文化让他丰满。世界、基督、宇宙、人和自我，烙在他的灵魂，以后怎么也洗不去。

两年后，他高傲地写下："我禀有这肉体——它如此完善，真是绝无仅有，我拿它怎么办？"（《我禀有这肉体》）

这个时候，他的世界充满诗意，充满象征主义的羽翼。

在法国，他还遇见俄罗斯象征主义诗人勃留索夫，这真是上天的恩赐。

勃留索夫，俄罗斯"白银时代"象征主义诗歌的巨擘，俄罗斯后期象征主义纲领性的人物，当时已经名满天下。

曼德尔施塔姆怀着崇拜的心情，与他一起在巴黎流连，迷恋于音乐，出没在各个音乐会，他们如痴如醉。

音乐和诗歌是相通的，一个个音符的跳跃，形成绝美的诗篇，而一个个词语的结合，则构成了恢宏的音乐。

曼德尔施塔姆称勃留索夫"否定，纯粹的否定的天才的大胆"吸引了他。

这样，他不可避免地向象征主义的狂飙运动靠近。

归国后，他成了象征主义诗人伊万诺夫的宾客。他经常出现在彼得堡恢宏的"塔楼"沙龙里，众多的诗人在那里聚会，他有机会接触到勃洛克、安年斯基、库兹明、格罗杰茨基等新老诗人。安年斯基对他的影响是巨大的。

后来阿赫玛托娃回忆说："从某种意义上来讲，是安年斯基创造了我、古米廖夫和曼德尔施塔姆。"

可见，这个并不著名的诗人却影响了一个又一个在俄罗斯文学史上写上光辉一页的著名诗人。

只有诗人可以这样。

只有诗歌可以这样。

然而，跟随象征主义的日子是短暂的。象征主义在他眼里很快失去原来的魅力。随着知识、经验和阅历的增加，特别是对诗歌认识的深入，他的思想发生了变化。他在谈到吉皮乌斯时说："无意识地左右着他的两个词语是'生活'和'火焰'。如果让他来照料所有的俄国词语，我并非玩笑地认为，他会粗心地对待一切，会为了'生活'和'火焰'的荣誉而毁灭所有的俄国词汇。"（《时代的喧嚣》）

"生活"和"火焰"几乎就是象征主义在俄罗斯的代名词。而曼德尔施塔姆是极其注重词语的，他的逻辑里有"词的诗学"。

无疑，象征主义的做法是危险的。

他对象征主义的摒弃很大程度上是因为在"塔楼"里重新遇见古米廖夫。古米廖夫在1909年创办了《阿波罗》杂志，1910年在古米廖夫的帮助下，他在《阿波罗》杂志发表自己的五首处女诗作。他也进入了古米廖夫创建的"诗人行会",并头一回在那里遇见诗人阿赫玛托娃。

他和他们一起创立了"阿克梅"派。

在纲领性论文《阿克梅主义的早晨》中,他写道:"我们不想在'象征的森林'中散步,因为我们有更纯洁、更茂密的森林——神的肌理,我们能够明了那幽暗深处中的无限的复杂性。"

他还骄傲地写道:"A=A:一个多么出色的诗歌主题。象征主义因同一的法则而苦恼,'阿克梅'主义则将它作为自己的口号,并用它取代那可疑的'从最真实到最真实'的原则。"

1913年,他出版了第一本诗集《石头》,本来他想取名《贝壳》,那是诗集里的一首诗歌。但是在古米廖夫的建议下,他用了更朴实、更坚硬的"石头"。

《石头》的出版,让他成为俄罗斯的顶尖诗人,他也因此成为"阿克梅"的旗手。这是诗意的旅居的结果,这是叛逆象征主义的结果。

三、精神的流放:飘泊

他的琴很古老,琴弦上锈迹斑斑。他抱琴的姿势跟琴一样古老,他的手臂沾满诗歌的碎片。他唱着歌,但声音嘶哑。他的歌是为俄罗斯而唱的,可他选错了唱歌的时间。然后,孤独盛开,那是不能拨动的叹息,太沉,太重。他矮小的身体,怎能承载起大地的灾难?

他没有弯曲脊梁,而是让脊梁挺立,蜿蜒进入历史的隧道。

诗人的命运里只有两个字:飘泊!

诗人的精神里只有一个标签:飘泊!

飘泊是诗人的唯一存在,飘泊是诗人的唯一特权。

流放和旅居是这种本质的两种形式。

诗人的道路亦只有两个字：孤独！

诗人的人生只有一个结果：落寞！

孤独是世人无法承受的轻，落寞是诗人必须承载的重。

历史的车轮不受控制地向前滚动，俄罗斯的那一页华丽而轻浮，崇高与卑鄙结伴而行。鲜红的死亡，无数的人血液在沸腾。

当然，革命碾碎了旧的不合理的一切，年轻的曼德尔施塔姆也为此欢呼。可是，战争本身撕碎了思考，撕碎了意志，撕碎了人的存在。

1905 年，二月革命，并没有给曼德尔施塔姆带来太大的震动。但那时他还只是一个没有责任的孩子，战争只是遥远的传说或课本上的概念。

在随后的十月革命中，他不得不直面人间的苦难与狂欢。

革命，不再是一个文字符号，而变成像吃饭、睡觉一样实实在在的事情。

诗人太敏感了，因为敏感而变得沉重。

诗人太沉重了，因为沉重而变得苍老。

此刻，他已经是时间皱褶里的苍老的孩子，有责任在那里。他的责任不在任何一方，不在某一个角落。他的责任在每个俄罗斯人那里，是全人类的。

因为自己超前的意识，因为自己倔强的个性，他与时代格格不入，他被时代抛弃，他也自觉地抛弃时代。

没有归宿，只有飘泊。

他的归宿应该在最古老的地方，应该在对未来的地方。

可那地方一时无法抵达，那是安放灵魂的地方。

他距那个地方，正好有一辈子的距离。

抵达那个地方的唯一途径，也是飘泊。

他说："十月革命不可能不影响到我的工作，……我感激革命，由于它一劳永逸地结束了精神的供给和文化的租金……我感到自己是一个革命的债务人，但我也在带给它一些它此刻还不需要的礼物。"

对新生命，原本应该送去庆贺，但他送去的却是死亡的预言。在这种
时刻，他居然写下这样的诗，这样的预言以及他对厄运和救赎的庆贺——

> 成垛的人头在向远方徘徊。
>
> 我缩在其中。
>
> 没人看见我。
>
> 但在富有生趣的书中，
>
> 在孩子们的游戏中，
>
> 我将从死者中升起，
>
> 说太阳正在闪耀。

那是诗人的心声与现实的矛盾的尖锐冲突。

这种冲突，让他孤独，不安。

在那茫然无绪的日子里，他常常独自一人徘徊在欧亚大陆交接的亚美
尼亚平原，或者在黑海上的克里米亚半岛流浪。那里有原始的风情和自然
的神恩，大海、高山、草原、森林让他沉静，在未曾污染的乡间小路上，
在美丽的河畔，他像一个流浪的神一样安心地行走，思考，写作。

他的诗歌极少涉及革命的内容。

"自然就是罗马，罗马反映着自然。/ 我们看到罗马公民力量的诸多形
象 / 在透明的空气中，像在蓝色的冰洞 / 像在田野的广场，像在树林的柱
廊。"[《无题》（1914）]

可是，在远离故土的地方，他写下的诗歌给谁看？他要回到故里，就
必须跟现实作出妥协。他似乎难以做到，因而感到痛苦。

"失眠。荷马。高张的帆 / 我把船只的名单读到一半 / 这长长的一串，
鹤群似的战船 / 曾经聚集在希腊的海面。"[《失眠》（1915）]

他失眠了。他在失眠中回忆，在回忆中打捞，在打捞中放弃，在放弃

中坚守。

随后进行的内战，让他真正见到了武力的奇袭，见到了革命的威力。

但是，和同时代的茨维塔耶娃、阿赫玛托娃一样，他没有支持红军，也没有支持白军。在他们的眼里，有的只是完整的俄罗斯民族，有的只是完整的人类。

他不是人民的诗人，从这一点上说，他是落后的；

他是人类的诗人，从这一点上说，他又是可以被原谅的。

于是，在 1918 年到 1921 年，他大部分时间在高加索和克里米亚半岛之间流浪。

关于他为什么流浪，还有一个插曲。

1918 年，在一次宴会上，曼德尔施塔姆正和友人聊天，聊着聊着就没了兴趣。他喝了点儿酒，脸色发红，心里感到有些闷热。

宴会上，有个大红人——左翼民主党侦察员布柳姆金，此人是一个十足的流氓。当时，他酒兴正浓，于是开始吹嘘自己。

他拿出一份名单说："我只要在这个名单上轻画一笔，让谁死，谁就得死。比如这个人，这个人叫什么来着？——哦，让我看一下。"他拿起笔，就要动手勾画。

仿佛他是阎王，掌管着人的生死。

众人围着他，对他的话深信不疑，心里都有莫名的恐惧。

曼德尔施塔姆在一旁看着，十分气愤。"小人！"他在心里狠狠地骂了一句，还不解恨，脑子一热，便冲到布柳姆金身旁，拿起那份名单，撕得粉碎。

随后，他慌忙跑出宴会厅，跑到当局告状，说布柳姆金草菅人命，应当法办。

报复很快就来了。那流氓布柳姆金关系网庞大，不但告不下他，曼德尔施塔姆反而被他盯上，他扬言要让曼德尔施塔姆把牢底坐穿。

曼德尔施塔姆哪里见过这等阵势？不战而退，很快孤身逃到了克里米亚。他以为，远离了那个是非中心，他就可以继续他的思考和写作。

事实上，远没有那么简单。

在没有发生"毁名单"事件之前，克里米亚一直被他视为灵魂的疗养地，那里的风情让他一直不能忘怀。

另外，诗人沃洛申在克里米亚的科克捷里耶有一栋别墅。十月革命前，他就在那里见过沃洛申。作为俄罗斯极有名望的老一代诗人，沃洛申没有任何政治偏见。内战期间，他在克里米亚享受安宁，并且热情地接待着怀有不同政见的文艺界人士。

他的别墅也成了避难所。

曼德尔施塔姆在那里是彻底的流浪者，人群之外的人。身无一物，没有家，没有伴侣，也没有革命的信仰。

爱伦堡在《人·时间·生活》里，一开始就点出了他的这种处境。

"我说过，当奥西普·艾米里耶维奇·曼德尔施塔姆被弗兰热尔（白军首领）的军队抓走之后，沃洛申立刻动身去费奥多西亚。他回来时面色阴沉地说，白军认为曼德尔施塔姆是危险的罪犯。"

费奥多西亚，乌克兰克里米亚半岛东南岸港口和疗养地，那时成为白军进入苏联的主要突破口。克里米亚也成了危险的地方。

整个俄罗斯都满目疮痍，他根本就逃不了。

他在狱中还天真地说："你们得放我出去，我生来不是蹲监狱的。"

是的，没有谁生来就是蹲监狱的，可世界上的监狱还是这么多。而精神上的监狱更是让人防不胜防。

这个书呆子，这个心地善良、与世无争的人，他其实只想写写诗歌，根本不想卷入革命的中心。他似乎完全没有意识到战争的残酷性。

爱伦堡说："他们（白军军官）断定他在装疯卖傻。而我，更愿意认为那是真正的曼德尔施塔姆，他该说出那样的话。他是一个诗人，而不是一个战士。"

爱伦堡又说:"我们在基辅一起度过了大屠杀之夜。"

那也是战争的恶行。

正是在乌克兰的遭遇让曼德尔施塔姆对世纪的苦难、对生存和死亡有了更深刻、更沉重的认识,也让他更倾向于红军一方。

但是,倾向不代表赞成战争,也不代表放弃自我。

他在诗中写道:"沉重和娇柔这对姐妹,同是你们的特征 / 肺草和黄蜂在将沉重的玫瑰吮吸 / 一个人在死亡,晒烫的沙地在变凉 / 人们在用黑色的担架将昨天的太阳抬走。"[《昨天的太阳被黑色担架抬走》(1920)]

当年,北岛先生在写曼德尔施塔姆时便用了这个名字。说到这首诗歌时,北岛先生说:"这首诗开篇就点明了主题:生命的重与轻,比米兰·昆德拉那个时髦的话题整整早了半个多世纪。"

应当说,这个评价是极其准确的,也切中要害。

但是时过境迁,米兰·昆德拉身上那种"'二战'期间,亲人朋友的死,在他对他们的回忆面前变得微不足道"的精神的自我感,在曼德尔施塔姆那里是不可能存在的。

在曼德尔施塔姆那里,死亡是沉重的永恒:太阳。

死亡的太阳发出的光是冷的。

这一时期,他的诗歌中不乏对苏维埃革命的赞颂之情。

"在苏维埃之夜的黑丝绒中 / 在全世界之空旷的丝绒中 / 幸福妻子们亲爱的眼睛在唱 / 不朽的花朵在不停地开放"[《无题》(1920)]

这样的赞颂绝不是应景之作。他是真诚的,以为革命带来了新的俄罗斯,带来了新的空旷的天空。

1922 年,他回到了莫斯科,回到了彼得堡。内战结束了,新兴的社会主义在俄罗斯的大地屹立起来,像新生的婴儿一样稚嫩,也像新生的婴儿一样苍老。

曼德尔施塔姆最初的流浪终于结束，但是等待他的是更深处的流浪，因为他没有将根扎进那时的俄罗斯，他无法扎进去。他太硬，猛地用力，却听到"嘣"的一声，他的根已经断了。

四、男人枕着女人的肋骨

时代的午夜，钟表的指针静止。只有远方的溪水在哗哗地响，昭示着生命的流动。就这样，柔美的天地见证发生的这一切。

他靠在女人的乳房上，睡着，像一个孩子；

女人枕在他的手臂上，醒着，像一个母亲。

曼德尔施塔姆的第一个女人是阿赫玛托娃，阿赫玛托娃是他朋友古米廖夫的妻子。

如前所述，1910年的彼得堡"塔楼"的一次诗人聚会上，曼德尔施塔姆遇见她，并热烈地爱上她。

忘了道德，忘了朋友，甚至忘了应有的约束，他只记住了一个字：爱。

他像飞蛾，他就是飞蛾，扑向了火焰的中心。死去，或者新生。

那晚，阿赫玛托娃一如既往地披着披肩，她头发高高地挽起，面色红润，皮肤光滑，穿着高贵的尼龙大衣，露出白皙的脖颈和手指，手指上戴着钻石戒指。

在那样的夜晚，要是没有这样光彩照人的月亮将会多么的乏味！

月亮一出现，大家立即安静下来。这是月亮的风格，月亮的魅力。

与月亮同时出现的是她的面无表情的丈夫——古米廖夫，那简直就是黑夜本身，板结的，淡漠的，令人无法看透的忧郁。

如果说，阿赫玛托娃是一首明朗的抒情诗的话，那么，古米廖夫就是一首难懂的朦胧诗。

解读这样的诗，不仅需要智慧，更需要虔诚。

事实上，曼德尔施塔姆对这位美女并不陌生，她早已经是彼得堡谈论的对象，无数的人为她倾倒，对她有千百种描述。但是初次见到她，他还是惊讶于她的美丽与高贵，惊讶于她的气质、她的无与伦比的才情。

寂静之后便是喧闹。

众人见到这对不同凡响的夫妇进门，顿时有杂乱的耳语，充斥整个屋子。大家都纷纷站起来，笑着迎接他们，曼德尔施塔姆也跟着站起来，但是没有笑。他的目光全部无私地倾泻在阿赫玛托娃的身上。

尽管灼热的目光波浪般地扑向阿赫玛托娃，但她态度优雅，举止端庄。当她微笑着和众人寒暄的时候，古米廖夫走到挚友曼德尔施塔姆身边。

曼德尔施塔姆这才收回自己的目光，有点妒忌地盯着对方，说："这就是你的妻子，那位天才女诗人？"

古米廖夫无奈地笑了笑："可不是吗。"那意思是，你以为我带来的是一只花瓶吗？

曼德尔施塔姆笑了，说："这哪里是你的妻子，分明是天上飞来的百灵嘛。"

很快，阿赫玛托娃也走到两个男人身边，她望着曼德尔施塔姆，脸上写着困惑。

古米廖夫对她说："这就是奥西普！"

阿赫玛托娃"哦"的轻吟了一下，指着古米廖夫，微笑着说："他早就向我提起您了。"

曼德尔施塔姆诚惶诚恐地说："我也早就听说您了，夫人。见到您是我的荣幸。"

"我们在哪儿见过面吗？"阿赫玛托娃突然问。她的表情表明她似乎在哪里见过这个人。

这一回，轮到曼德尔施塔姆困惑了。他怔怔地望着他心目中的女神，有些茫然。

"瞧你，又开玩笑了。"古米廖夫及时解了围，他对阿赫玛托娃说："这是你们的第一次见面。"

曼德尔施塔姆连忙点头，接着，他用笨拙的手指托起阿赫玛托娃的手，那是一双和她的心脏有同样的温度的绸缎一般的手——这样的手竟然也能写诗，而且写出那么绝美的诗，这真是上帝的造化！

阿赫玛托娃不再吭声，静静地望着他，享受男人对她的崇拜。

曼德尔施塔姆在那只手上轻轻一吻，仿佛吻了她的心脏。她的身上暗香浮动，一种像远方的荧光一样的流溢的香若有若无地弥散四周。这暗香也许有人没有感觉到，而对曼德尔施塔姆而言，他不仅感觉到了，而且如痴如醉，那简直就是致命的毒药啊！

那天晚上，谈论会的气氛有时很好，有时变得很糟糕，大家会为某位诗人朗诵的诗歌热烈鼓掌，也会为某位诗人的创作进行彻底的争论。此时的古米廖夫才真正算得上是诗人，他表情生动，言辞偏激，不停地参与争论。

而曼德尔施塔姆一反常态，温情地坐在一旁，他只在意阿赫玛托娃，听着她的诗歌，听着她的笑声，听着她回眸一瞥在他心头发出的响声。她的言语，有一种力量，女神的力量，百灵的力量，让人安静地跟随。她总是显得得体而大方。他的眼睛充满了欲望，那是诗歌的欲望，交流的欲望，爱的欲望。

阿赫玛托娃当然感觉到了。女人的心思何其细腻！事实上，她也为曼德尔施塔姆隐忍的热烈和软弱的外表下对诗歌坚韧的信念着迷。古米廖夫说得越多，他在阿赫玛托娃心上失分越多；古米廖夫争论得越是激烈，阿赫玛托娃越是感觉到曼德尔施塔姆沉默背后的坚定的依靠和无穷的力量。

从那天起，他们就相互赏识，相互倾慕。

随后，他为阿赫玛托娃写了一首诗歌，诗歌里写道：

　　像是雪地上出现的天使／你今天出现在我的面前／而我无法隐瞒内在／你身上确有神的印记。

他毫不隐晦地表达了自己的心声：我爱上了你这雪地上的天使。

阿赫玛托娃也是爱他的，爱他的沉默，爱他的孤独，爱他的敏感，爱他的胆怯，甚至，爱他"殉道式"的诗歌创作。那是她眼里的可爱。她把他看作灵魂的伴侣。

曼德尔施塔姆也努力克制自己。因为她和她的丈夫都是自己最好的也是最钦佩的朋友。他的爱只能是精神上的。他深刻地理解阿赫玛托娃与丈夫的疏离，他希望他们的疏离不是因为自己的缘故。

他对她精神上的爱，填补了她灵魂的空缺。

1917 年，阿赫玛托娃的婚姻即将破碎，十月革命也让她无所适从。曼德尔施塔姆在给她的诗歌里写道："什么时候，在混乱的都城 / 在涅瓦河畔，当西徐亚人欢庆 / 在可恶的舞会的吵闹声中 / 有人从美丽的头上扯下披肩。"

面对邪恶的力量，他勇敢地走上去，将被别人扯下的披肩重新披到她的肩上。

可以说，是曼德尔施塔姆让阿赫玛托娃不至于成为一个可怜的女人。

他们后来的道路也是极其相似的，共同超越了亲手创立的"阿克梅"。

再后来，两个人长久地得不到苏联文坛的认可，肩并肩地在主流文学边缘流浪。

唯一不同的是，她很长寿，在风沙之外的北国看着他痛苦地离开。

而他，临死前唯一牵系的一个人，就是她。

死后，他安稳地睡在他灵魂的洞穴里，让她长久地流泪思念。

曼德尔施塔姆的第二个女人是茨维塔耶娃，这个懦弱的女人，为了爱，竟然呼喊出"我的灵魂呀！你瞬息万变，你给过我童年，更给过我童话，不如给我一个死，就在我的十七岁！"这样的文字石破天惊，这样的文字总能够让人泪流满面。

茨维塔耶娃，拥有显赫的家世。父亲是莫斯科大学的教授，普希金纪念馆的创始人，母亲是音乐家，鲁宾斯坦的高才生。从小，艺术的熏陶和生活的富足，让她热情奔放。

《黄昏纪念册》出版以后，她就成了俄罗斯人追捧的才女，诗人沃洛申甚至亲自登门拜访。

1916 年，曼德尔施塔姆在美丽的克里米亚旅居，在这里他见到诗人沃洛申，而此时茨维塔耶娃也在那里。

那时，她早已经是民粹分子艾伏隆的妻子。

他见到了茨维塔耶娃，见到她的第一眼，他的心就被俘虏了。

她和阿赫玛托娃身上都有一种诗人气质的美，那种美是同源的，但是她和阿赫玛托娃截然相反。她有热情的眼神，瞬息万变的思维，天才的语言和典型的俄罗斯少女式的美丽，这一切都让曼德尔施塔姆倾倒。

茨维塔耶娃也对他博大而深厚的思想、才华与柔弱病态的外表所形成的逆差产生强烈的好感，甚至吸引。

从某种意义上来讲，性格有差异且可以互补的两个人，最适宜结合。而性格极其相近的人，往往造成矛盾，毕竟萨特和波夫娃那样的例子太少。从这一点上讲，他们很般配。

在充满诗意的克里米亚半岛，曼德尔施塔姆追随着茨维塔耶娃，出入于咖啡馆，行走在宽阔的大街，在海边安静地漫步。阳光落下来，打在他们的脸上，溅起一阵阵笑声。

他跟着她，看着她行走的背影。而她总是等他，等他追过来。她说："你为何不和我一起行走？"

曼德尔施塔姆说："我追不上你！"

而她，并不觉得自己走得很快。她的速度就是她写作诗歌的速度。

他追上去，可是很快又落下来。在诗歌的天地里，你无法逞能。明明爱她，可就是使不上劲。

他想牵她的手，可是又畏惧。他牵了她的手，他真的畏惧。他牵紧了她的手，他还是很畏惧。

因为，她用手思考，用手生火和写作。

曼德尔施塔姆握着她的手发抖，他又把那只手放开，然后，继续跟随在她的后面。可是，他觉得她的手就在他的手里。她把手影留在了他心里。

她回到了莫斯科，他也跟随她到莫斯科。

茨维塔耶娃给他一个拥抱，拥抱是暖的，他幸福，却不安，因为太柔，太暖。

她带着他，游览了莫斯科。她是莫斯科诗人，而他是彼得堡诗人！诗人不分地域，但诗有方向。她做他的向导，去伏尔加河畔，去克里姆林宫，去红场，她快乐得像只云雀，他是乌鸦。乌鸦听着云雀的歌声，心里莫名地感动：她是真诚的，也是卓绝的。

他希望自己也是。

可是，在莫斯科，他依旧落在她的后面。

最后，他才意识到真的追不上她。不是脚下的速度，而是思想的速度。

她的爱情让他无法消受。她那么的善变，像夏日的天气，不可捉摸；像太阳下的大片的油菜花，色彩浓烈，香气黏稠。她的思维是跳跃的，剧烈的，那是她恢宏的才情，可是他跟不上她的思维，更抓不住她的感情。

她是多情的，她需要依靠，也需要主宰，曼德尔施塔姆装不下她的情感，艾伏隆才是她的最佳人选。

曼德尔施塔姆离开了莫斯科，从此很少和她联系。

她真的是多情的，虽然已经结婚，但是后来她又有几个恋人，甚至和里尔克、帕斯捷尔纳克有过一段传奇式的精神恋爱。

他们是相互隔离的两个顶端，命运却出奇的相似。

诺贝尔文学奖获得者布罗茨基最为推崇的就是曼德尔施塔姆和茨维塔耶娃。

连诺贝尔文学奖评委会主席埃斯普马克也坦率地承认，没能够把奖颁发给他们两人是诺贝尔文学奖的遗憾。

遗憾，是因为他们都过早地陨落，陨落几乎是同时的。

一个是自然死亡，一个是自杀。

曼德尔施塔姆注定是那种一生只会结一次婚的人。

1919 年内战期间，他找到了这个女人。他遇见颇有才气的美术系女学生娜吉卡——日后的娜杰日达·曼德尔施塔姆。

这个时期，在他给她的一封里，有一句话让人特别感动："你那只沾上煤灰的小爪子，你那件蓝色的小裙子——我记得一切，我什么也没忘记。"

就这样，"小爪子"抓住了他的天空；

就这样，"小裙子"罩住了他的河流。

1922 年，他和她成婚。婚后，相濡以沫地生活了十九年。

十九年里，曼德尔施塔姆比预料的还要依恋她。

曼德尔施塔姆总是深情地称她为"我的孩子""小乖乖"，而称呼自己为"你的保姆"，对她百般呵护。这种呵护正是他对她的依恋，似乎一刻也离不开她。而她从来没有遗弃或者背叛他。

即便在流放沃罗涅日的艰苦岁月里，她仍旧忍受着冷遇和贫穷，坚定地陪着他。

因为，她是他的天空；

因为，她是他的河流。

有了她，他就有了一切。

更难能可贵的是，她和阿赫玛托娃成了最要好的朋友。对于丈夫深深爱着的这个女人，她虽然吃醋，但是她理解丈夫，表现出足够的宽容大度，仿佛阿赫玛托娃是他们共同的爱人。

而如果对换角色，娜杰日达和别的男人扯上瓜葛，那么，曼德尔施塔姆将会承受巨大的折磨。可是她当然没有，这也说明她正是他要的女人，也正是他找到的天空和河流。

因为她，他见到了自己的底色，知道自己的天空是什么样子的，自己的河流又是什么样子的。

他感恩，深深地感恩。

上帝虽然过早地夺去了他的生命，却将三个最优秀的女子在他三个生命时段分别交给了他。从这个意义上讲，他又是幸运的。

布罗茨基说得好："娜杰日达·曼德尔施塔姆活了八十一岁，其中有十九年是作为俄国 20 世纪最伟大的诗人——奥西普·曼德尔施塔姆的妻子度过的，还有四十二年是作为他的遗孀，其余的便是她的青少年时代。"

这么一个出色的女人，一生就只爱了这么一个杰出的男人。

仿佛她就是为曼德尔施塔姆而活。

曼德尔施塔姆死后，她的生活十分艰苦，总要忍受别人的歧视，甚至被判刑。

但是她必须活着，她要是死了，那曼德尔施塔姆就真的死了。她能做的就是教书，翻译，仍旧难以度日，在艰难生活中，弥足珍贵的是阿赫玛托娃长期接济她。

这显然是对娜杰日达气度的回报，更是对阿赫玛托娃风采的定格。

布罗茨基在评价曼德尔施塔姆时，语气惋惜又略带欣慰地说："无论是作为一个作家，还是作为一个人，她都是奥西普·曼德尔施塔姆和安娜·阿赫妈托娃这两个诗人共同创造出来的。"

归根结底，娜杰日达是曼德尔施塔姆的孩子，她继承了曼德尔施塔姆，也温暖了阿赫玛托娃。如果说曼德尔施塔姆是矿物质，阿赫玛托娃是苦艾，那么两者的生长地都在她的身上。

曼德尔施塔姆死后的几十年里，在俄罗斯曼德尔施塔姆几乎消失了，可是她不允许！

没有谁要求她这么做，她是自愿的，是心甘的，是她生命的全部价值所在。

她这样做，她的苦就像海一样见不到底。可只要有一口气，她就要把海一瓢一瓢舀干。

这就是苦难的俄罗斯人，坚韧的俄罗斯女子，永远打不倒的曼德尔施塔姆的妻子。她用毕生的时间，把曼德尔施塔姆和阿赫玛托娃那些像暗夜中萤火一样的文字雕刻在心脏里，那些文字包括《安魂曲》。她守着重量、孤独和火焰，等待一个黎明，向世人陈述。

1961 年，她终于可以把曼德尔施塔姆和阿赫玛托娃从心脏里剜出来，剜出来的曼德尔施塔姆和阿赫玛托娃像两个苍老的孩子。

幸好，他们虽然苍老，却没有皱纹，新鲜得没有一丝形变。

她成为一个作家，秉承了曼德尔施塔姆的风格，出版有回忆录《绝望中的希望》。

1980 年 12 月 29 日，娜杰日达·曼德尔施塔姆逝世于莫斯科。艰辛一生的她，终于可以歇一口气，休息了。

请记住这个日子，这个日子才是曼德尔施塔姆死亡的时间，中间这些年，他一直在爱人的怀里睡觉。

而现在，他们两人可以并肩睡觉了。

野外的芦花漫山遍野，哗啦啦地飞向了天空。

五、《哀歌》：一道民族的伤口

> 我以黑色的爱玷污了太阳，瓶中飘出的死神将冷却我的热情。

曼德尔施塔姆飞快地写着，满满的词在胸口奔涌，这些词朴实、厚重，有着俄罗斯多义的背景，被苦难浸泡。

他排列着这些词，像指挥千军万马的将军。这些发热，不安，带有质感、色彩和气味，这些让他欢喜得不得了、爱护得不得了、挥洒得不得了的词，此刻成了他飞翔的翅膀。仿佛他有了这样的翅膀就真的能够飞翔，仿佛他有了这样的抒写就可以解除人们对他的误解、冷漠和质疑。

日子像韵脚一样打着哈欠：一种麻木的疼痛因为长久的姿势而逼近心坎。

从早上开始，他就飞速而又艰难地继续，像吃草的牛，金色的疲乏没有能力从芦笛中唤起整整一个音符的丰富。那是矿物质，是矿物质深层的焦煤，是焦煤之前的森林和春天。他写着，和着思考，和着不可改变的理想，和着二十年后因为流放中而积蓄的不加掩饰的强势诗句。这是岩浆啊，是熊熊燃烧的地层之火。

从地层之火中他看到了老虎充血的眼睛。

但是，他并不害怕，他说："当我的琴弦像《伊戈尔之歌》一样被调紧，当我屏住呼吸，你会从我的嗓音里听到泥土，我最后的武器，大片黑色泥土干燥的湿气。"

是的，有俄罗斯厚实的大地，有红草莓的香气，有伏特加烈酒，他就能够站起，就能够像狗一样死去，吸着地气，又悠然地复活。

这是大地的奇迹，这是诗歌的奇迹，这是俄罗斯的奇迹。

当然，哀伤是不可避免的，而且很深，是那种沉重的深，不是简单的距离的长短，而是精神的窒息的苦痛。天空格外的阴冷，连续多年，阳光从未出来，即便出来，也是黑太阳，放出的是黑色的阴冷。他的皮肤被虫子啃坏了，他的脚踝被蚂蚁咬伤了。可是，他没有流血，更没有流泪。血流不出了，快凝固了；泪流不出了，快干涸了。他全神贯注地做着一件事：写诗！

那是他活着的理由，是他生命的价值，是他的呼吸和河流一样的苦难所带来的些许慰藉。他听见自己的诗句在哭泣，他握着诗歌纤白的手，小心安慰，像称职的医生，把它们的伤痛一一记录下来，把它们从寂静中、从一开始不能听见的事物里拧出来。

虽然他连自己都无法安慰，他却执拗地安慰诗歌，他因为执拗地安慰诗歌而使自己的心灵也得到一分安慰。

在他急促的书写中，每一件事物——俄罗斯的土地，欧洲文学传统，斯大林的恐怖政策……都被迫凝聚在一起扮演诗歌的声音。他的背景是那样的广阔，带着永恒的人类的方向，带着对幸福的红豆般的相思，他将支离破碎的词句细细地编进俄罗斯的文学之林，一如奥维德带着他逐渐消退的爱，把罗马和着积雪编织进他的诗句。

他侧转身，茫然若失地望着他的诗和他的内心。他对照外面的空气和水分，感到从未有过的渴望和尴尬。他在边缘徘徊，无法进入某个中心。他不明白，为什么自己无法融入，为什么像只怪鸟，在一个不属于自己的天地艰难地飞翔。他的尴尬是基于这样的思考："常有这样的时代，它们宣称，它们无暇顾及人，它们需要像利用砖石、水泥那样利用人，需要用人来建设，而不是为了人而建设。社会的建筑系以人的规模来测量。有时，社会的建筑会与人敌对，会以人的屈辱和渺小来培养自己的宏伟。"

他在迷茫的时候，竟然还思考着这样的问题。他的思考使他的迷茫加重，而他加重的迷茫又使他的处境更加尴尬。他清楚地意识到：简单、机械的巨大体积和赤裸裸的数量是与人敌对的，诱惑大家的不是新的社会金字塔，而是社会的哥特式建筑，重量和力的自由的游戏，设计得如同一座复杂、茂密的建筑森林的人类社会，在那里，一切都是有目的、有个性的，每一部分均与巨大的整体相呼应。

既然想到了"每一部分均与巨大的整体相呼应"，他就应该融入这个整体中去，成为没有特征的整体的一部分。可是，他无法做到，不是他的触觉太敏感，而是他的心灵太窄，容易在一个整体中与别的心灵发生摩擦。

他宁愿保持一种独立，一种冷冷的独立，这种独立使他的心灵异常阔大，一种草原的广度，一种诗歌的力度，一种未来的深度。他体会到：对于不理解未来的人而言，未来是冷漠的、可怕的。但是未来内在的热能，适宜性、经济性和目的论的热能，对于一个当代的人道主义者来说是十分明晰的，如同每天烧得滚烫的火炉的热量。

是的，这就是他的口吻，他的风格，他的言说。他的诗歌就其本质来说是属于石头的，属于时间和历史的柱子。这是一些坚实、高大而洁白的柱子，每一行诗都几乎孤单地挺立着，它们之间不是靠某些花哨的助词或者迂腐的介词来连接，而只是靠其间的语气、力量、意义和韵律来构成殿顶和飞檐。他像个农民，努力发掘着自己的苞谷地，拍打着身上的汗珠，金子般的汗珠落入土地，滋养着一粒粒希望的种子。

有人抱怨他的诗中充斥着令人费解的意象，一些典故、神话和故事，那是因为不理解他的广度和宽度。一首真正的诗歌是趋向全人类的，它应当站在历史的甲板上，向高处瞭望，对曾经有过的文明致以深深的敬意。

他写下了自己的敬意，他的诗歌有着沉重的历史穿透力和现实厚重感。他的诗中充满的古希腊、罗马和希伯来文学的意象，他使用这些意象就像端起家中的暖水瓶一样方便。他不是为了炫耀自己的知识，而是为了更好地加固诗歌的大厦。正如布罗茨基所说，这不是诗人的有意而为，而是因为他对于那些故事和人物了然于胸，他甚至比一个希腊人更像希腊人。

尽管看清了中心的方向，但通过几次努力的尝试，他发现了自己的失败，那是一种不可能不失败的事实。

于是，他失去了对中心的兴趣，他落单了。但他习惯了这种落单，习惯了在清晨或黄昏，一个人在积满煤炭渣的小路上散步。后来，连这一点自由也被剥夺，这就是脱离中心的代价。他并没有意识到这一点，这是他悲剧的核心所在。

因为有了诗歌的光华，他的生活原本受到足够的尊敬。可是，现实是相反的。

诗歌这一身冠带的光华，对身陷耻辱的他意味着多少痛苦——

他看见，带着幽暗的火焰，在光天之下燃烧，葬礼的火炬，在白昼里

生烟;

他看见,人们如此惧怕,大家战栗不已,甚至不敢去安慰悲痛的国王,只是用安魂的歌送一个个死者回家;

他看见,狂怒的时代从和平这个业已废弃的词语开始,灯火在洞穴深处燃烧,空气如此清澈缥缈,当友爱的猎鹰栖歇在慵倦的山岩的肩头,一个日耳曼人在放鹰,狮子正向不列颠人臣服,而高卢人的王冠戴上了雄鸡的头顶;

他看见,野蛮人夺取了神杖,曾经黝黑的土地也已干裂,有人拾起一根树枝,从它身上取火,在广阔的原野,与受惊的野兽一起进入无声的夜晚;

他看见,为一个俄罗斯的名字,一种俄罗斯的美,有人站在天使拱卫的尖塔内,从高处俯瞰这个城市,城市的高墙里深陷忧伤;

他看见,雪橇在地上颠簸,留下黑色的辙印,密集的鸟群涂黑了远方,有人正在那里点燃一捆发黄的干草……

不错,曼德尔施塔姆还看到更多更残酷的现实。他的诗歌越来越冷,冷到没有血的热度,冷成一个干硬的躯壳。他的诗歌经常是从一个寂静的细微的空间展开,他只有展开,没有收拢。然后,他在展开的空间里,用自己的魔术将冷得发烫的词放大到震耳欲聋的程度。

也许是由于自己的生命时刻在受到高度威胁,曼德尔施塔姆在自己的诗中形成两个紧张的方阵:一个方阵是由强权、监狱的窗户、窃听者、暗夜、墓地等构成的死亡,另一个方阵则是由太阳、迎春花、火焰、美酒和鸟儿们构成的活生生的世界。

在这样的紧张对峙中,他迫不及待地跳出诗歌,他来到诗歌的皮肤之外,站在遥远的人类的额头上,直抒胸臆——

请记住:我们要死就死在透明的彼得堡,那里普罗塞宾娜君临一切。

我们的每声叹息都啜饮死亡的空气，每个时辰都是我们死亡的时分。

大海的女神，可怕的雅典娜，扔下你强大的石盔。

我们死也要死在透明的彼得堡，这里的王不是你，而是普罗塞宾娜。

请记住：给我们留下的，只有一个名字，一个神奇而绵延的声音。

快快带走我的双手正在抛撒的这把尘土。

看吧，寂静站在白屋之中如同一根纺锤，地窖里充满米醋、油漆和新酒的气味。

这是我的人偶，我的命定：一个空荡荡的幽灵，朝着冷冷的窗外痴呆地张望。

没有什么可留念的了，在长发飘散的夜晚的幽怨中，我懂得了告别的真义。

哦，主啊，等待如此漫长，像一群牛在原上吃草。

幸而，这是城市守夜的最后一个时辰，我遵从这鸡鸣之夜的礼仪。

当它们举起了游移不定的忧伤的重量后，我泪水浸红的双眼端视远方，那里诗神的歌咏伴着女人的抽泣。

就让它这样吧：一个透明的身影，躺在一只干净的陶碗里。

陶碗里没有别的，只有一道伤口。

他们预卜之时，或许正是死期。

这道伤口，不仅是个人的，更是民族的。

六、时代的孤儿

他是时代的孤儿，新社会的弃子。他徘徊，挣扎，试图有所作为，可他失败了。

内战结束后的20世纪20年代，苏联的文艺界，氛围原本是比较宽松的。在给苏共中央出版局的信里，他虔诚地写信说："我们认为，文学应该是新生活的反映者，这一新生活环绕着我们，我们生活于其中；但另一方面，文学也应当是单个写作者的创造，这样的写作者以自己的方式接受世界，并以自己的方式反映世界。"

这至少表明，他希望以自己的观察、自己的体会和自己的视角反映新生的世界。

起初，曼德尔施塔姆并没有感到有什么异常，他在这一时期的生活与创作，还算平稳，相继出版了诗集《哀歌》《第二本书》《诗集》和散文集《时代的喧嚣》《埃及邮票》，等等。

尽管他在努力，他也很努力，并且做出了成绩，但是在当局眼里，他和阿赫玛托娃一样，地位是无法和马雅可夫斯基、帕斯捷尔纳克相比的。

马雅可夫斯基长期占据着"苏联第一诗人"的位置，他那歌唱列宁、歌唱新生活的政治抒情诗，像长长的阶梯，指引人们不断地攀爬。

帕斯捷尔纳克则是文坛的重要领导人。他知道创作的规律，懂得作家应该做什么，不做什么。但是，他知道得越多，他就越痛苦；他懂得越多，他就越寂寞。

马雅可夫斯基后来的自杀和帕斯捷尔纳克的心灵反叛，都是长期积郁的结果。他们找不到燃烧的出口，只好把刀子插进自己的心窝。

曼德尔斯塔姆并不理解这一切。他只是小心地活着，写着，思考着，与当局保持一定的距离，不冷，也不热。

尽管如此，1928年，他还被卷入到一场翻译风波之中。

原来，早年应土地和工厂出版社之约，他对霍因费尔德的翻译作品《欧伦施皮格》作了文字加工。而该书在出版时，由于出版社的疏忽，把作者写成了他的名字，没加任何说明。

本来是别人的东西，现在变成了自己的作品，这无异于剽窃他人的成果。

而剽窃，当然是可耻的。

本来，这件事早已过去。但在多事之秋的 1928 年，批评家霍因费尔德，先是在《红色晚报》上发表了一封信，说他"明目张胆"地侵权；接着，又试图用法律解决问题。

曼德尔斯塔姆闻讯后，非常气愤。他认为自己在书籍出版后不久，就已经向霍因费尔德澄清了事实，并且以自己的全部稿费作为担保，将所有稿费全部寄给了他。

他修改霍因费尔德的译文，一则是出版社的约请，二则他确实也看不惯霍因费尔德那种"他（感觉自己）比大多数译者都高一头"的气焰。

曼德尔施塔姆是十分注重"词"的生命的人。

曼德尔施塔姆曾经说："在词的生活中出现了一个英雄的时代。词就是肉体和面包。词分享着面包和肉体的命运：苦难。人是饥饿的。国家更饥饿。但还有一种越发饥饿的东西：时间。时间想吞食国家。"（《词的文化》）

旧事重提，他并不知道其中有什么别的背景，他称这是一出"文学丑闻"，并气愤地指责霍因费尔德："他所选择的路是不合适的、渺小的。那里有对一个文学家和一位较他年少的同时代人的冷漠，有对其劳动的轻蔑，有对文学赖以生存的社会关系和同志关系的扼杀，这让人会为作家、为人感到恐惧。"

曼德尔施塔姆的情感原本就是极其敏感的，甚至到了神经质的地步，而他又像孩子一样不懂得掩饰自己的情感，有什么就要直接表达出来。爱伦堡称这为"小心眼"。是的，他不仅小心眼，而且十分胆小。

为了这件事情，他向《莫斯科晚报》写了一封信，又在第二年的 5 月向《文学报》发了一封信。可见这件事情困扰了他很长时间，但也从另一个侧面足以看出，他在苏联文学界位置的尴尬。

很快，短暂的宽松过去，苏联开始出现裂痕，俄罗斯跌入那个"狼追猎犬"的时代。

北岛先生说："一个是'阿克梅'派的领袖古米廖夫，因参加白军于1921年被处决；另一个是马雅可夫斯基，于1930年春天自杀。"

真是不祥的前兆。

前兆还有一个前奏曲，那就是1925年著名诗人叶赛宁的自缢。当然，冲击力最大的还是"革命的鼓手"马雅可夫斯基事件。一个在新社会最为活跃的人突然自杀了，就像一根最为坚韧的琴弦，当新的合唱响起的时候，它竟然突然绷断了。

这是嘲笑，更是讽刺。

历史有着惊人的相似。

一切都预示着苏联文艺界将同整个社会一起跌入黑暗。随着老一辈革命领导人，纷纷离去。

1934年，苏共列宁格勒州第一书记基洛夫被杀，直接导致苏联大清洗的爆发。

山雨欲来风满楼。

曼德尔施塔姆注定要被那个黑暗的时代吞没。

正像他自己在诗歌里说的："时代像捕狼的大猎犬扑向我的肩头／但就血统而论我并不是狼／倒不如把我当作一顶帽子／塞进西伯利亚草原热乎乎的皮大衣的袖筒。"

这里的"就血统而论我并不是狼"清晰地表明，他与红色俄罗斯的疏离。这种血统让人想起他是犹太人，更让人想到的是他的精神矿脉的独特性。他是矿物质，是化石，无法溶化在污水横流的世界里。

这个单纯的人，在这样的时候还写出这样的诗，这足以说明，他的政治意识的淡薄。

灾难说到就到。

1934年的一个早晨，几个卫兵闯入他的家里，不由分说地逮捕了他，罪名就是"反革命"，"人民的敌人"。

当时，他还在刷牙，卫兵拉着他的衣襟把他拽出了家门。

他吓得浑身痉挛。

妻子娜杰日达哭着从屋里追出好远。

他竟然喊道："救救我，救我。"

娜杰日达瘫倒在水泥地上。

事出有因。

阿赫玛托娃在会见柏林时曾经哭泣着说："在高加索，给阿·托尔斯泰的耳光，害得那个我爱着并爱我的人差点死掉。"

原来，在高加索期间，一位作家当面说曼德尔施塔姆的妻子娜杰日达是小心眼，好像泼妇一样不地道，并出言中伤她。曼德尔施塔姆听说后，情绪很激动。他当即便去文联领导人阿·托尔斯泰那里告状。

没想到，阿·托尔斯泰没有听完他的解释，反而努力解释自己的解释。

曼德尔施塔姆觉得阿·托尔斯泰言语间明显地袒护了那位作家。那位作家不仅不会被给予处分，反而获得了足够的同情。

阿·托尔斯泰还说他的妻子娜杰日达的确侮辱过那位作家的妻子。

他顿时火冒三丈，给了阿·托尔斯泰一巴掌，掉头就跑。

他很快遭到逮捕。

不管真实情况怎样，至少在阿赫玛托娃眼里，阿·托尔斯泰是记仇了，说他害了诗人。虽然未必是阿·托尔斯泰算计曼德尔施塔姆，但她固执地认为肯定和他有关。

于是，她长久的和阿·托尔斯泰交恶，直到很久以后才和解。

当然，是不是那一巴掌，造成曼德尔施塔姆的被捕，没人清楚。

也许，另外一个可能的原因更具说服力。

1933 年，曼德尔施塔姆写下一首无题诗，诗歌的矛头直指斯大林。

在诗中，他隐晦地写道："人们提到克里姆林宫的山民 / 他粗粗的手指，像蛆虫一样肥大 / 他的话确信无疑，像秤砣一样 / 蟑螂般的大眼睛含着笑意／他的那副长筒靴闪着光亮。"

不过，也有不同的声音：曼德尔施塔姆的这首诗本是一首隐藏起来的诗歌，像他众多的诗歌一样，并没有面世。他自己也知道其中的危险性，努力保持不在大范围流传。

当然，不论什么原因，反正他被逮捕是真实的，反正他的罪名也是成立的。

他的罪名是要被判处死刑的！

帕斯捷尔纳克很不安，他向布哈林求救，曼德尔施塔姆的妻子和阿赫玛托娃也同时向布哈林反映了情况。

布哈林，这位列宁的亲密战友，是领导高层中最和善和最平和的一个，对文人的命运相当关注。他很欣赏曼德尔施塔姆的才华，和曼德尔施塔姆有过交往，通过信，还曾帮助曼德尔施塔姆出过书，甚至在 1923 年还帮助曼德尔施塔姆营救过他的哥哥。

这一次，又是他出面，通过一次次斡旋，最终，曼德尔施塔姆由死刑改为流放，流放地是荒芜的沃罗涅日。

在沃罗涅日生活了三年多，他疲惫不堪地回到莫斯科。

但是，在 1938 年，他再次被莫名其妙地逮捕，并再次被流放。

这一次他没有那么幸运，最终客死在流放地。布哈林可以延长他的生命，却不能阻止他的死亡。

他在诗中说："生命之中的极大快感，便是尘世最大的喜悦：肉体的回忆时常萦绕，那个始终不渝的祖国。"

即使到生命的最后一刻，他都没有背离过俄罗斯，他心里想到的还是祖国和人民。

他走了，带着年轻的生命，带着苍老的心，带着伤痕斑斑的躯体，走了，真正走了。

他走了，到了一个小小的洞穴，大地的洞穴像母亲的胎盘一样温暖。

无论风沙多大，他都可以安心地睡了，再也不会受到伤害。

参考文献

[1] 李辉凡：《俄国"白银时代"文学概观》，中国社会科学出版社 2008 年版。

[2] 王川：《曼德尔施塔姆文论中的诗学阐释》，硕士学位论文，北京大学，1993 年。

[3] 刘娴真：《论奥·艾·曼德尔施塔姆的诗学观念》，硕士学位论文，北京大学外国语学院，2014 年。

[4] 朵渔：《我悲哀地望着我们这一代人》，中国人民大学出版社 2016 年版。

[5] 曼德尔施塔姆：《曼德尔施塔姆随笔选》，花城出版社 2010 年版。

[6][俄]奥西普·曼杰什坦姆：《曼杰什坦姆诗全集》，汪剑钊译，东方出版社 2008 年版。

[7][俄]奥·曼德里施塔姆：《时代的喧嚣——曼德里施塔姆文集》，刘文飞译，云南人民出版社 1998 年版。

[8][俄]奥·曼德尔施塔姆：《曼德尔施塔姆诗选》，杨子译，河北教育出版社 2003 年版。

[9] 金水：《也说曼德尔施塔姆》，《俄罗斯文艺》，2007 年第 3 期。

[10] 孙琦：《曼德尔施塔姆对维庸的发现与重塑》，《学术交流》，2016 年第 10 期。

[11] 杜玉生：《奥西普·曼德尔施塔姆与圣彼得堡的现代性》，《俄罗斯文艺》，2014 年第 2 期。

[12] 胡学星：《曼德尔施塔姆的历史文化观》，《国外文学》，1999 年第 3 期。

[13] 刘文飞：《曼德尔施塔姆：生平与创作》，《世界文学》，1997 年第 5 期。

[14] 米·爱普施坦：《哈西德派与塔木德派——帕斯捷尔纳克与曼德尔施塔姆创作比较研究》，李志强译，《俄罗斯文艺》，2010 年第 4 期。

[15] 查晓燕：《普希金："动态的经典"——兼议"诗学流亡"中的阿赫玛托娃、茨维塔耶娃和曼德尔施塔姆》，《北京大学学报（外国语言文学专刊）》，1999 年第 1 期。

[16] 顾蕴璞：《时代的"弃儿"历史的骄子——试论苏联现代悲剧诗人曼德尔什塔姆》，《外国文学评论》，1990 年第 4 期。

[17] 蓝英年：《冷月葬诗魂——俄国诗人曼德尔施塔姆寻踪》，《读书》，1995 年第 6 期。

[18] 胡学星：《巧用诗歌意象之间的间隔——曼德尔施塔姆诗歌奥秘简析》，《解放军外国语学院学报》，2008 年第 6 期。

第十三章

《从童年到童年》
——雕刻茨维塔耶娃

　　玛利亚·伊万诺夫娜·茨维塔耶娃于1892年出生在莫斯科一个高级知识分子家庭。父亲是著名的艺术史教授、莫斯科普希金造型艺术博物馆的创办人；母亲是一位极具才华的音乐家，曾求学于著名的钢琴师鲁宾斯坦。

　　1902年到1906年四年间，茨维塔耶娃前往西欧，在法国和德国的寄宿学校中学习和生活，并开始用法语、德语写诗。1912年，茨维塔耶娃结婚，并育有两女一子（小女儿不幸夭折）。

　　1922年，茨维塔耶娃出国并开始了长达十七年的侨居生活。直到1939年，茨维塔耶娃才回到祖国。但卫国战争爆发后，她被疏散到叶拉布加，并于 1941 年 8 月 31 日因不堪忍受其生存的恶劣环境而自缢身亡。

茨维塔耶娃是一位才华横洋的诗人、剧作家、小说家和翻译家。她早期主要从事抒情短诗的创作，十八岁出版了第一部诗集《黄昏纪念册》。此后，诗集《神奇之灯》《选自两部诗集》《俄里》陆续问世。1922 年前后，她相继出版了《离别集》《致勃洛克的诗》《普赛克》《手艺集》等六本诗集，最后的一本诗集《离开俄罗斯以后》出版于 1928 年。

从那以后，茨维塔耶娃将主要精力投向长诗和诗剧的创作，同时又转向散文创作。这一阶段她的抒情长诗代表作主要有《山之诗》《终结之诗》《捕鼠者》等。散文代表作《我的普希金》是诗人以自身的经历为素材用散文体写成的自传。此外，她的颇有影响的著作还有《母亲与音乐》《劳动英雄》《一首献诗的经过》《记忆之井》《被俘的灵魂》《诗人论批评家》《普希金和普加乔夫》等。

茨维塔耶娃在剧本创作方面也表现出特殊才华，1918 年至 1919 年，她创作了多本优秀的浪漫主义剧作，包括《暴风雪》《奇遇》《命运女神福尔图娜》《卡萨诺瓦的结局》等。

20 世纪 20 年代茨维塔耶娃还创作了悲剧《阿莉妞德娜》《费德拉》。她的小说代表作有《索涅奇卡的故事》等。在诗歌翻译方面，她选译了西方著名诗人如波德莱尔和英国、波兰、捷克、保加利亚等国诗人的作品，以及伊万弗兰科、瓦扎普沙韦拉和白俄罗斯诗人的诗作。除此之外，茨维塔耶娃还翻译了多首德语和法语的民间歌谣和叙事谣曲。所有这些，都彰显了她不朽的文学才华。

一、诗歌墓志

一种声音，在开始的地方，在终结的地方，唯独不在当下，所以总是不懂；

一种速度，在产生处消失，在消失处产生，唯独不在现实，所以都是落后；

一种存在，在所有当中，又抽象于一种，不同于任何，所以都是遗弃；

一种生存，不能在这里，也不能在那里，世界无家可归，所以只能离开。

命定的创造，命定的征服，命定的灭亡！命定中的命定，是奇迹，是她本身。

茨维塔耶娃！清晰得像手指上的伤口。

1941 年 8 月 31 日，苏联鞑靼自治共和国叶拉布加镇一间破旧的房屋里传出一声惨叫！

一位俄罗斯老妇人，瘫倒在门口，正对着，一个俄罗斯女子悬挂在窗口，脖颈上套着一个生锈的铁环，脚下横着一张凳子！

女子的眼睛剧烈地扩张，微微上翘，眺望着北方的苏联大地，眺望着莫斯科！

老妇人赶忙叫人！两个男人跑来，把女子从铁环上抱下来。女子早已经断气。

两个男人很小声地说："她是什么人？"

老妇人说："不知道。她只是我的房客，刚住一段时间。"

"她的亲人呢？"

老妇人说："没见过！好像有个儿子。"

又是呓语般的声音："在哪里工作？从事什么职业？"

老妇人说："不晓得！"

"为什么要自杀呢？"

老妇人惋惜道："是啊，好好的人为什么要自杀呢？她的口粮还没有吃完呢！"

"该怎么处理？"两个男人指着尸体。

"先等等，看有没有人来认领。"老妇人说。

"放在哪里？"

"先放到柴房吧，"老妇人说，"用她的被单裹上。"

两个男人用白色的被单裹好尸体，运出去。老妇人在房间里整理遗物。

狭小昏暗的房间里几乎没有什么什物。陈旧的被子，陈旧的蚊帐，陈旧的拖鞋，咯吱作响的床板。床头放着一堆陈旧的衣服。老妇人一件一件地打量，说："她怎么连一件像样的衣服也没有。"

屋子中间，一张简陋的桌子上放着一个陈旧的铁碗，碗里半碗冷冷的剩饭。碗旁边放着一张泛黄的稿纸，稿纸上清晰地写着：

小穆尔，原谅我，然而越往后就会越糟。我病得很重，这已经不是我了。我爱你爱得发狂。要明白，我无法再活下去了。转告爸爸和阿利娅——如果能见到——我爱他们直到最后一息，并且解释一下，我已陷入绝境。

这是她的遗嘱。

然而，女房东却不识字。她拿着稿纸唠叨："写的都是什么？"然后，她把稿纸揣到腰间。

最后，女房东找到了小半袋剩余的口粮。提着口粮，女房东惋惜道："唉，等吃完再上吊也来得及呀！"

几天过去了，尸体已经开始发臭！却没有人来认领。

男人问女房东："现在该怎么办？"

"还要再等吗？她都已经不成样子了，"女房东说，"我看不会有人来了。埋了吧。"

几个男人把女子用草席裹起来，拖向坟场，入土，掩埋！

女房东拿了妇人破旧的衣物作陪葬。那些衣物对女房东没有任何价值，她只留下了半袋口粮和几张稿纸。

幸亏那位女房东留下了那几张稿纸，因为这几张稿纸是这个女子死亡的证据。

它向人们说明了这个"我不能在这里，又不能回到那里"的女人最后到哪里去了！

女子死了，女子被埋了！

小镇若无其事，没人记得她。只有那位女房东在吃她留下的半袋口粮时才会想起她，然而半袋口粮很快也吃完了。

她彻底消失了。

那位女房东做梦也不会想到她吃的到底是谁的口粮，她在为谁送葬！她更不会想到，她是怎样鬼使神差地为一场弥撒加上了神话般的一笔。她把这个妇女死亡的悲剧和死亡的彻底推向一个顶点。

这个女子就是俄罗斯的玛利亚，被贬斥到大地上的圣母。

现在，我们像读《圣经》一样地说出她的全名：玛利亚·茨维塔耶娃！

很多年以后，诺贝尔文学奖委员会主席埃斯普马克则认为："她没有获得诺贝尔文学奖，既是她的遗憾，更是评奖委员会的遗憾。"

但是，她不需要诺贝尔奖为她正名，她自己完全可以为自己正名！

而当另一位被俄罗斯流放的诗人，诺贝尔文学奖获得者布罗茨基，在黑暗里用骨头与她触摸时，暗自神伤，他称呼她为"最伟大的先知"，于是他大声宣言："她是20世纪最伟大的诗人。"

有人问："是俄罗斯最伟大的诗人吗？"

他答道："不，是全世界最伟大的诗人。"

有人说："那么里尔克放在哪里？"

他坚定地说："在我们这个世纪，再没有比茨维塔耶娃更伟大的诗人了。"

是的，如果她是最伟大的，那么里尔克放在哪里？问问里尔克吧。里尔克当然是愿意的！后人为什么要如此争执？里尔克和她早把灵魂交给了彼此。他们都是诗歌本身，他对她心甘情愿。

"最伟大的！"她会在地下低语："这于我毫无意义，我的存在本身已经不能被任何人否定。给我这样一个死，我的一切早已注定。"

然而，她为布罗茨基的话语感到高兴。因为她是俄罗斯的，因为他们的灵魂是一样的。

布罗茨基和她一样，不能在那里，又不适合在这里，都是多余的必需。布罗茨基是她死后的精神爱恋。

而爱伦堡在《人·岁月·生活》里的话更是准确地为她定位："作为一个诗人而生，作为一个人而死！"

在她那里，诗人是低的，人才是高的。"人"这个称呼，在她那里比任何时代的任何人都显得辉煌，沉重，纯粹，彻底。

她的灵魂是人类抽象出来的存在，是人类最深处的存在。她就是抽象和更高，就是人的本身。

于是她说："地球上人的唯一责任——便是整个存在的真理。"

1892 年 10 月 8 日，茨维塔耶娃出生在莫斯科，父亲是莫斯科大学教授、普希金纪念馆的创始人，母亲是音乐家、鲁宾斯坦的高徒。然而，母亲没传给她音乐的基因，反而全是诗歌，是诗歌的全部，是普希金、莱蒙托夫、涅克拉索夫，是歌德、海涅。

于是她说："有了这样一位母亲，我生来只能写诗。"

六岁写诗，十一岁成集，十八岁正式出版第一本诗集。那么，只能说她的母亲生了诗歌，而不是她。

但是，她拒绝诗人的道路；她拒绝普希金。

她想着和俄罗斯最高的诗人普希金一起去登山。普希金对她说，把你的手递给我吧，我可以拉着你上去。她说，不，谁的手我也不要，我要自己上去。她到达了山顶！下山时，她才答应普希金牵着她的手，一起奔跑，一起分享着胜利的喜悦。

她要和普希金并肩，而不是跟随。她是那么的自信，她要走自己的道路。

她的道路是把"诗人"打碎成"人"，以人的身份写诗，而不是以诗人的身份！这条道路把所有人都甩在后面，以至于她自己也被孤立和抛弃。

所以有人说普希金可以复制、阿赫玛托娃可以复制，俄罗斯的太阳和月亮都可以复制，唯独她不可复制，连模仿也不可能。

同样天才诗人的阿赫玛托娃经过沉淀才完成从"诗人"到"俄罗斯人"的蜕变！而她的方式是喷涌、是爆炸！

从一开始她就完成了从"诗人"到"人"的转变。

然后，再也没有萎缩过。

然后，她再也没有得到尘世的所谓幸福。

因为，尘世的所谓幸福落满尘埃，而她拒绝所有尘埃。

二、华丽的征服

孤傲、热情、真诚、倔强、敏感、极端，像黑色的玫瑰。她从来不吝惜自己的燃烧；即便粉身碎骨，即便成为灰烬，耗尽生命，她也要一搏，她要完成的是征服，是奇袭，是奇迹，是华丽的掠夺。

1960 年，帕斯捷尔纳克在评价同时代俄罗斯诗人时说："我把茨维塔耶娃置于最高处；她一开始就是个成形的诗人。她有自己的声音——人性的，古典的。她是一个有着男人灵魂的女人。她与日常生活的斗争给予她力量。她力争并达到一种完美的透明。"

在给里尔克的信中她这样描述自己：总是留着短发，额头整齐的刘海，脖子上挂着项链，像个男孩子；指间总是夹着香烟，像个男人；美丽的、细腻的女人，或者说粗犷的男人；眉毛之间有一道竖着的皱纹，冷峻而不可侵犯。

而关于那道眉间竖立的皱纹，她说，从童年时就有了，是因为在想问题和生气时，总是皱着眉头。

十几岁，在女子寄宿学校期间，她爱上了一个大学生。

在他的学校门口，她看见他，对他产生好感。

后来，她经常一个人跑到大学门口，等着他的出现，然后一路跟随。

"你为什么总是跟着我？"他看着年纪比他更小的她说。

"我想送你诗歌。"她从怀里掏出滚烫的纸张，递到他手里。

他接过纸，对她说："诗歌我收到了，你现在可以走了。"

她倔强地说："你还没有看呢！"

他不耐烦，假装看一遍。

他说："好了，看完了。"

她不高兴地说："不行，你要把它读出来。"

他生气地说："我为什么要读出来，你走吧。"

他转身走开，她仍旧跟随。

他只能再次站住，问她："你到底想怎么样？"

她怔怔地说："我要你读出来。"

"好吧。"他看着周围擦肩而过的人，别扭地朗读。

她站在人群中，却很满足。

"念完了，我要走了。"他恨不得有个洞钻进去。

她却陶醉地说："要把它保存好，千万要。"

后来的日子她依旧跟随他。他渐渐无法忍受，愤怒地对她说："为什么你总是这样！"

她真诚地说："因为我爱你。"

他说："可是我不爱你。"

她失落地说："你骗我，难道你没有看到我给你写的诗歌？"

他说："其实我一篇都没认真看过，我不可能爱你，你还小。"

她倔强地说："你骗我！"

他二话不说，扭头就走。她蹲在地上哭得稀里哗啦！

她不死心，还是跟随他，苦苦哀求："你为什么不爱我？"

她甚至拽着他的衣服说："你爱我吧，求求你爱我吧。"

他却拨开她的手，一言不发，慌忙逃离！

她热烈，她疯魔，她的节奏太快，她的色彩太浓烈，他不敢接受。

小小年纪，她大胆，她真诚，她执着，她不顾一切。

她伤心欲绝，买了一把手枪，用枪口抵住太阳穴，扣动扳机，死意坚决，没有半点发抖。但是，没想到枪里的子弹没响。

她没有征服那个男孩，但是，她活了下来。

然后，她的真正的征服来了。

> 基督和上帝！我渴盼着奇迹，
>
> 如今，现在，一如既往！
>
> 啊，请让我即刻就去死，
>
> 整个生命只是我的一本书。
>
> 我爱十字架，爱绸缎，也爱头盔，
>
> 我的灵魂呀，瞬息万变！
>
> 你给过我童年，更给过我童话，
>
> 不如给我一个死——就在十七岁。

这是她的宣言，她要征服了。

仿佛余光中对李白所言："绣口一吐，就是半个盛唐！"

当1910年，《黄昏纪念册》出版之后，她以暴风雨的姿势征服了俄罗斯。这个时候她只有十八岁。

象征主义诗歌领袖勃留索夫写文章称赞她，说她有象征主义的精神；"阿克梅"的领袖古米廖夫写文章称赞她，说她有"阿克梅"的灵魂。

而她拒绝与任何流派扯上关系，拒绝与他们以朋友相称。她自信她自己就是一个整体。

在她的信念里，自己不属于任何时间、地点，而是属于所有世纪、所有世界。面对她的奇袭，大腕们只能折服，无论情愿与否。

"莫斯科第一诗人"沃洛申更是亲自登门拜访。

沃洛申说得好："你不在思考，你在诗歌中生存。"

沃洛申是真诚的人！她肯定，所以和他成了忘年交。

1911 年春天，美丽的克里米亚半岛，草场丰美，阳光温暖，季风柔和。茨维塔耶娃来到沃洛申在科克杰别利的寓所做客。

她的爱被春天再次点燃。这次她征服了一个爱人，她终生的爱人。

在沃洛申的门庭，她看到他正在和沃洛申交谈，面容俊秀，表情隽永，谈吐斯文。那一刻，她对这个人产生了好感。沃洛申为他们介绍。

"谢尔盖·艾伏隆！"

"玛利亚·茨维塔耶娃！"

仿佛在神圣的教堂，一个神甫为他们举行婚礼。他们握手，握手的刹那，他感觉到她的滚烫，而她感觉到他的清新。他们的握手仿佛结合。

一个握手把他们装进彼此。

她首先爱上了这个"人"。

谢尔盖·艾伏隆是"民粹分子"领袖的儿子，是一个高级"民粹主义"知识分子，母亲在幼年时候自缢身亡。

经过短暂的相处，她爱上了这个"男人"！

她的爱几乎都是这种方式：首先爱上这个"人"，然后才可能爱上这个"男人"。而她总是"男性的""主动的"！是她所说的："我要从所有女人那里抢过你。"

于是，任何追求她的男人都不会取得成功，因为男人跟不上她的速度。只有她决定追求某个男人，爱才有成功的可能。

现在他决定追求艾伏隆。而艾伏隆性格里的典型的柔弱、温顺和儒雅，正是一个男人身体里与她契合的"女性"。

她恋上艾伏隆，约他出门散步，在大海边，在高原上！晚上，她到他房间里找他说话。他们的谈话不涉及诗歌，但是"爱这个男人"让她温暖。

就要离开克里米亚的那天，他们在旷野里安静地行走，天底下就他们两个人。

她把手伸进他的臂弯，含情脉脉地对他说："吻我吧！"

他们接吻了。世界静止了，她成为他怀里的一只温柔的羔羊。他成了她的男孩，她也成了他的女孩。

一旦相爱，她说："我比狗还要忠诚！"

这就是她爱的浓度。

回到莫斯科，她经常往他那里跑，料理他的琐屑的家务，给他买礼物，逗他开心。她不屑于诗人的高贵，她只要高兴，只要他开心。

她钻进他怀里，说："抱紧我，我冷。"

艾伏隆微笑地抱紧她，心疼地说："你总是这样。"

她收起所有玩笑的神情，脸上泛起一阵阵红晕，严肃地说："我们睡觉吧！"

他们睡觉了。

后来，还是她，严肃地说："我们结婚吧！谢尔盖·艾伏隆，你愿意娶我吗？"

1912 年 1 月，他们结婚了。

没有任何多余的无理纠缠，她征服了一个男人，一个人。那也是她心甘情愿地被征服。

从那以后，她"像狗"一样地忠诚于婚姻。

她也"像狗"一样忠诚于爱情。

然而，在她，这是两个概念。

忠诚于婚姻意味着她不会离开丈夫。

忠诚于爱情意味着她不会背叛自己。

两者的对抗让她成为艾伏隆一生逃不掉的魔。

三、标准的放逐

她注定是要被放逐的。放逐是她从诗人彻底蜕变成人的必需，是彻底打碎诗人的模子成为自己的过程。如果她仅仅是一个诗人，那么她不会那样，而她恰恰是一个人。在她的华丽的征服之后，放逐迅速来临。

她宣言自己不属于任何流派。所以象征主义的勃留索夫不再认为她是个天才；所以"阿克梅"派的古米廖夫说她新写的诗歌失去意义。

原来诗歌也这样现实！她直言不讳：如果我属于他们当中，那么他们对我会是另外一种观点。但是，她仍然孤傲地发出自己的声音。不属于这一个，也不属于另一个。

她被诗人抛弃，她无所畏惧。可是，非但在诗歌中她被放逐，爱情里同样如此。

她的爱缘于热情，冲动，固执，所以她毫无顾忌地燃烧。

艾伏隆已经不知道是第几次在黑夜里等着她回家；他做完饭，饭菜摆到桌子上，她没回来；他和女儿先吃了，吃完饭，她还是没有回来。

该睡觉了，女儿却不愿意睡觉，无论艾伏隆怎么劝慰，女儿一直哭泣。他费了半天力，自己几乎也要哭出来，女儿终于睡了。

此时，为玛利亚留的饭菜都已经凉了，他听见门外的脚步声。

门开了，她满脸通红地走进来，表情怅然若失。

"你又到哪里去了？"他气愤地说，"你又抽烟了！"

她不理不睬，依旧怅然。

"每次都是这样，你可知道女儿今天哭了多长时间？你难道忘了你是一个母亲！姑且不说是妻子。"他很难受。

"噢！可怜的阿莉亚！"她直奔女儿的房间。

女儿已经熟睡，满脸泪痕。

她摸了摸女儿的头发说："可怜的心肝儿，是妈妈不好，好好睡觉吧，妈妈下次不会这样了。"

她走出来，径自往书房。

艾伏隆委屈地说："你没吃饭吧？我还为你留了饭菜。"

她失魂地摇摇头，挤出一句："不吃！"

她走进书房，"嘭"，关门。

他憋得喘不过气，走到门前，敲门。

她不开门。门里死一样沉寂。

"我知道你在外面做了什么，你能不能不要再这样？"他低声地说。

她仍旧不理睬。

他继续敲门。

突然，门内传出一声尖叫："啊！"

接着她说："你让我安静一会儿好不好，我求你了。"

他能感觉到：她哭了！

他也知道她在做什么：写诗！

他无可奈何，只能上床睡觉。

他睡得迷糊。不知道什么时候，她却爬上了他的身体，紧紧地抱住他，眼里晃着泪水。

他慌忙起身，心疼地问："天哪，怎么了？亲爱的玛利亚。"

她仍旧不说话，钻到他怀里，紧紧抱着睡觉。

艾伏隆清楚，这是她的感情受挫了！不是和他，而是和他之外的某个人。

这不是唯一。

有些时候，她也会兴奋地回到家中，外套一脱，吻一吻女儿，吻一吻他，然后，一头钻进书房，仍旧是写诗，然后，半夜爬到他身上，和他亲昵。

那样的时候，是她的感情被接受了。同样不是和他，而是和他之外的某个人。

这就是她"像狗"一样地忠诚于婚姻，又"像狗"一样忠诚于爱情的方式。

而每次她把情感在某处释放，回到家里她都会把失落和幸福爆发成诗歌。

她自己说："我的灵魂和你的灵魂是那样亲近，仿佛一个人身上的左手和右手。我们闭上眼睛，陶醉和温存，仿佛是鸟儿的左翼与右翅。可一旦刮起风暴——无底深渊便横亘在左右两翼之间。"

后来艾伏隆在巴黎说："茨是极易动情的人。比先前我离开时变本加厉。没头没脑地投入感情风暴成为她绝对的需要……由谁煽起此时并不重要。几乎永远(不论现在还是先前)建筑在自我欺骗上。……今天绝望，明天狂喜、热恋，献出整个身心，后天重新绝望。……一切都将平和地、精确地化为诗句。一个硕大无朋的火炉，要点燃她需要木柴、木柴、木柴。……木柴坏，烧完得快，木柴好，烧完得慢。不用说，我早已点不着火炉了。"

艾伏隆看得清楚，他早已经点燃不了她的热情。

她的热情都是瞬息的！来得快，去得也快。正因为如此，才更强烈——瞬间的无序爆发。

对于自己的疯魔，自己的热烈情感，她自己说："不是女人，是灵魂！"

是的，不是女人，更不是诗人，是人，是人的抽象和内在。她追求的是肉欲，她更追求的更是张开自己的灵魂之翼。她不会压抑灵魂，她要燃烧。

那就是她的存在：纯粹的、赤裸的、澄澈的、疯狂的。

1916年，她只身前往彼得堡。因为她在精神里依恋上勃洛克和阿赫玛托娃。

她给勃洛克写诗：

你的名——手中的鸟

你的名——舌尖的冰。

双唇只需一碰就行。

凌空抓住的飞球，

嘴里衔着的银铃。

抛进沉静池塘的石——

溅起的水声如同你的姓名。

黑夜马蹄声碎——

踏出的是你的响亮的名。

扳机对着太阳穴一勾——

响声就是你的姓名

你的名——啊，不能说！——

你的名——眸上的吻

留在眼睑上的冷的温存。

你的名——雪上的吻。

想着你的名字——如同啜饮

冰凉浅蓝色的泉水——梦亦深沉

这仅仅是她给勃洛克的十几首献诗中的一首。

而她则称呼阿赫玛托娃为"全俄罗斯最具才情的缪斯"，"缪斯之上的缪斯"。

她的热情绝对真诚，绝对不遗余力。她的话也不用半点怀疑。她爱勃洛克，爱阿赫玛托娃，都是灵魂之爱。

那么艾伏隆呢？艾伏隆却成了另外一种必需：

她是抽象，是灵魂，而他是这个孤独的灵魂依附的实物。

当她对他的短暂热情消失以后，他仅仅成为一个标志。

所以他是必需，而她不受他控制。

但是，艾伏隆是个人。他承受不了这个灵魂在他身上无数瞬息的巨变，他逃离。

1916年，他放弃大学，成为军用救护列车的救护员，远远地离开她。

她在天黑之前送他走出家门，心里想着她正热恋的人，没有一丝异样；她在天明之前轻唤他的名字，床上却只有她孤单一人，生活却全变了！

她必须以一个女人的身份承受生活所有的重量，而不再是灵魂。生计和贫穷直接扑面而来！

但是，她未放弃燃烧，又爱上了一个演员。演员却拒绝了她！她只能再狠狠地燃烧自己。

然后，十月革命来了，胜利了！丈夫却成了白军军官，从此没了音讯！

"他死了！"想到这里，她就恐惧万分，原来那个人很重要。可是他抛弃了妻子，因为他再也没有音讯。

她彻底成了一个人。她带着两个女儿，三口人租住在一间狭小的屋子里。贫穷袭来，她只能拼命地写作，赚钱，养家糊口。稿费不够，她必须做临时工。可是，贫穷依旧。

不仅如此，这个时候祖国也抛弃了她，因为她是一个没有"政治态度的诗人"，一个"白军家属"。

父母双双过世；诗人对她拒绝；丈夫对她拒绝；祖国对她拒绝！她再也没有任何依靠，彻底被放逐。

苦难前所未有地压向这个灵魂，苦难越沉重，灵魂被压得越低，而她的灵魂之翼越要绚丽地张开。

她不会让自己熄灭，尽管路上只有她一个人。

她高傲地宣称：诗人生来都是被放逐的！

她不愿意做第二个、另一个，她只要绝无仅有的她自己。

1919 年，在高加索，冷冷的风中，她写下《致一百年以后的你》，她为自己默哀，与未来的自己对话。她相信未来，人们会看到她的模样，听懂她的声音。

她的速度太快，超越时代，一百年。她相信她发出的是一百年后的声音！而在当时，她只能失去遮盖。

把未来放在当下，她的超越变成了被遗弃，被放逐。

"诗人都是彗星"，以那样的速度！

四、灵魂之翼

深重的灾难把她压得低些，更低些，压得她埋进泥土。泥土里她却更加彻底地张开灵魂之翼。灵魂之翼，像洁白的纱，像透明的晶体，在天空之上的天空，轻轻闪动，寻找应和。

1919 年，这个晶莹的灵魂毫无遮盖地在人间遭受侵蚀。

饥寒交迫、衣不遮体、食不果腹。带着大女儿整天给人做工，却于事无补。

没钱买奶粉、没钱看病，幼小的小女儿死在育婴院。她用白布裹上她瘦弱的身体，把她掩埋，给她竖立一块木头做的碑，在她坟头上放上花朵。

"女儿呀，母亲没有办法让你快乐成长，那么到另一个世界去吧，另一个或许都比这个好。"她放声大哭。

谁能帮助她？家在哪里？她应该在哪里？无助的灵魂在风雨飘零的世界该到哪里栖身？

她拼命地思念那个男人——艾伏隆。

1922 年，她意外得到丈夫在布拉格查理大学读书的消息。她不顾一切地携带不满十岁的大女儿走向国外，与丈夫团聚。

这一走，她告别祖国十七年。流亡十七年，她再也没有祖国。

这个灵魂只能以虚妄的方式抓住艾伏隆这个坐标，然后，苍白地确定自己的位置。

丈夫同样陷入贫寒的生活，但是，再次见到她，他高兴。听说小女儿死了，他心疼。

他们重新生活在一起。儿子出生了，丈夫却疾病缠身，这个家庭变得更艰难。

四口之家拥挤在荒野里的一间小屋子里，依靠她的一点稿费，熬着枯黄的油灯一样的日子。

照顾孩子、照顾丈夫、料理家务，从早忙到晚！尘世的重量压弯了脊梁。贫穷！贫穷索命。

这样的生活虚弱，然而，在这个家里她得到了尘世的一点慰藉。至少她还能宣称生活在这里，而不是绝望地质问：我的生活在哪里？

可是，她不死，她要怒放，她要盛开地活着。

爱情是她的脉搏，她要抓住它，否则她将枯萎。以偏执的方式，幻想的方式，神经质的方式，她一次次将爱的热情爆发。爆发的热情让她感觉到速度，感觉到内在的风暴，感觉到疼。只有这样她才感觉到自己的存在，否则她将在不堪的生活里麻木！

她又开始热烈地追求"人"：男人或者女人，大学生或者戏剧演员。

丈夫看在眼里，再次感觉到震荡。然而，他早已经知道，他无法控制。她必须这样，而他不能拒绝。

她在致沃洛申的信中说："我有一种无法医治的完全孤独的感觉。旁人的肉体是一堵墙，阻碍我窥视他的心灵。噢，我多么恨这堵墙啊！"

"我主要的热情是同人倾心交谈，可性爱必不可少，因为只有这样才能钻进对方的心灵。"

她太疯魔，也足够伟大。

人们在她那里看到自己，却又畏惧那个自己。

她的灵魂放在当下叫作"遥远""无法理解"。怎样的人才能和她的灵魂完全应和？这注定了一个个被追求者的拒绝。

这个"秃头歌女""麻风病人""手艺人""捕鼠者"到哪里才能找到她真正的应和？

帕斯捷尔纳克来了！他的信件像福音，可是还不足够。

从某种意义上来说，在开始的很长一段时间，甚至在她死前，帕斯捷尔纳克对于她都是一个追求者、仰慕者，或者说爱她的人。

这意味着她还不足够爱他。

帕斯捷尔纳克还不够高，尤其是在另外一个男人的名字面前。

莱纳·马利亚·里尔克！这是最高的！因为她确信自己也是最高的。他们同在天空之上的天空。

虽然，里尔克在现实生活里得心应手，围着他的贵夫人比比皆是。但是，她看到了他那灵魂的胴体！

我们触摸对方，用振动的双翼／用距离触摸对方的视觉

这是里尔克的灵魂之翼。且不用提宇宙中的化石般的《杜依诺哀歌》！

于是，她在后来称呼：你的信，仿佛天空落下的翅膀。

她被烧成灰烬，捧着灰烬，她感觉到神圣的温度。

通过帕斯捷尔纳克，她与里尔克取得了联系。但是，她不明确自己是否有这个权利。在一开始，她还是十分的虔诚，虔诚得像被贬斥的圣母。

莱纳·马利亚·里尔克！我有权这样称呼您吗？须知您就是诗的化身，应当明白，您的姓名本身就是一首诗。——您的受洗是您之一切的序幕，为您施洗的神父并不知道，他创造了什么。——您不是我最喜爱的诗人

（"最喜爱"是又一个级），您是大自然的一个现象，这一现象不可能是我的，它也无法去爱，而只能用全部的身心去感受，您或是（还不是全部）第五元素的化身，即诗本身，您或是（还不是全部）诗从中诞生的物，是大于您自身的物。——在您之后，诗人还有什么事可做呢？可以超越一个大师（如歌德），但要超过您，则意味着（也许意味着）去超越诗。

她没有把里尔克捧上更高，也没有把里尔克拉下更低，而是在相同的高度，刚刚好，看见！

她乞求里尔克允许她在生命的每一个瞬间都举目向他，她企求像仰望一座护卫着她的大山一样仰望他。

她是以一个人的方式，向另一个人求爱！

如果她拥有这个权利，那么里尔克爱她。是的，她拥有这个权利，拥有所有权利。里尔克看见她就张开了灵魂之翼，给她权利，给她所有。

她想见他，他也想见她。

他病了，自然的身体虚弱，虽然灵魂的翅膀轻灵闪动，但是，他只能在那里，他在等，等她，或者等死亡。

她陷入现实的泥潭，生活落满尘埃，尽管精神的胴体滚烫，但是，她只能在这里。

她甚至买不起一张火车票，还要考虑丈夫和孩子的生计。

她在等待，等待见他。

他们只能写信，写信已经足够！

精神的交合，灵魂的共振更令人疯狂。

莱纳，我想去见你……我想和你睡觉——入睡，睡着……单纯地睡觉。再也没有别的了。不，还有，把头枕在你的左肩上，一只手搂着你的右肩……还有：要倾听你的心脏的跳动。还要——亲吻那心脏。

"玛利亚，你来看看我吧，你什么时候能来。"里尔克在瑞士的湖边咳嗽。

"我想去——可是，等夏天吧。"她在布拉格这个卡夫卡的坟茔边呓语。

他仍旧在那里，她也仍旧在这里！

夏天来了，她没能过去。她的信到了：

> 我从不看男人们，我对他们视而不见。我不喜欢他们，他们有嗅觉。我不喜欢性。
>
> 我不活在自己的唇上，吻过我的人，会错过我的。

"玛利亚，夏天就要走了，快来吧。"他在菩提树下呼喊。

"我想去，那么想见你。甚至住进你的身体——可是我又被现实拖住了，等到冬天吧。"她在欧洲的黑暗里流泪。她写信说：

> 诗人们从来不给我写诗—— 一首也没有——而我总是淡然一笑：让他们把这些诗留给一百年后的人吧。

冬天就要结束了！"玛利亚，玛利亚！"他只能在病床上恐惧。

"上帝呀！我都做了些什么——可是我只能说，等到来年春天，你一定要等我，等待春天。"她感到了恐惧。

"春天？这对我来说太久远了。快些吧！快些！"里尔克急促地说，仿佛他急促的呼吸清晰地写在纸上。

"好吧，我就去。"她的灵魂快要跳出来，只为赶上他的呼吸。

她变卖了衣服，可是陈旧的衣服能卖几个钱？

她把诗稿全部寄了出去，可是稿费要等到来年春天。她要预支，可是毫无回应。

火车票！一张便宜的火车票，哪怕最便宜的下等座位。可是，没有！

混乱的街头，她甚至想做一回小偷或者抢劫犯。

回到家里，整个家像狗窝一样糟糕。年幼的儿子饿得哇哇直叫，仿佛在向她示威，仿佛宣告："你不能去，不准！"

她无法挣脱！而他没有等到春天！

她在春天将要来临时等到的只有放声大哭。她把自己关在屋子里，泪如雨下，她用手指在墙上雕刻，用泪水在白纸上勾勒。

丈夫不敢过问，也无能为力，带着女儿、抱着儿子在大街上流浪，把整个屋子留给她疯魔。

夜晚，她破门而出，在漆黑的大街上像个疯子一样晃荡，和流浪的乞丐为伍。

街上的煤气灯照得她脸色蜡黄或者惨白，喉管里传出灵魂抽搐的声音：他死了！里尔克没能挺过重病，死在冬天。

她终究去不了那里，他也来不了这里！

她用灵魂抱住那个人的尸体，然后缠绕。

你先我而去……你预订了——不是一个房间，不是一幢楼，而是整个风景。我吻你的唇？鬓角？额头？亲爱的，当然是吻你的双唇，实在地，像吻一个活人。

灵魂之翼折断了！

她是否还能疯魔？

五、《从童话到童话》：脉管里的阳光

如此美丽的一个女人，她的美丽带着玉石的质感和冰的锋芒。她给人带去温暖，也带去疼痛。她因诗而生，因诗而死。诗歌带给她荣耀，更带

给她苦难。

很早的时候，也许从一个少女的春天开始，她就长时间地盯着刀刃，思考锋利的事物和生命的意义。她说：在我俩之间躺着一把双刃剑。誓言将在我们的思想里生存。但是热情的姐妹们在这里！但是兄弟般的激情在这里！是如此一个混合物，风中的大草原，和嘴唇吹拂中的深渊……剑，拯救我们，远离我俩不朽的灵魂！

她意识到这是一柄剑，是摧折我们又刺透我们的剑，它处死我们，但是懂得并珍惜生命，有如真理的极致存在，在一片屋顶的边缘中。

有人注意到，在《说感恩》中，茨维塔耶娃用无羁之笔触畅谈了她对感恩的理解，同时也道出了她对人性本质的看法。她认为，人不该受到别人的一点恩惠就去感激，只有盯着（别人）手中东西看的小孩儿才会盲目地说："他给我糖吃了，他是好人。"她认为在接受别人给予时，无须去感激。因为人一出生时，上帝给予了他们同样的东西，之所以有人能给予，有人却要伸手去接受，是因为给予者从接受者那儿拿走了"赠品"，因此，给予者在给予时应该像乞讨者一样，跪着给予。其实，这反映出茨维塔耶娃一个重要的世界观——仇恨富人，她的这种仇恨在诗歌、散文中都有突出的表现。在她的意识中，物质上贫穷的人，精神上却是富有的，灵魂是高尚的；物质上充足的富人，精神上是贫穷的，灵魂是肮脏的。正因为如此，穷人在给予的时候，才会说"请原谅我给的这样少"，并感到窘迫，因为"多了我给不起"；而富人在给予时，却一言不发，他不想多给，而之所以不得不施舍，是怕在最后审判时被判有罪。因为有了这种对感恩的理解，茨维塔耶娃在日常生活中便有了与众不同的处世态度：生活窘迫的她，经常毫不客气地向给予她帮助的人索取他们"该给的"帮助。

尽管那么年轻，可茨维塔耶娃经常打开记忆的闸门，回到童年时代，为的是借孩童的视觉，反映出她的某些宗教意识。她的诗以生命和死亡、爱情和艺术、时代和祖国等大事为主题，被誉为不朽的、纪念碑式的诗篇。

勇敢、豪爽、自信、酷爱艺术，是诗人一生的精神支柱，使她克服了难以想象的生活困难和没有保护、没有同情的孤独，紧张地进行创作，"在不该笑的时候"发出爽朗的笑声。

这是一种不和谐的和谐，一种内在的精神。她自言自语：双刃剑在播种不和？它也将人们聚拢！在海岬开凿一个洞，将我们聚拢，恐惧中的守护者。伤口插入伤口，软骨刺入软骨！她这样理解，也这样书写。

一把双刃剑，倾入蓝色，将变成红……我们揿按双刃剑插入自身，最好是躺下！这将是个兄弟般的伤口！以此方式，在群星下，没有任何罪恶……仿佛我俩是两兄弟，为一把剑所焊接在一起！

好一个"兄弟般的伤口"！这样的语言，这样的想象，是属于天才的。读她的诗，好像打开一条奇异的道路，看到许多奇异的风景。

她是一个童话。她喜欢并且尽情地抒情，毫不掩饰自己的情感。请看这样的诗句：

从童话到童话：一切是你的：期盼着奇迹，四月里整个的忧伤，如此急切地向往天空的一切，——可是，你不需要什么理性。直到死亡来临，我仍然是一个小女孩，哪怕只是你的小女孩。亲爱的，在这个冬天的黄昏，请像小男孩一般，和我在一起。不要打断我的惊奇，像一个小男孩，总是在可怕的奥秘中，让我依然做个小女孩，哪怕已成为你的妻。

她多么的自恋，又多么的自爱。在自责的口吻中，她的表情楚楚动人：

哪里来的这般温柔？并非最初的，——我抚爱这一头卷发，我曾吻过比你色泽更红的嘴唇。

星星点燃，旋即熄灭。"哪里来的这般温柔？"我眼睛里的一双双眼睛，它们点燃，又复熄灭。黑夜茫茫，我还不曾听过这样的歌声。"哪里来的这般温柔？"依偎着歌手的胸口。哪里来的这般温柔？你这调皮的少年，长睫毛的外地歌手，如何应付这一腔柔情？

她像一个初恋的少女，不停地反问，不停地追逐自己，小心，羞涩，而又热烈。在另一首诗中，她怀着缕缕春心，细腻地写道：

对您的记忆——像一缕轻烟，像我窗外的那一缕青烟；对您的记忆——像一座安静的小屋，您那上锁的安静的小屋。什么在轻烟后？什么在小屋后？看呀，地板——在脚下疾走！门——带上了锁扣！上方——天花板！安静的小屋——化作一缕青烟。

有时，她像个任性的女子；有时，她像个倒霉的旅人；有时，她像个无助的怨者；有时，她又像个娇痴的嗔者。她说："我将一把烧焦的头发撒在你的杯子里。既不能吃，也不能唱；既不能喝，也不能睡。然后就感叹道：青春呀，也没有什么欢乐，糖块也没有什么甜味，在漆黑的夜晚，也不能与年轻的妻子亲热和温存。正如我金色的头发变成了一堆灰烬，你青春的岁月也变成了白色的冬天。没有爱，就没有生命。没有爱，即便年轻，又有什么意义呢？你将变得又聋又哑，变得像苔藓一样干枯，像一声叹息一样逝去。"

对马雅可夫斯基，她有着特殊的情感。她在一首献诗中写道："比十字架和烟囱更高，在火焰与烟雾中受洗，脚步沉重的六翼天使——永远出色，弗拉基米尔！他是赶车的，他又是驭马；他是任性，他又是法律。叹息着，往掌心啐口唾沫：——拽住，拉车的荣誉！"更为重要的是，她把这种情感倾注在诗行中，把那种又爱又恨的复杂情感在一种复合的结构中呈现出来：

    下流奇迹的歌手，真棒，肮脏的傲慢者，重量级拳手迷恋的是石头，而不是钻石。真棒，鹅卵石的雷霆！打着呵欠，得意洋洋，——重新驱动马车——张开赶车的六翼天使的翅膀。

当生命像鲜花一样开放的时候，她想到的却是未来，是未来不可回避的归宿：

    我把这些诗行呈献给那些将为我建造坟墓的人。人们稍稍露出高耸的，我那可恨的前额。我无端地背信弃义，额头上戴着一个小花冠，——在将来的坟墓中，我不再认识自己的心灵。他们在脸上不会看到："我听到的一切！我看到的一切！在坟墓中，我满心委屈地和大家一样生活。"

她是那么的热爱美，追寻美，弘扬美。即便是末日，她仍然想着应该以什么样的装束告别尘世：

    穿着雪白的裙子，——这是我自童年就不喜欢的颜色！——我躺下去——和谁比邻而葬？——在我生命的末日。

她大声喊道："你们听着！——我并不接受！这是—— 一只捕兽器！他们安放入土的不是我，不是我。"

似乎没有人在意她的叫喊，她有些错愕，然后就自言自语："我知道！—— 一切都焚烧殆尽！坟墓也不为我喜爱的一切，我赖以生存的一切，提供什么栖息之地……她真是讨厌死亡，讨厌坟墓。可是，那是每个人最后的去处。"

在她身上，最能发散香气的是她的诗歌、她的精神：脉管里注满了阳光——而不是血液——在一只深棕色的手臂中。我独自一人，对自己的灵魂，满怀着巨大的爱情。

她握着如椽之笔，认真清点自己的文字，一如清理如海的情感："我等待着蝨斯，从一数到一百，折断一根草茎，噬咬着……如此强烈、如此普通地感受生命的短暂，多么地奇异，——我的生命。"

她痛苦地发现："我的日子是懒散的，疯狂的。我向乞丐乞求面包，我对富人施舍硬币。"这是一个不可思议的发现。原来，生命的意义也会耗在如此无奈的境地上。

她似乎意识到造成这种无奈的原因了，因而酸酸地写道：用光线我穿过绣花针眼，我把大门钥匙留给窃贼，我以白色搭饰脸色的苍白。乞丐拒绝了我的请求，富人鄙弃了我的给予，光线将不可能穿越针眼。窃贼进门不需要钥匙，傻女人泪流三行，度过了荒唐，不体面的一日。

幸而，还有诗歌，还有可以令人骄傲的文字：诗歌以星子和玫瑰的方式生长，或好似那不曾为家人所期望的美人。给于所有的花环和最高荣耀一个答案：它从哪儿到达我这里？

她写了许久的诗，写出了许多有名的杰作，可是，她觉得自己还没有领悟诗歌的伟大。她说："我们在睡，忽然，移动在石板上，天国那四瓣的客人出现。噢，世界，捉住它！通过歌手——在睡梦中——被打开了，星子的规则，花朵的公式。"

茨维塔耶娃用蒙太奇般的抒写方式为诗歌找到了花朵的公式，她更用童话似的生命冲动留住了脉管里滚烫的阳光。

六、无家可归的伤痛

布拉格再也待不下去，茨维塔耶娃拖着里尔克留给她的支离破碎的生命选择了新的栖息地。

巴黎，俄罗斯流亡文艺家的聚集地。

他们一家来到这里，因为他们是标准的流亡人员。他们在为自己找标志，也在寻找相同的人群。

事实证明，里尔克之后，她并没有熄灭，只是她的燃烧更加枯涩了，因为她被打上了永远抹不掉的烙印：俄罗斯流亡人员！

在巴黎，她依旧追逐着她的爱情，她的灵魂。

凭借她在俄罗斯流亡派的《消息报》上发表文章获得的稿费，一家四口蜗居在简陋的房子里。

她吟唱："你穿着——我的甜心——破烂的衣服，它们从前曾是娇嫩的皮肤。一切都磨损了，一切都被撕碎了，只剩下两张翅膀依然留了下来。

披上你的光辉，原谅我，拯救我，但是那些可怜的、满布尘埃的破烂衣服—— 将它们带到教堂的圣器室去。"

但是，精神上，她获得了欣慰：俄罗斯流亡派，把她当成了旗帜，以她的声音在这里与那里对抗。

然而，尽管如此，这个时候她还在不由自主地仰望俄罗斯！

她的灵魂最爱的人是里尔克，但是上升到最高，俄罗斯才是她最爱的恋人。

她清楚她的身份：被流放！她也清楚俄罗斯。

1923 年，茨维塔耶娃就在信中告诉帕斯捷尔纳克："去蛇那里，去麻风病人那里，我不会叫住你，但是去俄罗斯——我却要叫住你。"

那是现实的俄罗斯，而她的俄罗斯是一种精神，与她血肉相连。

她从来没有放弃一个念头：她的声音是那里的。

她需要听到那里的声音，然而，她和那里的联系仅仅维系在与帕斯捷尔纳克的通信里。

她也需要那里听到她的声音。她给帕斯捷尔纳克写信，清楚地表达："我不爱大海。我无法爱。那么大的地方，却不能行走。这是一。大海在运动，而我却只能看着。这是二。……它无法滚烫（它是湿的）。无法向它们祈祷。

（它是可怕的。因此，比如说，我恨耶和华，如同我恨一切权力。）大海是一种独断。"

然而，她的声音在那里不能传播，那里的砖墙太厚。

随着时间的推移，她的俄罗斯越来越让她疯狂。

在《祖国》中她写道："你啊，我就是断了这只手臂哪怕一双，我也要用嘴唇着墨写在断头台上：令我肝肠寸断的土地我的骄傲啊，我的祖国……"

这个时候，那里的"第一诗人"来了。

马雅可夫斯基！

她是爱马雅可夫斯基的。从某种意义上来说，他们都入魔了。只是她是疯魔，而马雅可夫斯基是走火入魔！无论如何马雅可夫斯基和她有某种同源性：源于俄罗斯！只是一个在那里，一个在这里。

马雅可夫斯基未入魔之前，他的诗歌就是那个世界里炽烈的人性。他的道路是以人性讴歌那里，讴歌那里的人性，和人性的那里。所以她爱。

她说："对我来说，整个的马雅可夫斯基比所有的旧世界的讴歌者都更为亲切。马雅可夫斯基工厂或者广场比布宁的诗歌的封建城堡或者白色圆柱都更为亲切……"

1928年，马雅可夫斯基以那里的"第一诗人"身份访问巴黎。

她欢欣雀跃，不仅因为她爱马雅可夫斯基，更因为她爱那里。

她参加了在伏尔泰咖啡馆举行的马雅可夫斯基诗歌朗诵会。

当马雅可夫斯基冷傲地出现在会场时，她见识了他那道比自己更深的眉间竖立的皱纹。

"他是个热情如火的人，尽管他表面冷傲。"她确信无疑。

她虔诚地聆听他的朗读，热血沸腾，恋爱的冲动迸发出来。

她主动向马雅可夫斯基要求合影，马雅可夫斯基答应；她要求签名，马雅可夫斯基答应。

她以为这都是真的，她确信这是那里的，是她的那里。

可是，那里的马雅可夫斯基面对这群贴着"流亡"标签的人只有冷漠，流亡的人在那里的马雅可夫斯基眼里什么都不是。

她并没有注意到马雅可夫斯基的眼睛冷得像冰，马雅可夫斯基书写的手像机械。

那里的马雅可夫斯基其实已经入魔。而这一切她全然没有注意到，幻想般认为都是真的，幻想地认为马雅可夫斯基的那里和她的那里重合。

直到1930年，马雅可夫斯基在那里朝自己开了一枪，杀掉他身上的魔！她才清楚地知道那里的魔，但是仍旧在这里虔诚地眺望那里。

她说："一切家园我都感到陌生，一切神殿对我都无足轻重，一切我都无所谓，一切我都不在乎。然而在路上如果出现树丛，特别是——那花楸果树。花楸果树，一大清早儿，惨遭根诛。花楸果树——你那命数，真够寒苦。花楸果树——灰蒙蒙一片，漫山遍布。花楸果树！俄罗斯的命数。"

她给高尔基写信，她把德意志民族一直在角力的两个"诗王"搬上纸面。她声称，她不要做歌德，歌德是大理石。她要做"以神性度量自身"的荷尔德林，做幽灵，做祭司。

没有政治态度的人，那里不需要；没有政治态度的诗人，那里更不需要。

高尔基给帕斯捷尔纳克写信说："对于您对玛利亚·茨维塔耶娃的天赋的高度评价我很难苟同。我觉得她的才华是扭曲的，甚至是歇斯底里的，语言她掌握得不好……她对俄语通晓得很差，而且对待语言是缺乏人性的，千方百计地歪曲它……"

她不是那里的，那么请把她的俄罗斯连根拔起。然后，送她一个标签：无家可归！

而在她如此地热衷于那里时，这里也不再原谅她。在这里的人眼里，这里与那里必须是对立的！过去争相发表她作品的《消息报》从此不再发表她的作品。这把她最后的生存的手艺打碎。

她苦涩地说："这里既不需要我，那里我又没有可能。"

她彻底地无家可归！那么，她要为自己定位一个"家"。俄罗斯——她的俄罗斯。她死死抱住这个最后的唯一的恋人。

1935年夏天，帕斯捷尔纳克作为那里的代表到巴黎参加反法西斯大会，在这里见到了茨维塔耶娃。

他专门抽出时间，买了很多礼物，去看她。他们已经十几年没见了。十几年里他们一直在纸上亲吻。他提着大大小小的礼物，按着地址寻找，竟然找不到她的家门。她的家狭小偏僻，足足花了半天时间，他才来到她的门前。

进门的刹那，他哭了，他看到他的玛利亚的生活竟然如此艰难。

她的身体枯萎许多，脸色蜡黄，眼袋下垂，尽管她穿了一件她所能寻找到的最好的衣服，仍旧遮盖不了她的尴尬处境。而他西装革履，是那里的高高的代表。

她也哭了，她终于见到了这个在人世间唯一还能爱她、理解她的男人。

这个男人像她的嘴唇、眼睛、手指一样让她熟悉，她有很多话对他说。

她苦涩地说："我想回那里，回到你那里。"

他一言不发。

她说："我在这里很艰难，已经没有我的地方。我日夜想着可以回到那里，还有可能吗？"

他仍旧不说话，只能用自己的左手抚摩右手。

她自嘲说："我的文字在那里可能没有任何用处，但是，至少我可以靠我的双手，干点苦力，维持生活。那里还有我的地方吧？你会帮我吗？"

他没有说话，把目光转向一边。

玛利亚的小儿子穆尔正在欢快地拆他带来的礼物，小男孩对着他笑。

他的心却在抽搐，他哭了，不敢让玛利亚看见。他很想对她说："玛利亚！你已经回不去了，再也回不去了。"但是，他不想宣告：玛利亚！你无家可归。这不应该由他宣告，太残忍，这等于赐予她绝望。那么给她希望又能怎么样？

他清楚："回到那里玛利亚只有死。"

七、诗歌的灵魂落叶般陨落

她高傲地宣称：在非人的疯人院里，我拒绝——生活；同广场上的狼群一起嗥叫——我拒绝。但是，她不会拒绝她的俄罗斯。

她一头扎进去，不知道是深是浅，是轻是重。等到她明白，她彻底枯萎了。

他们想回俄罗斯，他们申请。当局同意了，表示欢迎。

她对儿子穆尔说：不管是城市还是村庄——/ 去吧，我的儿子，回到自己的祖国，——/ 那个地方——和哪里都不一样！

她又对儿子穆尔说：回到自己的家园，回到自己的世纪，回到自己的时辰，——离开我们——回到俄罗斯去，你们在俄罗斯是一大群——/ 回去吧，是时候了！马上回到祖国去！

儿子回去了，寄居在帕斯捷尔纳克和阿赫玛托娃那里。

然后，她的丈夫回去了，女儿阿莉亚回去了。

然后，她也回去了。

1939 年，经过长途火车旅行，她来到莫斯科。双脚落地的瞬间，她哭了！她感觉到自己是真的！从来没有这样踏实过。十七年了！这就是她魂牵梦绕的祖国。

她打量火车站热情洋溢的人们，打量墙壁上的标语，聆听车站洪亮的音乐广播。空气是香的！

她的脸上写满欣慰，虽然她对一切都有点陌生。

远远地她看见来接她的帕斯捷尔纳克！她笑着向他走过去。帕斯捷尔纳克送她一个微笑，心里却疼。因为从他的角度看过去，人群中的她是那么不合时宜。无论衣服、行李包，还是精神面貌都不是那里的。

他和她拥抱。她在他怀里躲了半天，兴奋地说："我回来了！"

他接过她的行李。

她裹了裹衣襟，说："没想到这里还这样冷，我原以为不是这样的。套上所有的衣服还是冷。"是的，在那里她套上所有的旧衣服还是冷。

他说："你早该有所准备。"

她不解地问："准备什么？"

他说："衣服！你以为我说什么？"

她天真地笑了。

火车站来往的人当中，有一些认识帕斯捷尔纳克的学生。他们兴奋地围住他，要求签名。她站在外面，像个孩子一样微笑，心里感觉一切是那么好。

他却对那些学生说："你们应该找她签名，我的签名和她比不算什么！"

学生们茫然地问："她是谁？"

他严肃地说："她是玛利亚·茨维塔耶娃。"

学生们更是茫然，依旧认真地向他索要签名，然后又草草地向她要签名，跑开。

"这里的人都把我忘了吧？应该是的。"她笑着说，"将来他们会知道。"

他没有直接带她回家，而是先带她去了商场，买了一件那里的衣服。衣服很暖，可是她仍旧不安，因为她仍旧不像那里的。

"穆尔还好吧？"她问。

"他——还好。"他不安地说，"你会见到他的。"

他带她回家，给她放水洗澡，给她铺床睡觉。她想多看看莫斯科的夜景，可是，他却让她早点休息。这一次她很听话。

天亮了，他却找不到她。原来她早早地起来，去大街上溜达。她想看看那里。

几天后，她见到了穆尔。帕斯捷尔纳克笑着说："快来见见你妈妈吧，和她亲亲。"穆尔很乖，和她寸步不离。

她很开心，有祖国，有儿子，而且还有丈夫和女儿，一切似乎圆满了。

可是，儿子张口问她要钱，不是小数目。她吃惊地说："要那么多钱干什么？我哪里有。"

儿子很不开心，发脾气。帕斯捷尔纳克却掏出自己的腰包，递给侄子卢布。穆尔高兴了，连忙谢了叔伯，瞪了母亲一眼，跑出去。

"你回来！"她大叫。儿子却早已经跑开了。

"你不该这样宠着他，会宠坏的。"她生气地对帕斯捷尔纳克说。

他只是微笑。

"你和安娜总是这样给他钱吗？"她说，"真是给她添麻烦了。"

在她眼里，他是自己人，而阿赫玛托娃虽然好，却是外人。

"早晚会把他宠坏的。"她唠叨道。

其实，她不知道儿子早已经成了一个纨绔子弟。

随后，她开始联系丈夫和女儿。

半个月后，她从电报局跌跌撞撞地回家，面如死灰。她恐惧于人们的眼睛，恐惧于所有微笑，恐惧于任何声音，恐惧于莫斯科厚重的砖墙。她恐惧得发抖，仿佛一条受惊的"狗"，只能沿着街边行走，唯恐人们看到她的脸、她的眼睛。

原来一切都不是真的。她被撕碎了！她的女儿和丈夫被捕了！

她蹿上帕斯捷尔纳克家的楼房，疯狂地捶门。

帕斯捷尔纳克开门，她倒在他怀里，痛哭："一切都完了，都完了！他们被捕了。"

他触电一般地问："谁？"

"艾伏隆和阿莉亚！"她绝望地说，"想想办法救救他们，想想办法吧。"

帕斯捷尔纳克叫吉娜伊达看着她，然后，拿了外套飞奔到莫斯科的大街上。

他走了之后，她坐下没几分钟，也满眼泪水地跑出去。吉娜伊达没有叫住她。她在莫斯科大街上踉跄地行走，四处绝望地张望，碰到一个个肩膀，踩到一个个脚面，她浑然不觉。

她向路边停靠的汽车内窥探，在任何一个可能是高层办公场所的高楼前驻足。她多么希望自己认识权贵。可是，她不是那里的！在那里她只有帕斯捷尔纳克和阿赫玛托娃。而阿赫玛托娃和她一样遭罪——她正在为儿子被捕的事情在莫斯科到处求人。她只能指望帕斯捷尔纳克了。

可是无果而终。她绝望了！也彻底地低下来。

本来她到这里是想重新绽放的，而现在她只能枯萎了，枯萎得一点温度都没有，因为俄罗斯抛弃了她。

她只能以外来人的身份，寄居在莫斯科。

帕斯捷尔纳克帮她找了一份翻译的工作。她勉强度日，而面对儿子无度的索取，她疼得发抖。但是，她要绝望地等待丈夫和女儿回来。

可是，要她怎样活着？她没有住所，她想到作家协会找一间宿舍。

1941 年 8 月，那一天大雨滂沱，她打着破旧的雨伞，穿越潮湿的黑暗的大理石广场，来到作家协会申请宿舍！

她来到门口，敲响接待处的窗子。窗子打开，里面是一双黑洞洞的眼睛。

"我来申请一间宿舍！"她矗立雨中，等待回答。

窗子里传出嘶哑的声音："你叫什么名字？"

"玛利亚·茨维塔耶娃！"

许久，那个嘶哑的声音说："没有住房，连一平方米都没有。"仿佛判决！窗子迅速地被关上。

她对着窗子看了好久，仿佛一个世纪！然后，一个人离开。广场上，下着黑雨，砸得大地顿响，她回头望了一眼那扇黑色的窗子。

窗子开着，她看见里面那双黑洞洞的眼睛。黑洞洞的眼睛正盯着她，然后，窗子被迅速夹紧。

希特勒的军队逼近莫斯科，城市陷入混乱。她再也不想打扰帕斯捷尔纳克，于是带着儿子来到边远小城叶拉布加。

没有钱，她只能居住在破旧的旅店。儿子又没完没了地向她要钱，而她一个子儿也不能给。儿子跑了！几天后回来，然后又跑了。

还要她怎么活着？

她来到污水横流的作协饭店，走进去，两个顶着黑色头巾的老女人迎面走上来。

"你要干什么？"她们用嘶哑的声音说，露出黑色的牙齿。

"我想做洗碗工。"她胆怯地问。

"我们不需要！"

还是判决！她久久站立在横流的污水里，仿佛又是一个世纪。里面的两个老女人指点着她窃窃私语。

还能怎么样？

"生活：刀尖，爱人在上面跳舞——她等待刀尖已经太久！"这是她很久以前的注解。

然后，作为一个人，她死了！

人们说俄罗斯抛弃了她，人们说她抛弃了俄罗斯。俄罗斯说她未抛弃她这个流浪的女儿，她说我从未抛弃俄罗斯。俄罗斯在她的子宫之外将她孕育，她这个最苦命的女儿一直紧紧抓住那根脐带。

人们说她生病了！她是生病了，病入膏肓。她这个"秃头歌女""麻风病人"衣衫褴褛地在暗处舞蹈，露出了脚趾。她还活着，必须承受三个字的命运，她的命运摆脱不了她的轨迹——"俄罗斯"！

俄罗斯！她终于回到你的体内，可是她得到的只有拒绝！她的粮食是思念、冷遇、恐惧与缺乏营养。现在她回到你的体内，可是她得到的只有拒绝，你不再认她这个女儿。

俄罗斯！你打碎了她最后的乞讨的碗，让她无了维持生计的方法。可是刚刚好她可以抓住那个铁环，于是她决定逃走！死在那冷冷的旅馆里，无人知晓。

她将那枯涩的头颅放进冰凉的铁环，把一切留给一百年以后的她。

她草草地被埋葬，以致二十年后她的妹妹来扫墓时竟找不到确切地点；以至于一百年以后，无数的信徒无法抓住她的丝毫。

作为人，她走得彻底。

她的速度迅疾，抛开了所有人，甚至一百年以后的，所有的人，都与她错过，可是所有的人没有错过她全部的风景。

参考文献

[1] 茨维塔耶娃：《老皮缅处的宅子》，苏杭译，中国文联出版公司 2001 年版。

[2] 茨维塔耶娃：《茨维塔耶娃文集：诗歌》，汪剑钊译，东方出版社 2003 年版。

[3] 茨维塔耶娃：《茨维塔耶娃文集：回忆录》，汪剑钊译，东方出版社 2003 年版。

[4] 茨维塔耶娃：《茨维塔耶娃文集：散文随笔》，汪剑钊译，东方出版社 2003 年版。

[5] 茨维塔耶娃：《茨维塔耶娃文集：书信》，汪剑钊译，东方出版社 2003 年版。

[6] 茨维塔耶娃：《茨维塔耶娃文集：小说戏剧》，汪剑钊译，东方出版社 2003 年版。

[7] 茨维塔耶娃：《致一百年以后的你》，苏杭译，广西师范大学出版社 2012 年版。

[8] 茨维塔耶娃：《刀尖上的舞蹈》，苏杭译，广西师范大学出版社 2012 年版。

[9] 茨维塔耶娃：《茨维塔耶娃集》，王家新译，花城出版社 2014 年版。

[10] 茨维塔耶娃：《新年问候》，马海甸译，花城出版社 2014 年版。

[11] 茨维塔耶娃：《我是凤凰，只在烈火中歌唱》，谷羽译，上海译文出版社 201 年版。

[12] 茨维塔耶娃：《除非朝霞有一天赶上晚霞》，娄自良译，南海出版公司 2016 年版。

[13] 茨维塔耶娃：《她等待刀尖已经太久》，汪剑钊译，华东师范大学出版社 2017 年版。

[14] 顾蕴璞：《命运个性风格——阿赫玛托娃与茨维塔耶娃》，《国外文学》，1993 年第 3 期。

[15] 蓝英年：《性格的悲剧——俄国女诗人茨维塔耶娃之死》，《俄罗斯文艺》，1995 年第 2 期。

[16] 荣洁：《走近茨维塔耶娃》，《俄罗斯文艺》，2001 年第 2 期。

[17] 余献勤：《"假如心灵生出翅膀"——茨维塔耶娃抒情诗简论》，《俄罗斯文艺》，2002 年第 6 期。

[18] 王家新：《我心中的茨维塔耶娃》，《博览群书》，2003 年第 5 期。

[19] 张梅、伍裙：《拣尽寒枝不肯栖：俄罗斯女诗人茨维塔耶娃的"孤独"》，《西伯利亚研究》，2006 年第 5 期。

[20] 黄玫：《诗人的天空——茨维塔耶娃长诗创作中存在的盾》，《俄罗斯文艺》，2011 年第 4 期。

[21] 王守仁：《诗魂——苏联诗歌创作漫步》，漓江出版社 1986 年版。

[22] 汪介之：《现代俄罗斯文学史纲》，南京出版社 1995 年版。

[23] 刘文飞：《二十世纪俄语诗史》，社会科学文献出版社 1996 年版。

[24] 许贤绪：《世纪俄罗斯诗歌史》，上海外语教育出版社 1997 年版。

[25] [俄] 符维阿格诺索夫主编：《20 世纪俄罗斯文学》，凌建侯等译，中国人民大学出版社 2001 年版。

[26] 陈建华主编：《中国俄苏文学研究史论（第三卷）》，重庆出版社 2007 年版。

[27] 中国外国文学学会编：《外国文学研究》，浙江大学出版社 2010 年版。

[28] 荣洁：《茨维塔耶娃创作的主题和诗学特征》，黑龙江大学，2002 年。

[29] 孙秀始：《茨维塔耶娃诗歌中的死亡观念》，吉林大学，2012 年。

[30] 刘新蕾：《论茨维塔耶娃诗歌中的"爱情"及其艺术体现》，天津师范大学，2013 年。

第十四章

《穿裤子的云》

——雕刻马雅可夫斯基

弗拉基米尔·弗拉基米罗维奇·马雅可夫斯基（1893—1930）。苏联诗人、剧作家。

马雅可夫斯基出生于格鲁吉亚库塔伊西省的一个林务官家庭。十三岁父亲去世后，全家移居莫斯科。1908年参加俄国社会民主工党，同时开始尝试写诗。

1912年底，他和大卫·布尔柳克等人共同发表《未来主义宣言》，出版了俄国未来派的第一本诗集《给社会趣味一记耳光》。

1913年发表第一部剧作《弗拉基米尔·马雅可夫斯基》。两年后，他发表第一部"纲领性的作品"——长诗《穿裤子的云》，反映了马雅可夫斯基对资本主义的全面否定和不妥协的抗争精神。又过了两年，马雅可夫斯基真正开始了自己的革命道路，写下了震撼人心的《革命颂》。

1919 年至 1922 年间，马雅可夫斯基参加俄罗斯电讯社（简称"罗斯塔"），用人民群众喜闻乐见的形式，及时反映社会生活和革命斗争中的重大问题。在十月革命以后的几年时间里，马雅可夫斯基的诗歌创作数量众多，题材广泛，形式多样，是诗人艺术才华蓬勃发展的时期。

1918 年创作的《宗教滑稽剧》是苏俄第一部具有较高思想艺术水平的戏剧作品。翌年马雅可夫斯基组织"共产主义者—未来主义者"协会，简称"康夫"。五年后，他创办《列夫》（即《左翼艺术阵线》）杂志，担任主编。1925 年发表著名长诗《列宁》，标志着诗人的创作进入了成熟时期。

1927 年，马雅可夫斯基为了纪念十月革命十周年，创作了气势磅礴的著名长诗《好》。由于长期受到宗派主义的打击，加上爱情遭遇挫折，1930 年 4 月 14 日，诗人开枪自杀，终年三十七岁。

斯大林评价马雅可夫斯基"过去是，现在仍然是，我们苏维埃时代最优秀的、最有才华的诗人"。他是一位戏剧革新家，他的戏剧理论对后来的苏联戏剧产生了持久的影响，并在世界现代戏剧史上占有重要地位。

马雅可夫斯基对中国和中国人民怀有最美好的情感，他的一些诗句，在当年的中国家喻户晓。他的诗歌风格，不仅影响了贺敬之、闻捷和郭小川等中国著名的政治抒情诗人，更是影响了整整一代中国人，而且这种影响还在持续中。对于我们而言，马雅可夫斯基是一个现代经典，也构成一种经典的现代。

一、新世界的基督

近百年过去了，当我们沿着历史的大理石，穿过黑暗，在厚厚的尘土下找到他的名字："马雅可夫斯基！"

名字后面注释着：为时代而生的诗人，为时代而死的诗人。

我们仿佛还能看到他眉心那道深深的竖立的皱纹。

然后，我们沿着莫斯科寒冷的大街，寻找那根滚烫的枪管！找到的时候，枪口冒着白烟，他已经开枪了，并且倒下。面对他冷冷的尸体和剧烈地扩张的瞳仁，人们没有半点怜悯，只有恐惧，恐惧于时代，恐惧于他的死亡。

他用死亡宣告：时代已经下沉到那个点，时间刚好！黑色的大雨，黑色的闪电就要来了。

可是怎能不怜悯？就这样让他偃旗息鼓，消失得无影无踪？

他是一个幸运的人，却是一个不幸的诗人！

当他还是人时，他能写出世界上最热的、最纯粹的诗歌，"他"存在着；而当他成为诗人，他再也写不出诗歌，甚至再也不能做"人"，"他"消失了。

应该怎样对待他？我们不该绝情！

正像爱伦堡给他贴上的标签：作为人而生，作为诗人而死。

那么，我们要凭吊他作为人的幸运和作为诗人的不幸。

"革命的鼓手""第一诗人"，请扯下这些标签，那些覆盖了他，扯下这些之后，让我们看看他是怎样的一个人或者一个诗人。

怒睁的大眼睛，惨白的脸，浓眉，深深的眉间竖纹，平头，美国的西服，德国的领带，法国的皮鞋，高高的黑色礼帽，指间的烟。这就是马雅可夫斯基！

他让人恐惧，尽管他不失英俊，他冷酷，坚毅，却执拗，敏感。他是一种外表看似不可侵犯的"伪强大"，外冷内热，藏着病态特质的灵魂。

原来，作为一个人，他同样耀眼，同样传奇，他作为"人"的魅力丝毫不逊色于同样自杀的茨维塔耶娃和叶赛宁，因为他同样拥有诗人的病态——他的病态体质与其他人截然不同，可以说成是神经质、妄想症或者癫痫、怪胎、僵尸。

如果说叶赛宁是病态的忧郁的一缕月光，那么可以称呼他为病态的剧毒的一个太阳。他的病态可以与凡·高媲美。可以说，在陀思妥耶夫斯基之后，他是俄罗斯唯一像凡·高的向日葵的。炽烈的毒——他能创造出最绝的诗歌，正是因为这种毒性。

他既贬低资本主义、基督，也贬低和攻击同时代的诗人，他目空一切，唯他独尊；他绝对忠诚于社会主义，但是他敢攻击社会里的所有；他在公共社会不停地严肃主持鼓动性诗歌会，同样他也能把自己的形象滑稽地贴上奶嘴广告，配以"这样的奶头，空前绝后；我愿意吮它，直到高寿"这样的词句。

他嘻嘘地称呼自己为大犍牛、野兽、河马；他称他喜欢看孩子怎样死亡；他更神经质地称一分钟要吻女人百万次。

人们说得最多的是他宣称"十月革命"是"我的革命"。看上去他对革命绝对忠诚，他是革命最坚定的一部分；可是人们有没有注意过，他高呼"十月革命"是"我的革命"时的冷酷和坚毅，从另一个意义上讲，他把"十月革命"甚至"苏联"看成他的"私有财产"。

这完全是两个概念！当他还能认为苏联是他的私有时，他能活；而一旦他意识到自己已经仅仅是整体的一部分，他必须死。

是的，不用怀疑，他就是有这种疯狂，一个标准的狂人，为爱、为诗歌和革命，为他自己！他也是那样滑稽与不屑，他可以丢掉一切，甚至自己，因为都是他的"私有财产"。

所以，爱伦堡说："马雅可夫斯基的名字对我们说来意味着摒弃一切清规戒律。"

但是，他却必须穿着僧侣的衣服，坐在一个寺庙里，并且成为住持。

那么，作为一个人或者诗人，我们不可以错过他，他同样是某种不可复制的现象，现象之上的现象。

那么，看看他是怎样一个过程，流动的过程，而不仅仅是一个概念。如果他已经凝固在历史里，我们将把他熔化，让他流淌，以岩浆或者毒液的形式。

1893年，马雅可夫斯基出生在俄罗斯边疆格鲁吉亚的巴格达季镇，父亲是当地一位护林官。1906年，他的命运轨迹被改变。他的父亲死了，沙皇政府给了他们一笔抚恤金，母亲带着他和两个姐姐来到莫斯科。然后，他出奇地早熟了。

他的家里，租住着几个贫困大学生、马克思主义者，天生怪异的他整天跟着他们，产生了惊艳的反应。十五岁时，他加入了社会民主工党，即后来的布尔什维克，开展文艺创作和文艺宣传，这个时候距离胜利的"十月革命"还很遥远。由于热衷于革命，他一次次被捕，牢狱之灾，让他成为狂人。

狂人！只能这样称呼他。1911年，莫斯科斯特罗加诺夫工艺美术学校的校园，学生们都在为一个男青年惊奇：怒目，冷酷的表情，奇异的发型，穿着一身女人的衣服，里面穿着黄色的坎肩，一只手夹着烟，另一只手拿着画——他自己的画，画里全是一张抽象的夸张的人脸。而在不远处的树丛后面，两个贼头贼脑的人一直盯着男青年。

男青年正是十八岁的马雅可夫斯基。他轻蔑地与众人对视，众人害怕他的目光；而对那两个贼头贼脑的人他更是不屑一顾，那两人是警察局派来监视他的，最后一次出狱之后，他就一直处于这种监视之下。

疯子！ 1912年，一篇宣言性文章《给社会趣味一记耳光》刊登在杂志上，人们纷纷说，写文章的人是疯子。写文章的是马雅可夫斯基和他的"未来派"同人，这个时候他鲜明地树立起"未来派"大旗。他穿着黑色的西服，戴着高高的礼帽，站在话筒前信誓旦旦地宣言："要将普希金、陀思妥耶夫斯基、托尔斯泰等人从现代的轮船上丢下水。"人们对他吐口水，对他谩骂。他依旧冷酷地高声宣言。

1914年12月，彼得堡月光公园，人声鼎沸。人群中搭建一个简单的舞台。一个男青年在舞台上穿着夸张的衣服，用僵死的动作和苍白的表情表演，嘶哑地怒吼。

可是，表演没过多长时间，人群上空升起巨大的嘘声，男青年若无其事，继续表演。

很快，人们高喊："滚蛋！滚下去！"

他依旧没有任何多余的反应，他把脸涂成石膏一样的白色，眼睛用墨水染成黑色，他向台下嘶吼。

"神经病！疯子！"人们开始向他扔纸团、帽子和石子。

他的头上流血，他仍旧冷酷得没有反应。警察冲上舞台，将他拉下去，临走，他做了一个死亡的动作。

舞台剧叫作《弗拉基米尔·马雅可夫斯基》，导演、编剧和主演都是弗拉基米尔·马雅可夫斯基。这个猖狂的人，以自己的名字命名一个基督，因为他要像尼采一样疯魔。尼采以《查拉图斯特拉如是说》宣布"上帝死了！"他也要这样。他宣称痴迷于象征主义鼻祖爱伦堡，因为他的本体就是爱伦堡的死亡模型，就是与爱伦堡同源的波德莱尔手下病态的向日葵。

1915年，一本诗稿送到出版社，编辑定睛一看，差点儿把口中的茶水吐出来。诗稿上写着《第十三个使徒》！这是挑衅和宣言。什么样的一个狂徒居然敢用一个创世纪式的书名。可是，他就是要做先知，他就是要挑衅基督。监察机关说："用这个名字，你可以直接去服苦役了！"这一回他没有像耶稣一样选择殉难，而是改了书名为《穿裤子的云》。

名字虽改了，但是诗歌的内容仍旧是宣言式的。特别是长诗《穿裤子的云》。晦涩的语言、跳跃的思维、阶梯式结构、暗涌的思想，都明确地表明他要做基督，一个新的世纪的基督。他就是"第十三个使徒"，他要创世纪，他在到处传播他的教义。

《穿裤子的云》让他成为俄罗斯的一个诗派的领袖,而他的世界将经过"他的革命"到来。当他的世界到来时,他真的成了新的基督!

二、《穿裤子的云》:一种想象的力量

马雅可夫斯基是俄罗斯文学史上一个响亮的名字,他那阶梯式的分行诗和充满激情的想象对中国的诗人作家影响巨大,郭沫若、郭小川、贺敬之和艾青等人自不必说,连老舍先生也十分喜欢马雅可夫斯基。老舍曾根据高莽翻译的马雅可夫斯基的《澡堂》剧本改写了一个中国版本,但可惜在当时的条件下始终无法上演。瞿秋白有幸和马雅可夫斯基谈过话,感觉诗人标新立异,喜欢当众朗诵,善于辩论,他的照片老是皱着眉头,很严肃的样子。

生活中,马雅可夫斯基很可爱。有一天,他在路上见到有个头戴小帽的女人,把许多人聚拢在她的周围,这个女人用各种各样的谣言诬蔑、中伤布尔什维克,马雅可夫斯基很生气,当即用有力的双手分开人群,走到这个女人跟前,抓住她说:"我可找着你了,你昨天把我的钱袋偷跑了!"那女人惊慌失措,含糊地嘟哝着:"你搞错了吧?"

"没有,没有,正是你,偷了我二十五卢布。"马雅可夫斯基一脸严肃地说。

围着那女人的人们开始讥笑她,一下子四散走开了。当人们走光以后,那女人一把眼泪、一把鼻涕地对马雅可夫斯基说:"我的上帝,你瞧瞧我吧。我可真的是头一回看见你呀!"

对于那些可憎的人和可恨的事,就要用智慧的方式来回击。这是马雅可夫斯基的生活原则,这也让他得罪不少达官显贵。有一段时间,他创作的剧目备受攻击,筹办的个人创作二十周年成就展览会也遭到冷落,没有多少参观者,更没有重要人物出席。不久,他患上了喉咙病,医生劝他不要再像从前那样到处去朗诵。1930 年 4 月 14 日早晨,女演员维罗尼卡刚

离开马雅可夫斯基的工作室，屋内便传来一声枪响。马雅可夫斯基用勃朗宁手枪结束了自己的生命。他留下一封《致大家》的信："我现在的死，不要责怪任何人，更不要制造流言蜚语。死者生前对此极为反感。"实际上这封遗书写于数日之前，他对未了之事一一细心交代，而唯一遗憾的事就是与论敌的斗争——"应当对骂到底"。

在创作上，马雅可夫斯基想象奇特，富有质感，因为诗是"想象的表现"。这是大诗人雪莱说过的话。而亚里士多德认为："诗需要一种特殊的赋予，或其人有疯狂的成分，或者使他容易想象所要求的神态。"雪莱指出："一般来说，诗歌可以解作'想象的表现'。"布莱士列特则更直接："诗歌是想象和激情的语言。"俄罗斯著名文艺批评家别林斯基说："在诗中想象是主要活动力量。创作过程只有通过想象才能完成。"中国著名诗人艾青也说过："没有想象就没有诗"，"诗人最重要的才能就是运用想象"。

那么，怎样才能运用想象呢？别林斯基指出："哲学家用三段论法，诗人则用形象和图画说话，然而他们说的都是同一件事。"(《一八四七年俄国文学一瞥》)这意味着，写诗要用形象思维，即要对生活进行形象的感受，在此基础上，善于进行形象的捕捉。艾青谈写诗体会时说："形象思维的活动，在于使一切难以捕捉的东西，一切飘忽的东西固定起来，鲜明地呈现在读者的面前，像印子打在纸上一样地清楚。"因此他说："写诗的人常常为表达一个观念而寻找形象。"能捕捉到新颖的形象，也就有了写诗的素材。那么怎样才能捕捉到形象呢？

马雅可夫斯基讲过一个捕捉形象的例子：大约在 1913 年，他从萨拉托夫回到莫斯科。为了对一个同乘一列火车的少女表示他对她完全没有邪念，诗人就说道："我不是男人，而是穿着裤子的云。"说了这句话之后，他立即考虑到这话可以入诗——但他又担心这句话口头上传出去白白地滥用掉了。那怎么办呢？他十分焦急，差不多有半小时，诗人用许多问题问那少女，直到他相信自己的话已从少女的另一只耳朵飞了出去之后，他才放心。

两年之后，他用"穿裤子的云"作为一首长诗的标题。没想到这首诗一经发表，立即引起轰动，成为马雅可夫斯基最受欢迎的代表诗作。

你为什么叫我诗人？

我不是诗人。

我不过是个哭泣的孩子。

你看我只有撒向沉默的眼泪。

你为什么叫我诗人？

我的忧愁便是众人不幸的忧愁。

我曾有过微不足道的欢乐，如果把它们告诉你，我会羞愧得脸红。

今天我想到了死亡，我想去死，只是因为我疲倦了，只是因为大教堂的玻璃窗上天使们的画像让我出于爱和悲而颤抖。

而今，我温顺得像一面镜子，像一面不幸而忧伤的镜子。

你看，我并不是一个诗人。

我只是一个想去寻死的忧愁的孩子，你不要因为我的忧愁而惊奇，你也不要问我。

我只会对你说些如此徒劳无益的话，如此徒劳无益，以至于我真的就像快要死去一样大哭一场。

我的眼泪就像你祈祷时的念珠一样忧伤，可我不是一个诗人，我只是一个温顺、沉思默想的孩子。

我爱每一样东西的普普通通的生命，我看见激情渐渐地消逝。

为了那些离我们而去的东西，可你耻笑我，你不理解我。

我想，我是个病人。

我确确实实是个病人。

我每天都会死去一点，我可以看到就像那些东西，我不是一个诗人，我知道，要想被人叫作诗人，应当过完全不同的另外一种生活。

他接着写道：

　　天空，在烟雾中被遗忘。蓝色的天空，仿佛衣衫褴褛的逃亡者。我把乌云拿来渲染这最后的爱情，这爱情鲜艳夺目，就像痨病患者脸上的红晕。

　　所谓乌云，就是那些穿裤子的云。

　　你们的思想幻灭在揉得软绵绵的脑海中，如同躺在油污睡椅上的肥胖的仆从。

　　我将戏弄它，使它撞击我血淋淋的心脏的碎片，莽撞而又辛辣的我，将要尽情地把它戏弄。

　　我的灵魂中没有一茎白发，它里面也没有老人的温情和憔悴！

　　我以喉咙的力量撼动了世界，走上前来——我奇伟英俊，我才二十二岁。

　　粗鲁的人在定音鼓上敲打爱情。

　　温情的人演奏爱情用小提琴。

　　你们都不能像我一样把自己翻过来，使我整个身体变成两片嘴唇！

　　来见识见识我吧——来自客厅的穿洋纱衣裳的天使队伍中端庄有礼的贵妇人。

　　像女厨师翻动着烹调手册的书页，你安详地翻动着你的嘴唇。

　　假如你们愿意——我可以变成由于肉欲而发狂的人，——变换着自己的情调，像天空时晴时阴，——假如你们愿意——我可以变成无可指摘的温情的人，不是男人，而是穿裤子的云！

　　我不信，会有一个花草芳菲的尼斯！

　　我又要来歌颂像医院似的让人睡坏的男人，像格言似的被人用滥的女人……

　　诗人陷入一种迷醉状态，自言自语，令人心疼。弗拉基米尔·马雅可夫斯基，这个剃着光头的男人，他曾经说：人，必须选择一种生活，并且有勇气坚持下去。可他自己却在 1930 年 4 月 14 日用手枪对着自己的心脏结束了生命，这是他自己选择的生活，也是他的宿命。这个仅仅活了三十七岁的天才诗人，喜欢在人们聚集的地方当众朗诵，他声音洪亮，才思敏捷，那时候的年轻人，无论男女都疯了一样的爱他，他们跟着他一起朗诵。

有一天，马雅可夫斯基靠在门框上，为莉莉娅朗诵了长诗《穿裤子的云》。诗人倾吐了自己对爱情的渴望与哀愁。只见他或狂喜或激怒，或憧憬或绝望，在场的人仿佛时而被抛入狂涛激荡的感情旋涡中，时而又置身于阳光明媚的俄罗斯草原。

但是，这又有什么用呢？一点用都没有，热闹的深处是孤寂。他一生没有得到过莉莉娅的爱情，他一生也只爱这一个女人，诗人终生未娶，也不曾衰老，他的生命像诗一样永葆青春和激情。

> 让那些在欢乐中发霉的人们迅速死亡，
>
> 好让应该成长的孩子们能够成长，
>
> 这一天将会到来，
>
> 他们将用我的诗作为孩子的名字。

这是马雅可夫斯基二十二岁时写下的诗句，那么年轻他就感悟到："在这个生命里死亡很容易，建立生命倒是很难。"他虽然只活了短暂的三十七年，可是，很少有人像他那样体会到爱情的真义和生命的价值。

《穿裤子的云》，一种想象的力量穿过茫茫时空，直达人类的心灵。

三、爱情病毒

他疯狂地以为他可以控制一切，却唯独不能控制爱情，就像尼采不能控制莎乐美。在爱情面前，他总是温柔而软弱的、炽烈而坚持的。他极度需要爱情，或者说爱情本来就生长在他身上，像某种病毒，让他疼痛，但是他需要。

从某种意义上来说，爱情的折磨是他写诗歌，或者说藐视与控制其他一切的源泉，这一点他和茨维塔耶娃是类似的。病态的爱情就是他为人的耀眼的标志。

1912 年，就在他狂妄地宣称"给社会趣味一记耳光"的时候，爱情也给了他一个耳光！他找到了他的初恋，十六岁的少女爱尔莎，律师和钢琴家的女儿，一个温顺善良的小姑娘。

他们已经认识了几天，可是他爱上她的时间根本用不了几天那么长，他甚至看到她就喜欢上她，而她全然不知！但是，几天里，她知道了一点：他看上去很远，很冷；实际上却很近，很热。其实，这正表明他爱上了她，除了他爱的女人，不会再有别的什么人对他能够有这种印象。

夏季的夜空，星星很多很高，夜凉如水。他和她沿着大街行走，微弱的光线下，她能看到他怒睁的白眼球，脸上挂着怪异的表情。

突然，他说："爱尔莎，你能做我的女朋友吗？我深深爱你。"

"你在说什么呢？"她感觉这有些荒谬。

"请让我抱你吧！"他忧郁胆怯，显得躁动急切。

"你可不能乱来，我承认对你是有点儿好感，可是……"还没等她说完，他已经扑过来抱住她。

她吓得喘不过气，惊慌地说："你不能这样，你没有这个权利。快松手。"

他却不依，抱得她更紧，央求道："如果你拒绝，我的生活将变得无味和糟糕。"

她尖叫出来！他立刻弹开，慌张地说："你别生气，别生气，都是我不好。可是你不要拒绝我。"

她又羞又恼地说："我会考虑的。"

她转身要走。他又紧张地说："你一定要考虑，不是开玩笑吧？"

她认真地说："不是开玩笑。"

她走出几步，他又喊道："你确定？"

她说："我确定。"

后来，她知道他是写诗的，而且在诗歌上有目空一切的资本，她喜欢上他，她成为他的女朋友。他抱紧她，忧虑地说："你只能属于我一个，不能和别的男人有任何来往，否则就要了我的命，你知道吗？你能答应吗？"

她点头说："是的，我能答应。"

她能做到不与别的男人有任何来往，可是他却做不到不与别的女人有任何来往。他要的权利是可以与别的女人有任何来往。别的女人不远，正是爱尔莎的姐姐莉莉娅，一个率性潇洒、放荡不羁却颇具才华的美女，一个怕老怕到从来不照镜子，也自信到从来不照镜子的女人。

1915年，马雅可夫斯基用《穿裤子的云》宣布他是"未来新世界的基督"，疯魔到极点，但是却没能逃出这个女人的手掌，并且一生都没有逃过。

同样是1915年，爱尔莎的父亲过世了，所以她来到彼得堡，住到姐姐家里，姐姐已经结婚，丈夫是勃里克。

有一天，马雅可夫斯基按照爱尔莎给的地址来找她。进门的瞬间看见了她，更看到了她的姐姐，他的心头猛然一震。

莉莉娅说："您就是著名的诗人，真是幸会。您可要好好照顾我的妹妹，她是那么爱您，全靠您了。"

他们握手，马雅可夫斯基大大的眼睛一直盯着她的面庞。而爱尔莎害羞地在一旁偷笑。

几天过去了，他又跑到莉莉娅家里。

莉莉娅说："您来得不巧，爱尔莎已经走了，她没告诉您吗？"

他的心怦怦直跳，颤抖地说："我知道她不在这里了。"

莉莉娅笑着说："那您来是——找我？"

他沉默片刻，突然靠到墙上，头歪到一边说："我想我爱上了你，我更需要你。"

莉莉娅笑着说："您在说什么呢？开什么玩笑。"

他阴郁地说："请不要这样说，我是很认真的。你不应该否定我的真诚。"

莉莉娅看到他惨白的脸，感觉一切都是真的，她变得严肃起来，说："你知道你在做什么吗？我是她的姐姐，你不能这样对她，我也不能。她需要你。"

他把头抵到墙上，痛苦地说："我知道你是她的姐姐。因为这个难道我就不可以爱你吗？难道为此你就要放弃你的爱吗？你不能这样。"

莉莉娅迷惑地说："我想你搞错了，我从来没有说过喜欢上你，事实上确实也没有喜欢。"

他失了魂似的在屋子里走来走去，暴躁地说："我知道你在骗我，你不敢说你爱，从你的眼神我可以看出来。这对我不公平，对你也一样。"

莉莉娅说："我必须声明，我是一个有丈夫的人，你不应该这样对我说话。请你尊重你自己，也尊重我。"

他更加阴郁地说："难道是我错了？你不可不爱我。我会让你爱我的。如果这样对不起爱尔莎，我只能抱歉。因为我更加不想对不起你。"

莉莉娅说："你从来没有对不起我，我求你不要再这样说。"

他激动地说："你确定我一点儿希望都没有？"

莉莉娅说："很抱歉，我确定。"

他自言自语道："我不相信……不信。我不听你的话。"他慌忙逃走。

随后的几天，他没有来找她。她以为他绝望了，放弃了。可是，看到他的诗歌与诗名，她心里有种说不出的感觉，而且她惊诧于他的诗人形象与在她面前的那个形象的反差。他们又碰面了。远远看见他走过来，她只想躲避。可是他看见她，不顾一切地追上去，急切地问："你现在有答复了没有？"

她说："我已经跟你说得很清楚。"

他说："你没有说清楚，你在考验我吗？走吧，我现在就去带你买礼物，买最好的，你想要，我就买给你。"

她说："事实上，我不能这样。"

他痛苦地说："为什么？因为她是你的妹妹，因为你有丈夫？这些算得了什么呢？我看到你的第一眼就已经爱上你。你可知道，我为你写下多少诗歌，你不可能不知道的。"说着他背诵起爱情的文字。

面对他的极度热情，她突然胆怯起来。她说："你不要再念了，即便是真的，我也不能爱上你。"

她转头就走。他则失态地高喊："你撒谎，撒谎。你这个骗子！"

旁边有人走过，他仍旧完全不顾及，狠狠瞪了那人一眼。

随后的日子，莉莉娅心神不宁，丈夫见了为她担心，问："亲爱的，你是怎么了？"

莉莉娅痛苦地说："如果我爱上别人该怎么办？"

勃里克说："你还爱我吗？"

她紧张地说："爱，当然爱，永远都爱……可是，我是说同时爱上了另外的男人。"

他说："那么我不会抛弃你。"

听了丈夫的话，她心满意足。马雅可夫斯基又和她单独见面了，送了她一大束花。他张口就问："你是不是已经考虑清楚了？"

她沉默不语。他说："你倒是说话呀？每天我都为你写诗，你再不说话我已经受不了了。"他冲过去抱住她。

她低低地说："难道真的要这样对妹妹？"

他心花怒放，亢奋地说："她会理解我们，她会支持我们的，她是好女孩。"

她说："你真的每天都为我写诗？"

马雅可夫斯基战栗地说："是的，每天都写，以前是，以后也会是，每天，不会停止。"

她也抱住他，两个人疯狂地接吻。

莉莉娅成为他的女人，一辈子的女人，也成为他诗歌的与精神的核心。

四、奇恋：一种病态的恶之花

两个男人和一个女人该怎样相处？人们定义为"三角"关系，于是，总有一个是多余的。可是在他们，却是一个整体，缺一不可。他拥有着自己的"三角精神恋爱"，虽没有茨维塔耶娃的高，但是比茨维塔耶娃的毒。

他和莉莉娅开始了，然后，再也没有结束。

果然，他依照约定每天都给她写一首诗歌，果然他也从她那里得到无穷的诗歌的灵感，他不断上升，她也替他高兴，替自己高兴。然后，他将提出那个要求。

他能感觉到时代风起云涌，他已经被钉上十字架，为了那个新世界。可是，就像耶稣之于莫大拿的玛利亚一样，他同样需要一个女人的庇护。

刚刚在一个公共场合宣传完他的"教义"，回头他就躲进莉莉娅那里。他惶恐地抓紧她的手说："今天你给那个男人说了什么？"

莉莉娅困惑地说："哪个男人？"

他敏感地说："你不能骗我，朗诵诗歌的时候我看见你和他在交谈。"

莉莉娅说："他只是陌生人，我和他谈你的诗歌。"

他反说："陌生人？我不相信，你要知道你随便和男人讲话很不合适。"

莉莉娅说："我不觉得这有什么不妥当。"

他愤怒地说："你应该顾及我的感受，那样我会以为你爱上了别人。"

她清楚他的方式，选择沉默。

他怎么也不能平静，焦虑地说："不行，不能再这样。我想时刻都在你身边，要知道，离开你一会儿我就担心得不得了，想得不得了。"

她说："你想怎么办？"

他胆怯地说："你能和他离婚吗？离婚吧，然后我们在一起。"

她从他怀里挣脱出来，坚决地说："这不可能，我绝对忠诚于我的丈夫，我不能和他离婚，即使和你分开。"很显然，这个时候，她爱她的丈夫多过爱诗人。

他恐惧地抱住她说:"请别生气,别生气,我没有让你和他离婚。可是,我要你允许我和你住在一起。"

她说:"但是,我要和勃里克在一起。"

他说:"我清楚,那么我们三个人一起住!"

她惊讶半天,说不出话,而他看上去那么执拗和迫切,她不敢想象如果拒绝他会是什么样子。但是接受他又会是什么样子?

她和诗人的事情丈夫是知道的,几乎从一开始就知道,她开诚布公。丈夫能够接受她在精神上对诗人的付出,也不得不同意诗人在精神上对妻子的缠绕。而妻子在婚姻、责任和肉体上完全忠诚于自己。但是,真的要住到一个房子里,会不会方寸大乱?

她抵挡不住马雅可夫斯基的进攻,她知道,如果不答应他,他有可能崩溃。每天他送她回家,总要在她家里待好长时间,依依不舍地出门,仍旧要在门口徘徊、张望。甚至有一晚,他担心她可能会出去见别的男人,而在寒风中在门外站了一个晚上,没合一下眼睛。

她同意了,她的丈夫也同意了。他们三个人住进同一所房子。

这个房子可以称为一个家,完整的家。莉莉娅和勃里克是肉体上的和法律上的夫妻;莉莉娅和马雅可夫斯基是精神上的和灵魂上的伴侣;勃里克和马雅可夫斯基是很好的朋友。他们关系分明地缠绕在一起。

马雅可夫斯基真的不要求别的,只要求她能爱自己,忠诚于自己,而这种爱和忠诚则包括:她必须同时爱和忠诚于丈夫。她的肉体完全是丈夫的,而精神则完全是马雅可夫斯基的。

夜晚,马雅可夫斯基回到家中,勃里克坐在沙发上看书。他脱下礼帽和大衣,坐到他旁边,给他一支烟。谈着家庭的开支,谈革命或者其他。勃里克是温顺的,总是笑,而马雅可夫斯基渐渐不安起来,因为天色已经很晚了,而莉莉娅仍然没有回家。

"她会到哪里去呢？真叫人不安。"马雅可夫斯基不停地抽烟。

"你不必担心，她应该很快会回来。"勃里克安慰他说。

"你不该总是这样相信她。"马雅可夫斯基像是训斥地对勃里克说。

她回来了，脸上挂着灿烂的笑容。勃里克走到她身边，给她脱去大衣和围巾，帮她挂好。马雅可夫斯基却阴郁地说："有什么事情值得高兴的？"

她说："今天的聚会很有意思。"

马雅可夫斯基突然站起来，激动地说："你去参加聚会！你怎么可以不给我说一声就过去？"

勃里克吃惊，而她早已经习惯。见马雅可夫斯基如此不安，她心疼地说："对不起，我想我以后不会再这样了。"

马雅可夫斯基也变得温和起来，他说："你能答应我吗？以后不要再回来这么晚了。"

她说："我能，我能答应你。"

马雅可夫斯基幸福地说："你太好了，真是太好了。快去洗澡，和勃里克去休息吧。"

整个过程中勃里克仿佛是一个外人，但是，他不觉得尴尬，反而很温暖，因为马雅可夫斯基很温柔；但是，不得不说，他也担忧，因为马雅可夫斯基的敏感和扭曲。

马雅可夫斯基离开了，走进自己的房间。那对夫妇知道，他又去写诗歌了，为莉莉娅。

果然，以后的日子莉莉娅每天都会按时回家，她也时刻注意马雅可夫斯基的反应，不再随便与别的男人亲近。她要完全成为他的，她要让他能确定她完全是他的。

与这个人相处，而不产生一点摩擦，或者不让他产生一点嫉妒、敏感和阴郁，那几乎是不可能的，任何特别细小的细节都可能把他燃烧，甚至她出门忘了和他说"再见"，他都会认为她不再重视他，不再爱他。但是，他不会离开她，而是要纠缠，要燃烧，这是某种必需。失去她，他认为自己将死掉。

十月革命胜利了，他果然成了那个新世界的基督，被钉上"十字架"。他继续藐视一切。

他的漫画出现在各种场合，无论是报刊、海报，还是广告、产品包装和生产标语。他成为社会最核心的现象。他仍旧继续着自己的藐视一切，却又绝对忠诚于爱情。

那天，他和她一起走在大街上，他在她旁边，睁着大眼睛，戴着高高的帽子，喋喋不休地给她朗诵爱情诗歌。可是，他全然没有注意到她的窘境。大街上的人都在注视着他们两个，人们都知道在这两个人的"家里"发生着什么样的故事。可是他仍旧炽烈而疯魔地表达爱情。

他大声说："你知道吗，宝贝，我要给你一百卢布买一件新款的大衣，然后和你接吻一百分钟，不，我要一分钟和你接吻一百万次。"

街上的人都笑出来，他怒目相向。而她已经羞得无地自容。为了他，她已经听惯了风言风语，她甚至可以坚定地对众人说："我、丈夫和他之间完全是纯洁的爱情和友情，没有肉体的交叉。"可是现在，等于他当着众人给了她一巴掌，她再也受不了了，她无力经营"马雅可夫斯基"这项事业。

他兴冲冲地跟她回到家里，她却把门关上，不再理会他。他慌张极了，死命地敲门："你又怎么了？我很不安。"

她说："我受不了了，我必须冷静一下，你搬走吧，暂时不要住在一起了。"

他恐惧地说："你是在和我开玩笑的……告诉我这不是真的。"

可是她不再理会他。

他吼道："我那么爱你，不能没有你，你请收回你的语言。"

"莉莉娅！莉莉娅！"他扑倒在地，屋子里空空的。他朝自己开了一枪，结果没响。莉莉娅吓坏了。看着她，他说："我想死，只要你抛弃我。

我会在枪里永远留一颗子弹给我自己。"

莉莉娅心疼地说:"我没有抛弃你,但是你不能再住这里,如果你同意搬出去,听我的话,我怎么也不会抛弃你的。"

他同意了,尽管不乐意。但是,在死亡、失去她和不与她住在一起,这三者之间他选择了最后一个。

1925 年,马雅可夫斯基已经在国家得到极高的地位,被册封为"第一诗人",他对国家足够忠诚,对社会却足够藐视。他在各类广告中作了足够多的滑稽表演,他的头像和诗歌贴在奶嘴上、机械上,甚至肥皂上。他也从来不穿俄罗斯生产的服饰。从里到外,从上到下,用的都是外国货,包括他的手杖。

这个时候他仍然和莉莉娅在一起,但是,他考虑结婚了。他乞求莉莉娅能和丈夫离婚。可是,莉莉娅说不。他继续承受着煎熬,一再提出这个要求。莉莉娅不高兴了。

她说:"如果你真心爱我就不该要求我离婚。你再要求我离婚,你将彻底失去我。"

"没有你,我还能活吗?我不能失去你。"他几乎又是乞求。

"你根本就不该提结婚,我不想见到你。记住,你也不能来见我。"莉莉娅说,"我们的爱变淡了,其实你已经没有以前那么爱我了。"

她有她的打算,这么多年里她早就发现:"如果我嫁给了他,为他生儿育女,到那时他也许会觉得一切都索然寡味,也就不会再为我写诗了。而写诗对他才是最重要的,诗就是他的生命。"

莉莉娅很明智,他们是精神上的狂恋,一旦转移到现实中,那么她将失去他,所以她不会嫁给他,只要不嫁给他,她就可以永远地将他"私有"。

果然,或者真如莉莉娅所说,他想和她结婚表明了他对她的精神爱恋已经没有原来那么狂热——这一次,他并没有扣响扳机。

果然,她也没有失去他,仍然控制着他,在他的灵魂里一直呼喊:"莉莉娅，爱我吧！"

随后，他要做的是去一个女人那里，寻找他的婚姻。这成了他随后的主题和变奏。

五、纽约与巴黎

他的俄罗斯，全被莉莉娅占满了，在俄罗斯他只有她一个，当他想从她那里组建一个家庭的希望破灭后，他决定作短暂的逃离。

纽约，另一个世界的核心；巴黎，另一个世界的同样核心。他在这里短暂地行走，只为找到一个可以给他家的女人。

1925 年 7 月，他"逃"到了纽约，到那里举办贴画展，然后他在他的画作后面找到了一个可以令他不用震颤而只有温暖的女人。

穿着美国的西服和皮鞋，戴着帽子，拄着拐杖，站立在曼哈顿布鲁克林大街上，帝国大厦高高挺立，他依旧显得冷酷与藐视一切。然而，这里毕竟不是他的世界，他是一个纯粹的俄罗斯人、苏联人，他只懂得俄语。

该怎么办？幸好他有了她，伊丽莎白·西贝尔特！作为一个翻译，她让他在纽约的短暂时光变得舒心；作为一个女人，她则让他的一生有了温暖和希望。

伊丽莎白·西贝尔特，一个生活在美国的俄罗斯女人，精通几国语言，有过婚姻经历，足够美丽，足够大度，也足够细心、温柔和体贴。

在诗歌朗诵会上，她站在他的旁边。他朗诵一句俄语，她就朗诵一句英语，她尽量模仿他的语气和神态，尽管她不可能模仿得如出一辙，但是至少她已经贴近了他的诗歌和灵魂。

他出席黑人区举行的晚会，她陪着他；他参加美国平民聚会，她陪着他；他去造访美国左派作家，她陪着他；难得他可以到海边走走，她仍旧陪着他。在纽约，她成了他的"拐杖"，仿佛一刻也不能没有她，包括饮食起居。

他要请她吃饭，她说，只去平民餐馆，不用去高级餐厅。虽然，马雅可夫斯基是个有钱的苏联诗人，但她不愿意浪费。

马雅可夫斯基这次和她相处的过程始于一个正常形式——心平气和地交谈，而不是瞬间就抱住她，说爱她。这预示着这个女人的特殊和在这里的马雅可夫斯基的特殊，也预示着这段爱情的特殊。

"你什么时候来到这里的？" 马雅可夫斯基很少这样问问题。

"1923年，我结婚了，和一个英国人，所以跟他过来了。"她的声音亲切。

"你结婚了？看不出来，你还这么年轻。" 马雅可夫斯基说。

"结婚了！现在我们分开了，只是为了能够让我留在美国，所以他没有和我离婚。"她说。

"他应该是个好人。"马雅可夫斯基说。

"可是，我和他不合适。"她苦涩地说。

他说："你喜欢什么样的男人？"

她笑而不答。

那一刻他从她身上看到光芒，他单纯以一个男人的身份对一个女人产生了好感。

后来的一个晚上，他说："我想我爱上你了。"这个时候他感觉不到从前的那种灼烧，反而他感觉到幸福的冲动，她给了他爱的应和。是的，她也爱。

他们躺在床上，马雅可夫斯基战栗地问她："你会后悔吗？要知道我很快就会离开这里，并且可能不会再回来。"

她却仁慈地说："爱就意味着有孩子。"

这句话让他温暖！实在的爱，平凡的爱，而不再是精神的灼爱，这一次他终于不用以一个狂人的身份折磨自己，不用在天上目空一切，不用夸张，不用做一个神。

在纽约，他们做了三个月的夫妻！马雅可夫斯基是一个女人的丈夫，是一个实实在在的男人——这是这段爱的实质。

她的妊娠反应来了！她很兴奋，等着他回家，然后告诉他。当他听到自己就可以做爸爸了，他更兴奋，一直摸着她的肚子傻笑。然后，他又焦虑起来，因为他就要走了。这一走，不仅是离开伊丽莎白，还是离开孩子。

秋天来了，他真的要走了。他恋恋不舍地说："我走了以后，你们怎么办？和我一起回去吧。"

她笑着说："我不能回俄罗斯，我已经在美国。"

他说："那么我能做些什么？为你们。"

她说："你什么都不用做，只要你能记得写信给我，给我们。"

他说："我想给你买些冬天穿的衣服，大衣、帽子。"

她笑着说："这里冬天没有咱们那里冷，而且现在还没有卖冬装的。"其实，她心里清楚，他已经没有多少钱了，不想再让他破费。

但是，他坚持要买。他们去了商场，花费五十美元，买了一件大衣和裙子。

临走那天，他在外面转了很久，然后抱着一大束"勿忘我"鲜花，站到她的面前。看着他熟悉的眼睛、皱纹和眉毛，她躲进他的怀抱大声哭泣。

"你真的要离开了吗？我将失去你，这是真的。"她说。

"不，不，不要忘记我，你没有失去我，同样，我也不能失去你。"他这样说，那一刻他确定自己真的是平凡的男人。他又给她留了一些钱。然后，她送他出门，坐上出租车，一起奔向港口。

"罗尚博将军号"轮船停靠在港口，巨大的烟囱吐着黑烟，人群骚动，自由女神像在远处矗立。

他握着她的手，深深亲吻，说："您要多保重，再见，伊丽莎白，再见，女儿。"然后，他迅速地转身。

她轻呼："记得写信！"

他只是背对着她，挥挥手。她知道他哭了！这个狂妄自大的男人哭了！

她看着他的背影消失，她流下眼泪，一直站在岸上。"罗尚博将军号"

响起巨大的汽笛声，然后开走，一点点消失。

她不知道为了给她买东西，他几乎花光了身上所有的钱，只能坐在五等船舱里；她也不知道，当轮船开出港口，他一直站在船尾眺望着港口。

伊丽莎白一个人，抱着那丛"勿忘我"和新买的大衣、裙子默默流泪。

1926年6月，伊丽莎白生下了她和马雅可夫斯基的女儿艾丽·琼斯。她兴奋地写信告诉他这个消息，把女儿的照片寄给他。拿着女儿的照片，他把自己一个人关在屋子里，兴奋地流了一夜眼泪。他想见女儿，可是怎么才能见到？

1928年10月，马雅可夫斯基以"俄罗斯第一诗人"的身份访问巴黎，很巧合，伊丽莎白和女儿正在法国尼斯办理移民事宜。得到这个消息，他立刻从巴黎去了尼斯。

见到伊丽莎白的瞬间，他们都哭了，紧紧地拥抱在一起。这样的马雅可夫斯基只有伊丽莎白一个人看到过。

"女儿呢？小艾丽在哪里？"他急切地问。

她拉着他的手，将他送到两岁半的女儿身前，说："快叫爸爸。"

小艾丽望着他，有些胆怯，直往母亲身后躲。伊丽莎白把女儿送到马雅可夫斯基怀里。马雅可夫斯基摸她的脸、手和辫子。她突然用俄语叫了一声"爸爸"！

"她……伊丽莎白，听听，她叫我爸爸。"马雅可夫斯基再次哭了。

伊丽莎白说："我一直在教她俄语，我忘不了俄罗斯，更忘不了你。她必须知道爸爸。"

他把伊丽莎白和女儿一起抱进怀里。

他在尼斯待了两天，做了两天父亲和丈夫，送给女儿一支派克金笔，送给伊丽莎白无数的吻。

他要伊丽莎白和他一起回俄罗斯。可是，伊丽莎白说，她已经不属于那个俄罗斯，那个俄罗斯也不属于她，她回不去。

他回到了巴黎，立刻给她们写信，信中说：

> 两个亲爱的艾丽！我的亲人！我多么想念你们。我真想同你们再待上一周。*Paris 29 Rue Compagne Premiere Hotel Istria*，请告诉我，你还会热情欢迎我吗？（我看，这不会是梦想。如果不出问题，我争取在周三、周四再来尼斯。）遗憾的是，我的到来是这样匆忙。下次我一定让你们得到更多的欢乐。快给我回信。吻遍两个四脚动物。

> 你们的瓦洛佳
1928 年 10 月 26 日

而伊丽莎白很快回信说：

> 大灰狼，为你的到来高兴。那只四脚动物已经睡了……我们下一次也许会找一家更便宜的旅馆……如果你来不了，你可知道，尼斯的两个艾丽会十分伤心的，你要常写信来。你要把莫斯科的雪球寄给我们。我一想到莫斯科就激动得发狂。总是梦见你。

可是，很遗憾，马雅可夫斯基没能再见到伊丽莎白和女儿。他只能在后来把伊丽莎白和女儿的照片摆在案头，日夜思念。

1991 年，在隐姓埋名七十年之后，暮年的艾丽来到了俄罗斯，人们第一次知道了马雅可夫斯基并没有完全消失，他还有一个女儿。

艾丽把母亲的骨灰撒在父亲的坟墓旁，然后亲吻父亲的雕像，让儿子给外公磕头！她动情地说："爸爸，我送母亲回来了。生前你们幸福在一起三个月，死后你们永远在一起。"

巴黎之行，马雅可夫斯基虽然没有带回她们母女，但是，见到她们母女却深深触动了他的神经。回到巴黎，他又要做一个目空一切的诗人，他却真的想成个家了。

他在巴黎爱上了漂亮的俄侨美人儿塔吉雅娜。她想他留下来，可是他注定不能留下来，他要回到祖国。可是，他也没有放弃她。

临走，他给了她一大笔现款。回到俄罗斯，他仍旧差人每天送她一束爱的鲜花。他承诺，第二年夏天会再来巴黎，与她结婚。

六、驱逐叶赛宁

> 在这人世间，死去并不困难
>
> 创造生活，可要困难得多。

马雅可夫斯基站在那里理直气壮地高喊，整个俄罗斯都跟着振臂。他是说给谁听的？人们会想到另一句更著名的话：

> 在这人世间，死亡并不令人惊奇
>
> 但是，活着，也不见得有多新鲜。

没错，是叶赛宁！

马雅可夫斯基和叶赛宁是苏联诗歌的"双璧"，但是他们水火不容，因为他们的材料截然不同：叶赛宁是新世界的不羁的浪子，而他是新世界的基督。

1915 年，他们在都城彼得堡，同时成为诗坛的超级新星，同时参加诗人聚会。

叶赛宁保持他的农民装束，以表示特立独行。穿着农民的树皮鞋，白汗衫，梳着整齐的金色卷发，卷发下是干净的忧郁的眸子，脸上缀着微笑，他是焦点，走到哪里都有少女们对他指指点点。

而马雅可夫斯基则穿着一身整齐的黑色西装，脖子上束着干净的领结，光头，怒目，浓眉，冷酷。此时，他已经是社会民主党人，又是骨子里的狂人。

他一直叫嚣，要把普希金、托尔斯泰们扔下现代的轮船，他自然不屑于走普希金老路的叶赛宁。

叶赛宁一出场，他就在座位上冷冷地抽搐了一下脸上的肌肉，他认为叶赛宁很嚣张，又做作，怎么看都像一个娘们儿。

叶赛宁热心地在诗人间行走，不停地敬酒，这个时候他才注意到，娘们儿一样的叶赛宁居然那么能喝。他看见叶赛宁朝自己走过来，故意扭过头，可是，叶赛宁还是不知趣地过来和他打招呼。

他和叶赛宁喝了酒，叶赛宁很高兴。他却突然泼冷水说："你发表了不少诗歌吧！算得上一流诗人了。"他甚至第一次见面就不用"您"来称呼叶赛宁。

叶赛宁谦逊地笑着说："我可是早听说您了。"

叶赛宁怎么也想不到他会说接下来的话。

他指着叶赛宁的衣服和鞋子绷着脸说："怎么？这是做广告吗？可别告诉我你买不起西服。"

面对突如其来的奚落，叶赛宁强笑说："我是一个农民，粗布衣服、树皮鞋子没有什么稀罕。"

他接话说："我敢和你打赌，你早晚会结束掉这样的表演，然后套上蹩脚的西服。"

叶赛宁笑着说："我为什么要和你打赌。请自便！"

叶赛宁用尽最后的礼貌，气愤地转身走开。本来他是尊敬马雅可夫斯基的，但是，这次交谈让他们有了一生的嫌隙。叶赛宁清楚地明白：他和自己不是一路的。

十月革命以后，他们同时成为国家最高的诗人，这个时候在祖国他们是唯一能够角力的对手，参加各种聚会和朗诵会变得十分寻常。

在一次酒会上，他们第二次面对面。叶赛宁已经套上干净的西服和光亮的皮鞋，手里拿着一只漂亮的烟斗。叶赛宁的出场，引起众人一阵骚动：

"谢尔盖·叶赛宁！"

接着人群又是一阵骚动："弗拉基米尔·马雅可夫斯基！"只见马雅可夫斯基穿着一身外国名牌，戴着黑色的礼帽，挂着漂亮的拐棍，冷酷地从对面走来。

老远他就看见叶赛宁，他惊叹穿着西服的叶赛宁还真不赖，他高喊："谢尔盖·叶赛宁！还我的赌债，瞧你现在穿上了西服多漂亮。"

"我们何来债务？"叶赛宁明知道他的意思，却故意回避。

他走到叶赛宁跟前说："漂亮的烟斗，你什么时候也老了！"

叶赛宁不甘示弱地说："拐杖也很漂亮，你也老了吗？"

这一次他没占到便宜。而在酒会中他更没占到便宜，他万万没料到，被他称为"娘儿们"的叶赛宁竟然那么能打。喝酒的叶赛宁醉得一塌糊涂，和他干了一架，外表冷酷的他连还手之力都没有。这口气他可咽不下去。此后，虽然他们经常出席相同场合，但是不和对方说话。

莫斯科的叶赛宁成了酒鬼，但是却被俄罗斯人称为另一个普希金。马雅可夫斯基又要攻击他了。

1924年，普希金一百二十五周年诞辰，马雅可夫斯基写下纪念诗歌，却是来嘲笑另一个"普希金"："死后，咱俩几乎肩并肩；……至于当代诗人呢？为换你一个拿出五十名大概没错……（最后提到）是的，还有个叶赛宁，那是一名冒充农民的恶棍。真可笑，像一头戴着羊皮手套的母牛。仔细一听，原来是大合唱的一员，一个三弦琴手！"

同样是1924年，他又嘲笑"酒鬼"叶赛宁，在《塔玛拉与恶魔》中他写道："我大摇大摆走下公共马车，朝捷列克河吐口唾沫，把手杖在滚滚浪花里戳戳。好在哪里？乱糟糟，闹哄哄！……好像警察局拽来个喝醉了的叶赛宁！"

叶赛宁和他的狂妄是两个极端，叶赛宁阴柔、忧郁，但是面对如此嘲讽，叶赛宁也受不了。而此间，马雅可夫斯基在社会各个领域都成了代言人，广告不断，五花八门，除了"奶嘴广告"，甚至还有瓶塞广告，在叶赛宁看来，他是一个"乏味的""不纯粹的"诗人，甚至拒绝承认他是一个诗人。

叶赛宁还是在《在高加索》中讽刺了他："我珍视诗歌中的俄罗斯热情，／有个马雅可夫斯基，还有其他人，／而作为他们当中的主要彩绘师，／他把莫斯科农产品公司的瓶塞来歌颂。"

1925 年叶赛宁迎娶了托尔斯泰的孙女，马雅可夫斯基更加鄙视他，在马雅可夫斯基眼里，叶赛宁彻底成了一个矫揉造作、一心表现自我、没有任何信仰的娘们儿。

而叶赛宁忍了。对于他们的区别，叶赛宁看得清楚，他说："他是个为了什么而写诗的诗人，而我是个由于什么而写诗的诗人。他准能活到八十岁，人们会给他立纪念雕像。而我……我将在贴着他的诗篇的篱笆下面死去……反正我和他是不能相互替代的！"

果然，叶赛宁自缢而死，立刻就人走茶凉，成为全俄罗斯批判的对象。俄罗斯上下展开了一场整治"叶赛宁情结"的运动，叶赛宁的"悲观主义""娘们儿气息"都成了人们鄙视他的理由。

这场运动的中坚和领袖自然是马雅可夫斯基。他写下几首分量很足的诗歌，把叶赛宁贬得一文不值。

比如《致叶赛宁》——

你去了，／获得了所谓的／超升，／一片空虚……／你飞着／钻进群星。／再没有预支稿费，／没有娘儿们，／也没有啤酒馆，／从此清醒。

比如 1930 年写下的《放开喉咙歌唱》——

后代同志们，／请听吧。／请听头号大嗓门的／鼓动家！／我跨过一堆堆的抒情诗集，/ 盖过 / 滔滔不绝的诗的喧哗，/ 作为一个活人 / 同活人对话。/ 我将来到你们 / 共产主义的远方。/ 但并不像 / 叶赛宁歌谣式的 / 假勇士那样。

连叶赛宁都预计他能活八十岁，而他也相信自己是不死的。他那样大声地嘲笑叶赛宁，可曾想到他也会那样死去？

叶赛宁没有完全看清楚他的本质，连他自己也没有看清楚。

七、生或者死

他身边总是带一支手枪，手枪里总是留一颗子弹，他说那颗子弹是留给他自己的。然后他开了枪。他为何要开枪？

什么叫"作为一个人而生，作为一个诗人而死"，又为什么在 1930 年？

当他不断地面对人们这样的质问：为什么要称呼"十月革命"为"我的革命"；为什么总是强烈表达"我爱你"；为什么总是高喊"我！我！我！"，而"集体""我们"在哪里？

当他的诗歌不断成为社会产品，大到机械，小到钉子，滑稽到如奶嘴上面的广告词；或者成为政治性宣传标语式的"我们从集体的土地上清除杂草和富农"。

当他在叶赛宁死后，强烈地批判和清除一种情结，1930 年写下的《放开喉咙歌唱》，像割除杂草一样地把叶赛宁从俄罗斯的世界清除。

这是否意味着他还是不是他自己？他还是不是诗人？如果是，他是怎样一个诗人？这些可不可以说是某种"作为一个人而生，作为一个诗人而死"的表现？

当他在 1929 年夏天，想去巴黎寻找塔吉雅娜，可是有人拒绝在他的出境申请上签字；当 1929 年，斯大林五十岁生日，别的诗人都写了颂歌时，他却没有动笔；当1930年4月初他给大西洋彼岸的伊丽莎白写信赘述："如果死亡，或者其他意外，请通知我们。"这一切是不是都意味着他已经濒临某种边缘？

而关于那致命的一枪，人们还是更喜欢这样叙述：

从纽约回来的他仍旧和莉莉娅、勃里克住在一起，但是显然莉莉娅已经不再像以前一样爱他，而他仍旧爱她，只是不能再提结婚，而在没有结婚的前提下，莉莉娅认为他是她的私有。一切都让他痛苦，痛苦却不能抽离。

1930年，出国申请被驳回，去巴黎结婚无望之后，马雅可夫斯基认识了她——他的死亡见证人罗妮卡·波隆斯卡娅。

他在剧院碰到她，那个时候她十七岁，但已经是演员扬申的妻子。从本质上看，她和丈夫之间几乎没有感情，有的是责任和名义，他们之间很少有交叉，扬申甚至不过问她的感情和生活，而她更是很少考虑扬申。

那天白天，马雅可夫斯基并没有感觉到她的特殊，可是到了晚上用餐时，他突然感觉到她仿佛变了一个人：美丽、迷人。只是他不动声色，在人群面前冷酷得让她没有一点感觉，只能仰望。

很突然，第二天他就约她！在莫斯科的大街上，他们并肩而行，这个时候他仿佛从天上落下来，变得真实。他原来那么温柔，关心她的生活，关心她的演出，甚至帮她整理出现褶皱的裙子。她突然很感动，本来她就喜欢他的诗歌，现在她更喜欢这个诗人。

"到我家里去吧！"他突然说。

"我不去你家，如果碰到莉莉娅，那该怎么办？"她说。

"不是那个家，是另外的工作室。"他神秘地说。

"这就不同了。"她欣然前往。

进了工作室，他关上门就问："罗妮卡，你喜欢我的诗歌吗？"

她高兴地说："十分喜欢。"

他立刻像一只大灰狼一样扑到她身上，抱住她。她害怕，反抗。

他笑着说："别这样，如果你反抗说明你不情愿，这让我很尴尬。"

她无力挣脱他，是心脏里的无力。

他们开始在一起，从秋天到冬天，从落满金黄色树叶的街道，到冰雪覆盖的原野。他送她火红的玫瑰；他在雪地上画心脏和丘比特之箭；他捧着她的脸说"我爱你"。

她幸福，也战栗。他如火一样地靠近，而她渐渐感觉到丈夫的异样，丈夫对他们之间的情感有所察觉。她不能肆意妄为。在和马雅可夫斯基相处的过程中，她不断成长为一个女人，懂得作为女人和妻子的责任和义务。

而他这个时候在作一个计划，因为远在巴黎的吉娜伊达已经结婚嫁给了别人，他要寻找另一个结婚对象，他选中了罗妮卡。然而，以她的身份，以他们开始的方式，这注定只是一场虚妄。

避开扬申，他就让她单独来见她。可是她说："我不去你那里。万一被莉莉娅看见，后果是严重的。她会怎么认为？难道会认为我只是你的朋友？"

是的，莉莉娅对他的私人占有已经达到不让任何女人和他亲近的地步，这恰恰是他难受的地方，同时因为莉莉娅已经不再像以前一样爱他，她以某种类似"妻子"的名义，而不是身份，占有他。同时他几乎所有的精力还在她那里，送她鲜花，送她汽车，送她各种礼物——莉莉娅就是他最大的必需。

可是，他依旧坚持着，爱着罗妮卡，想方设法和她见面。而当罗妮卡总是要考虑到丈夫的情况才和他约会时，他开始乖戾、嫉妒和痛苦。

很快，罗妮卡也不能闲着了，她在一出新的戏剧里扮演重要的角色，所以每天都要在剧院排练。

马雅可夫斯基更是痛苦抱怨："你总是说忙，有那么忙吗？就连看看我的时间都没有？"

罗妮卡抱歉地说："我对你的爱没有变，但是我有我的工作，我不能只是一个吃干饭的人。我得做事业，你应该支持我的。"

而他说："你究竟考虑得如何？我说过想让你和扬申分开，你们根本不应该再在一起。你要到我这里来。"

她说："你不应该这样说，这种判断不能随便下。我爱我的丈夫。反而是你，你和莉莉娅，你真的能离开她和我结婚吗？或者说，你结婚之后真的可以离开她吗？"

他无言以对，内心的冲撞让他支离破碎。

1930 年 4 月 14 日早晨，他好不容易将罗妮卡从剧院拉出来。他要做最后的摊牌和一场审判。

"对我来说，这是至关重要的。你必须马上离开你的丈夫还有剧院。"他阴郁地说，在她面前，他从来没有那么阴郁。

她温柔地哀求他说："我爱您，我会和您生活在一起，如果您愿意，甚至可以像莉莉娅那样的方式。但是，我不能离开我的丈夫，我尊敬他，我也不能离开我的剧院。"

他冰冷地说："你确定吗？"

她说："是的。"

这个时候他转身，走到日历前，撕下那张日历：1930 年 4 月 14 日！他把那页纸攥在手里。

然后，他说："那么你是不是要去排练？"

她说："我要去。"

他说："好吧，你走吧，现在就走。"

她说："不着急，还有二十分钟。"

他坚定地说："不，现在就走，不用等二十分钟。"

她有些慌乱，说："晚上还能见到你吗？"

他说："不知道。"

她转身要出门，却说："其实还有二十分钟……"

他决绝地说："不，你马上走……晚上我给你电话。"

她说："你确定？"

他说："我确定。"

他走上前，吻了她的额头，温柔地问："有钱坐出租车吗？"

她说："没有了。"

他给了她二十卢布。

她问："你不送我上车吗？"

他说："不送了，你快走吧。"

她不安地走出门。还没有上车，这个时候，她听到一声枪响。

"啊！"她的心脏猛然抽搐，赶紧跑回去，推门。

屋子里满是火药味道，马雅可夫斯基躺在冰冷的地板上，胸口一摊血，左手放着一支勃朗宁手枪，枪口冒着一缕淡淡的蓝烟。

她跑过去扑在他的身上，叫喊他。可是他的白眼球很快扩散开。

他用尽最后的力气叫道："莉莉娅，爱我吧。"

然后，他停止了呼吸。

人们在他身上找到遗嘱，遗嘱中这样写道：

> 我的死不要责怪任何人，不要造谣，死者对此最为反感。他的家属包括母亲、姐妹、莉莉娅·布里克和女演员波隆斯卡娅，希望政府关照她们。让莉莉娅爱他吧，请拉普的同志们不要以为他胆怯。

在遗嘱中我们看到"拉普"二字。"拉普"——文学政治机构，当时他是机构里的中坚。他死后几年，另一个"拉普"领导人法捷耶夫同样以他的方式吞枪自杀！后来人们明白，"拉普"就是机器——清除文学异己的机器。

在遗嘱中他说莉莉娅是他的家属，而到最后，他呼喊的也是莉莉娅的名字！莉莉娅是他一生的燃烧。从很大意义上来说他是真的想和罗妮卡结婚，他同样把她看作家属。但是罗妮卡不敢彻底接受他，也因为她害怕莉莉娅这个家属，就连他自己都害怕。他在遗嘱中丝毫没有提及伊丽莎白和女儿。多年以后，罗妮卡告诉年老的艾丽，她认为他这样做是为了保护她们母女免遭莉莉娅的迫害。莉莉娅对他的私有已经到了嫉妒任何女人的地步，就在他死后，她为他整理遗物，把伊丽莎白和女儿的照片以及其他女人的任何东西全部烧光。

马雅可夫斯基死后，莉莉娅才知道他是多么爱自己，他又是多么重要。面对诗人和叶赛宁一样的"人走茶凉"，她冒死上书斯大林，要为诗人讨回公道。斯大林大手一挥说："他从前是，以后也将是，苏维埃最优秀、最有才华的诗人。" 莉莉娅不禁流泪！

莉莉娅很高寿，活到八十七岁。1978 年，八十七岁苍老的她生平第一次照镜子，望着镜子里的自己，她轻声呢喃："原来他爱的我就是这个样子！"她笑了，因为她老了。然后，她一个人服下毒药。

当她真的走了，马雅可夫斯基的精神也最终走了！对于他这样的诗人，人们该怎样记住他？他自己曾经说过：

> 如果历史突然倒转，那么我的诗一行也剩不下，我会被烧成灰。

他意识到自己是新世界的基督，他也意识到新世界的某种让他不安的变化。

他被他自己不幸言中，可是，当那个国度消失，他是否也要消失了？我们认为，真正的马雅可夫斯基这个"个体"才刚刚开始！

参考文献

[1] 周启超：《"白银时代"俄罗斯文学研究》，北京大学出版社 2003 年版。

[2] 王福祥：《20 世纪俄罗斯诗歌选粹》，外语教学与研究出版社 2003 年版。

[3] 岳凤麟：《马雅可夫斯基》，四川人民出版社 2005 年版。

[4] 郑体武：《俄国现代主义诗歌》，上海外语教育出版社 2001 年版。

[5] 叶水夫：《苏联文学史》，中国社会科学出版社 1994 年版。

[6] 杨群：《马雅可夫斯基创作论》，硕士学位论文，湖南师范大学，2010 年。

[7] 王艳慧：《马雅可夫斯基诗歌的艺术世界》，硕士学位论文，辽宁师范大学，2010 年。

[8] [俄] 科·楚柯夫斯基·乌兰汗：《马雅可夫斯基》，《世界文学》，1980 年第 2 期。

[9] 刘文飞：《再遇马雅可夫斯基》，《外国文学动态》，2012 年第 2 期。

[10] 蓝英年：《马雅可夫斯基何以被偶像化》，《俄罗斯文艺》，1996 年第 3 期。

[11] 陈守成：《列宁和马雅可夫斯基》，《武汉大学学报（哲学社会科学版）》，1979 年第 3 期。

[12] 岳凤麟：《谈谈马雅可夫斯基早期未来派诗歌的艺术特色》，《国外文学》，2004 年第 4 期。

[13] 一鸥：《马雅可夫斯基》，《外国问题研究》，1983 年第 4 期。

[14] 何茂正：《马雅可夫斯基和未来主义》，《学习与探索》，1981 年第 1 期。

[15] 王树福：《从失恋哀歌到时代悲曲》，《文艺报》，2016 年 6 月 24 日。

[16] 龙飞：《在马雅可夫斯基墓前》，《中华读书报》，2015 年 7 月 22 日。

[17] 刘文飞：《马雅可夫斯基—— 一个现代经典》，《人民日报》，2011 年 9 月 23 日。

第十五章

《安娜·斯涅金娜》

——雕刻叶赛宁

　　谢尔盖·亚历山德罗维奇·叶赛宁（1895—1925），苏联田园派诗人。出生于俄罗斯梁赞省一个富农家庭，由祖父抚养长大。年幼时开始尝试写诗。十七岁年赴莫斯科并开始积极参与文学活动。1916年初出版第一本诗集《扫墓日》。同年应征入伍，一年后退役并结婚。时值二月革命、十月革命，为抒发对革命的感慨，诗人写了《变容节》《乐土》《约旦河的鸽子》《天上的鼓手》等著名抒情诗作。1919年，叶赛宁参加苏俄意象派并成为中心人物，写出《四旬祭》《一个流氓的自由》等诗作。1921年叶赛宁离开意象派，并于同年与美国舞蹈家邓肯夫人相识，热恋成婚，但最终离异。对意象派的批判，表明了他向现实生活的回归。

1924 年叶赛宁出版了轰动文坛的诗集《莫斯科酒馆之音》，展示了诗人抑郁消沉的心灵。1924 年至 1925 年诗人的创作进入高峰期，写出组诗《波斯抒情》（1924）、长诗《安娜·斯涅金娜》（1925）、诗集《苏维埃俄罗斯》（1925）等。翌年 9 月与列夫·托尔斯泰的孙女托尔斯塔娅三度结婚，11 月住院治疗精神病，完成自我审判式的长诗《忧郁的人》。令人震惊的是，当年 12 月 28 日拂晓，叶赛宁竟在列宁格勒的一家旅馆投缳自尽。

叶夫图申科称叶赛宁为"一个最纯粹的俄罗斯诗人"，他身上所流露出的放荡不羁、玩世不恭的"叶赛宁气质"，是他作为俄罗斯最后一个乡村诗人"在时代变迁中发现自己站在时代发展的对立面"的独特表现。叶赛宁表现出对俄罗斯乡村的执着眷恋，但却不能认同现代文明的强大推进及其对乡村的破坏。他用俄罗斯语言歌颂俄罗斯大自然，怀抱着最纯真浪漫的乡村诗歌梦想。他充当了时代的反面角色，挣扎在城乡文明的冲突之中奏响了一曲时代的哀歌。他精通人民的语言，熟悉人民生活。他的诗感情真挚、格调清新，长于从心理角度描绘风景，是俄罗斯田园风光的歌手。

一、忧郁天国

1925 年 12 月 28 日上午，一名女子来到列宁格勒"安格里杰尔"旅馆，在一扇房门前停下，微笑着敲门！两声，没人答应，三声，没人答应！

一个男人走过来，帮她敲门！轻敲，没人答应，捶门，没人答应！

她有些着急，赶忙找到房东，拿钥匙开门。

门开了，她捂住嘴，瘫倒在地。

简陋的屋子，沉静如死，一个男人悬挂在窗台前，脖子套着一条皮带，眼睛紧闭，一头金黄的柔软的卷发，清秀隽永的面容，健壮的体格。

"上帝呀！"女人大叫，"这是怎么了！"

死者被人抱下来，已经僵硬，一根手指破了，上面血浆凝固。人们在书桌上发现用血写下的文字：

> 再见吧，我的朋友，再见吧。
>
> 你永铭于我的心中，我亲爱的朋友。
>
> 即将来临的永远
>
> 意味着我们来世的聚首。
>
> 再见吧，我的朋友，
>
> 不必话别也无须握手，别难过，别悲戚，
>
> —— 在我们的生活中，死不算惊奇
>
> 可是活着，也不见得新鲜。

这个男人的死亡惊动了整个彼得堡，作家、诗人、演员纷纷从四面八方赶来，来到他告别人间的旅馆。

之后，他的尸体被转送到彼得堡的风唐卡大街作家协会，人们在他的身上撒满鲜花。无数彼得堡的青年、少女聚集在作家协会门外哭泣、张望，手里拿着他的画像和诗歌。作家协会派出专门人员维持秩序，可是场面依旧失控。

他的尸体被装上车辆，开往火车站。无数的人跟在车辆后面，哭泣着飞奔，大声呼喊。

他的尸体被运往莫斯科，无数的人又爬上随后的火车，跟着到了莫斯科。

火车到达莫斯科车站，出站口汇聚着哭泣的人群，手里拿着鲜花。他的灵柩被抬出的瞬间，便淹没在人群中，道路被挤得水泄不通。

他的尸体停丧在莫斯科的几天，无数的人到来，为他送上鲜花。

送葬的那天，人们跟着他的运棺车，走了一路又一路。尸体在普希金广场绕着普希金的铜像转了三圈，人们分不清楚是在送他，还是在送普希金。

他在瓦甘科夫斯基墓地入土，无数的人为他送上花圈、蜡烛，久久不愿意离开。

在他死后一年，一个女子在漆黑的夜晚来到他的坟墓前，为他献上鲜花、美酒和眼泪，然后，朝自己的胸膛开枪。她在烟盒纸上留下这样的语言：

> 对我来说，一切最珍贵的东西都在这坟墓里，能够埋骨在这座坟茔里，是梦寐以求的事情。

这是怎样一个男人？他让俄罗斯人对他爱，爱得义无反顾，爱得沉醉不醒。

谢尔盖·叶赛宁！那一年他将自己的头颅放进自己的皮带，那一年他刚刚三十岁！那一年，他从莫斯科来到彼得堡，他对朋友说，他不会再回莫斯科，他要在彼得堡寻找新生，他要戒酒。他的新生就是死亡！死亡让他挣脱，死亡是新生之上的新生。

人们这样描述他的平躺在旅馆里的尸体：一只手微微上扬，仿佛要抓住什么东西；脸部浮肿。

他要抓住什么？抓住新生？他的脸部浮肿，侵蚀了他的容颜，但是不能销毁他的俊美和忧郁，这俊美和忧郁让俄罗斯人一世倾倒。

后人无数次地问：他为什么要自杀？

爱伦堡在《人·岁月·生活》里遗忘了这点。关于三个自杀而亡的俄罗斯诗人，他说，茨维塔耶娃"作为诗人而生，作为人而死"，马雅可夫斯基"作为人而生，作为诗人而死"。那么叶赛宁呢？

给他下个定义：生为诗人，死为诗人。

隐藏的含义是：因为要成为诗人而生，因为已成为诗人而死。

他的出现不像茨维塔耶娃一样为了所有世纪，所有世界；他的出现不像马雅可夫斯基一样为了一个世纪，一个世界；他的出现是为了俄罗斯，完整的俄罗斯，像普希金一样。

标准的忧郁，是无瑕的蓝宝石；极度的幻想，是浩瀚的天空；绝对的敏感，是某种触角动物；纯粹的浪漫，是大海上飘扬的风；永远的放浪形骸，是无法融化的纤维；完全的俄罗斯民族，是新的偶像图腾。

或者说他是存在于现代当中的古典，存在于喧哗当中的质朴，存在于抽象当中的实体，存在于钢筋中的泥土，存在于殷红的俄罗斯当中的另一个俄罗斯。

所以，人们说他是另一个普希金，普希金的另一种延续。

包括他的爱情和普希金都是同一种基调：永远的运动，永远的不能停歇，他不愿意也不可能静止于某处，只能奔跑，静止则意味着危险。

更微妙的比喻是：他是俄罗斯的李白，是整个世界的现代的李白。

我无论如何

也不会

　　拿李白这样的生活

　　去换

　　其他生活

　　他这样宣言！同样，他一次次兴致高昂地在酒劲下向人们讲述天上的李白，讲李白怎样捕获月亮。这位中国盛唐的诗人仿佛活在他的灵魂里。美酒、月亮同样是他的标尺，成为他的伴侣。烂醉如泥地在水池里捞月亮，他能做得出来。他不觉得失礼，反而很美。

　　啊，月旁的大海

　　闪着亮光，——令人欲投进水中。

　　在这样湛蓝的天空下

　　我不想让心儿平静。

　　啊，月旁的大海

　　闪着亮光，——令人欲投进水中。

　　结果，他像李白一样风靡于俄罗斯，让人们心甘情愿地追逐。

　　但是，他无法逃脱时代的命运，就像李白一样。

　　北岛先生在谈曼德尔施塔姆时说，1925 年叶赛宁的自缢，与 1930 年马雅可夫斯基的吞枪有某种相同的预兆。

　　这是否意味着叶赛宁和马雅可夫斯基是一样的？

　　叶赛宁和四大诗人的材料不同，这是无疑的；但是，他也不能与马雅可夫斯基画等号，虽然帕斯捷尔纳克曾经指出：叶赛宁是马雅可夫斯基在人民领域的唯一竞争者和比肩者。叶赛宁终究不是马雅可夫斯基式的"时代的代言"。他首先是自己的，其次是民族的，归根结底他是自己的。

可是，他终究又与马雅可夫斯基都是茨维塔耶娃所言的"那里的"，他们有着同源。不同的是，时代只是映射在叶赛宁身上，通过他的生活、爱情、诗歌得到反映，他还是一个独立个体，是自己的，没有消失于"那里"；而时代则是住在马雅可夫斯基那里，和他一起运转，他不再是一个个体，而是一个整体，是他人的，"他"这个概念消失了。

所以，首先承认，他们的死不约而同又不可避免地宣告那个时代"入魔"了！

然后承认，同样是"作为诗人而死"，他的"诗人之死"和马雅可夫斯基的"诗人之死"截然不同。

他的死是自己的，是对时代"入魔"的弹性的流动的反应，是挣扎，是预言！

马雅可夫斯基的死则是整体的，是面对时代"入魔"的刚性的反应，是断裂，是宣言！

正因为他没有丢失自己，没有丢失个体存在于整体中的姿态，所以，他没有像马雅可夫斯基一样被雕刻到历史的墙壁上，成为一个符号，永远被钉在那里。

他活了下来，流淌下来，人们永远热爱与啜饮他的忧郁的浪漫。

人们解开捆住他的绳索，送他进入那永恒的天国之门！

二、梦幻年代

"我是一个农民诗人。"这句话温暖得像麦子，质朴得像泥土！请记住这句话，这是叶赛宁给自己的定位。

1895 年 10 月 3 日，叶赛宁生于梁赞省柯兹敏乡康斯坦丁诺沃村的一个农民家庭。他的祖辈都是跑船的，手掌粗糙，手臂有力，体格健壮，性格粗犷，大开大合。

一个标准的农民的孩子，他将演绎一部童话，一部怎样从一个没有任何背景的农村小子攀登上俄罗斯诗歌王子宝座的童话。

他没有任何财富，所拥有的只是农民的身份，这个身份他一生都没有摆脱，他也不愿意摆脱。这个身份住在他的灵魂里，恰恰成为他的权杖，他以农民的身份像种麦子一样种诗歌，他的诗歌的本质就是麦子，就是农村！

是的，农村是他最大的财富，因为在那里，他拥有诗歌的梦幻，拥有浪漫的源泉，拥有纯洁的、忧郁的、湿润的蓝色底版。

碧绿的草场，无边的麦田，温暖的阳光，神秘的树林，美丽的朝霞，清澈的露珠，沉郁的奥卡河，幽静的夜晚，干净的天空，永远温润的大月亮，还有喝不完的乡村酿酒。

一切都可以入诗，一切都是诗歌。

比如："天上悬挂着一个大圆面包，那是月儿被歪曲了的形象。"

比如："在新犁的田野那一边，一株槟藜树花开红透。一颗闪光的星像熟透了的李子，悬挂在云树的枝头。"

比如："柔丝般的草儿垂着头颈，含香脂的松树吐出芬芳。"

这就是他的材料，也是他的方式，他自己的，独特的。

浪漫在质朴里生成，梦幻在回忆里净化。不懂浪漫的人不会懂得他的诗，没有梦幻的人更不会懂得他的诗。

他刚出生，父亲就跑到几百里外的莫斯科做猪肉生意，从不回家。母亲却是位顶好的女子，温柔贤惠，自学诗书，并把普希金灌输给小叶赛宁。

外祖母是一个虔诚的基督徒，叶赛宁牵着她的小布裙子走路，靠着一本破旧的《圣经》识字。而外祖父费奥多尔则是远近闻名的船夫，性格豪爽粗犷。

"小谢尔盖，等你长大了也要是个大个子，不然我可不认你这个外孙——丢人。"费奥多尔总是这样拍着他的小脑袋说，仰天大笑，满口鱼腥。

"好的，我一定长得又高又壮，比外公还健壮。"他调皮地回答。

凉爽的夏夜，奥卡河像女人一样沉睡，大大的月亮爬上头顶，天空湛蓝一片。叶赛宁和外祖父一起乘坐在驳船上，沿河顺流而下。他们不知道漂了多久，黑夜向更深处沉陷，世界寂静无语，河面油亮一片，两岸树影婆娑，树影里传出夜鸟的啼鸣，更远处的百姓人家晃动着星点灯火。

"外公，什么时候才能到家？"他睡眼惺忪地轻喊。

"就快了——小东西，你困了？"外公大声说，嗓门高到天上，"说过不准睡觉，要像个男人。"

"我没有睡觉。"他打起精神说，"我才没那么差劲呢。"

然而，他的确是困倦了，该怎样打起精神呢？他看到了放在船尾的几桶酒。他愣了愣，爬过去，捧起一桶，大口地喝，浑身立刻滚烫。

"小谢尔盖，你在干什么？"外公在船头大叫。

只见他抱着酒桶，摇摇晃晃地走出船舱，不停地打嗝，眼睛眯成一条缝。

"外公，看看这个。"他把酒桶举起来。

"小东西，谁让你喝酒的。"外公大笑。

"外婆说，想睡觉就喝酒——喝酒才不会困。"叶赛宁醉言醉语道。

外公笑得更厉害，说："喝吧，喝酒才像个男人。"

听到外公的话，他又大喝起来。很快抱着酒桶倒在船舷上，脸贴着睡眠，眼前模糊一片。

突然，他兴奋地大叫："外公——月亮！我要月亮。"

"月亮？哪儿来的月亮，月亮在天上。"外公知道他喝醉了。

他已经醉得不能说话，抱着酒桶，趴在那里。可是，他真的看见了月亮，就他眼前的水里，明晃晃的，晶莹的，大大的。

看着月亮，他奇怪地微笑，然后，又是打嗝。

他睡了，睡了一路。他跌进梦里，梦了一路。梦里，一路水响。梦里，他抱着酒桶，枕着月亮睡觉。梦里，他跌进奥卡河，像月亮一样！他在奥卡河里睡觉。

从那以后，他再也无法挣脱奥卡河，奥卡河成了他一生的脐带。

他果然一天天健壮起来，好打架，拳头有力，又爱喝酒，别人都不敢招惹他。但是，彪悍的体格里却是浪漫、敏感和梦幻。

他进入镇上的教会师范学校读书了，随着知识的丰富，他希望成为普希金一样的诗人，渴望有一天能够走出农村！然而，现实与梦想距离遥远，距离产生落差，折磨着他。他迷惘、失落，也挣扎，他敏感得要命。

在师范学校，没有同学敢招惹他，因为他是拳头之王。对拳头之王的美誉他却不在乎，他要更高，更华丽，更鲜艳。诗歌成了他心中的菩提和向上的云梯。

1911 年，在师范学校，他写下了令语文老师希特罗夫"感到震惊的第一首诗"——《星星》：

> 明亮的星星，高悬的星星
>
> 你们有什么秘密可隐瞒？
>
> 拥有深邃思想的星星，
>
> 你们用什么力量让人沉醉？
>
>
> 繁多的星星，密布的星星，
>
> 是什么美色和威力藏在身体？
>
> 你们靠什么，天上的星星，
>
> 把苦苦求索的伟力来吸引？
>
>
> 为什么当你们洒下光辉，
>
> 总诱人对广袤的天宇憧憬？
>
> 你们柔情地抚慰着心扉，
>
> 天上的星星，迢迢的星星。

他的风格，他的主题都在这首诗歌中体现，"叶赛宁的！"后人可以这样称呼这首诗歌。老师给他的评价是极其高的。沿着这条云梯，他爬出了第一步。他的心眺望得更高、更远。"一个诗人"，他在心里这样称呼自己，满意地在故乡行走。

接着，他爱上了一个女人！一个饱读诗书，精通英文、法文的女人，她是结过婚、离过婚并且有孩子的女地主卡申娜。在偌大的故乡，他找不到一个可以与诗人对话的女性，这一次他爱上她，是为了肯定自己"诗人的本性"，是为了寻找最初的爱情幻想。

经过朋友的介绍，他在暑假认识了这个美丽成熟的女人。而这个女人也贪恋上他的青涩、纯真和梦幻般的眼神。

他们在乡村的田野里散步，在陡峭的悬崖上看日落，在暴风雨即将来临的树林里奔跑。她握住他的手，教他关于爱与欲望的一切，而在他眼里这一切都是美的、热的、幻想的。

他快乐地呼喊：

> 风儿不是白白地刮，
>
> 暴雨不是白白地下，
>
> 有人用神秘而静谧的光明，
>
> 浸润了我的眼睛。

可是母亲不同意他和她来往，妹妹卡加则孩子气地为他鼓劲加油，天真地打趣他的爱情。

他却不受控制。他笑着对妹妹说："卡加，你不能泼我冷水，我对你百分百忠诚。而你也要忠诚于哥哥，知道你对我有多重要吗？一定要支持我。"

妹妹看着他认真的样子大笑，说："谢尔盖先生，我绝对支持你，但是我不支持卡申娜，我的哥哥会找一个更好的女人。"说罢，诡秘地跑开。

叶赛宁和那个女人的关系果然没有维持多久。从某种意义上来说，他们就是他的童年与少年交织的梦幻里的一道风景，像暴风雨，像晚霞，而不是月亮和酒。当然，她给了他女性的爱情的幻想，构成他的完整梦幻的一部分。

之后，他毕业了，他不想在乡村做一个教师，他要成为诗人。可是现实与理想的错位再次把他折磨得厉害，每每半夜醒来，他总是对自己说：不能在这里，我的位置不在这里，而在更高，我要去莫斯科。

他来到莫斯科，可是却来到屠夫的肉案前，他找到他的父亲，和父亲一样拿起油腻的刀子，砍猪肉，卖猪排骨。他还不能称为诗人，他不认识任何与文学有关的人，在莫斯科，他只是一个"农民工"。他暂时做了屠夫，但是，他不是一个好的屠夫。肉案前，他憔悴、忧郁，原本他是来找诗歌的，现在只能与死猪为伍。

"谢尔盖，你必须打起精神——你看看你做的生意！"在肉案前父亲说。

"我已经打起精神。"他说。

"那么你看看，你一个上午做了多少生意。"父亲说，"而且你总是不看秤砣，你知道不知道你多给了他们多少肉和骨头。"

"实话告诉您，我的位置不在这里。"他失落地说，脱下沾着油水的皮围裙，却从怀里掉下一本《普希金诗集》。父亲看到那本诗集。

"我就说你没有集中精神做生意——你总是在想着他，他有什么好的。"父亲说。

"您不知道，在我们的社会上诗人有多么光荣，普希金受到多少人的爱戴。"他兴奋地说。

"我看一文不值，我们需要钱。"父亲说。

叶赛宁失落至极。然而，他没有放弃，之后有幸发表了一篇诗歌，以四行诗歌得到八个卢布的稿费。父亲震惊了："这几行字就值八个卢布！不得了。"

叶赛宁欢欣鼓舞，他回到家乡，以一个诗人的身份。毕业之后，他没有选择当老师。他来到莫斯科，当了一名印刷工人。

他要寻找他的时代和坐标，寻找他的缪斯！

三、勃洛克之手

叶赛宁的心里，有一个炽热的念头：他生来就是要做诗人的，而且是普希金式的。

这个念头激励着这个农村小子，同时也折磨着他，让他失眠，让他经常在印刷厂的工作中走神。但是，尽管疼，他必须抱紧这个念头。要成为诗人，这是必须——这造就了他的敏感，敏感是诗人的神经和核心！

在莫斯科的他奔波、流浪了两年，进印刷厂，上民众大学，参加苏里科夫文学与音乐小组，在聚会上朗诵习作，在小报纸上发表诗歌。他一步步朝着诗歌的高处攀爬，距离诗歌越近，他成为一流诗人的愿望或者说野心就越迫切，他煎熬得也就越厉害。

他的才情和生命的体质配得上这种野心——成为普希金。

而在这个时候，他越发感觉到莫斯科的贫乏。尽管莫斯科有沃洛申和茨维塔耶娃，但是，他不要在这里。

尽管他在十七岁那年就已经和印刷局的一位女工人、大他四岁的安娜相爱、同居，他们共同生活三年，并有了一个儿子。但是，他不要在那里。

在他眼里，莫斯科是不能与彼得堡比的。他认为，他终究是要去彼得堡的！不是因为别的，只因为勃洛克在彼得堡。

无论是俄罗斯四大诗人，还是叶赛宁或者马雅可夫斯基，在他们的眼里当时的俄罗斯第一诗人只有勃洛克。虽然很多情况下，他被归为"象征主义"最后的大师，但是，在那个诗坛派别林立的时代，他是为数不多的得到各个群体认同的人物。所以，一定时期内，他就是诗歌的象征。

勃洛克，作为彼得堡大学校长的外孙，从小成长于书香门第，妻子是著名化学家、元素周期表的创作者门捷列夫的女儿。1904 年，他出版第一本诗集《美妇人之诗》，随后追随象征主义，走上俄罗斯诗歌之巅，成为瓦雷里之后象征主义在世界范围内的最后伟大代表。但是，他的本源却不是象征，后来他离开了象征主义。

1915 年 3 月，俄罗斯的早春，伏尔加河苏醒了，阳光下黑色的泥土温暖而饱满。叶赛宁心中的念头就要成为完整的胎盘，他终于决定走了。

漆黑的夜里，漆黑的屋子，看不到任何东西，甚至人影。一个女人的声音传来："你真的要走吗？"可是没有回应。"你能不能为我和孩子考虑考虑？"又是那个女人的声音，仍旧没有回应。"你走吧，我不拦你！你应该走的。"女人说。

女人的声音消失了，黑暗沉默很久，一根烟被点着了。一个男子忧郁的声音低低传来："原谅我，安娜，我必须去那里。"这个男子是叶赛宁。

天亮的时候，他已经在火车上，莫斯科被甩在身后。摸着自己的行囊，清醒的他忧心忡忡。身无分文，首都没有任何熟人或者亲戚，到了那里，他就是孤身一人，该怎么办？能怎么办？会怎么办？

他唯一拥有的只有一叠诗稿，这对于一个诗人来说足够了，实际上是这样的，他也这样认为。

火车向北，首都，叶赛宁来了。

下了火车，涅瓦河出现在他眼前，沿着河岸行走，一切都让他陌生，让他新奇，瞬间，他似乎不能适应。他来不及欣赏风景，只想找一间最便宜的旅馆。在首都最偏僻的旮旯里，他找到了简陋的住处。没有任何行李，只有自己的身躯和那叠诗稿。

他把诗稿小心放在枕头下面，然后谋划生计。他跑出去找工作，到码头、到饭店、到一切能出苦力的地方干些能挣一点钱的工作，即便是一两天的短工。随后，怀着对首都的陌生感，他开始投稿，他把所有的诗稿都发了出去，然后怀着希望在煎熬中等待。

日子一天天过去，所有的投稿都毫无消息！他的身体已经虚弱下去，但是，他必须继续出卖体力，以农民的身躯在城市里作最低廉的耕耘，换得一点钱，维持他渐渐熄灭的希望，他期待希望会在某个时候突然燃烧起来。

可是希望彻底熄灭了，他不得不承认。痛苦！绝望！不是来自身体的虚弱和生活的艰难，而是因为首都没有一家刊物愿意刊登他的诗歌。

首都拒绝承认他是一个诗人！即便是一个小小的诗人！

这等于否定了他的本质。

他劳累得甚至没有工夫认真看一看涅瓦河的模样，首都还是拒绝了他——一个农民。

他承认首都拒绝了一个农民，但是，没有承认诗歌拒绝了一个诗人。所以他不死，他要做诗人，而不只是农民。

房东已经向他发出最后通牒，再不交房租，他将没有住处，那么是否意味着要回头呢？

他不死，那么要活着！简单却残忍。

他想到了那个人——勃洛克。如果勃洛克也否认自己，那么他就认了。

到哪里去找勃洛克？他揣着诗稿，逢人就问："您知道勃洛克在哪里住吗？"

别人要么不理不睬，要么冷冷回一句："不知道！"

勃洛克到底在哪里？在同一个首都里，勃洛克仿佛高到了天上。

不知道是第几天，也不知道他已经问了多少人，多少次失望。他的精神萎靡，忧郁得可怕。然后，他走到了那家书店，见到那位老板。

在书店，他拿起勃洛克的诗集就再也不放下，一直默念他的名字。

老板看他如此痴迷，殷勤地说："你想要他的诗集吗？他可是最好的诗人。"

叶赛宁沮丧无比，他当然想要，可是他的钱不够。他刚要说话，老板却抢着说："如果你有兴趣，我可以拿一本有他签名的诗集给你——不过价格要高很多。"

叶赛宁好奇地问："你怎么会有他的签名？"

老板得意地说："他就住在附近！他经常来我的书店。"

叶赛宁大喜，突然活了过来，握着老板的手说："你是说勃洛克经常来这里？"

老板更得意，说："是的，几乎每周都来。"

叶赛宁仰天长笑，老板却一头雾水。勃洛克啊！勃洛克，他究竟不是天上的，突然就掉到了地上，叶赛宁知道了他的所在。

"我买，我买！"他高兴地说，掏遍所有腰包，拿出仅有的一点钱。

随后几天，叶赛宁天天光临书店。老板还没开门，他就已经在门口等着；老板打烊了，他还依依不舍。

但是，他没有见到勃洛克。书店老板告诉他，勃洛克好像出远门了，不知道现在回来没有。

而他毅然决定亲自登门拜访，这是斗胆之举。然而，他认定自己是一个诗人，他配得上。书店老板指点了道路，他夹着诗稿，迅疾而去。

到了勃洛克家门口，他突然胆怯起来。"就这样直接去见他？见了面该怎样开口？"他打量上下，自己穿得那样寒酸，衣服脏得要命，浑身散发汗臭，"总不能这样去见他。"

他期待着能在勃洛克的门口偶然碰到他，这样他就不算失礼了，至少自己的落魄不会玷污诗人的门庭，不会玷污诗歌。

来到诗人的门口，他才发现，原来诗人真的住在天上，距离是那么遥远。他真的只是一个农民。

他退却了！回到住处，好好清洗了衣物，决定做好准备，择日再去。

这一次他豁出去了。他径直来到诗人家门口，敲门。

仆人开了门，看了他一眼，问："你找谁？"

"我找诗人勃洛克！"他小声地说。

"你找错地方了。"仆人说，想关门。

他急躁起来，顶住门，大声嚷道："我知道他就住这里，你让我进去吧，我必须见他。"

"他不在家。"仆人改口了。

"我不相信。"说着，他已经闯进门里，任凭仆人劝阻，他就是不听。

他推开门，傻了！一个男人坐在门里，神态疲倦，刚刚还在闭目养神，现在显然被打扰到了。

勃洛克看了一眼仆人，问："怎么了？"

仆人说："这个人硬是闯进来，我拦不住。"

勃洛克让仆人下去，问叶赛宁："你找我做什么？"

叶赛宁突然感到后悔，后悔自己太冒失。但是，已经无路可退。他报上大名，说明来意，递上诗稿。

勃洛克严肃地看着叶赛宁的诗歌，一言不发。

叶赛宁心里更加不安。

看了一半，勃洛克招呼叶赛宁坐下，让仆人给他倒水。但是，勃洛克的脸上依旧没有任何表情。

叶赛宁忐忑不安，茶水一杯一杯喝下，手中是汗。

勃洛克看完了诗稿，还是很严肃。

"完了，完了！"叶赛宁心想，几乎要哭出来。

勃洛克问了一句："你叫什么名字来着？"

"谢尔盖·叶赛宁。"叶赛宁小声说。

勃洛克拿起笔在字条上写东西，然后把字条递给他，说："你拿着它去找戈罗杰茨基，对你应该有用。"

叶赛宁接过字条，大吃一惊，字条上写着："谢尔盖·叶赛宁，这是一位自学成才的农民诗人，请你尽量给予他帮助——勃洛克。"

勃洛克永远是忧郁的、严肃的，所以他不露声色，但是，他绝对公正与真诚。尽管叶赛宁很失礼，但是，诗歌不会拒绝一个诗人。

勃洛克点出两点，然后开启了"诗人叶赛宁"的一生："农民诗人"，他以诗歌的名义，确定了叶赛宁是一位诗人；他托付同样是诗人的戈罗杰茨基帮助叶赛宁，为叶赛宁找到了作为诗人的生活的道路。

叶赛宁拿着勃洛克的手迹，在首都的大街上奔跑，一切都那么美好，因为勃洛克明确地宣布：谢尔盖·叶赛宁的确是一个诗人。

他找到了戈罗杰茨基，随后诗歌在首都的各个重要报刊发表，他也成了一名编辑。1915 年 11 月，叶赛宁的第一本诗集《扫墓日》出版，他晋升到首都一流诗人行列。

勃洛克的手轻轻挥动几下，这位农民的梦幻变为了现实。而勃洛克的梦想后来却被农民打碎了。人民革命爆发之时，他站在了人民的立场，成为第一个也是最著名的革命诗人，创作了著名的《十二个》。1921 年 7 月，农民焚烧了他外祖父的庄园，那是他最爱的庄园。敏感的他精神错乱，突发心脏病而死。

勃洛克制造了"农民诗人"叶赛宁，叶赛宁的两个身份"农民"和"诗人"合体了，他以一个合体迎接随后的伟大的革命——为了人民的革命，从某种意义上来说，他也在取代勃洛克的位置。

二月革命期间，他相继创作了重要的《天国鼓手》和《约旦河的鸽子》，终于成为和勃洛克一样的"天上的诗人"。

他自信满满地说：我原本就在这个位置，一如故乡的那轮大月亮！

四、迷失于酒精

叶赛宁成了诗人，他开始酩酊大醉，让他醉的是酒精，更是叶赛宁——叶赛宁把叶赛宁灌醉了！

1918年，俄罗斯十月革命胜利的第二个年头，新都莫斯科，大街小巷，红旗飘扬，军歌嘹亮，工业大生产轰轰烈烈地进行。

夜晚，街灯下，一片繁忙。一间小酒馆里热闹非凡，所有的客人把目光集中到一个英俊的小伙子身上。那个小伙子站在酒馆最中央，穿着一身农民装束，提着酒瓶，挥舞手臂，大声朗诵诗歌，朗诵完一句，喝下一口酒，继续朗诵，继续喝酒。而他每朗诵一句，大伙都跟着鼓掌叫好，跟着喝酒，这其中不乏女人。

于是，整个酒馆乌烟瘴气。

气氛达到最高潮，那个小伙子爬上桌子，大声吼叫，众人也纷纷爬上桌子吼叫。

小伙子不是别人，正是满头金色卷发、拥有刀削五官的著名诗人叶赛宁，这个时候的叶赛宁是与马雅可夫斯基并肩的最高的祖国诗人。和他一同前来的是"意象派"诗人们，他正是"意象派"的一员。

不仅女人为他疯狂，男人也为他倾倒。

此刻，他要喝酒，大家自然也跟着喝酒。

随后，他和"意象派"成员们抱着酒瓶演奏手风琴，众人的手都拍红了，但是，仍在鼓掌。

接着，谁也不知道为什么，他和别人打了起来。众人一起拉他，都没有拉住，他和别人在地上扭打。他的拳头出了名，对方只有挨打的分儿。

人们把他拉出酒馆，他蹲到电线杆下，狂吐不止，吐完，双眼迷离地对着别人憨笑。

这竟然是叶赛宁？这才是叶赛宁！

缘何叶赛宁会是这个样子？

他的材料的特质同样让他独一无二：在他那里，"农民"与"诗人"不能互相覆盖；"农村"与"城市"不能互相覆盖；"梦幻"与"革命"不能互相覆盖；"个人"与"国家"同样不能互相覆盖。

这几种"不能互相覆盖"让他成为一个现象！

他以"农民的偏见"支持革命，但是胜利以后，他说结果和他想象的不一样；他"否定一切流派"，但却加入了拼凑而成的"意象派"。这到底是怎么了？

叶赛宁以一个爱幻想的农民身份追求诗人地位时，他必须隐忍，甚至收起全部自我，只留下诗歌；当成为诗人，拥有了这个身份，他则开始释放全部自我。从农民到国家最高的诗人，这个反差的力量往往是控制不好的。而在叶赛宁那里，似乎不需要控制，那就是诗人的道路，他的道路，这也正是他和马雅可夫斯基的区别所在，所以他开始沉迷，沉迷于酒精，或者沉迷于所有梦幻。

他的迷失持续到他生命的结束。喝酒、打架伴随了他全部的诗人生涯，马雅可夫斯基和帕斯捷尔纳克都挨过他的拳头。

而他迷失于酒精的过程中，受伤害最大的莫过于他的爱情，更具体地说是他的第二位妻子吉娜伊达·拉伊赫。

叶赛宁的爱情延续了与卡申娜初恋的方式：因为一个梦幻的升起，他纯洁炽烈地爱，然后又因为一个梦幻的迅速破灭，他痛苦煎熬地结束爱。他的"结束爱"不是因为不爱，而是爱而不能；他的爱深刻迅速，他的爱而不能却更深刻恒久。爱的时候，他真诚，让人痛惜；爱而不能的时候，他更真诚，让人更痛惜。

1917 年春天，他在《人民事业报》编辑部遇见了打字秘书拉伊赫。这个二十二岁的女人，美丽、成熟、温柔、智慧。他被俘虏了。

爱上比自己大的女人，这又是他的灵魂的特征，无论是先前的卡申娜和安娜，后来的邓肯，或者当时的拉伊赫。不是因为别的，只因为他拥有梦幻，更要制造与抓住梦幻，他的灵魂柔软！

十九岁的他，柔软的灵魂被拉伊赫触动了，他寻找各种理由，三番两次地往她那里跑。请她吃饭，带她看电影，拉她去诗歌朗诵会。

"我爱上了你，你就是月亮。"站在街头的路灯下，他的语言干净得没有一丝渣滓，声音仿佛是湿的。

拉伊赫被这位年轻的小弟感动了，她愿意把他柔软的卷发抱在怀里，像爱一个孩子一样爱他——他不应该受到任何伤害。

三个月后，他们结婚了。拉伊赫以为会很幸福，可是那只是刚刚开始，开始总是梦幻般地升起。

他们在更名为彼得格勒的彼得堡过着高雅富足的生活，双双出入于各种艺术活动场所。人们为叶赛宁忧郁的眼睛着迷，而她确信，她懂得他的忧郁，他的忧郁与梦幻都是她的。

1918年，他们随政府搬迁到莫斯科。一切突然就变了。他们有了女儿，她成了家庭主妇，一个母亲，而他似乎拒绝成为父亲。

在莫斯科，他们只能分到阴暗潮湿的小房子，国家困难，正处于重建时期，作为国家的诗人必须负起责任。这无可厚非，他们按标准被分配定量的食物和财产，生活艰苦。她要照顾孩子，料理家务，还要做一个合格的国家工人。而叶赛宁只是诗人、是孩子。

就在某一天，她突然发现这个家似乎和他毫无关系。她站在狭小的窗子前，看见他从老远的街口摇晃着走过来，跌倒几次，她心疼地几乎要叫出来。看见他来到楼下，她赶忙开门迎接。门开了，他吐了她一身。她怕他再跌倒，扶着他进房间，上床。然后，出门给他准备热毛巾。等她再进房间，只见他一只胳膊压在女儿的脸上。

她惊慌失措，可是怎么也叫不醒他。她一巴掌打过去，可是他毫无反应。

"你能不能不要再和那些人出去？"她心疼地说，"你能不能不要再去酒馆，就算可怜我和女儿。"

他只是带着醉意憨笑！

半夜的时候，她醒来，看见他坐在窗子前，眺望无边的寂静。借着灯光，她能看到他忧郁的眼睛，那种忧郁让她心碎，因为她已经不能懂得，所以心疼。他的梦幻究竟是熄灭了,还是远离了?

第二天,他仍旧醉醺醺地回家。日子这样重复,她受不了了,带着女儿回到了奥勒尔市的父母那里。

她走了,叶赛宁突然感觉到:我失去了她。他感觉到恐惧,开始和她通信。但是,他确信他没有失去她,他也没有害怕会失去她。

他仍旧沉迷于诗歌,更沉醉于酒精,沉醉于叶赛宁——他自己的梦幻。

1919 年春天,拉伊赫带着女儿回到了莫斯科,就职于中央教育人民委员会校外部。她重新和叶赛宁住到一起,但是这次,她清楚地感觉到,她已经彻底失去了诗人。

寂静的夜里,他们背身而卧。她醒着,冰冷地炙热,属于这个世纪;他也醒着,炙热地冰冷,仿佛属于遥远的世纪。

"我们完了,他不再需要我。"她回来似乎仅仅就是要确认这一点!

而叶赛宁甚至没有考虑过"失去妻子"这个概念,这个概念在他是没有色彩、没有温度的,因为他醉了。

1920 年,他们分居了,虽然还在同一个城市,虽然她在分居之后又为他生了儿子。

当她离开他之后,他才感觉到一种害怕——"我失去了她"的害怕。

他回头找她,可是她已经心如止水,虽然仍旧爱他,但是爱已经结晶凝固,不会再让她感动。而他虽然来找她,对着她哭泣,但是,他没有要复合的意思,更没有要做父亲的意思。骨子里,他仍在寻找曾经的爱的梦幻,寻找一种感觉。

他终究只能是一个永远年轻的梦幻,不能有任何羁绊,包括家庭生活,甚至爱情。

1921 年叶赛宁写出了著名长诗《普加乔夫》,他的地位达到无以复加的地步,整个俄罗斯都为之倾倒。然而,拉伊赫却对他说不,她清楚地知道,他越是写出绝世的诗歌,他们之间的距离就越远,因为这代表着他迷失得更深。

她要的不是一个只能要她照顾、付出，而与她琐屑的日常生活无关的男人。她是一个女人，只想要一个疼她的男人，而叶赛宁是个诗人或者孩子，唯独不像一个男人。

1922年，拉伊赫如愿以偿，嫁给了国立高等导演学校的老师梅耶尔荷德。梅耶尔荷德更是接受了她的两个孩子。

他们一家四口，在莫斯科有温暖的家，温暖的家里透出幸福的灯光。漆黑的夜里，叶赛宁常常独自站在楼下，眺望那盏灯光。他想两个孩子，想她。

可是，他必须迷失，所以他必须放弃那些，让那些成为他人的。

可是，那就是他的爱，短暂的经过，然后放在某处，只能眺望，仿佛别人家的灯火，不能负担。爱有重量，而他必须毫无牵挂地行走。

他不是因为"爱的不能停止"而失去爱，而是因为他"本身不能停止"而失去爱。这一点是有别于普希金的。

他只能继续迷失！迷失于所有——酒精、梦幻或者他自己。

迷失于爱而不能，迷失是必需。这种迷失却是他的本质，诗歌的本质，浪漫的本质。如果没有这种迷失，他便不能称为最高的诗人。

恰恰，这种迷失让他更加迷人和真实，否则，他将成为马雅可夫斯基式的神话；恰恰，这种迷失让他流淌，否则他将静止。

五、旷世惊情

叶赛宁丢掉了妻子，却没有丢掉酒瓶，他继续迷失于自我——叶赛宁，等待梦幻再次升起。

1921年，他的梦幻终于重新华丽地盛开。那个梦幻距离他遥远，与他不同质地，不同源泉，甚至不同时代，不同形式。那个梦幻和他分明是两个独立的个体，但是，他们之间有原始的吸引，仿佛磁铁的两极。

伊拉多·邓肯！一个舞蹈的符号。

如果说乌兰诺娃是某种更高的艺术，用身体和线条表现；那么邓肯就是某种更高的抽象，用灵魂和精神表现。

她穿着希腊雅典柏拉图时代的衣服，在舞台上表现一个遥远的国度。

她代表着某种远古，古典，神性，或者她应该是奥林匹斯山上某座雕像，可是她不确定地散落在 20 世纪初，那么注定她是一个类似于茨维塔耶娃的奇异风景。

从英国到美国然后再到欧洲；从一个生活落魄的失去父亲的女孩，到全欧美最负盛名的舞蹈家；从一个人，到变成神，变成一个灵魂；从在一个男人的怀抱里煎熬，到在另一个男人的怀抱里更煎熬；从否定这里，到否定那里，最终否定得无家可归。她最终来到了红色的苏维埃俄罗斯，然后成为叶赛宁绽放的梦幻。

叶赛宁注定和她在某处遇见，然而只是擦肩，然后在爱情的历史上点上一颗最热的红豆，让世人倾倒，可是爱的个中滋味，只有他们自己知道。

或者，她已经被那个世界放逐；或者，是她宣布放逐那个世界。她已经四十多岁了，可是她没有感觉到更老，或者更年轻，她永远都固定在思想的年龄、快乐的年龄，固定在那个世纪——柏拉图的世纪。

美国她已经厌倦了，欧洲她也厌倦了。因为太熟悉，所以她否定；

她称十月革命后的莫斯科是"人类精神启蒙的伟大发源地"。她热爱俄罗斯，因为太陌生，所以她肯定。

因她从遥远之上而来，所以本质上她不属于当下的任何世界。如果她没否定一个世界，那么仅仅是因为她还没有熟悉这个世界，一旦她熟悉，她仍然只有否定。

1921 年，她决定进行一次奉献，把自己的全部奉献给地球上的第一个红色国度。她要来俄罗斯办学。

在巴黎、在伦敦，人们质问："俄罗斯正在闹饥荒，您此去不害怕吗？"

人们不是在质问，而是在拦截。

她微笑着说："我只害怕精神上的饥荒，而不是肚子。我的生活理想一定能够在那里实现，只有在俄罗斯才能创办我自己所希望的舞蹈学校。"她高昂自信地宣布她要驾临俄罗斯。

1921 年秋天，她到达莫斯科！俄罗斯为之欢呼。可是后来，人们更愿意把她的俄罗斯之行的开始放在那个舞台上。

为庆祝十月革命胜利日，1921 年 11 月 7 日，莫斯科国家大剧院上演了一场专门的音乐会。列宁亲自出席，莫斯科政要、文艺界各个名人纷纷到场。万千瞩目的舞台上只有一个主角，一个穿着红衣、红鞋，跳着古典舞蹈的女人——伊拉多·邓肯。而那个名人云集的音乐会上还有另外一个主角，谢尔盖·叶赛宁，其他人都成了陪衬。

邓肯出场的刹那，叶赛宁被鲜艳的红色击倒。先前他还在和旁边的人聊天，此时立刻就变得聚精会神。

那样一个远古时代的灵魂，披着红色的华盖，在舞台上行走——不，是思考。他看不到她的年龄，或者也看不清楚她的脸，但是，他能确定自己的梦幻，确定自己和她的存在。

音乐会结束，他以"国家最高的诗人"的身份得以和她会面。在后台，他看她被围在人群里，不停地签名，索要签名者都是有来头的人物，可是，在她面前却低，顿时他也感觉到自己的低。

但是，从她那里过来的人群却重新拥挤在他这里，向他索要签名。顿时，他又高了。

两个签名的人瞥见了彼此的目光，那一瞥陌生，因为陌生，所以有吸引力。

人群散去，叶赛宁鼓起勇气走到邓肯面前。他们面对面静止了一分钟，他用颤抖的声音开口说："尊敬的舞蹈家，很荣幸见到您。我是一个诗人，谢尔盖·叶赛宁。"

邓肯微笑，欢快地说："您好，我听说过您。十分荣幸。"

邓肯看到了他炽烈的忧郁，陌生又熟悉。其实，她没有听说过他，只是不想伤害他的真诚。而这一分钟，她已经熟悉了他的忧郁，虽然并不熟悉他的诗歌。

"我想以后可以多来看您的表演，您允许吗？"叶赛宁说，"请记得通知我表演的时间。"

很遗憾，邓肯会几国语言，英语、法语、德语，唯独不会俄语，而农民叶赛宁只会说俄语。

他只能让她的随从翻译。可是，他担心同样的话经过随从之口，他的忧郁就丢失了。还好邓肯完全看到了他的忧郁，虽然不懂俄语。

邓肯说："您随时可以来。"

她必须保持礼节，也只是礼节。但是，一开始的礼节，注定了她不能再拒绝他。一旦她知道他，他们便会相互吸引。

只要在俄罗斯，她就不可能不知道他。在大街上，聚会上，政府那里，男人那里，女人那里，到处都能听到他的名字，他几乎是覆盖式的，俄罗斯人民对他如此痴迷，一如他对酒的痴迷。

"这个男子竟然是这样的存在！"她知道了他。

而叶赛宁宁愿只做一个她的疯狂的追逐者。他跟着她的舞步奔走在莫斯科的每场音乐会、晚会。然后，跑到后台和她交谈，邀请她用餐。他的眼睛始终忧郁，声音始终颤抖，精神始终澄澈。

连邓肯的随从都已看出来，她笑着说："这个叶赛宁真是痴情汉子，他看上了您。"

邓肯轻轻一笑，邓肯自然也知道。是的，而他已经装在她心里，不是一个男孩，不是一个男人，而是一个农民诗人，是和她相同的某种"概念"。

邓肯要离开莫斯科去北方的彼得格勒演出，叶赛宁焦急地来见她。

他很激动，抓住她的手，几乎用乞求的语气说："伊拉多，我要和你一起去彼得格勒，让我陪着你吧，这样我可以看你演出。否则我不知道这里还有什么意义。"

她接受了，实际上是接受了他的爱。她是欣然接受的，因为他那么强烈地吸引着她。后来，人们知道，强烈地吸引其实是因为陌生。

他们就此结合了，两个集万千宠爱于一身的人，在俄罗斯各处出双入对，旁边跟着翻译随从。邓肯衣衫高贵古典，风情万种；叶赛宁一身西服，金色卷发，手拿烟斗，制造惊艳。

人们惊诧于两个语言不通的人怎么沟通，可是他们不用现实语言，而用精神和情绪；人们也惊诧于两个年龄相差十几岁的人怎么能够融洽，可是他们不用现实的年龄，而用思想的年龄。他们一个是快乐，一个是忧郁，两种不同的存在，一种相同的"抽象概念"。

1922年，他们同居了，然后结婚了。邓肯是西方的红人，在欧洲演出邀请不断，她要去了，叶赛宁接受领导意见，陪同前往，考察西方。

他们像两只欢快的燕雀一样从俄罗斯升空，然后降落浪漫之都巴黎，这一次叶赛宁却重重摔在地上。

下机的瞬间，无数的人冲向邓肯，为她欢呼，献上鲜花，而他只能站在邓肯后面，在这里没有人知道他。他第一次感觉到与邓肯的距离。这里不是俄罗斯，不是他的领地，他被贬到地上。当邓肯幸福地向别人介绍："我的丈夫，俄罗斯著名诗人谢尔盖·叶赛宁。"人们记住了这是邓肯的丈夫，却忘记他是一个诗人。在这里他只有一个身份：邓肯的丈夫。

在欧洲，邓肯总是有接不完的演出，会不完的客人。而他的活动是跟随在她身边，做她的丈夫。他敏感得要死，忧郁得要死，也嫉妒得要死。所以他宁愿不要这个身份，否则他将完全失去自己。

他又进酒馆，喝得烂醉如泥，然后和人打架，他在巴黎甚至被人打得丢了帽子和手杖，像老鼠一样狼狈；他在国外的俄罗斯流亡人群中行走，行走于俄罗斯之外的俄罗斯的苦难，这个时候他才能感觉到自己的诗人身份和责任。

这一切邓肯却没有完全发现，尽管她看得见他满眼的忧郁和身体上的伤痕，后来她看见了，才知道这多么致命。"原来他只是一个男孩！"邓肯重新为他定位，"他任性、敏感、肆意而为，完全不在我的轨道上。"

他们终于彼此熟悉。他们可以相互吸引，相互爱恋，甚至紧紧地拥抱，可是究竟是两个人，没有可能成为一个整体。

在巴黎，他们进行了一次长谈，痛苦地在内部结束婚姻，而决定以"朋友"身份相处。这个时候他们结婚仅仅一个月。

两个相爱的人，面对着面，可是中间隔着最远的"一步之遥"。他的爱注定只能用来眺望或者灼伤。

他们去了美国！整个美国都在欢呼邓肯的回归，叶赛宁在那里被彻底覆盖。在美国众多的城市里穿梭，他什么都不是。邓肯竭力推荐他，帮助出版他的诗歌英文版。可是，书商的巨幅广告上清晰地写着：著名舞蹈家邓肯的丈夫叶赛宁。

他不能是低的，必须是高的，可是这一次他被美国无数城市的钢筋水泥掩埋，他再也嗅不到农村的泥土味道。他低得不能再低了。他和邓肯更加无法调和，他要离开美国。

1923 年 8 月，邓肯和他回到了莫斯科。邓肯痛苦地声明：我把这个孩子带回他的祖国来了，可是我与他已经再也没有任何相同的地方。

邓肯把他当成了孩子！她不得不抛弃自己的孩子，心疼得流泪。

而回到祖国的叶赛宁重新变成最高的，他开始称呼身在俄罗斯的美国女人邓肯为"傻丫头"。他又有资本和高度去爱她了。他想挽回，可是已经无法挽回。

他们离婚了。然后，邓肯带着疲惫的灵魂只身去了高加索，叶赛宁仍旧为她牵肠挂肚，生怕这个痴情的快乐的"傻丫头"在异国他乡犯难。而她也盼望着他能到高加索来找她。

但是，梦幻终究熄灭了。

1925年,叶赛宁自缢身亡,在大洋彼岸,一个年近半百的女人像"傻丫头"一样痛哭,因为她的爱人去了天国。邓肯永远记得他的忧郁。

后来,有人问她:"在你的一生中,你认为哪一个时期最伟大和最幸福?"

她脱口而出:"俄罗斯,只有俄罗斯。我在俄罗斯这三年中,是同它的全部苦难联系在一起的,在这短短的三年里,足够抵得上我整个一生中余下的全部岁月。不久我又要到那里去了,我愿在那儿度过我的余生。"

然而,她最终没有回到叶赛宁那里。1927年,在巴黎,一辆飞快奔走的马车上,邓肯的围巾在风中飘扬,然后,被卷进车轮,车夫死命地勒住马缰,却无济于事。邓肯硬生生地被自己的围巾勒死。

这样的死亡和叶赛宁一样成为传奇。

而今天我们想,就在那一天,是不是冥冥中真有一只手将她的围巾送进车轮?或者是叶赛宁,因为他要接她进天国。

六、《安娜·斯涅金娜》：飘泊的精神苦旅

1925年春天,叶赛宁发表在《红色处女地》杂志上的叙事诗《安娜·斯涅金娜》,为他赢得了巨大的声誉。高尔基对该部诗歌认真细读,并在这年6月,当他在意大利索仑托疗养时,还特意写信给朋友,索要叶赛宁的最新诗集。

翻译家巴统指出,《安娜·斯涅金娜》这首长诗是叶赛宁的代表作。过去他曾把叶赛宁当作闲花野草似的抒情诗人,看了这首诗,印象完全变了,认识到叶赛宁是一棵大树。

应当说,1924年至1925年,是叶赛宁创作的高峰期,也是他的思想趋向成熟、艺术日益达到炉火纯青的时候。就创作的数量而言,这个时候

的作品约占他全部创作的四分之一；就创作的质量而言，无论是抒情诗还是叙事诗都攀上了一个新的高峰。叶赛宁对祖国的感情比以往任何时候都更为深沉，观察现实的视野已经远远广于早期的乡村诗人和精神危机时期的"无赖汉"诗人。他以急起直追的姿态写下了大量使他得以跻身于伟大的时代歌手之列的优秀诗篇。如叙事诗《伟大进军之歌》，诗人借用民间故事的韵味，采取今昔对比的手法，讴歌了为苏维埃而战的"那些穿皮上衣的共产主义者"。并且在歌颂革命的同时他也在许多诗篇中讴歌了革命的舵手列宁，如《大地的船长》《风滚草》等。这些诗歌使他无愧于那个时代，无愧于俄罗斯光荣的文学传统。

有研究者指出，叶赛宁的诗作和英美意象派一样用意象来代替语言表达的细微的感情色彩。不过，他对意象的追求是与俄罗斯民间文学象征的传统相吻合的，他强调了意象的生活之源。他所独创的"叶赛宁意象体系"之所以具有经久不衰的艺术魅力，正是因为他的诗歌不但凭靠天才的灵感，而且植根于民族的文化，并得益于生活之泉的滋润。叶赛宁抒情诗的创作，在最后两年也出现了新的发展，诗人除继续写早年即已纯熟的田园风景诗外，还频频写出以内心独白为主体的即景抒情的诗，如《苏维埃俄罗斯》《给母亲的信》《给一个女人的信》，都是由诗人因内心矛盾新的激化而抒写的。

叶赛宁的诗歌深刻思考了历史与革命、农村与城市、生与死、国家与人民、人民与个人等许多社会哲学问题之源。可以这么说，叶赛宁是第一个用诗的形式淋漓尽致地表现了新旧交替时期俄罗斯人的精神焦虑的诗人。在诗人的笔下，俄罗斯人的情感世界所体验出来的苦难历程是其民族苦难的缩影。这不仅是叶赛宁独特的自我表现，也是他对大革命后新旧交替时代的侧面折射。这种描写与马雅可夫斯基从正面表现新时代的精神风貌相互补充，共同描绘了一幅完整的时代画卷。

而从艺术表现来看，叶赛宁的创作精美绝伦而又充满矛盾：一方面，他写出了向往美好的抒情精品组诗《波斯抒情》，这里不仅有美景、美人，更有美的心灵、美的情操、美的升华和对美的追求；而且，他还把普通生活上升到哲学的层面上。另一方面，他又写了《黑影人》这类长诗，出色地表现内心深处新我与旧我激烈搏斗后的绝望情绪。在诗中，他暗示了自己无助的困境，昭示出他的自杀情绪。而在现实生活中，由于精神高度紧张和抑郁症发作，他最终自缢身亡，年仅三十岁。叶赛宁之死是一个悲剧，这个悲剧不仅是他个人的，更是俄罗斯民族的。叶赛宁以自杀的方式结束了自己天才般的创作，却开启了世人对他人生的褒贬之争，直到 20 世纪 50 年代中期，评论界才得出一致的结论，承认他为"伟大的民族诗人"（高尔基语）、苏联诗歌的奠基人之一。

叶赛宁爱憎分明，他用诗的方式对付来自社会上的流言蜚语。他情感真挚，从不掩饰自己的好恶。在《关于自己》这篇答征询式的短文中，他曾明确说道："至于自传的其他内容，它们都在我的诗中。"是的，叶赛宁的抒情诗表达了他感情上的真实，他从未违背感情的真实而去消除感情上的矛盾冲突，因此读他的诗时，读者仿佛看到诗人就在自己眼前。

不过，作为"情感真实"的诗人，可说世上比比皆是，而叶赛宁之所以得到全世界公认，首先是因为他的诗最具民族特色。俄罗斯著名诗人、诺贝尔文学奖获得者帕斯捷尔纳克认为苏联早期的诗歌良莠不齐，但他"喜欢叶赛宁的全部作品"，因为叶赛宁"出色地捕捉到了俄罗斯的乡土气息"。

1960 年 7 月 9 日，诗人特瓦尔多夫斯基在全苏教师代表大会上慷慨激昂地说："马雅可夫斯基固然是优秀而伟大的诗人，但是仅仅马雅可夫斯基一个人是代表不了将近半个世纪的苏联诗歌丰富多样的发展的。如果中学的文学教学大纲里没有杰出的俄罗斯抒情诗人叶赛宁的作品，那就不可思议。"

而苏联人民演员符·伊·卡恰洛夫（1875—1948）曾在自己的回忆录中叙述道："我在欧洲和美国飘泊的时候，总是随身带着他（叶赛宁）的诗集。我有那么一种感觉，仿佛我随身带着（放在一只美国提箱里）一捧俄罗斯泥土，它们明显洋溢着故乡土地那馥郁而又苦涩的气息。"

这就是诗人的价值。这就是俄罗斯光荣的传统。

叶赛宁倾情创作的《安娜·斯涅金娜——给沃伦斯基》，通过对话的方式，用交叉叙事的复调结构，讲述了一个"逃兵"在大革命时期的心情积郁以及对故土的深沉眷恋。这部叙事诗是叶赛宁对时代反映最广和最深的诗歌，这也诗人自认为写得最好的两部诗作之一。在这部作品中，诗人以叙事与抒情水乳交融的双重视角，让叙事主人公与抒情主人公相互交叉或前后重叠，用诗的形象生动地再现了第一次世界大战、二月革命、十月革命、国内战争等各个时期波澜壮阔的历史画卷，用诗的语言歌颂了工人阶级领导下的农民推翻地主富农的疾风暴雨，完成了诗人毕生为之苦苦探索的农民在革命中的命运这一宏大的主题，解决了在诗剧《普加乔夫》中有待解决的归宿问题，这是叶赛宁在苏联文学史上所作的一大贡献。作品成功地塑造了苏联文学中最早出现的农民革命家形象之一——普隆·奥格洛勃林，并且生动地勾画了农村中不同阶级、不同阶层的典型脸谱。作品的描写角度也是新颖的，主人公是一个被革命的风暴抛到海外的地主小姐，情节的核心是她和抒情主人公之间被革命浪潮淹没了的初恋史。

诗人起笔就这么写道：

我们的村子叫拉多沃村，村里大概有两百户居民。林木繁茂，水源充足，又有良田，又能放牧，只要是可利用的地方，到处都种了挡风的杨树。家家都有果园和粮仓，房顶用铁皮儿盖满。百叶窗涂着各种彩色，过节有牛肉吃和克瓦斯喝。难怪警察局老爷当年也爱上这里来做客。

交租子我们从不拖时间，村长就像个可怕的法官。世人都是些有罪的生灵。许多人两眼比狼还扎人。近边的克里乌沙村子，他们的生活也真是不好，勉强活下来就算不赖，一连三年——要么是起火，要么牲口里瘟疫流行。

以上这些都是车夫说的，当时我坐着他的马车，战争把我的良心啃光，我曾经向我的亲人开枪。后来决心跟大炮分道扬镳，便把枪杆儿扔到了一边，买了张假证件以保安全，那是一九一七年的事情。

然后再把叙述推向深入——

沃伦斯基跨了匹白马，把同一批农民大军当作炮灰，赶上前线。可是我再没有举剑随征，当逃兵成了我表现勇气的一种方式。我从前线回来了。因为没钱，与车夫讨价还价了好一阵子，最后才脱身。外面可真冷！快到家了，心里急：老婆子，快点把茶炊拿来，赶快在桌上摆好馅儿饼！

"打哪儿来的？待多久？"

"一年。"

"那你就好好儿逛吧，伙计！今年夏天的野果和蘑菇，多得能堆到莫斯科去。这里的野物满林满沟，一只只钻到你枪口下转悠。你可是想想……我们不见你，又已经有了三四个年头……"

话儿谈完……一本正经——我们把茶炊整个儿喝空。像过去一样，羊皮袄一夹——我走向堆放干草的小棚。我走在鲜花盛开的花园，脸庞碰着丁香的花朵。衰败的篱笆是多么可亲啊，我眼中闪出了激动的星火。记得我刚满十六岁那年，就是在这座篱笆的近处，裹着白色披肩的姑娘 向我温柔地说一声："不！"遥远的往事亲切又温存，美好的形象啊，牢记在心……那些年我们都曾经爱过，却很少有人爱过我们。

接着回忆自己在家乡时的亲切生活，但飘泊中的人是多么渴望回到家乡——

这就是克里乌沙……三年了——又见到这些熟悉的房舍。丁香的天色把丁香花丛洒遍了四周寂静的角落。这里听不到一声狗叫，看来一切都不用人看守——人人有一座破旧的小房，炉炕，炉叉——别的都没有。

诗人满怀深情地写道——

此刻我面对着一张白纸，尽情倾诉我郁闷的心情，您也许在和磨坊主打鸟，侧耳倾听山鸡的叫声。我常常走到码头旁边，不知是欢欣还是恐惧，在千百艘船里，我越来越专注地，追寻着苏维埃红色的旗帜。那里的人们已经有力量。一条大路摆在我面前……您在我心里还那么亲切——就像祖国啊，就像春天。无端的来信，却又很普通。叫我写—— 一辈子也没法写成。像过去一样，羊皮袄一夹——我走向堆放干草的小棚。

叶赛宁以一个飘泊海外而心向苏维埃的时代弃儿的赤子之心向读者暗示革命的威力和祖国的魅力。全诗在甜蜜的回忆和对现实的展示中，以柔情缠绵的方式结束：我走在鲜花盛开的花园，脸庞碰着丁香的花朵。衰败的篱笆是多么可亲啊，我眼中闪出了激动的星火。记得我刚满十六岁那年，就是在这座篱笆的近处，裹着白色披肩的姑娘，向我温柔地说一声："不！"遥远的往事亲切又温存！……美好的形象啊，牢记在心。那些年我们都曾经爱过，这么说，也有人爱过我们。

七、活着也不见得更新鲜

离开乡村的泥土，在城市的纷繁复杂中，没有根，他注定要飘起来，飘到天上，成为诗人。可以这样说，做不成农民，他只能做诗人。做诗人就要飘，他在荣誉和自我之间的迷失就是他的飘。而一旦他要静止，注定就会被摔到地上，摔得粉碎。

与邓肯的结合又分离正是代表着他的不能停，然而在彻底失去邓肯之后，他决定静止了。

1923年，邓肯在高加索传来一封封电报，她说在高加索等他，让他过去。可是，他明知道他们不能在一起，可是，他也明知道他们相爱。他痛苦，煎熬，忧郁得像月亮。邓肯就要从高加索回来，该怎么办？他甚至想藏起来。他不敢见她，是因为太爱她，这种逻辑残酷得滴血。

某一天，邓肯在高加索收到一封电报：我已经另有所爱，并且结婚，很幸福。谢尔盖·叶赛宁！

邓肯拿着这封电报，浑身发抖，然后瘫倒。他们之间彻底完了。邓肯回到莫斯科，可是俄罗斯已经没有任何她的留恋，她回到了她的国家，再也没有见过丈夫。

这样一封电报却不是叶赛宁发的，永远飘着的叶赛宁没有这种勇气，这种勇气代表着戛然而止。这封电报出自别尼斯拉夫斯卡娅，那位在他坟头自杀的女子，他的永远的情人。

如果非要为他寻找成名之后迷失的象征的话，酒是一个，另外一个则是别尼斯拉夫斯卡娅。

1916年，还在上初中的她，在叶赛宁的诗歌朗诵会上远远看见了年轻的诗人。诗人成了她的偶像，她做梦都想再见到诗人。而见不到诗人，她只能拼命地阅读诗人的诗歌。

1919年，她成为莫斯科《贫民报》的编辑，对于勇敢、热情的她来说，叶赛宁不再只是天上的人物。她再次见到叶赛宁和马雅可夫斯基并肩站着朗诵。她离他近了。

在文学聚会、文艺沙龙上，她得到与叶赛宁面对面的机会。她毫不掩饰对诗人的倾慕和崇拜。她爱诗人，可是诗人还不爱她，但是，她没有退缩。对于忧郁的诗人来说，痴情的她不能生出梦幻，她也比他年龄小，那么诗人给她一个定位：朋友。诗人一生都没有以爱情的方式爱过她。而她也给自己一个定位：诗人的情人。她一生都以爱情的方式爱他。

可是诗人的确信任她，和她无话不谈，无论什么情况下。

他和拉伊赫吵架，会找她；他从小酒馆大醉而出，会找她；在她面前，他尽情地做自己，没有任何压力。她以为他和拉伊赫结束了，就会投奔自己的怀抱，可是，他仍旧不是她的，只有在梦幻破灭时，他才在她身边。他却又有了邓肯，她只能享受寂寞。原来他只是在自己这里休养、疗伤，然后重新扑向梦幻。可是，她知足。

他与邓肯走向结束，又走到她怀里。邓肯去了高加索，他们同居了。但是，他依然爱着邓肯。她恨邓肯，又不得不疼诗人，于是，她代替诗人做一个了断。

诗人和邓肯彻底完了，她以为他们就要真的开始了，诗人却静止了。

和邓肯的完结让叶赛宁伤得彻底，他不得不考虑新生，他要改头换面，想放弃迷失，想过安稳日子，但是，对方显然不是别尼斯拉夫斯卡娅。

索菲娅·安德烈耶夫娜！如果她不是托尔斯泰的孙女，那么她不可能有那么大的魔力，可她恰恰是。

1925 年，通过别尼斯拉夫斯卡娅，叶赛宁认识了安德烈耶夫娜。这个资质平凡但拥有教养和血统的女人，看着叶赛宁，眼睛闪闪发亮。她爱慕诗人。叶赛宁找到了寻求安稳的对象：她有地位，有学识，有人格，可以做她的助手、伴侣。他要尝试着从她那里得到一个托尔斯泰式的新生，不再迷失与放浪。

别尼斯拉夫斯卡娅很快就发现他已经不再需要自己，她痛苦，痛苦的她预感到诗人和托尔斯泰孙女的结合不会有好的结果，可是，她无法阻止，所以她离开。

诗人的一切在朝着静止和死亡的方向发展。

他和安德烈耶夫娜结伴出游高加索，在高加索忘掉邓肯，培养新的感情。

9 月，他们返回莫斯科，闪电结婚。婚后回到安德烈耶夫娜的大宅院。

这个时候，他发现一切并不是他所想要的。在大宅院里，他剧烈地震颤，到处都是托尔斯泰的，是托尔斯泰伯爵式的严谨生活，是"复活式"的灵魂，但是，他的材料和伟大的托尔斯泰不同，这里的一切，他都陌生和不能适应。

他说："新的家庭也未必有什么好的结果。这里所有的地方都被'伟大的老翁'占据着，他的肖像比比皆是，桌子上、抽屉里、墙上，使人觉得房顶上到处都有，简直没有活人的地方。这使我感到窒息，我所期待和希望的一切都幻灭了。看来，在莫斯科我无法平静下来。"

这不是他的新生，也不能是他静止的方式。

他不得不去彼得堡，他要在那里重新尝试新生，戒酒，戒掉放浪形骸。

可是，他发现很难。他不得不接受一个现实，先前的生命是他的本质，是他用任何别的生活都不愿意去换的，丢掉那种生活，他将不再是自己。

该怎么办？怎样才能静止、获得新生？死亡！只有死亡才能解决这一切，才能让他飘在天上的诗人生活固定下来，于是他解下皮带，套进脖子。

1925 年 12 月 28 日，还是圣诞节期间，他离开了，他要趁这个时间，因为这个时间，天国的门是打开的。

他死了。别尼斯拉夫斯卡娅失去了他，她再也不能活着。

1926 年 12 月 3 日，她独自一人在月亮下来到叶赛宁的墓前，留下一张明信片，写着："1926 年 12 月 3 日，我在这里自杀，虽然我明明知道在我自杀后，会有更多的疯狂的语言诽谤叶赛宁，但是，无论对他，对我，都无关紧要了。我的一切都在这个坟墓里。"

她在墓地徘徊，月亮下看见自己的影子，抽烟，流泪。随后她在烟盒上写下："开枪之后，如果刀子插入了墓地，那就是说，在我的心中没有丝毫后悔，至于怜悯，我更是早已经把它抛到九霄云外。"

她对着胸口开枪，可是枪没有响。她在烟盒上写下：第一颗子弹没有打响。

随后，她开了第二枪！

她进入了坟墓，那个温暖的坟墓。而刀子插入了墓地，她真的没有一丝后悔。

这个为红色唱着赞歌，又在红色里极度迷惘的诗人终于彻底结束了。后来，他曾经的荣耀不再为人民所痴迷。他成了毒，人们定义了一种病，叫"叶赛宁情绪"，或者叫忧郁的颓废，没人敢碰他。他因此在俄罗斯消失了几十年。

对于这位成于诗人死于诗歌，也成于祖国死于祖国的忧郁的星子，同时代的严肃的高尔基却甚为认同，称呼他是继普希金和莱蒙托夫之后又一个"人民诗人"。

但是，他为叶赛宁定位："叶赛宁来到我们这个世界上实在是太晚了，或者说实在是太早了。"

太晚，是因为时代的确很需要他；

太早，是因为时代已经不是他想要的。

参考文献

[1] 吴泽霖：《叶赛宁评传》，浙江文艺出版社 1999 年版。

[2][苏]叶赛宁：《叶赛宁诗选》，译林出版社 1999 年版。

[3] 岳凤麟：《叶赛宁研究论文集》，北京大学出版社 1985 年版。

[4] 叶赛宁：《叶赛宁抒情诗选》，漓江出版社 2012 年版。

[5] 林洁：《俄罗斯文学中"祖国"观念的动态研究》，硕士学位论文，苏州大学，2016 年。

[6] 韦贞：《〈安娜·斯涅金娜〉——一部回忆、思索与反省的作品》，《俄罗斯文艺》，2003 年第 6 期。

[7] 杜嘉蓁：《试论叶赛宁的代表作——〈安娜·斯涅金娜〉》，《上海师范大学学报（哲学社会科学版）》，1986 年第 1 期。

[8] 顾蕴璞:《情到深处伴愧疚——叶赛宁抒情诗〈给母亲的信〉赏析》,《名作欣赏》,1997 年第 5 期。

[9] [苏] 叶赛宁,岳凤麟:《正在消逝的俄罗斯》,《国外文学》,1985 年第 4 期。

[10] [苏] 叶赛宁,龚长捷:《生活与艺术》,《诗探索》,1982 年第 4 期。

[11] [苏] 叶赛宁,戈宝权、王守仁:《叶赛宁诗四首》,《苏联文艺》,1984 年第 1 期。

[12] 高建华:《从〈白水湖边〉管窥叶赛宁的艺术世界》,《山西大学学报（哲学社会科学版）》,2008 年第 2 期。

[13] 李一帅:《青春·大地·呼唤——解读叶赛宁与海子自然诗审美思想》,《中国青年政治学院学报》,2008 年第 3 期。

[14] 陆永昌:《陨落于幻想与现实之间的碰撞——俄罗斯抒情诗人叶赛宁的悲剧》,《译林》,2005 年第 5 期。

[15] 朱凌:《试论叶赛宁诗歌创作过程的个性特征》,《解放军外国语学院学报》,2000 年第 4 期。

[16] [苏] 叶赛宁,顾蕴璞:《叶赛宁诗三首》,《苏联文学》,1987 年第 3 期。

[17] [苏] 叶赛宁,顾蕴璞:《黑影人》,《国外文学》,1985 年第 4 期。

第十六章

《毁灭》

——雕刻法捷耶夫

亚历山大·亚历山德罗维奇·法捷耶夫是苏联著名的作家与政治家。他出生于革命家庭，早在学生期间就参加了地下革命活动，十七岁加入布尔什维克。1921年，法捷耶夫作为远东共和国人民革命军代表出席党代会。但在参与镇压喀琅施塔反革命叛乱的过程中，法捷耶夫腿部受伤，伤愈之后他进入莫斯科矿业学院学习，开始了他的文学生涯。

1923年，法捷耶夫发表了《泛滥》和《逆流》两部作品并引起苏俄文学界关注。1925年，法捷耶夫开始在报刊上发表成名作《毁灭》，小说第一章一发表便声誉卓著。鲁迅先生亲自翻译《毁灭》，并称赞它为"一部纪念碑的小说"。在写作《毁灭》的同时，法捷耶夫开始构思《最后一个乌兑格人》这部被称为史诗型的长篇小说。然而，过多的社会活动与组织工作使得这部长篇最终未能完成。显然，法捷耶夫在社会工作方面是非常成功的。1939年，法捷耶夫获得苏联政府最高荣誉勋章——列宁勋章，并于同年开始担任苏联作协书记与苏共中央委员。1940年，法捷耶夫获得苏联科学院高尔基世界文学所语文学博士。不仅如此，法捷耶夫还活跃在国际舞台上，成为反法西斯战士，担任世界和平理事会的副主席。

1941年，德国进攻苏联领土，法捷耶夫重新穿上军装并担任了《真理报》和苏联情报局的记者，奔走于战争前线。1943年，法捷耶夫按苏联共青团中央指示开始写作长篇小说《青年近卫军》，小说在1949年获得斯大林奖金，成为描写苏联卫国战争最具代表性的作品。1951年，苏共中央再次令法捷耶夫写一部反映工人阶级生活的长篇小说《黑色冶金》，然而小说在写到八十万字时受苏联政治气候影响戛然而止。1953年，斯大林的去世让法捷耶夫的生活发生了巨大的变化，他不断遭到冷遇。在

1956 年 5 月 13 日，这位为共产主义伟大事业而创作的文艺战士在给苏共中央留下最后一封信后，怀着悲愤而抑郁的心情开枪自杀，终年五十四岁。

一、雏鹰少年，将试锋芒

在乌苏里江东岸碧波万顷的大海边，一处处浪涛卷涌，奔腾浩瀚，撞击在崎岖陡峭的悬崖上，响起天崩地裂般的吼声。

鼓噪的海浪令一群被称为"雏鹰"的少年心潮澎湃，他们放声吟咏，各表襟怀。雏鹰中最小的一个，就是亚历山大·法捷耶夫。他引吭高歌：

> 蓝色的山峦围绕着鲜花盛开的河谷，
>
> 柏树、棕桐和橄榄树静静地摇动。
>
> 这异邦优美的景色不能让我流连，
>
> 远方不要对我呼唤，海风也别让我陶醉。
>
> 我像那狱中的囚徒，渴望光明和自由，
>
> 我眷念着祖国，我那亲爱的故乡！

柔软的海风与扣人心弦的歌声令欢笑戛然而止，意气风发的少年们陷入了淡淡的哀愁。

然而，这位歌唱者还笔直地站着，深邃的眼睛在眺望着远方。

他坚信着，祖国光明与自由的未来，就在前方。

那个以人民为中心、没有剥削与压迫的新世界成为少年心中的向往与期待，他愿意付出自己的生命为之战斗。

这位少年出生于 1901 年，此时其家庭颠沛流离，居无定所。直到1911 年，他才随母亲与继父暂时定居在远东的楚古耶夫卡村。法捷耶夫的父母通过行医与耕种来供养家庭，在他家的院子里，常常停满了载着农民来看病的大车。

每到耕种的季节，法捷耶夫会和家人一起在地里和菜园里劳动。他性格活泼,干起活来麻利又迅速。

因而,工农对法捷耶夫来说是亲近的,他在工农家庭出生并成长于此。他深刻地体会到当时高尔察克在远东建立的残酷政权以及日本干涉者的铁蹄对故土与人民的践踏,充满着追求解放的热望。

1912年,法捷耶夫进入符拉迪沃斯托克商业学校学习并寄宿在姨妈家。姨妈玛利亚·符拉季米罗芙娜与姨父米哈伊尔·雅科夫列维奇·西比尔采夫是来自首都彼得堡的知识分子,是他们,给予了法捷耶夫一个良好的教育环境。

在姨妈家那间藏书颇丰的图书室,法捷耶夫沉醉于列夫·托尔斯泰与高尔基的著作,他听到了车尔尼雪夫斯基"不是'艺术为艺术',而是艺术为现实!"的精彩论述;看到了《祖国》《田地》与《自然和人》等插图杂志描绘的俄罗斯天地;英国作家马因·里德笔下那个骑着马到处游逛的无头骑士不时冒出,令少年法捷耶夫头皮发麻。

当然,他更爱的是诗歌。谢苗·纳德逊充满抗议与绝望、怀疑与忧伤的诗歌总能深深地打动他的心:

> 我的兄弟,我的兄弟
> 我疲乏而又困苦不堪的兄弟
> 不管你的日子多么难过,你千万别灰心丧气
> ……

在商业学校,法捷耶夫与同学们举办文艺晚会。他们改编19世纪俄国文学名著——《战争与和平》《对拉弗列茨基的审判》等等,自编自演,在演出中领会别样的角色与人生。

到后来,他们直接排演俄罗斯古典作家的作品,如卡拉姆津的代表作《可怜的丽莎》、普希金的历史悲剧《鲍里斯·戈都诺夫》和维辛的喜剧《纨绔少年》等等。

他们还会组织合唱，在演唱古老的歌曲中理解俄罗斯民间诗歌的悲壮与浪漫。

少年时期的阅读与所参与的文学活动无疑为未来作家法捷耶夫的创作打下了基础，而其出生和成长的革命环境又在无意间将他推向布尔什维克。

姨妈的两个儿子和法捷耶夫年龄相仿，他们几乎就是法捷耶夫童年时代最亲近的两个朋友。是他们，直接促成了法捷耶夫走上革命道路。

在法捷耶夫少年时，大表兄符谢沃洛德已经是有经验的布尔什维克和军人了，他的机智与无畏令法捷耶夫十分敬佩。他在远东游击战争中与革命家谢尔拉佐一起被日军活活烧死的事件给法捷耶夫留下了难以磨灭的印象。

二表兄伊戈尔在入学不久便应征入伍，在革命来临之际他毅然与士官断绝关系回到符拉迪沃斯托克。他时常向朋友们讲起他是如何逃离士官生队伍，又是如何避开赤卫队的。少年法捷耶夫每每在听到二表兄谈及这段经历时，都为其勇气所折服。

1912 年，当政府军扫射西伯利亚勒拿金矿工人的枪声响起时，人民革命的江河再次奔流。

革命的暗涌终于击破了沉默的坚冰，在广阔的俄罗斯土地中掀起一阵阵浪潮。

远在符拉迪沃斯托克的少年法捷耶夫也感受到了，在表兄符谢沃洛德和伊戈尔这两个布尔什维克的谈话间，他感知到了这个空前动荡的国家似乎正在酝酿着某个伟大转变的时刻。

然而，当这个少年开始走出校门，毫不迟疑地投身革命时，这何尝不是他人生中一个伟大的转变。

符拉迪沃斯托克海边的雏鹰即将乘风而行，迎接那伟大而艰苦的革命与战斗。

二、游击队员，斗志昂扬

像迎接新生活的朝霞一样，十六岁的法捷耶夫迎来了 1917 年的 10 月。

在一群高年级学生组成的示威游行队伍中，一位身穿商业学校制服的学生，目光炯炯有神，十分引人注意。

他来到社会民主党委员会，要求党委会主席出面接见。

而他只是请求党委帮助他们成长，令年轻人走上正确的革命道路。

1917 年 8 月，符拉迪沃斯托克社会主义青年联盟成立了！法捷耶夫第一时间加入，成为联盟中最年轻的一员。

他勇敢果断，不畏强敌，冒着生命危险将布尔什维克地下组织的传单张贴到叛乱军的司令部，奔走于滨海地区各类青年组织之中。

这年 11 月，冬宫一声炮响传来了十月社会主义革命胜利的消息，法捷耶夫脸上舒展着饱满的微笑，他激动地说：

这是真正的革命！俄罗斯伟人的理想实现了……新生活在召唤我们！

然而，战争并未结束。在少年以为农民都得到了土地、得到了真正的自由时，捷克军团反动革命叛乱的枪声又响起，党组织不得不暂时转入地下活动。

法捷耶夫与朋友们紧急武装起来，刻不容缓。他们护送被通缉的同志，秘密给游击队运送武器，散发布尔什维克报纸。

经过地下工作的严峻考验，法捷耶夫不断深入了解布尔什维克。他明白，唯有布尔什维克才能带领无产阶级走向解放，唯有布尔什维克才能拯救处于水深火热之中的人民。

在 1918 年秋天，这个心系祖国与人民命运的少年，光荣地加入了共产党。那时，他还未满十七周岁。

> 我以忠诚无私地跟着党走而自豪……我永远忠于党的旗帜，直到生命的最后一天。

经历十月革命暴风雨的洗礼，符拉迪沃斯托克勇敢的雏鹰成长了。

它穿过怒吼的大海，躲过了刺目的闪电。它深信，乌云终究掩盖不住太阳。顺着那耀眼的光芒，它必将从乌苏里江东岸展翅飞翔。

1919年春天，反动势力高尔察克为扩充兵员下令动员青年入伍。为避免被强制参加白军的危险，法捷耶夫与商业学校的同学迅速离开符拉迪沃斯托克，参加游击队。勇敢的雏鹰们成了游击战士。

在成为作家之前，法捷耶夫首先成了一名革命者。与此同时，创作的欲望之火也在内心燃烧着。

每到一处村庄，法捷耶夫总要记下他所看到的与听到的各种事项。

那本厚厚的本子越写越多。

在这里，记录着各村居民的生活和物资情况，这是游击队转移与作战所需要的准确情报。

在这里，绘写着边疆乡村的美丽景观，这是作家对乡村眷恋的寄托。

在这里，描摹着远东游击战士们的面孔。当死亡的硝烟咄咄逼人，游击战士们依然坚持战斗，这是作家未来创作的人物原型——

> 难以忘记的，还有那个个子矮小、大眼睛、红胡子的游击队队长。
>
> 他瘦小的身躯凝聚着共产主义队伍的战魂，在他身上，那对于新的、美的、强的、善的愿望是如此强烈，以至于每一位队员都认为他生来就不同寻常，他永远正确。

　　许多年之后，当法捷耶夫回忆起自己的青年时光，他恍然发现，原来《毁灭》中的游击队队长莱奋生早就暗藏在这本厚厚的陈旧的笔记本中。

　　难以忘记的，还有那年深秋的相遇。当法捷耶夫偶然在会议上听到谢尔盖·拉佐所作的形势报告与行动纲领汇报时，他完全被拉佐这位传奇英雄人物的冷静沉着与智慧果敢吸引住了。拉佐与深秋的阳光多么相似，耀眼却柔和温暖。

　　"不管我们头上的乌云多么黑，胜利不是属于他们，而是属于我们的！"拉佐对共产党的无限忠诚和坚定信念再一次令法捷耶夫深信，无产阶级必将胜利。

　　"我头一回明白，领导人民的是什么样的人。而且我也明白，这是和大家一样的普通人，但他们是人民的优秀儿女……"

　　军队首长拉佐显然也注意到了这位忠诚精干的小伙子，当法捷耶夫还在嘟嘟囔囔说着应该委派表哥伊戈尔·西比尔采担任政治特派员时，拉佐再三强调，"不，我们就是要委派布雷加（法捷耶夫在游击队的姓）！"

　　第一次，拉佐让法捷耶夫感觉到了自己身上肩负的责任。

　　他真诚地希望，自己也能成为一名像拉佐一样，为共产主义理想与人民幸福而斗争的革命战士。

　　而在游击队队员眼里，这位年轻政委平易近人的性格与乐观主义的精神深深地感染着他们。面对一切复杂、重要以及许多人都难以理解的政治问题，他总是能快速地给出简洁明了的回复。

　　军事活动上，法捷耶夫同样也是一名勇敢的战士。在 1920 年的寒冬，当第十次党代会召开前一星期喀琅施塔得发生反革命叛乱时，作为远东军旅政委的法捷耶夫义无反顾，率部冲锋在战斗前线。

　　铺天盖地的炮火从前方袭来，战友们的鲜血染红了雪白的芬兰湾。

　　凛冽的寒风穿过额头，千疮百孔的大地在怒吼。

　　法捷耶夫疯狂地奔跑着，不远了，逼近了，敌人占领的要塞就在前方！

坚持！再快一点！再快一点！

砰！是谁的腿在流血？是谁因腿部受伤而趴下？这坚硬的海湾为何要冰解？

啊！战士们在下沉，那一点一点被淹没的苍白手臂似乎在作最后的告别。

在寒冷的冰面与滚烫的泪水中，那结实但被划破、流着鲜血的身体在艰难地爬行。

一步又一步，法捷耶夫终于看到了后方部队的暗影。

幸运的符拉迪沃斯托克少年，终于得救了！

在镇压喀琅施塔得叛乱的军事活动中所受的重伤让法捷耶夫在彼得格勒军医院躺了好几个月。伤愈之后，法捷耶夫进入了莫斯科矿业学院学习。

此时的他盼望着，盼望自己成为一名工程师，以便能回到矿工队伍中，去改善那群曾和他一起在远东地区为苏维埃政权并肩作战的矿工的生活。

然而，法捷耶夫未曾预料到，莫斯科一行也是一段告别。从此之后，他告别了整整生活了十年的符拉迪沃斯托克，离开了共同战斗的游击队与人民革命军的战友们。

命运的航向将再次偏转，那破旧背包里的厚实的笔记本在不断地呼喊着，号召他翻阅，也号召的改写。少年时代在游击队的欢乐与冒险，将化为伟大的篇章重现在法捷耶夫与全世界人的眼前。

三、从革命者到作家

如惊雷、似闪电，冬天的炮响划破漫漫长夜。

十月革命胜利了，劳动人民成了国家的主人。

列宁高呼："这将是自由的写作！"

新的文艺与社会政治杂志如《青年近卫军》《红色处女地》和《十月》等，如雨后春笋般涌出。

年轻的文学爱好者法捷耶夫陶醉于莫斯科丰富的文化生活中。

他热爱这个新生的苏维埃国家与生活在这片土地上的千千万万人民。

当他在喀琅施塔得受伤后躺在莫斯科医院时，他就酝酿着一部以远东游击战争为题材的小说。

远东神秘阴森的大森林，楚古耶夫卡浩瀚的大海与游击战士黝黑而刻着岁月风霜的脸庞在他的脑海里翻涌着。可是一切发生的和经历过的事情却凝聚在他的意识里。

远东是那么熟悉，又那么亲切。

他迫不及待拿起笔，将在远东战争岁月里积攒的一切铺叙开来。

然而，这部题为《泛滥》的手稿在刊物编辑部积压了一年之久都未能有机会面世。

在1923年夏天的一个阴雨天，刊物《青年近卫军》的编辑、青年作家李别进斯基在采完林间旷地上的蘑菇之后，津津有味地坐下来阅读从莫斯科带回的稿件。

和往日一样，这些稿件中总有一些情节俗套、风格陈旧的故事。然而，当他翻阅到《泛滥》这部手稿时，有一种说不出的东西在吸引着他。这部手稿也采用了当时盛行的散文风格，没有明确的故事情节。但其中描写的景色和周围湿润的空气却那么契合，郁郁葱葱的雪松、连绵起伏的群山、蜿蜒曲折的溪谷和湍急的河流将李别进斯基引向那遥远的乌苏里边区，引向乌拉兴河谷，引向阿穆尔河。

激昂的文字闪耀出作者对乡土的热爱，及其内心的善良与虔诚。

更令李别进斯基欣喜的是，这部手稿明显地表现出共产主义的进步倾向，它在竭力重现党的优秀儿女对祖国社会主义工业化的向往和期望，并刻画了远东未来建设的远景。

毫不迟疑，李别进斯基决定给这位手稿的作者法捷耶夫回信，邀请他来编辑部。

三十多年后，法捷耶夫还清晰地记得，是善良的手，"是作家李别进斯基和谢芙林娜善良的手，把一个年轻作家的手稿从稿子堆里挑选了出来"。

从此，一位英勇的革命者正式走上他的文学创作之路。他用他的作品证明，进入文坛的是一位有才能的艺术家。他化枪杆为笔杆，继续守护着无数人民用鲜血换来的无产阶级政权。

但不得不承认的是，这部处女作《泛滥》也存在许多不尽如人意的地方。

二十年后作家本人回忆起这部作品时，他谦虚地将之称为"不严肃的和粗糙的"。稍后的时间里，他又将这部中篇小说形容为"索然寡味的"。

这位善于自我批评的作家深刻地反省了早年作品存在的问题。然而，《泛滥》并不是"索然寡味"的作品，它可以被称为一部过分渲染以及被涂饰得不是很巧妙的作品。

在《泛滥》中，我们可以看到人类征服自然与战胜灾害的热情。

> 涅列京憧憬着："坚硬的钢轨将来会架过乌拉山谷，而难以打穿的老爷岭的山谷将有笔直的、像人的意志那样顽强的隧道通过。那时山脉将打开它的宝藏，开采出来的矿产将迎着太阳闪闪发光……熔铁炉喷出来的苦味的煤烟将初次遮盖住针叶树的树梢，电力拖拉机将初次深深地翻起肥沃的处女地。"

这位新进的作家迷恋于以形象的比拟来展现乌苏里地区农民生活与革命的图景。然而，一些不恰当的比拟不时出现，这种带有浪漫主义格调的语句难以表达出作家在这部作品中的寄托——表明布尔什维克革命在农民中的意义与作用。例如：

在集会上，涅列京的短促而零碎的话语分开了紧密缝合的头盖骨，很平稳地堆放在那里面，好像劈得很好的碎柴块一样。

跑上了山的涅列京，好像是乌拉兴沼地中那种久不凋谢的、各色各样的红羽蓝眼的鸢尾花一样。

这些貌似华丽但实为矫揉造作的语句显然并不成功，它们鲜明地体现出了在内战刚刚结束时的苏联文学状况。此时，苏维埃的散文刚刚取得初步的发展，并取代了诗歌的地位。真正意义上的社会主义现实主义文学代表作屈指可数。

因此，这个时期尚未有经典的文学范本帮助青年作家们正确理解战争中的各类事件以及塑造作品中的人物。在更多时候，吸引人们注意的是那些汹涌澎湃的诗句以及多彩的图画。革命往往被诗意化为喷涌的熔岩、狂欢的旋风与呼号的暴风雨等自然现象。

历史的真实被风雨雪霜掩盖住了，表面的印象被高高推为文坛的仙子，本质被遗忘在尘埃中。

就在这时，伟大的高尔基愤慨地指出："人们被眼前的真实紧紧地俘虏住了，他们看不见时代伟大的真实，看不见由后人血肉所凝成的真实——不朽的真实！"

啊！真实！社会主义现实主义的真实！这成为此时每个苏联作家最应努力解决的问题。艺术本身的使命究竟在何方，布尔什维克应该被如何描写，成为每个从生活中走进文学界的苏联青年作家的主要任务。

青年法捷耶夫在思考，他沉思默想，只为完成时代与国家交给作家们的任务与使命。

他决定，再度出发。而这次，他使用的是平稳的叙事风格。

他感到满意，创作意识里有某些东西正在发生转变。

在第二部小说《逆流》中，为纪念敬爱的表哥伊戈尔·西比尔采夫，作家叙述了一个新的苏维埃布尔什维克团队的诞生。

小说中的主人公比《泛滥》中的涅列京具有更加坚强的意志与勇往直前的精神——

> 每天我都用无形的螺丝帽把自己旋到最紧最紧的程度。
>
> 我总是迎着逆流走，而且尽量带上那些可能被我拉来跟我一起走的人。

朴实的叙事风格与更加完整且富有戏剧性的情节令《逆流》比《泛滥》更上一层楼。

> 就它在现实主义地描绘无产阶级的主导力量与斗争本身的性质方面讲，它已经向前跨进了重大的一步。

但作家的头脑显然比想象中的活跃，法捷耶夫的思考并未停止。他永远记得前辈作家高尔基指出的描写"不朽的真实"的文学使命。他想表现由鲜活的生命所凝结成的时代的真实，从一个个苏维埃新人的内心深处表现出历史的真实。

为了真实地描写苏维埃人和苏维埃，法捷耶夫继续探索着。

四、《毁灭》：苏联文学的里程碑

1925 年，苏联共产党第十四次代表大会通过了苏联工业化纲领。经历过革命动荡年代的人们期待着，期待苏联建设的美好将来。

然而在很短的时间里，工业化计划的实施在政治和经济上都遇到了严重的困难。

苏联文学亦是如此。当新经济政策实施，私人出版重新活跃，庸俗而淫秽的作品不断出现。而革命被散文化的浪漫主义浓墨重彩地描写为"火山喷发的熔岩""滚滚的力的洪流"以及"人群的咆哮"。作者们根据自己发明的规则用非叙事的交响乐来展开内战期间的俄国全景图。

新时代的英雄在 20 世纪 20 年代初的文学作品中是那么空洞、那么机械。有些作家甚至用社会宗谱的罗列来替换完满个性的塑造。

描写真实的革命、创造真实的英雄人物的任务，尖锐地摆在了 20 年代每一个苏联作家的面前。

在时代的呼唤中，俄罗斯无产阶级文学应运而生。《毁灭》正是出现在无产阶级文学尝试阶段的作品。

为了避免 20 年代初苏联散文作品对革命的幻想式描写，避免重蹈作品《泛滥》对革命过度修饰的错误，法捷耶夫竭力写得简单，竭力用最浅显的语言将思想表达出来。作品只描述了苏俄国内战争时期一件极其寻常的事：处于白匪军与日本外涉力量包围之中的由一百五十人组成的游击队所展开的突围战。在具体内容上，法捷耶夫大胆地描写革命过程中细碎的日常，塑造外形瘦小的游击队队长，甚至直接以"毁灭"为书名。

这显然不是宏大的历史叙事，而只是细腻的故事描写。

然而，这些简单的文字却能将人性中的弱点与美的品质写尽，将一个个英雄树立起来，将革命的希望播撒开来。

在小说开头，没有群众盛大的游行，没有弥漫的硝烟，也没有燃烧的眼睛。作者向人们铺开的是一幅朴实的革命生活画卷——

在七月炎热的日子，田野飘出一股股芳香的荞麦味。游击队队长莱奋生正在石阶上锵锵地敲着一把日式破刀。一会儿，他来到院子里，让传令兵莫罗兹卡送信去。而此时，莫罗兹卡一边正在防水帆布上晒燕麦，一边又忙着用鞭子驱赶可恶的珠鸡。

"去，把这个送到沙尔狄巴的支队。"

> 接到出发的命令，莫罗兹卡闷闷不乐，他已经烦透了枯燥的公差与没有油水的信件。"狗杂种！"传令兵委屈地在心里骂道。

就这样，一部革命抗争小说从一道简单的命令慢慢铺叙开来。

当莫罗兹卡在途中遇到他的小分队时，杜鲍夫和几个兄弟"用笑声和善意的粗话跟他打招呼，因为他们都很高兴见到他，但是又没有什么必须要说的话，而且他们都是年轻健壮的小伙子，即将来临的夜晚又是那么凉爽，令人心旷神怡"。莫罗兹卡回到队伍中是那么开心，"一起说笑，一起在这凉爽的令人心旷神怡的夜晚策马奔驰"。

法捷耶夫大胆地表现工人阶级出身的普通群众在革命队伍中的鲁莽与粗暴，但在这中间透露出来的是人民的实际力量，是人民的健康情绪与健康的生活方式，在他们身上涌现的是生命的热情。

当然，革命不可能就是风平浪静的朴素生活。当日军占领越来越多的村子，游击队必须及时转移时，队长莱奋生不得不杀死那个无法恢复的伤员，不得不拿走朝鲜村民的一头猪。革命的残酷与现实场景在这些细节中不断展现。这里没有华丽的雕饰，更多是粗鲁的真实以及在历史转折点中人们的心理状态。但在这些粗鲁表面之下，隐藏着布尔什维克与普通农民、工人善良的内心和无畏的战斗精神。朴素的革命日常与激情昂扬的战斗相交织，矿工、农民粗糙的生活方式与淳朴英勇的心灵融为一体。《毁灭》正是以这样的方式描写国内战争时期的革命和乌苏里地区的游击战士。

过度的浪漫主义描写与公式化的描述一度是 20 年代初的苏联文学散文在刻画人物形象上的突出问题，身穿"短皮外衣"、眼光短浅的"实干家"是这个阶段的人物形象代表。因而，法捷耶夫如果要描写出真实的革命者，他就必须在克服公式化描述的同时反驳虚伪的浪漫主义。

在这一方面，谁也没能想到，法捷耶夫在十几万字的小说中竟安排了一百五十个人物。在这里，既有年轻的布尔什维克莱奋生，也有老革命家——

医生斯塔欣斯基，还有矿工与农民；既有拉脱维亚人，也有中国人。显然，如果法捷耶夫只是简单地描绘游击队队员在革命生活中相互挑逗、相互偷窃或者放荡风流，那就会直接歪曲整个形象；如果法捷耶夫只是以浪漫的想象描绘一个理想的英雄形象，则又会直接违背现实主义的描写原则。

摆在这位新晋作家面前的，是一片险峻的沼泽地。

但就像托尔斯泰所说的，"艺术家收集着零散的生活片段"，他能以创作的灵光与激情的火焰使琐碎的片段发出光亮。

法捷耶夫正是如此，通过一系列的心理描写和细节描写，他让读者看到了游击队战士内心的精神光芒。

在这群战士中，青年布尔什维克莱奋生是最重要的人物。他既是游击队队长，也是全队最具党性修养的人。但法捷耶夫却将他描写得极其平凡。

> 莱奋生身形矮小，有些驼背，他的整个人仿佛是由帽子、红胡须和高过膝盖的毡靴组成，开会时他总站在人们背后，不显露自己。对待队员时也毫无架子，并不因为队员的粗鲁玩笑而挑剔指责。他深深爱护着自己手下的每一位战士。一天夜里，莱奋生像往常一样去检查岗哨。当他小心翼翼穿过火堆时，他看到站岗士兵在一旁陷入沉思，眼神柔和，脸上露出温柔的孩童般的微笑，他的思绪似乎已经飘到了很远很远的地方。"看看他，多美好啊！"莱奋生的脚步更小心了，"不是担心被人发现，而是怕打扰到那个士兵脸上的微笑。"在战争未知的险峻中，士兵纯真的微笑隐含着他对美好未来的憧憬，莱奋生何尝不懂得这份童真的珍贵。

这种浪漫与理想不时在小说中出现，诸如此类的诗情描绘体现了莱奋生作为一名领导者的精神美。法捷耶夫以细腻、深沉和含蓄的笔触热情地歌颂了无产阶级人性中的温暖——

作为游击队队长，莱奋生把工作当作自己的天职。当队员送来两封信——一封是关于前线的消息，另一封是家书。莱奋生匆匆看了一眼信封，便把妻子写的信塞到了口袋里。

直到工作结束后的深夜，当队员们都进入梦乡，躲在炉子后的蟑螂开始沙沙地打闹时，莱奋生才想起了妻子的来信。"一切还是老样子——让人高兴不起来。"妻子还是没找到工作，孩子们患上了坏血病和贫血病，然而妻子在字里行间流露出的无尽关切深深地触动了莱奋生。他提起笔，动手写了起来。随着思绪的飘动，莱奋生的脸色越来越柔和，这个往日里对所有事情只有简短的"是"与"不是"的队长在此刻变得格外温柔。

但是，每当队员犯错，莱奋生也会采取严厉的手段，甚至对他的战斗伙伴开枪。队伍驻扎在村子里时，士兵莫罗兹卡又跑去农民地里偷瓜，游击队在农民心中的信誉受到挑战。对此，莱奋生立刻组织了群众审判会，把莫罗兹卡直接交给农民批评。一个西瓜的丢失竟让全村的农民与游击队队员聚集在了一起，莫罗兹卡内心的愧疚可想而知，这让农民同样感受到了游击队的诚意。

当敌人的军队越来越靠近，而游击队由于长时间驻扎在村子里越来越放松时，莱奋生在一天夜里出其不意地安排了一场纪律检查。河边的枪声一声接一声有规律地响起，莱奋生从司令部发射出信号弹，命令全队集合。矿工排排长杜鲍夫派人去叫队员们起床的时候才发现有一大半队员溜出去吃喝玩乐，并没有在营房过夜，这让杜鲍夫慌张极了。当传令兵急匆匆赶来两次要求集合，还是有很多人没找到时，"杜鲍夫像一头困兽一样在院子里乱跑，绝望地想对着自己的脑袋开一枪"；在最后的集合时间里，队伍还是缺了许多人，而这些刚好都是农民排的士兵，醉醺醺的排长库波拉克此时痛哭流涕，还在不停地找人。当队伍集合好之后，莱奋生才骑着马缓缓出现，他并没有直接批评两排排长，但他说的话使得"每个人都感到自己的喉咙像被一双铁手掐着一样"。

当队伍在最后关头被高尔察克军逼迫到沼泽地，人们极度绝望与暴躁时，莱奋生拔出毛瑟枪，猛然大喝一声，像闪电雷鸣，冲破笼罩在人们心中的阴霾。他下令让士兵们立刻砍伐树木，在沼泽地上铺出一条生路。

莱奋生就是这样一个无私、智慧、善良又严厉的队长，他和《铁流》中的游击队队长郭如鹤一样，都是无产阶级的实际体现者和执行人。他们每说的一个字，都像铁石一样落在队员们的心里。在关键时刻，他们总能体现出自己作为队长的机智与勇敢。

但在根本上，莱奋生与郭如鹤以及千千万万的游击队队长并不相同。在小说中，法捷耶夫还揭示了莱奋生的精神生活和心理状态，他不仅深爱着他的士兵，同时也对虚伪的、卑劣的敌人充满了憎恨。

生活被安排得出奇地巧妙，不会憎恨的人就不能真正地爱。灵魂不可避免地分裂，由恨才能达到爱的必然性。

这是高尔基在关于列宁特写中所说的话，法捷耶夫显然领悟到了高尔基的意思。作家在深入生活的过程中，体会到了爱与恨交织在一起才是一个真实的心灵的体现。

在一次偶然的机会，莱奋生与密契克长谈。此时虚伪的资产阶级分子密契克已经无法忍受游击队艰苦的生活，想尽可能地离开。他看不到农民和矿工身上的革命热情与美好的精神，而是认为他们粗鲁卑鄙，只想填饱自己的肚子。通过谈话，莱奋生意识到了，在到处充满着贫穷、剥削的生活中，在信仰着"残忍而毫无道理的上帝"的环境里，只能生长出密契克这样懒散、意志薄弱而精神疲乏的人。他识破了密契克的虚伪，开始真正地明白，"看到事物的本质，改变现状，加速应有事物的诞生"将是他要完成的重要任务。

通过这样一个故事，法捷耶夫揭示出莱奋生灵魂深处的敏感与正义，揭示出他对新的、美的和善的渴望。这种对未来的期待与盼望在《铁流》以及 20 年代其他作品的人物心中还隐藏得很深。而在《毁灭》中，法捷耶夫直接表现出这样的梦想，将一个爱恨分明、内心敏感的游击队队长塑造出来。这个感情如此丰满的正面形象显然有别于早期散文中罗列式的描述。对莱奋生的刻画就是《毁灭》给 20 世纪的苏联文学所带来的新质。

不仅如此，《毁灭》的里程碑意义还在于，它通过人物形象的塑造显示了社会主义革命对于广大人民群众的改造作用，描绘出"新人"在革命斗争中的诞生过程。

莫罗兹卡既是小说中的革命对象，也是革命主体。当然，在前期的部队生活中，他还未能意识到自己的主体地位。

他出生于矿井附近，十二岁就"学会了推小煤车、粗鲁地骂人、狂喝酒。在苏昌矿场，有多少酒鬼就有多少酒馆"。莫罗兹卡身上沿袭了不少旧世界中的旧习惯、旧思想，在革命前他过着浑浑噩噩的生活，而参加革命也是出于矿工阶级的本能。在游击队里，莫罗兹卡一开始更像个无赖，常常违抗命令、不守纪律，总是喝得醉醺醺的，对女性十分粗暴，最让游击队丢脸的"偷瓜"事件就发生在他身上。然而，出于自发的阶级感情，莫罗兹卡不敢设想离开战友、放弃艰苦而光荣的战斗事业的日子。经历过"偷瓜"事件被教育之后，他就意识到了自己是游击队集体中的一员。

"我愿意为每个兄弟献出自己的血，我绝不想给大家丢脸，绝不想干什么坏事！"这是莫罗兹卡在群众审判会上的自白。在莱奋生、杜鲍夫和冈察连柯的帮助下，莫罗兹卡逐渐找到了自己的道路——从自发地革命到自觉地革命。

战争最关键的时刻，莫罗兹卡在侦察途中遇到了敌军，他迅速地掏出手枪，高举过头颅，按照约定向空中发出最为关键的信号。即使莫罗兹卡知道他再也见不到幻想中沐浴着阳光的村庄，见不到连队中亲爱的同志弟兄们，但是"他并没有为自己即将死去，无法再感觉、再行动而感到遗憾"。

就是在莫罗兹卡身上，法捷耶夫向人们展现出了一个战士如何在革命的过程中摆脱旧世界的包袱而成为具有革命品质的新人。虽然过早的牺牲令他没来得及走完人格形成的过程，但他却给每一个读者留下了深刻的印象。

法捷耶夫曾在一篇文章中总结了《毁灭》的主题思想："在国内战争中进行着人才的精选，一切敌对的都被革命扫除，一切不能从事真正的革命斗争的，偶然落到革命阵营的，都要被淘汰。"

密契克就是这样一位注定要被无产阶级革命淘汰的落后分子。他曾经接受过良好的教育，举止绅士文雅。他期待着与那些"生活在硝烟下创造着英雄事迹的游击队员"见面，然而，他所看到的游击队实际情况与他所想象的相去甚远，"这些人身上更脏，虱子更多，态度更为粗鲁生硬"。密契克并不能像莱奋生一样体察到游击队队员的美好心灵与蕴藏的革命斗志，他只能看到他们生活的一些表象。

当莱奋生为了保存一百五十个战士的力量，不得已没收朝鲜居民的一头猪时，密契克极为难受，认为这样"实在太残酷了"，"换了他，他绝不会这样对待那个朝鲜人"。然而他还是和大家一起吃了猪肉，因为实在是太饿了；他希望大家都好，他"爱人类"，然而在游击队待了几个月之后，他迫切地想回到城里去，回到原来平静但带有些许无聊的生活中；当他在侦察中遇到敌军时，他可耻地逃跑了。他为自己的行为感到难受，但这种苦恼并不是出于他断送了十几个信任他的人的性命，而是感到这种行为留下了洗不掉的污点，这种污点与他认为自身所具备的纯洁善良的品质不相容。

他悲伤地拔出手枪，"怀着踌躇和恐怖的心情对它望了好一会儿。但是他知道，他是绝不会，也绝不可能自杀的，因为他在世界上最爱的毕竟还是他自己——自己的白皙而肮脏的、无力的手，自己的唉声叹气的声音，自己的苦恼和自己的行为——甚至是最最丑恶的行为"。

一个多么虚伪、多么卑劣丑恶的灵魂！法捷耶夫在作品的结尾以锋利讽刺的手法无情地揭露了资产阶级人道主义的虚伪性与欺骗性。以密契克为对照，小说再一次体现出莱奋生与莫罗兹卡的精神美。莱奋生与密契克都是出生于小资产阶级知识分子家庭，却走上了两条截然不同的道路。莫罗兹卡在成长中学会了偷东西、酗酒、撒谎，而密契克温文有礼、"洁身自好"。然而，革命让莱奋生成为带领战士英勇奋战的游击队队长，莫罗兹卡在苟活与为革命而牺牲之间毅然选择了后者，密契克却成了懦弱的逃兵。无产阶级的革命在悄然地锻炼它的战士，同时也在果断地淘汰一切落后分子，"人的最巨大的改造正在进行着"。

从密契克这个角色的设计，我们再一次看到了《毁灭》情节的完整与巧妙。人物的真实与深刻细腻的心理描写以及严整的情节促成了《毁灭》的成功，真实的革命战士形象与苏维埃人诞生与成长过程的创造性描写，奠定了《毁灭》成为 20 世纪 20 年代苏联文学里程碑作品的基础。即使在小说最后，这支一百五十人的队伍只剩下了十九个人，绝大部分游击队队员牺牲了。然而，他们身上所焕发出的无畏与为党为人民牺牲的精神却永远激励着全世界的无产阶级革命者。

毛泽东在 1942 年延安文艺座谈会上说道："法捷耶夫的《毁灭》，只写了一支很小的游击队，它并没有想去迎合旧世界读者的口味，但是却产生了全世界的影响。"这种评价证明，小说是成功的。

在 20 世纪 20 年代，《毁灭》曾以熊熊烈火燃烧过全世界的读者，给予无产阶级前进的力量。它与德·安·富尔曼诺夫的《恰巴耶夫》、亚·绥拉菲莫维奇的《铁流》构成了当时苏联文学创作三部"里程碑式"作品。

随着岁月的吹拂，《毁灭》这座火山也许已经冷却，虽带有火焰喷发时的形状，但失去了革命年代的热度。

然而，在个人主义肆意地吞噬着人们内心的今天，我们何尝不需要《毁灭》来重振国家与民族在人民心中的信仰。

也许就是今天，就是这个年代，成为激活《毁灭》这座庞大的休眠火山的契机。

五、新的任命——苏联作家协会总书记

年轻的法捷耶夫朝气蓬勃，他感觉到自己充满了力量。在写作之余，他活跃在各个期刊编辑部与党委的工作中。

1926年底，这位青年作家带着新的任务回到了莫斯科。在彼时举办的"俄罗斯无产阶级作家联合会"（简称"拉普"）全体会议上，他当选为新的理事会成员。这是法捷耶夫首次在重大文学社会活动上崭露头角，从作为"拉普"组织书记出发，法捷耶夫迎来了个人政治生涯的春天。

在"拉普"工作期间，法捷耶夫和几位领导人服从党的领导，满怀革命豪情，为建立无产阶级文学而奋斗。然而，正当"拉普"阔步前进的时候，联共（布）中央突然在1932年下达了《关于改组文学艺术团体》的决议，解散所有文艺团体，成立便于统一领导的各协会。显而易见，决议的中心内容就是解散"拉普"。

当苏联在经济上通过"第一个五年计划"获得惊人的建设成果时，领袖斯大林将目标转向了文艺界，他担心遍及全苏的"拉普"成为一股难以控制的政治力量，故决定整合文艺界的队伍。

如晴天霹雳，如山摇地动，突如其来的"决议"令"拉普"成员们，尤其是总书记阿维尔巴赫，不知所措。他试图通过建设社会主义文学这一崇高事业来达到功成名就的幻想破灭了。

然而，"拉普"新晋的理事会成员法捷耶夫却为"决议"拍手叫好，并发表了系列文章《新与旧》，支持中央决议。在"拉普"工作的几年，法捷

耶夫早就不满于"拉普"在活动中所犯的错误,他认为"拉普"的作风已经完全过时。因而在他的理解中,"决议"不是对"拉普"的打压和否定,而是在新的政治与经济形势下,作家团体向新的组织形式过渡的一个必要步骤。

在各大作家都不理解中央"决议"的时刻,法捷耶夫的文章《新与旧》仿佛注定为迎合斯大林的政策而作。这位锋芒初露的青年人未曾想到,自己在工作中对文学组织的观察与总结竟在无意间契合了最高领导人的计划。

《新与旧》仿佛一把金钥匙,既打开了法捷耶夫走向斯大林、走向苏联文学总管的大门,也打开了"拉普"主要领导人对他的恶意诋毁之门,虽然后一道门在法捷耶夫临死前才愈益敞开。

但法捷耶夫终究取得了斯大林的信任,从 1932 年开始,法捷耶夫如同插上了雄鹰的双翼,直上晴空万里,抵达苏联文学界最高点。

1933 年,斯大林令法捷耶夫取代格隆斯基的位置,担任苏联第一次作家代表大会筹备会副主席,协助主席高尔基开展相关工作。

1934 年,在第一次苏联作家代表大会上,法捷耶夫当选为作协理事会主席团委员。

四年之后,法捷耶夫就取代了斯塔夫斯基担任作协书记,成为作家团体的主要领导人。

而在 1946 年,法捷耶夫根据斯大林的意见,担任了作协总书记。

除此之外,法捷耶夫在 1939 年召开的联共(布)十八大与 1952 年召开的联共(布)十九大上两次当选为中央委员。

法捷耶夫以惊人的速度达到了个人事业上的巅峰,这显然与斯大林对法捷耶夫的信任与器重紧密相关。但法捷耶夫并非阿谀奉承之辈,在工作中他表现出超人的气魄与卓识,甚至在斯大林面前也会坚持自己的判断。

20 世纪 30 年代以后,苏联高度集中统一的政治经济制度要求文学一统化,在此背景下斯大林建议将苏联文学艺术的创作方法称为"社会主义现实主义"。《苏联作家协会章程草案》将这一方法内涵概括为:"要求艺术家从现实的革命发展中真实地、历史具体地去描写现实；同时，艺术描写的真实性和历史具体性必须与用社会主义精神从思想上改造和教育劳动人民的任务结合起来。"法捷耶夫并不完全同意这种解释，他提出，社会主义现实主义"不是按照人们真实的模样来表现，而是按照人们应该有的模样来表现"。在文化大一统的年代，这种提法需要一种激情，一种气魄。

在斯大林时代苏联的文化"大清洗"中，当法捷耶夫看到许多他了解的人遭遇不测时，勇敢地站出来为他们说话。例如在1937年讨论开除别林斯基党籍的会议上，法捷耶夫挺身而出，以自己的党证以及生命担保别林斯基是一名正直的共产党员。

在1950年斯大林奖金评议会上，斯大林认为应该给作家科普佳耶娃的小说《伊万·伊万诺奇》评奖，但法捷耶夫并不同意，认为这本书写得不好。两人为此发生了争论，最后斯大林只好退让："那就随您的便吧。"

在复杂的政治圈中，法捷耶夫尽力保持正义与坦诚的品质，以理想的光芒映照着苏联文艺界。然而，在斯大林严厉的意识形态管控下，这点光芒时常会被乌云覆盖。在法捷耶夫担任苏联文学总管期间，绝对服从指令的共产党员责任感与个人的文学理想时常在内心博弈，而结果往往如乱箭穿心，让法捷耶夫痛苦万分。这既是20世纪三四十年代苏联文学的悲剧，也是法捷耶夫个人的悲剧。身居要职的他，越来越感觉到力不从心，越来越像是一个调解员。

1928年，当斯大林出于政治需要，贬低帕斯捷尔纳克，大张旗鼓地宣传马雅可夫斯基的时候，法捷耶夫在作协理事会上严厉谴责帕斯捷尔纳克脱离生活、孤芳自赏。然而，在咖啡馆里，法捷耶夫问爱伦堡是否想听真正的诗歌时，他所朗诵的正是帕斯捷尔纳克的诗歌。

法捷耶夫曾几次眉飞色舞地称赞过格罗斯曼的小说《为了正义的事业》。然而，当斯大林不喜欢这部小说并对其发动批判的时候，法捷耶夫也写了尖锐的批判文章。

他兢兢业业地管理着作协的事务，为作协的事务牺牲自己的创作时间。

他听从党的基本路线的指导，"在四分之一个世纪里，他同千百万他的同时代人一样，把对主义的忠诚同斯大林的每一句话联系在一起，不管这句话是否正确"。

他对斯大林怀着至上的敬畏之心，他曾说："我怕两个人——我的母亲和斯大林，既怕又爱。"

然而，当他越是听从斯大林的指挥，他越发现自己不能保护苏联文学。

当斯大林要求他清除作协里的"间谍"时，他看到了苏联真正有创作天赋的作家被陷害、束缚，对比他作为作协总书记非但不能抵制，还得被迫签字同意。

当被好友别林斯基反问为何要拒绝与斯大林共进午餐时，他激愤又绝望地回答："我不去是因为我已经满头白发，不想再让人呵斥、嘲讽。"

一次次违心行事，一次次受上司嘲讽、受同僚鄙夷，法捷耶夫的心逐渐千疮百孔，逐渐枯槁委顿。

这就是法捷耶夫曾经计划为之奋斗终身的政治事业所给予他的伤痛，而在创作上，作为作家的法捷耶夫同样陷入了痛苦之中。

符拉迪沃斯托克的雏鹰躲过了战争中的雷鸣闪电，穿过了密布的乌云，然而未曾想到会在苏联文学界的上空迎来刺骨的寒风。

六、史诗的改写与未竟的心愿

1941 年，纳粹德国撕毁了与苏联签订的互不侵犯条约，向苏联发动袭击。苏联人民的卫国战争开始了。

在克拉斯诺顿，一群共青团青年誓死守卫他们的城市，但在苏联军队进城之前他们就倒在了纳粹的枪杆下。

为了纪念克拉斯诺顿市共青团员们的英勇牺牲，1943 年共青团中央郑重委托法捷耶夫写一部描写这些英雄青年的小说。

克拉斯诺顿青年们的故事令法捷耶夫激动不已，他彻夜未眠，如饥似渴地翻阅有关"青年近卫军"的资料。

这群英勇抗战的青年让年近四十四岁的法捷耶夫仿佛又回到了自己的青春年代，找到了往年创作的灵感。他想用自己在战火中得来的全部斗争经验和生活知识来描绘出世界上最美丽的青春。

他热情饱满，全力以赴，曾为了写作《青年近卫军》而暂时离开作协领导岗位。

在不到一年半的时间里，法捷耶夫就完成了这部长篇小说。

小说在 1946 年出版之后受到读者的热烈欢迎，同年获得斯大林奖一等奖，被翻拍成电影在苏联各地上映。

一切似乎都十分顺利，《青年近卫军》众多读者的来信让法捷耶夫欢喜欣慰。

然而斯大林在看完电影《青年近卫军》之后，认为小说中存在着"一系列不完善"的地方。1947 年 12 月 3 日，《真理报》发表社论对小说《青年近卫军》进行了严厉的批评，指责作者没有反映党组织的领导与教育作用，这是小说最大的错误。

法捷耶夫受到批评后，及时在会议中为自己的"错误"道歉："我迷恋于青年，在他们身上我看到了现在、过去与未来，于是在描写上失去了比例的感觉。"

在文学自身的创作规律与党的决定中间，法捷耶夫思考了三天三夜，最终决定按照指示，改写《青年近卫军》。

他向斯大林、向党、向苏联文学界保证："我将重写小说，一次不成，将写两次、三次，一定执行党的指示。"

小说的改写并非那么顺利，法捷耶夫花了整整三年的时间才将《青年近卫军》第二版付梓。

不得不承认，新版小说由于力图面面俱到，讲求歌颂，过多删减与部分牵强附会的补充冲淡了小说原有的艺术感染力。

对此，作者本人了然于心。

"你瞧，新增了十章，如不这样做，我能写一部不比《毁灭》差的中篇小说。"

"你们以为我在读到报纸上说《青年近卫军》没有正确描写老一辈时，我感到愉快吗？当然，很不愉快，但是我不能不承认，这批评是客观的。"

"目前我还在改写，要把《青年近卫军》改为'老年近卫军'。"

他为斯大林的错误批判感到痛心，但身处于当时的意识形态批判运动中，他又不得不遵从斯大林的指示。

对《青年近卫军》的改写既伤害了小说，也摧残了法捷耶夫本人。他仿佛不能再完成新的作品，不能再重新燃起创作的火花了。

几乎是在与《毁灭》创作的同一个时间节点，法捷耶夫就计划着要写一部能够反映整个时代宏伟内容的、表达出资本主义社会的最终出路必将是建立无产阶级专政这个伟大思想的长篇小说。他期待着自己能写出如阿·托尔斯泰的《苦难的历程》、肖洛霍夫的《静静的顿河》、潘菲洛夫的《磨刀石农庄》般伟大史诗作品。

从20年代开始，作家就着手写作《最后一个乌兑格人》，并陆续将已完成的章节发表出来。然而一直到去世之前，这部长篇都迟迟不能完成。在接近三十年的时间里，法捷耶夫几乎每年都在写这部小说：拟提纲、修改稿件。

《最后一个乌兑格人》仿佛一座难以攀爬的高山，让法捷耶夫感到极为吃力。作协繁忙的事务像是压在法捷耶夫背上的沉重包袱，不断阻止他的爬行。

他强烈地希望继续写作，只是每当作家协会、群众大会、代表大会等社会活动的信笺摆在面前时，他又会一丝不苟地去参加。

不仅法捷耶夫自己感觉到写作与社会政治活动二者在他身上的巨大矛盾，他的好朋友们也在为他担心。高尔基曾严肃地告诫过他："如果你丢下长篇小说的写作，搅到纷争中去——这将是愚蠢和不可饶恕的。"

从亲手毁灭自己身上所显露出的写作天赋来看，法捷耶夫确实犯下了"愚蠢而不可饶恕的"错误。

当1932年联共（布）中央解散"拉普"、筹备作协时，法捷耶夫立即放下了计划已久的《最后一个乌兑格人》的写作。

当共青团中央要求写作关于克拉斯诺顿青年的诗章时，法捷耶夫也同样毫不犹豫放下了《最后一个乌兑格人》。

这部未竟的长篇一直像一根尖刺般隐藏在他的内心深处。在50年代，当好友问起他为什么不继续写作《最后一个乌兑格人》时，法捷耶夫大叫着回答："你怎么啦，你以为我马上就会死？写完《黑色冶金》，我再写《最后一个乌兑格人》！"

在这个时刻，这位天才作家想必也已经意识到，他身上居住的那个真正俄罗斯大作家已经死去。然而，他还未曾预料到的是，连《黑色冶金》这部长篇他也未能完成。

1951年苏共中央再次向法捷耶夫提出请求，让他围绕国家冶金业一项伟大发现展开写作，展现新炼钢方法与旧方法之间革新与保守、先进与落后的斗争。

无法拒绝党的法捷耶夫以极大的热情开始收集材料：认真钻研两本冶金教科书，阅读冶金家的传记，熟悉冶金工厂的生活、风俗和生产等。

他胸有成竹，欣喜溢于言表：

"现在我的整个灵魂、我的整个心都扑在了这部小说上。"

"我认为这部小说是我一生中最好的小说。"

"这部小说将是献给人民、党和苏联文学的真正礼物。"

"它还是一部关于我们今天苏联社会的小说，是一部最需要的最现代的小说。"

一切必需的东西准备好了，只待这位职业文学家提笔，只要有时间，他就可以将社会主义建设的胜利果实展现在人们面前。

他斩钉截铁，迫切地想完成这部小说。

"现在不让我写完这部小说……作为一个作家，就会死亡。"

是何等的渴望，是何等的坚定，让这位作家发出最后的申诉。

可谁又能想到，这竟会一语成谶，未完成的《黑色冶金》就像最后的判决，宣布了法捷耶夫作家生涯的结束。

在《黑色冶金》已经写作了近八十万字之时，新的炼钢方法被认定是一场骗局，法捷耶夫不得不停笔。

一切都颠倒过来了。进行革新与实验的人被说成"骗子"，而以往被定罪的地质学家获得了恢复名誉的机会。

天气阴晴不定，中年法捷耶夫是那个永远忘记带伞的人。

"我就只得把手稿扔了。把自己也扔了——我已经不能动手写新的作品了……"

"老兄！我完了。作为一个作家我完了。尽管我有创作经验和生活经验，我却不能一眼看出，分不清真假。"

批评家将法捷耶夫形容为"严守纪律的士兵"、"斯大林的影子"、"斯大林的棍子"。

但很多时候，法捷耶夫更像是一只风筝。斯大林手中紧握着决定风筝命运的长线，而党中央的指示就是那风。它往哪里吹，风筝就往哪里飞。

直到 1953 年的春天，斯大林溘然长逝。

风筝突然间断了线，他曾陷入迷离，但也有些欣慰："现在可以自由呼吸了。"

七、绝命书与永恒

1953 年，新的国家领导人赫鲁晓夫上任，法捷耶夫曾想，苏联文学也将迎来它的新生。

怀着推进苏联文学事业的希望，法捷耶夫几次请求新领导接见，并直接向苏共中央主席团呈上了三份报告：《关于在领导苏联艺术和文学方面根深蒂固的官僚主义反常做法以及纠正这些缺点的办法》《关于改进党、国家和社会对文学艺术的领导方法》《谈〈真理报〉的一篇有害的社论和莫斯科模范艺术剧院的困难状况以及再谈把对艺术的思想创作领导权交给党组织的问题》。

为了苏联作协理事会第十四次全会的举办，他写了一份讨论作协工作缺点的开幕词。

然而他等来的结果却是报告不被理睬、新领导人拒绝接见、不允许致开幕词、不再担任作协总书记一职……

新的领导团体关闭了法捷耶夫通向作家协会的任何一道门，而昔日与法捷耶夫在作协中共事的同事与朋友，也开始了对他的攻击。

1953 年，法捷耶夫在第二次作家大会上主动谈起了当年自己批判小说《为了正义的事业》的文章，向大家承认了错误："我为我表现出的懦弱而懊悔莫及……"

在作协第八届理事会中，法捷耶夫汇报的第一句便是："我犯了许多错误，也许我的一生就是一连串的错误。"

站在新时代的风口浪尖上，这位高大的前任作协总书记不断低下头颅，为自己的过去道歉。

然而，肖洛霍夫却尖锐地批评："为什么过去的十五年中，竟没有人告诉他……没有一个作家再想在总书记法捷耶夫面前立正。""我们大家从他那里窃取了十五年最好的创作年华，到头来既没有了总书记，也没有了作家。"

在斯大林"大清洗"时期被捕的作家安娜·别尔津被释放后，逢人就说："我们都是被萨沙陷害的。"当法捷耶夫友好地走过去与她握手时，别尔津示威地把手背了过去。

几乎没有一个人在 50 年代站出来为他辩护，大家对这样一个事实只字不提：法捷耶夫是在"大清洗"之后才被任命为作协总书记的。

1954 年，最敬爱的母亲也撒手人寰。

在那些孤独的日子里，法捷耶夫似乎听到了母亲的呼唤。

他仿佛看见了，死神在向他走来。

在与朋友分手时，他说"别了"，而不是像往常那样，说"再见"。

在人生纷乱、备受唾弃之时，好友别林斯基的一次看望也令他内心触动。他说："你们现在还爱我！"

在寂静的深夜里，那些呵斥、漫骂、鄙夷，那些未写完的小说，那些未被理睬的报告又涌上心头。最挚爱的艺术已经面目全非，在这个牢不可破的圈子里，他感觉自己失去了抗争的力量。

醒来又是一个细雨绵绵的阴天，彻夜难眠让他疲惫不堪。

他想让秘书尽快到达住所，协助处理事务，但等来的依旧是电话无法接通。

他想与儿子一起散步，但米沙并不想在阴雨天出门。

"你可是一位男子汉啊！"

这是这位父亲最后的喟叹。

谁能说清，在生命最后几次邀请里，还含有多少对亲人的疼爱与眷恋、对生活的深情与不舍。

但他终究感觉到生命的孤独与无助，灵魂的痛苦在咬噬着他的生命。

他累了，他只想再一次依偎在母亲身旁，听母亲再叫自己一声：萨沙！

我看不到再活下去的可能，我为之奉献终生的艺术已被党的自负而无知的领导所扼杀，现已无法挽救。

我为共产主义伟大创作而生，十六岁便同党、工人和农民结合在一起，况上天赋我以非凡才华，并充满只有人民生活才能产生的崇高情怀，而人民生活又同共产主义美好的理想结合在一起。

但命运把我变成一匹拉车的马，一生吃力地拉着不计其数的、平庸的、不合理的、任何人都能胜任的官僚主义事务。

作为作家我的生活失去任何意义，我极其愉快地摆脱这种生活，有如离开向我泼卑鄙、谎言和诽谤脏水的世间。

1956 年 5 月 13 日，一声枪响从热闹的别列杰尔基诺响起。法捷耶夫怀着激愤与绝望，以自杀的方式结束了自己的生命。

一位优秀的作家、一位杰出的领导人、一位真正的共产党员永远地离开了我们。

他的身体已经死亡，但灵魂还在燃烧。

在遗留给苏共中央的信中，他在呐喊着——

文学——这最神圣的事业——遭到官僚主义分子和人民当中最落后分子的蹂躏。

文学——这新制度的最高产物——已被玷污、戕害、扼杀。暴发户们在以列宁学说宣誓时他们的自负就已背离伟大的列宁学说。

直到生命最后一刻，法捷耶夫仍然坚持自己的文学理想。像飞蛾扑火般，他以自己的生命敲响了无产阶级文学的警钟——

明天我也可能被打死或者饿死，但是我从没有失去信心，死亡没什么大不了的……

这是《毁灭》中莱奋生的内心自白，却也是 1953 年的法捷耶夫的自我描摹。

在抑郁与不被理解中他结束了自己的生命，但这是勇士刚烈的"牺牲"，是乐观的悲剧。

今天，我们无法回到 1956 年去阻止法捷耶夫的死亡，但我们还有机会发展文学，壮大共产主义事业。法捷耶夫以"毁灭"的方式捍卫纯洁的"党性"和文学的良知，他的血冷却了，苏联的文学迎来了新生。

参考文献

[1][苏]亚历山大·法捷耶夫：《法捷耶夫文集》（第一卷），翁本泽等译，译林出版社 1999 年版。

[2][苏]亚历山大·法捷耶夫：《毁灭》，张海燕译，花城出版社 2015 年版。

[3][苏]别林斯基：《法捷耶夫评传》，殷钟崃译，人民文学出版社 1959 年版。

[4][苏]高尔基、阿·托尔斯泰等著：《苏联作家谈创作经验》，中国青年出版社 1952 年版。

[5]北京外国语学院西班牙语系注释：《毛泽东在延安文艺座谈会上的讲话》，商务印书馆 1972 年版。

[6]汪介之：《"社会主义现实主义"在中国的理论行程》，《南京师范大学文学院学报》，2012 年第 1 期。

[7]中南作家协会编辑：《论社会主义现实主义 学习参考资料》，中南作家协会 1954 年版。

[8][苏]伊利亚·爱伦堡：《人·岁月·生活（下）》，王金陵、冯南江译，人民文学出版社 2016 年版。

[9]陈为人：《"世界文豪自杀档案"系列之一 法捷耶夫：在革命文艺的祭坛上》，《社会科学论坛》，2012 年第 7 期。

[10]张捷：《法捷耶夫的悲剧》，《文艺理论与批评》，2002 年第 1 期。

[11]《俄罗斯文学》2001 年第 2 期。

[12] 鲍博雷金：《法捷耶夫：作家的命运》，苏联作家出版社 1989 年版。

[13] [苏] 亚历山大·法捷耶夫：《三十年间》，苏联作家出版社 1959 年版。

[14] 李英男：《法捷耶夫的悲剧——〈青年近卫军〉两个版本的比较》，《俄罗斯文艺》，2002 年第 3 期。

[15] 瓦·格拉西莫娃，仇潆培：《简略纪事——关于法捷耶夫的遭遇》，《苏联文学联刊》，1992 年第 5 期。

[16] 程代熙主编：《法捷耶夫文学书简》，李必莹译，安徽文艺出版社 1988 年版。

[17] 蓝英年：《作家村里的枪声——法捷耶夫之死》，《读书》，1996 年第 6 期。

第十七章

《钢铁是怎样炼成的》

——雕刻奥斯特洛夫斯基

尼古拉·阿列克谢耶维奇·奥斯特洛夫斯基 1904 年出生于工人家庭。自幼十分好学，在繁重的体力劳动之余，还勤奋地阅读各种进步文学作品，他非常痴迷文学。

1927 年初，二十三岁的奥斯特洛夫斯基完全瘫痪，卧病在床。他的双目开始失明。正是在这一人生艰难时刻，他决意通过文学作品，来展现自己所处时代的面貌和个人的生活体验。《钢铁是怎样炼成的》一书获得了空前的成功，自发表后二十年间，仅在苏联就用四十三种民族语言出版了一百五十多次。奥斯特洛夫斯基成了全世界闻名的无产阶级作家。尤其是书中主人公保尔·柯察金在家乡烈士墓前的一段独白，成为千百万青年的座右铭："人最宝贵的东西是生命。生命只有一次，这仅有的一次生命应该这样度过：当他回忆往事时候，不因虚度年华而悔恨，也不因碌碌无为而羞愧。这样临死的时候他就能够说，我的整个生命和全部精力都已经献给世界上最壮丽的事业——为人类的解放而斗争！"1934 年他开始写作反映国内战争时期无产阶级为苏维埃政权而斗争的长篇小说《暴风雨所诞生的》（三部曲中的第一部），但直至逝去都未完成另外两部，享年三十二岁。

尼古拉·阿列克谢耶维奇·奥斯特洛夫斯基的一生是个奇迹：尽管饱受病痛折磨，却从未向死神低头。在体能严重衰竭的情况下，他执意要将这部描写自己这代人命运的小说留传后世。

一、信仰的单行道

他的生命很简单，简单到只有两个词：青春和信仰！

他的世界很纯粹，纯粹到只有两个词：信仰和青春！

因为简单所以纯粹。

因为纯粹所以深邃。

他也许还算不上一个文学大师，更像是一个文学战士，或者一个文学现象。他属于俄罗斯的那个时代，仿佛也只能属于那个时代。在别的任何时代，他都不会出生。即使出生在别的时代，他也不会站到风口浪尖，不会成为一个民族苍凉的印记，一枚文化苦旅的邮票。

因此，他只能属于那个特定的时代。特定的时代，往往会出现一些特定的人物。

那个时代过去了，他就应该结束了。因为，作为特定的人物的使命结束了。

但是，他穿越了那个时代。

那个时代偃旗息鼓，留下他一个人，也只留下他一个人的痕迹。

他是尼古拉·奥斯特洛夫斯基。

在世人的印象里，他总是一个年轻的小伙子，他就是一个年轻的小伙子，皮肤黝黑、精力充沛、身材消瘦、个头很高，大大的额头，却很帅气。每个见到他的人都会惊叹地说：好帅气的一个小伙子。

他不是简单的帅气，他的帅气充满实在、热情、倔强、勇敢、不屈不挠、斗志昂扬。这种印象的定格让我觉得他没有幼小的无知，也没有苍老的沉淀，他的出现一直是那种形象：青春，纯粹的青春，除了青春还是青春。

然而，他又不是青春的偶像。

青春的偶像是他塑造的人物保尔·柯察金。

许多人都说，这两个人其实就是一个人。

可是，其实两者有显著的区别。

作为小说中的人物，保尔·柯察金既有幼小，也有苍老；

而作为现实生活中的他，既没有幼小，也没有苍老。

幼小对他来说太奢侈，他没有那么幸运可以享受孩子应有的温暖的童年，他从一开始就长大，长大是一种无奈，也是他的责任。

很小开始，他就独立起来，工作、赚钱、革命。

1904 年出生，1936 年逝世。

像一颗彗星，或一朵昙花。

一瞬的美，或者，美的一瞬。

他的生命短暂，却不是惊鸿一瞥，只是刚好为他带来全部的青春。青春不让他沾染一点儿时间的痕迹。时间是他承载不了的字，他要青春地活着，多做一点儿事情，不想只等吃闲饭。他总是喜悦地说："看，我现在又回到队列中去了，又成了一个自食其力的劳动者。"

所以，人们总觉得他可爱至极！那种可爱是单纯的可爱，就像他单纯的青春。因为他总是微笑着面对生活，即便生活给他最大的考验。看看他得过的病：脊椎僵化麻木、关节风湿病、丧失行走能力、双目失明、肾结石、胸膜炎、肺结核、明显的肌肉萎缩、严重的伤寒。另外还要加上贫穷、受压迫、受迫害、战争等严酷的环境。

似乎，人类所有的疾病都被他全包了；

似乎，人类所有的痛苦都被他承担了。

这种处境对于任何人来说，都是灾难性的。可是，对于他却不是沉重的。

疾病在别人那里散发的只是药水和死亡的味道，在他那里却洋溢着热烈的青春和活着的信心。

他不喜欢别人为他叹息、哭泣、怜悯。

他对来访的卡拉娃耶娃说："咱们说好，不要出于好意来安慰我。对我可以直截了当、尖锐地说出一切，我可是一个军人。"

他是个有用的人，和正常人一样的人，即便不能行走，不能看见东西。他也是个军人，穿上军装，就拥有了军人的心脏，永远不会变色。他总是在自己身边放一把枪，或者放在枕头下，或者放在壁柜里。别人以为他既可以用来自卫，又可以用来自杀。只有他自己最清楚，他是随时准备听从命令，奔赴前线。

即便战斗结束，可他内心的战斗还远远没有结束。

于是，他总是用镇定又铿锵的声音招呼靠近他病床的人。

只有战斗者才能用那种泰然自若的声音说话，即便残手断臂。

初次见到他的第一位义务秘书——年轻的阿列克谢耶娃，十分惊讶于他的病情，他却躺在病床上，笑笑说："请进来，勇敢点！这不是医院。"

同样，初次见到另一位义务秘书布烈日耶娃时，面对人家的迷茫，他说："喏，勇敢点，勇敢向前，姑娘，过来，让我们认识一下。"

事实上，他没有假装与做作，那是真实的他，那么的真诚。仿佛他血液中的每一个细胞都浸泡着这种真诚。

真诚是由于青春的勇敢，所以他更加可爱。

他之所以拥有这样的青春，是因为他的信仰！他的信仰也纯粹得没有一丝渣滓，像一块玉，上面见不到半点尘埃。

他的信仰是："为人类的解放而斗争！"

这不是大话，也不是《国际歌》的唱词，而是他的信仰，真实的信仰，彻底的信仰。

信仰，使他的生命成为一条单行线，没有拐弯，也没有迂回。他站在起点，朝着方向，就一路跑下去，一跑到底，仿佛要把所有人都甩在后面，连那个时代也要甩在后面。

信仰，让他还活着；

信仰，让他坚守；

信仰，让他有力。

而他的信仰绝对是最伟大的，最干净的，也是激发他青春的发光源。

尽管他的生命显得仓促，甚至连他的创作也显得仓促，但是，仓促并不意味着肤浅，纵使肤浅，也是一种深刻的肤浅。他是作为一个新人作家而出现的，他出版了第一本书就匆匆离开。在他的身上看不到俄罗斯传统作家的那种厚重、丰满与伤痛。更致命的是，他的作品拴在特定时代的俄罗斯的脐带上，而那个时代也落红无情，匆匆地走了。

谁也没有等谁。

他不要那个时代等待他；那个时代也不需要他去等待。

他们原本是连在一起的，可离开的时候，却各走各的路。

他走了，却将一块烙铁留了下来。

那烙铁烫在时间的皮肤上，还能发出"吱吱"的叫声。

我们背过不少格言警句，只有他的话，我们真的记牢了。

因为，我们无法忘记那句话，那句话让所有碌碌无为的人都羞愧赧颜！

人最宝贵的是生命，生命只有一次，这仅有的一次生命应该这样度过：当他回忆往事时候，不因虚度年华而悔恨，也不因碌碌无为而羞愧。这样临死的时候他就能够说，我的整个生命和全部精力都已经献给世界上最壮丽的事业——为人类的解放而斗争！

或许，我们做不到后半句那样的伟大；

但是，我们能够做到前半句那样的踏实。

那是怎样做一个人的准则啊！

而他的这句话更像是为青春做注脚！因为他用全部青春诠释了这句话。

他的青春是清澈的泉眼，

他的青春是炽烈的火焰，

他的青春是俄罗斯那个时代最亮丽的一抹朝霞！

信仰的单行道，太窄太沉，沉得就像一坨钢。

远处，太阳像一朵花，开在山岗上。

二、赤脚青春

一个幼小的孩子能够干什么？一个不满十六岁的少年又能做些什么？

也许他不能干什么，但他可以告诉你什么是激情，什么是执着，什么是青春。

火红的青春，木棉的青春，赤脚的青春，花枝招展的青春。

他不配有花枝招展吗？他的笑容，他内心的丰富，他真实的世界不正是如此吗？

1904 年 9 月 29 日，奥斯特洛夫斯基出生于乌克兰的沃伦省奥斯特罗格县维里亚村。他的原名是尼古拉·阿列克谢耶维奇。他的根扎在俄罗斯民族的殷红土壤里，他和那不平凡的岁月一同成长，时代赋予了他的少年时代不一样的内容。

那个时代成全了他，他也成全了那个时代。

他是一面镜子，一面永不生锈的锃亮的镜子，一面俄罗斯沉重的铜镜。

镜子中的他既不是自己，也不是别人。

比自己少，比别人多。他就恰恰成了那么一个人，成了既是他的形象又不完全是他的形象的那么一个人。

他十分简单，简单到别人看不懂的地步。

比方，他的年少居然那么短暂，仿佛是一瞬之间，他就踏上了青春的旅程。

六岁，他已经凭借自己超凡的记忆力，记住了母语的所有字母。家里人不能再教他什么，他入了小学。坐在简陋的教室里，他的个头很矮，身体瘦小，满屋子都是比他高大的孩子。

老师给他安排靠前的座位，担心他跟不上。

一开始，他和别人谈不来，有些窘迫，眼睛总是打转，偶尔生气地鼓起小嘴，却并不想说什么。

但是过了几天，别人就喜欢上他。他像个娃子，坐在那里，其他人可是大姐姐和大哥哥了。他们总是逗他，他也很快和那些孩子玩在了一起。

他学习自有一套，玩耍耽误不了功课，他的成绩十分突出。

无忧无虑的童年是那么好，可以背着补了补丁的书包和同学们一起又唱又跳地走在大街上、田野里。可是也仅此而已。

童年很快就消逝了，再也没有回来。

1914 年，"一战"爆发，他的父母分开了，家被打烂了。

后来，学校改为医院，就此停课，他也因此辍学了。

他快十二岁了，也长大了。

对于他，十二岁，就该是青春的年龄了。

可是青春沾着泥巴和煤灰，青春穿着陈旧破烂的衣服，青春是蓬头垢面，青春是黝黑的皮肤，青春是瘦弱的身躯。一如小说中，冬妮娅见到的那个鲁莽的小子，连头发也不知道剪，衣服也是那么不合体，却好强得有些高傲，有着别样的美丽。

十二岁的他，到了谢别托夫卡车站，做锅炉工人。铲煤、烧火、刷盘子洗碗，很快他的稚嫩的小手变得粗糙，脸上也显出憔悴。他不能睡踏实觉，也不能出错，出了错就会遭到辱骂和毒打。

但是，他很高兴，这让他拥有了不一样的意志，有了全新的生活。他可以自己赚钱，虽然工钱少到只有几个卢布，但是可以补贴家用。他是一个有用的人，可以自己养活自己了。这是他在那个时候的全部愿望。

两年后，十四岁的他，又可以上学了。谢别托夫卡的高小，看上去美丽极了。这里才是他的地盘，他的乐园。

生活的磨砺，加上非凡的天赋，让他与众不同。他爱读书，书对于他是最好的伙伴。

他说："没有什么比书籍让我更喜欢的了，为了书，我可以舍弃一切。"

但是可读的书并不多，他到处寻找书，像饥饿的孩子，向不同的同学一本接着一本地借书看。小说中冬妮娅的原型鲍里索维奇就说："和我们全家认识后，尼古拉·阿列克谢耶维奇常到我们这里来，几乎每天必到。在我们这里借书和还书给姐姐。我不记得他有不带书来的时候……他总是在读书。"

对于学校的活动，他是积极参与的。他是一个有才华的活动组织者。他最爱做的就是和同学们讲故事，站在走廊里的台子上，手脚并用，声音抑扬顿挫，同学们围着他，听得入迷。那样的他仿佛演说家，颇有意气风发的感觉。

学习自然是小菜一碟，可是他也忘不了做一些零工，在寒冷的冬天，他常和几个孩子一起到积雪的森林里，一边打雪仗，一边砍柴，他扔雪球扔得比谁都准，其他孩子总是被他打得没地方躲，他砍木柴也最有力，没有谁的刀比他的快。

砍完木柴，用雪橇运一部分到市场上卖点钱，而另一部分就留给家里和学校取暖用。

十四岁的他，就开始燃烧，尽管燃烧得还不够热烈。

更重要的是，十四岁的他像恋爱一样地爱上他的信仰，他坚定地相信布尔什维克。到处打听革命的消息，谈到革命他就兴奋。仿佛他天生与革命有缘，仿佛他就是为革命而生的。

不久，他居然参加了地下工作小组，半夜里拿着糨糊和革命委员会的传单到处张贴。他向其他孩子播撒他的革命种子和宣传他那漫天飞舞的英雄主义思想。

再后来，他加入了共青团，帮助革命力量运送武器。革命的老同志看到这个冒失的小鬼，担心他的安全，于是想让他去读书，不要再乱碰枪支和敌人。

他却暗自想：我也是一个革命者！不要小瞧我，我要做出点事情给你们看。

十六岁，革命像一面旗，覆盖了他的生命。

"为人类的解放而斗争"，这个伟大的信仰在他年少的青春里沸腾，他无法控制那种沸腾。波兰"白军"来了，新生的苏维埃乌克兰陷入危险的境地。

他情绪激动，无法阻挡地自愿上了前线。当时苏维埃法定的参军年龄是十八岁，像他这样的小鬼是没有资格参加战斗的。为此，他谎报了自己的年龄，尽管后来在军队里有人知道他的实际年龄，但是，没有人怀疑他是一个勇敢的战士。

就这样，十六岁的少年，摇身一变成了军人！

不，他不是"变"成的，而是信念铸成的。

戴着琼尼式布军帽，穿着伪装色的军大衣，腰间挎着短枪，手中端着长枪，跨上第一骑兵军的战马，他驰骋在白雪覆盖的战场。他和敌人拼刺刀，刀刀见血；他向敌人放枪子，枪枪致命。他的青春殷红得犹如鲜血，血如朝阳，那是远方的明灯，一代人的榜样。

向前，向前！战士是不允许往后退的！

很快他负了伤，正像小说中的保尔一样，在诺沃格拉得——沃棱斯克，炮弹的剧烈的响声，震碎了他的鼓膜。他的马惊慌地扬起前蹄，瘫倒在地。他被甩出去，昏迷了。醒来时，他的头还在流血，肚子也破了个大口子，肠子血淋淋地往外流。

可他却异常兴奋："我还没有死！我只是受伤了！"

好像受伤是一种奖励。

我们心疼他的伤，真的。可是，那就是他的勋章，一个战士的勋章。

他证明了自己是一个战士，一个勇敢的战士，一个为了祖国而流了鲜血的战士。

他的人生因为他的伤而变得璀璨；

他的青春因为他的伤而更加美丽。

美得像一座雪山，又像是一片晶莹的雪花。

可是，谁能想到，他还只是个孩子，一个只在人间走过十几个年轮的孩子。

青春真是一首诗，战斗的诗可以别样的红，红得覆盖了处子的时间。

三、做一个有用的人

从来没有想过一个人可以这样不幸，也从来没有想过一个这样不幸的人竟然可以这样生存，更没有想过一个这样不幸的人还能做出如此杰出的工作，还能拥有大海一般的快乐！

他不是人，也不是神，而是钢。

所以，他要告诉别人，怎样炼成一块钢。

在钢的面前，病魔又能怎样？

病魔狂妄自大，以为可以主宰一切。可是，错了。至少，在他这里，碰了一鼻子灰。至少在他这里，宣布了它的失败。它可以摧毁他的身体，但是摧毁不了他的意志、坚定和勇敢，更摧毁不了他的笑容与乐观。

"来吧，你伤了我的腿，我仍然可以行走！"

"来吧，你伤了我的眼，我仍然可以看见！"

"来吧，你伤了我的心，我仍然可以思考！"

这就是他的挑战，这就是他的宣言，这就是他的信念。

他用他的坚强告诉人们在病魔面前可以这样生活！

他用他的行为告诉人们在病魔面前可以这样乐观！

在他那里，病痛每加深一步，他的生命就升高一寸。魔高一尺，道高一丈。他是得道者，得的是俄罗斯民族之大道。这是力量之本，这是信念之源。

战争给他送来了青春的荣耀，也给他送来了病魔的亲吻。

他用青春的利剑驱逐病魔，又用病魔的毒焰将青春锤炼成钢中之钢。

昏迷，鲜血，死神频频招手。从战场上被送回来的奥斯特洛夫斯基，已经是奄奄一息了。炽热的金属碎片钻进了他的脑袋，再也取不出来。

弹片像一颗毒瘤，要把他的钢铁般意志摧毁。他被不停地做手术，打开、缝合，再打开、再缝合。他在昏迷中清醒，在清醒中麻木。他沉静着，露出了不易察觉的笑。

毒瘤一样的弹片发威，导致他的伤口发炎，侵害他的视觉神经。他的一只眼睛开始充血、红肿、疼痛，并出现视力模糊现象。腹部的伤痛也给他带来极大的痛苦。

更致命的是，作为伤员，在那艰苦的冬季里他没有得到及时有效的治疗，他得了伤寒。脸和手脚都冻肿了，又圆又红，皮肤上闪着油光，浮肿，苍白，虚脱，乏力，整个人糟糕透了。

这种伤寒是致命的，它足以摧毁一个健康的青年，让他从此变得极其虚弱，再也经不起任何摔打。当年，许多年轻的战士就是被这种伤寒活活折磨死的。

1922 年，奥斯特洛夫斯基的腿部开始出现关节疼痛。他到别尔将斯克疗养院治疗。那一年，他刚好十八岁。十八岁的青年一下子虚弱下去，关节像疏松的木头，慢慢没有了力量。

这给他的心灵带来了极大创伤，这种创伤甚至超过昏倒在战场上头破肠流。

作为战士，要么凯旋而归，要么战死沙场。

他是凯旋而归，但拖着一副残体。他有些沮丧，闷闷不乐。毕竟，他还只有十八岁，今后的路该如何走下去？再刚强的人也会有脆弱的时候，再坚韧的人也会有柔弱的地方。

不久，他的病情继续加重，眼睛也变得不听使唤。他很恼火。为什么自己的身体竟然不听从自己的指挥？为什么自己的身体不与自己合作？为什么自己的身体让病魔占据着心灵的制控权？

不！必须扭转这种局面。

这是一场新的战争！一场没有硝烟的战争，一场一个人的战争！

他别无选择，必须要在这场战争中取胜！

作为一名战士，连死都不怕，还有什么值得可怕的？

一个人从刀山火海、从枪林弹雨中都走过来了，还有什么坎跨不过去的？

没有什么了不起，来吧，让所有的病魔一块儿来吧！

"我倒要看看，这群胆小鬼究竟是个什么样子！"这是他心里的吼叫。

就这样，他慢慢地接受现实，接受可怕病痛的折磨，勇敢地去面对一切磨难。

1924 年，他转院到哈尔科夫器械研究所接受治疗。

医生对他开展会诊，希望能够找到病因，以彻底治愈他的病。

他变得沉着、坚毅、开朗。

他忍着剧痛，常常一个人在花园里慢慢地散步、看书，也和其他病人聊天、讲故事、下国际象棋。

他居然是一个象棋好手，医院里几乎没有人是他的对手。

下棋同样是战争。只要是战争，他求胜的欲望就特别强烈，这是他制胜的缘由。在战争的情况下，他可以忘记伤痛，忘记苦难。

碰到心情不好的病人，他甚至还笑着安慰道："不用担心，没什么大不了。我在战场上都活过来了。"

当然，他的心里也有些焦急："诊断结果什么时候能够出来？"

尽管不惧怕病痛，但他还是渴望奇迹。渴望奇迹在他身上出现，使他健康地出去，重奔战场，重新为祖国建功立业。

然而，奇迹并没有发生。由于并发了太多的病症，他的病因一时无法查明。而随着时间的推移，如果不采取有力措施，后果更加难以想象。

"奥斯特洛夫斯基同志，你一定要坚强。"主治医生很难过，毕竟面对的是这样一个如此可爱而又年轻的生命。他说："我非常遗憾地告诉你：只有锯去双腿，才能保住你的生命。"

"啊？"他一下子跳起来，一头跌进心灵最脆弱的地方。他大声说："让我变成一个废人，那还不如给我一枪！"

那一刻，他完全忘记了他的坚强，还原成了他自己，一个渴望健康身体的简简单单的普通人。

他的脑海里想到的是：一旦残废，他就不能工作，不能工作，就只有靠国家补助。这样的残废就是废人。这样的废人，不是他所愿。这样的废人，活着，不仅给国家和家人增加麻烦，也给自己增加痛苦。

这是他的逻辑，他心灵深处的想法。

因此，他急！他不能没有自己的双腿！即便是钢，也只有双腿才能走路啊！

他泪眼朦胧地望着主治医生，泪花闪烁，难以自抑。

主治医生长长地叹了一口气，摇了摇头。他开始尝试各种方法给他治疗，但效果很不理想。医院会诊了许多次，拿出了多种治疗方案，但没有一个方案能够行之有效。

那段时间，奥斯特洛夫斯基简直成了各种病痛的实验品。他咬紧牙关，只要有一丝希望，他就要坚持下去。他必须做到冷静，比一般人更出色的冷静，只有这样，才能让医生们有所放松，才能让他们本已绷紧的心弦变得正常。

当时，有一种治疗方法是往膝盖里注射碘元素。注射的一刹那，他痛到骨髓里，连注射的护士都眼泪汪汪，但是他没有叫出来，而是咬紧牙，甚至挤出几丝微笑。

他想着自己要好起来，不能做个废人。想着自己在与病魔作斗争，他就有了力量。

可是，一切都无济于事，最后他平静地接受了现实，平静地做了膝盖手术。他明白，医生们也是为他好，医生们也是想尽了一切办法，可是病魔真的太强大。病魔夺去了他的双腿，他要让病魔付出代价。

一个要让病魔付出代价的人需要多大的勇气和毅力啊！

让病魔付出怎样的代价？

那就是：他要让病魔变得无趣！变得无地自容！

病魔可以毁坏他的肌体，但摧毁不了他的精神、他的毅力、他的意志！

他仍然是胜利者，病魔拿他没有办法。

在这样的思想支配下，他的心境平静。不过，虽然手术很成功，但是，根除不了病。

主治医生明确告诉他："你可能会完全瘫痪。"

好吧，瘫痪就瘫痪吧。这全是病魔搞的鬼！它看不得我的胜利，看不得我的笑容，看不得我的阳光。它变本加厉，孤注一掷。可是，纵使这样，又能怎样呢？我连生死都置之度外了，还怕什么瘫痪不成？

呸！这些战场上的胆小鬼，你们要来就统统来吧。我，奥斯特洛夫斯基，还坚强地站在这里。你们好好看看吧。以后，我瘫痪了，你们就再也看不到了。到那时，我坐在轮椅上嘲笑你们的无知，你们的无能，你们的卑鄙和下流！你们以为这样，就能摧毁了我？

呸，做梦去吧！

这就是奥斯特洛夫斯基的声音，这就是钢铁的声音。

他拄着拐杖，提着又黄又旧的军用大包，跑到俄罗斯的朋友那里。

朋友开了门，很意外，又很惊讶：门外站着又黑又瘦的奥斯特洛夫斯基，面容苍白，身躯消瘦，但是精神很饱满。

他坚定地说："趁着我还没有瘫痪，我要找点事情做做。我不能当一个废人。虽然你劝过我别长途旅行，但是相信你不会赶我走。"

朋友心疼极了，立即把他请进屋里。

可是朋友不知道该让他做什么，帮不了他。

奥斯特洛夫斯基很难过。

他开始去图书馆。他必须让自己坚强地活着，有尊严地活着。他每天拄着双拐，穿过行人匆匆的大街，他很羡慕那些可以自由行走的人，这时他的心里总有些伤心。

但是一到图书馆，他就忘记了自己的不幸。他如饥似渴地阅读着各种各样的书籍。

书籍真是人类的粮仓啊。

书籍给他带来极大的快乐。

1927 年，他的关节开始骨化。医生的预言看来就要成真了，他已经不大能走动，大部分时间都要躺在床上。

此时进行的各种医疗都阻止不了病魔的大举进攻。

病魔想逼他疯，他没有疯，病魔先疯了。

是的，他真的没有疯，他清醒得很，知道他只是要瘫痪罢了。

此时，他不再认为瘫痪的自己就是一个废人。他要证明瘫痪的他和健全的人一样是个有用的人。他要做一个有用的人，他必须做一个有用的人。因此，他更加努力地阅读各种书籍。因为积累得多，沉淀得多，他想写一部小说。

他有了创作冲动，真的有那种冲动。他不是为赋词强说"愁"，而是"愁"逼得他不能不说。说了，就不是"愁"；说了，就是快乐。

说干就干。

他把全部精力都投入到这部有关历史的英雄主义的抒情小说中，他沉浸在自己的兴奋中，忘记了病痛和忧伤，他不分昼夜、废寝忘食地写作。

他急啊，他急着想要证明自己不是一个废人。

中篇小说写好了，他怀着极大的期望，把它送给一位战友。

这位战友看了，极其欣赏，说他被小说中的英雄感动得流泪了。

奥斯特洛夫斯基很高兴，这是一个不小的成绩，令人鼓舞。

于是，他决定把小说送到杂志社。

他打电话让朋友将稿子寄回来。

他久盼不到，哪里想到，这部小说在邮寄途中竟然丢失了！

糟糕的是，这部小说他没有存留底稿。

怪谁？不，谁都不怪。这是命运对他的考验。

就在这时，更糟糕的事情又来了，他的眼睛严重发炎，光线一点点微弱下去，一切开始变得模糊，他的心也跟着紧紧地收缩。

这一次不只是一只眼，而是两只眼睛啊。虽然他的瞳仁里还闪着晶莹的光芒，但是世界已经慢慢地变成了一片黑暗。

他成了彻底的"废人"！他笑，笑得沧海桑田，笑得悲痛欲绝，笑得热泪纵横。

上帝啊，宽恕我吧！我从来没有藐视你，我藐视的只有病魔啊！

可是，病魔也不允许他藐视！

伴随着瘫痪和失明而来的是其他数不清名字的病痛，严重的伤寒、肺部发炎、轻微的肺结核、肾脏及皮肤出现问题。

他成了众多病魔联合作战的竞技场。

吃药、注射、辅助疗法，每天都前来请安问好。

他最忍受不了的是医院里那刺鼻难闻的苏打水味道。

但是，他的精神始终是坚挺的、饱满的。一次又一次的大难大痛，使他练就了一个好心境。没有什么了不起，无数难以想象的疼痛他都咬着牙挺了过来。他看清了自己的命运，他不能向命运低头，更不能向病魔投降。

向命运低头只有一条道路：沉沦；

向病魔投降只有一个结果：死亡。

在他心里只有一个信念："我要做一个有用的人！为国家和人民作一点贡献。"

这是他精神的脊梁，仿佛火焰燃烧在他的黑暗世界里。

他开始创造另一个自己，那个自己活在他的脑子里，关于青春，关于信仰，关于激情和梦想。

他用惊人的毅力和非凡的天赋，口述了一部长篇小说。这是那部中篇小说的延伸。

在口述小说的日子里，他躺在病床上，盖着被子，每天几乎都是十几个小时不睡。

一个瘫痪在床上的人，睡眠是什么样子？一个完全失明的人，睡眠又是什么样子？

这让常人无法想象，更何况无数的病魔在他身上睡眠。

他的工作是准确无误地背诵存在自己身体里的那本书。或者说，他在那本书里跟自己对话，跟自己的精神对话。

他背诵是因为瘫痪的缘故。

瘫痪，使一个人的思想更容易集中于一件事情；

瘫痪，使一个人的精神更清晰地指向一个中心。

他将背诵内容由"义务秘书"记录下来，记录下来的文稿又由"义务秘书"念给他听。听完后，他再口述修改，修改完，再通读，读完，又是修改。如此反复。

这是一个庞大的工程。

这是一个炼钢的过程。

最终，他在黑暗里雕刻了保尔·柯察金！他能触摸他的身体，倾听他的心跳，感受他的呼吸。那分明就是他的另一个自己！

1932 年，《钢铁是怎样炼成的》由青年近卫军出版社出版。

奥斯特洛夫斯基拿到了二百卢布稿费，他激动万分地对母亲说："看，妈妈，我再不是国家赡养的人，我是工作者！这意味着我的劳动是有用的。拿着这些钱，你现在可以吃得好些了，我亲爱的妈妈！"

他是一个有用的人了。

他做到了！

可是，他大约没有注意到，其实，他从一开始就是一个有用的人。这种有用是他创造一个有用的自己的过程。这个过程就是他的青春。

这是另一个自己向世界说出了自己的心声。

四、《钢铁是怎样炼成的》：激情燃烧的青春手记

这部小说初始创作于 1930 年。当时，奥斯特洛夫斯基的眼睛还能看见一点东西。他白天把构思好的小说写在纸上，字母一般都会堆叠。由下班后的妻子帮他誊抄。因为内容太多，不久，妻子和他的姐姐都帮他誊抄。

后来，他完全看不见了，开始找"义务秘书"帮忙。

创作的模式是：他口述，秘书记录。

第一个秘书阿列克谢耶娃，这是一个称职的秘书，她不仅准确地记录了他的口述，而且将某些过于口语化的内容转化成了书面文字。她崇拜奥斯特洛夫斯基，认为他是真正的英雄。

他们的合作十分愉快。

1931 年，小说第一部完成了。奥斯特洛夫斯基没有急于拿出去发表，只在有限的朋友圈内流传。

大家都说小说写得好。

奥斯特洛夫斯基很高兴，鉴于邮寄中可能有意外情况发生，为防万一，他请人抄写了三份底稿：一份给了日吉列娃，投递《汽笛》杂志，没有成功。一份给了好友费捷涅夫，投递《青年近卫军》杂志。自己还留了一份。

《青年近卫军》杂志第一次审稿没有通过。

实话说，这部作品很粗糙，艺术上的瑕疵和遗漏比比皆是。

但是，这并不妨碍它成为经典。

成为经典需要条件。编辑科洛索夫就是至关重要的把关人。他接到书稿，认真阅读后，竟然很喜欢。他敏锐地意识到，这部小说虽然谈不上艺术上的精美，但它的粗糙恰恰也是一种大美，特别是那种生活的逼真和把人逼近绝路的写法有一种撼人心魄的效果。他认为，这就是一块钢，也许还是生钢，可是，这又有什么关系呢？

因此，他直接推动了第二遍审稿，并据理力争。最终，审稿顺利通过。

很难设想，如果不是科洛索夫的责任心和敏锐感，这部作品能否出版就很难说了。

都说，是金子总会发光的。可是，如果金子长久地埋在地下，最终连鉴赏金子的人都没了，那金子又哪里还有发光的机缘？

就这样，1932年，小说的第一部如期出版。

值得一提的是，当时，杂志社的编辑们一致认为，书名应该改一下，因为《钢铁是怎样炼成的》这个书名，看上去好像一部工业用书，建议改为《保尔·柯察金》。

但是，奥斯特洛夫斯基坚决不同意。那不是个人的奋斗史，而是一个人的成长史、心灵史，更是奥斯特洛夫斯基激情燃烧的青春手记！

奥斯特洛夫斯基的坚持是有理由的，也是成功的。

小说第一部出版后，受到读者的热情欢迎。

之后，他回到索契，开始写第二部。

写作第二部时，他的"义务秘书"很多，主要有布雷日耶娃（女学生）、包托娃（火车站售货员）、列皮欣娜，等等。

小说写完后，苏联作家协会很重视，召开专门的改稿会议。奥斯特洛夫斯基接受了包括肖洛霍夫、法捷耶夫等在内的知名作家的批评建议，对小说进行了不少修改。

我们现在读到的是第三次定稿本。

这部曾经在很长一段时间占据我们中学语文课本重要位置的长篇小说，写的其实是励志故事，写的就是奥斯特洛夫斯基自己的故事，写的更是普通人的普通故事。

但这些普通人的普通故事因为真实而变得不普通。

何况这部小说还集中了许多普通人渴望而不能得到或者渴望而难以得到的普通的东西。

不错，奥斯特洛夫斯基讲的其实就是一个炼钢的故事，把一个人冶炼成具有钢铁般意志的人的故事，而不仅仅是简简单单地讲述一个叫作保尔·柯察金的年轻人的故事。

这就是他坚持不能将这部小说命名为《保尔·柯察金》的理由。他的写作过程本身就告诉人们，钢铁是要经历熊熊炉火的燃烧和千锤百炼才能成功出炉的。

小说的核心人物就是保尔·柯察金。奥斯特洛夫斯基通过他讲述了一个感人至深的故事——

出生于贫苦铁路工人家庭的保尔·柯察金，早年丧父，全靠母亲替人洗衣赚钱，将他养大。

十二岁那年，保尔·柯察金不得已离开了学校。他跟着母亲来到车站的食堂干活。在这里，他被老板打发到洗涮车间，负责烧茶炉、擦刀叉和倒脏水等一些粗活脏活。

在食堂干活的日子里，保尔受尽老板娘的压迫，也看到了底层人们的艰辛、痛苦和贫穷。

不久，哥哥阿尔青为他在发电厂找到一份工作，保尔离开了食堂。

"沙皇被推翻了！"惊天动地的消息传来了。"平等、自由、博爱"

等新的名词出现了，人们欢呼、兴奋。然而，没过几天，镇上的人发现生活和从前一样，没有发生什么大的改变。

镇上出现越来越多的士兵，他们高喊着："布尔什维克。"

乌克兰的谢别托夫卡小镇发生了变化，这里的富人都逃跑了，红军战士出现了。镇上的市民得到了红军发给他们的枪支。

很快，红军撤退了，德国人进来了，有钱的富人又回来了。

保尔不明白是怎么回事，他继续在电厂里工作。这时，保尔结识了装配工朱赫来，两人成为好朋友，朱赫来教会了保尔打拳，还时常给保尔讲一些革命的道理。

冬妮娅是林务官的女儿，她活泼可爱。一天保尔在湖边钓鱼，结识了冬妮娅。她与一般富家子女不一样，她没有嘲弄和侮辱保尔，两人很快亲近起来，渐渐地，一种不安的心情冲击着保尔，他盼望着时时见到冬妮娅。

保尔心里明白，这就是爱情。

小镇时而出现红军游击队，飘扬着游击队的红旗；时而又可以看见彼得留拉匪帮的身影，飘扬着黄蓝旗。红军游击队时常和这些匪帮进行战斗。

乌克兰地区充满了激烈而残酷的斗争。

彼得留拉匪帮占据了小镇，匪帮到处抓人。

在一个漆黑的夜晚，装配工朱赫来为了躲避搜捕，藏到了保尔家里。

在保尔家里，保尔听朱赫来讲述彼得留拉匪帮的暴行，讲解革命道理。保尔懂得了生活的真理，懂得了布尔什维克是为穷人争取解放的革命政党。

那些日子，朱赫来每天傍晚总要出去，深夜时回来。

一天晚上，朱赫来出去后就再没有回来。

保尔很担心，来到街上打听朱赫来的下落。

这时，他看到朱赫来被一个彼得留拉匪帮的士兵押解着。

保尔决定救助朱赫来。

当押送兵走到保尔身旁时，保尔奋力扑向那名士兵，朱赫来见状，一拳将士兵打倒在壕沟里。两个人摆脱了士兵，消失在黑夜里。

当晚，朱赫来离开了小镇，保尔被抓到城防司令部。

匪帮们轮流拷打保尔，让他交出朱赫来。

彼得留拉匪帮的头目要来镇上检阅部队，镇上忙着做准备工作。捷涅克上校不愿意让头目看到监狱里关押着众多的犯人，便将保尔放了出来。

保尔拖着疲惫的腿跑着，他不能回家，也不能到朋友那里去，他毫无目的地跑着，不知不觉来到林务官家的花园里。

狗的叫声惊动了冬妮娅，当她认出是保尔时，她激动地叫了起来。

保尔在冬妮娅家得到了休息，他又不愿意连累冬妮娅，执意要离开冬妮娅的家。

冬妮娅见到保尔后，心里有千言万语要说，然而却不知从何说起。

第二天早上，保尔离开了冬妮娅的家，乘火车去了喀查丁。

保尔挥手向高大的阿尔青和冬妮娅告别。

苏维埃政权建立了，乌克兰共青团地方委员会建立起来了，红军攻占了谢别托夫卡小镇。保尔已经参加了红军，成为科多夫斯基骑兵师的战士。

保尔和几千名战士，怀着烈火般的战斗激情，英勇地战斗着。

在一次战斗中，保尔的大腿受了伤，随后又得了伤寒病，在治疗伤病时，保尔读了《牛虻》这本书，牛虻的坚强使他深受感动。

战斗又打响了，布琼尼骑兵冲破波兰白军的防线，进攻驻守基辅的敌人。在战场上，保尔策马扬刀，无惧无畏，满怀对旧世界和敌人的深仇大恨冲锋陷阵。他伏在马背上，军刀在空中闪闪发光。

布琼尼骑兵进攻着，前进着，冲破一个又一个防线，日托米尔城被攻克了。

突然一颗炸弹在保尔的头上爆炸，一片绿光闪过，保尔立刻失去了知觉，眼前一片黑暗。

保尔恢复了知觉，他的头还昏沉沉的。

可是，保尔的右眼永远地失明了。

这对保尔来讲，是多么的残酷，他不能再上前线了。

保尔住到了布朗斯基的家里，在这里他再度遇见了冬妮娅。

在参加城里共青团大会时，保尔看见冬妮娅用轻蔑挑衅的眼光对待他的同志，这使保尔难以容忍。

保尔和冬妮娅争吵起来，两个人终于分手了。

保尔知道朱赫来现在正担任省"契卡"主席，他向朱赫来要求工作，便参加了肃反工作。"契卡"的工作紧张而繁重，影响了保尔的健康，他的头时常疼痛难忍。在一次搜捕苏达尔匪帮的斗争中，两天两夜没能入睡的保尔终于坚持不住，昏迷过去，失去了知觉。

保尔被调到了铁路总工厂担任共青团书记，在这里，他又认识了共青团省委委员丽达。保尔对她产生了好感。

可是，保尔十分苦恼，认为现在并不是谈情说爱的时候，他斩断了这份情丝。

深秋时节，阴雨绵绵。寒冷的雨点浸透了衣服，冰冷着肉体。筑路队每天从清早干到深夜。夜里，大家穿着被雨水浸透的、污泥浆硬了的衣服躺在水泥地上睡觉，相互用体温来取暖。每天吃的是一磅半像无烟煤一样的黑面包，有时连这也供应不上。奥力克匪帮也不断袭击。共青团员们边战斗，边劳动，到处响着铁棒和铁锹碰击石头而发出的声音，到处看见在紧张劳动中弯着的脊梁。

不久，寒冬来了。人们仍然在冰天雪地里奋力劳动，刨开冻硬的土地。

朱赫来来到工地，看到这种景象，极为感动："钢铁就是这样炼成的啊！"

被病魔严酷袭击的保尔，一面向怠工行为展开斗争，一面带头劳动，掀起竞赛。他每天天亮之前，拖着那双浮肿僵硬的腿，主动为同志们预备好开水和热菜，尽管保尔一连几天发着高烧，仍然坚持用一把大木铲去铲雪。重伤寒终于把保尔击倒了。

保尔没有死于伤寒,他又从死亡线上换气回来了,又顽强地战斗在革命岗位上。

保尔在全俄共青团大会上与丽达重逢了。

然而,丽达告诉保尔,她已经结婚了。

保尔的身体逐渐衰弱,他的右腿已经残废,脊椎暗伤无药可治,不幸的遭遇和沉重的打击接踵而至,保尔手脚麻木,有时突然不能起床,情形一天比一天坏起来。

保尔和达雅结婚了。他们搬到了沿海的一个小城。

保尔现在的生活,就是学习,他读了许多古典文学作品。他又要开始工作了,这项工作就是保尔要写一部题为《暴风雨所诞生的》小说。

小说最后写完了,母亲把那学生的邮包寄往省委宣传部。

电报来了。

电报上说:小说大受赞赏,即将出版,祝贺成功!

保尔的心又跳动起来,他又开始了新的生活……

五、三个女人,一场爱

男人的一生里至少有一个最重要的女人!那是母亲。

大部分的男人一生里还有第二个重要的女人!那是妻子。

在奥斯特洛夫斯基的生命里还有第三个重要的女人。

她是谁,又代表着什么样的身份呢?

不要误以为那是他的情人,在他的世界里,女人更多代表的不是爱情。他的青春没有太多的机会分给爱情,他也没有完整的身体渴望爱情。

第三个女人是他的姐姐。

他的女人,关乎一个字:爱;

他的女人,关乎两个字:亲情!

如果还有关乎三个字的，那必定是：爱之深；或者：情之切！

他的一切情感都表达为关爱、照顾，发自内心，不弃不离。

奥斯特洛夫斯基的母亲奥里加·奥西波夫娜，是一个捷克后裔，她是一个善良、睿智、热情的女人。她有四个儿女，奥斯特洛夫斯基是最小的一个。孩子们小的时候，家境不好，没过上好日子，特别是小儿子，吃了很多苦。为此，她心里觉得愧疚。

但是，面对生活，她从不长吁短叹，从不自怨自艾，她坚强地，一步一步走过来，把孩子们一个个拉扯大。在那样的年代，在那样的岁月里，这并不容易！

笔者手上有一张她的黑白照片，照片里两个儿子站在她的身边。她穿着粗布衣服，手里拿着一本书，头上裹着头巾，能明显感觉到岁月的辛劳在她的脸上留下的痕迹。但透过疲惫的眼神，人们总感觉到她是美丽的。坚强、乐观、好学，这是她美丽的主要原因。她手上竟然有一本书，哪怕这是一个暗示，哪怕这是一个装饰，哪怕这是一种陪衬，我还是从中读出了她内心的渴望，读出了她身上的汗水也是一种深刻的美丽。

因为她身上散发出来的汗湿的气质，那种气质从她紧闭的嘴唇和坚毅的眼神透射出来。这样的平静，这样的情境，就肯定美得令人炫目。

她的身旁站着两个儿子，和她的表情几乎一模一样。

坚强，乐观，无畏。

有这样的母亲，我们能明白奥斯特洛夫斯基为什么会成为一块钢铁。

的确是这样，奥斯特洛夫斯基身上的热情、敏锐和聪慧，很大一部分是从母亲那里继承而来的。同时继承的还有她的善良、乐观、坚强、上进。

从某种意义上来说，一个人，有什么样的天性，就会有什么样的童年。无论这童年是欢乐的还是不幸的，只要天性未泯，他的童年就会充满色彩。

因为，父母创造子女的躯体，也同时创造着子女的精神。人的最深处的本性总是从父母那里获取，或者继承，或者背叛。

孩子们大了，有了自己的事情，参加革命或者成家立业，但是还是她的长不大的孩子，她一个人在家乡，远远地替他们操心。

孩子们，也永远走不出母亲的视线，永远喝不够故乡的井水。

奥斯特洛夫斯基的童年也是充满色彩的。

尽管不是五彩缤纷，但至少不是黑白世界。

他坚定地相信，有母亲在，就有他们的兄弟姐妹在。

可是，不幸的事情降临了，出嫁后的女儿娜佳染病死了。

作为母亲的奥里加·奥西波夫娜伤心欲绝，经常一个人偷偷地哭泣。

奥斯特洛夫斯基抱着母亲，轻声地安慰。

用不着说话，拥抱，就是最好的言辞。

然而，这种拥抱并没有持续多久。奥斯特洛夫斯基要远飞了。母亲虽然舍不得，可也未加阻止。好儿郎志在四方，她知道儿子的路在远方。

她拉着儿子的手，唯一的叮咛令人心酸："打完仗，就回来。"

奥斯特洛夫斯基坚定地点点头，说："妈妈，我记住了。打完仗，就回来。"

奥斯特洛夫斯基真的回来了。可惜，他不是自己健健康康、高高兴兴地走回来的，而是被人从战场上抬回来的。

看见儿子人不像人，鬼不像鬼，她心疼极了。

她将泪水强忍在眼眶，实在忍不住，流泪了，也不敢让儿子看见。

当时国家太穷，家里更穷。儿子四处求医，可是她什么忙也帮不上，她只有默默地祈祷，祈祷他能够好起来。

可最终，儿子倒下了。她心中的一座山倒下了。

儿子彻底地躺在病床上，再也起不来，几乎失去了所有的热情和信心。

她到了儿子身边，终日陪着他，照料他的生活，打理他的事务，陪他说话，给他打气，给他温暖，驱走他的气馁、埋怨和焦躁。

每个到访的人，第一个见到的总是他的母亲，人们感叹她的母性的伟大。

那种伟大几乎可以和奥斯特洛夫斯基的精神媲美，让人印象深刻。

　　而奥斯特洛夫斯基这时就在床上，习惯地喊道："亲爱的妈妈，是谁来了？"

　　母亲是他的定心丸。

　　奥斯特洛夫斯基是不幸的，命运夺走了他像其他人一样生活的权利；

　　尼古拉是幸运的，母亲陪伴他走过了一生，度过那不一样的坎坷人生。

　　母亲是不幸的，看着儿子痛苦一生；

　　母亲也是幸福的，陪着儿子创造一个绚丽的青春。

　　奥斯特洛夫斯基发自内心地说："母亲是我最重要的人，最亲近的人。"

　　他永远跟着母亲行走！母亲是方向，是精神导师，是前进的旗帜。

　　尽管她读书不多，却足以给他解渴；

　　尽管她身子单薄，却足以给他温暖。

　　在生命的最后时期，奥斯特洛夫斯基去了俄罗斯。

　　母亲没有陪他去，留在了索契。

　　陪他去的是他的小姐姐叶卡捷林娜。

　　临行前，母亲有些不祥的预感。

　　她说："我很不愿意你去莫斯科，我替你害怕。"

　　儿子回答说："我必须去莫斯科一次，完成《暴风雨所诞生的》。我有那么多事情要做，我想在这几个月把这些都完成，到夏天就完全休息，和你一起读书。别难过，亲爱的妈妈！"

　　他没有熬过这几个月，永远留在了莫斯科。

　　他死后，人们去车站迎接他的母亲奥里加·奥西波夫娜。

　　车门开了，她穿着一身黑衣服，有些憔悴，甚至走路都有点摇晃。

　　人们走上前，刚想去搀扶她，安慰她几句。

　　她把手伸向那些人，轻轻地拒绝了。

　　她要像儿子一样坚强。

　　她坚定地对那些人说："带我去柯良（奥斯特洛夫斯基的小名）那里吧。"

一路上她都没有哭。

见到灵柩的那一刻，她却倒在地上，喊着儿子的名字，老泪纵横。

那真是落不完的泪、强忍了太久的泪啊。

这时，奥斯特洛夫斯基的小姐姐叶卡捷林娜，走过来，边哭边安慰母亲。

小姐姐叶卡捷林娜一直待在弟弟身边，亲眼看着弟弟离去。

这个善良而坚强的小姐姐，正是母亲之外，另一个陪伴了奥斯特洛夫斯基一生的人。

奥斯特洛夫斯基，瘫到了床上。

那时的小姐姐已经出嫁，且身为人母，但是她带着孩子，义无返顾地到了弟弟身边。

小姐姐没有母亲的能耐，但是细心体贴，十分疼爱弟弟。她陪着他奔走在各个疗养院，在床前照顾他的饮食起居，陪他从莫斯科到索契，从索契再到莫斯科。

她从一个年轻貌美的母亲，变成皮肤粗糙、皱纹初显的妇女，她的一切都给了弟弟。

提到弟弟，她总是忍不住流泪。

那是她苦命的弟弟，也是令她骄傲的弟弟。

母亲、姐姐天生就和他是一体的，他不论怎么样，都是儿子和弟弟。

而对于妻子，能够终生陪在他身边，实在是难能可贵。

那种坚持，是相濡以沫的伟大。

1926 年，得病的奥斯特洛夫斯基在南方疗养。母亲写信给朋友，请求朋友可以让他在他们家里住上一阵。

朋友接纳了他。

他在这里邂逅了年轻的波尔菲里耶芙娜，她是那家人的女儿。

波尔菲里耶芙娜热情活泼，又天真羞涩。

看到奥斯特洛夫斯基的第一眼，她既惊叹又心疼："多么帅气的小伙子，居然得了这种病，真是不幸。"

在她家里的那段时期，她的事情不多，总有时间陪他解闷——在花园里聊天，或者外出散步。

奥斯特洛夫斯基给她讲革命、理想、文学。有她在，他显得精力充沛、热情洋溢。

波尔菲里耶芙娜觉得他一点也不像病人，反而才华出众，勇敢高尚。

青春的笋尖从雨后的土壤悄悄冒出。

波尔菲里耶芙娜暗暗喜欢上这个黝黑消瘦的青年。

奥斯特洛夫斯基也对善解人意的她产生了好感。

但是，她的父亲却不怎么喜欢他。父亲的思想比较陈旧，与革命的奥斯特洛夫斯基格格不入。

更重要的是，父亲很现实，觉得眼前的这个年轻人身体条件太差，女儿跟着他不会有幸福的生活。

但是，她决定嫁给他。

1926年11月，他们秘密结婚了。

这样的丈夫是特殊的人，更多的是需要亲人般的关怀。

她知道，跟他结婚，将意味着什么。

她从不愿用"奉献"这个词，更觉得是一种"责任"。

她和他来到莫斯科治病。她要照顾不能起立，也几乎看不见东西的他，还要工作、养家糊口。身体的累不说，主要是精神之累。许多正常人该有的快乐，对她而言，就成了奢侈，成了不可能。

但她不悔。因为，这是她的选择。

后来，奥斯特洛夫斯基开始写作小说，她做了他最早的"义务秘书"。白天工作十几个小时，晚上回来，帮他誊抄他白天写下的几乎堆叠在一起的字母。

毕竟是常人，累极了，累急了，有时，她也怨。手肿了，腰也疼，疲倦得像个老太婆。她可是个年轻的妻子，生理和心理都需要爱的滋养，而她的丈夫只能愧疚地看着她。

有时候，她靠在门上，看着一动不动的丈夫，会想："怎么是这样，这就是我的人生？"

她忍不住，终于流出了眼泪。

可是，那是她的丈夫。丈夫是战士，她也得做战士。

她坚持住了。

后来，小姐姐叶卡捷琳娜从索契过来，加上奥斯特洛夫斯基请了"义务秘书"，帮助记下他口述的小说，她的负担减轻了一些。

小说终于写完了，奥斯特洛夫斯基和小姐姐回到索契。波尔菲里耶芙娜则留在莫斯科工作，她要多赚点钱养活这个家。

但是，很快，奥斯特洛夫斯基需要她，她又去了索契。

从那时开始，她就再也没有离开过他。

她跟了他一生，给了他一生，把少女的真和妻子的贞毫无保留地给了他。

这三个女人不是简单地见证了他的光辉，在富贵荣华、声名远扬时，对他无微不至的关怀算不了什么，重要的是她们没有抛弃一个一无所有的残废的奥斯特洛夫斯基。

想一想，在索契胡桃村街 29 号的院子里，三个女人给一动不动的奥斯特洛夫斯基端茶倒水、擦洗身体，那是怎样的温暖，怎样的感动啊！

想一想，她们围着病床，看着彼得洛夫斯基给衣着整齐的奥斯特洛夫斯基戴上列宁奖章，那又是怎样的荣耀、怎样的骄傲啊！

爱，是冬日的阳光！

三个女人，一场爱，那又是怎样暖人的冬日的阳光啊！

六、青春入土，坟上开花

那是最后的战争。

那是生命的战争。

1936年，莫斯科，高尔基大街。在住所里，奥斯特洛夫斯基已经感觉到生命将不久于人世，躯体的煤将要燃烧完了，他的钢也早已炼成了。

但是，他还希望炼更多的钢。

他在跟死神赛跑，他坚持要在死神抓住他冰凉的手之前，把最后一滴血送进炉火里。

因此，他每天都要花很多的时间，构思和口述历史小说：《暴风雨所诞生的》。

他讲述，疼痛，沉思，疲惫，甚至昏厥。

燃烧，燃烧，仿佛有谁发起了最后的击鼓。

那是催命的战鼓，也是胜利的前奏。他不顾一切地往前冲。

他对一位来访的英国记者说："是，我每分钟都可能死去。可能，你刚走，随之而来的就是我去世的电报。这吓不倒我，这就是我为什么不惜生命地工作。假如我是健康的，我也许会为了事业的利益节省力量，但我正在深渊的边缘，每分钟都有可能倒下去。"

这一年真是多事之秋，6月18日，无产阶级文学的领袖高尔基逝世！

这给予了他沉重的打击。

虽然他和高尔基素未谋面，但高尔基是丰碑，是他心中的太阳。

他像一个单纯的热血青年一样爱着伟大的高尔基，而不是仅仅以一个作家的身份对高尔基的死去送去一份敬意。

高尔基的离去让他清晰地感觉到死亡所带来的心灵震颤，也使他充分地感到死神加快了前进的步伐。

残暴的病魔从来没有放弃对他宝贵生命的摧残。

幸好，这一年的12月，他终于完成了《暴风雨所诞生的》第一卷。

任务完成了，最后一滴血抛洒出去，坚韧的燃烧也行将熄灭。

他彻底倒下了。

躺在病床上的他得了肾结石，同时伴有严重的尿毒症。

他处于一种半昏迷状态。

医生、护士和家人围着他作最后的抢救。

这不是抢救一个人，而是抢救一块发烫的钢。所以需要更多的热情和耐心。

可是，一切抢救都终归无效。

那块发烫的钢慢慢冷却，慢慢成形，马上就要成为俄罗斯不屈的额头。

为了减少他的痛苦，医生给他注射了吗啡。

他醒来过一次，却没有力气说什么话，只是断断续续地问了身边的护士："我、我在、昏、昏迷中呻、呻吟了吗？"

护士看着他，泪流满面地说："没有。奥斯特洛夫斯基同志，一声也没有。你就安心地睡吧。"

护士认为，他太累了，该休息了。

他的脸上浮现出难得的欣慰，他变得安静，仿佛战胜了什么。

但是很快，他又昏迷过去。

或者不该让他那样安慰，不该让他那么坚忍，他已经坚忍了一辈子，临终时刻，他应该发出弱者的呻吟，而不是一块钢铁的阴冷。

因此，或许，人们应该说出真实的话："你呻吟了，呻吟得厉害。这样，你让我看到，你其实还是一个人，不是机器，更不是冷冰冰的钢。你已经足够坚强了，你的呻吟，或许见出你的软弱，可那正是你坚强的一部分。没有一点软弱，即便是钢，也容易断裂。"

如果这样说，奥斯特洛夫斯基该作何感想？

他是号啕大哭，还是万念俱灰？

我想，都不会。他仍会守卫他的坚强。

只是这种坚强应该带着一份温情，而不是一份冷漠。

然而，人们不忍！

因为，他是奥斯特洛夫斯基，是社会主义苏联最著名的钢。

国家需要这样的钢建造思想的大厦；

俄罗斯民族需要这样的钢挺直自己的脊梁！

这究竟是悲剧还是喜剧呢？

我们不知道。

奥斯特洛夫斯基更不知道！

最后一次醒来，是回光返照。奥斯特洛夫斯基看到围在床边眼睛红肿的家人，他忍住近乎麻木的痛，微笑着，平静而不做作地说："亲人们，你们干吗这样垂头丧气？医生给你们说了，我要死了？别相信，有多少医生都没说。对，这次也一样。我还有很多事情要做呢，我的书还没写完，还有第二部，我可没那么容易死。"

家人都努力挤出微笑，可是，那样的微笑真让人压抑，真让人难受。

妻子波尔菲里耶芙娜紧紧握着他的手，试图给他力量。

小姐姐叶卡捷琳娜也紧紧握着他另一只手，不停地揉搓，并在他耳边轻轻地呼唤他的名字。

他再一次睡去。这一次，他没有醒来。

两个女人握着他的手，慢慢感觉到他的冰凉从脚底延伸向全身，最后到达头部。

有着钢铁般意志的心脏终于停止了跳动。

他被安葬在莫斯科的新处女墓。

送葬的那天，无数的俄罗斯人沿街为他送行。他一生很少落泪，他的家人也很少为他流泪。而现在，全俄罗斯的人为他一生没流过的泪一次性流够了。

这块俄罗斯"最硬的钢"也应该感到欣慰了。

想想看，他的一生三分之一的时间被困在床上和黑暗里，这是多么的不容易！这需要多大的毅力、耐力和忍力啊！

仅仅在死前的四年里，他才写出闻名于世的小说《钢铁是怎样炼成的》。他是一个新人作家；他在苏联文学界走动不多，他是一个单纯的作家。除了写作，就是与病痛为伴。

他更像一个纯洁的文学青年，一个热情洋溢的青年。这是对他的一种定位。

那么，在众人眼里，这个青年又是一种什么样的存在呢？

他曾给崇拜的罗曼·罗兰写信，在遥远的法兰西，罗曼·罗兰居然回信道——

亲爱的朋友，尼古拉·奥斯特洛夫斯基！

　　请原谅我至今未能对您 1 月 29 日的来信向您表示感谢。为数不多的几句好感的话使我如此感动，因为这是来自您，而您的名字对我来说是最高尚的、最纯洁的、勇敢精神的象征。我满怀热情与欣喜赞美您。

　　请您相信，如果您在您的生活里曾经经历过阴暗的日子，您的生平现在是，将来也是千千万万人的明烛。您为世界留下精神战胜个人厄运的、影响深远的、崇高的榜样。您和您的伟大的、解放了的、复兴了的人民融为一体。您使人民的欢乐和不可遏止的振奋精神也成了自己的。

　　他中有您，您中有他。

　　热诚地握您的手。

您的朋友罗曼·罗兰

1936 年 5 月 1 日

安德烈·纪德在 1936 年访问过苏联，他怀着憧憬来到这个新兴的创世纪式的国家。他见到了奥斯特洛夫斯基，他被这块"苏联的钢铁"深深地感动了。

他在归国后所作的回忆录中这么写道——

讲到奥斯特洛夫斯基时，不能不怀着最深的敬意。假如我们没有到过苏联，我可能说："这是圣徒。"宗教不曾造就比他更卓越的人。亲眼所见证明了，圣徒不仅产生于宗教，只要有热忱的信仰，不求报偿，除了完成严峻的义务而得到的思想意识上的满足，什么都不需要。

而奥斯特洛夫斯基最为景仰的文学巨擘高尔基，他一向冷峻严肃。即便是比鲁迅先生还要冷峻的高尔基，也曾经对一位来访的记者满怀敬意地谈起过他——

从这儿往上，沿着特维尔花园路，在受难者修道院旁，在特维尔大街住着——确切说——躺着这个了不起的人。他失明，不能动，即使是这样，他在自己身上找到了巨大力量，写了一本关于共青团的书。多好的一本书啊！我们有人以各种各样的态度对待这本书，这是他们良心上的事。我认为，应该向谁学习呢？应该向奥斯特洛夫斯基学习。我劝你，去看看他，他病得很重，也可能不让和他说话。即使是看看他，也一定是应该的，一定去看看。那时你就会明白，什么是生活和斗争！

奥斯特洛夫斯基去了，他是带着坚定的信仰去的，他是带着历九死而百炼成钢的心去的，他是带着残疾的身体和全部的青春去的，他还是带着激情、乐观和永不言败的精神去的。

作为一名战士，奥斯特洛夫斯基不仅摧毁了敌人的城堡，而且摧毁了敌人的意志，他使他的敌人都因为他永不言败的精神而爱上了他。

至于病魔，他与之战斗了大半生，最终还是胜利了。

因为，他以他的死亡打败了所有的病魔，也使他的肉体挣脱了病魔的掌控。

就在他摆脱病魔的刹那，他的灵魂升向了天堂……

参考文献

[1] 刘亚丁：《苏联文学沉思录》，四川大学出版社 1996 年版。

[2] 奥斯特洛夫斯基：《钢铁是怎样炼成的》，梅益译，人民文学出版社 2003 年版。

[3] 佩尔兴：《二十世纪三十年代的俄罗斯文学批评》，圣彼得堡大学出版社 1997 年版。

[4] 任光宣：《重读长篇小说〈钢铁是怎样炼成的〉》，《俄罗斯文艺》，1998 年第 2 期。

[5] 晓帆：《论俄罗斯文学中妇女形象的人道主义激情》，《外国文学研究》，1998 年第 1 期。

[6] 余一中：《历史真实是检验现实主义文学作品的重要标准——再谈〈钢铁是怎样炼成的〉》，《俄罗斯文艺》，2004 年第 3 期。

[7] 赵育春：《被延宕的反思：重读〈钢铁是怎样炼成的〉》，《当代外国文学》，2000 年第 1 期。

[8] 列·伊·季莫费耶夫：《论尼·奥斯特洛夫斯基的长篇小说〈钢铁是怎样炼成的〉的艺术特色》，江荣春译，《湖南师范大学社会科学学报》，1978 年第 3 期。

[9] 杜林：《走进去，跳出来：我看〈钢铁是怎样炼成的〉》，《俄罗斯文艺》，1999 年第 1 期。

[10] 何云波：《世纪末的回眸——重新解读苏联文学》，《俄罗斯文艺》，1995 年第 5 期。

[11]《尼·奥斯特洛夫斯基文集》，《俄罗斯文艺》，1998 年第 2 期。

[12] 何云波、刘亚丁：《价值多元与保尔的命运——关于〈钢铁是怎样炼成的〉的对话》，《俄罗斯文艺》，2004 年第 1 期。

[13] 樊晓帆，吴婧怡：《浅析〈钢铁是怎样炼成的〉中"保尔"精神的内涵》，《语

文建设》，2013 年第 35 期。

[14] 李建军：《一时的文学与永恒的文学——应该如何评价〈钢铁是怎样炼成的〉》，《名作欣赏》，2015 年第 4 期。

[16] 张中锋：《近年来学术界有关〈钢铁是怎样炼成的〉争论述评〉》，《河南师范大学学报（哲学社会科学版）》，2002 年第 29 期。

第十八章

《静静的顿河》

——雕刻肖洛霍夫

　　米哈依尔·肖洛霍夫是 20 世纪苏联文学的杰出代表，1965 年，他以作品《静静的顿河》成为诺贝尔文学奖的得主。

　　1905 年 5 月 24 日，肖洛霍夫出生于维申斯克省的一个农民家庭里，他年轻时在地主家当雇工，后来又做过商店店员和磨坊经理。十月革命后，他在苏维埃政权下的粮食部门当了一个小职员。他的一生中绝大部分时间都在这里度过。青少年时期广泛的社会经历，为他以后的创作打下了坚实的基础。

　　1919 年至 1922 年，年轻的肖洛霍夫为红军在顿河地区征集军粮，大部分哥萨克人却竭力抵制布尔什维克的"横征暴敛"。这段经历成为他后来创作《静静的顿河》的重要素材。1925年，他与妻子又回到顿河地区定居，并在1926年开始构思小说《静静的顿河》。1928年，《静静的顿河》第一部发表后所获得的巨大成功使肖洛霍夫声名鹊起。经过十四年时间这部巨著终于全部问世。《静静的顿河》展示了1912年到1922年间，俄国社会的独特群体——顿河地区的哥萨克人在第一次世界大战、二月革命和十月革命以及国内战争中的苦难历程，可以说是一部描写具有重大历史意义时代的人民生活史诗。他把严峻而复杂的社会斗争浓缩到家庭中间和个人关系之间展开，在哥萨克内部尖锐的阶级冲突的背景中展示了触目惊心的悲剧情景和众多的悲剧人物。

肖洛霍夫于1984年去世，在七十九年的生命历程中，他以非凡的智慧，创作了一系列不朽的著作。作为一位文学巨人，其作品在世界范围内影响之大、读者之多，在苏联作家中罕有其匹。

一、顿河之子

静静的顿河静静地流！

静静的顿河开始咆哮！

静静的顿河泪流满面！

那是俄罗斯的母亲河。

饱经风霜的顿河，沐浴着欧洲的沉郁和亚洲的热情，那里的土地肥沃，文化厚重，水草丰茂，树木苍翠。那里的人民有原始的淳朴和厉风的粗犷。

而文字中的顿河，博大，精深，像女人一样沉郁。

太阳高高地照耀，天空一片湛蓝，河面上的船只往来如梭，渔栏林立，渔网如烟。那里的人民都在马背上长大，从小到大，奔跑，再奔跑。他们跌下马来，流着血，又再爬上去。匆匆的岁月里，不知道留下多少伤疤，可是他们驯服了性子最烈的马匹，因为与马亲近，那里的人身上飘着一种特有的腥臊。那种腥臊却是人们热爱的芳香，就像幼小的农村孩子热爱祖父旧棉袄里陈年的汗液的味道；那里的人民都是捕鱼的好手，宽厚的手掌被渔网和船桨磨得粗糙，却有力又温暖。人们在河上唱歌，在河里撒尿，在河里洗澡，在河里睡觉。人们用原始的方法捕捉无穷无尽的鱼，顿河的鱼是上天的恩赐，又肥又大，像大地的奶子。

长年累月地在船上生活，人们不用穿鞋，光手光脚，顶天立地。他们的衣服被打湿，他们性情爽快，身上沾满鱼腥味道，那是图腾的符簶，是血液的气息；那里的人民都打猎，个个都是拿箭、拿刀、拿叉、拿枪的好手，他们穿着粗布衣服，腰上绑着麻绳，脚底踩着破靴，在丛林中奔跑。他们不放过温顺的兔子，他们的眼睛比兔子还温顺；他们也不放过凶猛的野兽，他们的行动比野兽还凶猛。那是他们善良的野性，那是未经文明熏染和雕琢的人性。

那里的人性纯粹，有动物的一切，也有植物的一切。

静静的顿河，静静地流！河水深沉，河水脉脉，河水千万年奔腾不息，只为等待他的到来，等待他赋予那条河流永不褪色的光辉和荣耀。

他来了，顿河就有了文化身份；

他来了，顿河就有了民族象征。

如果说，"人类的正义"可以用来形容托尔斯泰的话，那么，用"俄罗斯的良知"来形容他是一点都不过分的。没有谁比他更合适这个称号，他把苏联的铁腕政治织成网，拖上顿河流域的船，撒下去，捕捉到一颗良心。这个人忠于社会主义，忠于党，忠于人民，忠于崇高的理想，忠于质朴的平凡；这个人也忠于人性，忠于事实，更忠于顿河。

许多时候，他像顿河一样沉默或呐喊，哭泣或咆哮。

这个人是顿河养育的作家，社会主义的作家，人类的作家。

这个人就是肖洛霍夫。

不要说善良，不要说伟大，不要说崇高，更不要说神圣，如果做了对社会、对人民、对国家，乃至对人类都有着巨大贡献的事情，那么这个人就是一个伟大的人，更是一个有良知的人。

良知是人之所以为人的底线；

良知也是人之所以为人的上线。

肖洛霍夫就是那个时代的良知。

顿河是伟大的母亲，有吮不完的乳汁，他在母亲的身边徘徊，抓住母亲的脚踝，跟着母亲走向荣耀，也走向死亡。可是到最后，他仍然只是顿河上一个普通的老人。

在这里，我更愿意称呼他为一个农民，一个工人，是无数人民中的一个普普通通的人。宠辱不惊，实事求是，兢兢业业，明察一切是是非非。

彻底的平凡是他最可敬的伟大，绝对的真实是他最丰满的艺术。

"托尔斯泰式"的存在，这是我给他的定位。就像托尔斯泰写出了19

世纪的《战争与和平》一样，他留下了 20 世纪的《静静的顿河》；也像托尔斯泰一辈子都生活在生他养他并埋葬他的波良纳一样，他把一生都献给了顿河流域的故乡维申斯克；更像托尔斯泰一生只是农民装扮与生活一样，他一辈子融入顿河流域的人民里，在革命期间英勇地参加战斗，在社会主义建设期间加入轰轰烈烈的集体大生产，在卫国战争期间像一个战士一样拿起笔与俄罗斯共存亡，在社会发展期间作为地区领导人切实地为人民办实事。

虽然，那里并不算是他严格意义上的故乡。

肖洛霍夫家族的血脉流淌在俄罗斯内省梁赞。19 世纪初期，他的祖父带着家眷迁徙到顿河流域，那里是哥萨克人的天下。哥萨克人，像中国传统意义上的边缘地带的尚武之人。祖父在哥萨克人的地盘上白手起家，创立一份家业，但是在哥萨克人眼里，他是"外乡人"。在顿河，他没有自己的土地，没有农庄和林地，他也不会骑马、打猎、捕鱼，和那片土地显得有点格格不入。

但是，故乡到底是什么概念？故乡是一种文化乡愁的吟唱。故乡让人不至于成为孤儿，就像植物有根一样，故乡就是每个人的根。故乡让人的灵魂有仰望的方向，故乡让远游的人泪流满面，故乡是永恒的归宿。"那片本来没有你的土地"在你诞生之后就永远有了你，你打上那片土地的烙印，文化的、思想的或精神的。那片土地也深深地打上你的烙印。

故乡是人的脐带，你可以剪断它，但它的伤口永远留在你的身上。

故乡的存在，从人降临的那一刻开始。不管祖辈们曾经在哪里生活，曾经生活多少代，具有关键意义的都是你出生所在的位置。因为，人们习惯跟着父母行走，跟着祖父母行走，跟着出生以后尚且存在的亲人行走，也就跟着那个位置行走。

人从赤条条地来到人间到开始有记忆的这段时间，完全是一种动物，和自然界无数的动物一样。周围的一切会无意识地浸入人的身体和精神，然后培育出最初的感知，这个时候才可以称之为人。周围有什么样的人，什么样的物，决定了人有什么样的感知肌体和精神血脉。而从有最初的感知到有善恶之分，用理性去判断世界的过程，人完全是感性动物。感性阶段是成就故乡的关键。

故乡和周遭的一切注定了你将成为怎样的一个人！

1905年，肖洛霍夫出生在维申斯克一个干净的农家小院，此时，他的母亲名义上还是那个老哥萨克人的遗孀，所以她和肖洛霍夫都分到了土地。

1912年，母亲正式成为老肖洛霍夫的妻子。

因此，对肖洛霍夫而言，尽管他的父亲是从外省迁徙到顿河的，却对顿河有了故乡情结，留下了时间的印记。生活在那片肥沃的土地上，他的身体有了腥臊味道，他的心脏也拥有了野性和淳朴。他强烈地爱上家里的女仆达尼洛夫娜，并要和她结婚。可是父亲不同意，把达尼洛夫娜嫁给了一个年迈的老哥萨克人，以断绝儿子追逐她的念头。他却不肯，和父亲闹翻，离开那个家，自己创业，贩牲口，开商店，建磨坊，租种别人的土地，并把达尼洛夫娜领回家，共同生活。他一点都没有考虑名誉、地位和财富，他固执地爱着她，就像固执地爱着顿河一样。

肖洛霍夫可以坚定地说自己是顿河流域的人了，虽然他不是哥萨克，但是再也不是顿河的"外来子孙"。家里矮矮的泥墙挡不住顿河的风，顿河粗粝的海风夹带着鱼腥味和船夫的吆喝声吹到他幼小的面庞上，他能听到原野里清脆的马蹄声和马啸声，也能听到远处森林野猪在嚎叫，猎人的枪在凄厉地悲鸣。

当他开始有记忆后，一切都是顿河的。坚强的父亲，贤惠的母亲，倔强的祖父和无数地地道道的顿河人生活在他的身边。他在肥沃的麦田里穿梭，在广袤的草原上游戏，在深深的树林里行走，在静静的顿河里游泳、钓鱼、划船。他的血液流淌着那片泥土的颜色，生命弥散着顿河的气息，他爱上了那里的一切。

对此，或者可以说"你就出生在那片创造了你的土地"——这就是故乡的概念。

出生以后，他就没有离开过顿河流域的故乡。从 1905 年，俄罗斯封建时代的最后呻吟，到 1984 年，苏联行将崩溃，他一路走来，风风雨雨，磨难重重，历九死而不悔，且始终如一地坚守着，思考着。

顿河见证了这一切。

1950 年，苏联有关方面曾出资给每位院士在莫斯科郊外修别墅，但有着院士头衔的他仍然坚持在自己的家乡修建住宅，他不愿离开顿河维申斯克。即便离开顿河也只是旅行、开会，或者因为短暂的工作需要。在别的地方，他总是觉得生活不习惯，晚上做梦，梦里故乡的渔船在轻轻摇晃，那是母亲在呼喊他的乳名。

三十四年一晃而过。

1984 年，莫斯科克里姆林宫医院的病室，冬日的阳光暖暖地从窗外照进来，照亮了一个满头白发的老人刀削一样的面孔。老人一脸平静，呼吸均匀，带着丝丝的呻吟声。他是年近八旬的肖洛霍夫。其时，糖尿病和喉癌已经把他的身体折磨得不成样子。方才一些社会人士和当局领导来看望他，现在他有些疲惫，慢慢地，像要睡着了。

和他共同度过一生的妻子格罗莫拉夫斯卡娜坐在床边小心地看着他，说着："老头子，你呀，一定要好起来，你可不能抛下我一个人先走……"

似乎预感到什么，她流下眼泪，却不敢哭出声来。

过了一会儿，老人突然睁开眼睛。

妻子静静地看着他，紧紧地抓住他的手。

老人竟有些慌乱，他茫然地看了看四周，然后，低沉地对妻子嘀咕道："我梦见自己死了，死在莫斯科。"

妻子强作一笑，说："亲爱的，别胡思乱想。瞧，你这不是活得好好的吗？"

老人固执地说："真的，我真的就要死了。我想回维申斯克，回顿河。我不要死在莫斯科。我也不要葬在莫斯科，只想回到顿河。"

沉默了片刻，他对妻子说："快，现在就和上头打电话。我要出院，回维申斯克，我在莫斯科一刻也待不下去了。"

妻子急了，劝道："你现在离开莫斯科怎么行？你每天需要治疗，医生说……"

老人打断妻子的话，说："你认为我还有活下去的希望吗？卡娜，亲爱的，我知道自己的身体。现在，我只想回故乡，回我的人民那里，回我的父亲那里。"

格罗莫拉夫斯卡娜终究拗不过肖洛霍夫。

很快，他和妻子一起坐专用飞机，回到了顿河，回到了维申斯克。

1984年2月21日，就在他回到故乡一个月后，老人离开了人间，永远地安息在顿河流域肥沃的泥土里。

他的追悼会开得很隆重，苏共书记到了，州书记到了，作家协会的负责人到了，苏联和西方记者到了。当然，热爱他的人民也到了。

他的坟墓和托尔斯泰的很像：在故乡的土地上，一条凸起的长方形土丘，周围生长着顿河特有的树木，树叶青了又黄，黄了又落，落在坟冢之上。年复一年，时间流淌，思念俱增，土丘成为最真实的见证。

从那以后，在顿河上再也看不到那个步履蹒跚、眼睛饱含泪水的白发老人。人们能做的只有怀念，怀念这个像泥土一样朴实，像岩石一样坚硬，像顿河一样深沉的老人。

这个老人是20世纪的托尔斯泰，是苏联的良知，是顿河的儿子。

二、唤醒沉睡的顿河

顿河哺育了他，他也哺育了顿河。

从严格意义上来讲，肖洛霍夫所受的学校教育是极少的，甚至可以忽略不计。

1912 年，他进入村小学，就读二年级。但是很快，第一次世界大战打断了他的学业。后来，他又辗转到莫斯科、勃古恰尔和故乡维申斯克读书。

十月革命以后的 1918 年，德国军队占领了维申斯克，他的学业就此结束。

其时，他的中学尚未毕业。

是什么让肖洛霍夫创作出如此宏大的顿河故事呢？是生活。生活是最好的老师，也是最好的素材，更是最好的灵感来源。

他在回答是如何为《新垦地》搜集材料时说："你在集体农庄住上一个月，人们就会接二连三地向你走来……一个作家，假如他愿意工作、渴望成长的话，他就必须以某种方式贴近素材，而且要尽量贴得紧密，而不能采取请创作假、出差一个月的办法。"

这也是他一生都生活在故乡顿河的原因之一。

当然，在成为作家之前，顿河的生活是不由他选择的。他就生长在那里，别无选择。

从"一战"开始，故乡的生活也再没有安宁过。加上父亲不是哥萨克人，没有固定资产，只得到处求职，居无定所，收入也没有保障。十月革命时，父亲在一个小村庄里担任蒸汽磨坊的管理员。此时的肖霍洛夫也开始为家庭生活担忧，想着为父母分担一些。

辍学以后，这个皮肤黝黑的少年，迅速地成熟起来，像少年奥斯特洛夫斯基的成熟一样，他甚至比奥斯特洛夫斯基更加成熟。

那种成熟不仅表现在工作赚钱上，还表现在思想深度上。

此时的维申斯克成了战争的舞台，德国人还没退去，国内战争就开始了，充满原始野性的哥萨克人纷纷暴动，顿河流域的那个地区也成了红军和白军最激烈的交火点。

1920 年，苏维埃政权在顿河流域成立。十五岁的肖霍洛夫，算一个小知识分子，他虔诚地加入了苏维埃一方。最初，他担任成年居民的扫盲教师，为那些打猎、捕鱼的粗犷的哥萨克人传授基本知识。后来，他加入地区粮食征集队，为红军筹集和运送粮食。他也参加了剿灭顿河流域土匪的战斗。

但是战争岁月，人们流离失所，工作总不固定。他后来又做过各种各样的工作，像统计员、小学教师、搬运工、瓦工、办事员、小记者，等等。这些经历为他日后的创作打下了扎实的基础。

在这期间，曾经有一个事件差点让他死掉。

1920 年，在一次运粮的过程中，他们遭遇了马赫诺匪帮，双方展开激烈交火，肖洛霍夫被俘。马赫诺准备将这个小青年处决。刑场上，他悲哀地向周围张望，眼里含着泪水。

这个时候，马赫诺的房主—— 一个善良的女人，带着孩子，双眼通红地出现在马赫诺面前，对他说："放了他吧，他还是个孩子！"

彪悍的马赫诺说："他不是一个孩子，他可是那边的工作人员。"

女人说："他不是孩子？难道你就没有孩子吗？如果没有孩子，难道就没有母亲？如果他死了，他的母亲会多伤心。"

马赫诺动了恻隐之心，那是作为一个人与整个人类所共有的天性。

他放了年少的肖洛霍夫。

死里逃生，肖洛霍夫第一次感觉到死亡的真切和恐怖，也第一次感觉到人性的残忍和善良。

丰富的经历，在他的思想里沉淀、沉睡，就像默默无语的顿河，等待着有一天被他唤醒。而在不停地换工作的战争年代，他也没有放弃对知识的渴望和汲取，他总是利用有限的时间和收入换取生活的积累和书本上的知识。

1922 年，国内战争结束，苏维埃政权得到巩固。这个时候他开始追逐文学的梦想，怀着这个梦想，他走出顿河，来到莫斯科。

在莫斯科，他认识了许多从各地赶来莫斯科圆梦的爱国文学青年，其中也包括法捷耶夫。他们共同进入了由共青团创立的青年作家团体"青年近卫军社"。从这里走出的青年作家都成了苏联社会主义文学的支柱，他们当中最成功的无疑要推法捷耶夫和肖洛霍夫，后来他们分别成为苏联作家协会的正、副主席。

在这里，他们进修诗歌和小说、散文课程，并开始初期的文学创作。

"青年近卫军社"和朝气蓬勃的《青年近卫军》杂志密不可分，为社员们的文章提供发表空间，肖洛霍夫也发表了最初的尝试之作《考验》和《三个纽扣》。

1923 年底，进修结束，肖洛霍夫急切地返回顿河流域的故乡，他感觉首都不适合自己，因为自己所想的一切都是顿河的，离顿河太远，他无法呼吸。

回到家里，父母急忙给他安排了一门婚事。女方是美丽善良的哥萨克女子格罗莫拉夫斯卡娜，比他大三岁。对于父母的安排，他没有反对。他是一个本分实在的人，婚姻不是罗曼蒂克的事情。像普通人的相亲一样，他去见了格罗莫拉夫斯卡娜。

父亲问他感觉怎么样。

他反问父亲："你感觉怎么样？"

父亲说："我觉得很好，重要的是对你好就好。"

肖洛霍夫说："那我感觉也不错。"

实际上，他是看中了她的美丽和温柔。

1924 年 1 月，他们在布卡诺夫斯镇成亲。

事实证明，他们的婚姻是成功的。婚后他们相亲相爱六十年，风风雨雨一起走过，无论多么艰难的日子他们都相互扶持，挽着手依靠着行走。一起打猎，一起钓鱼，生儿育女。而在当初见面的时候，肖洛霍夫撒了一个善意的谎言，他称自己二十二岁，和她是同龄人，直到后来，妻子才知道原来丈夫比自己小三岁。

获悉真情后，她撒娇地说："你呀你，不老实，当初还欺骗我。"

肖洛霍夫笑着说："谁让你那么好，我可是第一眼就看上了你。怕你跑掉，所以才那么说的。"

妻子说："你呀你！"

肖洛霍夫说："难道我是那么成熟，年龄都显示不出来？"

妻子说："是这样的。"

婚后，他携妻子返回莫斯科，但是很快他又感觉到与莫斯科的格格不入，远离顿河总让他有一种无根的飘泊感。他再次和妻子一起回到故乡。

从那以后，他就再也没有离开过故乡。

顿河近乎奢侈的阳光再次照耀着他古铜色的皮肤，河面上吹来的风和船翁的号子让他感到无比的惬意，质朴的人民忙碌在无边的麦田里、草原上，爽朗的笑声，熊熊的篝火，篝火边快乐的舞蹈，再次撞击他的心脏。

埋在顿河里的故事终于醒来。

他决心开掘顿河，开掘自己的记忆。

1924年到1926年，他陆续发表了多篇反映顿河生活的短篇小说，集结成《顿河的故事》和《浅蓝的原野》两本书，正式成为苏维埃文坛的新作家。

这个时期，他有幸遇见老作家绥拉非摩维奇——同样是顿河流域的人，一个老哥萨克人，《铁流》的作者。绥拉非摩维奇给了肖洛霍夫很多支持，从一开始他就喜欢这个小老乡，为他的《顿河故事》写了热情洋溢的序言，并向作家群体大力推荐他，后来他对《静静的顿河》顺利出版也极为关切和支持。

肖洛霍夫对他心存感激之情，并和他成为忘年交，保持着高尚的朋友情谊。

晚年，绥拉非摩维奇回到顿河，曾经在肖洛霍夫家住过几天。他喜欢光着膀子畅游顿河，那是他常干的事情。

那一次，也不例外，他拉着肖洛霍夫一起去游泳。

肖洛霍夫担心他的年迈的身体不行。

绥拉非摩维奇却精神抖擞地说："游泳都不行，还怎么算个顿河的男人？可不要小看我。走吧。"

肖洛霍夫和他一起跳入顿河，自由自在地畅游一番，绥拉非摩维奇精神焕发，浑身发热，脸红得像个孩子。

肖洛霍夫则暗暗为他捏了一把汗。

顿河就是有那样的神奇，充满魅力。

顿河里生存着永远年轻的灵魂。

1938年，绥拉非摩维奇七十五岁大寿，苏联为他举行了隆重的庆祝仪式。

肖洛霍夫专程赶到莫斯科，为他祝贺说："当你遇见他，你不会相信，这个人已经有这么大岁数了，因为他精力充沛、乐观、愉快和热情友善……我永远忘不了1925年，当绥拉非摩维奇看过我第一部短篇小说集后，不但为这个集子写了热情洋溢的序言，而且还约我见面。我们的第一次会面是在苏维埃大厦一号。他提出要求说，我应该继续写作，继续学习。建议我要严肃地写每一篇作品……"

说到动情处，肖洛霍夫眼里饱含着泪水。

是的，正是在绥拉非摩维奇的鼓励和支持下，肖洛霍夫在1926年开始构思长篇巨著《静静的顿河》，他用了十四年时间，写完了小说全部四卷，并分别于1928年、1929年、1933年、1940年出版。

思维的翅膀张开了。

仿佛一声哗啦啦响，沉睡在他心底的顿河被他彻底唤醒了。

三、《静静的顿河》：一个民族的史诗

没有谁否认，肖洛霍夫写的不是他自己；但也没有谁肯定，肖霍洛夫写的就是他自己。

他当然写的就是顿河，就是顿河不羁的性格和狂放的精神。他写了顿河上的渔夫、船只和水手，写了顿河的灵与肉、激情与梦想，写了顿河的神秘和庄严、屈辱与伤痛，以及鲜花、马匹、女人、战争和坟墓。

他像一个固执的老人，反复讲述着静静的顿河，以及静静的顿河上无法宁静的麦列霍夫一家的故事——

麦列霍夫一家生活在帝俄时期顿河流域的鞑靼村里，这家的小儿子葛利高里爱上了邻居家斯捷潘的妻子阿克西尼亚。阿克西尼亚长期受到丈夫的虐待，便乘斯捷潘在军队服役期间，与葛利高里有了私情。

葛利高里的父亲为了避免丑事外扬，安排了他与村中一位姑娘娜塔利亚结了婚。

但葛利高里并不爱她，不久公开与阿克西尼亚同居，成了村中一件丑闻。

葛利高里的父亲羞愧难当，痛打了儿子。

葛利高里一怒之下离家出走，他和阿克西尼亚跑到村外富户李斯特尼兹基家中帮工。这段时间，阿克西尼亚生了个女儿。

不久，葛利高里应征入伍。

娜塔利亚见丈夫对自己毫无感情，痛苦得想要自尽。但经麦列霍夫一家百般劝慰，她终于平静下来。

葛利高里第一次休假回家，发现阿克西尼亚和地主家当军官的少爷尤金勾搭成奸。不巧的是他们的女儿不幸死去，葛利高里怒火中烧，他找到尤金打了一架，又痛打了阿克西尼亚一顿。然后回到自己家中，请求娜塔利亚的原谅。

两人终于言归于好。

休假结束时，娜塔利亚发现自己怀了孕，不久便生了一对龙凤胎。

葛利高里在军队中勇敢杀敌，因此被授予十字勋章，成了村中第一个骑士。

在部队中，他遇见了哥哥彼得罗和情敌斯捷潘。

斯捷潘屡次想加害葛利高里，但无法下手。

葛利高里反而在一次战斗中救了斯捷潘一命。

两人恩怨了了。

就在这时，国内政局发生了动荡。布尔什维克在军队中呼吁革命，这很快吸引了众多的士兵。由于条件艰苦和强烈的思乡之情，在第一次世界大战中疲于奔命的士兵们处于土崩瓦解状态。

不久，克伦斯基临时政府取代了沙皇。

接着，十月革命爆发，苏维埃政权建立。

但是很快，不甘心失败的反革命武装卷土重来。

国内战争爆发了。

一向以酷爱自由著称的哥萨克民族情绪异常强烈，要求建立一个顿河流域自治政府，许多人加入了反革命武装。而更多的人则组织起来与白军作战。葛利高里的许多朋友为革命先后献出了生命。

葛利高里也成为红军中的一名军官。

不久，波得捷尔珂夫任顿河地区领导人。他率领军民向白军发起攻击。

葛利高里看到波得捷尔珂夫残害被俘的哥萨克军官并处死全部俘虏，他深为不满，于是离开队伍，回到了家乡。

葛利高里回到村中后，便传来红军要打来的消息。村民们都准备逃离，葛利高里却不愿意走。随后传来的是红军烧杀抢掠的消息，这引起人们极大恐慌。

村民组织了军队以准备反抗。

葛利高里拒绝了村民要他做头目的要求，结果彼得罗成了头目。

在白军反扑下，革命军溃败。

葛利高里遇上了被俘的原红军上级，并怒斥他残杀白军战俘的往事。

1918 年时，顿河哥萨克地区成了革命与反革命争夺的战场。

鞑靼村中有人倒向白军，有人倒向红军。

葛利高里和彼得罗都已成为白军头目。彼得罗心狠手辣，是一个彻底的反革命分子。葛利高里却在忧郁中度日。他不愿滥杀无辜，只想在兵荒马乱中保全自己的生命。他无意参与什么主义之争，只想早日和平。

叛乱仍在继续。

这时，尤金回到了家乡。他在战争中失去了一只胳膊，回来后便与一个女人结了婚。他以前的情妇阿克西尼亚仍在等着他。

可是，尤金结婚之后再也不愿意和她来往了。他们亲热一阵之后他便给了她一些钱让她走。阿克西尼亚倍受打击。

葛利高里厌倦了战争，他返回了鞑靼村，红色政权已接管了村子。他对阿克西尼亚已没有丝毫恋情了，而对娜塔利亚渐生好感。

红军巩固统治后便开始肃清异己。

葛利高里被列入首批名单。他听到风声，连夜逃走了。

随着政治监禁和处决不断增加，哥萨克人不堪忍受红军滥杀无辜而揭竿而起，叛乱在较短时间内就获得了成功，彼得罗很快成为指挥官。他下手毒辣，对红军毫不留情，在后来的一次战斗中，他被红军俘虏并打死。

葛利高里在叛军中升任师长。

彼得罗之死使他变得残酷无情，杀人如麻。

但他对老弱病残从不滥杀。

由于一个团的红军开了小差，鞑靼村被叛军占领，红军领导人均被处死。

达里娅亲手为彼得罗报了仇。

葛利高里回家度假，嫂子达里娅试图与他调情但被他拒绝。葛利高里已对打仗和纵欲厌倦了，但他仍怀念着阿克西尼亚。

娜塔利亚对他逐渐冷淡。

他决定返回部队。

走之前，他在顿河边遇上了阿克西尼亚。

两人相视许久，又燃起了爱情的火花。

到了 1919 年，苏维埃政权意识到自己面临的艰巨任务，派了大批红军过来并击退了叛军。

叛军带着大批难民渡过顿河并挡住了红军的进攻。

红军又接管了鞑靼村，所有富户的房子均被纵火烧掉。

娜塔利亚因患伤寒留在村中。

身为师长的葛利高里虽然战事不断，但仍抽出时间派人接来了阿克西尼亚。

两人又恢复了往日的亲热。

白军又打回来了，红军被赶走了。

这时叛乱分子被编成一支正规军。

葛利高里因为没受过什么教育，降为骑士中队长。

白军还派出讨伐队屠杀那些曾帮过红军的人，这使鞑靼村又陷入恐怖之中。

这时，达里娅因染上梅毒而投河自尽。

娜塔利亚也在做堕胎手术时大出血而死。

由于红军不断加强攻势以及哥萨克部队士兵开小差现象日益严重，白军节节败退。

葛利高里和阿克西尼亚也试图逃走，但因阿克西尼亚患病而未成行。她后来自己返回了鞑靼村。

葛利高里则加入了红军，在与波兰人战斗中表现十分勇敢。

不久，葛利高里回到了家乡。

当局听到消息，立刻派人来抓他。

他又逃走了，并加入了从红军中叛变出来的弗明的部队。

弗明想要组织哥萨克人起来反抗苏维埃课税征粮。

但叛乱很快被镇压。

反抗者都被打死了，只有葛利高里回到村中。

葛利高里再次出逃时带上了阿克西尼亚，可是她却被一支追击而来的红军巡逻队打死。

葛利高里扔掉武器，回到了家中。

现在他所拥有的只有自己的儿子了。

他不愿再失去这世上唯一的亲人了……

肖洛霍夫用史诗般的恢宏气势描绘了他心目中的顿河，以及生活在顿河旁的人。他们的身份，他们的命运，他们的前途，成了他关注的重点，当他最后发现葛利高里拥有的只有儿子——这个世界上唯一的亲人时，他的泪水无声地流了下来。

静静的顿河，你怎么能够"静"得下来？肖洛霍夫的笔尖断了，笔尖划破了手心，汩汩冒出的血打湿了厚厚的一叠稿笺……

四、一世困惑由人说

1928年，史诗般的皇皇巨著《静静的顿河》第一部、第二部先后在《十月》杂志上隆重推出。

就像奥斯特洛夫斯基的《钢铁是怎样炼成的》一样，起初，编辑不想发表《静静的顿河》，认为小说所描述的顿河上哥萨克的生活与社会主义苏维埃生活没有足够联系，特别是小说中的主人公对红军和白军政治势力表现出极度的困惑，同时对新生的社会主义苏联含有灰色影射之意。

在此情况下，作为《十月》杂志的责任编辑，绥拉非摩维奇力排众议，不仅在编辑会上据理力争，而且愿意以自己的名誉作风险担保，力撑小说隆重发表。后来的评论家们认为，绥拉非摩维奇是肖洛霍夫的伯乐。没有他，就没有《静静的顿河》的今天。此说并非全无道理。

绥拉非摩维奇在对《静静的顿河》第一部所作的评论中庄重地写道："正像他十分善于浮雕般描写一个人那样，他也善于十分集中和十分洞见地描绘整整一群人，一个阶层的人。他像一个见多识广而勤勉的主人一样，显得轻松、自由，独具一格地沉着和自信，引导我们走进他的家，走进他建造起来的长达四十印张的高大建筑。"

他还在文中把肖洛霍夫比喻为"顿河草原上的雏鹰"，并预言这只雏鹰一旦飞翔，就像闪电一般，将划破厚厚的天空。

绥拉非摩维奇的预言没有错。《静静的顿河》前两部以彗星般的速度出现，肖洛霍夫的知名度也以彗星般的速度上升。荣誉总是伴随着风险的。当肖霍洛夫还未来得及尽情享受创作发表后的快乐时，一场意外的风波不期而来。

有人宣称：《静静的顿河》不是肖洛霍夫的作品！肖洛霍夫剽窃了别人的文章。举报人信誓旦旦地说，即便不是全部剽窃，至少也有很大部分内容是不道德的窃取。原因居然是如此简单：人们普遍认为这样一个连中学都没有毕业的人，不可能在那么年轻的时候在那么短的时间内写出如此巨大的一部著作。而且文坛内部一些人或多或少也对他以前那些看似不纯正的社会主义文学创作有些排斥，而体制外的作家则怀疑社会主义文学不可能创作出如此深刻和大气的作品。另外不能排除的就是嫉妒心理。

更要命的是，肖洛霍夫始终没有拿出《静静的顿河》前两部的手稿。至于为什么肖洛霍夫不愿意拿出手稿，不得而知。

当然，在不同的怀疑者那里，原因是不一样的。

有人认为，《静静的顿河》真正的主人是批评家谢·戈洛乌谢夫。因为在大作家安德烈耶夫给这位批评家的信里有提到"你的《静静的顿河》"。这些人顺势把这场风波闹大。直到弄清楚之后才确认所谓批评家的《静静的顿河》只是他在报纸上发表的一篇短文《寄自静静的顿河》。

为此，谢·戈洛乌谢夫特意给绥拉非摩维奇写信，表示强烈的愤怒。

信中提到将肖洛霍夫的大作安到他的头上是荒唐可笑和极不负责者极其低级的臆想。

再后来，又有人提出《静静的顿河》的作者应该是当时名声在外的老哥萨克作家克留科夫，一个土生土长的顿河人。他曾在军队中服役，经历了顿河流域连年的战火。有传闻战争期间他的文稿放在一只铁皮箱中，交给他的朋友保管，而朋友正是肖洛霍夫的岳父。

很多年以后，利用现代计算机技术，科学家们从克留科夫和肖洛霍夫的作品中提取出几千个词句，同时从《静静的顿河》里提取词句，进行对比分析。词句是会说话的！每个作家都有自己的风格，这种风格在作家所常用的词语和句式上体现无疑。

据说莎士比亚是用词最多的作家，不过也只达到两万个词左右。那么从几千个词句是可以分辨出作家的。

结果证明，肖洛霍夫是《静静的顿河》的作者。

可是风波并没有结束。

20 世纪 70 年代，俄罗斯最后一个获得诺贝尔文学奖的索尔仁尼琴被流放国外后，曾经公开宣称肖洛霍夫不是《静静的顿河》的作者，说原作者请求他代理发言。他的理由很多，除了上述理由外，还有"肖洛霍夫在后来都没有写出过同样重要的作品"，"手稿毁于战火的解释靠不住"，等等。

但是，笔者认为，说到底，索尔仁尼琴可能还是基于下面的理由："作品在政治、思想和风格上与作者的身份和思想截然不同。"索尔仁尼琴不失为一代大师，他的思想有不可估量的深度，对苏联的历史有深刻的思考。但是，他对社会主义苏联是完全否定的。他不相信一个纯粹的苏联社会主义作家能有这样的思想和笔触，可以客观公正地刻画历史，可以把宏大的战争和深刻的人性完美地呈现。

很可惜，这位被苏联作家协会视为"异己分子"的文坛巨匠似乎忘了托尔斯泰，而肖洛霍夫就是 20 世纪的托尔斯泰。他低估了肖洛霍夫的创作能量！

对于纷纷扰扰的言论，肖洛霍夫大部分时间保持着一种局外人的身份。

在他看来，这是中伤，更是无聊。

对此他无奈，也坦然。但他相信，清者自清，浊者自浊，历史终将证明一切。

是的，历史终将还人清白。当时钟跨进 2000 年，也就是肖洛霍夫逝世十六年后，《静静的顿河》第一、第二部手稿终于在肖洛霍夫的友人古达塞夫的亲戚家发现。

经过鉴定，八百多页的手稿，确实是肖洛霍夫的手迹。

原来，古达塞夫是肖洛霍夫在莫斯科的朋友，出身于富裕家庭，住在富人区里，是一个无党派人士。肖洛霍夫和他很亲近，在莫斯科，他经常会去古达塞夫家聊天、喝茶，也经常在他家留宿。或许他是怕手稿放在自己身上不安全，所以才把它留在了古达塞夫家。

至此，这场持续数十年的风波才算结束。

而回过头来，我们再去看《静静的顿河》的发表，其过程却也是异常曲折和艰辛的。

众所周知，20 世纪 20 年代末 30 年代初是一个非常时期，一批重量级作家，如马雅可夫斯基自杀，帕斯捷尔纳克、阿赫玛托娃、曼德尔施塔姆等同时封笔。文坛变得寂静可怕。

为了自保，也是为了保人，当时苏联作家协会的负责人帕斯捷尔纳克表示，《静静的顿河》的第三部也有问题，希望不要发表。

事实上，在小说第一、第二部发表后，仿佛给寂静的大海投入了一个火球，一下子沸腾起来，整个社会给予了极大关注。无数的读者写信给作者，表示倾慕和敬佩，时刻关注小说主人公未来的命运。也有人表示希望可以修改其中的某些地方。

但是，小说毕竟不是人们传统思维里的社会主义小说，而是有着显而易见的尖锐思想。恰恰这些尖锐思想是当局不愿意看到而读者又希望更进一步了解的。这样的矛盾对作家本人而言，不是一件好事情。

到了1929年，《静静的顿河》第三部写好，问题变得严重了。编辑们希望在小说里，主人公应该向革命一方靠拢，因此要求作大量删改，特别是对第三部的修改。

这样的修改不符合人物性格的发展，不符合历史的真实，是对小说的伤害，而且可能是致命的伤害。

这样的修改显然违背了作者的意愿，也违背了创作规律，肖洛霍夫当然不会答应。双方就此僵持不下。

在此期间，文学界开始出现讨伐肖洛霍夫的声音。

"拉普"公开指责他为"暴动张目"。《高潮》杂志更是公开批评他为"富农利益和反苏分子的帮凶"。

在此情境下，肖洛霍夫忍无可忍，给《高潮》杂志写信，愤怒地指斥这些流言"是彻头彻尾的谎言"。

不仅一般编辑无法同意第三部的发表，法捷耶夫也不同意，他清楚地意识到小说中有所指和有所不指的是什么。在1940年斯大林文学奖颁奖会上，他曾说："……在小说中可以清楚地看到，反革命事业注定要彻底失败。然而前途是什么、目的是什么？代替它而诞生的事物是什么？这在小说中没有。"

早在1931年，肖洛霍夫便把第三部手稿打印给高尔基，并给高尔基写信，希望能得到领袖的认可。他详细地向高尔基解释了哥萨克暴动的原委，并在信的结尾说："我将急不可待地等候您的回信或者您的电报。一年半以来我为自己的工作苦恼极了，如果您为解决我提出的这个讨厌的问题而写任何一个字，都会使我万分高兴。"

很快，高尔基给法捷耶夫写信说："《静静的顿河》第三部是一部具有很高价值的作品，我看，它比第二部更有意义，比第二部写得好……肖洛霍夫非常有才华，他可以造就成为一个很优秀的苏联作家。"

尽管如此鼎力推荐，但是高尔基也没有敢说"可以发表"。他对第三部手稿也不完全认同，在他看来这是个大问题。所以他专门把斯大林和肖洛霍夫请到自己在莫斯科的别墅。能够把最高统帅请到自己家里来，只有高尔基有这样的能力。

我们从中可以窥见高尔基在苏联文坛的地位和影响。

当时正是夏天，天气热得很。高尔基在别墅里等了很久也不见客人来，心里烦闷，也不知道斯大林会不会来。但他相信肖洛霍夫一定会来。毕竟，一部书的出版竟然需要最高统帅亲自拍板，这本身就说明了这部书的分量。作为视作品为自己孩子的作者，他岂有不来之理？

可高尔基不明白，他们为什么没有来。不知道来了后，会是什么样的结果，越想心里越没有底。于是，他便一个人来到河边树荫下乘凉。

没料到，由于河边太凉爽、太舒服，高尔基竟然忘了时间。等他回到别墅，斯大林已经到了，他心里不由一惊，连忙说："对不起，斯大林同志！我刚才去河边待了一会儿。"

斯大林一脸铁青地和高尔基握手，朝四周看了看，问道："肖洛霍夫同志还没到吗？"

高尔基也朝四周看了看，有点紧张地答道："哦，还真没到，可能路上耽搁了吧。我们到屋里说话吧。请——"

斯大林有些不悦地进了门。

刚坐下，斯大林就说："这个肖洛霍夫同志，架子可不小啊！"

高尔基见斯大林这么说，一颗悬着的心反而放了下来。他知道斯大林对语言改革很感兴趣，而肖洛霍夫在小说中使用了许多地方语言，高尔基曾经劝他改一改。这一回，也不知道改得怎么样了。听到斯大林说起肖洛霍夫，便摇摇头，接上话头，说："肖洛霍夫同志不是架子大，而是脾气偏。我希望他能够将语言改得更大众化一点。"

斯大林点点头，有点严肃地说："大众化是我们的方向。他可不能由着性子。"

接着，高尔基又跟斯大林谈起《静静的顿河》的表现手法和艺术震撼力。

正在这时，肖洛霍夫汗流满面地赶到了，他一脸窘态地与斯大林和高尔基分别握了握手，然后默默地坐到椅子里，静静地望着两位巨人。

高尔基也没有问他为什么迟到，因为，这个时候再问这种问题，无疑是不明智的。

"肖洛霍夫同志，《静静的顿河》前面两部我早就看过了。"这是斯大林的开场白。"你的第三部，高尔基同志也向我报告了。"

肖洛霍夫颇为紧张地看着斯大林，高尔基也绷着脸，认真地听。

"听说有同志们帮助你修改小说中的语言，你不高兴？"斯大林突然问道。

"噢，事情是这样的。"肖洛霍夫连忙回答："我正在努力按照同志们的要求做。不过，这是一部反映少数民族的小说，它有着语言的独特性……"

"难道大众化不是语言的独特性？"斯大林大手一挥，像一个威严的评论家似的，说："个性存在于共性之中嘛。"

肖洛霍夫还想辩解，高尔基立即用同样严厉的目光望着他，希望他不要让最高统帅感到不快，肖洛霍夫只好将滑到嘴边的话咽了回去。

接下来，斯大林继续很严肃地和肖洛霍夫谈话，他希望作者将小说的主人公转变成光荣的布尔什维克。

对此，高尔基开始不停地抽烟，手没离开过烟灰缸，话也不说。他明白，这样改，整个小说的政治意图会太明显，会直接损害小说的艺术张力。但是，他不能插话，更不能帮助作者辩解。在高尔基看来，最重要的是，小说获得出版。

肖洛霍夫当然明白高尔基的良苦用心，他也知道斯大林一定要求他如何修改。在来高尔基的别墅前，一路上，他不断地想，应该如何为自己争取。由于走神，而几次走错了路，因此迟到了。

　　谈到小说的第三部时，斯大林突然问道："肖洛霍夫同志，有人觉得国外的白卫军分子读了《静静的顿河》第三部后会感到很舒坦。对此，你怎么看？"

　　肖洛霍夫没料到最高统帅会提出这么一个幼稚的问题，于是笑笑说："哦，那对于白卫军，这也太舒坦了——整个顿河和库班地区的白卫军可都是被消灭了呀！"

　　斯大林听了，脸上露出了笑容。

　　通过谈话，斯大林清楚地了解了肖洛霍夫的信仰和价值取向。这是位好同志嘛！最后，斯大林简单而有力地扔下一句话："我们发表《静静的顿河》第三部。"

　　"祝贺你，肖洛霍夫同志。"在整个谈话中，很少说话的高尔基，这时彻底轻松下来。这正是他要看到的结果。但是，他在祝贺的同时，又提醒作者："斯大林同志是爱护你的。刚才他谈到的问题也是切中要害的。请你回去后按照要求好好改一下，好吗？"

　　肖洛霍夫并没有想象的那么开心。他握着斯大林的手，说："感谢您百忙之中关注我的小说。"

　　随后，他握着高尔基的手，眼眶里饱含着泪水。

　　应该说，斯大林对肖洛霍夫的感觉是复杂的。他曾指出："（小说）写了一些极为错误的东西，对谢尔佐夫、波乔科尔夫、克里沃什雷科夫等人物作了简直是不确定的介绍，导向比较模糊。"

　　但是，他也曾鼓励肖洛霍夫尽快完成《静静的顿河》的全部创作，并送了肖洛霍夫一瓶红酒。

　　肖洛霍夫把这瓶酒当宝贝，一直舍不得喝，承诺什么时候完成小说，什么时候才开瓶。

　　在斯大林同意的情况下，小说本来应该很快发表的。但是很不凑巧的是，接下来几年又碰上疯狂的"大清洗"。苏联刮起了政治狂飙，每个人都岌岌可危，肖洛霍夫也不例外。当时文坛上一派萧条，出版的小说很有限。直到 1938 年《静静的顿河》第三部才出版，而第四部则在 1940 年面世。

必须指出的是，面世的《静静的顿河》作了大量的删改，有些是听取他人意见后肖洛霍夫自己改的，有些是编辑自作主张改的，还有一些是"把关人"按照政治需要和上级指示精神强行删改的。

尽管如此，小说出版以后，批评声仍未间断。

1940 年，斯大林文学奖评定时，包括阿·托尔斯泰和法捷耶夫在内的许多人坚决反对《静静的顿河》得奖。

直到斯大林当面出来干预，支持《静静的顿河》，这样，大家才一致地投了赞成票。

获得"斯大林文学奖"之后，各种议论在国内很快就偃旗息鼓了。

五、平凡的苏联人

20 世纪 20 年代末 30 年代初，苏联社会主义大生产运动轰轰烈烈地进行。作为一名普通工作者，肖洛霍夫不但为农村改革出谋划策，还加入农民当中，以极高的热情直接进行农业生产。

春回大地，季风带来了太平洋和印度洋的暖流，西伯利亚寒风退去，阳光在天空高高照耀。顿河水缓缓地流动，宽阔的水面波光荡漾，大船、小舟开始昼夜穿梭。面带笑容的人们撒开一张张网，拖上无数的鱼，硕大的鱼在渔民怀里跳跃，很快鱼满船舱，一条条船开走，又有一条条船驶过来。草原上铺满鹅黄色的嫩芽，远处还有片片残雪，无数的妇女带着孩子，围着围裙，顶着头巾，挽着篮子，手持铁铲，躬身剜着野菜，微冷的风里，面容幸福得通红。树林也披上一层新绿，无数的鸟儿快乐地穿行，猎枪声和伐木声从远远的深处传来。无边无际的麦田里，人们也忙成一片，拖拉机轰隆隆开过，铁锹的响声，锄头的响声，镰刀的响声，平板车的响声和人们的交谈声、干活的号子声构成一首动人的交响乐。

田间的小路上，一台大型拖拉机刚开过去，扬起一阵尘土，尘土里走来几个农民。其中一个年轻人，扛着锄头，穿着打补丁的衣服，裤腿卷得老高，脚上的布鞋沾着湿泥。

这个年轻人是肖洛霍夫，作为苏共党员、维申斯克区委会委员，他刚刚在镇子上做了一场"生产动员报告"，然后跑到顿河上视察了一番，撒下两张网，为集体捞上三十多斤鱼。现在又要到地里工作，身上还飘着鱼腥味。

肖洛霍夫正和几个农民谈着今年的天气和庄稼的长势。他说："去年冬天下了太多的雪，雪积着不融化，空气不流通，恐怕田里的种子有许多都坏掉了吧。要抓紧补种，补种还来得及吧。"

一个须发斑白的老农民说："来得及，这两天抓紧工作，可以保证夏初丰收。"

肖洛霍夫说："不过土壤有板结的状况出现，要松松泥土。现在春天刚来，田里还有些土地是冻的，一定要小心。"

这位大作家是一个种庄稼的行家里手。

很快，他们走进一块麦田忙碌起来。松土、拔草、施肥，肖洛霍夫忙得不亦乐乎。他的手臂粗壮，手掌粗糙宽厚，十分有力，锄头握得稳，锄草的路线笔直，没伤一根庄稼。可见他控制农具和控制笔杆一样娴熟。

劳作半天，他有点口渴，跑到地头，看见有个水壶，里面装着半壶水。

他叫道："谁家的水，借我两口？"

一个妇女答道："肖洛霍夫同志，哪来的谁家的水？这就是集体的水。您喝吧。"

肖洛霍夫愣了一下，立即昂起头，喝了个痛快，然后说道："这个水好喝，比家里泡的茶好喝。"

妇女说："什么好喝，就是白开水呗。"

肖洛霍夫说："哦，白开水原来这么甜。"说罢，笑起来。

就这样，他全心全意地和人民站在一起。对于集体生产的成果，他看在眼里，喜在心里。他在那个时期，响应党的号召，写下《新垦地》。

然而很快，因为初步的成功，苏维埃政府错误地估计了农村的形势，提出极左的政策。顿河流域出现大规模的饥荒，而区政府有意掩盖事实，声称一切顺利——又是丰收年，中央下达的生产任务会按时完成。

对于一个有良心的作家，区委领导、共产党员肖洛霍夫不允许这样的事情发生，在向区政府所作的报告被否定之后，他凭借和斯大林的交情，直接越过州政府给斯大林写了信，反映了顿河的情况。

斯大林派人核实了情况，进行妥善处理，并严肃处理了区政府领导，委派一批正直的党员到区里任职。

肖洛霍夫还在 1937 年当选最高苏维埃代表。

这也为肖洛霍夫后来的飞来横祸埋下祸根。

按说，他这样一个作家，没有被"大清洗"吞没算是很幸运的。

但是，一场劫难却是注定逃不了的。

事情是从 1936 年开始出现苗头的。当时，维申斯克地区有七个委员，鲁格沃伊、洛加乔夫、克拉秀科夫和肖洛霍夫是站在一起的，而切卡林、吉姆琴科、维捷卡和州政府舍勃尔达耶夫是一伙的。由于肖洛霍夫揭发了顿河的粮食问题，舍勃尔达耶夫们对他怀恨在心，散布谣言，说肖洛霍夫是"富农阶级的保护者"，又说《静静的顿河》窃取了叶兰金的作品，并且中伤他的妻子，监听肖洛霍夫的电话。

而吉姆琴科更是肆无忌惮地说："（我）是受边疆区委委派来监视肖洛霍夫们的。"

舍勃尔达耶夫们在酝酿一场消灭肖洛霍夫的战争，他们随便地给克拉秀科夫定罪，要求逮捕他。

对于这位十六岁起就跟着布尔什维克干革命的人，肖洛霍夫是极力保护的。

很快，新的州领导叶夫多基莫夫上任。

肖洛霍夫原以为情况会好些，可是没想到新领导却变本加厉。在一次区委会上，他公然向反映问题的鲁格沃伊说："……肖洛霍夫就是你们的一切！你们给自己树了一块碑，就朝它祈祷！应该让肖洛霍夫写他自己的书去，我们搞政治用不着他。"

显然，他们的矛头直指肖洛霍夫。

肖洛霍夫身边的亲信一一被抓，在监狱里受到严刑逼供，要求肖洛霍夫的亲信自己定自己的罪，提供关于自己的和肖洛霍夫的假证词、假材料。

他们的设想是，先把肖洛霍夫身边的人处理掉，然后再处理肖洛霍夫。

与此同时，他们也千方百计要送肖洛霍夫进监狱，但是，因为肖洛霍夫的地位和与斯大林的特殊关系，暂时还奈何不了他，于是就派人跟踪他。

没有办法，肖洛霍夫又写了一封长长的信向斯大林反映情况，但是事情仍旧没有得到彻底解决。

最后，肖洛霍夫冒着风险，摆脱跟踪，直接跑到莫斯科，怒气冲冲地面见斯大林，事情才算彻底平息。

这就是一个平凡的人对祖国的爱，和平时期它生长在心里，战争时期它生长得更疯狂，也更深沉。

祖国，不是简单的一个词语。祖国的含义是一段长长的历史，是一脉汩汩的文化，是一片大大的疆土，是一角高高的天空；祖国的含义是一股浓浓的血液，是一串咸咸的眼泪，是一种厚厚的情结，是一份久久的感动。

而他是俄罗斯人。

俄罗斯、苏联是他的祖国。

对祖国的爱不像亲情那样简单而浓烈，不像爱情那样纯粹而炽热，不像友情那样平淡而亲切，但它有着天生的深刻。当有一天你真切地感觉到它，它可以覆盖一切！

1939 年，法西斯已经开始在西班牙肆虐，对于祖国的未来，肖洛霍夫坚定地说：“如果敌人侵犯我们的祖国，我们，作家们，将听从党和政府的呼唤，投笔从戎，拿起另一种武器，在伏罗希洛夫同志讲话中那种步兵军团的排射中，也有我们的子弹直射出去，击中敌人，这子弹沉重而灼热，正如我们对法西斯主义的仇恨一样！”

40 年代初期，国内局势刚刚稳定下来。希特勒果然来了！

苏联人民为了保卫祖国，勇敢地行动起来。妻子送走丈夫，母亲送走儿子，儿子送走父亲，甚至是兄弟们并肩走上前线，父子一起义无反顾地拿起刀枪。眼泪，离别，死亡，仇恨，血液，火焰，废墟，子弹，泥土，河流，一切都是那么真切而黏稠，一切都是为了祖国。

只有俄罗斯，只有苏联！

保卫俄罗斯，保卫苏联！

用血，用肉，用泪，用灼热的子弹，用仇恨的火焰！

是的，肖洛霍夫在行动。他在后方调查，用眼睛、用手、用笔，记录下祖国的苦难与坚强，人民的可爱与勇敢。他碰见一位上了年纪满面皱纹的哥萨克人，老人正在瘦马旁边孤独地抽烟。他问：“你们村里怎么样？上了年岁的哥萨克人是怎么样谈论战争的？”

老哥萨克人说：“我们是这样想的：打完了草，好好地收割庄稼。如果红军马上需要我们——我们准备抬腿就走。”

在村庄，他见到一位正在劳作的老头，因为太老，老头必须干一会儿歇一会儿。

于是，一个女人就说：“你最好回家去，老爷爷，没有你，我们也干得了。”

那个老头严厉地说：“我有三个孙子在战场上打仗，我总应该干些什么帮帮他们。要教训我，你还显得太年轻。等你活到我这么大岁数的时候，再来教训我吧。”

这就是哥萨克人，他们都是平凡人。可正是这些平凡的人让肖洛霍夫感动不已。

当然，肖洛霍夫也在前线奔走，他看着战士们浴血奋战，看着人性在战争里的扭曲，恐惧，疯狂，胆怯，号叫，杀戮，历历在目。他清晰地看到法西斯的无耻，烧杀淫掠，无恶不作，甚至卑鄙地用死去的苏联士兵做掩体以对付红军。战火里，子弹多次和他擦肩而过；在斯大林格勒战役中，他乘坐的飞机甚至出现故障而失事，死里逃生的他脑震荡伴随了一生。

但是，他毫不退缩。他是祖国的儿子，要为祖国尽忠。

他写出了许多战地文章，用笔雕刻出战争中的人性，残酷的，善良的。他歌颂苏联人民，歌颂红军，也愤怒地指责法西斯的暴行。

1943 年，在斯大林的要求下，他开始创作长篇小说《为祖国而战》。

两年后，光荣的苏联红军把红旗插上了德国柏林的议会大厦，伟大而残酷的卫国战争结束了。

肖洛霍夫无比激动，流下了热泪。

由于种种原因，他的小说《为祖国而战》终究没有完成。几十年间，他断断续续地发表了其中的一些章节。在赫鲁晓夫执政年代，政治局势混乱，此书也被斥责为无用之物，他含泪烧掉了全部书稿！

六、双重人格，一种道义

他本身具有双重性格，在书里，他是一个人，在社会生活中则是另一个人。

这种双重性格是一个统一体，统一在一个"良心"上。

是什么铸造了他的良心？是顿河流域未经雕琢和未经开采的人性！

卢梭曾经尖锐地指出，人类的文明扼杀了人类的本性，人类的天性是感性的，情感支配一切。而文明的出现，以不由分说的压迫方式肢解了人类一切的天性：不能随意地流泪，不能随意地发怒，不能大声地疾呼——也就是不能随意地做自己想做的事情。从本质上讲，每个人身体里都生存着一个孩子，赤条条的纯粹的孩子，而文明把那个孩子污染，文明就是灵魂的尘埃。在理性社会里，这种观点当然是极端的，但无疑是真诚的。

而有博物学家研究指出：支配动物的五个根本点是性、食欲、繁殖、攻击和逃跑，这五点也同样适用于作为动物的人类。顿河上的原始哥萨克人真切地体现了人类的"动物性"，这种动物性没有受文明的雕琢。

而在笔者看来，人类并不只是"动物性"的，还有"植物性"，表现为善良、宁静和恻隐之心，顿河上的人们同样具有原始的"植物性"。

顿河上的人们具有纯粹的人性，它在战争中表现得淋漓尽致。在先进的社会主义文明到来时，他们一时不能接受，纷纷暴动。暴动本来就是人的攻击天性的一种表现，一种扭曲的意志。而战争是攻击的顶点，是人类最重的病，人类千百年来都无法摆脱。

亲身经历这一切的肖洛霍夫紧紧地抓住人性，对战争与和平作了最真实和深刻的刻画。这恰恰是他作为作家和作为人的良心。

从形式上看，他是地域性的。他的一切都是以顿河为舞台的，一切都系在故乡的土地上。无论是《静静的顿河》《新垦地》还是《他们为祖国而战》，写的都是顿河的人性，顿河的故事。

从精神上看，他的创作是社会主义的。他的作品记录了苏联社会主义历史的轨迹，所以有人说他的作品是苏联社会主义编年史。

比如，《静静的顿河》记录的是社会主义国家建立的历史，《新垦地》记录的是社会化大生产的历史，《为祖国而战》则讴歌了伟大的卫国战争。

他完全忠诚于伟大的共产主义理想、忠于党、忠于国家。

他一生都在为社会主义劳心劳力。

在回答英国有些评论家说"俄罗斯性格的残酷"时，他一针见血地指出："1918年至1920年派自己的军队到我的受尽折磨的祖国来，力图用武力将自己的意志强加于俄罗斯人民，这样的文明民族不是更残酷、更没人性吗？"

在谈及文学创作环境时，他说："旧制度压抑了人民天才的优异表现。现在苏维埃国家里，超过了任何时代和任何地方——为青年人创造了一切条件，让他们登上所有的文化高峰。"

在《祖国颂》中，他说："敌人终究是敌人：有些人干脆进行诽谤，以他们天生的厚颜无耻进行浅陋和粗野的诽谤；另外一些人则匆忙地从落满灰尘的档案中找出所谓'斯拉夫精神的神秘性'、所谓'俄罗斯的狂热'等发了霉的陈词滥调，并且用这些破烂儿羞羞答答地掩盖起自己的贫乏和卑鄙，他们装模作样，无论如何也不能理解苏联人民无坚不摧的力量来自何方。"

在谈到创作时，他说："当我们的远方的和近处的读者，想到俄罗斯文学的命运及发展的时候，请不要忘记，苏联作家在努力奔向一个目标：全心全意为我们伟大人民的利益服务，为我们伟大党的利益服务。"

所有的一切言行都表现了他作为一个社会主义工作者的自豪，他对国家和民族有着深重的担当责任。那是他对共产主义的良心。

而本质上，他是世界性的。任何作家的创作从某种意义上来说都是地域性的，没有谁可以跑遍世界，而任何地域性都蕴藏着共同的世界性，地域性和世界性是相通的。威廉·福克纳能够以故乡为基点，在约克纳帕塔法的世界里勾勒出现代主义的迷失；艾米丽·狄金森终生像修女一样生活在一个院子里，却解剖了女性的灵魂。阿基米德说："给我一个支点，我可以撬起地球。"那么，给作家一个支点，作家可以撬起整个人类。往往是地域性作家可以把人性挖掘得更深，把精神表现得更崇高。

肖洛霍夫抓住了战争的杀戮，人类心灵深处的扭曲、挣扎和迷惘，抓住了人类的兽性、母爱、贪婪、欲望、性爱，对理想的追求，对生存的思索。他是社会主义作家，有共产主义信仰，但是他的信仰不是一个凝固的森严的整体，不是机器，不是一成不变纯粹的热情。他是流动的，是厚重的，是丰满的，是更深刻的。他忠于党和国家，也忠于事实和人类，这是没有冲突的，而是统一的，统一在他对人类的良心里。

正因为这些，肖洛霍夫得到了苏联和西方社会的共同认可，人们为他的良心所折服。但是折服的角度不同，折服的程度也不相同。

阿·托尔斯泰说："米哈伊尔·肖洛霍夫是我们文学中另一非凡的现象。他完全是十月革命所诞生的和苏维埃时代所培养的人。他以描写在社会斗争的痛苦与悲剧中新社会诞生的主题而进入文学。他在《静静的顿河》中展示了反映来自哥萨克生活的史诗般的、充满土地气息的、生动绮丽的画卷。但是并没有使小说的主题受到局限：《静静的顿河》就其语言、感情真挚、富有人性和优美的特点来说，是一部整个俄罗斯的、民族的、人民的作品。"

法捷耶夫说："肖洛霍夫有着怎样巨大神奇的吸引人的力量啊。可以直率坦白地说，当你读他的作品的时候，会体验到一种真正的创作上的嫉妒心理，觉得写得是那么好……尽管如此，在他的书中同样感到缺少一个伟大的、包罗万象的全人类思想。"

苏联作家对他既爱又恨，在社会主义的目标上他们是一致的。但创作的道路是截然不同的，甚至有时候对他是批判的。但是，他一次又一次地获得"斯大林文学奖""列宁奖金奖"，他先后获得五枚"列宁勋章"，成为最高苏维埃代表，他以这样的辉煌封住了别人的嘴。

而美国的格林厄姆在说到《静静的顿河》时表示："《静静的顿河》是描述一群哥萨克人在和平时期、对德战争和国内战争时期的生活的。只有巨大的文学技巧才能不加粉饰地将哥萨克人粗野的生活展示在其他民族的读者面前。肉感的、丰满的女人，草垛里的淫欲，谷仓内的奸情，篱笆边的分娩，等等，人们知道，劳伦斯也会描述这一切的……作者对他们既无同情，也无谴责，他们在作者笔下自然而然地存在着，这就是这部细腻的、有时是动人心魄的纪实著作的最高价值之处。"

西方作家能够看到他的"现代主义式"的创作，看到他笔下真实再现的人性，但对他的认识有时候又是片面的——看不到他对民族和整个人类的同情和关切。

而诺贝尔文学奖对他的肯定无疑是最能说明一切的。1968年，冷战正酣的时候，他从聂鲁达、川端康成、马尔克斯等众多竞争对手中脱颖而出，这不能不说是一个奇迹。实际上，早在1958年的时候，他和帕斯捷尔纳克这两位苏联作家就被推荐竞争诺贝尔文学奖，结果那一年奖给了帕斯捷尔纳克，导致一场风波。而十年后，当他获奖时，苏联上下一片欢腾。

说到底，还是因为，四位获得过诺贝尔文学奖的苏联作家中，只有他一个人是纯正的社会主义文学作家，这是诺贝尔文学奖对社会主义文学的认可和尊重。

瑞典皇家学院的授奖词是："肖洛霍夫在描写俄罗斯人民生活一个历史阶段的顿河史诗中所表现的艺术力量和正直。"

在得知获得诺贝尔文学奖的当天上午，他在写小说，小说写得并不顺利，他有些沮丧。但是，下午他收到了得奖信息，然后在黄昏去打猎，他说自己往天空放了两枪，居然掉下两只非常好的飞雁。猎物是从枪弹的极限距离处落下，这是他不曾想到的。

他似乎在影射什么，或者诺贝尔文学奖在他心里只是极限距离处的大雁。

但是，他的枪准确无误地射下了它。

在斯德哥尔摩的授奖仪式上，他颇为骄傲地说："我愿我的书能够帮助人们变得更好些，心灵更纯洁，唤起对人的爱，唤起积极为人道主义和人类进步的思想而斗争的意识。如果我在某种程度上做到了这一点，我就是幸福的。"

而在获奖之后的一次记者采访中，他更是充满豪情地说："苏联文学家作为伟大社会主义祖国的儿子，应该在任何讲坛上发表意见，像一个共产党员，像一个建设社会主义的公民，像党和人民的革命人道主义观点的表现者。我永远彻底坚持这一点。"

同一次访问中，他说："艺术家的永恒主题——是光明和黑暗的斗争。"

这，就是他的良心。

肖洛霍夫终生追求的就是做托尔斯泰式的作家。

他，做到了！

诺贝尔文学奖没有颁给托尔斯泰，这是诺贝尔文学奖的耻辱；

诺贝尔文学奖颁给了肖霍洛夫，这是诺贝尔文学奖的荣光。

从耻辱到荣光，两个性格双重的人坚守了同一种道义——俄罗斯的良知！

参考文献

[1] 刘铁：《肖洛霍夫的创作个性——兼谈与社会主义现实主义的关系》，《外国文学研究》，1990 年第 6 期。

[2] 侯玮红：《"彼时彼地，我和我的人民在一起"——论肖洛霍夫创作的人民性》，《北方论丛》，2018 年第 1 期。

[3] 荣洁：《肖洛霍夫研究史——20 世纪 50 年代苏联的肖洛霍夫研究》，《外语学刊》，2010 年第 5 期。

[4] 彭亚静、何云波：《肖洛霍夫在中国的译介》，《湘潭大学社会科学学报》，2002 年第 6 期。

[5] 马晓翔：《肖洛霍夫的草原情结》，《兰州大学学报（社会科学版）》，2005 年第 4 期。

[6] 刘祥文：《顿河之风：肖洛霍夫对中国作家的影响》，《江西社会科学》，2008 年第 4 期。

[7] 刘晓娟、梁雪：《肖洛霍夫女性观形成之原因探析》，《学术交流》，2010 年

第 10 期。

[8] 张福生：《历史在这里沉思——〈肖洛霍夫文集〉编后》，《中国出版》，2002 年第 6 期。

[9] 徐田秀、周春：《选择、接受与探索——丁玲与肖洛霍夫》，《湘潭大学社会科学学报》，2003 年第 4 期。

[10] 何云波、刘亚丁：《〈静静的顿河〉的多重话语》，《外国文学评论》，2002 年第 4 期。

[11] 王志耕：《与大历史的"一个人的战争"——再论〈静静的顿河〉》，《外国文学评论》，2012 年第 6 期。

[12] 李志强：《〈静静的顿河〉在 20 世纪 30-40 年代苏联评论界》，《俄罗斯文艺》，2010 年第 2 期。

[13] 朱秋佳：《权力视阈下对〈静静的顿河〉的屏幕化解读》，《俄罗斯文艺》，2015 年第 3 期。

[14] 傅星寰：《从"摇摆"到"回归"——〈静静的顿河〉》，《外国文学研究》，2006 年第 2 期。

[15] 谢昉：《良心就是上帝——剖析〈静静的顿河〉中的人道主义精神》，《俄罗斯文艺》，2003 年第 4 期。

第十九章

《古拉格群岛》

——雕刻索尔仁尼琴

亚历山大·索尔仁尼琴，俄罗斯作家，1918年出生于北高加索基斯洛沃茨克的一个普通家庭。1924年，他随寡母搬迁到顿河畔罗斯托夫市。他在这里完成了自己的学业，并考入了罗斯托夫大学的数学物理系，以优异成绩毕业。当时，因为对文学的热爱，他也在莫斯科文史哲学院函授班攻习文学。随着苏德战争的爆发，他弃笔从戎，应征入伍，曾任大尉炮兵连长，因作战勇敢获得两次嘉奖。却在这时因一封通信被流放改造。

在历经残酷的劳改、身体的折磨下，索尔仁尼琴发表了他创作的处女作——中篇小说《伊凡·杰尼索维奇的一天》。之后，流放解除，索尔仁尼琴开始了他的创作生涯。他因为作品的社会影响而进入作协，又因为作品无法在国内出版，改在境外出版而被开除。1970 年，索尔仁尼琴获诺贝尔文学奖。随后又因为他出版的描写极权主义的著作《古拉格群岛》被剥夺国籍，开启了境外流亡生活，直到 1975 年定居美国。在美国他对资本主义的大肆批判，又让美国企图把他当成对抗苏联意识形态的工具的愿望落空。苏联解体后，索尔仁尼琴受邀回到祖国，但他依然对政治保持着自己的态度。

2007 年俄罗斯国庆节，索尔仁尼琴获得了 2006 年度俄罗斯人文领域最高成就奖，终于得到了祖国的认可。索尔仁尼琴的一生似乎都与主流意识形态相对立，对政治保持着自己清醒的态度，他被誉为当代的列夫·托尔斯泰，"俄罗斯的良心"。

这位自称"生活在 20 世纪的俄国知识分子"经历了苏联和新俄罗斯两个时代，索尔仁尼琴以其曲折艰辛的历史际遇以及深邃悠远的历史思考，在 20 世纪俄国知识分子思想史上占有极其重要的地位。

一、神话之光

一个俄罗斯人，先在俄罗斯活着，又在美国活着，然后又回到俄罗斯，现在仍旧活着。

他曾经参加过"二战"，骂过领袖，蹲过监狱，被剥夺国籍，被驱逐出境。

他被人们称呼为"俄罗斯的良知"、"20世纪的良知"。

他是俄罗斯"斯大林文学奖"得主，同样是"诺贝尔文学奖"得主。

1976年，在美国学校的高年级学生中进行的一项调查显示：19.5%的学生视他为最值得敬重的社会活动家，其票数竟是美国总统的三倍。

20世纪90年代初苏联解体后，很多俄罗斯民众盼望他能够回国出任政治领袖，民调显示，48%的俄国人支持他出任俄罗斯总统。

在俄罗斯，人们为他铸造塑像，用音乐歌唱他，用芭蕾舞演绎他，用诗歌赞颂他。

在美国，他是许多讽刺喜剧、长篇小说和数十部科研著作的主人公，是美国各种学位论文钟爱的研究客体，是模仿和讽刺的对象，曾在无数不可思议的组合中被援引和诠释。

有人把他描写为"通往遥远建筑的小路上出现的一位神奇的骑士，穿着白衣服，骑着白马……白披风，白上衣，白裤子，白靴子，白胡须，腰间佩戴白色剑鞘的长剑"。

俄罗斯《旗》杂志第一副主编伊凡诺娃说："索尔仁尼琴自己就是一个神话。他给所有的人出点子——作家、农民、政府、杜马，还有俄罗斯大地。于是他便失去了他们。他其实应该在奥林匹斯山上待着，别什么都干预；这是他应有的角色。可他却干预，于是毁了自己的一切，连同他的名誉。"

俄罗斯新晋女作家尤利兹娅说："索尔仁尼琴是上一代作家中最后一位代表良知的作家，他能够改变社会进程，或至少影响了国家和社会的发展。但是，文学代表良知在俄罗斯已经完全消失了，俄罗斯当代文学作品同世界各地的文学没有什么区别。"

1990 年，戈尔巴乔夫当局要为他的《古拉格群岛》颁奖，他拒绝了这一提议，因为他无法接受把奖颁发给一本数百万人用鲜血写就的书的事实。

1998 年，俄罗斯处于低潮。那一年，他出版了《崩塌中的俄罗斯》。叶利钦要为他颁发圣安德烈勋章，他拒绝了，他回应：我无法接受一个给俄罗斯带来苦难的政府所颁发的荣誉。

作家、政治家、社会学家、思想家、"文化主教"，等等，他的名字前面可以加上很多称谓。

一个用九十年时间和苦难铅铸的沉重的名字，耻辱的名字，也是光荣的名字。

一个在集体崇拜消失的年代，被学者称为"再次引起集体崇拜而被神化"的人，而且是同时在东西方、在俄罗斯和美国被"神化"的人。

一个被冠以"作为一个作家，他是一个政治现象，而不是文学现象"的现象。

他不需要称号，不需要崇拜，也无须把他看得更高，或者压得更低，他就是"一个人"，作为"个体"的人，真诚的勇敢的人，一个俄罗斯人。这个称号比其他的都要辉煌。正像他在《古拉格群岛》开篇所说："宇宙中有多少生物，就有多少中心。我们每个人都是宇宙的中心，因此当一个沙哑的声音向你说'你被捕了'，这个时候，天地就崩溃了。"

他所做的没有比一个"人"更多，也没有比一个"人"更少：说真话！忠诚于自己的祖国！

"说真话"，"忠诚于自己的祖国"，似乎很淡，其实很浓；似乎很轻，其实很重；似乎很易，其实很难；似乎简单，其实深刻。

索尔仁尼琴说："一句真话比整个世界的分量还重。"

在我们，他不是"神化"，而是神话，压在大地上的一个沉甸甸的真实的神话。

亚历山大·索尔仁尼琴！

1918 年 12 月 11 日出生于北高加索的疗养胜地基斯洛沃茨克市，这几乎与"人类新纪元"的伟大革命发生的同时，他也成为那个国度的同龄人。从幼年开始，经历少年、青年、中年和老年，他始终与这个国家对视，看着她崛起，看着她疯狂，看着她遭受炮火，也看着她阵痛，看着她倒下，然后仍旧看着她重生。

年幼时，他的父亲离开了人间。1924 年，少小的他随寡母和整个家族迁居到顿河畔的罗斯托夫市。

在家族宽大的客厅里，永远挂着两张画像，一张是基督，另一张是领袖。母亲和其他家庭成员大多是虔诚的东正教教徒，每天傍晚，红日落下，一家人坐在餐桌前，虔诚地说："感谢主赐予食物。"然后，才动刀叉。用完饭菜，大家聚集在壁炉前，听着母亲诵读《圣经》，东正教教义便在他幼小的心灵里留下了深深的印象，而基督受难仿佛很遥远，幼小的他永远也想不到这样的受难后来也会降临他的头上；领袖是每个人都要推崇的，不管你心里怎么想，但是必须虔诚，甚至比对基督还要虔诚，如果口中没有领袖，则表示你不属于"大家""我们"这些概念。

在基督和领袖的面前，他满地爬来爬去，然后就长大了。他开始上学，从九岁起他对文学写作产生了浓厚的兴趣，他想走上文学创作的道路，但是，母亲却希望他能够上大学。他是一个孝子，父亲早早离开人间，母亲对他就意味着一切，为了身患重病的母亲，中学毕业后他考入了罗斯托夫大学数学物理系。然后，为了圆自己的文学梦，1939 年他又考入莫斯科文史哲学院函授班。1941 年大学毕业，成为一名普通的中学教师。

在那个个体完全淹没在集体中的年代，在那个没有"我"而只有"我们"的年代，他和别人没有两样，住在集体，吃在集体。然后，通过相亲他认识了自己的妻子，继续经营细小琐屑的生活，教书育人，日出而作，日落而息。回到亮着灯的温暖的家，妻子准备了热腾腾的饭。吃了饭，他能洗一个舒服的热水澡。之后上床，靠着床头看报纸，和妻子唠叨他的母亲想抱一个孙子。

生活或许就应该这样继续下去，没有任何波澜和异样，慢慢老去，慢慢变成一抔黄土，变成一块石碑，然后世界再也没有人会记得他曾经来过。

希特勒来了！人类的那颗肿瘤用枪炮剖开历史的胸膛，俄罗斯在流血。和俄罗斯的任何男人没有区别，他放下了书本和钢笔，拿起枪奔赴前线，为了活着，为了死去，为了千百年来在人类头顶悬着的正义，以血肉之躯保卫血肉之躯。

他作战勇敢，一直坚持到胜利的 1945 年，官任大尉，是炮兵连长，两次立功受奖。可是，他和别人没有两样，是共和国一名普通的战士。按照这个逻辑发展下去，他可能光荣退伍，然后，在地方得到一官半职，享受国家俸禄，衣食无忧。

可是这一切都没有。他只是比那里人多了一点点基督的真传：上帝创造了人，每个人都是一个杰作。可多了这一点点却是要命的。

这一点点就将使他陷入万劫不复，这一点点就将让他走向神话！

二、十年生死两茫茫

十年到底有多长，又有多重？十年足以颠覆一切，甚至人类的历史；十年足以撕碎人类的良知，野蛮与卑劣像野草一样覆盖荒原。十年，时间逆转，沧海桑田，大地龟裂，洪荒肆虐，太阳变黑。

十年，他彻底成为一个人，像蝼蚁一样生存，把所有尊严踩在脚下；十年，他的苦难让耶稣也偷偷赧颜；十年，像瞎子、聋子和哑巴那样生活；十年，他再也没有眼泪，没有疼痛，只有咆哮，只有愤怒。

十年，他懂得了一句真话：活着不能如行尸走肉！

虔诚的东正教教徒，永远相信那个预言——上帝创造了人！

上帝在造人的同时让人拥有了影子，那是一片阴暗的区域，它藏在人类精神深处，人类本身因为这个暗区拥有了无数的劣性，劣性的表现是阴谋、是犯罪，劣性的终端表现是战争和屠杀！西方电影《撕裂的末日》中有一段以未来"三战"为背景的描述："人类有一种病，他的症状是仇恨，他的症状是生气，他的症状是愤怒，他的症状是战争，这种病是人类的情感。"结束的画面是德国人"阿道夫·希特勒"。

阿道夫·希特勒，这个人类迄今最重的病，让历史流血的精神疾病，但是，他不是第一个，也不是最后一个；希特勒的"奥斯维辛集中营"，这个惨绝人寰的屠杀人类躯体和尊严的坟场，但是，它也不是第一个，更不是最后一个。有人注定就有人的病，也注定有人类的精神阴暗的存在。

如果，阿道夫·希特勒只是将人类的头颅放到沉重的铡刀下，破坏了人类的文明，那更多的是躯体摧残的话，那么还有人将人类的灵魂放到更森严的集中营，然后，生吞活剥掉人性和作为"一个人"所有的本质，这是精神上的，它让人不能再被称为人，不只是成为蝼蚁那么简单，而是成为僵尸。

1938年，伟大的俄罗斯的缪斯，顶着黑色的头巾和破烂的披肩，小心地提着滚热的饭菜，摸着冰冷的建筑躯体，穿越黑色的大街，来到那道黑色的墙垣前，黑色的墙垣上是一扇黑色的沉重的大门，门上雕刻着"鲁斯兰"，门前排着长长的队伍，队伍里有男女老少，个个都是黑色的背影，用黑色的头巾盖着头，眼神里装满胆怯，面色苍白，没有任何表情，手里提着滚热的饭菜。

那是黑色的监狱，所有人都在排队等着召唤自己的名字，然后去看看自己的亲人，让亲人吃上一口热饭。

阿赫玛托娃也来看自己的儿子，儿子刚刚入狱，而她丈夫早已经被枪毙了，他的另一个灵魂伴侣曼德尔施塔姆被流放到遥远的符拉迪沃斯托克，像虫豸一样地生存，而且即将凄冷地死在那里。

651

这个时候阿赫玛托娃和别人没有两样，只是一个孩子的母亲，一个无能为力的母亲，她所能做到的只是让儿子吃上一口热饭。

她在那里不知道等了多久，时间仿佛凝固在黑色的塔楼上，钟表的指针沉重得无法旋转，天空飞过几只乌鸦和黑色的云彩。突然，排在她前面的女人小心地转过头，看不到眼睛，只能看到女人黑色的头巾、黑色的肩膀。

一阵嘶哑的声音从那个女人的肩膀上传过来，仿佛恐怖的呓语："你能描写这儿的情形吗？"

阿赫玛托娃意识到那个女人是在和自己说话，虽然并没有见过，但是，她很肯定，这个女人在对自己发声。

阿赫玛托娃同样低沉地说："能！"

然后，那个女人转过肩膀，不再说话，犹如死灰的眼里突然闪过一丝光芒！

这是阿赫玛托娃《安魂曲》的序言所讲述的故事。

然后她开始创作《安魂曲》，莉季亚·丘科夫斯卡娅在《阿赫玛托娃札记》中描述了这个过程的片段：

> 安娜·安德烈耶芙娜来看望我时，给我读《安魂曲》中的片段都得很小声，而且在自己的喷泉屋里连小声念都不敢，她总是在谈话中突然停下来，用眼睛示意我注意天花板和四壁，随即拿起一小块纸和笔，然后大声说一些"想喝茶吗"或者"你晒黑了"之类的客套话，并迅速在小纸条上写满字递给我。我用眼睛浏览几遍，记住后无声地还给她。"今年秋天来得太早了"，安娜·安德烈耶芙娜大声说话，划着火柴，在烟灰缸里把纸条烧掉。

索尔仁尼琴和阿赫玛托娃并没有见过面，索尔仁尼琴也没有亲人被捕入狱，但是，他们面对着同一个世界，同一个世界的人，有着相同的良知。

1945年2月，东普鲁士，冷风冷雨，泥泞的冬天，俄罗斯与德国法西斯的战斗正激烈，索尔仁尼琴正在指挥他的炮兵连。突然，他被召回司令部，一身污泥、满脸炮灰和血水的他风尘仆仆地赶到营帐。他的部队上级和几个衣装整齐的军人坐在一起，一脸肃穆，气氛很不对头。其中一个站起来，问："你就是亚历山大·索尔仁尼琴？"

索尔仁尼琴真诚地说："是的，长官！您有什么事情？前线战斗正紧，我必须尽快赶回去。"

那人用嘶哑的声音说："你被捕了！"

然后，那人手一挥，另外两个人扑过来，摘掉他的军帽、军衣和配枪，架着他的胳膊，按着他的头，将他押出去。为首的那个军人对索尔仁尼琴的部队上级说："谢谢你的合作！"

那位上级敬了一个军礼，铿锵有力地说："这是应该做的！"

索尔仁尼琴被押上汽车，来不及作一声辩解和询问，只是呻吟了几声，就被关进了黑色的屋子。

他被捕了，因为他在前线和友人的通信中说了不该说的话，说了一些批评领袖的话。

他的信件内容缘何会被外界知道？这令人费解，也令人恐怖。

5月，希特勒终于被打败了，而他被判处八年徒刑。他知道那个世界里的命运的黑色屠刀悬到了自己的脖子上。他来不及作一声辩解，也不能为自己辩解。只听到"咣当"一声，铁门被关上，一辈子就这样完了！

监狱的空气是凝固的，犯人喘不过气；监狱的空气是有毒的，犯人的肺叶发霉；监狱的空气是黑色的，人的眼睛也是黑的，像黑暗里狼的眼睛，但是，人不敢像狼一样嚎叫；监狱里污水横流，人身体发臭，老鼠满地，黑暗里分不清是人还是老鼠。

监狱里，他们光着脚，聚集在一起，踩着黑色的泥土，用黑色的手劳动，劳动结束，回到黑色的大屋子。黑暗里，他靠着冷冷的墙，小声地问睡在旁边的人："你的家是哪里的？"

得到的回音是："没有家。"

他问："那么你叫什么名字？"

得到的回音是："没有名字。"

他问："你有罪？"

得到的回音是："我有罪！"

他问："犯了什么罪？"

这次他没有得到回音，那人沉默，沉默了仿佛一个世纪，然后，他听到一个嘶哑的回声："你有罪吗？"

索尔仁尼琴说："有罪！"

那人问："你是犯了什么罪？"

索尔仁尼琴凄冷地说："我不知道！"

这个时候，黑暗的夜空里响起几声凄厉的枪声。

索尔仁尼琴说："有人被枪决了！你当时签字了吗？鼓掌了吗？欢呼了吗？为了他们被判定为'死刑'。"

那人说："是的。"

索尔仁尼琴说："我没有，可是他们却说'是全体人民赋予他们的权力，是全体人民'为死者定罪。"

那人悲哀地说："我们能出去吗？活着出去，还能见到那一天吗？"

索尔仁尼琴说："不知道，告诉我你的名字吧，万一你死在这里，将不会再有人知道你。"

那人说："你也不见得能够出去，告诉你有什么用？"

索尔仁尼琴说："总有人能活着出去，哪怕只有一个。"

那人说："好吧，我告诉你。"

那人低低地说着他的故事，索尔仁尼琴在黑暗里小心地用铅笔记下，然后塞进黑暗的洞里，然后吞进肚子里。

没过几天，那人死了。黎明时分，那人的尸体像一头死猪一样被拖走。

索尔仁尼琴小心地在灵魂里画一道痕迹，记下黑色的日期。

日子一天天碾过，人一个个死亡。八年了。八年后，沉重的铁门打开了，可是没有阳光，只有继续被流放，被流放到哈萨克斯坦。

在那里，他必须继续穿着黑色的衣服，戴着镣铐，每天绕着一根黑色的柱子打转，像黑色的僧人，默默念着同一的重复的"经书"，而不准多说一句话，不允许有自己的灵魂。所有的人都这样说："我有罪！"可是所有的人都说不出："我有什么罪！"

索尔仁尼琴头顶的头发掉光了，咳嗽声越来越大，他得了肺结核，被拖进黑色的塔楼，里面死亡在跳舞，鬼神在惊悚地尖叫。他躺在白色的床单上，剧烈地咳嗽，口吐鲜血，等待死亡。死亡以后，就会被人用白色的床单裹起来拖走，像无数次发生的那样。但是，他没有死！

多年后，他写下《癌症楼》，开篇第一句就是："癌症楼也叫作十三号楼。"十三号，一个叛逆的数字，邪恶的数字，令江河倒流、日月逆转的数字。马雅可夫斯基当年想把《穿裤子的云》命名为"第十三个"，他想表达，他要逆转基督；勃洛克最著名的被钉上大理石的作品是《第十二个》，他想表达对一种新的信仰的忠诚。而他说"癌症楼也叫作十三号楼"，表示世界将要坍塌了。

在《癌症楼》里他用死尸的声音说话，他说：

你们被判处死刑，而我们则被逼着站在那里鼓掌，表示拥护判决。岂止是鼓掌，连枪决也是人们要求的，是的，是要求的！您大概记得，当时报上是怎么写着的："全体××人民了解到这些无比卑劣的罪行，无不义愤填膺，就像一个人一样……"您可知道"就像一个人"这种提法意味着什么？意味着所有我们这些各不相同的人，忽然间，'就像一个人一样'了！鼓掌时还必须把手举得高高的，好让旁边的人以及主席团都看得见。有谁不想再活下去了呢？谁敢出来为你们辩护呢？谁敢唱反调？这样做的人如今在哪儿？……连弃权都不行，哪里还敢反对！

他咳嗽出很多黑色的咯血，但是，他没有死。穿着黑色的囚服，他没有名字，背着属于自己的数字，他只是一个数字、一个尸体，而不能有灵魂。

终于，1956 年，他的流放被解除，1957 年，他恢复了名誉。

十年过去了！十年之后，他终于见到了太阳，终于不再是一个哑巴、聋子和瞎子。他终于感觉到自己是一个人，而不是一只老鼠或者猪猡；他能对自己说，我是活的，而不是死的。这多么重要。

十年，这是怎样的十年，仿佛去了一趟地狱，然后奇迹般地回来了。回到家乡，憔悴、消瘦而孱弱的他出现在亲人面前，亲人围着他能说的只有："你还活着！"然后，他们抱在一起哭泣。

活着真好！他定居于梁赞市，做了一名中学数学教员。可是，他走过这十年，注定不能只是这样地活着，他要做一个有良心的人。

三、声嘶的控诉

他活了下来，他是幸运的。可是还有更多人是不幸的，更多人死在无声无息中，当他在无数次的噩梦中惊醒，然后抱着身体，他就疼得再也睡不着，只能呆呆地坐着，在漫长漆黑的夜里，等待遥远的黎明。

妻子给他点着灯，陪着他一直醒着，给他准备纸和笔，让他写；给他准备茶水，让他暖身；给他捏背，数着他身上一处处的伤痕，妻子甚至不敢去碰，那明明是很久的伤口了，可是碰到了他会说疼。他还是疼，那么写吧。但是，他对妻子说："我不能写，如果我再被关进去，那么你怎么办？"

妻子握住他的手，轻轻地说："只要你还活着，我永远都等着你，只要你还珍惜生命，我就珍惜你。比起那些人的妻子，我很幸运。我永远都支持你。"

是的，那些离世的诸君，他们的妻子和孩子正在怎样活着？他们永远不能说话了，难道就让他们这样消失？悲剧已经发生，难道就可以这样心安理得地让悲剧过去？把它藏进神秘的洞穴，再也没有人提起，继续做聋子、哑巴和瞎子？不能够这样，人活着是要讲良心的，不然，和野兽有什么分别？悲剧曾经上演，现在能做的是不让悲剧再次上演。难道俄罗斯人没有这个勇气去说？难道俄罗斯人没有这个勇气去坦然听？他终于写了。

《伊凡·杰尼索维奇的一天》！他用十年的时间把自己丢了，然后用四年的时间找到自己。他清楚地看到那一天发生了什么，那是黑色的一天，时间被苦难黑色的汁液浸透，被浸透的时间仿佛一根灯芯，垂死地燃烧了一个世纪，灯火里看到无数人模糊的脸和模糊的名字。

1962 年他把以劳改营为题材的中篇小说《伊凡·杰尼索维奇的一天》投递出去。他忐忑不安，这意味着什么，他心里清楚——可能是他再次入狱，也可能是他获得某种成功。但是，无论结果怎样，他都将走上一条不归路，十分漫长的不归路。这一路，他必须坚持，至于终点在哪里，他也不知道，或者终点在他死时都不会到来，那么，他的死就会代之成为终点。

接到《伊凡·杰尼索维奇的一天》的编辑恐慌，赶紧上报，经过层层审阅，没人敢作决定，一方面是决定怎么对待稿件，另一方面是决定怎么对待作者。

小说到了赫鲁晓夫那里，出人意料，又在情理之中，赫鲁晓夫欣然批准发表，并特别赞扬了索尔仁尼琴。尽管如此，作品发表以后，还是引起轩然大波，无数人愤怒、诅咒、漫骂。

平心而论，这不是他想要的结果，如果作品可以不经过领导人之手而发表，那将是很好的；如果发表了之后有人深刻反思，那将是很好的。可是现在，作品的发表和作品本身，失去了文学事件的本质，他看不到人们认错的态度和忏悔的真诚。

但是，从另外一个层面上讲，赫鲁晓夫的支持也让他有些有恃无恐。

1963 年他顺利加入苏联作家协会。他有些"变本加厉"，他的作品对于一段历史和那个国家的描述有过激嫌疑，是社会所不能承受的。如果只是说实话，那么无可厚非，可是作品牵扯到政治和社会本身，所以这个时候，不可避免地成为"政治事件"。可以这样说，成为"政治事件"与他不无关系。

成为"政治事件"的另外一个原因自然是外界的，国家里的一些人不可能把他的写作当成单纯的东西；而西方世界的一些人则试图把他当成某种武器。那些年里，他的作品几乎都是在西方发表的，西方一些人翘首期盼他一个人和一个国家对抗。无形之中，他的名声传遍了整个世界。

他对那段历史的挖掘并没有停止，他是在挖掉一颗毒瘤，但是，从某种意义上来讲，很多人认为他是要挖掉全部，所以，他们不可避免形成刚性的对撞，这预示着危险。而他似乎没打算停止下来，他仍然要凭着良心说话。

1967 年 5 月，第四次苏联作家代表大会前夕，他给大会写信，公开要求"取消对文艺创作的一切公开和秘密的检查制度"。这当然是不被允许的，因此，他受到诸多指责，从一般作家到最高领导人对他都不再认同。一些人更加确定，他是要挖掉全部，他给人留下一个印象：不止是在反思，更是在攻击。这个时候，尽管他还是在说真话，但是无疑过火了，不合时宜，也不恰当，因为有一些人不希望他这样说。

1968 年，《癌症楼》和《第一圈》呼啸而出，他是顶着"冒天下之大不韪"而做的。如果作品是在国内发表，这是忏悔，是反思，是好的。恰恰，它们在西欧发表了，作品没有任何问题，而且立意是好的，可是偏偏在西欧发表，他不可能不知道这意味着什么，不仅对他自己，而是对这个国家。

1969 年，他被作协开除会籍，这是他预料到的，也是理所当然的。然而，接下来的事情，是他所不能预料的。

1970 年，"因为他在追求俄罗斯文学不可或缺的传统时所具有的道义力量"，索尔仁尼琴获诺贝尔文学奖。没人否认，他和托尔斯泰秉持的传统道义十分的相似，同样不会有人怀疑他获得诺贝尔奖的资格。但是，这次获奖绝对不是单纯的"文学事件"，在他身上，"文学和政治"已经变得模糊。当他决定以这样的方式开始自己的写作时，这一切就是他逃不了的，是他的道路。自然，他明白不能去领奖，这个事实他早就应该能接受，从帕斯捷尔纳克那里。

尽管，他一再向诺贝尔奖评选委员会表示："收到您的电报，表示感谢。我将被授予诺贝尔奖看作为是对俄罗斯文学和我国苦难的历史的尊重。我准备在传统沿用的那个日子里前去斯德哥尔摩亲自领奖。"

但是，他明白，一些人正在等着他去领取诺贝尔文学奖，如果他去了，那些人就有把柄，名正言顺地把他处理掉，他们甚至可以给他名正言顺地安上"间谍""叛国"的帽子。他不想离开祖国，离开这个母体，离开了他什么都不是，什么都没有了。

另外，妻子的身体已经很糟糕。为了他，妻子很多年都没有过好日子。他受难的十年，她一个人扛下了家庭的所有重担，现在，他这样地生活着，她更是没少担惊受怕，只是她从来没有半句怨言。这样的女人哪里找？多年的贫穷和担忧让那时的她必须经常去医院，输液、吃药，接受治疗，现在无论如何也不适合离开祖国。

他拒绝了诺贝尔奖，可是他没有逃脱那一些人的盘算，没逃脱被流放的命运。

1973 年 12 月，巴黎出版了他的《古拉格群岛》第一卷，扉页上写着："献给没有生存下来的诸君，要叙述此事他们已无能为力。但愿他们原谅我，没有看到一切，没有想起一切，没有猜到一切。"

西方的一些人高兴了，俄罗斯的一些人震怒了，他们都把他看成一种性质，一种十分要命的性质，而且书的内容达到某种顶点。

而在他，作品的创作目的没有问题，全心全意为了俄罗斯；作品的内容没有问题，是深刻的揭露与反思；作品发表的时间没有问题，是该反思的时候；唯独发表的方式有问题，被西方一些人恶意利用。然而，国家里的一些人没有这个气度和认错态度，不会给他发表的机会，这又能怪谁呢？

那些真话，他不能不说，不说良心上过不去。不怪他，只怪那个时代；在那个时代，他说了那些话，做了那些事情，他知道代价，甚至被流放，都是必需的代价，他接受这些，只要让他说真话！

正如他把自传命名为《牛犊顶橡树》，他说："只要还活着，或者直到牛犊顶到橡树上折断了脖颈时为止，或者是橡树被顶得吱吱响，倒在了地上为止。"

1974年2月12日索尔仁尼琴被拘留，经勃列日涅夫亲自下达命令，他被剥夺国籍，驱逐出境。离开俄罗斯后他前往西德、瑞士，后移居美国。

四、《古拉格群岛》：人类的耻骨

"古拉格"是俄文"劳动改造营总管理局"简称的音译。作者将其比喻为"群岛"，意在指出这种制度已经渗透到苏联政治生活的每个领域，变成了苏联的"第二领土"。索尔仁尼琴《古拉格群岛》一书，以白描的手法，未加任何渲染，生动逼真地描述了苏联劳改营的产生、发展和逐渐消亡的过程，对其中的敏感问题作了毫不留情的揭露和批判，充分体现了写作者的良知和勇气。索尔仁尼琴以亲身体验为基线，层层展开，夹叙夹议地把读者带入一个正常人无法想象的20世纪人间地狱。书中关于极端残忍的刑讯、荒谬绝伦的司法、彻底沦丧的道德，以及毫无人道的兽性的惟妙惟肖的描述，读来无不令人毛骨悚然。

有评论家指出：人类几乎所有的冤狱都是在折磨人的刑讯中产生的，《古拉格群岛》最为突出。为了将无辜的人们投入劳改营，契卡人员（苏联内务和国家安全部门人员的统称，实际就是特务）想出各种各样的折磨方法逼迫"犯人"承认自己头上的莫须有罪名。例如呵痒，就是把"犯人"的手脚绑起来或按住，用羽毛往鼻子里呵痒。囚犯立马便天旋地转起来，产生一种感觉，仿佛是在往脑子里钻孔。又如臭虫隔离室，就是在漆黑的木板钉的匣子里，繁殖成百成千只臭虫。将"犯人"关进去并扒掉衣服，顿时饥饿的臭虫便爬到"犯人"的身上。起初，"犯人"还猛烈地同臭虫进行"战斗"，但过了几小时以后，就精疲力竭了，就乖乖地让臭虫吸血了。

而最令人毛骨悚然的是用下面的办法来对付"犯人"，即扒掉"犯人"下身的衣服，让他们仰卧在地上，两腿叉开，帮手们坐在"犯人"的腿上，抓住他的手，侦察员——女人也不嫌弃做这种事——站到"犯人"叉开的两腿中间用自己的皮鞋（自己的女便鞋）尖踩住那个某个时候曾经使你成为男人的东西，逐渐地、有节制地、越来越用力地往地上压，一面瞧着你的眼睛并一遍一遍重复自己的问题或出卖人的建议。如果他还没有过早地被踩得稍稍用力些，你还有十五秒时间喊叫出来，说你一切都招认。

可以说，这部长达一百四十万字的巨著，堪称苏联社会主义历史最为精练的描摹。全书分监狱工业、永恒的运动、劳动消灭营、灵魂与铁丝网、苦役刑、流放、斯大林死后七部，既以"群岛居民"的经历为线索，又穿插了有关苏联劳改制度发展史的大量资料，结构宏大，卷帙浩繁，充分显示了这位诺贝尔文学奖得主驾驭材料和讽刺的能力，其激昂的控诉，愤怒的谴责，尖锐的批判，深切的诉说，远比乔治·奥威尔的《动物庄园》和《一九八四》等一大批政治讽刺小说更具穿透力和思想锋芒。

该书开头就极其冷静地写道：这个神秘的群岛人们是怎样进去的呢？到那里，时时刻刻有飞机飞去，船舶开去，火车隆隆驶去——可是它们上面却没有标明目的地的字样。售票员也好，苏联旅行社和国际旅行社的经理人员也好，如果你向他们询问到那里去的票子，他们会感到惊异。无论是整个群岛，还是其无数岛屿中的任何一个，他们都毫无所知，毫无所闻。

那些去管理群岛的——通过内务部的学校进入那里。

那些去担任警卫的——通过兵役局征召。

而到那里去死亡的，读者，如你我之辈，唯一的必经之路，就是通过逮捕。

逮捕！！说它是你整个生活的急转剧变？说它是晴天霹雳对你的当头一击？说它是那种并非每人都能习惯并往往会使你失去理智的不可忍受的精神震荡？

宇宙中有多少生物，就有多少中心。我们每个人都是宇宙的中心，因此当一个沙哑的声音向你说"你被捕了"，这个时候，天地就崩坏了。

如果对你说：你被捕了——那么难道还会有什么东西能在这场地震中保持屹立不动吗？

传统的逮捕——还有发抖的手为被带走的人收拾东西：替换衣服、一块肥皂、一些食物，然而谁也不知道该穿什么，可以穿什么，怎样穿更好些，而行动人员却在催促着、阻止着。不幸的人被带走以后，还有一股严厉、陌生、盛气凌人的势力一连许多小时在住所里作威作福。这就是——撬锁破门，从墙上扯下和扔下东西，从柜子和桌子里把东西扔到地上，抖、撒、撕，——于是地板上乱七八糟的东西堆积如山，靴子在上面踩得咯吱作响。而且搜查时是什么神圣不可侵犯的东西也没有的！在逮捕机车司机莫诺申的时候，房间里停放着一具他刚死去的婴儿的小棺材。司法人员们把婴儿从棺材里扔了出来，他们对那里也进行了搜索，还把病人从被窝里拽出来，还解开绷带。而且在搜查时什么都不可能被怀疑是荒唐的！

我们生活在可诅咒的条件下，一个人忽然下落不明了，连最亲近的人——妻子和母亲……都整整几年不知道他的情况。

小说中有许多意想不到的荒唐故事：一个西部乌克兰妇女当初只因她丈夫是班杰拉分子便被判劳改十年。现在委员会要求她承认自己是因为丈夫是土匪而坐牢的。"不，我不能这么说。""你这么说，我们就释放你！""不，我不能这么说。他绝不是土匪，他是乌克兰民族主义组织的。""好吧，既然你不愿意，你就在这里待着吧！"（当时那个委员会的主任委员是索洛维约夫。）过了几天，她丈夫从北方来看望她。她丈夫原被判刑二十五年，在北方劳改，这次他轻易地承认了自己是土匪，因而就被赦免了。见面时，他不但没有称赞妻子的这种坚定性，反而气冲冲地责怪她："你就该说我是魔鬼！说我长着尾巴，还看见过我的蹄子嘛！现在你叫我自己怎么管这个家和孩子们？！"

而一位厂长因为停止鼓掌而被判了十年的劳改，一位裁缝因为把针插在印有国家领导人照片的报纸上而被捕判刑，另外还有很多类似的案例。

这些荒唐故事带着泪、带着血，是人类的耻辱。作品中，由于极权主义统治模式坚不可摧的牢固性以及它在意识形态领域的无孔不入，一切传统的伦理道德都成了它摧毁的目标。对所有事情的看法，人们不得再有任何自己的标准，人们不再被允许信仰任问一种宗教，人们甚至不能按原先最自然的方式去处理家庭关系。在古拉格时代的苏联，丈夫出卖妻子、妻子出卖丈夫那是司空见惯的，父子反目、母女成仇也是见怪不怪。在劳改营里，刑事犯一统天下，政治犯成了最底层的囚犯，他们的财物遭到抢劫，肉体备受摧残，人格受侮辱；少年犯们肆无忌惮，纵横行凶，无人敢管；在社会上，人们对陌生人永远抱着敌视的态度，只怕他们连累自己；人与人之间不再有信任，不再有亲情，有的只是告密，有的只是把好朋友送进劳改营，有的只是无处不在的"大义灭亲"的壮举。

在这种背景下，许多人整个家庭进入劳改营，或丈夫服役、妻子流放。即便是八十岁高龄的老人也绝不放过。在这些受害人当中，上到党和国家的高级领导人、军队的高级将领，下到一般百姓、工程师、技术人员、医生、学生、教授、工人、农民，囊括了所有的阶层。

当思想的禁锢让人的心灵趋于麻木和封闭的时候，超强度的死亡劳改是古拉格群岛最惨烈的剧目，也是书中的压轴戏。那些被投入劳改营的人食不果腹、衣不蔽体，大批大批的劳动者死于非命。劳改营的管理人员对于大量的死亡现象是熟视无睹的，一些管理人员甚至还逼迫被超强度劳动拖垮的人上工，如因病无法上工则就地枪决，罪名是怠工。而且杀人者往往还得到嘉奖，于是一些毫无人性的监管人员便演出了一幕一幕为获奖而杀害犯人的丑剧。

然而，书中也有人性温暖，有顽强的抗争，有恶劣环境下生存智慧的具体展现。例如，安娜·彼得罗夫娜·斯克里普尼科娃，这个二十五岁的充满人道主义精神的独立不羁的女性，在暴政来临之际，义正词严，挺身而出，单枪匹马与丑恶势力奋战，她为此被多次关押，劳改十八年，但她一直没低过头，一直以不屈服的昂扬斗志生活在丑恶围布的环境中。她是幸运的，没有被枪毙，这是一个奇迹。而在索洛维茨劳改营的几十名教派分子被活活饿死，两个月后在荒岛上，他们的尸体已被鸟雀啄碎。他们的战斗从一开始就注定了要失败，要被流放、被劳改，甚至被枪毙。但唯其如此，才更显示出了他们伟大的人格力量，一种"虽千万人吾往矣"的大勇者风度，他们正是俄罗斯人民值得骄傲的儿女，正是他们承担了俄国的良心，使之不至于泯灭，这些普普通通而又傲骨嶙峋的人传承着俄罗斯的伟大传统。

该书的结束语是：我们剥夺了囚犯按社会主义原则取得劳动报酬的权利？不，是他们自绝于社会主义社会的！"但是，我们不是想让他们重返社会生活吗？！……"

"让他们回来？？？……"佩戴利剑徽章的人感到很惊奇。"劳改营可不是为了这个目的的。劳改营是惩罚！"

是惩罚！——这声音充满了整个房间——惩罚！！

惩——罚——！！！

一把垂直的利剑，它刺杀，它穿透，休想把它移开！

是惩罚！！

古拉格群岛过去存在过，这群岛今天依然存在，这群岛今后还要存在！不然的话，把那"先进学说"的失算——人们并没有按照它设想的样子成长——的责任推到什么人身上去呢？

这残酷的惩罚到今天仍然令人心有余悸；

这冰冷的锋利到今天仍然令人毛骨悚然；

这人类的耻骨到今天仍然让良知蒙羞！

五、不买美国的账

索尔仁尼琴的心里想的是玉石俱焚。如果说真话的代价是离开祖国，那么他宁愿离开。但是，离开祖国不等于放弃祖国，反而，他永远不会放弃俄罗斯。

当他甫一离开俄罗斯，1974 年 10 月美国参议院立刻授予他"美国荣誉公民"称号，他也移居美国。美国以为得到了一件在"冷战"时代最好的武器，而他也被美国塑造成英雄，成为全民偶像。可是，美国人想错了。索尔仁尼琴从来都认为俄罗斯的事情只是俄罗斯的事情，不需要别的国家来插手。他与本国领导人的政见不同，并不代表他就同意美国的，相反，他对美国的政见更不赞同。很简单，因为他是俄罗斯的，他凭着良心拯救国家，而不是背叛国家。这造就了一个"永远持不同政见者"。

2007 年，他在回答记者关于"不管怎么说，俄国常常感觉受到外国的冷遇。目前我们发现俄国和西方的关系在很大程度上冷下来了，俄国和欧洲的关系也是这样。原因何在？西方在哪一方面没有理解今天的俄国呢？"时说：

> 我最感兴趣的是心理原因：在俄国和在西方，原来怀抱的希望同样都不符合现实状况。当 1994 我回到俄国时，我体会到一种把西方世界和与我们完全不同的国家的国家制度神化的态度。这种态度不是以真实的认识或自觉的选择为根据的，而是由于自然而然的对原来的统治及其反西方宣传的拒绝。在北大西洋公约组织国家对塞尔维亚的野蛮轰炸以后，这种情绪改变了。好像用黑色的笔画下了浓浓的一道，再也擦不掉了，而且我认为这是遍及俄国社会的所有阶层的。还有北大西洋公约组织要

把分裂的苏联的若干部分拉进它的范围的尝试，尤其令人痛苦的是乌克兰，这是与我们最亲密的国家，是通过几百万家庭的关系与我们联系起来的。一条军事联盟界限会在一瞬之间切断这种密切联系。

在那以前，西方主要是被我们看成民主的救星的。现在我们不得不失望地断定，西方的政策首先是受实用主义支配的，往往还要加上利己的和露骨自私的考虑。许多俄国人在体会到这一点时，理想也就破灭了。西方为讨厌的"冷战"的结束感到高兴，在戈尔巴乔夫和叶利钦统治的年代之后，俄国国内出现了无政府状态，对外又放弃了所有的阵地。西方很快就习惯于认为俄国差不多是一个第三世界国家了，而且将永远这样。当俄国重新强大起来时，西方人的反应是惊慌失措——也许还受到尚未完全克服的对俄国的恐惧的影响。

他要的是真的民主，而不是枪炮后面的虚伪。他看清楚了美国的本质，而他是俄罗斯的。

三个著名的流亡美国的俄罗斯作家中，他和布罗茨基的材料不同，布罗茨基同时是世界的和俄罗斯的，他的诗歌的精神还流淌着俄罗斯的血脉；他与纳博科夫更不同，在纳博科夫那里已经完全看不到俄罗斯，《洛丽塔》已经没有俄罗斯的影子。而他完全是俄罗斯的，所以纳博科夫可以称为杰出，但是永远不可能称为伟大，而他和布罗茨基是伟大的。

美国人一次次地驾临索尔仁尼琴的府邸，希望他能说点什么，哪怕是一句有用的也好。但是，他知道这是危险的，他允许自己去反思俄罗斯，却不能让另一个国家去诟病祖国，祖国的问题应该自己解决，他写的东西是给祖国看的。他在美国生活二十年，始终没有加入美国国籍，他在等待着回国，他相信一定回得去。

他在美国佛蒙特州的山庄简单、简陋，他已经很知足，这里没有喧嚣，没有硝烟。他自由地继续构思"古拉格"，在树林或者花园中漫步，有了想法就顺手写在墙上，或者画在草纸上，然后再重新写出来。

妻子一如既往地陪伴着他，尽管经历了十年的禁闭，严重的病症令他失去了男人的本能，妻子却没有一句怨言，只要他还活着，她就愿意跟着他，照顾他，这是他的福气！所以许多年以后，人们说："没有他的妻子就没有他。"

1981 年 9 月，日本学者木村浩到访。谈话？可以！只要不涉及政治，什么都可以谈。

木村浩看着窗外佛州茂密参天的落叶林问他："到了冬天，这一带是否会下大雪？"

索尔仁尼琴看着窗外，风吹过，碧绿丛中鸟儿飞出，然后又消失，他看到了故乡的白桦林，在阳光照耀的夏天，白桦树叶闪耀着神秘的光点，然后就是秋天，无边的黄叶落满小径，风吹过尽是俄罗斯的声音和样子，有风琴的声音，有芭蕾舞的步调，有伏特加的浓烈，还有鱼子酱的香甜。

许久，他静静地说："有下的。虽然每年不尽相同，可是雪相当大，你知道，没有雪，俄国人是活不下去的——所以我选择这里。"

木村浩说："可是你已经被剥夺了国籍，您还认为您是那里的吗？"

索尔仁尼琴说："我从来都是那里的，这一点从来没有半点怀疑，你也不用怀疑。"

木村浩说："你觉得什么时候会回去？"

索尔仁尼琴接着说："被放逐的时候，我总认为两三年后就能回去的，谁知道一眨眼已经七年了。不过，我是一个乐观主义者，所以坚信一定能够回去的。"

俄罗斯，他从来不会忘记俄罗斯，这是他的责任。

而"乐观主义"，这是晚年的索尔仁尼琴说得最多的话之一。

2007 年，德国《明镜》周刊采访索尔仁尼琴。记者问他："在最苦难的时候，你是否曾失去信心？那时候，你的信念依然存在吗？"

他说："当然。我总是在想，不管结局如何，我都能坦然面对。随后，事情就会向好的方向发展，很有点否极泰来的感觉。"

记者又问："1945年——当索尔仁尼琴上尉在前线突然被逮捕，并被押回莫斯科的卢比杨卡监狱……你依然这么自信吗？而当时你被投入监狱的原因仅仅是因为你在给朋友的信件中冒犯了斯大林。"

他说："当时我们是在德国柯尼斯堡前线，刚刚突破了敌人的防线，随后我就被剥夺军衔、军功章和配枪。事实上，我当时依然十分乐观，我有自己的信仰和观点。"

记者问："什么观点？能详细阐述一下吗？"

他说："当然，随着时间的推移，我的观点也在逐渐改变和完善，但我一直相信，我的所言所行从未违背自己的良知。"

"我的所言所行从未违背自己的良知。"这就是他的信念，有了这个信念，他无所畏惧地活着，无论在哪里，他都可以像一面镜子一样照着自己的模样和俄罗斯的模样。

六、谁为苏联解体埋单？

他是俄罗斯的，但是未必是苏联的。他明确表示：你们要弄清楚，俄罗斯和苏联是两个概念。同样一个观点似乎可以用到俄罗斯四大诗人、布罗茨基和蒲宁等人身上，但是，无疑在他这里说得更加理直气壮。

俄罗斯不是苏联这是不争的事实，俄罗斯是永恒的概念，苏联只是一个时间段的概念。但是，无论如何，俄罗斯无法回避苏联，索尔仁尼琴也不能。

苏联解体已成为事实，可是他却被称为"苏维埃政权的头号敌人"。有人称呼他为"古拉格里嚎叫的狼"，而俄罗斯作家邦达列夫说他应该到旧时的修道院里去，在石板上跪下来进行忏悔，乞求上帝宽恕他的罪过。

他果真有罪？罪至于此？

普京有句话说："（俄罗斯人）谁对苏联解体不痛心是没有良心，谁想回到苏联是没有头脑。"

从这个评判标准来看，索尔仁尼琴是否有良心？我们说有，而且是智者。

他的确曾经预言国家会垮掉，但是，他更希望国家能够改正错误。他希望那个国家能觉悟，而现在却解体了。解体以后，他为俄罗斯的一切担忧，为人民担忧，他说："在经历了惨痛的损失后，我们只有一个最大的任务，那就是照看好我们奄奄一息的人民。"他把那视为惨痛的教训，不听真话的教训，当然，他是最不想回头的一个。

他要做的是继续悼念历史，记住真相，唤醒人民接受教训，以及思考俄罗斯民族的未来之路。

1994年，像索尔仁尼琴所乐观相信的一样，他结束了流亡生涯，搭乘飞机，回到了阔别二十年的祖国。他没有直接回到莫斯科，而是经由阿拉斯加飞到西伯利亚，来到当年曾关押他的劳改营总部所在地，来到"古格拉群岛"的核心。

四千多公里的旅程，从飞机上走下来，下面是无数的俄罗斯人，学者、政客、普通百姓，人民在欢迎他。

面对欢迎的人群，他缓缓走出，甚至没有招手，他明白自己不是伟人，只是一个凭良心说话的人。

站在那片土地上，他没有演讲，而是出人意料地俯下身来，用双手抚摸着西伯利亚的土地，沉痛地说："我到这里向这块土地哀思，成千上万的俄罗斯人当年在这里被杀害，并埋葬在这里。在今天俄罗斯政治迅速变革的时代，人们太容易遗忘过去的几百万受害者。"

回国前后，在苏联的残骸上，他仍然不满意俄罗斯当时的新政府（叶利钦政府），他写下了反思民族历史与寻找俄罗斯未来的三部曲《我们如何建设俄罗斯》（1990）、《20世纪末的俄罗斯问题》（1994）、《倾塌的俄罗斯》（1998）。时间进入21世纪，他仍旧没有停下手中为俄罗斯思考的笔，写下了

《关于二月革命的思考》，并被收入俄罗斯地方行政官员必读书目。

他认为："人民的精神生活比疆土的广阔更重要，甚至比经济繁荣的程度更重要。民族的伟大在于其内部发展的高度，而不在于其外在发展的高度。"他始终相信能够拯救俄罗斯的只有俄罗斯人民，而不是其他或者其他人。这也难怪俄罗斯民众那么相信和推崇他，人们说"索尔仁尼琴回来了，古拉格就不会再来"，于是，出现了俄罗斯民意调查，近半数的人支持他当总统的情况。

而他在1996年发表的小说《在转折关头》中肯定斯大林是伟大人物，赞扬斯大林发动的"伟大的向未来的奔跑"。这一点却被很多人认为他是在忏悔，说他意识到自己以前做错了。事实上，那些人还是没有弄清楚，归根结底，他并没有否定一种制度或者一个人，他所说的话、写的字也不是为了发泄自己心中的仇恨以作为对监禁他十年的报复。他所说的就是一些真话，指出的就是那个世界的一些错误，仅此而已。所以，不能说他是为了苏联的解体而忏悔自责，更不能让他为苏联解体埋单，责任本不在他。

他甚至开始赞同"适当的权力集中"。2007年普京在探望他之后说："我们谈俄罗斯，谈今天的状况，谈国家的未来。我提请作家注意的是，我们今天采取的一些措施，在许多方面与他所写的是一致的。"索尔仁尼琴立即说："现在赋予了市政机关越来越大的能力，这是他一直支持的。"

看得出来，他只是想俄罗斯好，这就足够了，而不再与权力的组织形式有必然性关系！

也可以看出，他的眼里俄罗斯和苏联真的不是一个概念，人民、民族或者自尊都是属于俄罗斯的，而不是苏联的，无论是苏联时代，还是后苏联时代。

七、触摸俄罗斯心脏

活着总是好的，他还能为国家说话；活着总是好的，他等到了国家对他说"谢谢"的这一天，尽管他就要九十岁了，但是亲耳听到同胞们对自己说"是"，他感恩、感激。

2007年6月12日，俄罗斯国庆节，下午莫斯科克里姆林宫华灯闪烁，2006年度俄罗斯国家奖颁奖典礼在此隆重举行，俄罗斯总统普京亲临现场，主持颁奖。这一次索尔仁尼琴没有像去年一样失望而归，他获得人文领域最高成就奖，奖金为五百万卢布（约十九万美元）。在获得诺贝尔文学奖三十七年后，八十九岁的索尔仁尼琴终于获得了祖国的肯定。

普京在颁奖典礼上说："全世界成百上千万人把亚历山大·索尔仁尼琴的名字和创作与俄罗斯本身的命运联系在一起。他的科学研究和杰出的文学著作，事实上是他全部的生命，都献给了祖国。索尔仁尼琴在广阔的人文领域的特殊地位是研究俄语，他编著的《语言扩展词典》收集了稀奇和几乎被遗忘的语言，这是对发展和保存民族语言的巨大贡献。"

普京避开了一个敏感话题，但是谁都清楚，作家获奖的理由。那本耗尽了作家一生心血、坚决地与当局对抗、给了作家一生沉重负担的皇皇巨著《古拉格群岛》永远像历史的古老而深刻的伤口昭示在那里，俄罗斯人都记得，并且终将永远记忆下去。

由于，索尔仁尼琴的健康问题，他不能方便走动，无法来克里姆林宫领奖，代替他领奖的是陪伴了他一生的妻子纳塔丽娅·索尔仁尼琴娜，这位被称为"没有她就不可能有索尔仁尼琴"的女人激动地从普京手中接过获奖证书，用苍老的声音说："他从未到过这个俄罗斯的光荣大厅。很遗憾，今天在我们举国欢庆的日子里，他还不能来。"

随后大屏幕上出现了索尔仁尼琴的画像，画像不断地变化，在不断变化中勾勒出不同的时代，勾勒出作家的一生和俄罗斯的历史。两者是交织的。

伴随着画像同时传出作家沙哑的、疲倦的、颤抖的声音——

在我的生命尽头，我希望我搜集到并在随后向读者推荐的、在我们国家经受的残酷的、昏暗年代里的历史材料、历史题材、生命图景和人物将留在我的同胞们的意识和记忆中。这是我们祖国痛苦的经验，它还将帮助我们，警告并防止我们遭受毁灭性的破裂。在俄罗斯历史上，我们多少次表现出了前所未有的精神上的坚韧和坚定，是它们搭救了我们。

总统普京表情肃穆，在场的所有人也都安静下来，聚精会神地听着索尔仁尼琴的感言。作家的声音在大厅里飘荡，一切如大理石般凝重，如克里姆林宫的砖墙庄严，仿佛一场弥撒。是教诲，是忏悔，是感恩，是希冀，是一种繁华和离乱过后的平静。人们能够感觉到作家的声音微弱，气如游丝，他老了，真的老了，像俄罗斯一样，可是毕竟他还活着，活着就是明灯，就能照亮历史和未来。

这让我们不由得想起郁达夫对鲁迅的悼念词："没有伟大的人物出现的民族，是世界上最可怜的生物之群；有了伟大的人物，而不知拥护、爱戴、崇仰的国家，是没有希望的奴隶之邦。"

索尔仁尼琴不是俄罗斯第一个伟大的人，同样也不会是最后一个。但是，很幸运，俄罗斯没有错过他——一个还活着的伟人。

听着作家的话语，普京如释重负。他心里清楚，以前作家拒绝了戈尔巴乔夫和叶利钦两位总统的颁奖，这位"永远持不同政见者"几年前曾拒绝了向他颁发的安德烈·佩尔沃兹瓦内勋章，现在向他颁发俄罗斯国家奖，同样是一件冒险的事情。但是，幸运的是他接受了。

后来，在接受记者采访时，索尔仁尼琴表达了自己的观点，关于得奖领奖、关于俄罗斯领导人和关于俄罗斯本身的观点。

记者问："十三年前您从流亡地回到俄国时对新俄罗斯的发展感到失望。您拒绝了戈尔巴乔夫颁发给您的国家奖，同样也拒绝了叶利钦给您的勋章。现在您却接受了普京给您的国家奖。他可是曾经十分野蛮地迫害和折磨过您的秘密警察从前的头子啊！这不是前后矛盾吗？"

他说："实际上1990年就已经要为《古拉格群岛》给我颁奖。不过提出建议的不是戈尔巴乔夫，而是俄罗斯社会主义联邦共和国，当时它还是苏联的一个组成部分。我拒绝了。我不能因为一本用几百万人的血写成的书而获得个人荣誉。1998年，当国家处于困苦的低谷时，我的《俄国在堕落》出版了。那时叶利钦亲自下令授予我最高国家勋章。我回答说，我不能接受一个把俄国带到毁灭边缘的国家政权的嘉奖。但是最近授予我的国家奖不是由总统个人颁发，而是由一个有名望的专家组颁发的。俄国的这些研究工作者和文化创造者享有无可指摘的荣誉，他们是在自己的领域受到绝对尊敬的人。总统作为国家元首在国庆节发奖，而我在接受这一奖励时表示了这样的希望：我曾把整个一生奉献给对俄国的痛苦经验的研究和评价，但愿这些经验能保护我们不再面临不幸的堕落。

是的，普京曾是秘密警察的官员，您说得对。但是他不是克格勃侦讯人员，也不是古拉格的劳改营主管。在任何国家都不会贬损外交活动方面的情报工作人员，他们在有些国家甚至还受到赞扬。"

记者问："我们从您近来对现实发展的一些言论想到，您认为俄国已经缓慢地重新走上正确的道路了。您怎样评价普京统治俄国的时期——与他的前任戈尔巴乔夫和叶利钦相比？"

他回答："戈尔巴乔夫的领导作风表现出令人吃惊的政治幼稚、缺乏经验和缺乏对自己国家的责任感。这不是在行使权力，而是愚蠢地放弃权力。西方对他赞赏，他感到这是对他的行为方式的认可。不过仍必须承认，第一次给我国公民以言论自由和行动自由的是戈尔巴乔夫，而不是——像到处都认为的那样——叶利钦。

叶利钦对俄国人民不负责任的程度丝毫不亚于戈尔巴乔夫，而且扩大到其他领域。他努力使国有财产尽可能快地转入私人之手，他听任俄国的财富毫无阻拦地受人掠夺。为了得到地方诸侯的支持，他直截了当地要求实行分离主义，促使通过了使俄罗斯国家四分五裂的决议。这就剥夺了俄国

673

的当之无愧的历史作用和它在国际座席中的地位。西方则报之以大声喝彩。

普京接手的是一个遭到抢劫并且完全失去平衡的国家，就其大部分居民来说已丧失勇气并陷于贫困。他打算做能够做的事情，而恰恰缓慢地、逐步地重新建设才是可能的。这些努力并没有立刻被觉察到，更谈不上受到重视。您能从历史中举出一个强大的国家领导人为重新建设而做的努力会受到外国抱有好感的注意的例子吗？"

可以看出，他的确接受了这位临危受命、已经连任三届的俄罗斯总统。

当天晚些时候，普京亲自到莫斯科郊外索尔仁尼琴的家里拜访，这已经是他在总统位置上第二次拜访作家。

进门的瞬间，作家背对着他，穿着灰色的衣服，坐在书桌前，背影消瘦、佝偻，头发灰白，宛若一尊雕像。

普京走到他身边，他才发现是总统来了。伸出消瘦的手，他激动地和总统握手，脸上露出喜悦的笑容，像个孩子。

他说："我非常珍重您的到来。您日理万机，我简直不敢想象，您怎么能脱身来到我这儿。"

普京说："我想特别感谢您为俄罗斯所作的贡献，直到今天您还在继续自己的活动。您对自己的观点从不动摇，并且终生遵循。"

他们谈了很多，关于俄罗斯的现在和未来。

望着他深陷的双目，满面的皱纹和老年斑，没有牙齿的牙床，以及标准的托尔斯泰式的白色胡须，人们只能感叹：他的确老了！

他终究会去的，他说："不，我不再害怕死亡。小的时候，我父亲的早亡对我产生了一些阴影。他二十七岁就走了。在我所有的文学梦想实现之前，我害怕死亡。但在三十岁至四十岁期间，我对死亡的态度发生了改变，变得非常坦然。我认为它是一个自然的过程，并不意味着一个人存在的最后终结。"

但是，俄罗斯人希望他活着，像明灯一样地活着，这样俄罗斯就不是迷途的孤儿。

而他说："不，不要。已经够了。"

一切的苦难、争执和神话落幕，他已经坦然。安静地老去，然后死亡，对他来说是一种天恩。

2008 年 8 月 3 日，索尔仁尼琴在莫斯科家中病逝，享年九十岁。俄罗斯主要媒体都在显要位置发表消息，称之为"著名作家、政论家、历史学家、诗人、社会活动家，并以自己的文学成就和历史研究闻名世界"。新任总统梅德韦杰夫向索尔仁尼琴的亲属表示了哀悼，总理普京也感到痛心和难过。

索尔仁尼琴轻轻地走了，留下来的却是一面镜子，一团火焰。

参考文献

[1][美]大卫·艾克曼：《世纪五人行：葛培理、曼德拉、索尔仁尼琴、特雷莎嬷嬷、威塞尔》，张卫族译，社会科学文献出版社 2008 年版。

[2][俄]柳·萨拉斯金娜：《索尔仁尼琴传》（下），任光宣译，人民文学出版社 2013 年版。

[3][英]约瑟夫·皮尔斯：《流放的灵魂——索尔仁尼琴》，张桂娜译，上海三联书店 2013 年版。

[4]任光宣：《索尔仁尼琴现象：经验的综合》，《国外文学》，2004 年第 2 期。

[5]刘文飞：《"俄罗斯问题"：索尔仁尼琴"政论三部曲"中的新斯拉夫主义》，《俄罗斯研究》，2006 年第 2 期。

[6]张俊翔：《索尔仁尼琴的坚守与孤寂》，《中国图书评论》，2007 年第 1 期。

[7]张建华：《新政治小说的新意识与新叙事——索尔仁尼琴九十年代短篇小说创作论》，《外国文学》，2009 年第 4 期。

[8]M.尼克尔森，张玲玲、郭舒曦：《契诃夫与索尔仁尼琴》，《戏剧艺术》，2011 年第 2 期。

[9]王立峰：《论索尔仁尼琴的知识分子身份》，《当代外国文学》，2012 年第 4 期。

[10] 龙瑜宬：《〈红轮〉与索尔仁尼琴思想的演变》，《外国文学研究》，2013年第6期。

[11] 龙瑜宬：《再论"红轮"：索尔仁尼琴的"两部分"小说》，《外国文学》，2013年第4期。

[12] 龙瑜宬：《索尔仁尼琴的历史观念与写作》，《国外文学》，2014年第1期。

[13] 龙瑜宬：《"落在两扇磨石间的谷粒"：索尔仁尼琴在西方（1974-1994）》，《俄罗斯研究》，2014年第5期。

[14] 赵海霞、许传华：《"索尔仁尼琴文学奖"与索尔仁尼琴的民族身份认同》，《俄罗斯文艺》，2016年第3期。

[15] 张桂娜：《生命意义的追寻——索尔仁尼琴核心思想的生成轨迹及其演进逻辑》，《学术交流》，2016年第1期。

[16] 张建华：《"文学场"与索尔仁尼琴文学创作的历史价值》，《外国文学》，2016年第3期。

第二十章

《言语的一部分》
——雕刻布罗茨基

约瑟夫·布罗茨基，苏裔美籍诗人，1940年出生在列宁格勒一个犹太知识分子家庭，自幼受到良好教育。因为血统问题，家道中落，不愿意让母亲辛劳，也因为对学校刻板教育的不满，他便退学走入了社会，先后当过车工、司炉、水手、医院太平间的杂工，还曾随地质勘探队到各地探矿，这些经历为他日后的文学创作打下了坚实基础。因为对诗歌的酷爱，业余时间，他开始写诗、译诗。然而完成的作品无处发表，便由"地下出版社"刊登，通过朗诵和手抄本等形式广为流传。

1963年，年仅二十三岁的布罗茨基发表了著名长诗《悼约翰·邓》，作为早期创作的代表性作品，他卓越的诗才很快崭露头角，受到一些名人的赏识。也正是如此，他受到公安部门的监控，时常被折磨，直至1964年，被法庭以"社会寄生虫"罪判处五年徒刑，送往边远的劳改营服苦役。在一些文艺界名人的帮助下十八个月后才被释放，他重返列宁格勒。

随后，布罗茨基写下的《山丘和其他》《诗集》《悼约翰·邓及其他》《荒野中的停留》等作品先后在海外出版，这更加惹恼了苏联政府。布罗茨基被驱逐出国，从此背井离乡，成为真正的流亡诗人。不久，他接受美国密歇根大学的邀请，担任驻校诗人，开始了他在美国的教书、写作生涯。

侨居国外期间，布罗茨基又以十多种语言出版了他的选集，其中尤以《诗选》和《言语的一部分》影响最大。此外，还有散文集《小于一》《论悲伤与理智》等。在短短的一二十年间，布罗茨基声名鹊起，成为当代最著名的诗人之一，被认为是继普希金之后最伟大的俄罗斯诗人。1987年，由于布罗茨基的作品"超越时空限制，无论在文学上及敏感问题方面，都充分显示出他广阔的思想和浓郁的诗意"，获得诺贝尔文学奖。

一、诗歌发现者

如果诗歌是一种物质，如果有人发现了这种物质，那么只能是他——约瑟夫·布罗茨基。

20 世纪，甚至整个人类，有那么多的伟大诗人，我们说他们创造了或者创造着诗歌，而如果要最终定义一个诗歌发现者，只能是他。

以"发现者"而不是"创造者"定位他，并没有把他看低的意思，也没有把他看低，恰恰这是他的本质，独一无二。

语言——诗歌的本质和灵魂，而他就是冷静的手术刀。他把诗歌转化为科学，提炼出诗歌的所有元素；他把诗人等价为物质，准确定位每一种物质的属性。

我们说，20 世纪的诗人有一块共同的"墓地"或者"标本室"，那就是他，几乎所有能数得上的 20 世纪最高的诗人都可以在他那里找到灵魂的质地，与他产生共鸣，无论俄语、法语、英语、德语、拉丁语、波兰语、意大利语、西班牙语的诗人，他几乎囊括所有。

1996 年，当他离开人间时，俄罗斯给他的悼念词是："20 世纪俄罗斯文学痛苦的历史，同布罗茨基一起，同他的诗歌和散文一起结束了。随着他的去世，我们时代俄罗斯诗人们的殉难史结束了。"其实，何止是 20 世纪俄罗斯文学苦痛的历史，应该是整个 20 世纪华丽的诗歌历史结束了。

他是一个俄罗斯人！他是一个俄罗斯人？

作为 20 世纪的俄罗斯诗人，他们不可避免地拥有着相同的苦难历史，某种共同的性格里的病态，某种共同的人格上的绚丽，或者乖戾，或者夸张，或者敏感，或者沉重，或者忧郁。而他却不。

作为一个诗歌发现者，同样拥有苦难历史的他却沉静、睿智、温和、谦逊、毫不张扬，从某种意义上来讲他就是诗歌领域的萨特，注定他要为 20 世纪俄罗斯诗歌的绚丽乐章和人物做一个彻底总结。他并不绚丽，但是绝对惊艳。他承受了足够多的苦难，但是他没有在苦难中燃烧，没有燃烧于苦难，而是分解与消化苦难，然后冷静地发出声音。

他从俄罗斯走出，然后站在世界的舞台上，以一个永恒的符号——"个体"矗立于世界，就像，在诗歌的物质世界里，作为永恒符号的"语言"那样矗立。

我们不说他拥有诗人的本质，我们说他拥有诗歌的属性和诗歌的物质。

我们不能否认作为诗人他所处的高度，但是我们更加肯定他作为"诗歌发现者"的地位更高。

1940 年，一个风雨飘摇的年代，世界即将沉浸在希特勒侵略的炮火中，而他降临在彼得堡。犹太人！这是他灵魂的标志，也是他智慧的标志。

人类最残酷的"二战"在他的童话里升起，又在他的童年里结束，生活充满炮灰和火药味道，他在惶恐中度日，跟着父母流亡各处。这是他最初的流亡。血统、战争和流亡铸造了他特殊的灵魂和敏锐的语言嗅觉。

战后，城市在废墟之上重建，他背着破烂的书包，戴着帽子，顶着大太阳在瓦砾中寻找弹壳，大街上人群繁乱，尘土飞扬，他不停地晃荡。

"犹太人！犹太人！"几个小孩子，同样背着书包在他屁股后面大声叫喊。

"奥斯维辛集中营"的阴影伴随着战争深刻地笼罩着他，"犹太人"成为一个特殊符号。

他转过头，瞪着小眼睛机灵地说："哪里来的犹太人？"

"犹太人！犹太人！你就是个小犹太人。"几个孩子仍然围着他嘲笑。

"我才不是呢，我也不知道自己是不是犹太人，你们胡说。"他高昂着头跑开。

那几个孩子站在喧闹的大街上，一脸茫然，争吵不休："他是不是犹太人，刚才是谁说的？"争执之中他们打起架来。

以这样一个身份，他是否注定要流亡和被放逐？没过几年，他感觉到，不仅是这个身份，还有他的灵魂，让他注定了流亡和被放逐的命运。

20世纪四五十年代，小说是属于卡夫卡和福克纳的。当布拉格病人死去，人们才意识到错过了一个多么伟大人物的存在，还好人们没有错过他的死亡；而活着的福克纳更是在西方世界引起轩然大波。年少的布罗茨基接触到了他们。放在现在，我们也很难想象一个十三四岁的孩子，是怎样完全理解卡夫卡和福克纳的现代世界的。

卡夫卡和福克纳的作品当然不能正大光明地进入俄罗斯，他读到的自然也不是俄文版，而是波兰文。为了看懂那些"怪诞"的波兰文字和更怪诞的"现代轨迹文字"，他对着波兰词典，一点点学习。他竟然能看懂，不仅是文字，而且是卡夫卡和福克纳。

同时，他也接触到第一个先知：波兰诗人米沃什，后来他称呼米沃什为最伟大的诗人之一。

然后，他走上"不归路"。

在自由的世界里寻找太阳、月亮以及隐秘在一切事物背后或其中更神秘的东西！这成了他生活的信仰。

他对铅灰的建筑、厚厚的砖墙、生硬的语言口号或者所谓制度、教条不再有感觉，站在大街上他更喜欢沉静地看着天空或者远方，天空的上面是什么，街道的尽头是什么？尽管人们仍旧对他指指点点："犹太人！"他已经不会逃避，因为他听不到。

他与所有人都不一样，尽管外表看上去大同小异，他心里却清楚。

放逐！这个词应该怎样定义？在他这里有主动和被动之分。当个体与整体完全不一样的时候，实际上已经是一种放逐，不管是向着更高或者更低，都是放逐。茨维塔耶娃的定义"诗人生来就是被放逐的"应该被雕刻到大理石上！

而他此时已经被放逐了，所以他注定成为一个诗人。

十五岁，他背着书包，穿过大街，他看不清楚任何一个人的脸，也听不清任何一个声音。然后，他走进学校笨重的大铁门，他不知道自己到了什么地方。步入教室，坐在位子上，他不知道该干什么。

"约瑟夫！约瑟夫！"老师在讲台上叫他的名字，他却无动于衷，全班一阵大笑。

老师愤怒了，走到他身边，大叫："约瑟夫·布罗茨基！"

他突然惊醒，站起来，答应："哦，知道了！"

然后他抓起书包，跑出教室，碰掉了老师手中的教本。他跑得匆忙，脸上挂着奇异而平静的表情。所有的人都对他感到茫然。

他是在答应谁？他知道了什么？

他在答应内心的自己，同时知道了自己的道路。后来，他在《那不是缪斯口中含水似地沉默》里这样写道："今日我们就要永远分手，朋友。／在纸上画一个普通的圆圈好了。／这就是我：内心空空如也。／将来只需看上一眼，随后你就擦掉。"

就那样，他离开了八年级的教室，从此再也没有回到学校。

离开学校，他是为了找工作，通过自学，寻找某种神秘。他找了各种各样的工作，很可惜，他都不满意，因为找不到那种神秘。后来，他找到了一份满意的工作。

他不经意地从医院门前经过，那里放着一张巨大的招工广告，可是来往的人或者不屑一顾，或者落荒而逃！

"好工作！众人不接受的可能恰恰适合我。"他想着走了过去。仔细一看，正是他想要的：太平间运尸工！

他做了运尸工。第一次近距离见到尸体，他十分恐惧！恐惧感正是他想要的，他十分高兴。

渐渐地，他熟悉了尸体这东西。他开始翻看太平间里的尸体。在人多的时候看，在一个人的时候看，白天看，黑夜里看。他能体会到各种感觉。

每当有新尸体被运进太平间，他即便端着饭碗也要冲进去。他要去感觉与一具尸体、一群尸体对面而坐，悄无声息地，去获得某种至关重要的隐秘。

如果说诗歌是某种物质，死亡也是一种物质，那么无疑死亡是距离这种神秘最近的物质之一。他虽尚且不知，但是有感应！

然后，当他对尸体已经麻木，他便选择离开。他加入了探险工程队！

跟着探险队，他可以在夏天的时候到边缘的荒野沙漠，冬天的时候到遥远的西伯利亚。

大自然同样是距离诗歌的神秘最近的物质之一，他仍旧尚且不知道，但是有感应。

他又自学了英语，仍旧每天在读"现代的声音"，包括威廉·叶芝、莱昂·里尔克、W. H. 奥登、罗伯特·弗罗斯特、T. S. 艾略特和17世纪英国的玄学派诗人约翰·邓恩，等等。

他也开始发表诗歌，但是诗歌都是以手抄本于地下流行。

这个时候，其实他所在的位置距离死亡很近，他的位置是边缘和遥远，或者说他正在往边缘和遥远站队。

放逐这种诗歌的物质属性他一开始就拥有！其实，他已经被放逐，只是他还不知道。

二、诗歌的语言定律

磨难！同样是诗歌的物质属性的一种。仿佛他知道他需要这种元素，或者诗歌需要这种元素！所以，他清楚自己是"被流放"的，仍旧不停地发出声音，制造一场"所谓判决"，然后进入监狱；所以，那个时候，他可以那样坦然，也竟然可以那样平静，他是准备去获得这种诗歌的物质属性的。

都说他是20世纪俄罗斯痛苦的历史的见证，都说他是联系俄罗斯诗歌现在与过去的纽带。他是怎么连接过去的？

　　是的，布洛茨基很不走运，他错过了茨维塔耶娃；是的，他也走运，没有错过阿赫玛托娃。从阿赫玛托娃那里，他又重新得到茨维塔耶娃，然后在近半个世纪以后宣称："茨维塔耶娃是20世纪最伟大的诗人。"

　　在彼得堡，他加入了几个志同道合的青年组成的"彼得堡集团"，奈曼就是其中一员。奈曼，《哭泣的缪斯》的作者，"哭泣的缪斯"自然指的是阿赫玛托娃。所以这个集团和阿赫玛托娃的往来十分密切。布洛茨基也就有机会见到阿赫玛托娃和曼德尔施塔姆的遗孀娜杰日达。

　　20世纪50年代末60年代初的阿赫玛托娃仍旧处在被半监视的状态，可以说是一个边缘人。可是布洛茨基们不怕，布洛茨基们爱。

　　在挂满领袖画像的世界，在贴满标语的世界，在到处呼喊口号的时代，在人们崇拜一个人的时代，他却不，他崇拜着诗歌，崇拜着另一个人。穿着沾满机油的工人衣服，手掌被磨砺得厚大粗糙，头发干涩，喉咙嘶哑。但是，能够这样叫她一声"安娜您好！"真是幸福，能够在阿赫玛托娃身边朗诵一句诗歌真好。

　　老诗人见到他们也高兴。毕竟她是孤独的，她在寻找某种应和，而他们不畏惧地向她靠近。他们围在她的身边，侧耳聆听她的语言，有的兴奋，有的儒雅，有的热情，布洛茨基则永远是沉静内敛地站在屋子的角落里，靠着箱子，一言不发，除了朗诵诗歌。

　　老诗人讲到"曼德尔施塔姆"时眼中有泪，讲到"古米廖夫"时脸上的皱纹便增加一寸，讲到"茨维塔耶娃"时声音洪亮。她把她的时代的所有都告诉给他们。

　　久而久之，布洛茨基对于四大诗人熟悉得像掌纹！

　　可是，谁都知道四大诗人全部是边缘和遥远的角色，这也注定他要走向彻底的边缘和遥远。

　　而他给老诗人留下了极好的印象。老诗人和娜杰日达闲时聊天，也会说起他们这群年轻诗人。

"你怎么看这群孩子？" 娜杰日达说。

"我们的时代注定已经过去了，你还希望能够在他们身上复活？"她用苍老的声音说。

"难道你没这样想过？不然你不会给他们说。" 娜杰日达笑着说。

"我是这么想过，可是更多的是希望他们被记住，而不是重新复活。"她说，"在这里复活意味着他们很危险。"

"我在布洛茨基身上就看到这种危险。" 娜杰日达毫不掩饰地说。

"他！"老诗人说，"他是最特别的一个，总是很少说话，但是很敏锐。"

"你是不是看到了那个时代？在他那里。" 娜杰日达问。

"不能这样说，他的确很不一样，将来——如果他能活得足够长，那么能走得很高。"老诗人说，"不过他不是我们，你看他像我们哪一个？一个都不像。他是独立的一个。"

"你把他看得太高了，竟然与你和奥西普并列了。" 娜杰日达笑着说。

"你不相信？那就看看吧——如果还能活到那天的话。"老诗人指着娜杰日达的鼻子打趣地说。

没错，布洛茨基是最特别的一个，他不同于四大诗人，或者可以说不同于他们的整体，整体并不代表更高，但是整体恰恰没有让他失去一个"个体"的姿态。

同样没错的是：他注定是要遭罪的。

1963年，他以独特的声音说话，声音的确是边缘和遥远的。《悼约翰·邓》并没有席卷俄罗斯，因为这个时候的俄罗斯是凝固的。所以这个他的声音只能在厚厚的砖墙之中行走。只是在后来，《悼约翰·邓》逃出俄罗斯的砖墙才瞬间席卷世界。

但是，即便他的声音只是偷偷地走了几步，他也注定要被逮到。

1964年，一个黑色的黎明，有人破门而入，把他从床上拉下来。他看不清这群人的脸，他问："你们要干什么？"

　　"你就是约瑟夫·布罗茨基？"嘶哑的声音穿透夜的盲。

　　"是的，我是！"布罗茨基平静地答道。

　　"那么跟我们走吧。"

　　"等我拿几件衣服。"他说，这个时候他彻底平静下来，因为他仍旧看不清那几个人的脸，所以他发现了某种隐秘。他一下子明白了这些人要干什么，也明白了他将被怎样。

　　出了大门，他被按进一辆吉普车，两个男人坐在他两边。他终于看清楚他们的脸，脸上没有任何表情。

　　他也没有任何表情地问："我被定了什么罪？"

　　两个男人不说话，把头歪向一边。

　　他被关进拘留室，等待审判。阿赫玛托娃发动诗人和艺术家来看望他，并且四处奔走组织营救。可是，面对着关心他的人，他平静地说："谢谢你们的到来。不过这个罪我是要受定了，估计也是必须受的。"嘴角泛出几丝苦涩，再也没有任何表情。

　　尽管众多的人为他奔走，他还是被带上法庭，没有审判，直接宣判："社会寄生虫！判刑五年。"然后签字画押。这个时候他自信地说："我不但不是一个不劳而获的人，反而是一位能为我的祖国增添光彩的诗人。"

　　听到他的话，哄堂大笑。看着几天里，在看守所中被折磨成小老头样的年轻人，人们认为他在痴人说梦，异想天开。

　　"你赶紧滚蛋！"没有人想多看他一眼，他被带走，去遥远的边疆劳改营服役。

　　可是，他的确是冷静的，在他心里早已经预感到这场审判，他坦然面对。没有再比那里更好的地方了。监狱对他意味着什么？

　　福克纳说："艺术家最好的工作环境是妓院，它上午清静，便于写作，晚上人多热闹还有烈酒，利于交谈。"于是，迷恋福克纳的马尔克斯就搬到了波哥大的一家叫"摩天大楼"妓院去住。最高的文学总是"被放逐"

于普通与平凡之外的，或者说更普通更平凡。

监狱和妓院有什么类同？监狱对他来说意味着某种隐秘，失去自由的隐秘。而在那个时代，在那里，监狱意味着苦难和伟大的必需。所以在那之后，俄罗斯只出了两个世界级的作家：索尔仁尼琴和他。不同的是索尔仁尼琴在监狱里是炽烈的，所以发现了良心；而他在监狱里是冷静的，所以发现了诗歌。

现在，他必须去发掘那里的一切。

监狱的确是最糟糕的地方，在俄罗斯北部阿尔汉格尔劳改场，屎尿到处流，睡不足，穿不暖，皮肉总是受苦的。但是，监狱的夜是最深的、最寂静的，人也是最老实的，他可以彻底安静下来思考。更重要的是，恰恰监狱里不会再有监狱，审判里没有再审判，遭罪中没有再遭罪！也就是说，进了监狱，他的所有的"社会寄生虫"行为都变成了"合法和自由"。他可以肆无忌惮地构思、阅读与书写。

所以，他在那里发现了诗歌最基本的元素：言语；或者说他发现了世界上最伟大的灵魂：W. H. 奥登。就在某一天，他在杂志上看到了奥登的《悼叶芝》：

> ……
>
> 时间可以容忍
>
> 勇敢和天真的人，
>
> 并在一星期里漠视
>
> 一个美丽的躯体，
>
> 崇拜语言和原谅
>
> 每个它赖以生存的人；
>
> 宽恕怯懦、自负，
>
> 把荣耀献在他们脚下。

……

　　一个思维镜像突然在他脑子里定格：时间崇拜语言！

　　他整整失眠了一夜，白天他拖着疲倦的身躯参加劳动竞赛，他不想成为做工最少的，否则他连冷的剩饭都没得吃。在极度的营养不良之下，然后是第二夜、第三夜的失眠。他疯狂地安静思考和写东西，然后欣慰地蒙头大睡。监工到处找他，找不到，然后破门而入，皮鞭、大棒落到他的被子上，他也感觉不到疼，流出鲜血，他也麻木。

　　因为，他找到了他要的：发现了诗歌的定律，像牛顿发现万有引力一样。

　　这个时候，他对监狱已经没有感觉，他需要出狱了。果然就是这样凑巧，在彼得堡众多文艺界人士的共同斡旋之下，他被囚禁十八个月后就走出了黑色的监狱大门。

　　回到彼得堡，他开始了某种"科学实验"式的诗歌创作，先后出版了《韵文与诗》《山丘和其他》《诗集》《悼约翰·邓及其他》《荒野中的停留》等诗集，影响及于整个世界，他成为最特别的、高的、有整体存在的个体，可惜阿赫玛托娃看不见了。

　　而基于对奥登的神往，他的诗集英文版在英国发行时，他特别声明想请奥登作序。老奥登见到这位俄罗斯人的诗歌，甚为折服，欣然同意。

　　这个时候的布罗茨基仍旧是一个纯粹的诗人，还没有以散文或者论文的形式解剖诗歌。但是，也仅仅是形式问题。事实上，他的"创作诗歌"正是他"发现诗歌""解剖诗歌"的一种形式，或者说本质形式。

三、被流放到大师身边

　　他已经足够高，他还需要更高。

　　他的更高怎样获得？当流放变成一个"实体"，所有的人都发现：布罗茨基是被流放的。那么他就更高了。

当他被流放，他见到了大师，大师从一个概念或者说真实的文字变成更真实的体验，会产生某种更隐秘的物质，那么他的高度再次增加。

从某种意义上来说，他的属性决定"诗歌的科学"在他那里和祖国一样重要，他是为了"诗歌"这个整体性的世界概念而存在的。在这一点上他和 W. H. 奥登、T. S. 艾略特是同质的。

当奥登先是跟随叶芝，后从英国到美国，又从美国到英国，他不再有"美国人"或者"英国人"的概念，在诗歌的概念里，国度消失了，他的诗歌是一个世界性话题，他的诗歌也成了理性诗歌或者说哲学诗歌——深刻却不带有温度，同样，后来艾略特也从美国来到了英国寻找奥登，最终成就了《荒原》。但是，当诗歌真的成为哲学或者科学，预示着 20 世纪后来的诗歌和最开端的不再相同，或者说诗人不再相同：诗歌不再是诗人燃烧自己的产物，或者说诗人不用再燃烧自己然后化成诗歌。一个典型的标志就是：这些诗人的爱情不再让人惊骇，爱情不再左右诗歌的创作。布罗茨基一生的创作就与爱情没有任何关系。人们可以说这是更功利了，但是，无疑也更理性了，或者说某种更合理。

在那时，布罗茨基本质里其实是某种"反叛"，他早已经是"被放逐"的。他——一个人们眼里的"社会寄生虫"已经在那里发声很久，声音已经足够大，人们再也不能容忍。终于"流放"成为一个实体，从精神转移到形体上。

1972 年，他接到通知："约瑟夫·布罗茨基，你已经成为这个国家建筑里的蛀虫，国家不需要你，你也不再属于这个国家。"

这是他早就可以预料的，他的一首又一首《哀歌》已经把他的位置推向最边缘。尽管他足够冷静，这一次，他的心脏还是抽搐了，脸上写满苦涩。他用最后的坚毅说："没有挽回的余地？我不想离开俄罗斯。"

一个声音说："你必须走，蛀虫！"

他一夜醒着，沿着涅瓦河行走，沿着彼得堡的大街行走。他去看了以前和父母一起居住的老房子，去看了被岁月和"犹太"二字折磨了半生的苍老的父母。他也去了喷泉街，在阿赫玛托娃以前住的老房子下面徘徊。起了风，他感觉到冷，然后流泪。写下《古格拉群岛》、获得诺贝尔文学奖的索尔仁尼琴在他之后也被剥夺国籍而流放，可想而知当局对他畏惧到了什么程度。

"我失去了俄罗斯！"他这样对自己说。

天亮了，他平静地说："好吧，我离开。你们要把我驱逐到哪里？"

一个洪亮的声音说："犹太人——那么回你的老家去吧，以色列！"

"我同意出国，但是拒绝去以色列。"

"你要去哪里？"

"送我去奥地利，维也纳。"

"维也纳？"那个声音有些惶恐，"为什么要去维也纳？你等回复。"

回复终于来了，他被批准去维也纳，但是被拒绝再回到俄罗斯。

他为什么要选择维也纳？因为暮年的奥登正在维也纳，而这个时候的他像"时间推崇语言"一样推崇奥登。

一位大师是怎样影响一位后来的大师的？马尔克斯没有成名之前，模仿过卡夫卡、伍尔芙、福克纳，他甚至可以把他们看成自己的灵魂，对他们熟悉得像嘴唇。但是，这些人对他的影响似乎都比不上海明威。

《老人与海》和《百年孤独》的距离有多远？大概只是隔了一条巴黎的街道。

当马尔克斯一个人从南美大陆来到欧洲重新拓荒的时候，他是踟蹰的。过往的一切荣耀似乎都成了虚妄，掩入岁月的背后。他需要一次升华，或者说肯定自己的位置。

在巴黎，他依旧是流浪，道路在哪里？他坐在塞纳河左岸的露天咖啡馆，苦涩地品尝生活的味道。他无聊地朝街对面的咖啡桌张望，然后，在人群之中看到了一个人：海明威。海明威正在收拾他的钢笔和纸张，看样子就要走了。

马尔克斯激动万分，脱口高喊："大师！"

对面的人群都投来目光，唯独海明威还在匆匆收拾东西。回应目光的人因为不是大师而诧异，默然不动的大师则心里清楚是在叫自己。

海明威站起来，朝马尔克斯这边挥手，高喊一句："朋友，再见！"

马尔克斯看见他发声，然后离开，直到他的背影消失。马尔克斯确定大师是在对自己说话，尽管大师没有看清楚他，他却肯定了自己的存在，以大师的名义！

20 世纪的文学历史，像卡夫卡这样的一个人的创世纪毕竟太少，像茨维塔耶娃这样的绝对天才的疯狂燃烧毕竟太少，更多还是像马尔克斯这样的从大师走向大师的方式。而在这个方式中，马尔克斯成为大师前后的距离仅仅是远远看见了并且听见了海明威，仅仅是很肯定海明威看见了他并跟他说了一句话，仅仅是一条巴黎的街道的距离。

同样，奥登成为大师离不开他对叶芝的跟随，而艾略特成为大师也离不开奥登的肯定和帮助。

纵观布罗茨基的大师之路，也逃不掉这样的轨迹。在他的道路上，决定性的大师一个是阿赫玛托娃，另一个就是奥登。

他到达了维也纳，奥登不会拒绝他，而是在等他。奥登知道，如果拒绝他，等于拒绝自己。

"大师！"当奥登出现在他面前时，衣衫褴褛、满脸疲惫的布罗茨基已经身无分文、没有祖国，甚至处在别人的监视之下，随时都有可能毙命。他是那么激动，所有的诗歌和言语此刻都回归到一个真实的站在他面前的老人身上，老人看上去同样衣衫不整，尊容狼狈。但他也相信找到了知音或者依靠。

"你就是约瑟夫·布罗茨基？知道你要来，我等你很久了。"奥登说。

"俄罗斯我已经回不去了！"他说。

"我听说了。你打算去哪里？"奥登说。

"不清楚，我在国外没有认识的人。"他说。

"可是国外有很多人认识你。"奥登宽慰他说，"比如我，我会尽量帮你。"

布罗茨基心里很暖，仿佛一个孩子见到了父亲。

奥登补充说："虽然在国外，也不见得安全。有些人可以见，有些人则不能。我安排。"

他在维也纳待了几星期。他发现奥登几乎是神经质的，每天抱着酒瓶，拿着香烟，喝得醉醺醺，神志很少清醒，不知道时间，甚至不知道男女厕所。然后，他发现了奥登的性的隐秘：这个老头原来是个同性恋。

但是，这就是奥登的风格，一个诗人的隐秘的自由，活着就要像自己一样的活着，不堪的日常生活正是不寻常的精神生活的表现。从某种意义上来讲，诗人宁愿醉着，诗人不想每天醒来都面对同样一个问题——我是谁？就像博尔赫斯所说："清晨醒来，对着镜子，发现我还是我，这真糟糕。"

虽然，奥登的生活一塌糊涂，但是，在布罗茨基的问题上，他是十二分的认真。经过奥登的斡旋布罗茨基安稳度过了最初的流放阶段。然后，他安全了，也平静下来。随后，与奥登一起赶赴英国伦敦，没有地方住，奥登把他安排到老友史蒂芬·史班德的家中过夜。

两天后，他接到一个俄语电话，声音让他惊喜，是任牛津大学教授的俄罗斯人以塞亚·伯林邀请他喝茶，这又是奥登的牵线搭桥。这位曾经在俄罗斯给过阿赫玛托娃无限爱的男人，同样给了最脆弱和柔软的布罗茨基关爱和开导。伯林给他的建议是去美国，因为欧洲并不怎么安全，这和奥登不谋而合。

再后来，经过奥登安排，布罗茨基参加了当年的国际诗歌节，奥登资助了他一件像样的衣服，让他不用像流民一样行走。他失去了祖国的温暖，却得到了诗歌的保护。这个时候，他发现果然国外有很多人知道他，他也知道这离不开奥登的倾力相助。

他去了美国，凭借奥登和美国诗人协会的联系，他得到一千美金，度过了到美国后的最初一段时间。

1973 年 9 月 28 日，奥登离开了人间。这个时候，布罗茨基刚刚在美国站稳脚跟，成为密歇根大学的驻校诗人。或者他就是为了见布罗茨基一面，以完成某种责任；又或者他是为了让布罗茨基见自己一面，然后活着成为一个大师。

的确，奥登不仅曾经给了他诗歌的启示，也给了他活着的可能和重新生活的道路。

后来，坐在美国的土地上，他温情地回忆说："那几个星期，他像刚孵出小鸡的善良母鸡那样看管我的事情。"

他回忆当年在史班德的家里和诗人一起用晚饭，诗人的身体苍老瘦小，而椅子不够高，所以主人家垫两本《牛津英语词典》在他的身体下。他说："我看到唯一有资格用那两卷词典当坐垫的人。"

后来，他一直把奥登看作是先知，是 20 世纪最伟大的心灵，他形容他们之间为"神交"，是用灵魂触摸，无关两个男人的唇际和身体；他模仿奥登的文字用英文写作，水平甚至达到和超越了奥登；他用几万字的篇幅来分析奥登的《一九三九年九月一日》，希尼情不自禁地说："布罗茨基对《一九三九年九月一日》所作的逐行评论，是对作为人类一切知识的清音和更美好的精神的诗歌所唱的最伟大的赞歌，如果可以用评论一词来形容这篇如此欢腾、如此舒畅和如此令人心旷神怡的权威文章的话。"

可是，布罗茨基却说，如果他对奥登的模仿有一点相像，那么都是对他的恭维。他对大师一生虔诚，虔诚得就像面对"语言"！

四、啊，美国！

美国，是一种姿态；美国，又是一个旅馆。美国，更意味着异乡人对另外世界永远的眺望。

背着硕大的背包，穿着粗布衣服，一脸苦难的风蚀，眼神透射出典型的俄罗斯式的苦涩，攥着一张褶皱的机票和一封褶皱的介绍信，布罗茨基来到了美国。

"Welcome to USA！"机场广播不停地播放这个声音，然而，他的出现仿佛不合时宜。他听不清楚"美国的语言"，是英语、法语、日语、汉语或者是西班牙语；也看不清楚"美国人的脸"，是黄色皮肤、棕色皮肤、黑色皮肤或者是白色皮肤。这就是美国。

走出机场的瞬间，几辆出租汽车同时停在他的面前，司机等待着他上车。而他拒绝，没有登上任何一辆。

钢筋水泥和柏油的世界里，高楼林立，人潮涌动，汽车川流不息，乡村音乐、摇滚音乐、古典音乐混合在一起，西服、礼帽、领结、皮鞋到处晃动，还有红唇、金发的摩登女郎露着妖艳的裙底。美国的气味很难描述，美国的颜色捉摸不定，他开始眩晕。

"美国怎么这么热！在俄罗斯的这个季节，白桦树已经开始落叶了。"他默默地念道。

戴着帽子的儿童跑过来向他兜售报纸，他伸手把儿童支开；墙角摆地摊的流浪汉要给他擦皮鞋，他连声叫"NO！NO！"；挤着深深的乳沟的女人从门里招呼他进去休息，他忐忑不安地快步走开。

他还是叫了一辆出租车，黑人司机热忱地帮他提行李。汽车启动，黑人司机问他："去哪里？"

他闪烁着目光说："诗人协会。"

黑人司机大声说："我不知道。"

他从怀里掏出那张褶皱的滚烫的介绍信，用蹩脚的英语说："地址在上面。"

随后，黑人司机喋喋不休地说话，仿佛说唱音乐。

黑人司机兴奋地说："你不是美国人，我知道你是从哪里来的！"

布罗茨基没有说话，看着车窗外的高楼，一切都真实在眼前，一切却遥远得陌生，这就是美国。

黑人司机说："我想你是俄国人！看到你第一眼我就知道。是不是？"

布罗茨基仍然沉默。黑人司机笑着说："被我猜中了？所以不说话——我拉过很多俄国人，大鼻子的俄国人身上有一股特别的味道，就像我们黑人一样。"

布罗茨基皱着眉头说："我是俄国人。"

黑人笑着说："果然没错——你来对地方了。"

布罗茨基说："你是说美国我来对了？"

黑人说："你认为美国是什么？"

布罗茨基表示愿意洗耳恭听，黑人不屑地摊开手说："美国什么都不是！——在美国你什么都是，也什么都不是。美国不是一个国家，只是一个地方，没有灵魂。看看那些衣冠楚楚的高傲的白种人，他们什么都不是，没有灵魂。"

布罗茨基不说话，黑人司机则滔滔不绝："在美国你可以代表任何人说话——地球上没有美利坚——美利坚不是一个民族，我可以说我是美国人，但是没有意义，只有你自己。"

布罗茨基轻轻地说："这很好。"

黑人司机说："这一点都不好，美国人都有房子，但是没有家，我可不想待在这个糟糕的地方，人人都在为自己说话。"

布罗茨基到了诗人协会，很幸运，因为有奥登的推荐信。诗人协会人员说："听说了你的情况，我们会尽量帮你，留下你的通信地址，我们联系你。"

布罗茨基很惊诧：美国诗人说话没有任何表情，不是冷酷，而是冷静，仿佛远离一切苦难。但是，没有苦难他们靠什么去获得感觉？同样他现在没有任何感觉——对美国人。

他说："我还没有住的地方，过几天我再来。"

这个时候，他仿佛是一个乞丐。

他在附近找了一间简陋的旅馆，旅馆是一个白人开的，那个白人和他盘算好水电费、杂务费，给了他钥匙。他开了房门，里面什么都没有，半晌，他想要一壶水。房东说，可以，但是要加钱。

在美国，一切都是要讲钱的，可他却是个穷光蛋。

他在那里勉强住下，然后，尝试着找点事情做。结果，事与愿违，他的英语水平很差，想找到一份可以过日子的工作很难。毕竟他是写诗歌的，可是，他只会写俄文，而这里不需要俄文。

这个时候，正值美国经济大萧条，他能感觉到物价的上涨。尽管，白天城市喧闹得像一锅粥，晚上无数的灯火又若无其事地亮着，可是在街道上随便走一圈都可以看到三两个流浪汉躺在街头的长椅上，盖着报纸睡觉。

夜深人静的时候，对着陌生的美国黑夜，听不到口号，也闻不到刺鼻却温暖的煤气，桌子上放着他没吃完的牛肉和面包——美国的牛肉和面包没有俄罗斯的好吃。尽管祖国是一个苦难的地方，尽管来到这里，没人再过问他的行走，但是，他没有一丝喜悦。一个人在一个地方住习惯了，总习惯于称呼那里为家，即便是监狱，一旦习惯，都是家，更何况那里有自己的亲人和家族。

而这里，没有灵魂，也没有根。这里你的确可以做任何想做的自己，但是恰恰这个时候不再是自己。米兰·昆德拉后来的著名的隐秘语言"生命中不能承受之轻"就是这样：人不怕承担重量，沉甸甸的苦难把人压向大地，可是这样人很踏实，因为距离承载自己的大地更近，所以自己是存在的、清楚的；反而，没有任何负担，人就轻了，轻的人会飘到天上，会离开原本，再也看不清楚自己，也就没有感觉。

可是，他不要，他要抓住自己的魂，看清楚自己的根。他清楚他的颜色和温度——都是俄罗斯的——他要让躯体在美国这片什么都不是的土地上活着，然后，把思想全部都给俄罗斯和诗歌。

很幸运，他得到了诗人协会的资助，也得到了密歇根大学的邀请，成为驻校诗人。他已经衣食无忧。

1977 年，他获得美国国籍，后来进入美国艺术与科学学院，成为全美艺术与文学学会会员、巴伐利亚科学院通讯院士。

可是在他而言，所有的荣誉都只是让躯体存活的资本，躯体活着，是为了承载思想，承载俄罗斯。美国只是一个表面的符号，更深的地方是俄罗斯。苍白的美国只有金钱，没有隐秘，诗歌的隐秘或者思想的隐秘，他的一切关于思想和诗歌的隐秘都要从俄罗斯那里获得。像茨维塔耶娃一样，表面上看他是这里的，其实，他是那里的。他也把诗歌的创作转向散文的形式，甚至开始用英文写作，只是英文的形式下藏着俄文的灵魂。

一个来到美国的外国人，不管你是否被流放，都代表着流放。

1987 年，十几年过去了，他仍旧只能用"美国人"这个身份去理性地隐藏，他在美国已经是名人，但是，偌大的美国，对着任何一块土地，他都不能肯定地说出"这里是我的"，或者说出"我是这里的"。他必须用"俄国人"这个身份去炽烈地绽放，向一个帝国和整个人类发声。幸运的是，他不用总是问自己："俄罗斯在哪里？"他还可以向自己说："诗歌在我这里。"诗歌的存在让他丢失"美国"这个概念，而获得了"世界"这个镜像。

那一天，他刚刚从斯德哥尔摩回来，他心里清楚，这不是美国的荣耀，而是俄罗斯的辉煌。大洋彼岸，一个帝国正在他的宣言里渐渐疯狂，却步步走向倾圮，随着他在世界讲台上的话语，一个时代就要结束。他无法高兴，尽管人们把最伟大的奖项给了他，可是俄罗斯在呻吟。

而在这里，人们早已经习惯这个荣耀，荣耀让这里的人麻木，人们对他的反应变得机械，只有在学校，他的学生簇拥着他，向他祝贺，路上擦肩而过的几个教授则冷静地对他微笑，可是这一切他都没有感觉。

夜幕下，他回到社区，静悄悄一片，人们是否都已经熟睡？未必！

当他走到社区中央，四周突然亮起辉煌的灯火，然后，烟花四起，接着是人们的掌声。

"祝贺您获得诺贝尔文学奖！"人群中响起一致的声音。

这一次，他看清楚了那些人的脸：亚洲人、欧洲人、拉丁美洲人，甚至非洲人。

他笑了，他激动地说："谢谢！谢谢！"

世界的人们并没有把他遗忘！

人们给他送来伏特加，送来鱼子酱，送来白桦树枝，甚至送来一捧白雪和一捧黑色的泥土。"俄罗斯人，请享用这些。"人们这样默默表示。

他坐在宽大的书房里，看着这些东西，电话一个接着一个，但是没有俄罗斯的声音。他很希望能够有俄语在电话里出现。可是没有，那么应该失落吗？

俄罗斯在他灵魂深处张开，故乡的岛屿在他心脏里发芽。活着，像一个美国人一样活着，然后等待死亡，等到死了，他就可以回故乡了！

俄罗斯，你在哪里？你在美国的名字下面，实际上你在美国的上面。

五、《言语的一部分》：时间的仓库

这是一个能将任何具象的物体写入诗歌的诗人，也是一个能将令人着迷的虚象融入诗歌的诗人。布罗茨基对生活具有敏锐的观察和感受力，思想开阔而坦荡，感情真挚而温和。他的诗充满了俄罗斯风味，特别是在流亡国外之后，怀乡更成为他的重要诗歌主题之一。在艺术上，他始终"贴近两位前辈诗人，阿赫玛托娃和奥登"，追求形式上的创新和音韵的和谐。1987年，由于他的作品"超越时空限制，无论在文学上及敏感问题方面，都充分显示出他广阔的思想和浓郁的诗意"，步入不惑之年不久的他便获得了举世瞩目的诺贝尔文学奖。

请看《给一位考古学家的信》，他是这样写的：市民，敌人，胆小鬼，寄生虫，十足的垃圾，叫花子，猪，犹太难民，疯子；一张头皮如此老被滚水烫伤，使得双关语的大脑感到被煮熟了。别碰我们的名字。别重组那些元音，辅音，诸如此类：它们不像百灵鸟，而像一条发狂的大猎犬，它的咽喉吞食，它自己的痕迹、粪便，还有吠叫，还有吠叫。

在《为一个半人马怪而作的墓志铭》中，他写得很富哲理：说他不快乐，等于说得太多，或太少，还要看谁是听众。不过，他散发的味道还是太难闻了点，他的慢跑也很难跟得上。多年来，他像一团云，游荡在橄榄树丛里，对单腿，这不朽之母，感到惊奇。他学会了对自己撒谎，并因为没有更好的同伴而索性把撒谎变成一门艺术，也用来检查他的心智。而他挺年轻就死去了——因为他动物的一半，证明不如他的人性持久。

布罗茨基有一部《小于一》的诗论。这部书有着杰出的想象、清晰的理智和卓越的创见，其价值堪与他主要的诗选《言语的一部分》（*A Part of the Speech*）（1980）和《致乌拉尼亚》（1988）比肩。在《小于一》中，作者对包括奥希普·曼德尔斯塔姆、安娜·阿赫玛托娃和玛丽娜·茨维塔耶娃等杰出诗人作出了令人信服的权威评论，他们是布罗茨基最感亲切的前代诗人。这本书还包括两个短篇的重写过去的自传佳作，那是有关他父母的回忆录，还有与此书同题的关于在 20 世纪 50 年代的列宁格勒麻木无聊中成长的文章。另外还有几篇游记，例如，伊斯坦布尔之旅使他对第二和第三罗马帝国（也就是君士坦丁堡／拜占庭和莫斯科）进行了深度思考，进而引出西方对于他这样的西方化的俄罗斯人的意义。最后，两篇专业性很强的文学批评对他特别钟爱的单篇诗作进行了说明阐释，它们后来成为布罗茨基压箱底的文章。

在世界诗歌史上，艾略特既是优秀的诗人，也是优秀的诗评家。而同为诺贝尔文学奖获得者，艾略特的文学成就，似乎只有布罗茨基能够与之相提并论。而后者却是如此年轻，更为重要的是，他还是一个异乡的漂泊者，一个游离于故乡和异乡的精神幽灵。

值得指出的是，布罗茨基是在苏联社会成长起来的，他首先生活在斯大林时期，然后别无选择地进入赫鲁晓夫和勃列日涅夫时期相对温和的政治气候中。他于20世纪50年代开始写诗，但是，像拒绝接受苏联的美学规范的其他作家一样，他的写作遇到极大的麻烦，仅仅在本国发表过几首小诗。

原因在于，布罗茨基的创作涉及了在苏联被视为禁忌的主题，比如，纯粹哲学的和《圣经》的主题，这样做虽然是误入禁区，却革新了俄罗斯板结已久的诗歌。他以一种既有创意又丰富多变的诗歌手法和一种崭新的反讽与敏锐丰富了俄罗斯文学。在近乎文化隔离的环境中，他热切地聆听每一种可能听到的声音。他的作品呈现许多令人感动的文学怀乡，也许可以视为他们那一代成长历程的缩影。

在当时的文化氛围下，过于标新立异和追求独立的个性难免不受到惩罚。要对付一个手无寸铁的"文化异类"，国家机器有一整套行之有效的惩罚方式。这不，年轻的布罗茨基就被标称为一个"叛逆的寄生虫"。他因此被捕，在1964年一次滑稽的审判之后，他被放逐到俄罗斯北部去改造。这个不思悔改的家伙在那个恶劣的环境下，却进一步思考了人类深层的问题，当然，他不会按照官方所希望的那种方式去思考。

放逐期间，布罗茨基发展了他的诗歌技巧。作为一个诗人，他日趋成熟。在苏联文艺界一批有良知的人士的持续呼吁和西方知识分子的抗议下，他于1965年未服满刑期提前获释。

重返列宁格勒后，布罗茨基待在故居，直到1972年被驱逐出境，这一次未经审判便遭到永久的放逐。正如大家所知道的那样，他定居美国，改名为约瑟夫·布罗茨基，并入籍成为美国公民，直到二十四年后在那里孤独地逝世。

在美国，布罗茨基继续以俄文写诗，同时把他的许多作品译为英文。如果说，在英语领域他没有达到他在俄语中所达到的诗的高度，那么，他至少锤炼成了一个有才华的英语散文家。因此，作为一位作家，布罗茨基有双重身份：首先，就其天才而言，他是 20 世纪俄罗斯的伟大诗人之一；其次，他是英语语言的重要散文家。1987 年，瑞典斯德哥尔摩皇家学院奖掖他，为他戴上文学的王冠，理由是："由于一种富于思想的明晰和诗的激情的包罗万象的创作。"

有学者指出，正是这位诗人，他在不断聆听自己的声音，不断发展自己的语言，不断地走出另一种风格的路子的过程中，日益处于孤独之中。作为个体的布罗茨基，生长在那样一个社会，他无法服从社会的价值观，社会也拒绝接受他，因此，像茨维塔耶娃和曼德尔施塔姆一样，他被迫日益与那个社会隔离开来。被放逐到俄罗斯北部及八年后的境外流亡，只是一个内在过程的外部确证，这样的事情在别的国家也许较少富于这样戏剧性的转折。

布罗茨基本人把他的"迁徙"美国描绘为一次"帝国的改换"。不管如何去消解这种体验，它在本质上是无法改变的。他对时间的敏感和思考，超出了文学史上的任何作家。他坚持认为：一切较量中的劲敌，不是空间，是时间。决定布罗茨基的世界观的，就是对时间的这种领悟。"使我感兴趣的，始终最使我感兴趣的，是时间及其对人的影响，它如何改变人、摧毁人。另一方面，这仅仅只是时间对空间对世界的所作所为的一个隐喻。"时间统治一切。一切不是时间的东西，都得服从这个时间。时间是人的敌人，是人所创造和珍爱的一切事物的敌人："废墟是氧气和时间的战利品。"

在布罗茨基心灵深处,时间如影随形,紧跟着一天天衰老、死亡、化为"尘挨"的人，而尘埃，如他所说的那样，就是"时间的肉食"。关于"裂片""碎片""残片"等时间的切片，都是他诗歌中的关键词。

布罗茨基的一本诗集，题目就是《言语的一部分》。这本诗集可以视为他的代表作。在书中，他思考的核心是：人，尤其是诗人。他把诗人视为语言的一部分，而诗人采用的语言比创作者本人更为古老，并且，借语言之仆结账之后的时间，仍然会继续存活。既怀旧又求新的人，难免受到过去和未来的两面夹击。人们在生活中体验到的不愉快的负面的事情，实际上是来自未来的哭号，是力图在现在破土而出的未来的呐喊。唯一的阻止未来和过去接轨的事物，是由现在构成的短暂时期。

诗人为此写道：有一些城市，无法重逢。太阳在它们冻结的窗口抛掷金光。可同样没到入口，没有合适的数量。始终有六座桥横跨凝滞的河流。这里始终是唇与唇初次碰触的地方，或笔与纸以真诚的灼热相贴的地方。拱顶、廊柱和铁像玷污你的镜头。电车拥塞，推撞，密集，从那由此死去的人的嘴里说出。

语言比时间更大。这是布罗茨基的重心所在。针对吞噬一切的时间，导致个体和世界缺席的时间，布罗茨基异想天开，赋予"时间"一词以动态特性。少数现代诗人已经强调了这个词阻止时间流逝的能力。

布罗茨基对词语的力量的深信，是靠他的时空观念支撑起来的。文学高于社会，高于作家本身。充当工具的不是语言而是诗人。这一观念，如大家所看到的那样，是布罗茨基诗学的核心。语言比社会更古老，自然比诗人更古老，人死了，作家并没有死亡。

在人类历史长河中，时间不偏不倚，出于勇敢和天真，一周之内对一个美丽的形象无关紧要，崇拜语言，饶恕靠语言生存的每一个人。换言之，语言，不仅高于社会和诗人，而且高于时间本身。因此，时间没有语言那么重要。这一见解显示了一种浪漫主义的宿命论的张力，在一个语言国家化了的社会，在一个语言不谈政治时也被政治化了的社会，词语拥有巨大的爆破力。

"首先，诗歌是重构的时间"，布罗茨基在谈论曼德尔施塔姆的文章中如是说；或者，在谈到奥登时，他说得更为简洁："一个时间的仓库。"为了更好地随时间而移动，诗歌应当力求模仿时间的单调性，让它类似于钟摆的声响，这是诗人孜孜以求的诗歌美学。

布罗茨基自己的声音被描绘成几乎听不见的一种声音。他写道：我在对你说话，假如你没有听见，那不是我的过失。日子的总数，以重重一击使眼球起泡；声带同样如此。我的声音也许压抑，可我希望不是唠叨。聆听雄鸡啼晓更好，聆听一张唱片，心脏的滴答及其针头的饶舌更好，当我停止讲述你却没有注意到，这也许更好，如童话里的小红帽并没有对她的灰色伙伴嘀咕。

最终，年轻的布罗茨基沉寂了。没有沉寂的是他的文字，他的语言，他的诗歌，他的影响。

六、把诺贝尔奖"献给诸君"

从某种意义上讲，布罗茨基用诗歌或者言语与那个帝国对抗，他不像索尔仁尼琴那样永远处在帝国的旋涡中心呐喊，他的声音虽然直接指向帝国，但是更确切地说，他要揭开岁月的盖头和黑色的尘土，去寻找那些人的名字，然后把他们拉出来，活在人间。

这些人中最主要的是玛丽娜·茨维塔耶娃、奥西普·曼德尔施塔姆、安娜·阿赫玛托娃、鲍里斯·帕斯捷尔纳克，也就俄罗斯"白银时代"的四大诗人。作为一个诗歌发现者，布罗茨基把诸君从沉重的泥土里拉出，更具体地说是被人遗忘的前三个，再具体地说是被忘得更深、更远的前两个。单看这点他就是伟大的。而实际上，他一生都在做这个工作，从来没有停止，这也是他没有脱离"俄罗斯"这三个字的写照，就像他大声说出的："我的心灵永远为俄罗斯歌唱。"

为了说一句"茨维塔耶娃是 20 世纪最伟大的诗人"，而不是"之一"，是任何一个都不能比，他和别人吵得面红耳赤，血液沸腾。他爱她，敬她，就是她死后的某种灵魂的应和。

他和茨维塔耶娃有着相同的灵魂和相同的轨迹：开始于诗歌，然后被放逐，然后把诗歌的创作转向散文。

他专门写文章诉说茨维塔耶娃，诉说她由诗歌转向散文的始末，他说："（她写散文）诗歌实际上并未蒙受什么损失，如果说，诗歌在形式上有所损失，那么，就力量和实质而言，她仍是忠于自我的，也就是说，它保持住了自我……茨维塔耶娃在转向散文时，也发展了自我，但这确实是对自我的反动。她的孤立，不是蓄意为之的孤立，而是迫不得已的孤立，是外来的强加，这些外在的因素有：语言的逻辑，历史的环境，同时代人的素质。"

他看得清楚：她不同于任何一个，她的本质是"被放逐"，不仅是被一个帝国放逐，而是被所有诗人放逐。没有人听得懂她的声音，注定她的声音是超越时代和世纪的，就像她自己所说"一百年以后人们会真正懂我"，那么一百年以后的人们真正懂她则源于布罗茨基。

人们或许会想，为什么他要把唯一"最伟大的"送给她，从情感深处说，他对她最爱、最为惋惜，因为她被遗忘得最彻底，被懂得最少，可是恰恰，这表明她是最高的。难道她没有这个资格吗？

他和她的灵魂是最吻合的。她一句"诗人生来就是被放逐的"，就把所有人甩在后面，就让从不"喜怒形于色"的他痛哭流涕。

而对于曼德尔施塔姆，他说他是"俄罗斯 20 世纪最伟大的诗人"。他没有把奥西普看得更高或更低，这个位置适合奥西普。如果他是从整个人类的角度去讲茨维塔耶娃，那么他更多地是从"俄罗斯与人类"去讲奥西普，这正是她和他的本质区别，也正是布罗茨基把"世界最伟大的"和"俄罗斯最伟大的"分别送给这两位的原因所在。

奥西普就是他身体里的一个孩子，他称呼奥西普为"文明的孩子"，后来他自己的传记也被命名为"文明的孩子"，在"俄罗斯与人类"这座桥梁上，他和奥西普是同质的。

他说："（诗歌）所怀疑的对象远远不止某一具体的政治制度，它对整个存在制度提出疑问。它的敌人也是成比例增多的……'因此，曼德尔施塔姆对 20 世纪苏联的态度，完全不是一种公开的敌意——'他不过是将这一局势视为存在现实的一种更糟糕的形式，一种本质上全新的挑战。"

他看得清楚，奥西普应该会为此在冰冷的符拉迪沃斯托克的泥土里微笑。

他说奥西普是某种火焰，他把奥西普的妻子娜杰日达·曼德尔施塔姆看成奥西普的另一个生命，他在美国见到了她，她也是流亡而来，这个时候她已经老得不行了，但是，她怀里的曼德尔施塔姆和阿赫玛托娃还依旧年轻。她的预言是正确的：这个年轻人走了她丈夫的道路，而她丈夫的灵魂在他身上停歇。

他说："娜杰日达·曼德尔施塔姆活了八十一岁，其中有十九年是作为俄国 20 世纪最伟大的诗人——奥西普·曼德尔施塔姆的妻子度过的，还有四十二年是他的遗孀，其余的便是她的青少年时代。"这是一个巨大的隐喻：言语跨越了死亡，诗歌与生命在流动！

他说她"像是一场大火的余烬，像是一块没有烧透的炭；你若是碰碰它，它便又燃烧起来"。

而对于阿赫玛托娃，这位看着他成长，看着他受难，有恩、有教、有希冀于他的老人，他更多的是尊敬。他曾经触摸过她，清楚地知道她的模样和品质，所以，他可以回忆她，珍藏着她。所以，他也清楚，她完全是俄罗斯的，即便是彻底打碎她，任何别人也拿不走她一分，她把自己全部都给了俄罗斯。她就是缪斯，当之无愧。他说："她的诗歌将留存下去，因为语言比国家更古老，因为诗律总能比历史更久地留存。事实上，诗歌很少需要历史，它需要的只是一位诗人……"

1989 年，伟大而美丽的阿赫玛托娃已经一百岁了，尽管她的身体已经在泥土里，她的年轮还是在大地上开满鲜花。他写下《阿赫玛托娃百年祭》——

书页和烈焰，麦粒和磨盘，

锐利的斧和斩断的发——上帝

留存一切；更留存他视为其声的

宽恕的言辞和爱的话语。

那词语中，脉搏在撕扯骨骼在爆裂，

还有铁锹的敲击；低沉而均匀，

生命仅一次，所以死者的话语更清晰，

胜过普盖的厚絮下这片含混的声音。

伟大的灵魂啊，你找到了那词语，

一个跨越海洋的鞠躬，向你，

也向那熟睡在故土的易腐的部分，

是你让聋哑的宇宙有了听说的能力。

对于帕斯捷尔纳克，他不需要说更多，当诺贝尔文学奖颁发给鲍里斯，鲍里斯就注定已经盛开了，尽管有人试图把他压在石磨下，可他还是不可控制地盛开。

1987 年，布罗茨基由于作品"超越时空限制，无论在文学上及敏感问题方面，都充分显示出他广阔的思想和浓郁的诗意"而获得诺贝尔文学奖。在斯德哥尔摩他发表了获奖演说词，我们认为这份演说词是诺贝尔文学奖历史上最精彩的演说词之一，而从中我们也能明显地感觉到，他在为几位没有获奖的诗人正名。其演讲摘选部分如下：

对于一个个性的人，对于一个终生视这种个性高于任何社会角色的人来说，对于一个在这种偏好中走得过远的人来说——其中包括远离祖国，因为做一个民主制度中最后的失败者，也胜似做×制度中的殉道者或者大文豪，——突然出现在这个讲坛上，让他感到很窘迫，犹如一场考验。

这一感觉的加重，与其说是因为想到了先我之前在这里站立过的那些人，不如说是由于忆起了那些为这一荣誉所忽略的人，他们不能在这个讲坛上畅所欲言，他们共同的沉默似乎一直在寻求着，并且终于没有替自己找到通向你们的出口。

唯一可以使你们与那些决定相互谅解的，是那样一个平常的设想：首先由于修辞上的原因，作家不能代表作家说话，诗人尤其不能代表诗人说话；若是让奥西普·曼德尔施塔姆、玛丽娜·茨维塔耶娃、罗伯特·弗罗斯特、安娜·阿赫玛托娃、魏斯坦·奥登出现在这个讲坛上，他们也会不由自主地只代表自己说话，很可能，他们也会体验到某些窘迫。

这些身影常使我不安，今天他们也让我不安。无论如何，他们不鼓励我妙语连珠。在最好的时辰里，我觉得自己仿佛是他们的总和——但总是小于他们中的任何一个个体。因为在纸上胜过他们是不可能的，也不可能在生活中胜过他们，正是他们的生活，无论其多么悲惨多么痛苦，总是时常——似乎比应该有的更经常——迫使我去惋惜时间的流动。如果来世存在，——我更愿意其存在，而无法否定其永恒生命的可能性，——如果来世存在，我希望他们原谅我和我试图作出的解释：终究不能用讲坛上的举止来衡量我们这一职业的价值。

我只提出了五位——他们的创作、他们的命运我十分珍重，这是因为，若没有他们，作为一个人、作为一个作家我都无足轻重：至少我今天不会站在这里。当然，他们，这些身影——更确切地说，这些光的源泉——灯？星星？—— 远不止五个，但他们中的每一个都注定只能绝对地沉默。在任何一个有意识的文学家的生活中，他们的数量都是巨大的；在我这里，这一数量仰仗两种文化而增加了一倍，是我命运的支配力使我从属于这两种文化。同样不能让人感到轻松，当我想到这两种文化中的同辈人和笔友们，想到那些我认为其天赋高过于我的诗人和小说家们，他们若是出现在这个讲坛上，早就谈到了实质之处，因为他们有比我更多的话要说给全世界听。

我们可以从中看到，他并没有像后来的某君一样就自己如何受迫害而喋喋不休，他足够理性和理智。他要为俄罗斯人正名，为不能再说话的诸君正名。

这正是他的俄罗斯的民族的根，他从来没有消失。如果他缺少了俄罗斯之心，那么他和纳博科夫就没有两样了，也就不会有"伟大"之名。

他可以不原谅那个帝国，但是不能背叛俄罗斯！

1996 年 1 月 28 日，他已经离开祖国二十三年。傍晚时分，他风尘仆仆地从外面回到纽约布鲁克林大街的寓所，邻居很荣幸地和他打招呼，他夹着烟点头，然后走进屋子。

邻居睡觉时看见他的窗子还亮着灯，"这个俄罗斯人永远都是最晚睡的。"美国邻居在黑暗里摇摇头。

然而，邻居不知道，这一次那盏窗前的灯火熄灭后，就不会在第二天亮起来。那一夜，布罗茨基在睡梦中走了，没有痛苦、呻吟和挣扎。此时，他刚刚五十六岁，像玛丽娜和奥西普一样他不能长寿，苦难的他燃烧着思考得太久了，每每思考，他就要抽烟，一根接着一根，此前他已经做了两次心脏手术，他却不能停止抽烟，因为他不能停止思考，停止想念俄罗斯和一个帝国的磨难。

他走了，尘埃落定，灵魂归寂，一切的恩怨和荣耀都随之而去。俄罗斯国内痛苦地呻吟一声："连接俄罗斯过去与现在的纽带断裂了！"

七、最后的陈词

诗人是什么？诗歌是什么？

三千年前，伟大的柏拉图在《理想国》里拒绝给诗人任何位置，他对诗人的回答是："给他们戴上羽毛、洒上香水，请他们到别的国度去。"理想的国度里不需要诗人，似乎诗人是无用的，诗人是一种麻烦的东西。

几百年前，席勒说："诗人的位置在天上！"

荷尔德林说："（诗人）以神性度量自身，诗意地旅居在此大地之上。"

20世纪，希腊的埃利蒂斯说："诗人是宇宙中的一根柔软的纤维。"

然后，自然少不了茨维塔耶娃定律式的论断："诗人生来就是被放逐的。"

但是，就诗歌和诗人之间的桥梁是怎样建立的，诗歌是什么？这些人都没有说明白。到了布罗茨基，他为诗歌和诗人作了最后陈词。

时间崇拜语言！这就是他的定律，是诗歌和诗人的全部。

时间与语言有着怎样的隐秘关系？诗人和国家又是以怎样的方式存在？时间、语言、国家和诗人四者的关联又是什么？

他在诺贝尔文学奖颁奖典礼上的演讲，不仅是对大师们致敬，也是对诗歌作陈述。关于他的语言与时间的诗歌逻辑，现摘录如下：

> 语言，我想还有文学，较之于任何一种社会组织形式是一些更古老、更必要、更恒久的东西。文学在对国家的态度上时常表现出的愤怒、嘲讽或冷漠，实质上是永恒。更确切地说是无限对暂时、对有限的反动。至少，文学有权干涉国家事务，直到国家停止干涉文学事业。政治体系、社会构造形式，和任何一般的体系一样，确切地说都是逝去时代的形式，这逝去的时代总企图把自己与当代（时常也与未来）硬捆在一起，而以语言为职业的人，却能够让自己最先忘记这一点。对于一个作家来说。真正的危险，与其说是来自国家方面的可能的（时常是实在的）迫害，不如说是他可能被硕大畸形的，或似乎渐趋于好转——却总是短暂的——国家面貌所催眠。
>
> 国家的哲学，国家的伦理学，更不用说国家的美学了——永远是"昨

天"；语言、文学则永远是"今天"，而且时常——尤其在这一或那一政治体系地位正统的场合下——甚至是"明天"。文学的功绩之一就在于，它能帮助一个人确定其存在的时间，帮助他在民众中识别出无论是作为先驱还是作为常人的自我，使他避免同义反复，也就是说，避免那冠有"历史之牺牲"这可敬名称的命运。一般的艺术，其中包括文学，愈是出色，它和总是充满重复的生活的区别就愈大。在日常生活中，您可以把同样一个笑话说上三遍，再说三遍，引起笑声，从而成为交际场合的主角。在艺术中，这一行为方式却被称为"复制"。

……

一个人之所以写诗，意图各不相同：或为了赢得所爱女子的心，或为了表达他对一片风景或一个国家等周围现实的态度，或为了塑造他当时所处的精神状态，或为了在大地上留下痕迹——如他此刻所想的那样。他诉诸这一形式——诉诸一首诗——首先是出于无意识的、拟态的意图：白色纸张上垂直的黑色单词瘀块，仿佛能使一个人想到他在世界上的个人处境，想到空间与他身体的比例。但是，与促使他拿起笔的各种意图无关，与流出其笔端的一切所起的效果无关，对于他的读者，无论其读者是多还是少——这一事业迅即的结果，就是一种与语言产生了直接联系的感觉，更确切地说，就是一种对语言中所说、所写、所实现的一切迅即产生依赖的感觉。

这种依赖性是绝对的，专断的，但它也会释放自由。因为，作为一种永远比作者更为古老的东西，语言还具有其时间潜力——即在前面的一切时间——赋予它的巨大的离心力。这一潜力，虽说也取决于操这一语言的民族的人数，但更取决于用这一语言所写的诗的数量。只要想想古希腊罗马文学的作者们就够了，只要想想但丁就够了。比如，今天用俄语或英语创作的作品，就能为这两种语言在下一个世纪中的存在提供保证。诗人，我重复一遍，是语言存在的手段。或者，如伟大的奥登所言，诗人就是语言赖以生存的人。写这些诗句的我不在了，读这些诗句的你们不在了，但写出那些诗句的语言和你们用它阅读那些诗句的语言却将留存下来，这不仅是由于语言比人更为长寿，而且还因为它更适应于突变。

在"时间的国家美学"面前，他要表达的是："无论作家还是读者，他的首要任务是掌握他自己的生活，而不是接受一个从外部强加于他或为他规划的生活，不管这生活的外形如何高尚。"同时，他把诗人当成"语言征服时间的附属品"，但是，他不否定诗人的伟大。而20世纪伟大的或者说属于他的"时间崇拜语言"体系里的诗人有多少？他在《怎样阅读一本书》中给了一个长长的列表：

> 如果你的母语是英语，我可以向你推荐罗伯特·弗罗斯特、托马斯·哈代、W. B. 叶芝、T. S. 艾略特、W. H. 奥登、玛丽安娜·穆尔和伊丽莎白·毕晓普。如果你的母语是德语，我推荐的是莱纳·马里亚·里尔克、乔治·特拉克尔、彼得·胡赫尔和戈特弗里德·贝恩。如果母语为西班牙语，那就是安东尼奥·马查多、费德里科·加西亚·洛尔卡、刘易斯·塞尔努达、拉斐尔·阿尔维蒂、胡安·拉蒙·希门内斯和奥克维塔奥·帕斯。如果母语是波兰语——或者，如果你懂波兰语的话（这将成为你的一个巨大优势，因为本世纪最非凡的诗歌就是用这种语言写成的）——我则乐于向你提起列奥波尔德·斯塔夫、切斯拉夫·米沃什、兹比格涅夫·赫伯特和维斯拉瓦·辛姆博尔斯卡。如果母语是法语，那么当然是纪尧姆·阿波利奈尔、儒勒·苏佩维埃尔、皮埃尔·勒韦尔迪、布莱斯·桑德拉尔、保尔·艾吕雅的一些作品、阿拉贡的少许东西、维克多·塞加朗和亨利·米肖。如果母语是希腊语，你就应该读一读康斯坦丁诺斯·卡瓦菲斯、乔治·塞菲里斯和雅尼斯·里索斯。如果母语为荷兰语，那就应该是马丁努斯·尼约赫夫，尤其是他令人震惊的《阿瓦特》。如果母语是葡萄牙语，你就应该读费尔南多·佩

索亚，也许还应该读一读卡罗斯·德鲁蒙德·德·安德拉德。如果母语为瑞典语，就请读圭纳·埃克辽夫、哈里·马丁逊和托马斯·特朗斯特罗默。如果母语为俄语，那么至少可以说，要读一读玛丽娜·茨维塔耶娃、奥西普·曼德尔施塔姆、安娜·阿赫玛托娃、鲍里斯·帕斯捷尔纳克、弗拉基米尔·霍达谢维奇、维列米尔·赫列勃尼科夫、尼古拉·克留耶夫。如果母语为意大利语，我不想冒昧地向在座的各位提供任何名单，假如我提起了夸西莫多、萨巴、翁加雷蒂和蒙塔莱，这仅仅是因为，我早就想向这四位伟大的诗人表达我个人的感激之情，他们的诗句对我的一生产生了相当重要的影响，能站在意大利的土地上对他们表达感激，我感到非常高兴。

不否认他的列表的某种权威性，也不否认他的语言与时间的定律在这些诗人身上的体现。我们能说的是，他做了一份很棒的工作，20世纪拥有他所定义的"诗歌属性"的诗人几乎全部赫然在列，这些全部都是不容错过的诗人。但是，不容错过的他所定义的体系里的诗人始终还有遗漏，比如西班牙语的博尔赫斯，希腊语的埃利蒂斯。

可是，他毕竟已经把"诗歌的定律"给了出来，或者说他建立了自己的诗歌世系。姑且就认为这个世系"是令人信服的"！

而对于一个独立的诗人，应该以怎样的方式存在着？在回答"奥登的同性恋身份对奥登和他意味着什么"时，他似乎也在回答这个问题：

开始我对此一无所知（虽然我了解他，阅读他）。及至知道了，这不曾给我留下哪怕最小的印象。甚至相反：我把这理解为他绝望的补充的理由。事实上，诗人总是在这种或那种程度上感到孤独。这是如此一种真的不能有助手的活动。你从事它越久，你就离一切越远。

到我充分了解纯文学的历史的时候，我明白了，诗人不能过上一帆风顺的生活，尤其在个人思想上。会有例外。但我们很少听说诗人有幸福的家庭生活，无论是俄国诗人还是英国诗人。奥登给我的印象是他很孤独。我想，越是孤独得厉害，越是绝望，就越是优秀的诗人……

无疑，这继承了茨维塔耶娃的"被流放"定律，他自己是这样做的，也是这样被创造和表现的：一个孤独的个体，孤独于所有人的被流放的个体之外。

所以，布罗茨基死得很年轻。因为，孤独不愿意让生命活得太久。

参考文献

[1][美]约瑟夫·布罗茨基、所罗门·沃尔科夫著：《布罗茨基谈话录》，马海甸等译，东方出版社 2008 年版。

[2][俄]列夫·洛谢夫著：《布罗茨基传》，刘文飞译，东方出版社 2009 年版。

[3][美]约瑟夫·布罗茨基著：《悲伤与理智》，刘文飞译，上海译文出版社 2015 年版。

[4]刘文飞：《诗歌漂流瓶：布罗茨基与俄语诗歌传统》，浙江文艺出版社 1997 年版。

[5]刘文飞：《论布罗茨基的诗》，《外国文学评论》，1990 年第 2 期。

[6]刘玉宝：《布罗茨基现代性修辞话语中的比喻层面》，《俄罗斯文艺》，2004 年第 2 期。

[7]汪剑钊：《一个新的但丁俯下身子——俄罗斯纪念约·布罗茨基七十周年诞辰》，《外国文学动态》，2010 年第 3 期。

[8]杨晓笛：《存在·虚无——约瑟夫·布罗茨基诗歌中对人类存在的思索》，《外国文学》，2013 年第 6 期。

[9]张艺：《舟子安在？——从美国作家苏珊·桑塔格与俄语诗人约瑟夫·布罗茨基的"对话"之旅谈起》，《俄罗斯文艺》，2014 年第 1 期。

[10][俄]弗·邦达连科，李春雨：《道家影响下的布罗茨基》，《俄罗斯文艺》，2014 年第 2 期。

[11] 刘文飞:《诗散文:布罗茨基的〈悲伤与理智〉》,《俄罗斯研究》,2014 年第 5 期。

[12] 李永毅:《放逐、帝国、想象与真实:布罗茨基〈致贺拉斯书〉的奥维德主题》,《俄罗斯文艺》,2016 年第 2 期。

[13] 杨晓笛:《存在的恐惧与荒诞——论约瑟夫·布罗茨基的长诗〈戈尔布诺夫与戈尔恰科夫〉》,《俄罗斯文艺》,2016 年第 2 期。

[14] 张艺:《思辨与契合——约瑟夫·布罗茨基与苏珊·桑塔格论"美"》,《俄罗斯文艺》,2017 年第 1 期。

[15] 张艺:《〈水印:魂系威尼斯〉:一封布罗茨基写给威尼斯城的情书》,《俄罗斯文艺》,2017 年第 4 期。

[16] 郑周明:《〈水印:魂系威尼斯〉:城市是时间的倒影》,《文艺报》,2016 年 8 月 25 日。

[17] 刘佳林:《布罗茨基在威尼斯,美在低温下依然是美》,《新京报》,2016 年 11 月 2 日。

后　记
苦难辉煌与俄罗斯文学镜像

俄罗斯文学充满着苦难，更充满着辉煌。俄罗斯文学大师们的心路历程，不仅给我们的文学以启迪，更给我们以精神滋养。俄罗斯文学有着自己的独特风格，主要有以下几个辉煌时期。

一是"黄金时代"。在这个时期中，欧洲的浪漫主义文学风潮于19世纪传入俄国，并带动了俄语诗歌的繁荣。诗人瓦西里·茹科夫斯基和亚历山大·普希金是浪漫主义诗人中成就最高者。米哈伊尔·莱蒙托夫也是非常著名的诗人。然而19世纪俄罗斯现实主义文学的成就却远远高于浪漫主义文学，成为欧洲大陆唯一可与法国匹敌的文学大国。俄国现实主义文学的繁荣时期被后世称为俄国文学史的"黄金时代"。19世纪俄国文学的重要人物包括语言作家克雷洛夫、文学评论家别林斯基、剧作家格波多夫和奥斯特洛夫斯基、诗人巴拉丁斯基、巴丘什科夫、涅克拉索夫、丘特切夫等。19世纪俄国现实主义文学成就最高的是小说，诞生了一批世界级的小说大师，包括尼古拉·果戈理，代表作品《死魂灵》

《钦差大臣》等；费奥多尔·陀思妥耶夫斯基，代表作《罪与罚》《地下室手记》；伊凡·屠格涅夫，代表作品《父与子》等。此外，还有短篇小说大师契诃夫。19世纪俄国文学成就最高的作家是列夫·托尔斯泰，他是和巴尔扎克齐名的现实主义文学大师，其三部重要小说《安娜·卡列尼娜》《战争与和平》以及《复活》代表了19世纪俄语文学的最高成就。

二是"白银时代"。这个时期已经进入20世纪，俄国文学持续繁荣，却已经没有19世纪的辉煌，因此史称"白银时代"。20世纪初期，契诃夫仍活跃在文坛上，其创作兴趣已经从短篇小说转入戏剧。而安娜·阿赫玛托娃则是实验小说领域的先驱。20世纪初期的俄罗斯诗坛也很繁荣，著名的诗人包括阿涅斯基、安德烈·别雷、亚历山大·勃克、瓦雷里·布鲁索夫、叶赛宁、尼古拉·古米廖夫、丹尼尔·卡尔姆斯、曼德尔施塔姆、马雅可夫斯基、帕斯捷尔纳克、马克希米利安·瓦罗申等。

三是苏俄时代。即从1917年开始，俄国向苏联过渡。这一进程对文学的发展产生了巨大影响。在苏联成立早期，曾经产生了一批相当优秀的作家，包括来自工人阶层的作家高尔基、诺贝尔文学奖得主肖洛霍夫、阿·托尔斯泰等。诗人马雅可夫斯基在苏联成立之后仍然活跃在诗坛上，领导苏联的未来主义运动。苏联成立之后，所谓的"社会主义的现实主义"文学占据了主导地位。然而一些作家，如米哈伊尔·布尔加科夫、帕斯捷尔纳克、曼德尔施塔姆、瓦西里·格罗斯曼等人则仍然坚持俄国文学传统。他们的作品如《大师与玛格丽特》《日瓦戈医生》等在苏联境内长期无法出版，很多都是在作者去世多年后才得以面世。很多苏联作家流亡海外，形成了一个强大的俄国流亡文学阵营，其中包括很多20世纪最优秀的作家，如诺贝尔文学奖得主伊凡·蒲宁、亚历山大·库普林、安德烈·别雷、弗拉基米尔·纳博科夫等。斯大林死后，"社会主义的现实主义"文学仍然占据主导地位，并取得了一定成就。在赫鲁晓夫执政时期，苏联出现所谓"解冻文学"，意识形态对文学的束缚有所放宽，文学出现昙花一现的繁荣。在 60 年代，布尔加科夫、索尔仁尼琴和夏拉莫夫等人的作品都得以出版。此外，这一时期，文学批评和诗歌也有一定的发展。

苏联晚期的流亡作家有很多也取得了国际声誉，如诺贝尔文学奖得主约瑟夫·布罗茨基以及短篇小说作家多弗拉托夫等在西方国家的影响力相当大。而这些人的作品在苏联国内仍然只能秘密地流传。

四是苏联解体后的俄国文学出现新的时代特色。从 20 世纪最后 10 年至 21 世纪初期是俄国文学历史上发展最为艰难的日子，低俗小说横行，很少有人从事严肃文学的创作。除维克多·帕勒文和弗拉基米尔·索罗金外，鲜有大师出现。当然，这些只是暂时的结论，只有历史才能给予这个所谓"俄国文学青铜时代"以公正的评价。

21 世纪早期，俄国的新严肃文学有了一些新的发展，出现了一些新的文学流派和文学样式。传统的俄国散文仍然非常流行，而在俄罗斯境内的一些地方也出现了一些独具特色的文学作品，如来自帕尔姆地区的作家妮娜·戈尔拉诺娃就擅长写一些篇幅短小的故事，内容主要是关于帕尔姆地区知识分子的日常生活。

在这一时期，俄国侦探小说和恐怖小说则出现畸形的繁荣。著名作家包括擅写具有讽刺意味侦探小说的作家达雅·杜索娃。她曾经出版过五十部小说，销量逾百万并被翻译成欧洲多国文字。

这一时期的著名文学作品还包括瓦西里·阿克索诺夫的小说《冬季里的一代》。这部小说在美国广受好评，许多评论家甚至盛赞其为 21 世纪的《日瓦戈医生》。小说讲述的是格莱多夫一家在斯大林时期如何艰难生存的故事。这一时期的一些俄罗斯作家在西方世界很受欢迎。如塔蒂亚娜·托尔斯塔娅和露迪米拉·尤里茨卡娅等。侦探小说家鲍里斯·阿库宁以其 19 世纪风格的一系列侦探小说风靡欧美。亚历山德拉·玛利妮娜则是人气最旺的女性侦探小说家。她的小说在欧洲，尤其是在德国广受欢迎。

应该说，苏联时代的文学作家及其作品，对我国当代文学，特别是对王蒙、张贤亮、叶蔚林和刘心武等一批中国作家影响深远。但也必须看到，20世纪80年代后，中国的读者一是有些厌倦了古典的腔调，一是希望见到主流之外的文学作品，俄罗斯文学迅速被新引进来的欧美、拉美甚至日韩文学所取代。尽管"白银时代"的诗人们重新唤起了中国读者的注意，但小说、散文等作品依然处于被冷落的状态。

著名作家余华就曾绘声绘色地描述过陀思妥耶夫斯基对自己的震撼：当时自己被那种"一开始就进入叙事高潮，并且一直持续到结尾"的风格，"炸得晕头转向"。他坦言，如果正常心跳是每分钟六十次，陀思妥耶夫斯基让自己的心跳变成了一百二十次。

> 我20岁出头的时候，茨威格是一个很高的台阶，陀思妥耶夫斯基是个更高的台阶。当时年轻无知，直接爬到了陀思妥耶夫斯基的台阶上，结果发现自己有"恐高症"。然后灰溜溜爬了下来，刚好是茨威格的台阶。我在习惯了茨威格之后，再爬到陀思妥耶夫斯基的台阶上，发现自己已经没有了"恐高症"。

同样地，作为国内最优秀小说家之一的阎连科，则说过在托尔斯泰面前，自己远远称不上伟大：

> 托尔斯泰让人重新认识到作家对人类的爱以及胸怀的宽广。在爱的深度上，我的小说怨气太多，爱太少。我是优秀的小说家，但不是伟大的。

当今全球化已经走过了一段，现在又进入了一个各方面都需要多元化的时代，文化也不例外，"大家必然需要对俄罗斯一些历史文化要有新的认识"。

20世纪80年代后出生的作家群和之前的作家群有一个分野，"他们从理想主义时代来到了现实主义时代，作家所模仿、学习的对象是不一样的，可能从托尔斯泰转向村上春树了，或者说从精神转到物质，甚至我觉得从内心转向外在，这里面是有一个非常微妙的变化的"。显然，这二十年的作品跟作家的精神内心关联不够，这也是我们应该重新审视俄罗斯文学的原因。

"纳博科夫推崇的几部作品，已经变成经典名著。重新来看一下《追忆似水年华》《尤利西斯》《变形记》这些作品，我就觉得可能文学还是应该向内容上走。"在叶开看来，这些作品从内心出发，缓慢地絮语，复杂的情感才能从字面上铺陈开来。

"现在我个人越来越看到这点，文学可能要更多地跟我们内心发生关系。"出版家叶开觉得，《彼得堡》恰恰就是这样一部和内心有关的作品。而"白银时代"的作品在中国除了专业读者和少数读者，没有形成太多的广泛的阅读。但叶开认为，正是因为如此，"它是弥足珍贵的，给我们带来一个崭新的从古典过渡到现当代的体验"。

俄罗斯文学传统主要有"黄金时代"和"白银时代"，前者贯穿19世纪，以普希金、果戈理、莱蒙托夫、陀思妥耶夫斯基、托尔斯泰、屠格涅夫、契诃夫等人为代表，后者从19世纪末到20世纪上半叶，更是涌现了一大批文学天才，中国读者熟悉的高尔基只是其中一员。这两个时期的俄罗斯文学也是世界文学史上的两座巅峰，群星璀璨，无与伦比。"白银时代"的一批天才活到了苏联时期，但大多数遭遇压制，直到苏联解体前后才真正回归公众的视野。

跟西方文学不一样，俄罗斯文学从普希金以来就形成了传统，关注现实和苦难，突出道德担当、精神探索，肉体历经磨难而不放弃精神上的砥问。像"白银时代"的三位大诗人命运极悲惨，茨维塔耶娃被迫自杀，曼德尔施塔姆死于劳改营，阿赫玛托娃的两任丈夫被枪毙、自己被长期监视，但三人在黑暗年代写出了最耀眼的诗章和随笔，具有金刚石般的质地，实现人格和艺术的合二为一，被认为是人类文学史上的"审判席"。

因而，俄罗斯文学杰作普遍格外沉重，就像是大地、雪原和旷野中的呼喊。它读起来绝不轻松，要求读者把自己投入到熔炉中，在精神上进行一番冶炼，才能有所收获。今天却是一个消费主义社会，轻松娱乐的大众文化盛行，网络段子更易博得眼球，俄罗斯文学自然受到冷落。但是，一个人总需要有点精神追求，一篇陀氏小说给你带来的精神震撼，可能远超过看一万个段子得到的肤浅快感，因为一万个段子只是一万个零相加，不会给你带来任何人生启迪。

俄罗斯文学传统对中国文学创作仍有启发意义，正如评论家李建军所言，在急剧变化的当代中国，我们更需重新理解俄罗斯文学传统的批判精神，敢于介入现实，直面严酷的一面，而不是一味规避风险、痛苦，缺乏道德担当的勇气。他举例，路遥的小说当初继承了俄罗斯现实主义传统，形式技巧很粗糙，但今天再看，他的作品反而比那些技巧精湛的当代作品更有生命力。

一百多年前，"黄金时代"的文学家们用自己的笔墨将转型时期博大丰富的俄罗斯及其生存在这片土地上的人民真实地描画了出来；一百多年后，翻译家们也用自己的笔将命运对他们的戏弄一一画掉。

在世界文学史中，像俄罗斯"黄金时代"这样几十年中涌现出多位世界文学大师的现象十分罕见。我们有幸能够欣赏到这些伟大的作品，除了要向这些文豪致敬外，也不要忘了为此付出了巨大努力的翻译家们，以及热爱这些充满苦难而灼热文字的世界各地的广大读者们。正是这些伟大作品以及书写这些伟大作品而永不坠入尘土的灵魂让碎片化时代的今天拥有了高贵的尊严、可贵的自由与生命的沉重，他们那深邃的思想和智慧的光芒将永远闪烁在星空一样辽阔的世界里。

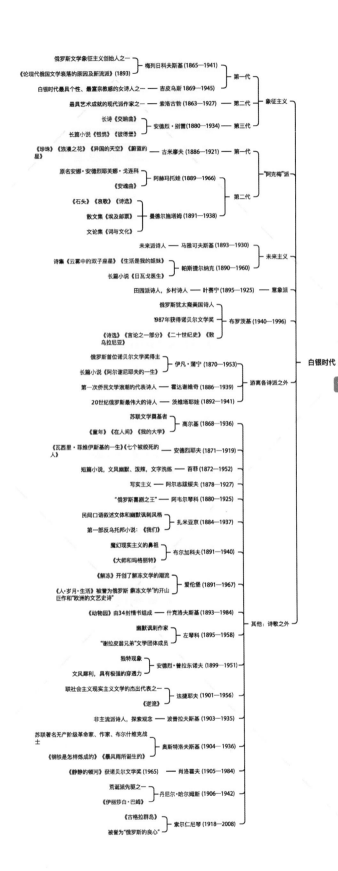

俄罗斯文学大师图谱

黄金

白银时代　19世纪90年代到20世纪20年代

19世纪10年代到30年代

象征主义

- 第一代
  - 梅列日科夫斯基 (1865—1941)
    - 俄罗斯文学象征主义创始人之一
    - 《论现代俄国文学衰落的原因及新流派》(1893)
  - 吉皮乌斯 1869—1945
    - 白银时代最具个性、最富宗教感的女诗人之一
- 第二代
  - 索洛古勃 (1863—1927)
    - 最具艺术成就的现代派作家之一
- 第三代
  - 安德烈·别雷 (1880—1934)
    - 长诗《交响曲》
    - 长篇小说《银鸽》《彼得堡》

"阿克梅"派

- 第一代
  - 古米廖夫 (1886—1921)
    - 《珍珠》《浪漫之花》《异国的天空》《蔚蓝的星》
- 第二代
  - 阿赫玛托娃 (1889—1966)
    - 原名安娜·安德烈耶芙娜·戈连科
    - 《安魂曲》
  - 曼德尔施塔姆 (1891—1938)
    - 《石头》《哀歌》《诗选》
    - 散文集《埃及邮票》
    - 文论集《词与文化》

未来主义

- 马雅可夫斯基 (1893—1930)
  - 未来派诗人
- 帕斯捷尔纳克 (1890—1960)
  - 诗集《云雾中的双子星座》《生活是我的姐妹》
  - 长篇小说《日瓦戈医生》

意象派

- 叶赛宁 (1895—1925)
  - 田园派诗人，乡村诗人

游离各诗派之外

- 布罗茨基 (1940—1996)
  - 俄罗斯犹太裔美国诗人
  - 1987年获得诺贝尔文学奖
  - 《诗选》《言论之一部分》《二十世纪史》《致乌拉尼亚》
- 伊凡·蒲宁 (1870—1953)
  - 俄罗斯首位诺贝尔文学奖得主
  - 长篇小说《阿尔谢尼耶夫的一生》
- 霍达谢维奇 (1886—1939)
  - 第一次侨民文学浪潮的代表诗人
- 茨维塔耶娃 (1892—1941)
  - 20世纪俄罗斯最伟大的诗人

其他：诗歌之外

- 高尔基 (1868—1936)
  - 苏联文学奠基者
  - 《童年》《在人间》《我的大学》
- 安德烈耶夫 (1871—1919)
  - 《瓦西里·菲维伊斯基的一生》《七个被绞死的人》
- 苔菲 (1872—1952)
  - 短篇小说，文风幽默、泼辣，文字洗练
- 阿尔志跋绥夫 (1878—1927)
  - 写实主义
- 阿韦尔琴科 (1880—1925)
  - "俄罗斯喜剧之王"
- 扎米亚京 (1884—1937)
  - 民间口语叙述文体和幽默讽刺风格
  - 第一部反乌托邦小说：《我们》
- 布尔加科夫 (1891—1940)
  - 魔幻现实主义的鼻祖
  - 《大师和玛格丽特》
- 爱伦堡 (1891—1967)
  - 《解冻》开创了解冻文学的潮流
  - 《人·岁月·生活》被誉为俄罗斯 靠冻文学"的开山巨作和"欧洲的文艺史诗"
- 什克洛夫斯基 (1893—1984)
  - 《动物园》由34封情书组成
- 左琴科 (1895—1958)
  - 幽默讽刺作家
  - "谢拉皮翁兄弟"文学团体成员
- 安德烈·普拉东诺夫 (1899—1951)
  - 独特现象
  - 文风犀利，具有极强的穿透力
- 法捷耶夫 (1901—1956)
  - 联社会主义现实主义文学的杰出代表之一
  - 《逆流》
- 波普拉夫斯基 (1903—1935)
  - 非主流派诗人，探索观念
- 奥斯特洛夫斯基 (1904—1936)
  - 苏联著名无产阶级革命家、作家、布尔什维克战士
  - 《钢铁是怎样炼成的》《暴风雨所诞生的》
- 肖洛霍夫 (1905—1984)
  - 《静静的顿河》获诺贝尔文学奖 (1965)
- 丹尼尔·哈尔姆斯 (1906—1942)
  - 荒诞派先驱之一
  - 《伊丽莎白·巴姆》
- 索尔仁尼琴 (1918—2008)
  - 《古格拉群岛》
  - 被誉为"俄罗斯的良心"

时代 ┬ 茹科夫斯基 (1783—1852) —— 俄罗斯浪漫主义诗人

雷列耶夫 (1795—1826) ┬ 十二月党人文学代表
　　　　　　　　　　　└ 1820年 《致宠臣》

普希金 (1799—1837) ┬ 诗体小说《叶甫盖尼 奥涅金》
　　　　　　　　　　└ 长篇小说《上尉的女儿》

丘特切夫 (1803—1873)

柯尔卓夫 (1809—1842) —— 第一位农村诗人

果戈理 (1809—1852) ┬ 俄罗斯现实主义文学的奠基人
　　　　　　　　　　└ 俄罗斯文学自然派的创始者

赫尔岑 (1812—1870) ┬ 《彼岸书》
　　　　　　　　　　└ 《往事与随想》

冈察洛夫 (1812—1891) ┬ 批判现实主义作家
　　　　　　　　　　　└ 《奥勃洛莫夫》

莱蒙托夫 (1814—1841) ┬ 诗作《诗人之死》
　　　　　　　　　　　└ 1839-1841长篇小说《当代英雄》

屠格涅夫 (1818—1883) ┬ 《猎人笔记》《罗亭》《父与子》
　　　　　　　　　　　└ 俄罗斯文学开始被推向世界

陀思妥耶夫斯基 (1821—1881) —— 《地下室手记》《罪与罚》《白痴》《卡拉马佐夫兄弟》《群魔》

列夫·托尔斯泰 (1828—1910) —— 《安娜 卡列尼娜》《战争与和平》《复活》

契诃夫 (1860—1904) ┬ 世界级短篇小说巨匠
　　　　　　　　　　├ 抒情心理小说
　　　　　　　　　　└ 《凡卡》《套中人》《小公务员之死》